W0085232

Langenscheidts
Handbücher der Handelskorrespondenz

ITALIENISCH
FÜR KAUFLEUTE

Vollständige Neubearbeitung

von

Sabine Hartung-Thönes

und

Piero Pierallini

LANGENSCHEIDT

BERLIN · MÜNCHEN · WIEN · ZÜRICH · NEW YORK

Auflage:	7.	6.	5.	4.	3.		*Letzte Zahlen*
Jahr:	02	01	2000	1999	98		*maßgeblich*

© *1993 Langenscheidt KG, Berlin und München*
Druck: Druckhaus Langenscheidt, Berlin-Schöneberg
Printed in Germany · ISBN 3-468-40181-7

Vorwort

„Italienisch für Kaufleute" ist ein seit Jahrzehnten bewährtes Handbuch der italienischen Geschäftskorrespondenz. Für die Neuausgabe wurde der gesamte Band von Grund auf neu bearbeitet und ergänzt.

Um den Stil der modernen Handelskorrespondenz wiederzugeben, wurden die Mustersätze aller Briefgattungen neu gefaßt. Viele Neuerungen im Wirtschaftsleben der letzten Jahrzehnte, z.B. Marktforschung, Computereinsatz, die stärkere Nutzung von Telefon, Telex und Telefax, aktuelle Trends in einzelnen Teilbereichen der Geschäftskorrespondenz, spiegeln sich in dieser Neubearbeitung wider.

Die bewährte praktische Anlage und Methodik der bisherigen Ausgabe von „Italienisch für Kaufleute" wurde beibehalten: Italienische Mustersätze mit deutschen Übersetzungen im „Baukastensystem" geben jedem Benutzer die Möglichkeit, fehlerfreie italienische Geschäftsbriefe abzufassen; zu den jeweiligen Sachgebieten und der entsprechenden Terminologie werden deutsche Einführungen (mit der italienischen Übersetzung der Fachausdrücke) gegeben.

Die Einleitung (Seite 17–45) des Handbuches stellt eine systematische Einführung in die deutsche und italienische Wirtschaftssprache dar. Allgemeine Richtlinien für das Formulieren eines guten italienischen Geschäftsbriefes enthält das darauffolgende Kapitel (Seite 46–65).

Das schnelle Auffinden des Gewünschten wird durch das Inhaltsverzeichnis (Seite 5–16) und ein umfassendes Sachregister am Ende des Werkes erleichtert.

Die vorliegende Neubearbeitung von „Italienisch für Kaufleute" ist als zuverlässiges Arbeitsinstrument für die Abfassung italienischer Geschäftsbriefe in allen Bereichen auf dem neuesten Stand und stellt damit ein überaus nützliches Lehr- und Nachschlagewerk dar für den Fremdsprachenkorrespondenten und den angehenden oder in der Praxis stehenden Kaufmann, der im Bereich des Außenhandels tätig ist.

LANGENSCHEIDT

Inhalt

Einleitung

In unserer heutigen Gesellschaft ist es manchmal schwer zu verstehen und zu würdigen *(apprezzare)*, daß alle industrielle und kaufmännische Tätigkeit der Schaffung *(creazione, produzione)* materieller Güter und nicht-materieller Dienstleistungen *(servizi)* gewidmet ist, die wir brauchen und die für den Fortbestand *(esistenza futura)* unserer Gesellschaft lebensnotwendig *(vitale)* sind. Dies gilt *(si riferisce a)* sowohl für marktwirtschaftlich *(economia di mercato)* als auch für planwirtschaftlich eingestellte Volkswirtschaften *(economie pianificate)*.

Der Einfluß der Gewerkschaften *(sindacati)* auf die Produktion und ihr Kampf für die Verbesserung der Arbeitsbedingungen und Löhne *(miglioramento delle condizioni di lavoro e dei salari)* durch Verhandlungen *(trattative)* mit den Arbeitgeberverbänden *(associazioni di padronato)* ist heute ein wichtiger Faktor des Wirtschaftslebens *(vita economica)*.

Neue Technologien beeinflussen nicht nur Produktionsmethoden, sondern besonders durch die Computerisierung alle kaufmännischen Aktivitäten. Die Europäische Wirtschaftsgemeinschaft *(Unità Europea, UE)* strebt nach Vereinheitlichung der Wirtschaftsgesetze *(standardizzazione delle leggi economiche)* für alle Mitglieder des Gemeinsamen Marktes *(Mercato Comune)*. Der Europäische Gerichtshof *(Tribunale Europeo)* in Luxembourg, das Europäische Parlament in Strasbourg und der Internationale Gerichtshof in Den Haag sind die Garanten *(garanti)* für die Einhaltung *(osservanza, adempimento)* der Gesetze des Gemeinsamen Marktes.

1. Die Organisation der Produktion und des Handels

Die Urerzeugung *(produzione primaria)* oder rohstoffgewinnende Industrie *(industria estrattiva)* bildet die Grundlage jeder Wirtschaft. Hierzu gehören Landwirtschaft *(agricoltura)*, Bergbau *(industria mineraria)* – z. B. Kohle, Eisen, Uran etc. *(carbone, ferro, uranio)*, Forstwirtschaft *(silvicoltura)*, Fischerei *(pesca)*.

Die verarbeitende Industrie *(industria manifatturiera)* verarbeitet die Urprodukte *(materie prime)* zu Fertig- *(prodotti finiti)* und Halbfertigprodukten *(prodotti semifiniti)*.

Die Konstruktions- und Bauindustrie *(industria edile)* baut Schiffe, Flugzeuge, Brücken, Straßen, Häuser etc.

Der Handel verteilt *(distribuisce)* die Güter und bildet die Verbindung *(collegamento)* zwischen Erzeugung *(produzione)* und Verbrauch *(consumo)*. Die Arten des Handels sind Einfuhrhandel *(commercio d'importazione)*, Ausfuhrhandel *(commercio d'esportazione)*, Transithandel *(commercio di transito)*, Großhandel *(commercio all'ingrosso)* sowie der Einzelhandel *(commercio al dettaglio)* in seiner vielfältigen Form mit Fachgeschäften *(negozi specializzati)*, Ladenketten *(catene commerciali)*, Kaufhäusern *(grandi magazzini)*, Versandhäusern *(organizzazioni di vendita per corrispondenza)*, Supermärkten *(supermercati;* Verkaufsfläche mindestens 556 m²*)*, Hypermärkten *(ipermercati;* Verkaufsfläche 28 000 m² und mehr*)* etc.

Hinzu kommen die den Handel ergänzenden *(complementari)* Dienste: Transport *(trasporti)*, Bankwesen *(attività bancaria)*, Versicherung *(assicurazione)*, Warenlagerung *(magazzinaggio)*, Werbung *(pubblicità, propaganda)*, Immobilienhandel *(commercio immobiliare)*, die Tätigkeit Angehöriger freier Berufe *(liberi professionisti)* wie z. B. Steuerberater *(consulenti tributari)*, Rechtsanwälte *(avvocati)* etc.

2. Handels- und Zahlungsbilanz, Handelsministerium, Handelskammern und Industrieverbände

Die Handelsbilanz *(bilancia commerciale)* ist ein Teil der Zahlungsbilanz *(bilancia dei pagamenti)*. Unter Handelsbilanz versteht man den Unterschied zwischen dem Geldwert *(valore monetario)* der sichtbaren *(visibile)* Exporte und Importe, also der Warenexporte und der Warenimporte eines Landes. Die Handelsbilanz ist aktiv *(attiva)*, wenn die Exporte die Importe übersteigen und passiv *(passiva, in deficit)*, wenn die Importe höher sind als die Exporte. Bei der Beurteilung *(valutazione)* der Handelsbilanz werden die Importe und Exporte auf der gleichen Grundlage berechnet *(valutati sulla stessa base)*. Der Handelsstatistik *(statistica commerciale)* liegen für die Importe die cif-Werte *(= costo assicurazione e nolo)* und für die Exporte die *fob*-Werte *(= franco a bordo)* als Maßeinheiten zugrunde.

Die Zahlungsbilanz *(bilancia dei pagamenti)* ist eine systematische Aufzeichnung der gesamten wirtschaftlichen Transaktionen *(resoconto dell'insieme delle transazioni)* eines Landes mit der übrigen Welt *(resto del mondo)* während eines bestimmten Zeitabschnittes, meistens eines Jahres. Im Gegensatz zur Handelsbilanz *(bilancia commerciale)*, die nur den Warenimport und -export *(commercio di importazione ed esportazione)* berücksichtigt, umfaßt die Zahlungsbilanz drei Hauptelemente *(elementi principali)*:

1. die Handelsbilanz, d. h. das Verhältnis zwischen Warenimporten und Warenexporten.

2. die Dienstleistungsbilanz *(bilancia dei servizi)*, d. h. das Verhältnis zwischen Zahlungen für Dienstleistungen durch ausländische Firmen,

Personen und Organisationen und Einnahmen aus von inländischen Firmen, Personen und Organisationen erbrachten Dienstleistungen, wie z. B. aus Transport *(trasporti)*, Schiffsverkehr *(navigazione)*, Flugverkehr *(aviazione)*, Tourismus *(turismo)*, Versicherungen *(assicurazioni)*, Bankdienstleistungen *(servizi bancari)*, Patente und Lizenzgebühren *(brevetti)*, Tantiemen aus Film- und Fernsehfilmverleih *(diritti d'autore per cinema e televisione)*, Zins- und Dividendeneinnahmen etc.

3. Kapitalbewegungen *(movimenti di capitale)*, d. h. Geldzuflüsse und -abflüsse aus dem Lande.

Das Bruttoinlandsprodukt *(prodotto nazionale lordo, PNL)* ist der Geldwert *(valore monetario)* zu Marktpreisen aller Waren und Dienstleistungen *(di tutte le merci ed i servizi)*, die innerhalb eines Landes erbracht wurden, aber ausschließlich des Nettoeinkommens vom Ausland.

Das Handelsministerium *(Ministero per il Commercio Estero)* ist zuständig für das Wirtschaftsleben: Außenhandelspolitik *(politica del commercio estero)* und Handelsbeziehungen *(relazioni commerciali)*, Exportförderung *(promozione delle esportazioni)*, Verbraucherschutz und Sicherheit *(tutela dei consumatori)*, Gesellschaftsrecht *(diritto societario)*, Versicherungswesen *(assicurazioni)*, Druck- und Verlagswesen *(editoria)*, Patente *(brevetti)*, Warenzeichen *(marchi registrati)*, Urheberrechte *(diritti d'autore)*.

Zwischen gewissen Staaten werden oft Handelsverträge *(trattati commerciali)* abgeschlossen, wobei durch die Meistbegünstigungsklausel *(clausola della nazione maggiormente favorita)* allen Vertragsstaaten *(stati contraenti)* dieselben Vorteile zugute kommen.

Die Handelskammern *(Camere di Commercio)* stehen allen Erzeugern und Händlern *(produttori e commercianti)* offen und fördern die Interessen der örtlichen, regionalen und nationalen Industrie und des Handels. Sie bieten Exporthilfen *(offrono aiuti all'esportazione)*, haben viele Beziehungen mit Handelsstellen *(istituzioni del commercio)* im Ausland und sorgen für umfassende Handelsinformation *(informazioni commerciali)*. Sie stellen Ursprungszeugnisse *(certificati d'origine)* für Exporteure aus.

Das Italienische Institut für Außenhandel *(Istituto Nazionale per il Commercio Estero, ICE)* existiert seit über einem halben Jahrhundert. Zur Zeit zählt es 38 Niederlassungen in Italien und 79 im Ausland. Seine Hauptaufgabe besteht darin, den italienischen Außenhandel zu fördern. Diese Arbeit gründet sich auf 4 Schwerpunkte: Information über ausländische Märkte, Betreuung und Beratung *(assistenza e consulenza)* von Firmen, Promotion durch Ausstellungen und andere Werbeveranstaltungen, Ausbildung von Mitarbeitern im Außenhandel.

Die Internationale Handelskammer *(Camera di Commercio Internazionale)* ist eine Föderation von Wirtschaftsorganisationen und Geschäftsleuten in der ganzen Welt. Sie hat maßgebende internationale Richtlinien für den internationalen Handel ausgearbeitet wie z. B. Incoterms, Dokumentenakkreditive usw. Der Hauptsitz ist in Paris, der deutsche Vertriebsdienst befindet sich in Köln.

3. Unternehmensformen

Eine Gesellschaft entsteht, wenn zwei oder mehrere Personen gemeinschaftlich ein Handelsgeschäft betreiben. Nach italienischem Recht *(secondo il diritto italiano)* kann man die Gesellschaften in drei Gruppen unterteilen:

1. **Personengesellschaften** *(società di persone)*
   Bei diesem Gesellschaftstyp haften *(sono responsabili, rispondono)* sämtliche oder zumindest ein Teil der Gesellschafter mit ihrem ganzen Vermögen für alle Schulden der Gesellschaft. Die zwei wichtigsten Formen dieses Gesellschaftstyps sind in Italien:

   1.1 *Società in nome collettivo, S.n.c.* (offene Handelsgesellschaften)
   Hier haften alle Gesellschafter unbeschränkt *(illimitatamente)* mit ihrem Vermögen für die Schulden der Gesellschaft. Die *S.n.c..* (OHG) agiert unter einer Bezeichnung *(ragione sociale/ditta)*, bei einer oder mehrere Gesellschafternamen erscheinen.

   1.2 *Società in accomandita semplice S.a.s.* (Kommanditgesellschaft)
   Hier muß mindestens ein Teilhaber unbeschränkt haften. Die anderen Gesellschafter haften nur mit dem Beitrag ihrer Einlagen *(quote apportate/apporto)*.

2. **Kapitalgesellschaften** *(Società di capitali)*
   Bei dieser Gesellschaftsform haften die Gesellschafter nur mit dem Beitrag ihrer Einlagen.

   2.1 *Società per azioni, S.p.A.* (Aktiengesellschaft)
   Bei der Aktiengesellschaft *(Società anonima o: per azioni)* beteiligen sich sämtliche Gesellschafter mit Einlagen *(apporto)* auf das in Aktien *(azioni)* zerlegte *(diviso)* Grundkapital *(capitale sociale)*. Jeder haftet *(è responsabile)* nur für den Nennwert *(valore nominale)* seiner Aktien.

   Verfassung *(Costituzione)* und Verwaltung *(Amministrazione)* der Aktien. Der Gesellschaftsvertrag gibt unter anderem an:
   a) den Namen *(nome)* der Gesellschaft, aus welchem zumeist die Art des Unternehmens *(genere dell'impresa)* ersichtlich ist;
   b) den eingetragenen Sitz *(sede sociale)* der Gesellschaft;
   c) den Zweck oder Gegenstand *(oggetto)* des Unternehmens;
   d) die Höhe des Grundkapitals *(l'ammontare del capitale sociale)*, die Anzahl *(numero)* der Aktien und deren Nennwert *(valore nominale)*.

   Die Satzungen oder Statuten *(statuti)* regeln *(regolare)* die Kompetenzen und die Organisation der Gesellschaft.

   Für diese Gesellschaften sieht die gerichtliche Eintragung, welche innerhalb fünfzehn Tagen nach dem Datum des Verfassungsaktes stattfinden muß, folgendes vor:

a) Hinterlegung *(deposito)* des gesamten Gründungsbeschlusses *(atto costitutivo)*.

b) Prüfung *(esame)* seitens des Gerichtes, ob derselbe dem Gesetz entsprechend ist.

c) Eintragung *(iscrizione)* desselben in das H a n d e l s r e g i s t e r *(registro delle società)*, das beim Gericht geführt wird.

d) Veröffentlichung *(pubblicazione)* des Gründungsbeschlusses *(atto costitutivo)* im Amtsblatt für Aktiengesellschaften *(bollettino delle società per azioni)*.

Sollte die gerichtliche Eintragung *(iscrizione presso il Tribunale)* nicht innerhalb fünfzehn Tagen erfolgt sein, steht es den Aktionären frei, sich von der Gesellschaft zurückzuziehen oder selbst die Eintragung vorzunehmen.

Ist die Gesellschaft nicht dem Buchstaben des Gesetzes gemäß gegründet, so übernehmen alle Verwalter *(amministratori)* eine unbeschränkte Haftpflicht für sämtliche Handlungen *(atti)*, die sie im Namen der Gesellschaft etwa vorgenommen haben *(intraprendere)*.

Bevor nicht alle Aktien gezeichnet worden sind *(sottoscrivere)*, darf die Gründung der Gesellschaft nicht erfolgen.

Die Organe der S.p.A. bestehen aus der *Assemblea Generale*, dem *Consiglio di Amministrazione* und dem *Collegio Sindacale*. Einen Vorstand im Sinne deutschen Rechts gibt es nicht. Die Geschäftsführung obliegt entweder berufenen, externen Geschäftsführern oder einzelnen, gewählten Mitgliedern des *Consiglio di Amministrazione*. Die Leitung des Unternehmens erfolgt durch einen *Consigliere Delegato* oder einen *Amministratore Unico*.

Die A k t i o n ä r v e r s a m m l u n g *(assemblea degli azionisti)* wird nach der Eintragung als Hauptversammlung *(assemblea generale)* abgehalten. Es gibt ordentliche *(assemblea generale ordinaria)* und außerordentliche *(assemblea generale straordinaria)* Hauptversammlungen. Die Beschlußfassung *(deliberazioni)* der Mitglieder, die entweder persönlich anwesend sind oder vertreten werden, ist: a) *deliberazioni ordinarie* Beschluß mit einfacher Stimmenmehrheit *(semplice maggioranza[1])*; b) *deliberazioni straordinarie* Sonderbeschluß[2].

Beim gezeichneten Kapital *(capitale sociale)* unterscheidet man:

a) *capitale nominale* Stamm-, Grundkapital, das als dauernde Grundlage dienen soll;

b) *capitale sottoscritto* das von den Aktieninhabern (Aktionären *azionisti)* gezeichnete Kapital;

c) *capitale versato* das von den Aktionären eingezahlte Kapital;

d) *capitale non versato* das noch nicht eingezahlte Kapital.

---

[1] *Für diesen Beschluß ist nötig, daß die anwesenden oder vertretenen Aktionäre die Hälfte des Grundkapitals (capitale sociale) darstellen.*

[2] *Für diesen Beschluß ist die Anwesenheit so vieler Aktionäre erforderlich, um drei Viertel des Grundkapitals zu decken; die günstigen Stimmen müssen die Hälfte desselben erreichen.*

Die Aktie ist eine Urkunde *(documento)*, die einen Bruchteil *(frazione)* des Grundkapitals verkörpert und die Mitgliedschaft verbrieft *(garantisce)*.

Man unterscheidet zwischen Namensaktien *(azioni nominative)* und Inhaberaktien *(azioni al portatore)*:

a) *azioni ordinarie* gewöhnliche Aktien, Stammaktien;

b) *azioni privilegiate* Vorzugs-, Vorrechts- oder Prioritätsaktien, die dem Inhaber bei der Gewinnverteilung gewisse Vorrechte einräumen;

c) *azioni di godimento* oder *azioni postergate* benachteiligte Aktien geben dem Inhaber nur beschränkte Rechte (z. B. kein Stimmrecht bei der Hauptversammlung)

d) *azioni di risparmio* Sparaktien können nur von Gesellschaften, die an der Börse quotiert sind, ausgestellt werden. Sie haben eine garantierte Rentabilität *(reddito)*.

Der vom Kupon- oder Zinsbogen *(foglio delle cedole)* abzutrennende Gewinnanteil- oder Dividendenschein (Kupon *cedola di dividendo)* dient zur Erhebung der Dividende, während der Erneuerungsschein oder Talon *(cartella)* als Belegschein *(giustificativo)* für die Aushändigung neuer Gewinnanteilscheine zu benutzen ist. Man unterscheidet:

a) die Abschlags- oder Interimsdividende *(acconto sul dividendo)*, die vor der endgültigen Festsetzung des Gewinns bezahlt wird;

b) die Super- oder Mehrdividende *(extra dividendo)*, die über den erwarteten Betrag hinausgeht.

Die Vorzugsaktien *(azioni privilegiate)* erhalten vor allen anderen Aktien einen bestimmten Prozentsatz *(percentuale)* des Gewinns; die Vor-(zugs)dividende ist entweder *cumulativo*, wenn ein in einem Fehljahr (dividendenlosen Jahr) entstandener Rückstand *(arretrato)* oder unvollständiger Gewinnanteil *(dividendo incompleto)* nachgezahlt oder auf das nächste Jahr vorgetragen wird, oder *non cumulativo*, wenn dies nicht geschieht.

Aktiengesellschaften nehmen zusätzliches Kapital in Form von Schuldverschreibungen *(obbligazioni)* auf. Dies sind Anleihen *(prestiti)*, die genauso wie die Aktien verkauft und an den Wertpapierbörsen *(borse valori)* notiert werden können *(possono essere quotati)*. Die Inhaber *(obbligazionisti)* haben ein Anrecht *(hanno il diritto)* auf einen festen Zinssatz *(interesse fisso)*, gleichgültig ob das Unternehmen Gewinne macht oder nicht *(sia che la società abbia dei profitti o no)*. Inhaber von Schuldverschreibungen haben auf die Geschäftsführung keinen Einfluß *(non hanno alcuna influenza sulla gestione)*.

2.2 *Società in accomandita per azioni* (Kommanditgesellschaft auf Aktien), wobei das Grundkapital *(capitale sociale)* in gleichwertige Aktien *(azioni)* zerlegt ist. Die erstere kann durch einen privat abgeschlossenen Vertrag *(scrittura privata, atto privato)* gegründet werden, die letztere, wie alle Aktiengesellschaften, nur durch einen notariellen Vertrag *(atto pubblico)*, der vom Gericht gebilligt *(approvare)* werden muß. Die KG auf Aktien ist in Italien äußerst selten und absolut ungebräuchlich.

2.3 *Società a responsabilità limitata, S.r.l.* (Gesellschaft mit beschränkter Haftung, GmbH)

Diese Gesellschaft hat eine starke Ähnlichkeit mit der *S.p.A.;* die persönliche Bindung der Gesellschafter *(socio, i soci)* steht aber bei ihr mehr im Vordergrund. Sie ist auch eine Gesellschaft mit eigener Rechtspersönlichkeit *(personalità giuridica),* deren Gesellschafter mit Stammeinlagen *(partecipazioni sociali)* beteiligt sind, ohne persönlich für die Verbindlichkeiten der Gesellschaft zu haften. Ihre Gründung ist einfacher als die der *S.p.A.* Es sind mindestens zwei Gründer erforderlich. Für die Gründung ist ein Mindestkapital von 20 Millionen Lire erforderlich. Die meisten Bestimmungen, welche für die Aktiengesellschaft verbindlich sind, gelten auch für die GmbH.

3. **Genossenschaften** *(Società cooperative)*
Die Genossenschaft ist eine Gesellschaft zur Erreichung gemeinsamer wirtschaftlicher Ziele *(il raggiungimento di comuni finalità economiche)* auf der Bais der Solidarität. Ihr Ziel ist nicht die Erwirtschaftung von Gewinnen, sondern die Befriedigung der Bedürfnisse der Gesellschafter (Genossen).

Es gibt eingetragene Genossenschaften mit unbeschränkter Haftung (eGmuH) und eingetragene Genossenschaften mit beschränkter Haftpflicht (eGmbH). Nach dem verfolgten Zweck unterscheidet man Einkaufs-, Absatz-, Betriebs-, Kredit-, Bau- und Verbrauchergenossenschaften *(Cooperative di acquisto, vendita, esercizio, credito, costruzione, consumo).*

4. Die Expansion der Industrie und des Handels

Infolge der riesigen Entwicklung von Industrie und Handel hat immer die Tendenz zur Vergrößerung der Unternehmen geherrscht, so daß heute Gesellschaften mit Tausenden von Mitarbeitern bestehen, die über die ganze Welt verbreitet sind. Die Expansion solcher Konzerne *(consorzi, gruppi)* erfolgt:

1. durch Kapitalerhöhung in Form weiterer Aktienausgaben *(emissione di azioni)* oder durch Kreditaufnahme *(crediti).*
2. durch Fusion *(fusione)* mit bereits bestehenden Unternehmen.

Es gibt mehrere Arten der Fusion:

a) vollständiger Zusammenschluß *(fusione completa),* wobei eine der Firmen ihren Namen und ihre Identität verliert;
b) ein Unternehmen kauft die Aktien eines anderen Unternehmens auf, entweder während eines gewissen Zeitraumes durch die Börse oder durch ein Übernahmeangebot *(offerta pubblica di azioni)* an die Aktionäre, wobei es dem anderen Unternehmen erlaubt, seine getrennte Identität zu behalten *(conservare la sua identità);*
c) wenn zwei Firmen gleicher Bedeutung und Größe *(della medesima importanza e dimensione)* fusionieren und keine die andere schluckt *(assorbe),* wird eine vollständig neue Firma errichtet *(fondata).* Die

bestehenden Aktien werden gegen Aktien der neuen Firma ausgetauscht *(cambiate)*. Ein neuer Vorstand *(Consiglio di Amministrazione)* wird aus der Leitung der vorher getrennten Firmen gebildet.

Man unterscheidet:

«Fusione orizzontale» (horizontale Fusion), die Zusammenlegung *(combinazione)* zweier Firmen auf derselben Stufe der Produktion *(nel medesimo stadio di produzione)*.

«Fusione verticale» (vertikale Fusion), die Fusion zweier Firmen, die in der Produktion einer Ware auf verschiedenen Stufen beschäftigt sind.

«Fusione diversificata, integrazione» (Fusion von Firmen verschiedenartiger Produktion) sind heutzutage die weitverbreitetsten. Die Erzeugnisse der Unternehmen haben miteinander nichts zu tun *(non hanno nulla in comune)*.

«Imprese multinazionali» (multinationale Unternehmen). Eine Folge aller dieser Expansionen ist die Entwicklung der multinationalen Unternehmen. Einige sind finanzstärker als die Länder, in denen sie ihre Geschäfte betreiben *(operano)*. Diese Riesenunternehmen haben ihren Stammsitz *(sede sociale)* in einem bestimmten Land, haben jedoch geschäftliche Interessen *(interessi economici)* in allen Teilen der Welt, wo sie als Einzelfirmen geführt werden *(operano/funzionano)*. Diese sind der Muttergesellschaft im Ursprungsland gegenüber jedoch verantwortlich. Solche Korporationen beschäftigen viele tausend Leute aller Nationen, sind wirtschaftlich sehr stark und üben einen enormen internationalen Einfluß aus *(esercitano una enorme influenza a livello internazionale)*.

5. Marktforschung, Werbung und Pflege der öffentlichen Meinung

Marktforschung und Werbung *(Ricerche di Mercato e Pubblicità)* sind eine der größten Wachstumsindustrien im Zeitalter der Massenproduktion. Komplizierte Herstellungsmethoden *(complesse tecniche di produzione)* erfordern hohe Kapitalanlagen *(investimento di capitali)*, und die Planung *(pianificazione)* muß auf lange Sicht erfolgen. Die Einschätzung *(valutazione)* der Art und Höhe des Bedarfs für ein Produkt oder eine Dienstleistung muß genau sein, wenn wirtschaftliche Ressourcen nicht falsch verwendet werden sollen.

Das Ziel der Marktforschung ist, so genau wie möglich zu erforschen, wie neue Märkte auf ein neues oder auf ein bereits auf dem Markt befindliches Produkt reagieren *(reagiscono)*. Ein ausgezeichnetes Produkt ist keine Garantie für seinen wirtschaftlichen Erfolg.

Die von den Marktforschungsinstituten angewandten Techniken sind z. B. Besorgung von statistischem Material und Analyse *(raccolta di dati ed analisi)*, Fragebogen *(questionari)*, Interviews usw. Es wird untersucht, inwieweit ein Markt für ein Produkt aufnahmefähig ist oder erweitert werden kann *(può essere ampliato)*, die Eignung *(idoneità)* des Produktes in bezug auf Farbe, Form, Ausführung und Anpassung an den Käuferge-schmack und seine attraktivste Verpackung, die Möglichkeiten und Kosten eines eventuellen Kundendienstes *(servizio assistenza clienti)*, die auf dem Markt bereits vorhandene Konkurrenz, ihr Marktanteil und ihre Verkaufspolitik *(politica di vendita)*, die für den Markt geeigneten *(adatti, adeguati)* Absatz- und Verteilungsmethoden *(metodi di distribuzione)*, die wirkungsvollsten Werbemittel *(mezzi pubblicitari più efficaci)* und die Kosten einer Werbekampagne *(campagna pubblicitaria)*, die Preisgestal-tung *(formazione dei prezzi)* und andere für das spezielle Produkt rele-vante Fakten.

Die **Werbung** dient der Schaffung *(apertura)* neuer und Erhaltung *(mantenimento)* alter Märkte und soll

a) den Verbraucher informieren und Nachfrage schaffen *(creare la do-manda)*,

b) potentielle Verbraucher *(potenziali consumatori)* zum Kauf überreden,

c) alte Kunden gegen den Druck der Konkurrenz erhalten *(pressione della concorrenza)*,

d) die Kunden informieren über Preisänderungen *(cambiamenti di prez-zo)*, Sonderangebote *(offerte speciali)*, technische Neuerungen *(novità tecniche)*, neue Anwendungsbereiche bestehender Produkte *(nuove pos-sibilità d'impiego di prodotti esistenti)* usw.

Die Werbemittel *(mezzi pubblicitari)* sind:

1. Anzeigen *(inserzioni)* in Zeitungen, Zeitschriften, Fachzeitschriften *(ri-viste specializzate)*, Theater- und Konzertprogrammen usw.

2. Außenwerbung *(pubblicità esterna)* durch Plakate *(manifesti)* in Stra-ßen, Bahnhöfen und Untergrundbahnhöfen *(stazioni della metropolita-na)*, Neonlichtreklame *(insegne al neon)*, sowie Werbung auf Firmenwa-gen *(automezzi dell'impresa)*, Lieferwagen *(furgoni)*, Bussen, Reklame auf Plastiktüten *(sportine)* usw.

3. Direktwerbung mit durch beauftragte Verteiler in Briefkästen einge-worfenen Werbebriefen, Werbedruckschriften; durch mit der Post ver-sandte Prospekte, Kataloge, Broschüren, Preislisten, usw. Zur Beschrei-bung komplizierter technischer Vorgänge werden Kataloge in zuneh-mendem Maße durch Video-Cassetten ergänzt. Telefonwerbung.

4. Rundfunk und Fernsehen, Werbefilme.

5. Werbung am Verkaufsplatz *(pubblicità sul punto di vendita)*: Schaufen-sterdekoration *(decorazione delle vetrine)*, Innenwerbung, durch Laut-sprecher angekündigte Sonderangebote *(offerte speciali)* in Kaufhäu-sern usw.

6. kostenfreie Muster *(campioni gratuiti)*.

7. Werbegeschenke *(omaggi di propaganda)*.

8. Messen und Ausstellungen *(fiere ed esposizioni)*.

9. Sponsorentum *(sponsorizzazione)* bei sportlichen und kulturellen Ver-anstaltungen.

Große Firmen haben ihre eigene Werbeabteilung. Die meisten Herstel-ler beauftragen jedoch eine Werbeagentur *(agenzia di pubblicità)*, die die Firma berät *(consiglia)* und das Werbematerial durch ihre eigenen Texter *(redattori)* und Entwurfgraphiker *(grafici)* herstellen läßt sowie für die Unterbringung der Werbung *(collocazione della pubblicità)* in Presse, Rundfunk und Fernsehen sorgt.

Während die Produktenwerbung unmittelbar dem Absatz dient und sich kurzfristig bezahlt machen soll, fördert die Public-Relations-Arbeit *(Pubbliche Relazioni)* (Meinungswerbung, Kontaktpflege, Pflege der öffentlichen Meinung) auf lange Sicht das beiderseitige Verständnis zwischen einem Unternehmen und der Öffentlichkeit.

In großen Firmen nimmt diese Aufgabe ein *Addetto alle Pubbliche Relazioni* wahr, der oft ein Direktor der Firma ist. Er bemüht sich um die Schaffung eines guten Verhältnisses zwischen seinem Unternehmen und der Öffentlichkeit, die sich aus einem vielschichtigen Publikum zusammensetzt: seinen Angestellten und Arbeitern, Aktionären, Lieferanten, den Einwohnern des Ortes des Firmensitzes, Abteilungen der Kommunal- und Landesbehörden *(autorità locali e nazionali)* und nicht zuletzt den Kunden.

Der *Addetto alle Pubbliche Relazioni* gibt Pressekonferenzen *(conferenze stampa)* und ist verantwortlich für die Beziehungen zur Presse, er arrangiert Werksbesichtigungen *(visite dell'impresa)*, Vorträge, Filmvorführungen und sorgt für Mitteilungen aus der Arbeit des Unternehmens in der Hauszeitung *(giornale aziendale)* usw.

Es gibt auch selbständige Public-Relations-Firmen (PR-Agenturen) *(consulenti pubblicitari)*, die die Unternehmen beraten und diese Öffentlichkeitsarbeit für sie durchführen.

6. Lieferungs- und Zahlungsbedingungen

Zum Abschluß *(conclusione)* eines Geschäftes *(affare)* ist eine Übereinkunft *(accordo)*, ein K a u f v e r t r a g [1] *(contratto di compra vendita)* nötig, worin festgesetzt *(stabilire)* wird, daß eine der vertragschließenden Parteien *(parti contraenti)* – der Verkäufer *(venditore)* – der anderen – dem Käufer *(acquirente, compratore)* – eine Ware zu liefern *(fornire, consegnare)* und dafür eine bestimmte Geldsumme *(una certa somma di denaro)*, den Preis *(prezzo)*, zu bekommen hat.

Es gilt als V e r t r a g s b r u c h *(rottura di contratto)*, wenn der Übereinkunft zuwider nicht pünktlich *(puntualmente, tempestivamente)* geliefert oder gezahlt wird. Kommt der säumige Teil *(parte inadempiente)* trotz an ihn ergangener Aufforderung *(sollecito)* seinen Verpflichtungen nicht nach, so kann er wegen Nichtlieferung *(mancata consegna)* oder Nichtzahlung *(mancato pagamento)* verklagt *(citare)* und für den entstandenen Schaden *(danno patito)* oder Verlust *(perdita)* haftbar gemacht *(render responsabile)* werden.

Damit eine Übereinkunft gültig *(valida)* ist, sind folgende Bedingungen *(condizioni)* wesentliche Erfordernisse *(requisiti essenziali)*: die Einwilli-

---

[1] *Bei einer einfachen brieflichen oder schriftlichen Bestellung (ordinazione scritta) ist ein besonderer Kaufvertrag nicht erforderlich.*

gung *(consenso)* der Parteien; ihre Fähigkeit, Verträge abzuschließen *(capacità di contrarre);* der Gegenstand *(oggetto)* der Verbindlichkeit *(obbligazione).*

Für den Kauf *(acquisto, compra)* und Verkauf *(vendita)* kommen wichtige L i e f e r u n g s - und Z a h l u n g s b e d i n g u n g e n *(condizioni di fornitura e pagamento)* in Betracht, wovon etwa folgende Klauseln *(clausole)* und Wendungen *(espressioni)* besondere Beachtung verdienen:

a) Z u s t a n d *(condizione)* d e r W a r e
su descrizione (nach Beschreibung): die Ware wird nach Qualitätsbezeichnung, auf ihr Marken- bzw. Warenzeichen *(marchio di fabbrica)* hin abgegeben.

su campione (nach Probe [Muster]): die Ware muß der Probe oder dem Muster entsprechen *(corrispondere),* sonst kann der Käufer die Annahme verweigern *(rifiutare).*

mediante invio in esame o in visione (zur Ansicht): die Ware geht als Ansichtssendung *(spedizione [o consegna] per l'esame)* und kann ganz oder zum Teil entweder angenommen *(accettare)* oder wieder zurückgesandt *(restituire)* werden.

salvo approvazione (auf Probe): der Käufer testet die Ware, z. B. einen Heimcomputer, und muß innerhalb einer bestimmten Zeit seine Kaufentscheidung treffen.

su campione tipo (nach [ungefährem] Muster): der Verkauf wird nach der Durchschnittsbeschaffenheit *(in base alla qualità media)* der Ware abgeschlossen *(stipulare, contrattare).*

b) L i e f e r z e i t *(termine di consegna)*
consegna pronta, consegna immediata umgehende (od. sofortige) Lieferung.

merce flottante, viaggiante (schwimmend, rollend): die Ware ist (vom Ausland *dall'estero*) unterwegs.

consegna differita, consegna a termine (Lieferung auf Zeit): zu einem bestimmten *(determinata)* Zeitpunkt *(epoca),* die (besonders an den Börsen gemachten) Lieferungs-, Zeit- oder Termingeschäfte *(contrattazioni a termine, contrattazioni a consegna differita).*

secondo (o dietro) richiesta (nach Bedarf, wie gewünscht), (auf Abruf), der Käufer gibt den Zeitpunkt der Lieferung an. Bei der Sukzessivlieferung *(consegna successiva)* liefert der Verkäufer nach und nach *(successivamente)* oder in Teilsendungen *(consegne parziali).*

c) A r t *(modo)* d e s V e r s a n d s
Der Versand *(invio)* der Waren oder die Güterbeförderung *(spedizione delle merci)* findet statt:

1. Auf dem Landweg *(per via di terra):*
   durch Boten oder Spediteur *(a mezzo corriere o spedizioniere)*
   mit Lastwagen, Lastzug *(su camion, autotreno)*
   durch Postpaket *(per pacco postale)*
   per Bahn *(per ferrovia),* und zwar:
   a) je nach Versandart:
      als Wagenladung *(a carro completo)*
      als Stückgut *(a collettame, in piccole partite)*

b) je nach Beförderungsart:
   als Frachtgut *(a piccola velocità, P. V.)*
   als Eilgut *(a grande velocità, G. V.)*;
   kleinere eilige Sendungen können
   als Expressgut *(come collo espresso)*
   als Passagiergut *(a bagaglio)*
   aufgegeben werden.

2. Auf dem Wasserweg *(per via d'acqua)*:
   per Schiff *(a mezzo nave)*
   mit dem Schleppkahn *(a mezzo chiatta)*

3. Auf dem Luftweg *(per via aerea)*
   mit dem Flugzeug *(a mezzo aereo)*

d) P r e i s *(prezzo)* und O r t *(luogo)* der L i e f e r u n g

Hier werden üblicherweise die INCOTERMS angewendet.

Die INCOTERMS *(clausole commerciali internazionali)* sind von der International Chamber of Commerce, ICC Paris, zusammengestellt und geben eine maßgebende Darlegung *(esposizione normativa)* der jeweiligen Rechte und Pflichten von Käufer und Verkäufer bei internationalen Geschäften *(dei rispettivi diritti e doveri del venditore e del compratore che effettuano transazioni internazionali)*. Die Neufassung der INCOTERMS 1990 enthält 13 Klauseln. Genaue Einzelheiten und ihre juristische Auslegung gibt die Publikation «Incoterms» der ICC. Im folgenden sind nur einige der wichtigsten Punkte dieser Frachtklauseln erwähnt. Bei Abschluß eines Liefervertrages sollten die jeweiligen Bestimmungen, wie z. B. INCOTERMS, US-Lieferklauseln, skandinavisches Kaufrecht usw., die die Basis des Vertrages bilden, angegeben werden. Um ganz sicher zu sein, daß die Incoterms dem Vertrag zugrunde gelegt werden, empfiehlt es sich, darauf hinzuweisen, z. B. «Consegna FOB Bremerhaven (Incoterms 1990)».

EXW (AB WERK) (franco stabilimento, fabbrica, deposito)
„Ab Werk" bedeutet, daß der Verkäufer seine Lieferverpflichtung erfüllt, wenn er die Ware auf seinem Gelände (d. h. Werk, Fabrikationsstätte, Lager usw.) dem Käufer zur Verfügung stellt *(mette a disposizione)*. Der Käufer trägt alle Kosten und Gefahren, die mit dem Transport der Ware vom Gelände des Verkäufers zum vereinbarten Bestimmungsort *(destinazione)* verbunden sind.

FCA (FREI FRACHTFÜHRER) (franco vettore)
„Frei Frachtführer" bedeutet, daß der Verkäufer seine Lieferverpflichtung erfüllt, wenn er die zur Ausfuhr freigemachte Ware dem vom Käufer benannten Frachtführer am benannten Ort oder an der benannten Stelle übergibt *(consegna)*. „Frachtführer" ist, wer sich durch einen Beförderungsvertrag *(contratto di trasporto)* verpflichtet, die Beförderung per Schiene, Straße, See, Luft, Binnengewässer *(idrovie)* oder in einer Kombination dieser Transportarten durchzuführen *(effettuare)* oder durchführen zu lassen.

FAS (FREI LÄNGSSEITE SCHIFF) (franco sottobordo)
„Frei Längsseite Schiff" bedeutet, daß der Verkäufer seine Lieferverpflichtung erfüllt, wenn die Ware längsseits des Schiffes am Kai *(sulla*

banchina) oder in Leichterschiffen *(chiatte)* im benannten Verschiffungshafen *(porto d'imbarco)* verbracht ist.

FOB (FREI AN BORD) (franco a bordo)
„Frei an Bord" bedeutet, daß der Verkäufer seine Lieferverpflichtung
erfüllt, wenn die Ware die Schiffsreling *(bordo, murata della nave)* in dem
benannten Verschiffungshafen überschritten hat. Die *FOB*-Klausel verpflichtet den Verkäufer, die Ware zur Ausfuhr freizumachen.

CFR (KOSTEN UND FRACHT) (costo e nolo)
„Kosten und Fracht" bedeutet, daß der Verkäufer die Kosten und die
Fracht tragen muß, die erforderlich *(necessari)* sind, um die Ware zum
benannten Bestimmungshafen zu befördern; jedoch gehen die Gefahr des
Verlustes *(perdita)* oder der Beschädigung *(danneggiamento)* der Ware
ebenso wie zusätzliche Kosten, die auf Ereignisse *(eventi)* nach Lieferung
der Ware an Bord zurückzuführen sind, vom Verkäufer auf den Käufer
über, sobald die Ware die Schiffsreling im Verschiffungshafen passiert hat.

CIF (KOSTEN, VERSICHERUNG, FRACHT)
(costo, assicurazione e nolo)
„Kosten, Versicherung, Fracht" bedeutet, daß der Verkäufer die gleichen
Verpflichtungen wie bei der *CFR*-Klausel hat, jedoch zusätzlich die See-
transportversicherung *(assicurazione per il trasporto marittimo)* gegen die
vom Käufer getragene Gefahr des Verlustes oder der Beschädigung der
Ware während des Transports abzuschließen hat.

CPT (FRACHTFREI) (spese di trasporto pagate)
„Frachtfrei ..." bedeutet, daß der Verkäufer Kosten und Fracht für die
Beförderung der Ware bis zum benannten Bestimmungsort trägt.

CIP (FRACHTFREI VERSICHERT) (spese di trasporto e assicurazione
pagate)
„Frachtfrei versichert" bedeutet, daß der Verkäufer die gleichen Verpflichtungen wie bei der *CPT*-Klausel hat, jedoch zusätzlich die Transportversicherung gegen die vom Käufer getragene Gefahr des Verlustes
oder der Beschädigung der Ware während des Transports zu beschaffen
und deren Kosten zu tragen hat.

DAF (GELIEFERT GRENZE) (reso frontiera)
„Geliefert Grenze" bedeutet, daß der Verkäufer seine Lieferverpflichtung
erfüllt, wenn die zur Ausfuhr freigemachte Ware an der benannten Stelle
des benannten Grenzorts *(località di frontiera)* zur Verfügung gestellt
wird, jedoch vor der Zollgrenze *(frontiera doganale)* des benachbarten
(viciniore) Landes.

DES (GELIEFERT AB SCHIFF) (reso a bordo, non sdoganato)
„Geliefert ab Schiff" bedeutet, daß der Verkäufer seine Lieferverpflichtung erfüllt, wenn die Ware, die vom Verkäufer nicht für die Einfuhr
freizumachen ist, dem Käufer an Bord des Schiffes im benannten Bestimmungshafen zur Verfügung gestellt wird.

DEQ (GELIEFERT AB KAI) (VERZOLLT) *(reso in banchina, sdoganato)*
„Geliefert ab Kai (verzollt)" bedeutet, daß der Verkäufer seine Lieferver-

pflichtung erfüllt, wenn er die zur Einfuhr freigemachte Ware dem Käufer am Kai des benannten Bestimmungshafens zur Verfügung stellt.

DDU (GELIEFERT UNVERZOLLT) (reso non sdoganato)
„Geliefert unverzollt" bedeutet, daß der Verkäufer seine Lieferverpflichtung erfüllt, wenn die Ware am benannten Ort im Einfuhrland zur Verfügung gestellt wird.

DDP (GELIEFERT VERZOLLT) (reso sdoganato)
„Geliefert verzollt" bedeutet, daß der Verkäufer seine Lieferverpflichtung erfüllt, wenn die Ware am benannten Ort im Einfuhrland zur Verfügung gestellt wird.

Wünschen die Parteien, daß der Käufer die Ware zur Einfuhr freimacht und die Zölle entrichtet, ist die *DDU*-Klausel geeigneter *(più adatta)*.

e) Z e i t *(tempo)* u n d A r t *(modo)* d e r Z a h l u n g
   Man unterscheidet: 1. K a s s a - oder B a r g e s c h ä f t *(affare in contanti)*, wobei der Kauf gegen sofortige Barzahlung *(pagamento in contanti)* mit einem Abzug (Skonto *sconto*) vom Rechnungsbetrag *(ammontare della fattura)* erfolgt; 2. K r e d i t g e s c h ä f t *(operazione [o affare] a credito)*, Kredit-, Zielkauf *(compera a credito)*, wenn die Waren auf Kredit oder Ziel *(a credito, a termine)*, z. B. ein [drei] Monat[e] Ziel *pagamento a un mese [a tre mesi]* gekauft werden, d. h. wenn die Barzahlung ohne Abzug *(sconto)* erst nach Ablauf *(dopo la decorrenza)* eines je nach Handelsgebrauch *(uso commerciale)* und Warengattung *(specie di merci)* zu bestimmenden Zieles erfolgt.
   Bei den Abzügen muß man *sconto per pronto incasso* Kassenskonto oder -rabatt (Abzug für Barzahlung) von *sconto per rivenditori* Warenskonto (Preisnachlaß auf Waren [für Wiederverkäufer]) unterscheiden.

pronti contanti (gegen) sofortige Barzahlung, Zahlung mit umgehender Post *(a giro di posta)* innerhalb *(entro)* zwei oder drei Tagen.

pagamento in contanti (Kasse oder Barzahlung) *al ricevimento della merce* (bei Empfang der Ware).

pagamento anticipato (Zahlung im voraus, pränumerando): der Betrag ist vor Absendung *(spedizione)* der Ware zu zahlen.

pagamento alla consegna (Kasse bei Ablieferung, [unter] Nachnahme *[contro assegno]*): die Ware wird dem Käufer nur gegen Zahlung des Rechnungsbetrages ausgehändigt *(consegnare)*.

netto contanti (netto Kasse), Zahlung ohne Abzug *(sconto)* in 10 Tagen.

(netto) pagamento contro documenti (polizza di carico, fattura) (netto) Kasse gegen Dokumente (Seefrachtbrief, Faktura): der Käufer zahlt gegen Aushändigung *(consegna)* der Verschiffungspapiere *(documenti d'imbarco)*.

in contanti, sconto 2½% oppure a 30 giorni netto (Kasse mit 2½% Skonto, oder Nettobetrag in 30 Tagen oder 30 Tage Ziel): der Käufer zahlt sofort unter Abzug von 2½% oder nach 30 Tagen ohne Abzug.

a un mese, sconto 2% (2% Skonto innerhalb eines Monats): der Käufer zahlt in einem Monat mit 2% Abzug.

f) Form *(forma)* der Zahlung *(pagamento)*

Die Zahlung kann geleistet *(eseguire)* werden: 1. (in) bar, in Bargeld *(in contanti);* oft wird ein Sortenzettel *(distinta)* beigefügt; 2. durch Scheck *(assegno)*, Wechsel oder Tratte *(tratta)*, Sichtanweisung *(tratta a vista)*, 3. durch Postanweisung *(vaglia postale)* und 4. durch die verschiedenen Arten der Banküberweisung *(bonifico bancario)*.

Zu Postanweisungen *(vaglia postale)* werden die von allen Postämtern *(uffici postali)* gelieferten Formulare *(formulari)* benutzt. Der Auftraggeber *(mittente)* muß seinen und des Empfängers *(ricevente, destinatario)* Namen angeben. Namentlich für kleinere Beträge bedient man sich dieser Zahlungsweise *(modo di pagamento)*.

Bei telegrafischen Überweisungen *(vaglia telegrafico)* zahlt man einer italienischen Bank den Gegenwert *(somma equivalente)* zum Tageskurs *(cambio del giorno)* in italienischem Geld ein und die Bank weist ihre Auslandsfiliale *(filiale all'estero)* an, dem Empfänger oder der betreffenden Firma die entsprechende Summe in dortiger Währung *(valuta)* auszuzahlen.

Außerdem ermöglicht die Bankvermittlung im Auslandsverkehr *(commercio con paesi esteri)* Zahlungen: a) durch Ankauf von Bankwechseln *(cambiali bancarie o divise)*; b) durch Dokumentenwechsel *(tratte documentate)*, die dem Käufer gegen Zahlung *(documenti contro pagamento = D/P)*, gegen Akzept *(documenti contro accettazione = D/A)* oder gegen Kreditcreröffnung *(apertura di credito, lettera di credito = L/C)* übergeben werden.

Vgl. VII. Begleichung der Rechnung, XVIII. Bankwesen (Der Scheck) und XIX. Der Wechsel.

7. Post- und Fernmeldewesen

Nachdem der Absender (Adressant *mittente*) den Brief richtig an den Empfänger (Adressat *ricevente, destinatario*) adressiert *(indirizzare)* hat, wird ggf. das Gewicht *(peso)* mittels der Briefwaage *(bilancia per lettere)* festgestellt, und der Brief wird frankiert *(affrancare)*, d. h., es wird eine (Brief-)Marke *(francobollo)* aufgeklebt *(applicare)*, deren Wert *(valore)* dem Porto *(tassa postale)* entsprechen muß; für ungenügend frankierte *(insufficentemente affrancate)* Briefe hat der Empfänger die Differenz zum fehlenden Porto *(la differenza dell'affrancatura mancante)* und für unfrankierte *(non affrancate)* das volle Porto zu zahlen.

Das System der Postleitzahlen *(Codice di Avviamento Postale, CAP)* ermöglicht eine schnelle elektronische Sortierung *(smistamento elettronico rapido)* der Briefe. Die italienischen Postleitzahlen bestehen aus einer fünfstelligen Zahl *(numero di cinque cifre)*. Die ersten drei Ziffern bezeichnen die Provinzhauptstadt *(capoluoghi di Provincia)*, die letzten zwei kleinere Ortschaften bzw. den Zustellbereich in größeren Städten.

Wichtige Briefe kann man einschreiben lassen *(raccomandare)*, indem man den Einschreibebrief *(lettera raccomandata)* mit *Raccomandata* (Einschreiben) bezeichnet und gegen Aushändigung eines Einlieferungsscheins *(ricevuta)* eine bestimmte Einschreibegebühr *(diritto di raccomandazione)* zahlt. Durch das Einschreiben sichert man sich die prompte

Zustellung *(consegna)* und eine Entschädigung *(risarcimento)*, sollte der Brief verlorengehen *(perdersi)*.

Wert- oder Geldbriefe *(lettere assicurate)* unterliegen einer besonderen Gebühr *(tassa d'assicurazione)*; sie heißen: *lettere assicurate* (Wertbriefe), im Gegensatz zu den Einschreibebriefen *(lettere raccomandate)*.

Der Briefträger oder Postbote *(portalettere, postino)* besorgt die gewöhnliche Zustellung *(recapito)* der Briefe. Für Eilbriefe *(lettere espresso)* bedient man sich der Eilzustellung *(consegna accelerata)* durch Eil- oder Sonderboten *(portalettere delle espresse)*.

Ist der Empfänger verzogen *(traslocato)*, so kann der Brief umadressiert *(reindirizzarre)* und neu aufgegeben *(reimpostare)* werden, oder er wird, wenn der Empfänger nicht aufzufinden ist, dem Büro für unzustellbare Briefe *(ufficio lettere inesitate)* zugeleitet.

Postlagernde Briefe *(lettere fermo posta)*, zu deren Empfang ein Ausweis oder eine Legitimation *(documento di identità)* nötig ist, müssen mit *Fermo posta* (Postlagernd) bezeichnet werden.

Um eine Anhäufung *(accumulo)* der eingehenden Briefe *(corrispondenza in arrivo)* bei der Post zu vermeiden *(evitare)* und die Verteilung zu erleichtern *(facilitare lo smistamento)*, können große Firmen die für sie bestimmten Briefe direkt bei der Post abholen *(prelevare direttamente all'Ufficio Postale)*. Hierfür mieten sie bei ihrem zuständigen Postamt ein Schließ- oder Postfach *(casella postale)*; ankommende Sendungen müssen die Aufschrift tragen: Postfach Nr. ... *(Casella Postale/CP N. ...)*.

Die Postkarte *(cartolina postale)* mit eingedruckter *(stampato, impresso)* oder aufgeklebter *(applicato)* Marke kann mit bezahlter Antwortkarte *(risposta pagata)* versehen sein.

Geschäftspapiere *(documenti commerciali)*, Zeitungen *(giornali)*, Korrekturbogen *(bozze di stampa)* und andere Drucksachen *(stampati)* werden als Kreuzbandsendungen *(spedizioni come stampati)* unter Kreuz- oder Streifband *(sotto fascia)* mit der Aufschrift: *Stampati, fatture, stampe* (Drucksache) versandt.

Warenproben *(campioni)* werden als „Muster ohne Wert" *(campioni senza valore)* versandt.

Die Inlands- *(per l'interno)* und Auslands- *(per l'estero)* Paketpost *(ufficio dei pacchi postali)* befördert am Schalter aufzugebende Pakete *(pacchi da consegnarsi allo sportello)* von verschiedener Größe *(dimensioni)* zu bestimmten Sätzen *(tariffa)*. Die Pakete können versichert *(assicurare)* werden; aber auch für unversicherte *(non assicurati)* verlorengegangene *(perduti)* Pakete wird aufgrund einer vom Absender *(speditore)* ausgefüllten und vom Beamten *(impiegato)* des Postamtes *(ufficio postale)* unterzeichneten Bescheinigung *(ricevuta)* eine Vergütung *(compenso, risarcimento)* gewährt. Für postlagernde *(fermo posta)* Pakete ist Lagergeld *(diritto di sosta)* zu entrichten.

Sollen Briefe oder Pakete mit Luftpost *(posta aerea)*, durch den Luftpostdienst *(servizio postale aereo)* befördert werden, so müssen sie die Bezeichnung *via aerea* tragen.

Bei der Zolldeklaration *(dichiarazione doganale)* ist Inhalts- und

Wertangabe *(dichiarazione del contenuto e del valore)* und für den europäischen Kontinent eine Paketkarte *(bollettino)* erforderlich.

Der Versand gegen N a c h n a h m e *(contro assegno)* ist bei der italienischen Post auf bestimmte Länder beschränkt.

A u s k u n f t *(informazioni)* über Postangelegenheiten erhält man auf dem H a u p t p o s t a m t *(ufficio postale centrale)* oder einem N e b e n p o s t - a m t *(ufficio postale periferico)*.

Der T e l e g r a f *(telegrafo)* dient zur Übermittlung *(trasmissione)* von telegrafischen Mitteilungen oder Nachrichten *(notizie telegrafiche [o messaggi telegrafici]*, überseeisch: *notizie per cavo)*, und zwar geschieht dies durch ein Netz *(rete)* von Telegrafenlinien *(linee telegrafiche)* und Unterseekabeln *(cavi sottomarini)* sowie durch drahtlose oder Funktelegrafie *(radiotelegrafia, telegrafia senza fili)*. Will man telegrafieren *(telegrafare)*, drahten, kabeln *(inviare un cablogramma)* oder funken *(inviare un radiogramma)*, so muß man gegebenenfalls im Telegrafenamt *(ufficio telegrafico)* ein Telegrammformular ausfüllen *(riempire un modulo per telegramma)*.

Ein Telegramm *(telegramma)* kann sein:
a) drahtlos: = Funkspruch *(radiogramma)*;
b) überseeisch = Kabeltelegramm *(cablogramma)*;
c) in offener *(in chiaro)* oder in verabredeter *(convenuta)* oder geheimer *(segreta)* Sprache, in Geheimschrift = Kodex-, Chiffretelegramm *(telegramma cifrato)*, das in Code- oder Schlüsselwörtern *(parole chiave)* oder in Zahlen *(cifre)* oder auch gemischt *(misto)* aufgegeben und mittels eines Telegrafenschlüssels *(chiave telegrafica)* entziffert oder dechiffriert *(decifrato)* wird.

Internationale Telegramme werden durch Telefon, Telefax oder Telex aufgegeben. Unter «*stile telegrafico*» (Telegrammstil) versteht man die knappe, aufs äußerste reduzierte Telegrammsprache *(lingua telegrafica)*. Als Interpunktion gibt es nur „Stop" und Fragezeichen. Wichtige Zahlen sollten in Worten *(in lettere)* zum Ausdruck kommen

Im Telegrammverkehr gelten feststehende Grundsätze, wonach ein Telegramm einer brieflichen Bestätigung *(conferma a mezzo lettera)* bedarf. Diese wird der Einfachheit halber bei manchen Firmen durch besondere Formulare *(moduli)* besorgt.

Als Telegrammgattungen gelten international:
das einfache Telegramm *(telegramma semplice)*,
das Brieftelegramm *(telegramma lettera)* (heute selten)
das Kabeltelegramm *(cablogramma)*.

Viele Firmen bedienen sich beim Telegrafieren *(telegrafare)* einer eingetragenen Telegrammadresse *(indirizzo telegrafico o convenzionale)*.

Bei der Gebühr oder Taxe *(tariffa)* kommt zur Worttaxe *(tariffa per parola)* oft noch eine Zuschlagtaxe *(tassa addizionale)* und die Zustellungsgebühr *(diritto di recapito)* hinzu. Die Antwort kann man auch vorausbezahlen *(risposta pagata)*.

Das Telegramm hat im Geschäftsleben durch das Aufkommen des Fernschreibers *(con l'introduzione del telex)* und des T e l e f a x *(telefax o fax)* an Bedeutung verloren. Beim Telefax handelt es sich um einen an das

Telefon angeschlossenen Fernkopierer *(fotopiatrice a distanza)*, der der Übertragung von Briefen, Dokumenten, Zeichnungen usw. dient.

Sowohl Telex als Telefax können einen großen Teil der schriftlichen Korrespondenz zwischen Firmen übernehmen *(sbrigare una gran parte della corrispondenza tra le imprese)*, und aus diesem Grund sind sie für ein fortschrittliches Unternehmen unentbehrlich *(indispensabili)*.

T e l e t e x ist eine sehr schnelle Art des Telex und kann bis zu 3500 Worte pro Minute übermitteln.

Das Telefon *(telefono)* bleibt jedoch das gebräuchlichste Mittel zur sofortigen Kommunikation *(comunicazione immediata)*. Heute besteht in fast allen Ländern das Selbstwählsystem *(sistema della teleselezione)*, auch in öffentlichen Telefonzellen *(cabine telefoniche pubbliche)*, sowohl für Inlands- als auch für Auslandsgespräche *(sia per telefonate interurbane nazionali che internazionali)*.

Die örtlichen Telefonbücher *(elenchi telefonici)* enthalten die Namen, Anschriften und Telefonnummern aller Teilnehmer *(abbonati)*. Die sogenannten *«Pagine gialle»* entsprechen unseren Branchen-Telefonbüchern („Gelbe Seiten").

Anrufbeantworter *(segreteria telefonica)* können gemietet oder gekauft werden *(affittato o comprato)*. Dieser Apparat fordert den Anrufer auf, eine Nachricht zu hinterlassen *(lasciare un messaggio)*, die aufgenommen wird *(viene registrato)*.

Um das Telefonieren zu erleichtern bzw. zu beschleunigen, sind viele technische Neuheiten *(innovazioni tecniche)* auf den Markt gekommen. Hierzu gehören z. B. die automatische Wählvorrichtung *(ripetitore automatico)*, die einen Wiederholungsmechanismus für Anrufe in Gang setzt, oder das Speichertelefon *(telefono con memoria)*, das sich Telefonnummern merken kann, sowie das schnurlose Telefon *(telefono senza filo)*, das mobile Funktelefon *(telefono cellulare; telefonino)* oder das Autotelefon *(telefono cellulare automobilistico)*.

«Carte di credito telefoniche» (Telefon-Kreditkarten) ermöglichen es, Telefongespräche von jedem Telefon aus zu führen und Telegramme zu senden, ohne Bezahlung zur Zeit des Anrufs *(senza pagamento al momento della chiamata)*. Die Abrechnung erfolgt mit der Telefonrechnung.

Buchstabieralphabet

Bei Telefongesprächen oder telefonischer Durchgabe von Telegrammen in Italien kann es vorkommen, daß ein Wort, ein Name, eine Adresse, ein Schiffsname des Telegrammtextes auf italienisch buchstabiert werden muß. Man bedient sich dabei folgender Tabelle, die im Italienischen gebräuchlich ist:

A	*Ancona*	J	*I lunga*	S	*Savona*
B	*Bologna*	K	*Kiwi*	T	*Torino*
C	*Catania*	L	*Livorno*	U	*Udine*
D	*Domodossola*	M	*Milano*	V	*Venezia*
E	*Empoli*	N	*Napoli*	W	*Washington*
F	*Firenze*	O	*Otranto*	X	*Xilófono*
G	*Genova*	P	*Palermo*	Y	*York*
H	*Hotel*	Q	*Quintale*	Z	*Zara*
I	*Imola*	R	*Roma*		

Das Telefongespräch

Redewendungen

Das Telefongespräch ist wie die Visitenkarte einer Firma. Ein höflicher und freundlicher Telefonempfang gibt dem Anrufer einen guten Eindruck von dem Unternehmen. Die Telefonistin *(telefonista, centralinista)* an der Telefonzentrale *(centrale telefonica)* sollte eine sorgfältige und deutliche Aussprache *(una pronuncia chiara e accurata)* haben und mit freundlicher und höflicher Stimme sprechen.

Man vermeide jeden Slang und vor allem Dialektausdrücke *(espressioni dialettali)* sowie Ausdrücke im Befehlston *(in tono di comando)*.

Wenn ein Anruf kommt, antworte man nicht «pronto», «sì», «dica», sondern nenne den Namen der Firma, z. B.: «Salvi e Sbarbori, buongiorno/ buonasera. Con chi desidera parlare?»

Die deutsche und italienische Telefonsprache hat festgesetzte, stereotype Ausdrücke und Wendungen:

Non so (devo vedere) se il Signor Parodi è in ufficio.	*Ich weiß nicht genau (od. Ich werde nachsehen), ob Herr Parodi in seinem Büro ist.*
Mi dispiace (molto), il Signor Parodi	*Es tut mir (sehr) leid, Herr Parodi*
a) non c'è (e non sarà di ritorno prima delle 3).	*a) ist im Augenblick nicht da (und wird vor 3 Uhr nicht zurück sein).*
b) non è nel suo ufficio.	*b) ist nicht in seinem Büro.*
c) (stamattina) non c'è.	*c) ist (heute morgen) nicht da.*
d) è momentaneamente occupato.	*d) ist augenblicklich besetzt (od. nicht abkömmlich).*
e) è impegnato in questo momento.	*e) ist im Augenblick nicht frei.*
f) è in ferie.	*f) ist in Urlaub.*
g) partecipa ad una riunione e probabilmente oggi non sarà disponibile.	*g) nimmt an einer Konferenz teil und steht heute wahrscheinlich nicht zur Verfügung.*
h) è in riunione e non può essere disturbato.	*h) ist in einer Konferenz und kann nicht gestört werden.*
i) ha una visita.	*i) hat gerade Besuch.*
j) è con un cliente nel settore esposizione.	*j) ist mit einem Kunden im Ausstellungsraum.*
k) è già andato via. L'orario d'ufficio va dalle 9 alle 17. Credo però che il Signor Wagner sia ancora in ufficio.	*k) ist schon fort. Bürostunden sind von 9 bis 5. Aber ich glaube, Herr Wagner ist noch im Büro.*
l) è dovuto partire improvvisamente.	*l) ist leider unerwartet abberufen worden.*

Il Signor Parodi dovrebbe essere qui da un momento all'altro.	*Herr Parodi wird jeden Moment hier (od. zurück) sein.*
Può richiamarLa quando sarà rientrato in ufficio?	*Kann er Sie telefonisch erreichen, wenn er wieder im Büro ist?*

Es wäre ungeschickt, um 11 Uhr morgens zu sagen:
«Mi dispiace, il Signor Parodi non è ancora arrivato.»
oder um 15 Uhr:
«Il Signor Canepa non è ancora ritornato da pranzo.»

Desidera	*Möchten Sie*
a) parlare con la sua segretaria?	*a) seine Sekretärin sprechen?*
b) parlare con il Signor Schmitz?	*b) mit Herrn Schmitz sprechen?*
c) parlare con qualche altro impiegato del reparto vendite?	*c) mit jemand anderem (in der Verkaufsabteilung) sprechen?*
Posso passarLe il suo sostituto, il Signor Rossi?	*Kann ich Sie mit seinem (Stell-)Vertreter, Herrn Rossi, verbinden?*
Desidera lasciare una comunicazione o devo pregarlo di richiarmaLa?	*Möchten Sie eine Nachricht hinterlassen oder soll ich ihn bitten, Sie zurückzurufen?*
Posso riferire qualcosa o devo chiedere al Signor Parodi di richiamarLa?	*Kann ich etwas ausrichten, oder soll ich Herrn Parodi bitten, zurückzurufen?*
Chiederò al Signor Parodi di richiamarLa quando sarà rientrato.	*Ich werde Herrn Parodi bitten Sie anzurufen, wenn er zurückkommt.*
Dobbiamo richiamare?	*Sollen wir zurückrufen?*
Devo farLa richiamare?	*Soll ich ihn veranlassen zurückzurufen?*
Quando desidera che il Signor Parodi La richiami?	*Wann möchten Sie, daß Herr Parodi zurückruft?*
Quando Le è comodo che il Signor Parodi La richiami?	*Zu welcher Zeit könnte Herr Parodi Sie am besten anrufen?*
Può darmi il Suo nome e indirizzo?	*Können Sie mir bitte Ihren Namen und Ihre Anschrift geben?*
Posso avere il Suo nome e numero di telefono?	*Darf ich Ihren Namen und Ihre Telefonnummer haben?*
Qual è il Suo numero interno?	*Wie ist Ihre Durchwahl?*
Chi devo comunicare che ha telefonato?	*Wer soll ich sagen, hat angerufen?*
Prendo nota dei particolari.	*Ich werde die Einzelheiten notieren.*

Ripeto ancora una volta.

Ich wiederhole es nochmal.

Grazie. Lo comunicherò al Signor Parodi (darò al Signor Parodi la Sua comunicazione).

Danke sehr. Ich werde es Herrn Parodi ausrichten (od. Ich werde Herrn Parodi Ihre Nachricht geben).

Provvederò affinché riceva la Sua comunicazione.

Ich werde dafür sorgen, daß er die Nachricht erhält.

Qual è il Suo nome, per favore?

Wie ist Ihr Name bitte?

Chi parla, prego?

Wer ruft an (od. spricht) bitte?

Posso chiederLe il Suo nome?

Darf ich um Ihren Namen bitten?

Mi dispiace, non ho sentito ciò che ha appena detto.

Es tut mir leid, ich konnte nicht hören, was Sie gerade sagten.

Può dirmi ancora una volta il Suo nome?

Würden Sie mir bitte Ihren Namen noch einmal nennen?

Non ho capito esattamente il Suo nome. Può ripertermelo per favore?

Ich habe Ihren Namen nicht ganz verstanden. Würden Sie ihn bitte wiederholen?

Può compitare il (fare lo spelling del) Suo nome?

Könnten Sie Ihren Namen (od. das) bitte buchstabieren?

Il numero è occupato. Resti in linea.

Es wird gerade gesprochen. Bleiben Sie bitte am Apparat.

La linea è ancora occupata. Può richiamare di nuovo?

Die Leitung ist immer noch besetzt. Können Sie nochmals anrufen?

Mi dispiace farLa attendere, ma il numero del Signor Parodi è sempre occupato. Desidera attendere o richiamare? – Attendo.

Es tut mir leid Sie warten zu lassen, aber Herrn Parodis Apparat ist immer noch besetzt. Wollen Sie warten oder wieder anrufen? – Ich warte.

E' ancora in linea?
Sì, sono in linea.

Sind Sie noch dran? – Ja, noch am Apparat.

Resti in linea!
Sì, resto in linea.

Bleiben Sie bitte am Apparat. – Ja, ich bleibe am Apparat.

Mi dispiace, il Signor Parodi sta ancora parlando sull'altra linea.

Es tut mir leid, Herr Parodi spricht immer noch auf der anderen Leitung.

Mi dispiace farLa attendere, l'interno 29 è sempre occupato.

Es tut mir leid Sie warten zu lassen, Nebenstelle 29 ist noch immer besetzt.

Provo a passare la comunicazione. Resti in linea.

Ich versuche Sie zu verbinden. Bleiben Sie bitte am Apparat.

Ho il Signor Pautasso della SENECMA in linea. Posso passarlo?

Ich habe Herrn Pautasso von SENECMA am Apparat. Kann ich verbinden?

Il Signor Parodi è libero, glielo passo.	*Herr Parodi ist jetzt frei. Ich verbinde Sie.*
Passo la comunicazione.	*Ich verbinde Sie jetzt.*
E' in linea con il Signor Parodi.	*Sie sind mit Herrn Parodi verbunden.*
E' in linea, parli pure.	*Sie sind jetzt verbunden, sprechen Sie bitte.*
Parlo con il 35 22 71 di Milano?	*Spreche ich mit Mailand 35 22 71?*
Con chi parlo?	*Mit wem spreche ich?*
Buongiorno, sono Schneider della ditta Wagner e Soci. Vorrei parlare con il Signor Campi.	*Guten Morgen (od. Tag). Schneider von der Firma Wagner & Co. Ich möchte mit Herrn Campi sprechen, bitte.*
Sono (Qui) Werner Küpper della Società Seibert. Telefono dalla Germania.	*Werner Küpper von der Firma Seibert AG. Ich rufe aus Deutschland an.*
Sono (Qui) Hans Gross, della ditta Neumann.	*Hans Gross von Neumann & Co.*
Posso (Vorrei) parlare con il Signor Pautasso?	*Kann ich (od. Ich möchte gern mit) Herrn Pautasso sprechen (?)*
Lo chiamo. Resti in linea.	*Ich hole ihn, bleiben Sie am Apparat.*
Mi passi il reparto esportazioni. – Con chi desidera parlare?	*Verbinden Sie mich bitte mit der Exportabteilung. – Wen (od. Mit wem) möchten Sie sprechen?*
Mi passi l'interno 26, per favore.	*Geben Sie mir bitte Nebenstelle 26.*
Buongiorno. Sono Pautasso. Vorrei chiedere una cosa.	*Guten Tag. Mein Name ist Pautasso. Ich möchte etwas fragen.*
Desidero lamentarmi di ... (ho un reclamo). Chi è responsabile?	*Ich möchte mich über ... beschweren (od. Ich habe eine Beschwerde). Wer ist dafür zuständig?*
Lei è responsabile (competente)?	*Sind Sie dafür zuständig?*
Mi dispiace di non poterLa aiutare. Responsabile è il Signor Busch dell 'Ufficio Personale.	*Ich bedaure, ich kann Ihnen nicht helfen. Herr Busch von der Personalabteilung wäre hier zuständig.*
Devo darLe i particolari?	*Soll ich Ihnen die genauen Einzelheiten sagen?*
Desidero parlare con qualcuno circa (riguardo) la nostra or-	*Ich möchte mit jemandem über unseren Auftrag für Kol-*

dinazione di fasce elastiche. Può passarmi il responsabile?

– Resti in linea. Le passo il Signor Siebers.

Quando sarà di ritorno il Signor Ferrari?

Posso parlare con la sua segretaria?

Sono Baudano, posso esserLe d'aiuto (aiutarLa)?

Sono la segretaria del Signor Bottero.

Sono Bruni, la segretaria del direttore vendite.

Studio (Ufficio) del dottor Keller.

E' il reparto esportazione?

E' Lei, Signor Pautasso?

Posso dire a Lei di che cosa si tratta?

Desidero parlare personalmente con il Signor Vertiani. Si tratta di una questione riservata (confidenziale).

Può riferirgli qualcosa?

Vuole (Vorrebbe essere così gentile di) pregarlo di chiamarmi appena possibile (non appena sarà tornato)?

Può richiamare il Signor Vertiani? Il numero è ...

Può chiamarmi tutti i giorni a Düsseldorf. Il numero è 35 57 e l'interno 294.

Se non ci sono (dovesse trovarmi) chieda della Signorina Herbst. Potrà risolvere la questione (Le dirà tutti i particolari).

Può parlare più forte (a voce più alta) per favore? Si sente molto male.

benringe sprechen. Können Sie mich mit dem zuständigen Herrn verbinden?

– Bleiben Sie bitte am Apparat, ich verbinde Sie mit Herrn Siebers.

Wann wird Herr Ferrari zurück sein?

Kann ich mit seiner Sekretärin sprechen?

Baudano am Apparat. Kann ich Ihnen helfen?

Herrn Botteros Sekretärin am Apparat.

Bruni, Sekretariat Verkauf (od. Sekretärin des Verkaufsleiters).

Büro Dr. Keller.

Ist das die Export-Abteilung?

Sind Sie es, Herr Paulasso?

Kann ich Ihnen sagen, um was es sich handelt?

Ich möchte (mit) Herrn Vertiani persönlich sprechen. Es handelt sich um eine vertrauliche Angelegenheit.

Können Sie ihm etwas ausrichten?

Würden Sie ihn bitten, mich sobald es ihm möglich ist (od. sobald wie möglich; sobald er zurück ist) anzurufen?

Könnten Sie Herrn Vertiani bitten, zurückzurufen. Die Nummer ist ...

Sie können mich jeden Tag erreichen in Düsseldorf, 35 57, Nebenstelle 294.

Wenn ich nicht da bin, fragen Sie nach Frl. Herbst. Sie kann die Sache erledigen (od. Sie wird Ihnen alles Nähere sagen).

Könnten Sie bitte ein wenig lauter sprechen. Man hört sehr schlecht.

La comunicazione si è (è stata) interrotta.

Die Verbindung wurde unterbrochen.

Sono appena stato interrotto per la seconda volta.

Ich bin gerade das zweite Mal getrennt worden.

Telefono da una cabina.

Ich rufe von einer Telefonzelle an.

Telefono dall' Austria.

Ich rufe aus Österreich an.

Telefono da fuori.

Ich rufe von auswärts an.

Mi dispiace. Qui non c'è (non abbiamo) nessun Signor Pautasso.

Es tut mir leid. Wir haben hier keinen Herrn Pautasso.

Che numero ha fatto?

Welche Nummer haben Sie gewählt?

Mi dispiace, questo è l'ufficio vendite. Posso passarLe il Signor Pautasso del servizio clienti?

Es tut mir leid, Sie sind mit dem Verkaufsbüro verbunden. Kann ich Sie mit Herrn Pautasso vom Kundendienst verbinden?

Credo che abbia fatto il numero sbagliato. Questo è il ...

Ich glaube, Sie haben die falsche Nummer gewählt. Dies ist ...

Mi scusi, ho fatto il numero sbagliato.

Entschuldigen Sie bitte, ich habe wohl die falsche Nummer gewählt.

Un momento per favore, Signor Pautasso.

Augenblick bitte, Herr Pautasso.

Un momento per favore.

Einen Augenblick bitte.

Può attendere un momento?

Können Sie einen Moment warten?

Controllerò i particolari.

Ich werde die Einzelheiten prüfen.

Chiederò al Signor Klein.

Ich werde bei Herrn Klein rückfragen.

Se resta un momento in linea posso controllare.

Wenn Sie einen Moment am Apparat bleiben, kann ich das nachprüfen.

Resti un momento in linea. Mi informo al reparto spedizioni.

Bleiben Sie einen Augenblick am Apparat. Ich erkundige mich beim Versand.

Un momento per favore. Prendo la pratica. Resti in linea ... E' ancora in linea?

Augenblick bitte, ich hole Ihre Akte. Bleiben Sie bitte am Apparat ... Sind Sie noch da?

Può restare un momento in linea? – Sì, prego.

Würden Sie bitte einen Augenblick am Apparat bleiben. – Ja, gern.

Può darmi il Suo numero (di telefono)? La richiamo.

Können Sie mir Ihre Telefonnummer geben? Ich rufe Sie zurück.

Mi dispiace molto di non poterLe dare nessuna informazione subito.

Es tut mir so leid, daß ich Ihnen nicht sofort eine Auskunft geben kann.

Posso richiamarLa più tardi?

Kann ich Sie später wieder anrufen?

La richiamo appena posso (non appena) ho l'informazione.

Ich rufe zurück, sobald ich kann (od. sobald ich die Information habe).

Mi metterò in comunicazione con Lei più tardi.

Ich werde mich später wieder mit Ihnen in Verbindung setzen.

La richiamerò tra una mezz'ora circa.

Ich werde in ungefähr einer halben Stunde wieder anrufen.

Alle 15.30 Le sta bene?

Würde Ihnen 15.30 Uhr passen?

Spero di non chiamarLa in un momento inopportuno.

Hoffentlich rufe ich nicht zu einer ungelegenen Zeit an.

Posso parlarLe un momento?

Kann ich Sie einen Moment sprechen?

Ha un momento per me?

Haben Sie einen Augenblick Zeit für mich?

Si tratta di una questione di servizio?

Handelt es sich um eine dienstliche Angelegenheit?

Desidero parlare con Lei di una o due questioni.

Ein oder zwei Punkte möchte ich mit Ihnen gern besprechen.

Le telefono per chiederLe un favore. – Che cosa posso fare per Lei?

Ich rufe an, um Sie um eine Gefälligkeit zu bitten. – Was kann ich für Sie tun?

Ho provato diverse volte a chiamarLa ieri, ma non ho avuto fortuna.

Ich habe gestern mehrmals versucht Sie zu erreichen, habe aber kein Glück gehabt.

Non ho capito l'ultimo punto. Vuole ripetermelo per favore?

Ich habe den letzten Punkt nicht verstanden. Würden Sie mir das bitte wiederholen?

Non sono sicuro di aver pronunciato correttamente quella parola.

Ich bin nicht sicher, ob ich dieses Wort richtig ausgesprochen habe.

Mi dispiace di averLe dato (creato) questo lavoro. Non si preoccupi, l'ho fatto volentieri (mi ha fatto piacere aiutarLa). Possiamo fare ancora qualcosa per Lei? – No, grazie, è tutto.

Es tut mir leid, Ihnen diese Mühe gemacht zu haben. – Machen Sie sich keine Sorgen. Ich habe sehr gern geholfen (od. Es hat mich gefreut, Ihnen zu helfen.). Können wir sonst noch etwas für Sie tun? – Nein, danke, das ist alles.

Molte grazie, Signor Pautasso. – Di nulla (non c'è di che). Arrivederci (ArrivederLa).	*Vielen Dank, Herr Pautasso. – Keine Ursache. Auf Wiedersehen.*
Grazie molte, Signor Klein. Mi è stato di grande aiuto.	*Vielen Dank, Herr Klein. Sie haben mir sehr geholfen.*
Mi dispiace di non poterLa aiutare ulteriormente.	*Es tut mir leid, daß ich Ihnen nicht weiterhelfen kann.*
Grazie per la telefonata.	*Danke für den Anruf.*

Telegramm und Telex

Für Telegramme und Telexschreiben hat sich eine eigene, verkürzte Sprache entwickelt. Wörter, z. B. die Artikel *(il, lo, la, ecc.)*, Präpositionen *(di, a, da, ecc.)*, Pronomina *(io, noi, Voi, ecc.)* und Hilfszeitwörter *(verbi ausiliari: essere, avere)* usw. werden häufig ausgelassen. Bei der Abfassung ist allerdings auf Genauigkeit *(precisione)* und Klarheit *(chiarezza)* zu achten.

Beispiele

a) Siamo spiacenti, ma i prezzi quotati sono inaccettabili.	SPIACENTI STOP PREZZI QUOTATI INACCETTABILI
b) E' previsto un incontro per il 2 o il 9 aprile p.v. Vi preghiamo di comunicarci al più presto la data che meglio Vi conviene.	PREVISTO INCONTRO 2 O 9 APRILE STOP CONFERMARE DATA PREFERITA
c) Il Signor Landi è in ospedale. Vogliate pertanto spostare l'appuntamento dal 3 al 20 marzo p.v.	SIG. LANDI RICOVERATO OSPEDALE STOP PREGO CAMBIARE APPUNTAMENTO DA 3 A 20 MARZO
d) Sono spiacente di dovermi trattenere più a lungo a Roma. La informerò del mio arrivo a Milano al più presto possibile.	SPIACENTE DOVERMI TRATTENERE ROMA STOP INFORMERÒ AL PIÙ PRESTO MIO ARRIVO MILANO

Wörter, die in Telegrammen Dringlichkeit *(urgenza)* oder Wichtigkeit ausdrücken, sind: *immediatamente, rapidamente, subito, presto, assolutamente necessario* (unbedingt erforderlich); verneinende Wörter: *inaccettabile, impossibile, improbabile.*

Alle Texte werden in großen Buchstaben *(lettere maiùscole)* oder Druckbuchstaben *(caratteri di stampa)* geschrieben. Als Interpunktion gibt es nur *STOP* und Fragezeichen. Prozent *(percento)* wird % geschrieben. Zahlen sollten in Worten *(in lettere)* zum Ausdruck kommen.

Wichtige Angaben, Zahlen usw. werden am Ende der Mitteilung noch einmal wiederholt.

8. Das elektronische oder computerisierte Büro

Die mikroelektronische Technologie hat die Errichtung *(realizzazione)* elektronischer und automatischer Büros mit elektronischer Datenverarbeitung *(Elaborazione elettronica di dati, EED)* ermöglicht. Heute werden Rechnungen, Angebote, Bestellungen, Kontoauszüge *(estratti conto)*, Mahnschreiben *(solleciti)*, Ferienreisebestätigungen *(conferme di prenotazioni)*, Prämienerneuerungen *(scadenze di premi)*, Gas- und Stromrechnungen *(bollette od. fatture del gas e dell'elettricità)* usw. vom Computer berechnet und gedruckt.

Computer arbeiten mit unvorstellbarer Geschwindigkeit. Das Rechnen erfolgt durch das Binär-System *(sistema binario)* statt des üblichen Dezimal-Systems *(sistema decimale)*. Während das Dezimal-System aus zehn Einern *(cifre)* (0–9) besteht, besteht das Binär-System nur aus zwei Einern *(cifre o numeri)*, d. h. 0 und 1, die als Bits bekannt sind. Der Computer operiert durch Stromstöße. Unter Stromstoß *(impulso)* versteht man einen elektrischen Strom *(corrente elettrica)* in einem Stromkreis *(circuito)*, der eingeschaltet *(attivato)* und ausgeschaltet *(disattivato)* wird zur Darstellung der Buchstaben *(lettere)* im Binär-Code *(codice binario)*.

Die Bestandteile des Computers

Die Grundkomponenten *(componenti fondamentali)* eines Computers sind: die Eingabe *(entrata)* an einem Ende und die Ausgabe *(uscita)* am andern. Zwischen diesen beiden kommen die Rechnungseinheit *(unità di calcolo)*, in der die nötigen Berechnungen ausgeführt werden, der Speicher *(memoria)*, der grundlegende Angaben speichert *(memorizza informazioni fondamentali)*, die im Bedarfsfall wieder herausgeholt werden können *(possono essere richiamate)* und das Steuerwerk *(unità di controllo)*, das dem Computer seine Befehle gibt *(dà gli ordini al computer)*, was mit der Information geschehen soll.

Die Computermaschine wird Hardware genannt. Zu jedem Computer gehört das Programm (Software), durch das die Hardware funktioniert *(diventa operativo)*, denn ohne Programm ist auch der beste Computer nutzlos. Die Auswahl geeigneter Hardware und Software ist sehr wichtig und muß auf die besonderen Anforderungen der Firma zugeschnitten werden *(deve essere adeguato alle specifiche esigenze dell'impresa)*. Obgleich der Benutzer eines Computers, falls er genügende Kenntnisse der einschlägigen Programmiersprache hat, sein eigenes Programm schreiben kann, braucht er das nicht zu tun, da solche Software von der Industrie reichlich angeboten wird, also Anweisungen, die in den Computer eingegeben werden *(inserite)*, damit er Standardaufgaben ausführt *(effettui)*, wie z. B. Lohnabrechnungen *(computo di stipendi)* und das

Drucken *(stampa)* von Lohnzetteln *(fogli paga)* für die Arbeitnehmer. Falls kein Ausdruck *(stampato)* erforderlich ist, erfolgt die Wiedergabe durch VDU *(visual display unit)*, d. h. auf dem Bildschirm *(schermo)*.

Der Computer versteht keine normale Sprache. Deshalb müssen die Programme in einer der „Computer-Sprachen" geschrieben werden *(devono essere scritti in un linguaggio di programmazione)*. Eine im Geschäftsleben häufig gebrauchte Sprache ist COBOL *(COmmon Business Oriented Language)*. Eine andere sehr bekannte Programmiersprache für Mini- und Micro-Computer ist BASIC *(Beginner's All-purpose Symbolic Instruction Code)*.

Man unterscheidet drei Arten von Computern:

a) Der Großcomputer kann mehrere Programme gleichzeitig bewältigen *(può operare contemporaneamente su diversi programmi)* und mit anderen Computern verbunden werden *(collegato con altri computers)*.

Großcomputer sind so teuer, daß sie nur in den Rechenzentren *(centri di elaborazione dati)* sehr großer Unternehmen, Banken und staatlicher Behörden benutzt werden können. Die Großcomputer erfordern Fachleute *(esperti)* wie Programmierer *(programmatori)*, Systemanalytiker *(analisti di sistemi)*, Rechenfachleute und anderes Bedienungspersonal *(operatori)*.

b) Computer mittlerer Größe bearbeiten die Datenverarbeitung *(elaborazione dei dati)* wie Großcomputer, jedoch in kleinerem Umfang *(su scala minore)*. Durch die Verwendung der Silicon Chips ist dieser Computer erheblich preiswerter geworden. Er eignet sich für den Bedarf mittlerer Unternehmen *(si adatta alle necessità della media impresa)* und besitzt einen Bildschirm zur Darstellung der Eingabe und Ausgabe, eine Tastatur *(tastatura)* für die Dateneingabe und ein Steuerwerk *(unità di controllo)*, das dem Computer seine Befehle gibt.

Die Aufgaben des Computers sind:
L o h n - und G e h a l t s a b r e c h n u n g *(calcolo di salari e stipendi)*,
F i n a n z b u c h h a l t u n g *(contabilità finanziaria)*,
A u f t r a g s b e a r b e i t u n g *(evasione delle ordinazioni)*,
B e t r i e b s a b r e c h n u n g *(contabilità interna aziendale)*,
M a t e r i a l w i r t s c h a f t *(gestione del materiale)*.

Viele dieser Angaben dienen dazu, die Leitung eines Unternehmens umfassend zu informieren, damit Entscheidungen getroffen werden können *(mettere in grado di prendere decisioni)*, die optimale Ergebnisse erzeugen *(che determinino risultati ottimali)*.

c) Der Kleincomputer *(Minicomputer)* besteht aus einem Datenverarbeiter *(elaboratore dati)* auf einem Silicon Chip, einem Memory Chip, einer Tastatur für die Dateneingabe und einem Bildschirm für die Daten- und Rechnungsergebnisse *(risultati del calcolo)* und den Hilfsgeräten *(apparecchi ausiliari)* wie Drucker *(stampante)*, Disketten *(dischetti)*.

Die weiteren Ausstattungsmittel des elektronischen Büros sind:
Die elektronische S c h r e i b m a s c h i n e mit auswechselbarem Kugelkopf oder Typenrad *(con testina rotante o margherita)* in vielen Schriftarten und mit Speicher.

In der elektronischen Schreibmaschine kann man Schreibfehler *(errori di battitura)* korrigieren sowie Zusätze *(aggiunte)* und Streichungen *(cancellature)* automatisch vornehmen. Das Gerät ist auch telexfähig.

Bei der T e x t v e r a r b e i t u n g *(videoscrittura)* wird der Text nicht direkt auf Papier geschrieben, sondern erscheint zunächst auf einem Bildschirm. Textverarbeiter haben einen größeren Speicher *(memoria)* als elektronische Schreibmaschinen und können das Material auf Disketten, Karten und Band *(nastro)* speichern.

Ein T e r m i n a l dient zur Eingabe und zum Abrufen von Informationen von einem Computersystem *(introduzione e richiamo di dati)*. Dieser Apparat wird z. B. von Reisebüros *(agenzie di viaggi)* benutzt, die damit im Nu feststellen können, wann und wo Buchungen frei sind. Der Terminal stellt dann auf Wunsch die gedruckte Fahrkarte, den Flugschein usw. sofort aus.

Weitere Hilfsmittel des modernen elektronischen Büros sind:

M i c r o f i l m   d u r c h   C o m p u t e r *(microfilm elettronici)*. Wenn man ein Dokument lesen muß, kann der Film auf ein Lesegerät *(apparecchio di lettura)* in vergrößerter und lesbarer *(leggibile)* Form projiziert werden *(proiettato)*. Durch den Mikrofilm kann eine enorme Ersparnis *(enorme risparmio)* an Lagerraum *(spazio di archivio, deposito)* erzielt werden.

C o m p u t e r i s i e r t e   A d r e s s i e r m a s c h i n e *(macchina indirizzatrice computerizzata)*, wobei die Adressen auf Disketten gespeichert werden.

E l e k t r o n i s c h e   W a a g e n *(bilance elettroniche)*, die eine sofortige Ausspeicherung *(indicazione digitale)* des Gewichtes *(peso)* und der genauen Postgebühren *(tariffa postale)* geben.

Der italienische Geschäftsbrief

1. Haupterfordernisse eines guten Geschäfts-briefes

Bei der Abfassung von Geschäftsbriefen ist in der Hauptsache folgendes zu beachten:

Das sogenannte „Kaufmanns-Italienisch" *(italiano commerciale)* sollte nur gutes Italienisch sein. Im Geschäftsleben kommt es auf Fakten *(fatti)* an, die am besten in einer sachlichen Sprache, die alle Doppeldeutigkeiten *(ambiguità)* ausschließt, dargelegt werden. Ein Geschäftsbrief muß die Grundregeln der Grammatik *(regole fondamentali della grammatica)* erfüllen; fehlerhafte Redewendungen sind zu vermeiden, denn sie beeinträchtigen die Verständlichkeit *(intelligibilità, comprensione)*. Der Verfasser eines mustergültigen Briefes muß auch mit den einschlägigen Fachausdrücken *(espressioni tecniche)* aufs beste vertraut sein.

Ein wichtiger Punkt für den Korrespondenten ist die Rechtschreibung (Orthographie *ortografia*), die er besonders in schwierigen Fällen zur Vermeidung von Irrtümern *(errori)* genau beachten muß. Auch auf die richtige Interpunktion *(punteggiatura)* ist zu achten.

In der italienischen Handelssprache gebraucht man nie die 2. Person Singular. Die Anrede lautet,

a) wenn man sich an *eine* Person wendet: «Lei»

b) wenn man sich an *mehrere* Personen wendet: «Voi» (2. Person Plural) bzw. «Loro» (3. Person Plural)

Der Gebrauch von «Voi» setzt keineswegs voraus, daß, wenn man sich an die gleichen Personen einzeln wendet, die 2. Person Singular benutzt wird. Die Form «Voi» kommt am häufigsten in der Handelssprache vor und wird immer großgeschrieben. Die Form «Loro» drückt besonderen Respekt bzw. besondere Hochachtung aus.

Der **Briefstil** *(stile epistolare)* hat seine bestimmten Regeln. Er soll nicht schwülstig *(ampolloso)* oder gesucht *(ricercato)*, sondern einfach *(semplice)* und natürlich *(naturale)* sein.

Kürze *(brevità)*, Klarheit *(chiarezza)* und Genauigkeit *(esattezza)* sind die Hauptregeln für kaufmännische Briefe. Kürze darf allerdings nicht auf Kosten der Klarheit erzielt werden. Die zum Verständnis erforderlichen Ausdrücke dürfen nicht der Kürze wegen weggelassen werden. Lange Sätze *(lunghi periodi)* sind nach Möglichkeit zu vermeiden. In kurzen Sätzen kann man sich am besten klar *(chiaramente)* und bündig *(concisamente)* ausdrücken.

Auch Höflichkeit *(cortesia)* ist unerläßlich, wobei bestimmte Regeln und Formen zu beachten sind. Für nichtssagende Redensarten fehlt die Zeit, doch wird der Briefstil nicht dadurch verbessert, daß man gewisse Höflichkeitsformen (eine Bitte, einen Dank oder Gruß) einfach ausschaltet. Die Mitteilungen werden beispielsweise gern mit *pregiarsi, permettersi* usw. eingeleitet, z. B. *Mi pregio informarVi che* oder *Mi permetto informarVi che* statt bloß *Vi informo che.*

Man überlege sich reiflich den zu behandelnden Gegenstand *(soggetto da trattare)* und erledige mit der nötigen Sorgfalt *(cura)* alle Punkte in logischer A n o r d n u n g *(ordine logico, successione logica)* in der Reihenfolge, wie sie in der Anfrage auftreten*.

2. Äußere Form und Bestandteile eines Geschäftsbriefes

Der **Briefkopf** *(intestazione)* oben rechts enthält das Datum *(data)* und die Adresse *(indirizzo)* der Firma:

Milano, 15 Luglio 19..
Via Brera, 43

15 Luglio wird gelesen: *quindici Luglio.* In Verträgen usw. schreibt man: *l'anno ....., il giorno quindici del mese di Luglio.* Der Monat wird in Geschäftsbriefen (und oft auch in Privatbriefen) meist mit großem Anfangsbuchstaben geschrieben. Auf Postkarten usw. schreibt man auch: 10/7 ... oder 10. VII. ...

Der Name bzw. die Firma des Absenders *(scrivente, mittente)* steht meist links oben in hervorgehobenem Druck, darunter gewöhnlich die Telegrammadresse *(indirizzo telegrafico)* sowie Telex/Faxcode, Steuernummer *(Partita I.V.A.)* und die Telefonnummer. Es bestehen aber keine festen Regeln für die Anordnung des Briefkopfes. Der persönliche Geschmack wie auch die Menge des Textes sind maßgebend.

Auf der linken Seite ist meist auch die Buchungs-, Geschäftsnummer bzw. das Briefzeichen *(riferimento)* angegeben, worauf im Antwortschreiben Bezug genommen wird, z. B.: Da citare nella risposta: M/210.

---

* Bei den in diesem Buch behandelten Briefgattungen ist die allgemein übliche und folgerichtige Anordnung der verschiedenen Punkte vorgesehen. Man kann natürlich nach Bedarf und Belieben von der Reihenfolge abweichen. Oft wird sich eine Wendung mit einer darauffolgenden leicht und gefällig (ohne Veränderung der Wortstellung) verknüpfen lassen, und zwar durch eine passende Übergangsformel, wie:

d'altronde	übrigens
da un lato [dall'altro lato]	einerseits [andererseits]
in cambio	wiederum
inoltre	außerdem, ferner
mentre	während
ciò nonostante, malgrado ciò	trotzdem, dennoch
nel frattempo	mittlerweile, inzwischen
di conseguenza	dementsprechend
però	aber, jedoch
prima di tutto	zunächst, in erster Linie
pure, se anche	immerhin, selbst wenn
supponendo	angenommen
tuttavia	indessen, jedoch

In der **Adresse** steht zuerst die Anrede *(introduzione)*, dann der Name der Person oder Firma *(nome della persona o della ditta)*, es folgt die Straße *(via)* mit der Hausnummer *(numero civico)* und schließlich die Postleitzahl *(CAP[1])* und der Ortsname *(nome della località)*. Bei Ortschaften, die keine Provinzhauptstädte sind, kann man das Autokennzeichen der Provinz in Klammern hinzufügen. Die letzten beide Ziffern einer Postleitzahl geben bei Großstädten den Stadtteil an.

Man schreibt

a) an eine Einzelperson:

Gentile Signora   Egregio Dottor Claudio Toni
Maria Formenti   Piazza della Chiesa, 1
Viale delle Palme, 15   38050 Pieve Tesino (TN)
34073 Grado (GO)

b) an eine Firma:

Spett.[2] Ditta Rossi & C.
Via G. Mazzini, 10
16137 Genova

Die **Anrede** oder **Begrüßungsformel** *(introduzione: Signore, Signori, Signora* usw.) darf im Italienischen fehlen. Hinter der Anrede steht ein Komma.

Der **Text des Briefes** *(corpo della lettera)* bildet den wichtigsten Bestandteil, denn er enthält die mannigfachen Mitteilungen *(comunicazioni)*, die Anlaß des Schreibens sind.

Oggetto: Vostro[3] ordine N° 21
oder *Riguarda: Vostro ordine N° 21*
Betr. (= Betrifft) Ihren Auftrag Nr. 21.

Meistens nimmt man auf ein früheres *(precedente)*, gegenwärtiges *(presente)* oder zukünftiges *(futura)* Datum oder Schreiben *(data, lettera)* (eine Anfrage, ein Angebot usw.) bezug, und zwar mit:

corr. oder *c.m.* = *corrente mese* d. M. (= dieses Monats),
p.v.[4] = *prossimo venturo* (nächster), etwa: n. M. (= nächsten Monats),
u.s.[4] = *ultimo scorso* (letzter), etwa: v. M. (= vorigen Monats).

Beim Brieftext ist besonders auf die richtige Verteilung des verfügbaren Raumes *(spazio)* und auf die Einteilung des Textes in einzelne Abschnitte oder Absätze *(paragrafi)* für jeden neuen Gegenstand *(argomento)* zu achten. Gleichmäßiger Rand *(margine)*, keine schlechten oder unerlaubten Trennungen *(divisioni)*, genügender Raum für Schlußformel und

---

[1] Codice di Avviamento Postale
[2] Abkürzung von «spettabile»; das deutsche „Firma" in der Anschrift gibt der Italiener in der Regel mit «Spett. Ditta» wieder, etwa dem heute in Österreich z. T. noch gebräuchlichen „S. g." („Sehr geehrte/r") vor dem Namen einer Privatperson auf dem Briefumschlag vergleichbar.
[3] *Vostro* kann man auch abkürzen in *Vs.,* wenn darauf ein Hauptwort folgt: *Vs. lettera,* Ihr Schreiben; *Vs. assegno,* Ihr Scheck.
[4] p. v. = *prossimo venturo* entspricht dem deutschen n. M. = nächsten Monat(s). Ebenso steht u. s. = *ultimo scorso* gewöhnlich für v. M. = vorigen (vergangenen) Monat(s), wörtl. letztvergangener.

Unterschrift sind im Auge zu behalten. Man vermeide, daß der Text des Briefes die ganze Seite füllt und nur die Schlußformel auf die nächste Seite kommt.

Die **Schluß-** oder **Höflichkeitsformel** *(conclusione, formula di chiusura)* folgt dem Text und lautet etwa wie folgt:

Con i nostri migliori saluti	– Mit freundlichen Grüßen
Distintamente Vi salutiamo	
Distinti saluti	– Hochachtungsvoll
Distintamente	

In Bittschriften, Gesuchen und in Briefen an Behörden schreibt man:

Con osservanza   oder: *Con ossequio.*

Den Schluß des Briefes bildet die **Unterschrift** *(firma)*, die möglichst nahe an den Text herangesetzt wird und keine unleserlichen Schnörkeleien aufzuweisen braucht. In gewissen Fällen (z. B. bei Bewerbungsschreiben) empfiehlt es sich, den Vornamen[1] auszuschreiben, da der Empfänger bei « *A. Romano* » unter Umständen nicht wissen kann, ob er es mit einem *Sig. A.* (= Antonio) oder mit einer *Sig.ra A.* (= Anna) *Romano* zu tun hat.

Das Recht zu z e i c h n e n *(firmare)* haben in der Regel: a) bei Banken *(banche)* und öffentlichen Gesellschaften *(enti pubblici)*: der Geschäftsleiter (Direktor *direttore*), Sekretär *(segretario)* und Rechnungsführer *(capo contabile, ragioniere capo)*; b) bei Firmen *(ditte)*: der Chef *(principale, capo)*, die Teilhaber *(soci)* und der Prokurist *(procuratore)*.

Der Prokurist zeichnet in Prokura *(per procura = p.pa.* (oder *p.p.*). oft auch *ppa* oder *pp* gekürzt:

p.pa. A. Romano & Co.
Giuseppe Marchi.

Auch andere Angestellte können „i. A." = im Auftrag oder *p. (per ordine)* der Firma zeichnen:

p. B. Beltrami & Co.
G. Garofolo.

Anlagen *(allegati)*. Wird dem Brief irgend etwas beigelegt *(allegato)*, so gibt man dies am Schluß wie folgt an:

(Un) allegato	Anlage
Due allegati	Zwei Anlagen

oder noch besser mit einer der Anlage entsprechenden Bezeichnung: *Allegata fattura, allegato listino, allegati prezzi.*

Eine **Nachschrift** *(postscritto)* sollte man möglichst vermeiden: gegebenenfalls aber leitet man sie mit *P. S. (post scriptum)* ein.

---

[1] Vorname = *nome;* Zuname = *cognome.*

Behandlungsvermerke auf Briefen:

Mit Luftpost	– *Via aerea*
Eilzustellung	– *Espresso*
Einschreiben	– *Raccomandata*
Postlagernd	– *Fermo posta*
Drucksache	– *Stampe*
Drucksache zu ermäßigter Gebühr	– *Stampe a tariffa ridotta*
Bitte nachsenden	– *Far proseguire*
z. Hd. Herrn/Frau	– *all'attenzione del Sig./della Sig.ra*
Eilt	– *Urgente*
Vertraulich	– *Confidenziale*
Persönlich	– *Personale*
Privat	– *Privata*

Wenn man den Ausdruck *« Personale »* benutzt, ist der Brief an eine bestimmte Person gerichtet, und kein anderer wird ihn öffnen. Gebraucht man den Ausdruck *« Confidenziale »*, so wird bei einer eventuellen Abwesenheit des Angeschriebenen sein Stellvertreter den Brief erledigen.

3. Briefanfänge. Allgemeine Eingangsformeln

(Vgl. auch Eingangsformeln bei den verschiedenen Briefgattungen)

a) Empfangsbestätigung eines Briefes

1. Vi ringraziamo per la Vostra lettera del ...

1. *Wir danken Ihnen für Ihren Brief vom ...*

2. Molte grazie per la Vostra lettera del ...

2. *Vielen Dank für Ihren Brief vom ...*

   a) con la quale ci comunicate che ...

   a) *mit dem Sie uns mitteilen, daß ...*

   b) con la quale ci fate sapere che ...

   b) *mit dem Sie uns davon in Kenntnis setzen, daß ...*

   c) con la quale ci date una panoramica ...

   c) *in dem Sie uns einen Überblick geben ...*

   d) con la richiesta di ...

   d) *mit der Anfrage über ...*

   e) con la preghiera ...

   e) *mit der Bitte ...*

   f) con la preghiera ...

   f) *mit dem Ersuchen ...*

   g) con l'allegato foglio informazioni di produzione E 32.

   g) *mit der beigefügten Produktinformationsschrift E 32.*

   h) con la conferma della Vostra precedente telefonata.

   h) *mit der Bestätigung Ihres vorherigen Telefonanrufs.*

   i) e per gli utili suggerimenti ed aiuti.

   i) *und für die nützlichen Anregungen und Ihre Hilfe.*

j) e per la esemplare descrizione della situazione.

j) und für die so prägnante Klarstellung der Situation.

k) con una copia della Vostra lettera (stessa data) per ...

k) mit einer Kopie Ihres Briefes gleichen Datums an ...

l) che è stata già confermata dalla mia segretaria.

l) der von meiner Sekretärin bereits bestätigt wurde.

m) che è stata brevemente confermata durante la mia assenza.

m) der während meiner Abwesenheit kurz bestätigt wurde.

n) che ho trovato al mio ritorno in ufficio dopo una (breve) assenza di due settimane.

n) den ich bei meiner Rückkehr nach einer zweiwöchigen (od. kurzen) Abwesenheit vorfand.

o) che mi ha dato il Signor ...

o) den Herr ... an mich weitergegeben hat.

Ci fa piacere sentire (venire a sapere) che ...

Es freut uns zu hören (od. zu erfahren, daß ...

Ci dispiace molto (ci ha fatto molto piacere) apprendere dalla Vostra lettera del ... che ...

Wir bedauern sehr (od. Es hat uns sehr gefreut), Ihrem Schreiben vom ... zu entnehmen, daß ...

Apprendiamo dalla Vostra lettera del ... che ...

Wir entnehmen Ihrem Schreiben vom ..., daß ...

Vi ringraziamo ...

Wir danken Ihnen (od. Vielen Dank) ...

a) per la Vostra dettagliata lettera del ...

a) für Ihr ausführliches Schreiben vom ...

b) per il Vostro suggerimento molto interessante riguardo ...

b) für Ihre höchst interessante Anregung bezüglich ...

c) per la Vostra pronta (interessante, costruttiva) riposta alla mia lettera del ...

c) für Ihre umgehende (od. interessante; konstruktive) Antwort auf mein Schreiben vom ...

La Vostra lettera al Signor ... mi è stata inoltrata durante la sua assenza dalla sua segretaria.

Ihr an Herrn ... gerichtetes Schreiben wurde in dessen Abwesenheit von seiner Sekretärin an mich weitergeleitet.

La Vostra lettera del ... mi è stata inoltrata per la risposta.

Ihr Schreiben vom ... wurde mir zur Beantwortung übergeben.

Siamo lieti di darVi le informazioni che avete richiesto al

Wir geben Ihnen gern die gewünschte Auskunft, die Sie mit

nostro agente locale (la Vostra lettera ci è stata fatta pervenire dallo stesso).

Ihrem an unseren dortigen Agenten, ..., gerichteten Brief erbeten haben (Ihr Brief wurde von ihm an uns weitergeleitet).

Ho ricevuto oggi la Vostra lettera del ... Poiché il contenuto non mi è però chiaro, Vi prego di darmi ulteriori delucidazioni al riguardo.

Ich habe heute Ihr Schreiben vom ... erhalten. Da mir der Inhalt nicht klar ist, bitte ich Sie diesbezüglich um weitere Erläuterungen.

La Vostra lettera del ... ci è pervenuta soltanto oggi.

Ihr Schreiben vom ... ist erst heute bei uns eingetroffen.

Vi preghiamo di scusare il ritardo nella risposta alla Vostra lettera del ...

Bitte entschuldigen Sie die Verzögerung in der Beantwortung Ihres Briefes vom ...

La Vostra lettera del ... ci ha sorpreso, poiché non abbiamo ricevuto alcuna corrispondenza da Voi dal ...

Ihr Brief vom ... hat uns überrascht, denn wir haben keinerlei Korrespondenz von Ihnen seit ... .

Potete esser certi che non avremmo lasciato alcuna Vostra lettera senza risposta.

Sie können sicher sein, daß wir niemals wissentlich eine Mitteilung von Ihnen unbeantwortet gelassen hätten.

Stiamo attentamente esaminando le domande di cui alla Vostra lettera del ... e speriamo di poterVi dare una risposta esauriente tra alcuni giorni.

Wir sind dabei, die von Ihnen (in Ihrem Schreiben vom ...) aufgeworfenen Fragen genau zu prüfen und hoffen, Ihnen in einigen Tagen eingehend zu antworten.

b) Bezug auf vorausgegangenen Schriftverkehr, Telex, Telegramm, Telefongespräch oder mündliche Vereinbarung

Avrete nel frattempo ricevuto la mia lettera del ... con i relativi allegati.

Sie werden inzwischen mein Schreiben vom ... mit den zugehörigen Anlagen erhalten haben

Con la mia lettera del ... Vi ho inviato una fotocopia della lettera del Sig. ... del ...

Mit meinem Brief vom ... habe ich Ihnen eine Fotokopie des Briefes vom ... von Herrn ... geschickt.

1. A seguito della nostra lettera del ... con la quale abbiamo confermato il ricevimento della pratica ...

1. Im Anschluß an unseren Brief vom ..., in dem wir den Erhalt der Akte bestätigt haben, ...

2. A seguito della mia lettera del ... e della nostra breve telefonata ...

2. Im Anschluß an meinen Brief vom ... und unser kürzlich geführtes Telefongespräch ...

3. A seguito della nostra corrispondenza (intercorsa) riguardo ...

a) Vi inviamo ...

b) siamo lieti di comunicarVi ...

c) siamo spiacenti di comunicarVi ...

Come abbiamo accennato (spiegato) nella nostra precedente lettera ...

Nella mia lettera del ... Vi ho spiegato che ...

Con riferimento alla corrispondenza intercorsa desidero far presente che ....

Dall'esame della corrispondenza intercorsa potrete evincere che ...

Molte grazie per la Vostra lettera del ... che si è incrociata con la mia del ...

Questa lettera si è incrociata con la Vostra del ...

La mia lettera del 1° ottobre deve essersi incrociata con la Vostra del 30 settembre (della stessa data).

Con la presente confermiamo il telegramma inviatoVi oggi.

Confermiamo il nostro telegramma di oggi come segue:

A conferma del nostro telegramma speditoVi in data odierna (del quale accludiamo copia) siamo lieti di comunicarVi ...

Vi ringraziamo molto per la Vostra telefonata di oggi.

Vi ringraziamo per la Vostra telefonata di ieri con la quale ci avete comunicato che ...

---

3. *Im Anschluß an unsere Korrespondenz über ...*

a) *senden wir Ihnen ...*

b) *freuen wir uns, Ihnen mitzuteilen ...*

c) *bedauern wir, Ihnen mitzuteilen ...*

Wie wir in unserem vorigen Brief erwähnten (od. erklärten) ...

In meinem Brief vom ... erklärte ich Ihnen, daß ...

Mit Bezug auf unsere vorhergehende Korrespondenz möchte ich darauf hinweisen, daß ...

Bei Durchsicht unserer früheren Korrespondenz werden Sie feststellen, daß ...

Vielen Dank für Ihr Schreiben vom ..., das sich mit meinem Brief an Sie vom ... gekreuzt hat.

Dieser Brief hat sich mit Ihrem Schreiben vom ... gekreuzt.

Mein Brief vom 1. Oktober muß sich mit Ihrem vom 30. September (od. gleichen Datums) gekreuzt haben.

Hiermit bestätigen wir unser heutiges an Sie gerichtetes Telegramm.

Wir bestätigen unser heutiges Telegramm wie folgt (od. mit folgendem Wortlaut):

In Bestätigung unseres heute an Sie gerichteten Telegramms, von dem wir eine Kopie beifügen, freut es uns, Ihnen mitzuteilen ...

Besten Dank für Ihren heutigen Anruf.

Vielen Dank für Ihren gestrigen Anruf mit der Mitteilung, daß ...

Come ho spiegato nella mia telefonata di oggi ...

Wie ich bei meinem Telefonanruf heute erklärt habe ...

A seguito della nostra telefonata (di oggi)

Im Anschluß an unser (heutiges) Telefonat

a) sono d'accordo (concordo) che ...

a) bin ich damit einverstanden, daß ...

b) sarei lieto se mi comunicaste al più presto ...

b) würde ich mich freuen, wenn Sie mir sobald wie möglich mitteilen würden ...

c) sono lieto di poterVi comunicare ...

c) freut es mich, Ihnen mitteilen zu können ...

d) desideriamo confermare ...

d) möchten wir bestätigen ...

e) Vi inviamo una breve sintesi dei (degli argomenti) punti principali trattati.

e) schicken wir Ihnen eine kurze Aufzeichnung über die Hauptpunkte, die wir besprochen haben.

Facciamo riferimento alla telefonata di questa mattina tra il Signor Becker e il Signor Campora.

Wir beziehen uns auf das Telefonat heute morgen zwischen unserem Herrn Becker und Ihrem Herrn Campora.

Ci riferiamo alla nostra telefonata del ... nel corso della quale Vi siete dichiarati d'accordo ...

Wir beziehen uns auf unser Telefonat vom ..., in dessen Verlauf Sie sich einverstanden erklärten, ...

Desidero confermare i punti trattati telefonicamente riguardo ...

Ich möchte die Punkte bestätigen, die wir telefonisch bezüglich ... erörtert haben.

1. A seguito della nostra ultima assemblea (del nostro ultimo incontro) riguardo ...

1. Nach unserer letzten Versammlung (od. Zusammenkunft) bezüglich ...

2. A seguito della nostra seduta della settimana scorsa

2. Im Anschluß an unsere Sitzung in der vorigen Woche

3. A seguito del nostro colloquio nel corso della Sua visita nella nostra fabbrica

3. Im Anschluß an unsere Besprechung während Ihres Besuches in unserem Werk

4. Conformemente ai nostri colloqui della settimana scorsa

4. Gemäß unseren Besprechungen in der vorigen Woche

a) confermo che ...

a) bestätige ich, daß ...

b) accludiamo copia del disegno N. ...

b) fügen wir eine Kopie der Zeichnung Nr. ... bei.

c) ho adesso avuto l'occasione ...

c) hatte ich jetzt Gelegenheit ...

d) siamo ora lieti ...

d) freut es uns jetzt ...

Desidero fissare i punti sui quali ci siamo accordati nel corso del nostro incontro di ieri.

Ich möchte die Punkte festhalten, über die wir uns bei unserem gestrigen Zusammentreffen einig wurden.

Dopo l' (A seguito dell') odierna visita del Signor ... siamo lieti di confermare i seguenti accordi:

Nach dem heutigen Besuch des Herrn ... bestätigen wir gern die folgenden Abmachungen:

Vi ricorderete senz'altro che durante il nostro breve colloquio ho detto che ...

Sie werden sich zweifellos erinnern, daß ich Ihnen während unserer kürzlichen Unterredung gesagt habe, daß ...

Mi riferisco al nostro recente colloquio nei Vostri locali aziendali di ...

Ich beziehe mich auf unsere kürzliche Besprechung in Ihren Geschäftsräumen in ...

Con la presente si conferma che ...

Hiermit wird bestätigt, daß ...

c) Beantwortung eines Briefes.
Mitteilung, Hinweis, Vorschlag, Bestätigung, Bitte usw.

Vi farà piacere (interesserà) sentire (venire a sapere) che ...

Es wird Sie freuen (od. interessieren) zu hören (od. erfahren), daß ...

Vi interesserà forse apprendere ...

Es wird Sie vielleicht interessieren zu erfahren ...

1. Sono lieto

1. Ich freue mich

2. Ci dispiace molto

2. Es tut uns sehr leid

3. Siamo molto spiacenti

3. Wir bedauern sehr

  a) comunicarVi ...

a) Ihnen mitzuteilen ...

  b) dirVi ...

b) Ihnen zu sagen ...

Vogliate prender nota che ...

Würden Sie bitte zur Kenntnis nehmen, daß ...

Noterete (inoltre) che ...

Sie werden (auch) bemerken, daß ...

Desideriamo particolarmente attirare la Vostra attenzione sui seguenti punti:

Insbesondere möchten wir Sie auf die folgenden Punkte aufmerksam machen (od. hinweisen):

Abbiamo già attirato la Vostra attenzione su ...

Wir haben Sie bereits auf ... aufmerksam gemacht

Siamo riusciti ...

Es ist uns gelungen ...

Siamo dell'opinione che ...

Wir sind der Meinung, daß ...

Riteniamo importante (necessario) ...

Wir halten es für wichtig (od. notwendig) ...

Come forse avete sentito (già sapete, saprete, senz'altro sapete) ...

Wie Sie vielleicht gehört haben (od. bereits wissen, wissen werden, zweifellos wissen) ...

Credo che sappiate già che ...

Ich glaube, Sie wissen schon, daß ...

Capirete senz'altro che ...

Sie werden zweifellos verstehen ...

Sono certo che avrete comprensione per le difficoltà di fronte alle quali ci troviamo.

Ich bin sicher, daß Sie für die Schwierigkeiten, denen wir gegenüberstehen, Verständnis haben werden.

Come evidentemente avrete notato ...

Wie Sie offensichtlich bemerkt haben ...

Come Vi ho spiegato nel nostro incontro ...

Wie ich Ihnen bei unserer Zusammenkunft erklärt habe ...

Abbiamo allora (nella nostra lettera del ...) accennato ...

Wir haben damals (od. Wir haben in unserem Brief vom ...) darauf hingewiesen ...

Vi ricorderete probabilmente (senz'altro) che ...

Sie werden sich wahrscheinlich (od. zweifellos) daran erinnern, daß ...

Avrete senz'altro (certamente) comprensione per ...

Sie werden (sicher) dafür Verständnis haben, daß ...

Ci permettiamo (inoltre) di ricordarVi che ...

Wir erlauben uns, Sie (ferner) daran zu erinnern, daß ...

Dobbiamo far presente che ...

Wir müssen darauf hinweisen, daß ...

Desideriamo subito far presenti due argomenti ...

Wir möchten sofort zwei Argumente anbringen ...

Posso portare ancora un ulteriore argomento ...

Ich kann noch ein weiteres Argument anführen ...

Desidero chiarire che ...

Ich möchte klarstellen, daß ...

La nostra lettera del ... si esprimeva molto chiaramente riguardo ...

Unser Brief vom ... hat sehr klare Ansichten über die Angelegenheit zum Ausdruck gebracht ...

Vogliate fare riferimento alla mia lettera del ...

Wenn Sie sich bitte auf meinen Brief vom ... beziehen wollen ...

Come dimostra la Vostra documentazione ...

Wie Ihre Unterlagen zeigen ...

A pagina ... constaterete ...

Auf Seite ... werden Sie feststellen ...

In questo contesto Vi rimandiamo alla Vostra lettera del ...

In diesem Zusammenhang möchten wir Sie auf Ihr Schreiben vom ... hinweisen.

Ci ha deluso notare che ...

Es hat uns enttäuscht festzustellen, daß ...

Ci dispiace molto apprendere che ...

Wir bedauern sehr zu erfahren, daß ...

Non eravamo soddisfatti di ...

Wir waren nicht zufrieden mit ...

Ci viene comunicato che ...

Man sagt uns, daß ...

Prendiamo atto che proponete ...

Wir nehmen davon Kenntnis, daß Sie vorschlagen ...

Crediamo che (sarebbe auspicabile che) ...

Wir glauben, daß (es wünschenswert wäre, wenn) ...

Desidero cogliere quest'occasione per proporre ...

Ich möchte diese Gelegenheit wahrnehmen, um vorzuschlagen ...

Sono dell'opinione che a ... dovrebbe essere dedicata una maggiore attenzione.

Ich bin der Meinung, daß ... mehr Aufmerksamkeit geschenkt werden sollte.

Ho riflettuto molto sulla questione e desidero ora fare la seguente proposta.

Ich habe über diese Angelegenheit lange nachgedacht und möchte nun folgenden Vorschlag machen.

Abbiamo

Wir haben

a) riflettuto molto attentamente circa ...

a) sehr sorgfältig nachgedacht über ...

b) riflettuto molto attentamente riguardo ...

b) über ... sehr eingehend nachgedacht.

Vi sarei molto grato se voleste (poteste) darmi la seguente informazione: ...

Ich wäre sehr dankbar, wenn Sie mir die folgende Auskunft geben könnten: ...

Sareste così gentili da comunicarmi ...

Wären Sie so freundlich mir mitzuteilen ...

In particolare desidererei sapere se ...

Insbesondere möchte ich gern wissen, ob ...

Nella nostra ultima lettera abbiamo dimenticato di chiedere ...

In unserem letzten Schreiben haben wir es versäumt zu fragen ...

In considerazione delle particolari circostanze di cui alla Vostra lettera del ...

Angesichts der besonderen, in Ihrem Brief vom ... angeführten Umstände ...

Dobbiamo dirVi che siamo molto sorpresi (estremamen-

Wir müssen gestehen, daß wir nicht wenig überrascht (od.

teirritati) dal tono della Vostra lettera riguardante ...   *äußerst ungehalten) sind über den Ton Ihres Schreibens bezüglich ...*

4. Briefschlüsse, Schlußworte

(Vgl. auch Schlußworte bei den verschiedenen Briefgattungen)

a) Bitte um Antwort, Hinweis auf Dringlichkeit

Speriamo di ricevere una risposta   *Wir hoffen,*

a) tra breve   *a) bald; in Kürze*
b) al più presto possibile   *b) so bald wie möglich*
c) in un prossimo futuro   *c) in der nahen Zukunft*
d) a tempo debito   *d) zu gegebener Zeit*
e) al riguardo al più presto   *e) sehr bald über diese Angelegenheit*
f) circa questo punto   *f) über diesen Punkt*
    von Ihnen zu hören.

Attendiamo   *Wir erwarten*

a) con interesse Vostre notizie.   *a) mit Interesse Ihre Nachricht.*
b) Vostre ulteriori comunicazioni.   *b) Ihre (weitere) Nachricht.*
c) la Vostra decisione definitiva.   *c) Ihre endgültige Entscheidung.*
d) la Vostra sollecita conferma.   *d) Ihre baldige Bestätigung.*
e) la Vostra conferma a giro di posta.   *e) Ihre postwendende Bestätigung.*
f) il Vostro parere in merito.   *f) Ihre diesbezügliche Stellungnahme.*

Siamo lieti   *Wir freuen uns,*

a) che ci incontreremo (di incontrarci) prossimamente con Voi.   *a) daß wir demnächst mit Ihnen zusammentreffen werden.*
b) di trattare la questione (gli ultimi dettagli) con Voi.   *b) die Angelegenheit (od. letzte Einzelheiten) mit Ihnen zu besprechen.*
c) di trattare con Voi il progetto il 2 aprile p.v. alle 9.30.   *c) das Projekt am 2. April um 9.30 Uhr mit Ihnen zu besprechen.*

Speriamo di avere presto Vostre notizie.

Wir hoffen, bald von Ihnen zu hören.

Possiamo contare su Vostre notizie tra breve?

Dürfen wir bald mit Ihrer Nachricht rechnen?

Saremmo lieti di avere Vostre notizie tra breve.

Wir wären dankbar, von Ihnen in Kürze zu hören.

Vi saremmo

Wir wären Ihnen

a) (molto) grati per una sollecita (immediata) risposta.

a) für eine umgehende (od. sofortige) Antwort (sehr) dankbar.

b) (molto) grati per una immediata risposta (per) via aerea.

b) für eine sofortige Antwort per Luftpost (sehr) dankbar.

c) (molto) grati per una risposta via telex.

c) für eine Antwort durch Telex (sehr) dankbar.

d) (molto) grati per una risposta via fax con la conferma che concordate con queste proposte.

d) für eine Antwort per Fax (sehr) dankbar mit der Bestätigung, daß Sie diesen Vorschlägen zustimmen.

e) (molto) grati per una conferma.

e) für eine Bestätigung (sehr) dankbar.

Saremmo molto lieti di ricevere una risposta immediata.

Wir würden eine sofortige Antwort (sehr) schätzen.

Attendiamo la Vostra risposta.

Wir erwarten Ihre Antwort.

La questione è estremamente urgente.

Diese Sache ist äußerst eilig.

Comprenderete che la questione è molto urgente.

Sie werden verstehen, daß die Angelegenheit sehr eilt.

Vi preghiamo di trattare immediatamente la questione (pratica).

Würden Sie bitte die Angelegenheit sofort bearbeiten.

Vi preghiamo di considerare questa questione (pratica) come estremamente urgente.

Bitte behandeln Sie diese Angelegenheit als äußerst dringend.

Poiché la questiono (pratica) è urgentissima, Vi preghiamo di darci una risposta immediata.

Da die Angelegenheit höchst dringend ist, müssen wir Sie um sofortige Antwort bitten.

Vi prego di comunicarmi la Vostra decisione entro dieci giorni a partire da oggi.

Bitte lassen Sie mich innerhalb von zehn Tagen ab heutigem Datum Ihre Entscheidung wissen.

1. Vogliate risponderci

1. Antworten Sie uns bitte

2. Vogliate trattare la pratica

2. Erledigen Sie die Angelegenheit bitte

3. Vogliate inviarci l'informazione

a) nei prossimi giorni.

b) entro il prossimo venerdì
al più tardi.

c) possibilmente (al più tardi) entro il 16 dicembre.

Non mi permetterei di farVi
fretta se non fossi io stesso sotto pressione.

Attendiamo la Vostra risposta via fax o telegramma.

Vogliate · comunicarci la
Vostra decisione riguardo questi punti via fax o telegramma.

Vogliate comunicarci via telex se siete disposti ad accettare il prezzo intero di Lit. ...

Spero di ricevere presto una
Vostra risposta con l'accettazione delle nostre proposte.

Speriamo

a) che concorderete con quanto
sopra.

b) che quanto sopra Vi troverà
d'accordo.

c) che sarete soddisfatti degli
accordi.

3. *Senden Sie uns bitte diese
Information*

a) *innerhalb der nächsten
Tage.*

b) *spätestens bis nächsten
Freitag.*

c) *möglichst (od. spätestens)
bis zum 16. Dezember.*

*Ich würde mir nicht erlauben
Sie zu drängen, wenn ich nicht
selbst unter Druck stünde.*

*Wir erwarten Ihre Antwort
per Fax oder Telegramm.*

*Würden Sie uns bitte per Fax
Ihre Entscheidung über diese
Punkte mitteilen.*

*Würden Sie uns bitte durch
Telex bestätigen, wenn Sie be-
reit sind, den vollen Preis von
Lit. ... zu akzeptieren.*

*Ich hoffe, von Ihnen eine
schnelle Antwort mit der Zustimmung zu unseren Vorschlägen zu erhalten.*

Wir hoffen,

a) *daß Sie diesem zustimmen
werden.*

b) *daß dies Ihre Zustimmung
finden wird.*

c) *daß Sie mit diesen Vereinbarungen zufrieden sein werden.*

b) Bitte um Bestätigung, Anweisungen, Zustimmung zu Vorschlägen usw.

Speriamo di ricevere da Voi
conferma che concordate con
le nuove condizioni.

Speriamo che la succitata
proposta sia per Voi accettabile.

Vi preghiamo di confermare
al più presto possibile per
iscritto il ricevimento di questa
lettera.

*Wir hoffen Ihre Bestätigung
zu erhalten, daß Sie den neuen
Abmachungen zustimmen.*

*Wir hoffen, daß der obige Vor-
schlag für Sie annehmbar ist.*

*Bitte bestätigen Sie den Emp-
fang dieses Briefes schriftlich
so bald wie möglich.*

Vi saremmo grati

Wir wären dankbar,

a) se voleste confermare il ricevimento di questa lettera così
come la corretta applicazione dell'accordo siglato al-
l'inizio di questa settimana.

*a) wenn Sie den Empfang die-
ses Briefes bestätigen würden in dem Sinn, daß wir die
Anfang dieser Woche getroffene Vereinbarung richtig
festgehalten haben.*

b) se ci deste al più presto
possibile conferma scritta di
quanto sopra.

*b) wenn Sie uns dies so bald
wie möglich schriftlich bestätigen würden.*

Attendiamo (al più presto) le
Vostre istruzioni.

*Wir erwarten Ihre (umgehen-
den) Anweisungen.*

Le Vostre istruzioni saranno
immediatamente eseguite.

*Ihre Anweisungen werden
prompt erledigt werden.*

Vogliate inviarci le Vostre
istruzioni.

*Bitte senden Sie uns Ihre An-
weisungen.*

Abbiamo bisogno di queste
informazioni subito. Senza di
esse non possiamo procedere.

*Wir brauchen diese Informa-
tionen sofort. Wir können ohne
sie nicht weitermachen.*

Mi interesserà molto ascolta-
re (sentire) la Vostra opinione.

*Es wird mich sehr interessie-
ren, Ihre Ansichten zu hören.*

Sarò lieto di apprendere ciò
che avete da proporre al riguardo.

*Es wird mich freuen zu erfah-
ren, was Sie in dieser Richtung
vorzuschlagen haben.*

Vi prego di riflettere al riguardo e di telefonarmi quando
avete preso una decisione.

*Ich bitte Sie, dies zu überle-
gen und mich anzurufen, wenn
Sie zu einem Entschluß gekommen sind.*

Vi prego di telefonarmi dopo
aver attentamente studiato il
rapporto.

*Rufen Sie mich nach einge-
hendem Studium des Berichtes
bitte an.*

Non appena avrò la Vostra
comunicazione potrò concludere la questione e informarVi
al riguardo.

*Sobald ich von Ihnen höre,
werde ich die Angelegenheit
endgültig zum Abschluß bringen und Sie entsprechend benachrichtigen.*

c) Klärung von Unstimmigkeiten

Sono certo che c'è stato un
equivoco e spero che questa
lettera possa aiutare a trovare
una soluzione.

*Ich bin sicher, daß ein Miß-
verständnis vorliegt und glaube, daß dieser Brief helfen wird,
eine Lösung herbeizuführen.*

In considerazione della spiegazione di cui sopra desiderete

*Angesichts der obigen Erklä-
rungen wünschen Sie vielleicht*

probabilmente rivedere la situazione.

die Lage noch einmal zu überdenken.

Ci scusiamo per l'equivoco occorso.

Wir entschuldigen uns für das entstandene Mißverständnis.

Mi dispiace che sia occorso questo equivoco

Es tut mir leid, daß dieses Mißverständnis entstanden ist,

a) e spero che la spiegazione di cui sopra chiarirà la situazione.

a) und ich hoffe, daß die obige Erläuterung die Lage klären wird.

b) e spero che le nostre precedenti buone relazioni riprenderanno in futuro.

b) und ich hoffe, daß unsere frühere gute Geschäftsverbindung in Zukunft wieder aufgenommen wird.

Speriamo che questa informazione

Wir hoffen, daß diese Information

a) contribuisca al chiarimento della situazione e restiamo in attesa di Vostre notizie.

a) zur Klärung der Lage beitragen wird und sehen Ihrer Nachricht gern entgegen.

b) chiarirà l'equivoco.

b) das Mißverständnis aufklären wird.

Abbiamo sempre apprezzato la fruttuosa collaborazione esistente da molti anni tra le nostre aziende e faremo del nostro meglio per mantenerla.

Wir haben stets die fruchtbare Zusammenarbeit geschätzt, die seit so vielen Jahren zwischen unseren beiden Firmen besteht und werden unser Bestes tun, sie aufrechtzuerhalten.

d) Entschuldigung

Siamo molto spiacenti degli inconvenienti che questo imprevisto ritardo Vi procura e Vi assicuriamo che esso non è dovuto a nostra colpa.

Wir bedauern sehr die Unannehmlichkeiten, die diese unbeabsichtigte Verzögerung Ihnen bereitet hat und versichern Ihnen, daß die Schuld nicht bei uns liegt.

Vi prego di accettare le mie scuse

Bitte nehmen Sie meine Entschuldigung entgegen

a) per il ritardo nella conferma della Vostra lettera.

a) für die Verzögerung der Bestätigung Ihres Briefes.

b) per il ritardo di questa risposta, ma sono rientrato in ufficio soltanto ieri.

b) für diese verspätete Antwort, aber ich bin erst gestern ins Büro zurückgekehrt.

e) weitere Nachrichten werden folgen

Vi terremo (naturalmente) al corrente.

Wir werden Sie (natürlich) auf dem laufenden halten.

La nostra risposta Vi perverrà entro ... ore (giorni) dal ricevimento della Vostra telefonata.	*Sie werden unsere Antwort innerhalb von ... Stunden (od. Tagen) nach Entgegennahme Ihres Anrufes erhalten.*

f) Dank

Vi ringraziamo	*Wir danken Ihnen*
a) per (la Vostra comprensione e) la Vostra collaborazione.	a) *für (Ihr Entgegenkommen und) Ihre Mitarbeit.*
b) per la rapidità e competenza con le quali avete trattato la questione.	b) *für die Schnelligkeit und Geschicklichkeit, mit der Sie die Angelegenheit behandelt haben.*
c) per l'impegno dimostrato nel tenermi al corrente.	c) *für die Mühe, die Sie sich gemacht haben, mich auf dem laufenden zu halten.*
d) per averci aiutato in questa difficile situazione.	d) *dafür, daß Sie uns in dieser Notlage geholfen haben.*
e) per la comprensione che ci avete dimostrato in questa straordinaria situazione.	e) *für die Rücksichtnahme, die Sie uns unter diesen außergewöhnlichen Umständen entgegengebracht haben.*
f) per la Vostra offerta di aiuto in questa circostanza.	f) *für Ihr Angebot, in dieser Angelegenheit behilflich zu sein.*
Vi siamo molto grati per il Vostro atteggiamento di comprensione.	*Wir sind Ihnen für Ihre verständnisvolle Haltung sehr dankbar.*
Speriamo di poter ricambiare un giorno la Vostra cortesia dimostrata.	*Hoffentlich können wir Ihre Freundlichkeit einmal erwidern.*
Apprezziamo molto il Vostro interesse per la questione.	*Ihr Interesse in der Angelegenheit schätzen wir sehr.*
E' stato molto utile scambiarci opinioni sui programmi di ricerca e per tale collaborazione Vi siamo estremamente grati.	*Es war sehr nützlich, Gedanken über Forschungsprogramme auszutauschen, und wir sind Ihnen für die Zusammenarbeit außerordentlich dankbar.*

g) zu weiterer Information, Hilfe und zu Gesprächen usw. bereit; Sonstiges

1. Nel caso aveste domande	1. *Sollten Sie irgendwelche Fragen haben,*
2. Qualora aveste bisogno di ulteriori informazioni (riguardo la questione),	2. *Sollten Sie (bezüglich dieser Angelegenheit) weitere Auskünfte benötigen,*

3. Se vi vengono in mente altre domande,

3. *Wenn Ihnen weitere Fragen einfallen,*

4. Qualora necessitaste di altre informazioni,

4. *Falls Sie noch weitere Auskünfte benötigen,*

5. Se possiamo ancora esserVi d'aiuto (in qualche modo),

5. *Wenn wir Ihnen noch weiter (od. irgendwie) behilflich sein können,*

6. Se possiamo aiutarVi ulteriormente,

6. *Wenn wir Ihnen weiterhelfen können,*

7. Se possiamo ancora in qualche modo collaborare,

7. *Wenn wir irgendwie anders mitarbeiten können,*

a) Vi preghiamo di comunicarcelo.

a) *teilen Sie es uns (doch) bitte mit.*

b) non esitate a scriverci (a farcelo sapere).

b) *scheuen Sie sich bitte nicht, uns zu schreiben (od. dies mitzuteilen).*

c) non esitate a rivolgerVi a noi (a farcelo sapere, a metterVi in contatto con noi).

c) *zögern Sie bitte nicht, sich an uns zu wenden (od. es uns wissen zu lassen; sich mit uns in Verbindung zu setzen).*

Non esitate a metterVi in contatto con me se avete delle domande.

Zögern Sie nicht, sich mit mir in Verbindung zu setzen, wenn Sie Fragen haben.

Per ulteriori informazioni

Für weitere Auskünfte

a) vogliate metterVi in contatto con ...

a) *setzen Sie sich bitte in Verbindung mit ...*

b) potete metterVi direttamente in contatto con il Signor ...

b) *können Sie sich mit Herrn ... direkt in Verbindung setzen.*

Saremo lieti di trattare con Voi in qualsiasi momento la questione in maniera confidenziale.

Es wird uns freuen, zu jeder Zeit die Angelegenheit mit Ihnen vertraulich zu besprechen.

Se desiderate trattare ancora con noi la questione sarei lieto di passare da Voi al più presto.

Wenn Sie die Angelegenheit weiter mit uns besprechen möchten, würde es mich freuen, Sie baldmöglichst zu besuchen.

Se possiamo aiutarVi in un'altra occasione scriveteci o telefonateci oppure – se siete a Colonia – passate da noi. Ci farà molto piacere rivederVi.

Wenn wir Ihnen bei anderer Gelegenheit helfen können, schreiben Sie, telefonieren Sie oder – falls Sie in Köln sind – besuchen Sie uns. Es wird uns sehr freuen, Sie wiederzusehen.

Mi potete raggiungere giornalmente dalle 9 alle 17.30 al numero 4 56 77 88.

Sie können mich täglich zwischen 9.00 Uhr und 17.30 Uhr unter der Nummer 4 56 77 88 erreichen.

Telefonatemi se avete qualcosa da trattare.

Bitte rufen Sie mich an, wenn Sie etwas besprechen möchten.

Se avete domande, chiamate il nostro ufficio ... il quale dispone di tutte le informazioni ed è in costante contatto telefonico con noi.

Wenn Sie Fragen haben, rufen Sie doch bitte unser ... Büro an, dem alle Informationen vorliegen und das in direkter Telefonverbindung mit uns steht.

MetteteVi in contatto con il Signor ... e discutete la Sua proposta con lui.

Setzen Sie sich bitte mit Herrn ... in Verbindung, und erörtern Sie Ihren Vorschlag mit ihm.

Se desiderate metterVi in contatto con noi, chiamate il ...

Sollten Sie sich mit uns in Verbindung setzen wollen, so rufen Sie bitte ... an.

Se telefonate al nostro direttore delle vendite sono certo che gli ultimi particolari dell'accordo potranno essere rapidamente stabiliti.

Wenn Sie unseren Verkaufsleiter anrufen, bin ich sicher, daß die endgültigen Einzelheiten der Vereinbarung schnell festgesetzt werden können.

Ci dispiace di non poterVi aiutare ulteriormente, ma non c'è nessuna possibilità di ottenere l'informazione richiesta.

Es tut uns leid, daß wir darüber hinaus nicht helfen können, aber es gibt keine Möglichkeit, die gewünschte Auskunft für Sie zu bekommen.

Alleghiamo una busta affrancata (un tagliando di risposta internazionale) e restiamo In attesa di una Vostra risposta.

Wir fügen einen Freiumschlag (od. internationalen Rückantwortcoupon) bei und sehen Ihrer Antwort gern entgegen.

Briefgattungen

I. Rundschreiben

Das Rundschreiben (das Zirkular *la circolare*) richtet sich an einen größeren Kundenkreis *(cerchia di clienti)* und macht Mitteilung *(dar informazione, informare)* über Gründung *(fondazione)*, Erweiterung *(ampliamento)*, Übertragung *(trasferimento)* oder Auflösung *(scioglimento)* eines Geschäftes *(azienda)* oder einer Handelsgesellschaft; ferner berichtet es über Veränderungen *(cambiamenti nella ditta)* im Geschäftshaus, wie Aufnahme *(entrata)*, Rücktritt *(uscita, ritiro)* oder Ableben *(morte, decesso)* eines Gesellschafters *(socio)*, Agenten *(agente)*, Reisenden *(viaggiatore)* usw.

Das Rundschreiben, das die Geschäftsgründung anzeigt, nimmt Bezug auf: a) die Art *(specie)* des Geschäfts; b) den Namen *(nome, ditta)* der Firma; c) die Vorteile *(vantaggi)* und Hilfsquellen *(risorse)*, wie verfügbare Kapitalien *(capitale disponibile)*, Kenntnisse *(conoscenze)*, Erfahrung *(esperienza)*, Verbindungen *(relazioni)* usw. Auskunftsstellen *(referenze)* werden angegeben, und sorgfältige Ausführung *(accurata esecuzione)* aller erteilten Aufträge *(ordinazioni trasmesse)* wird zugesichert.

Das Rundschreiben ist von großer Bedeutung bei Werbekampagnen *(campagne pubblicitarie)* mit und ohne Preisausschreiben *(concorsi a premi)*. Mit Hilfe der elektronischen Textverarbeitung *(videoscrittura)* ist es möglich, diese Rundschreiben sehr individuell zu gestalten und sehr persönlich zu halten.

Bei Aufgabe des Geschäfts spricht man der Kundschaft *(clienti, clientela)* seinen Dank aus für das erwiesene Wohlwollen *(favore dimostrato)* und bittet, dieses auf den Nachfolger *(successore)* zu übertragen *(trasferire)*, der in einem besonderen Schreiben ebenfalls um die Fortsetzung des Vertrauens *(fiducia)* und Wohlwollens *(favore)* bittet.

A. Gründung eines Geschäfts

1. Eingangsformeln mit Angabe des Zwecks der Gründung

Siamo lieti di comunicarVi l'apertura della nostra nuova ditta in data (il) 22 maggio.	*Wir freuen uns, Ihnen die Eröffnung unserer neuen Firma am 22. Mai anzuzeigen.*
1. Siamo lieti di comunicarVi che	*1. Wir freuen uns, Ihnen mitzuteilen, daß*

2. Siamo lieti di comunicare ai nostri corrispondenti d'affari che

a) abbiamo appena fondato una nuova ditta (o: una nuova fabbrica per la produzione di ...) all'indirizzo sopraindicato.

b) abbiamo recentemente aperto in via Milano 130 un'agenzia per la vendita di ...

c) abbiamo acquistato l'edificio in via Milano 130 per installarvi una nuova filiale (che sarà aperta/inaugurata il ...)

Per la nostra ditta e il nostro marchio abbiamo scelto il nome ...

La nuova ditta opererà sotto la ragione sociale ...

La ditta (o: l'impresa) è registrata (come Società a responsabilità limitata) sotto la ragione sociale: ...

Come Voi forse sapete ho recentemente aperto una filiale della mia azienda al sopraindicato indirizzo e sono lieto di cogliere l'occasione per sottoporVi un'offerta particolarmente vantaggiosa per ...

E' nostra intenzione fornire un supporto tecnico al nostro agente, la ditta ... per quanto concerne il servizio di assistenza ai clienti.

Siamo in grado di

a) offrirVi una vasta gamma di articoli in pelle (servizi).

b) offrirVi un servizio rapido, economico e personalizzato.

2. Wir freuen uns, unseren Geschäftsfreunden mitzuteilen, daß

a) wir soeben eine neue Firma (od. eine Fabrik zur Herstellung von ...) unter der obigen Adresse eröffnet haben.

b) wir kürzlich eine Agentur in der Via Milano 130 für den Verkauf von ... eröffnet haben.

c) wir das Gebäude in der Via Milano 130 zur Errichtung einer neuen Filiale erworben haben (die am ... eröffnet werden soll).

Für unsere Firma und unsere Handelsmarke haben wir den Namen ,, gewählt.

Die neue Firma wird unter dem Namen ... arbeiten.

Die Firma (od. das Unternehmen) ist eingetragen (als Gesellschaft mit beschränkter Haftung) unter dem Namen: ...

Wie Sie vielleicht wissen, habe ich kürzlich eine Zweigstelle meines Geschäfts unter der obigen Anschrift eröffnet und ergreife die Gelegenheit, Ihnen ein besonders günstiges Angebot für ... zu unterbreiten.

Unser Ziel ist es, unsere Agenten, die Firma ..., in fachtechnischer Hinsicht beim Kundendienst zu unterstützen.

Wir können Ihnen

a) eine breite Palette von Lederwaren (od. Dienstleistungen) anbieten.

b) einen schnellen, wirtschaftlichen und individuellen Service anbieten.

c) offrirVi una consulenza specializzata in ogni settore del-
l'edilizia, sopra e sottosuolo.

Abbiamo cospicue disponibilità di ...

Nel nostro edificio abbiamo
esposto ...

c) *Fachberatung auf allen Ge-*
bieten des Hoch- und Tief-
baus anbieten.

Wir haben einen reichhalti-
gen Vorrat an ...

In unserem Gebäude haben
wir ... ausgestellt.

2. Vorteile und Hilfsquellen

a) Erfahrungen, Kenntnisse

1. La nostra approfondita conoscenza specialistica

1. *Unsere gründliche Bran-*
chenkenntnis (od. Fach-
kenntnis)

2. Una lunga esperienza commerciale

2. *Eine lange (od. reiche) Ge-*
schäftserfahrung

3. Una pluriennale attività

3. *Eine mehrere Jahre umfas-*
sende Tätigkeit

4. Una specifica conoscenza
del nostro settore

4. *Eine qualifizierte Kenntnis*
unseres Geschäftszweiges

garantisce una corretta e sollecita esecuzione degli ordini.

garantiert eine prompte und
reibungslose Ausführung der
Aufträge.

1. La nostra conoscenza del locale mercato (del settore)

1. *Unsere Kenntnis der hiesi-*
gen Marktlage (od. Branchen-
kenntnis)

2. Una lunga esperienza in tutti
i settori della lavorazione del
legno

2. *Eine lange Erfahrung auf den*
verschiedensten Gebieten
der Holzverarbeitung

    a) ci ha permesso di instau-
    rare preziose relazioni.

    a) *hat es uns ermöglicht,*
    wertvolle Verbindungen
    anzuknüpfen.

    b) ci mette in grado di ese-
    guire qualsiasi ordinazio-
    ne con piena soddisfazio-
    ne del cliente.

    b) *setzt uns in die Lage, alle*
    Aufträge zur vollen Zu-
    friedenheit des Kunden
    auszuführen.

La mia grande esperienza
nel campo dell'elaborazione
dei dati in qualità di Direttore
del Marketing presso la ditta ...
mi sarà di grande aiuto nell'attività di consulenza dei clienti
per quanto concerne specifici

Meine große Erfahrung im
Bereich der Datenverarbeitung
als Marketing Manager der Fir-
ma ... wird mir sehr hilfreich da-
bei sein, unsere Kunden unter
Berücksichtigung ihrer speziel-
len Bedürfnisse bei der Aus-

desideri nell'acquisto di computers e del relativo «software».

wahl der Computer und der zu benutzenden Software richtig zu beraten.

b) Kapital

1. Disponiamo di un considerevole capitale che ci permette di

2. Il capitale a mia disposizione mi permette di

3. Il capitale che prevedo di investire nella ditta è sufficiente per

   a) tenere un ampio assortimento

   b) tenere grandi scorte di articoli d'ogni prezzo alfine di soddisfare le più esigenti richieste.

   c) offrire ai nostri clienti condizioni straordinarie.

1. *Wir verfügen über (od. Wir besitzen) ein beträchtliches Kapital, das es uns ermöglicht,*

2. *Das mir zur Verfügung stehende Kapital ermöglicht es mir,*

3. *Das Kapital, das ich in die Firma zu investieren beabsichtige, reicht aus,*

   a) *ein ausgedehntes Sortiment an ... zu führen.*

   b) *reichliche Lagervorräte in allen Preislagen zu führen, um den anspruchsvollsten Anforderungen zu genügen.*

   c) *unseren Kunden Sondervergünstigungen zu gewähren.*

c) Verbindungen, Beziehungen

1. Le nostre strette relazioni ci permettono di ...

2. Le nostre ampie relazioni con ditte del nostro settore ci mettono in condizione di

   a) offrire la migliore merce sia per quanto riguarda la qualità che il prezzo.

   b) procurarci i nostri articoli presso i migliori fornitori.

   c) offrire ai nostri clienti particolari vantaggi.

   Speriamo che i nostri prezzi estremamente vantaggiosi Vi inducano a passarci un'ordinazione di prova.

1. *Unsere engen Beziehungen ermöglichen es uns, ...*

2. *Unsere ausgedehnten Verbindungen zu Firmen unseres Geschäftszweiges setzen uns in die Lage,*

   a) *in bezug auf Qualität und Preis die beste Ware zu liefern.*

   b) *unsere Artikel aus den allerbesten Quellen zu beziehen.*

   c) *unseren Kunden Sondervorteile anzubieten.*

   Wir hoffen, daß unsere sehr/ äußerst günstigen Preise Sie veranlassen werden, uns einen Probeauftrag zu erteilen.

| Operiamo secondo il principio: guadagno limitato sul singolo prodotto, ma grande smercio. | *Wir handeln nach dem Grundsatz: kleiner Gewinn am einzelnen Artikel, aber großer Umsatz.* |

3. Bitte um Aufträge und Zusicherung guter Bedienung

(Vgl. auch Kap. III, 15e)

E' nostro desiderio mostrarVi la qualità dei nostri prodotti e speriamo di avere l'occasione di servirVi in un prossimo futuro.	*Es liegt uns sehr daran, Ihnen die Qualität unserer Erzeugnisse zu zeigen, und wir hoffen, daß wir Gelegenheit haben, Sie in der nahen Zukunft zu bedienen.*
Sono convinto che un'ordinazione di prova Vi indurrà a passarci ulteriori commesse.	*Ich bin überzeugt, daß eine Probebestellung Sie zu weiteren Aufträgen veranlassen wird.*
Vi possiamo assicurare che ogni ordinazione sarà eseguita rapidamente e con la massima cura.	*Wir können Ihnen versichern, daß jeder Auftrag unverzüglich und höchst sorgfältig ausgeführt wird.*
Siamo lieti di metterVi a disposizione i nostri servizi.	*Wir freuen uns, Ihnen unsere Dienste zur Verfügung zu stellen.*

B. Veränderungen in einem Geschäft

1. Erweiterung und Vergrößerung

1. Siamo lieti di renderVi noto che ...	*1. Es freut uns Ihnen bekanntzugeben, daß ...*
2. Sarete certamente interessati ad apprendere che ...	*2. Es interessiert Sie sicherlich zu hören, daß ...*
3. Vogliate prender nota che ...	*3. Nehmen Sie bitte davon Kenntnis, daß ...*
a) il 1° ottobre avverrà un cambiamento della nostra ditta.	*a) am 1. Oktober eine Veränderung in unserer Firma eintreten wird.*
b) la nostra fabbrica è stata recentemente ampliata e sono stati installati nuovi macchinari.	*b) unsere Fabrik vor kurzem erweitert wurde und neue Maschinen installiert wurden.*

c) i lavori di ampliamento del nostro edificio sono terminati. Di conseguenza la nostra produttività risulterà quasi raddoppiata.

c) die Erweiterung unseres neuen Gebäudes nunmehr abgeschlossen ist. Hierdurch wird unsere Produktionskapazität fast verdoppelt.

d) abbiamo riaperto la nostra fabbrica dopo una considerevole ristrutturazione.

d) wir unsere Fabrik nach beträchtlichen Veränderungen wiedereröffnet haben.

e) abbiamo aperto un nuovo laboratorio di ricerca a ...

e) wir in ... ein neues Forschungslabor eröffnet haben.

f) il ... sarà aperta una nuova filiale.

f) am ... eine neue Zweigstelle eröffnet wird.

A causa (in conseguenza) dell'aumento del volume d'affari della nostra ditta ...

Angesichts der Erweiterung des Geschäftsvolumens unseres Unternehmens ...

a) abbiamo deciso di aprire una nuova filiale a il ...

a) haben wir uns entschlossen, am ... eine neue Zweigstelle in ... zu eröffnen.

b) abbiamo deciso di ampliare i nostri locali aziendali.

b) haben wir uns entschlossen, unsere Geschäftsräume zu erweitern.

Vi saremmo pertanto grati se voleste passare le Vostre future ordinazioni al nostro ufficio di Via C. Colombo, 10.

Wir wären deshalb dankbar, wenn Sie alle künftigen Bestellungen und Anfragen direkt an unser Büro in der Via C. Colombo 10 richten würden.

2. Umwandlung oder Verschmelzung von Geschäften

Siamo lieti di comunicare che

Wir freuen uns bekanntzugeben, daß

a) il 1° ottobre la nostra ditta si fonderà con la ben nota ... con la quale formerà la nuova ditta ...

a) ab 1. Oktober unsere Firma mit der renommierten ... zur Bildung der neuen Firma ... fusionieren wird.

b) abbiamo trasformato la nostra ditta in una Società a responsabilità limitata.

b) wir unser Unternehmen in eine Gesellschaft mit beschränkter Haftung umgewandelt haben.

c) abbiamo appena acquisito (rilevato) ...

c) wir soeben ... gekauft (od. übernommen) haben.

Un inevitabile aumento di capitale ha richiesto la ristrutturazione della nostra ditta che si è costituita in società a responsabilità limitata operante sotto la ragione sociale ...

Eine unumgängliche Kapitalerhöhung erforderte die Neugestaltung (od. Umorganisation) unseres Unternehmens als Gesellschaft mit beschränkter Haftung unter dem Namen ...

Questa modificazione ha il vantaggio di permetterci di

Diese Umwandlung hat den Vorteil, uns zu ermöglichen,

a) ampliare la nostra gamma di prodotti.

a) unsere Produktpalette zu erweitern.

b) di ricoverare il nostro parco macchine in un fabbricato più ampio e più adatto alle nostre attuali esigenze operative.

b) unseren Maschinenpark in Gebäuden unterzubringen, die geräumiger und für unsere augenblicklichen Bedürfnisse besser geeignet sind.

La fusione delle due aziende ha come conseguenza un aumento della potenzialità sia in campo amministrativo che per quanto riguarda le disponibilità di magazzino. Pertanto le Vostre ordinazioni potranno essere evase ancora più sollecitamente che nel passato.

Infolge der Fusion der beiden Unternehmen ergibt sich sowohl eine Leistungssteigerung im Verwaltungsbereich als auch eine höhere Lagerkapazität. Daher werden wir Ihre Aufträge noch schneller als in der Vergangenheit ausführen können.

3. Verlegung der Firma, Umzug

Come forse Vi è noto, progettiamo da alcuni anni di trasferire i nostri uffici di Torino nei nuovi locali aziendali di ...

Wie Sie vielleicht schon wissen, planen wir seit einigen Jahren, mit unseren jetzigen Büros in Turin in neue Geschäftsräume in ... umzuziehen.

In seguito alla continua crescita (al rapido sviluppo) della nostra azienda

Durch das stetige Wachstum (od. die schnelle Entwicklung) unseres Unternehmens

a) è stato necessario trasferirci in nuovi e più grandi locali.

a) wurde es notwendig, in neue und größere Geschäftsräume umzuziehen.

b) è stato necessario trasferirci in locali più confortevoli e a concentrare in un solo luogo i nostri vari settori operativi sparsi nelle zone circostanti.

b) wurde es notwendig, in bequemere Gebäude umzuziehen und die verschiedenen, verstreut angesiedelten Teile unseres Unternehmens an einem Platz zu konzentrieren.

Finalmente la nostra nuova fabbrica nella zona industriale di Zülpich è stata completata ed è nostra intenzione festeggiare l'avvenimento il 1° marzo p. v. con un buffet freddo a cui seguirà una visita guidata dell'impianto. Possiamo contare sulla Vostra presenza?

1. Con la presente Vi comunichiamo che

2. Vogliate prendere nota che

   a) ci siamo trasferiti nel nostro nuovo edificio e che tutta la corrispondenza futura dovrà essere inviata all'indirizzo sopraindicato.

   b) il 1° agosto p. v. ci trasferiremo nel nostro più ampio e moderno edificio di ...

   c) recentemente il nostro ufficio è stato parzialmente distrutto da un incendio. La nostra attività durante i lavori di riparazione e ripristino nei prossimi mesi proseguirà al sopraindicato indirizzo.

Il 1° luglio p. v. ci trasferiremo a ... e il 5 luglio riprenderemo la nostra attività.

Il nuovo edificio che comprende tutti i nostri settori operativi ed un magazzino della capacità di m² 40.000 è stato espressamente concepito per esigenze della nostra attività editoriale.

Siamo molto orgogliosi sia del nuovo edificio che delle sue nuove e moderne attrezzature

Endlich ist unsere neue Fabrik im Industriegebiet in Zülpich fertiggestellt und startbereit, und wir haben die Absicht, das Ereignis am 1. März mit einem kalten Buffet zu feiern, mit anschließender Führung durch unser Werk. Können wir mit Ihrer Anwesenheit rechnen?

1. *Hiermit teilen wir Ihnen mit, daß*

2. *Nehmen Sie bitte davon Kenntnis, daß*

   a) *wir in unser neues Gebäude umgezogen sind, und daß alle künftige Korrespondenz an die obige Anschrift gesandt werden sollte (od. zu richten ist).*

   b) *wir am 1. August dieses Jahres in unser größeres und moderneres Gebäude in ... umziehen werden.*

   c) *– da unser Büro vor kurzem durch Feuer teilweise zerstört wurde – unsere Geschäfte während der Reparaturen und Renovierungsarbeiten in den nächsten Monaten unter der obigen Anschrift fortgeführt werden.*

Am 1. Juli ziehen wir um und werden am 5. Juli in ... den Betrieb wieder aufnehmen.

Das neue Gebäude, das alle unsere Abteilungen und ein Lagerhaus mit einer Lagerkapazität von 40.000 qm aufnehmen wird, ist speziell für die Erfordernisse unseres Verlagsgeschäftes entworfen worden.

Wir sind sehr stolz sowohl auf das neue Gebäude als auch auf seine modernen technischen Einrichtungen,

a) che ci permettono di produrre un maggior numero di abiti di qualità ancora migliore.

a) *die es uns ermöglichen, mehr Anzüge von noch besserer Qualität herzustellen.*

b) che ci permetteranno di abbreviare i tempi di consegna.

b) *die es uns ermöglichen werden, die Lieferzeiten abzukürzen.*

c) e saremmo molto lieti di mostrarVi i nostri impianti (o: e speriamo veramente di avere prossimamente l'occasione di farVi visitare i nostri impianti).

c) *und würden Ihnen sehr gern unser Werk zeigen (od. und wir hoffen sehr, daß wir in Kürze Gelegenheit haben werden, Sie durch unseren Betrieb zu führen).*

Vogliate prendere nota che il nostro numero telefonico, quello di cassetta postale e il nostro indirizzo telegrafico sono rimasti invariati.

Nehmen Sie bitte davon Kenntnis, daß unsere Telefonnummer, Postfach- und Telegrammadresse unverändert bleiben.

Le ordinazioni pervenute entro il 15 febbraio saranno evase in Corso Piemonte. Dopo tale data l'esecuzione delle ordinazioni avverrà a Savona da dove riceverete la conferma.

Vor dem 15. Februar eingegangene Aufträge werden im Corso Piemonte erledigt. Nach diesem Datum werden Aufträge in Savona bearbeitet, und Sie werden von dort die Bestätigung erhalten.

Le future ordinazioni e richieste di informazioni dovranno essere inviate al seguente indirizzo: ...

Zukünftige Aufträge und Anfragen sind an die folgende Anschrift zu richten: ...

4. Veränderung in einem Geschäft, Abtretung und Übernahme eines Geschäfts

Vi preghiamo di prender nota che

Nehmen Sie bitte davon Kenntnis, daß

a) il Signor ... ha rilevato la nostra ditta ed opererà in futuro per proprio conto.

a) *Herr ... unsere Firma übernommen hat und in Zukunft auf eigene Rechnung weiterarbeiten wird.*

b) la ditta da me gestita durante ... anni al sopraindicato indirizzo è stata rilevata da ...

b) *die von mir während der vergangenen ... Jahre geführte Firma an der obigen Adresse von ... übernommen worden ist.*

Tra le condizioni di rilevamento accettate dal Signor ...

Unter den von Herrn ... akzeptierten Übernahmebedingungen

c'è la completa assunzione dello stato patrimoniale della mia ditta.

ist auch die Übernahme aller Aktiva und Passiva meiner Firma.

Il 1° aprile la ditta viene rilevata dal Signor ... che ne è stato per molti anni vicedirettore.

Ab 1. April wird die Firma von Herrn ... übernommen, der viele Jahre ihr stellvertretender Direktor war.

5. Erteilung, Zurücknahme oder Erlöschen der Prokura

Oggi ho conferito la mia procura al Signor ...

Ich habe heute Herrn ... Prokura erteilt.

Ho autorizzato il Signor ... a firmare per procura,

Ich habe Herrn ... ermächtigt, per Prokura zu zeichnen.

Il Signor ... è da oggi autorizzato a firmare per procura per la mia ditta,

Herr ... ist von heute an ermächtigt, für meine Firma zu zeichnen.

1. La procura conferita al Signor ...

1. Die Herrn ... erteilte Prokura

2. L'autorizzazione al Signor ... a firmare per procura per la nostra ditta

2. Die Vollmacht, durch die Herr ... ermächtigt ist, für unsere Firma per Prokura zu zeichnen,

   a) è stata oggi revocata,

   a) wurde heute zurückgenommen.

   b) viene ritirata con la presente.

   b) wird hiermit aufgehoben.

6. Eintritt und Austritt eines Teilhabers, Mitarbeiters oder Angestellten

a) Eintritt, Aufnahme

Siamo lieti di comunicare (ai nostri clienti di ...)

Wir freuen uns (unseren Kunden in ...) bekanntzugeben,

a) che il 1° aprile p. v. entrerà a far parte della nostra ditta come socio il Signor ...

a) daß wir ab 1. April d. J. Herrn ... als Partner in unsere Firma aufnehmen.

b) che abbiamo nominato il Signor ... direttore della nostra filiale di ...

b) daß wir Herrn ... zum Geschäftsleiter unserer Niederlassung in ... ernannt haben.

c) che abbiamo accettato il Signor ... come socio.

c) daß wir Herrn ... als Teilhaber aufgenommen haben.

d) che abbiamo nominato il Signor ... rappresentante esclusivo per questo importante mercato.

Siamo lieti di comunicarVi che

a) il Signor ..., che da molti anni ha ricoperto posti di responsabilità all'interno dell'azienda, è stato ora accettato come socio.

b) il Signor ..., nostro direttore di produzione da dieci anni e profondo conoscitore dell'azienda, è stato adesso accettato come socio.

c) da adesso il Signor ... è socio della nostra ditta.

1. Sarà sostituito dal Signor ...

2. Al suo posto abbiamo nominato il Signor ...

a) che avrete certamente conosciuto in occasione delle vostre visite alla nostra sede di Berlino.

b) che ha diretto per molti anni il nostro settore export.

c) che nel passato ha collaborato strettamente con il nostro direttore di produzione, il Signor ....

d) il quale oltre alla sua decennale esperienza presso «Müller & Sohn» di Brema apporta le sue capacità di designer.

d) daß wir Herrn ... als unseren Alleinvertreter für diesen wichtigen Markt ernannt haben.

Wir freuen uns Ihnen mitzuteilen, daß

a) wir jetzt Herrn ... als Teilhaber aufgenommen haben, der dem Haus schon viele Jahre in verschiedenen verantwortlichen Funktionen verbunden ist.

b) wir soeben Herrn ... als Teilhaber aufgenommen haben, der seit zehn Jahren unser Produktionsleiter ist und ein umfassendes Wissen über alle Aspekte unseres Geschäftes besitzt.

c) Herr ... jetzt Teilhaber unserer Firma ist.

1. Er wird durch Herrn ... ersetzt,

2. An seiner Stelle haben wir Herrn ... ernannt,

a) den Sie sicher kennengelernt haben, als Sie unser Hauptbüro in Berlin besuchten.

b) der viele Jahre unsere Exportabteilung geleitet hat.

c) der in der Vergangenheit eng mit Herrn ..., unserem Produktionsleiter, zusammengearbeitet hat.

d) der außer einer zehnjährigen Erfahrung bei „Müller & Sohn", Bremen, auch seine Fachkenntnisse als Designer mitbringt.

b) Austritt, Rücktritt

A causa di una lunga malattia

a) ho deciso di ritirarmi dagli affari.

Wegen anhaltender Krankheit

a) habe ich mich entschlossen, mich aus dem Geschäftsleben zurückzuziehen.

b) il Signor ... ha deciso di ritirarsi dagli affari.

b) hat sich Herr ... entschlossen, sich aus dem Geschäftsleben zurückzuziehen.

1. Il Signor ..., nostro socio anziano, la cui malattia non gli permette di partecipare attivamente alla vita aziendale,

1. Unser Senior-Teilhaber, Herr ..., der wegen Krankheit schon seit einiger Zeit nicht in der Lage ist, aktiv in der Firma mitzuwirken,

2. Il Signor ... che da vent'anni ha ricoperto presso di noi diversi incarichi tra cui, negli ultimi cinque, quello di Direttore della nostra filiale di ...

2. Herr ..., der bei uns zwanzig Jahre in den verschiedensten Funktionen beschäftigt war, in den letzten fünf Jahren als Leiter unserer ... Filiale,

a) ci lascerà il 1° marzo p. v.

a) wird ab 1. März ausscheiden.

b) ha deciso di lasciarci il 1° aprile p. v.

b) hat beschlossen, zum 1. April auszuscheiden.

c) ci ha definitivamente lasciato il 1° maggio u. s.

c) ist endgültig ab 1. Mai aus dieser Firma ausgeschieden.

Con grande rincrescimento e con altrettanta reciproca stima ho deciso di lasciare la mia posizione di dirigente presso la ditta Parodi e C.

Mit großem Bedauern, aber mit größter beiderseitiger Hochachtung habe ich mich entschlossen, meine Stellung als Geschäftsführer bei Firma Parodi & Co. aufzugeben.

In considerazione della nostra lunga collaborazione ho ritenuto giusto informarVi della mia decisione al più presto possibile.

In Anbetracht unserer langen Zusammenarbeit hielt ich es für das Richtige, Sie so früh wie möglich von meiner Entscheidung in Kenntnis zu setzen.

In seguito alla recente fusione con ... il Signor ..., che ha diretto il nostro reparto progettazione per molti anni, ha deciso di lasciare il suo posto dietro pagamento di una liquidazione.

Herr ..., der viele Jahre lang unsere Entwicklungsabteilung leitete, hat sich aus Anlaß der kürzlichen Fusion mit ... entschieden, gegen eine Abfindungszahlung auszuscheiden.

Vi preghiamo di prender nota (desideriamo renderVi noto) che il Signor ..., che ha ricoperto negli ultimi anni la carica di ...

Bitte nehmen Sie davon Kenntnis (od. Wir möchten Sie davon in Kenntnis setzen), daß Herr ..., der während der letzten ... Jahre unser ... war,

a) ha lasciato il nostro servizio e non è (quindi) più autorizzato a ricevere ordinazioni o a rappresentarci in nessun modo.

a) aus unseren Diensten ausgeschieden ist und nicht mehr befugt ist, Bestellungen anzunehmen oder uns in irgendeiner Weise zu vertreten.

b) non è più impiegato da noi dal 31 dicembre u. s. (e non è quindi più autorizzato a ricevere ordinazioni o pagamenti per nostro conto).

b) seit dem 31. Dezember nicht mehr bei uns beschäftigt ist (und daher keine Befugnis mehr hat, Aufträge oder Zahlungen in unserem Namen entgegenzunehmen).

c) non sarà più nostro rappresentante.

c) nicht mehr als unser Vertreter tätig sein wird.

d) inizierà un'attività commerciale per conto proprio in un altro settore.

d) auf eigene Rechnung in einem anderen Geschäftszweig anfangen wird.

Il nostro accordo con il Signor ...

Unser Abkommen (od. Vertrag) mit Herrn ...

a) si conclude oggi.

a) erlischt ab heute.

b) si concluderà il ...

b) läuft am ... ab.

c) Weiterführung des Geschäfts mit und ohne Veränderung der Firma, des Kapitals usw.

1. L'attività della ditta continua (la ditta continuerà l'attività) sotto la ragione sociale ...

1. Die Firma wird fortgeführt (od. Die Firma wird ihre Geschäfte weiterführen) unter dem Namen ...

  a) e continuerà a mantenere il tradizionale livello qualitativo.

  a) und wird den traditionellen Leistungsstandard bezüglich der Qualität aufrechterhalten.

  b) e faremo tutto il possibile per incentivare quella politica di fiducia nei nostri servizi su cui si è basato il successo del Signor ...

  b) und wir werden unser Möglichstes zur Förderung der Politik einer zuverlässigen Dienstleistung tun, auf der der Erfolg von Herrn ... basiert.

  c) e non ci sarà alcun cambiamento nella nostra politica aziendale.

  c) und es wird keinen Wechsel in der Geschäftspolitik unseres Betriebes geben.

A partire dal 1° marzo p. v. la nostra ditta si chiamerà: ...

Mit Wirkung vom 1. März wird unsere Firma den Namen ... tragen.

Il nome della ditta rimarrà invariato.

Der Name der Firma wird unverändert bleiben.

La direzione aziendale rimane nelle mani di ...

Die Leitung des Geschäfts bleibt in den Händen von ...

Il Signor ... resterà comunque

Herr ... wird jedoch weiter

a) in azienda in qualità di Direttore generale.

a) im Geschäft als leitender Direktor bleiben.

b) in qualità di consulente.

b) in beratender Funktion tätig sein.

Nonostante il vuoto creatosi alla morte del Signor ... posso assicurarVi che il Signor ..., grazie all'esperienza acquisita, dirigerà la ditta in maniera analoga al suo predecessore.

Trotz der durch den Tod des Herrn ... entstandenen Lücke kann ich Ihnen versichern, daß Herr ... dank seiner bereits gewonnenen Erfahrung, das Unternehmen in gleicher Weise wie sein Vorgänger führen wird.

7. Dank für bisheriges und Bitte um ferneres Vertrauen und Wohlwollen

1. Cogliamo l'occasione per ringraziarVi (per esprimere il nostro ringraziamento) per

2. Vi ringraziamo per

3. Vi siamo molto grati per

4. Abbiamo apprezzato

   a) le Vostre passate ordinazioni e speriamo di servirVi (poterVi servire) in futuro.

   b) la fiducia che ci avete accordata nel passato e speriamo di continuare la collaborazione in futuro.

   c) la Vostra fiducia in passato e speriamo di poterVi contare ancora tra i nostri più ambiti clienti.

   d) le Vostre passate ordinazioni e confidiamo che il nuovo assetto ci permetterà prestazioni ancora migliori.

   e) la fiducia accordataci in passato e speriamo che ci darete l'occasione di dimostrare il mantenimento del nostro livello qualitativo.

1. Wir ergreifen diese Gelegenheit, um Ihnen zu danken (od. unseren Dank zum Ausdruck zu bringen) für

2. Wir danken Ihnen für

3. Wir sind sehr dankbar für

4. Wir schätzen

   a) Ihre früheren Aufträge und hoffen, daß wir Sie weiter bedienen können (od. dürfen).

   b) das Vertrauen, das Sie in der Vergangenheit in uns gesetzt haben und hoffen auf eine weitere Zusammenarbeit mit Ihnen.

   c) Ihr Vertrauen in der Vergangenheit und hoffen, Sie weiterhin zu unseren geschätztesten Kunden zählen zu können.

   d) Ihre bisherigen Aufträge und hoffen, daß das neue Arrangement zu einem noch höheren Leistungsstandard führen wird.

   e) Ihr bisheriges Vertrauen und hoffen, daß Sie uns Gelegenheit geben werden, Ihnen unseren unveränderten Qualitätsstandard zu beweisen.

f) le Vostre passate ordinazioni e speriamo di poter contare sul Vostro appoggio (sulla Vostra fiducia) anche per il futuro.

g) le numerose testimonianze d'amicizia che ci avete dimostrato durante la nostra decennale attività.

h) le dimostrazioni d'amicizia che ci avete dato durante molti anni.

Speriamo che le nostre amichevoli relazioni del passato continuino nel futuro.

Potete esser certi che manterremo anche nel futuro il nostro attuale alto livello qualitativo.

Le nostre relazioni sono state per anni molto amichevoli ed io spero che Voi vorrete dimostrare il Vostro appoggio anche alla ditta ...

Desidero mettere l'accento sul fatto che riceverete dalla ditta Canepa e Figli la stessa stretta cooperazione del passato e sono lieto di comunicare che io stesso – alfine di permettere un migliore trasferimento degli impegni – resterò a disposizione per risolvere eventuali problemi.

f) *Ihre Aufträge in der Vergangenheit und hoffen, daß wir mit Ihrer weiteren Unterstützung (Ihrem Vertrauen) rechnen können.*

g) *die zahlreichen Freundschaftsbeweise, die wir während der zehn Jahre unseres Bestehens von Ihnen erhalten haben.*

h) *die Beweise der Freundschaft, die Sie uns viele Jahre lang gegeben haben.*

Wir hoffen, daß die freundschaftlichen Beziehungen, die immer zwischen uns bestanden haben, fortgesetzt werden.

Sie können sich darauf verlassen, daß wir unseren bisherigen hohen Leistungsstandard auch künftig aufrechterhalten werden.

Unsere Geschäftsverbindung ist über viele Jahre sehr angenehm gewesen, und ich hoffe, daß Sie der Firma ... auch weiterhin Ihre Unterstützung gewähren werden.

Ich möchte betonen, daß Sie seitens Canepa e Figli die gleiche enge Zusammenarbeit wie in der Vergangenheit erfahren werden, und ich freue mich, daß ich selbst – im Hinblick auf eine reibungslosere Übergabe der diversen Aufgaben – weiterhin zur Lösung eventueller Probleme zur Verfügung stehe.

8. Unterschriften der Teilhaber

La firma del Signor ... è allegata.

Il Signor ... firmerà come in calce.

Die Unterschrift von Herrn ... ist beigefügt.

Herr ... wird wie untenstehend zeichnen.

Troverete la sua firma in calce.

Sie werden seine Unterschrift untenstehend finden.

Il Signor ... firmerà:

Herr ... wird zeichnen:

Il Signor non è più autorizzato a firmare per nostro conto (non ha più l'autorizzazione a firmare).

Herr ... ist nicht mehr befugt, für uns zu zeichnen (od. hat nicht mehr die Befugnis/Vollmacht zu zeichnen).

C. Auflösung eines Geschäfts

1. Sulla base di un accordo bilaterale

1. Durch gegenseitige Übereinkunft

2. A causa del ritiro del Signor ...

2. Infolge des Ausscheidens von Herrn ...

3. A causa della morte di uno dei nostri soci, il Signor ...

3. Infolge des Todes eines unserer Teilhaber, Herrn ...,

è stata sciolta la fino ad ora esistente società commerciale.

ist die zwischen ... bestehende Handelsgesellschaft aufgelöst worden.

1. Con grande dispiacere dobbiamo comunicarVi che a causa della morte del Signor ...

1. Mit tiefem Bedauern müssen wir Ihnen mitteilen, daß infolge des Todes von Herrn ...

2. Dobbiamo comunicarVi che

2. Wir müssen Ihnen mitteilen, daß

a) la nostra ditta ... verrà liquidata in data 30 giugno.

a) unser unter dem Namen ... geführtes Geschäft am 30. Juni aufgelöst wird.

b) stiamo per sospendere la produzione di ...

b) wir im Begriff sind, die Herstellung von ... einzustellen.

Il Signor ...

Herr ... ist

a) è stato incaricato della regolarizzazione delle nostre pendenze.

a) mit der Regulierung unserer Außenstände beauftragt worden.

b) è stato incaricato della liquidazione della nostra ditta.

b) mit der Liquidation (od. Auflösung) unserer Firma beauftragt worden.

Ogni comunicazione (in riferimento a ...) deve essere indirizzata a ...

Alle Mitteilungen (in bezug auf ...) sind an ... zu richten.

II. Anfragen, Preisanfragen, Bitte um Zusendung von Preislisten, Mustern, Proben usw.

Will der Kaufmann sein Lager ergänzen *(rifornire il suo magazzino)*, einen neuen Artikel einführen *(introdurre, importare)*, neue Verbindungen anknüpfen *(allacciare nuove relazioni)* oder billige Bezugsquellen *(fonti d'acquisto)* ausfindig machen, so bittet er die in Betracht kommenden Fabrikanten *(industriali, fabbricanti)* oder Großhändler *(commercianti all'ingrosso)* um ein bemustertes *(campionata)* Angebot *(offerta)*, um Zusendung von Preislisten *(listini di prezzi)*, Katalogen *(cataloghi)*, Mustern oder Proben *(campioni)* mit Angabe der Lieferungs- und Zahlungsbedingungen *(condizioni di fornitura e pagamento)*. Er gibt in seiner Anfrage manchmal auch die Beschaffenheit *(qualità)* der gewünschten Ware und die Menge *(quantità)* seines Bedarfs *(fabbisogno)* an.

Oft wird der Käufer auf ein günstiges Angebot *(offerta favorevole)* hin große Bestellungen *(forti ordini)* in Aussicht stellen können. Manchmal bezieht er sich auch auf einen gemeinsamen Geschäftsfreund *(corrispondente)*, der Auskunft über ihn geben wird *(dare informazioni su)*.

Mündlich *(oralmente)*, telefonisch *(telefonicamente)* oder telegrafisch *(telegraficamente)* gestellte Anfragen müssen schriftlich bestätigt werden *(confermare per iscritto)*, um Mißverständnisse zu vermeiden. Zum Einholen von Angeboten werden auch vorgedruckte Formulare *(formulari prestampati)* benutzt.

DOMANDA DI PREZZO

Alessandro Bottero e Figli S. n. c.
Via Assarotti, 125
I–16143 Genova

Textilbiella S. r. l.
Corso U. Rattazzi, 151
13051 Biella

Genova, 25 febbraio 19..

Vi saremmo grati se voleste indicarci i Vostri migliori prezzi per:

Quantità	Descrizione
400	giacche da uomo di vario colore e misura
1200	cravatte di pura seta (diversi modelli e colori)
2000	cravatte in fibra sintetica (modelli e colori di moda)
500	camicie da uomo bianche (diverse misure)

Tutti gli articoli succitati devono essere consegnati entro il 31 marzo p. v.

Nell'attesa di una Vostra risposta porgiamo distinti saluti.

Allessandro Bottero e Figli S. n. c.
Simone Cappato
(Capo Ufficio Acquisti)

1. Eingangsformeln

a) allgemeine Anfrage

Vi preghiamo di inviarci il Vostro catalogo illustrato (generale) ed (con) il listino dei prezzi.

Schicken Sie uns bitte Ihren illustrierten (od. Gesamt-; neuesten) Katalog und Preisliste.

1. Siamo interessati ad importare mobili italiani e vorremmo ...

1. Wir sind daran interessiert, italienische Möbel zu importieren und würden gern ...

2. Vorremmo

2. Wir würden gern

   a) ricevere il Vostro ultimo catalogo, il listino dei prezzi con le condizioni d'esportazione fob Genova.

   a) ein Exemplar Ihres neuesten Katalogs, Preisliste und Exportbedingungen fob Genua erhalten.

   b) ricevere ulteriori informazioni riguardo le Vostre bacheche con indicazione dei prezzi e delle condizioni di pagamento.

   b) nähere Einzelheiten über Ihre Glasvitrinen mit Angabe der Preise und der Zahlungsbedingungen erhalten.

Vogliate inviarci

Bitte senden Sie uns

a) il Vostro ultimo catalogo ed il listino dei prezzi per macinacaffè elettrici.

a) Ihren neuesten Katalog und Preisliste für elektrische Kaffeemühlen.

b) il Vostro catalogo generale ed ulteriori informazioni (informazioni dettagliate) riguardo ...

b) Ihren Gesamtkatalog und nähere Einzelheiten (od. weitere Informationen) über ...

c) il Vostro opuscolo informativo ed il listino dei prezzi all'ingrosso insieme alle condizioni di pagamento.

c) Ihre Broschüre und Großhandelspreisliste mit den Zahlungsbedingungen.

d) un esemplare del Vostro catalogo e informazioni dettagliate circa i Vostri prezzi per l'esportazione e le condizioni di pagamento. Vi·preghiamo altresì di allegare campioni.

d) ein Exemplar Ihres Kataloges und genaue Einzelheiten über Ihre Exportpreise und Zahlungsbedingungen. Wir bitten außerdem, Muster beizulegen.

e) il Vostro ultimo catalogo e l'indirizzo del Vostro agente nella nostra zona.

e) Ihren neuesten Katalog und die Anschrift Ihres Vertreters in unserem Bezirk.

f) listini dei prezzi e cataloghi di tutti i prodotti XYZ che ave-

f) Preislisten und Kataloge aller XYZ Produkte, die Sie auf te in magazzino con informazioni riguardo sconti e condizioni di pagamento.

Lager halten, mit näheren Angaben über Rabatte und Zahlungsbedingungen.

g) un catalogo generale ed il listino dei prezzi di ogni tipo di minestre in scatola disponibili.

g) *einen Gesamtkatalog und Preisliste aller verfügbaren Arten von Suppen in Büchsen.*

h) listini dei prezzi e cataloghi delle Vostre macchine, possibilmente con indicazione dei prezzi c. i. f. Amburgo.

h) *Preislisten und Kataloge Ihrer Maschinen, möglichst mit Angabe Ihrer Preise c. i. f. Hamburg.*

i) un esemplare del Vostro catalogo ed il listino dei prezzi per sistemi d'allarme (con e senza allacciamento) oltre a copie di depliants illustrativi da mettere a disposizione dei clienti interessati.

i) *ein Exemplar Ihres Kataloges und die Preisliste für Alarmsysteme (mit und ohne Anschluß) sowie bebilderte Prospekte zur Weitergabe an interessierte Kunden.*

b) bestimmte Anfrage

1. Abbiamo in previsione (prevediamo) l'acquisto di ...

1. *Wir beabsichtigen den Kauf von ...*

2. Abbiamo in previsione (prevediamo) una ristrutturazione (un ampliamento) del nostro reparto ...

2. *Wir beabsichtigen eine Reorganisation (od. Erweiterung) unserer ... Abteilung*

a) e stiamo raccogliendo informazioni da diversi fornitori allo scopo di confrontare prezzi e condizioni di vendita.

a) *und sind dabei, von mehreren Lieferanten Erkundigungen zum Vergleich von Preisen und Verkaufsbedingungen einzuholen.*

b) e Vi saremmo grati se voleste darci delle informazioni preliminari sui Vostri Mini-Computer completate dalle Vostre condizioni di noleggio e vendita.

b) *und wären Ihnen dankbar, wenn Sie uns vorab einige Auskünfte geben würden über Ihre Mini-Computer mit den Bedingungen für Ihr Miet/Kauf-System.*

Siamo venuti a sapere che producete ... (vendete ..., siete rappresentanti di ...) e Vi preghiamo di comunicarci se potete fornirci ...

Wie wir erfahren haben, sind Sie Hersteller von ... (od. verkaufen Sie ..., sind Sie Vertreter für ...), und wir bitten Sie um Mitteilung, ob Sie uns ... liefern können.

Siamo interessati all'acquisto di tavoli da biliardo, ma pri-

Wir sind am Kauf von Billiardtischen interessiert, benö-

ma di prendere una decisione abbiamo bisogno di ulteriori informazioni circa i costi.

A quali condizioni siete disposti a fornirmi dei forni a microonde?

Potete fornirci immediatamente degli impermeabili per uomo e donna?

Vi preghiamo di comunicarci

a) se potete fornire piccoli televisori in bianco e nero.

b) a quali condizioni potete fornire dei videoregistratori.

Vi preghiamo di inviarci la Vostra migliore offerta per abbigliamento da spiaggia per signora.

1. Per favore indicateci il prezzo cif Amburgo.

2. Vi preghiamo di indicare i (Vostri) prezzi per ...

3. Poiché già per il passato ci avete fornito articoli in pelle, saremmo lieti di ricevere una Vostra offerta

   a) per borse per signora.

   b) per gli articoli sottoindicati.

   c) per la fornitura degli articoli indicati sul formulario accluso.

   d) per i seguenti articoli nelle quantità indicate.

   e) per guanti da uomo corrispondenti all'accluso campione.

Vogliate inoltre sottoporci un'offerta per macchine calcolatrici a buon mercato.

Vi preghiamo di indicarci i Vostri migliori prezzi all'esportazione per le macchine sotto-

tigen aber weitere Einzelheiten über die Kosten, bevor wir eine Entscheidung treffen.

Zu welchen Bedingungen sind Sie bereit, mir Mikrowellenherde zu liefern?

Können Sie uns sofort Trenchcoats für Herren und Damen liefern?

Teilen Sie uns bitte mit,

a) ob Sie kleine Schwarzweißfernsehapparate liefern können.

b) zu welchen Bedingungen Sie Videorecorder liefern können.

Bitte schicken Sie uns Ihr günstigstes Angebot für Damenstrandkleidung.

1. Geben Sie uns bitte den Preis cif Hamburg an.

2. Bitte nennen Sie Ihre Preise für ...

3. Da Sie uns schon früher Lederwaren geliefert haben, würden wir uns freuen über ein aktuelles Preisangebot

   a) für Damenhandtaschen.

   b) für die nachstehenden Artikel:

   c) für die Lieferung der auf dem beigefügten Formular aufgeführten Artikel.

   d) für die folgenden Artikel in den angegebenen Mengen:

   e) für Herren-Handschuhe gemäß beiliegendem Muster.

Würden Sie bitte auch für preiswerte Rechner ein Angebot machen.

Geben Sie uns bitte Ihre konkurrenzfähigsten Exportpreise an für die folgenden Maschi-

indicati in modo da permetterci di partecipare ad una gara d'appalto in Nigeria.

nen, um uns die Beteiligung an einer Ausschreibung in Nigeria zu ermöglichen.

Desideriamo passare un'ordinazione per documenti d'identificazione in plastica.

Wir haben einen Auftrag für Ausweiskarten in Plastik zu vergeben.

Siamo alla ricerca di un fornitore di fiducia per trapani.

Wir suchen einen zuverlässigen Lieferanten für Schlagbohrer.

Acquistiamo regolarmente maglieria per uomo.

Wir sind regelmäßige Abnehmer von Herrenstrickwaren.

Dobbiamo sottoporre un'offerta dettagliata per una unità di produzione completa (trasporto e installazione compresi) per Ibadan/Nigeria.

Wir müssen ein detailliertes Angebot machen für eine vollständige Produktionsanlage einschließlich Transport und Aufbau in Ibadan/Nigeria.

a) e Vi saremmo grati per un'offerta vantaggiosa con consegna fob Livorno.

a) und wären Ihnen dankbar für ein günstiges Angebot zur Lieferung fob Livorno.

b) e Vi saremmo grati per la Vostra migliore offerta comprensiva di una provvigione del 10% per noi.

b) und wären Ihnen für Ihr äußerstes Angebot dankbar, das eine Provision von 10% für uns einschließen sollte.

Siamo i maggiori importatori di conserve della Germania e abbiamo ricevuto in questi ultimi tempi una quantità di richieste per i Vostri asparagi.

Wir sind die größten Importeure von Konserven in Deutschland und haben in letzter Zeit eine Reihe von Anfragen nach Ihrem Spargel erhalten.

c) Bitte um Kostenvoranschlag

Desideriamo far eseguire i seguenti lavori e Vi preghiamo di inviarci un preventivo.

Wir möchten die folgenden Arbeiten ausführen lassen und bitten Sie um Einreichung eines Kostenvoranschlags.

Vogliate inviarci un preventivo

Bitte senden Sie uns einen Kostenvoranschlag

a) per i seguenti lavori:

a) für die folgenden Arbeiten:

b) per le prestazioni elencate in calce (sottoelencate).

b) für die nachfolgend aufgeführten Dienstleistungen.

Vi preghiamo di comunicarci se accettate l'incarico e di indicarci altresì l'onorario.

Bitte teilen Sie uns mit, ob Sie den Auftrag übernehmen können mit Angabe Ihres Honorars.

d) unter Bezugnahme auf eine Anzeige, Messe, Empfehlung usw.

1. Abbiamo letto il Vostro annuncio (la Vostra inserzione) nel «Corriere della Sera».

1. Wir haben Ihre Annonce (od. Anzeige) im «Corriere della Sera» gelesen.

2. Siamo interessati alla macchina filettatrice di cui alla Vostra inserzione nell'ultimo numero della rivista «L'Ingegnere».

3. Abbiamo visto le Vostre macchine alla fiera di Hannover

   a) e Vi saremmo grati se voleste inviarci il Vostro catalogo ed il listino dei prezzi.

   b) e desidereremmo avere (ulteriori) informazioni al riguardo.

   c) e desidereremmo una dimostrazione pratica d'impiego.

   d) e desideriamo ricevere ulteriori informazioni sul modello K 47.

   e) e Vi preghiamo di farci visitare dal Vostro rappresentante in zona.

   f) e stiamo prendendo in considerazione la possibilità di passare un'ordine di prova.

Vi prego di inviarmi

a) informazioni tecniche e prezzo del tornio di cui alla Vostra inserzione nella rivista «L'Ingegnere». La macchina può essere noleggiata? Se sì, a quale prezzo?

b) un esemplare del Vostro opuscolo (catalogo) come da inserzione nell'ultimo numero di ...

La Vostra inserzione nella colonna «occasioni commerciali» della rivista «Affari & Affari» ha attirato la mia attenzione.

Recentemente ho avuto il piacere di visitare i Vostri locali di esposizione a Mantova.

2. *Wir sind an der von Ihnen in der letzten Ausgabe der Zeitschrift «L'Ingegnere» inserierten Gewindeschneidmaschine interessiert.*

3. *Wir haben Ihre Maschine auf der Hannover-Messe gesehen*

   a) *und wären Ihnen dankbar, wenn Sie uns Ihren Katalog und Preisliste senden würden.*

   b) *und würden gern (weitere) Informationen diesbezüglich erhalten.*

   c) *und hätten gern (od. bitten um) eine Vorführung dieser Maschine.*

   d) *und möchten nähere Auskunft über Ihr Modell K 47 erhalten.*

   e) *und bitten Sie um den Besuch Ihres örtlichen Vertreters.*

   f) *und erwägen die Erteilung eines Probeauftrages.*

Bitte schicken Sie mir

a) *Informationen über die technischen Daten und Kosten der von Ihnen in der Zeitschrift „L'Ingegnere" annoncierten Drehbank. Vermieten Sie diese Maschine? Falls ja, zu welchem Preis?*

b) *ein Exemplar Ihrer Broschüre (od. Ihres Kataloges) wie in der laufenden Ausgabe des ... annonciert.*

Ihre Anzeige in der Spalte „occasioni commerciali" der Zeitschrift „Affari & Affari" hat meine Aufmerksamkeit erregt.

Kürzlich hatte ich das Vergnügen, Ihre Ausstellungsräume in Mantua zu besuchen.

Siamo uno dei maggiori importatori di mobili della Repubblica Federale Tedesca e siamo interessati ai mobili da giardino che avete esposto poco tempo fa alla fiera SPOGA di Colonia.

Wir sind einer der größten Importeure von Möbeln in Deutschland und sind an den Gartenmöbeln interessiert, die Sie kürzlich auf der Internationalen Messe SPOGA in Köln ausgestellt haben.

In occasione della fiera di Basilea il mio assistente si è procurato un Vostro catalogo.

Anläßlich der Messe in Basel besorgte sich mein Assistent einen Ihrer Kataloge.

Abbiamo avuto il Vostro nome dalla Camera di Commercio (dall'Ambasciata, dalla Banca ...) di ...

Ihren Namen erhielten wir von der Industrie- und Handelskammer in ... (od. der ... Botschaft in ...; od. der ... Bank in ...).

La Vostra Ditta ci è stata raccomandata dalla Bayer AG con la quale siamo in relazione da molti anni.

Ihre Firma wurde uns von der Firma Bayer AG empfohlen, mit der wir seit vielen Jahren in Geschäftsverbindung stehen.

La Ditta ... di ... (la quale, apprendiamo, è in rapporti d'affari con Voi da molti anni),

Die Firma ... in ... (die, wie wir hören, mit Ihnen seit mehreren Jahren in Geschäftsverbindung steht),

a) mi ha comunicato il Suo nome quale rappresentante esclusivo di ...

a) hat mir Ihren Namen als Alleinvertreter für ... angegeben.

b) ci comunica che forse sareste in grado di fornirci ...

b) teilt uns mit, daß Sie vielleicht in der Lage sind, uns ... zu liefern.

c) Vi raccomanda quale produttore di ...

c) hat Sie als Hersteller von ... empfohlen.

2. Art und Qualität der gewünschten Waren, Muster, Proben

Vi preghiamo di sottoporci un'offerta di maglieria por signora di semplice (media, buona, ottima, eccezionale) qualità.

Bitte machen Sie uns ein Angebot zur Lieferung von Damen-Strickwaren einfacher (od. mittlerer, guter, sehr guter, ausgezeichneter) Qualität.

Attribuiamo grande importanza

Wir legen großen Wert auf

a) ad un'ottima qualità.

a) erstklassige Qualität.

b) a colori che non stingano.

b) Farbechtheit.

c) al materiale irrestringibile.

c) nicht-einlaufendes Material.

d) al materiale garantito inossidabile.

d) garantiert rostfreies Material.

Solo merce di prima qualità può soddisfare le nostre esigenze.

Nur erstklassige Ware wird unseren Ansprüchen gerecht.

Prendiamo in considerazione solo gli ultimissimi modelli perché la nostra clientela è estremamente esigente.

Wir ziehen nur allerneuste Modelle in Betracht, da unsere Kundschaft höchst anspruchsvoll ist.

Gli articoli in questione devono

Die in Frage kommenden Artikel müssen

a) essere prodotti con i migliori materiali.

a) aus allerbestem Material sein.

b) essere robusti (resistenti).

b) strapazierfähig (od. widerstandsfähig) sein.

c) essere di concezione moderna.

c) modern im Muster (od. Entwurf) sein.

La carta deve corrispondere all'accluso campione per quanto concerne peso, dimensione e colore.

Das Papier muß in Gewicht, Größe und Farbton dem beiliegenden Muster entsprechen.

Alleghiamo campioni e Vi preghiamo di accludere alla Vostra offerta un campione del materiale impiegato.

Musterstücke sind beigefügt, und fügen Sie bitte Ihrem Angebot ein Muster des zu verwendenden Materials bei.

1. Alleghiamo un campione della stoffa che ci avete fornito nel passato. Vi preghiamo di dirci ...

1. Wir fügen ein Muster des Stoffes, wie vor einiger Zeit von Ihnen geliefert, bei. Bitte teilen Sie uns mit ...

2. Qualche tempo fa ci avete fornito della seta ed ora desideriamo sapere

2. Vor einiger Zeit lieferten Sie uns Seide, und wir möchten nun gern wissen,

   a) se avete la medesima qualità in magazzino.

   a) ob Sie die gleiche Qualität am Lager haben.

   b) se producete ancora la stessa qualità.

   b) ob Sie noch die gleiche Qualität herstellen.

Vi preghiamo di ritornarci i campioni con indicazione dei prezzi.

Senden Sie bitte die Proben mit Ihren Preisangaben zurück.

Vorremmo sapere se potete produrre articoli in argento conformemente al nostro progetto (disegno). In caso positivo Vi preghiamo di comunicarci a quali condizioni.

Wir würden gern erfahren, ob Sie Silberwaren nach unserem Entwurf (od. Zeichnung, Skizze) anfertigen können. Falls ja, teilen Sie uns bitte mit, zu welchen Bedingungen.

1. Vogliate inviarci	1. *Senden Sie uns bitte*
2. Vi preghiamo di spedirci	2. *Bitte schicken Sie uns*
a) campioni della Vostra marmellata di arance.	a) *Proben Ihrer Orangenmarmelade.*
b) campioni di merce disponibile in magazzino.	b) *Muster Ihrer auf Lager vorhandenen (od. der lieferbaren) Waren.*
c) campioni dei colori disponibili.	c) *Muster der lieferbaren Farben.*
d) un campionario.	d) *ein Musterbuch.*
e) campioni delle diverse qualità.	e) *Muster der verschiedenen Qualitäten.*
f) il Vostro ultimo listino prezzi e alcuni campioni dei vostri profumi e saponette.	f) *Ihre neueste Preisliste und einige Proben Ihrer Parfums und Seifen.*
g) un campione per ogni articolo suindicato.	g) *je ein Muster der oben genannten Gegenstände.*

3. Preise, Rabatt, Preisgestellung, Zahlungsbedingungen

a) Bitte um Angabe des günstigsten Preises

1. Nel caso il Vostro prezzo sia assolutamente concorrenziale,	1. *Sofern Ihr Preis wirklich konkurrenzfähig ist,*
2. A condizione che i prezzi siano vantaggiosi,	2. *Vorausgesetzt, daß die Preise günstig sind,*
3. Nel caso i Vostri prodotti e condizioni siano vantaggiosi rispetto quelli di altri fornitori,	3. *Falls Ihre Erzeugnisse und Bedingungen sich günstig mit denen anderer Lieferanten vergleichen lassen,*
a) Vi passeremo un'ordinazione.	a) *werden wir Ihnen einen Auftrag erteilen*
b) Vi passeremmo una prima ordinazione (una considerevole ordinazione, regolari ordinazioni).	b) *würden wir Ihnen einen Erstauftrag (od. einen großen Auftrag; regelmäßig Aufträge) erteilen.*
1. Prevediamo di impartire cospicue ordinazioni (una prima ordinazione per 500 pezzi),	1. *Wir beabsichtigen, bedeutende Aufträge (od. einen Erstauftrag für 500 Stück) zu erteilen,*
2. Potremmo forse impartire una grossa ordinazione,	2. *Wir könnten vielleicht einen großen Auftrag erteilen,*

3. Potete contare su ordinazioni regolari (ordinazioni per almeno 2000 biciclette all'anno),

a) se i Vostri prezzi saranno veramente concorrenziali e le Vostre condizioni soddisfacenti.

b) se i Vostri prezzi sono concorrenziali e se potete consegnare immediatamente.

c) se le Vostre condizioni sono concorrenziali e se potete consegnare entro tre settimane.

1. Poiché sono stati fissati limiti di prezzo molto bassi,

2. Poiché dobbiamo fronteggiare una forte concorrenza giapponese,

3. Poiché abbiamo un fatturato molto alto in questo ramo,

a) ci attendiamo un prezzo decisamente interessante.

b) Vi preghiamo di indicarci i Vostri prezzi minimi assoluti e le Vostre migliori condizioni.

Per questa commessa ci attendiamo una concorrenza molto forte e Vi preghiamo pertanto di calcolare molto attentamente i Vostri prezzi tenendo conto di una provvigione del 10% per noi.

Il prezzo sarà per noi un argomento determinante.

---

3. *Sie können mit regelmäßigen Aufträgen (od. mit Aufträgen von mindestens 2000 Fahrrädern pro Jahr) rechnen,*

a) *falls Sie wirklich konkurrenzfähige Preise und zufriedenstellende Bedingungen angeben.*

b) *wenn Ihre Preise konkurrenzfähig sind und Sie prompt liefern.*

c) *wenn Ihre Bedingungen konkurrenzfähig sind und Sie innerhalb von drei Wochen liefern können.*

1. *Da strenge Preisgrenzen festgesetzt wurden,*

2. *Da wir einer starken japanischen Konkurrenz ausgesetzt sind,*

3. *Da wir in dieser Branche (od. Sparte) große Umsätze machen,*

a) *erwarten wir einen schärfstens kalkulierten Preis.*

b) *bitten wir Sie, uns Ihre niedrigsten Preise und besten Bedingungen anzugeben.*

Wir erwarten für diesen Auftrag eine sehr starke Konkurrenz und bitten Sie deshalb dringend, Ihren Preis unter Gewährung einer 10%igen Provision für uns sehr genau zu kalkulieren.

Der Preis wird für uns ein entscheidender Punkt sein.

---

b) Bitte um Angabe des Rabatts

Abbiamo bisogno di 5000 apriscatole e vorremmo conoscere il Vostro miglior prezzo per tale quantità.

Wir benötigen 5000 elektrische Dosenöffner und hätten gern Ihren niedrigsten Preis für diese Menge.

Vi preghiamo di indicare i prezzi per partite di 1000, 5000 e 10.000 pezzi.

Bitte geben Sie die Preise für Posten von 1000, 5000 und 10.000 an.

Quale sconto siete disposti a concederci?

Welchen Rabatt können Sie uns gewähren?

Poiché passeremo probabilmente grosse ordinazioni con regolarità, vorremmo sapere se siete disposti a concedere uno sconto straordinario.

Da wir wahrscheinlich regelmäßig größere Aufträge erteilen werden, bitten wir um Mitteilung, ob Sie bereit sind, uns einen Sonderrabatt einzuräumen.

Saremmo (Siamo) disposti

Wir wären bereit (od. sind bereit)

a) a passarVi un'ordinazione se le condizioni sono favorevoli.

a) Ihnen einen Auftrag zu erteilen, sofern die Konditionen günstig sind.

b) a passarVi ordinazioni per un minimo garantito annuale di ...

b) Aufträge für eine jährlich garantierte Mindestzahl von ... zu erteilen.

1. Quale sconto eccezionale potete offrire?

1. Welchen Sonderrabatt können Sie anbieten?

2. Siete disposti ad offrire condizioni particolari (o uno sconto per quantità)?

2. Sind Sie bereit, besondere Bedingungen (einen Mengenrabatt) zu gewähren?

3. Desideriamo sapere (inoltre) se concedete sconti per quantità.

3. Wir möchten (ferner) wissen, ob Sie Mengenrabatte gewähren.

4. Vi preghiamo inoltre di comunicarci le Vostre condizioni di pagamento e particolari circa gli sconti

4. Teilen Sie bitte auch die Lieferzeiten, Ihre Zahlungsbedingungen und Näheres über Rabatte mit

  a) per regolari acquisti di grosse quantità.

a) für den regelmäßigen Kauf großer Mengen.

  b) per ordini superiori a ...

b) für Aufträge über mehr als ...

  c) per ordini non inferiori a 500 pezzi per articolo.

c) für Käufe von Mengen nicht unter 500 Stück pro Artikel.

Il listino prezzi che ci avete inviato non da' indicazioni circa sconti per grosse quantità. Vi preghiamo di darci quest'informazione riferita ad un'ordinazione di 500 esemplari.

Die uns übersandte Preisliste gibt keine Einzelheiten über Rabatte für große Mengen. Wir bitten Sie, uns diese Auskunft bezüglich eines Auftrages über 500 Exemplare zu geben.

c) Preisgestellung

Vi preghiamo di indicare

Bitte geben Sie

a) i Vostri migliori prezzi in DM e lo sconto per quantità.

a) Ihre niedrigsten Preise mit Mengenrabatt in DM an.

b) se la merce viene inviata franco di porto o con porto assegnato.

b) an, ob die Waren frachtfrei oder per Frachtnachnahme versandt werden.

Vi preghiamo di indicare separatamente nella Vostra offerta ogni articolo ed il relativo importo.

Bitte geben Sie in Ihrem Angebot jeden Gegenstand bzw. dessen Preis einzeln an.

I prezzi indicati devono essere comprensivi dell'imballaggio e della consegna al nostro magazzino (all'indirizzo sopraindicato).

Die genannten Preise müssen Verpackung und freie Lieferung an unser Lagerhaus (od. an die obige Anschrift) enthalten.

Vi preghiamo di fissare i Vostri prezzi

Bitte stellen Sie Ihre Preise

a) franco frontiera tedesca.

a) frei deutsche Grenze.

b) cif Amburgo.

b) cif Hamburg.

I prezzi devono essere cif Rotterdam inclusivi di imballaggio adeguato per trasporto marittimo.

Die Preise sollten cif Rotterdam sein, einschließlich seemäßiger Verpackung.

Vi preghiamo di indicarci una stima del numero di container necessari e i relativi costi approssimati d'imballaggio.

Wir bitten auch um eine Schätzung der Anzahl der erforderlichen Container und die diesbezüglichen ungefähren Verpackungskosten.

La Vostra offerta dovrà prevedere anche i costi per il trasferimento a Nairobi di un ingegnere che sovrintenda alla messa in opera e istruisca il personale di condotta.

Ihr Angebot sollte auch die Kosten eines nach Nairobi übersiedelnden Ingenieurs enthalten, der die Errichtung überwacht und die Bedienungsleute ausbildet.

d) Zahlungsbedingungen

Vi preghiamo di comunicarci

Bitte teilen Sie uns

a) le Vostre condizioni di vendita (o condizioni di pagamento) (e il Vostro più sollecito termine di consegna).

a) Ihre Verkaufsbedingungen (od. Zahlungsbedingungen) (und Ihren günstigsten Liefertermin) mit.

b) quali sono le condizioni d'uso per la stipulazione di

b) mit, zu welchen Bedingungen in Ihrem Lande nor-

contratti nel Vostro Paese.

Il pagamento avrà luogo conformemente alle Vostre abituali condizioni di vendita.

Desideriamo pagare conformemente alle condizioni d'uso, vale a dire per contanti a 30 giorni dal ricevimento del Vostro estratto conto mensile.

Qualora decidiamo di passarVi un'ordinazione il pagamento avverrà contro documenti.

malerweise Verträge abgeschlossen werden.

Die Zahlung wird gemäß Ihren üblichen Geschäftsbedingungen erfolgen.

Wir möchten zu den üblichen Handelsbedingungen bezahlen, d. h. Kasse 30 Tage nach Erhalt Ihres monatlichen Kontoauszuges.

Falls wir uns für die Erteilung eines Auftrages entscheiden, wird die Zahlung gegen Dokumente erfolgen.

4. Lieferung; Lieferzeit

Di quanto tempo avete bisogno per fornire freni a disco della medesima dimensione e qualità del campione allegato?

Vi preghiamo di comunicarci il Vostro più prossimo termine di consegna.

Abbiamo urgentemente bisogno di questa merce.

Vi preghiamo di comunicarci i Vostri migliori prezzi fob e le Vostre condizioni di vendita. Indicate inoltre

a) il Vostro più sollecito termine di consegna.

b) la più prossima data alla quale la consegna può aver luogo.

c) la più prossima data alla quale la fornitura può essere prelevata.

Vi preghiamo di comunicarci

a) se potete consegnare franco Vostro magazzino.

b) se potete consegnare entro quattro settimane dal ricevimento dell'ordine.

Wie lange benötigen Sie, um Scheibenbremsen gleicher Größe und Qualität wie das beiliegende Muster zu liefern?

Bitte teilen Sie uns Ihre kürzeste Lieferzeit mit.

Wir benötigen diese Waren dringend.

Bitte teilen Sie uns Ihre niedrigsten fob Preise sowie Ihre Verkaufsbedingungen mit. Geben Sie außerdem

a) Ihr frühestes Lieferdatum an.

b) das frühestmögliche Datum an, zu dem die Lieferung erfolgen kann.

c) das frühestmögliche Datum an, zu dem die Lieferung abholbereit ist.

Bitte teilen Sie uns mit,

a) ob Sie frei ab Lager liefern können.

b) ob Sie innerhalb von vier Wochen ab Auftragserhalt liefern könnten.

c) se potete garantire la consegna entro il 4 ottobre (sei settimane).

1. Abbiamo bisogno delle merci

2. La consegna deve avvenire

a) entro sei settimane dalla data dell'ordine.

b) prima del 1° aprile.

c) entro e non oltre il 6 novembre.

Una consegna rapida (consegna entro il 1° marzo) è assolutamente necessaria. (Vogliate pertanto indicare nella lista tutti gli articoli che potete consegnare entro cinque giorni dall'ordinazione.)

1. Poiché dobbiamo adempiere un contratto,

2. Poiché abbiamo bisogno urgentemente di questa merce

sarebbe necessario che poteste garantire la consegna entro il 30 maggio.

c) ob Sie die Lieferung bis 4. Oktober (od. innerhalb sechs Wochen) garantieren können.

1. Wir brauchen die Waren

2. Lieferung ist erforderlich

a) innerhalb sechs Wochen nach Auftragserteilung.

b) vor dem 1. April.

c) spätestens bis zum 6. November.

Schnelle Lieferung (od. Lieferung bis zum 1. März) ist unbedingt erforderlich. (Markieren Sie deshalb bitte in der Liste alle Posten, die Sie in fünf Tagen ab Bestellung liefern können.)

1. Da wir unter Vertrag stehen,

2. Da wir diese Waren dringend benötigen,

wäre es erforderlich, daß Sie die Lieferung bis 30. Mai garantieren.

5. Menge, Bedarf

1. Nel caso le Vostre merci trovino la nostra approvazione (corrispondano alle nostre aspettative),

2. Premesso che i campioni siano adatti e i prezzi soddisfacenti,

3. Se potete fornire le merci del tipo e della qualità richiesti,

4. Premesso che i Vostri prezzi siano concorrenziali,

5. A condizione che possiate garantire una pronta consegna (la consegna entro quattro settimane dal ricevimento del nostro ordine),

1. Sollten Ihre Waren unseren Beifall finden (od. unseren Erfordernissen entsprechen),

2. Vorausgesetzt, daß die Muster geeignet und die Preise zufriedenstellend sind,

3. Wenn Sie Waren des erforderlichen Typs und der verlangten Qualität liefern können,

4. Vorausgesetzt, daß Ihre Preise konkurrenzfähig sind,

5. Unter der Voraussetzung, daß Sie prompte Lieferung (od. Lieferung innerhalb vier Wochen nach Erhalt unseres Auftrages) garantieren können,

a) potremmo probabilmente passarVi regolari ordinazioni (per grossi quantitativi).

a) könnten wir Ihnen vielleicht regelmäßig Aufträge (für große Mengen) erteilen.

b) Vi sarà immediatamente passato un ordine (al quale probabilmente seguiranno altri).

b) wird Ihnen sofort ein Auftrag erteilt (dem wahrscheinlich weitere folgen werden).

c) non ci sarebbe difficile vendere qui i Vostri prodotti.

c) würde es uns nicht schwerfallen, Ihre Produkte hier zu verkaufen.

La nostra ordinazione sarebbe per una fornitura di circa 100 articoli di ogni tipo.

Unser Auftrag beträfe eine Lieferung von ungefähr 100 Artikeln jeder Art.

Il nostro fabbisogno mensile stimato si aggira intorno a ...

Unser geschätzter monatlicher Bedarf bewegt sich um ...

Indicate nella Vostra risposta se Vi è possibile

Geben Sie in Ihrer Antwort bitte an, ob es Ihnen möglich ist,

a) coprire il mio fabbisogno che al momento ammonta a 1000 pezzi.

a) meinen Bedarf zu decken, der sich derzeit auf 1000 Stück beläuft.

b) evadere un'ordinazione per le quantità indicate entro due settimane.

b) einen Auftrag für die angegebenen Mengen innerhalb von zwei Wochen auszuführen.

Vi preghiamo di inviarci la Vostra offerta con prezzi per regolari forniture nella quantità indicata.

Schicken Sie uns bitte Ihr Preisangebot für regelmäßige Lieferungen in der angegebenen Menge.

6. Schlußworte

Attendiamo di ricevere la Vostra offerta (il Vostro preventivo).

Wir sehen dem Erhalt Ihres Angebots (od. Kostenvoranschlags) entgegen.

1. Poiché la questione è urgente,

1. Da die Angelegenheit eilt,

2. Poiché stiamo riorganizzando il nostro roparto contabilità,

2. Da wir dabei sind, unsere Rechnungsabteilung zu reorganisieren,

3. Poiché lavoriamo a molto breve termine,

3. Da wir nach einem sehr engen Zeitplan arbeiten,

4. Poiché i nostri clienti attendono con impazienza una nostra offerta,

4. Da unsere Kunden uns auf Abgabe eines Angebots drängen,

a) Vi saremmo grati per una pronta risposta.

a) wären wir für eine prompte Antwort dankbar.

b) desidereremmo (avere) l'informazione entro il 1° settembre.

Vi preghiamo di darci conferma entro il 4 aprile affinché possiamo passare sollecitamente la nostra ordinazione.

Vorremmo ricevere la Vostra offerta per fax.

I campioni dovranno essere spediti per pacchetto postale via aerea.

Vi preghiamo di provvedere affinché il catalogo venga spedito per via aerea e non ordinaria.

Vi preghiamo di comunicarci a giro di posta se siete interessati ad un tale ordine.

Vi preghiamo di indicare nella Vostra offerta i pesi e le dimensioni della spedizione e i Vostri migliori sconti all'esportazione e per pagamento in contanti.

b) hätten wir die Auskunft gern bis 1. September.

Geben Sie uns bitte bis zum 4. April Bescheid, damit wir unseren Auftrag prompt erteilen können.

Wir würden Ihr Angebot gern per Fax erhalten.

Muster sollten per Luftpostpaket übersandt werden.

Bitte sorgen Sie dafür, daß der Katalog per Luftpost und nicht mit normaler Post geschickt wird.

Bitte teilen Sie uns postwendend mit, ob Sie an einem solchen Auftrag interessiert sind.

Geben Sie in Ihrem Angebot bitte die Versandgewichte und Maße an, und nennen Sie die besten Export- und Barzahlungsrabatte.

III. Angebote, Offerten; Preisnotierungen und Probesendungen, Leasing

Ein Angebot *(offerta)* kann sich entweder auf eine vorangegangene Anfrage *(richiesta precedente)* beziehen *(offerta sollecitata o richiesta* [erbeten, verlangt]*)* oder es wird ohne Bezugnahme auf eine solche gemacht *(offerta non sollecitata o richiesta* [unerbeten, unaufgefordert]*)*. Es kann ferner Bezug nehmen auf *(riferirsi a)* eine Zeitungsanzeige *(inserzione)*, ein Rundschreiben *(circolare)*, eine Unterredung *(conversazione)*, eine Empfehlung *(raccomandazione)* usw.

Das Angebot kann „freibleibend" (unverbindlich, ohne Verbindlichkeit *senza impegno)* oder „fest" *(ferma)* oder „bindend" *(impegnativa)*, auch „(fest) bis auf Widerruf" *(ferma fino a revoca)* sein. Das feste Angebot verpflichtet zur Lieferung; das unverbindliche aber wird unter gewissen Bedingungen und für eine bestimmte Zeit aufrechterhalten *(l'offerta sarà mantenuta o sarà valida)*, was ausgedrückt werden kann durch: *salvo venduto, per quanto in tempo* = wenn nicht vorher verkauft (worden), falls unverkauft, Zwischenverkauf vorbehalten, *consegna non garantita* = Lieferung nicht garantiert.

Anlaß zu *(occasione per)* einem Angebot wird durch das Ausbleiben bisher regelmäßig erteilter Aufträge *(ordini regolarmente trasmessi)* gegeben. Auch eine wahrscheinliche Preisveränderung *(probabile variazione di prezzi)* kann dazu führen; oder der Händler will alte Beziehungen neu beleben *(rinnovare antiche relazioni)* oder neue Absatzgebiete *(nuovi sbocchi)* finden.

Um Zutrauen zu erwecken *(ispirare fiducia)*, führt der Anbietende alles an, was zu seinen Gunsten *(in suo favore)* spricht, allerdings ohne Prahlerei *(vanteria)* oder Übertreibung *(esagerazione)*. Er weist auf die beigefügten *(allegati, acclusi)* oder mit getrennter Post *(con plico separato)* versandten Muster oder Proben hin und hebt die Güte *(qualità)* und den günstigen Preis *(prezzo)* der Ware hervor.

Auch die Vorteile *(vantaggi)* einer sofortigen Bestellung sind hervorzuheben unter Hinweis auf eine bevorstehende Preiserhöhung *(prossimo aumento di prezzo)* oder Preisermäßigung *(riduzione di prezzo)*, Knappheit *(scarsezza)* oder Überfluß *(abbondanza)* der Vorräte usw.

Manchmal ist auf ein früheres Angebot hin noch kein Auftrag eingegangen. Man schickt dann ein weiteres Angebot hinterher *(far seguire)*.

Zum Schluß sichert man pünktliche und sorgfältige Ausführung *(esecuzione puntuale ed accurata)* aller Bestellungen zu.

Ablehnung *(rifiuto)* eines Angebots. Kann man ein Angebot nicht annehmen, so wird man den Verkäufer *(venditore)* davon in Kenntnis setzen und ihm nötigenfalls auch die Gründe (z. B. *nessun bisogno* kein Bedarf, *prezzo troppo alto* Preis zu hoch usw.) für die Ablehnung des Angebots angeben.

LEASING: Das Finanzierungsproblem der Unternehmen *(problemi di finanziamento delle società)* wird in immer größerem Maße durch das Leasing-System gelöst *(risolto)*. Leasing ist heute nicht nur das Verpachten von Land und Gebäuden, sondern auch von beweglichen Werten und industriellen Ausrüstungen *(beni mobili e attrezzature industriali)*.

In europäischen Ländern begann das Leasing mit der Vermietung großer und kostspieliger Betriebswerte *(valori patrimoniali)* wie Flugzeuge *(aeroplani)*, Container, Containerschiffe, Spezialfabrikanlagen, Computer, Software, Büromaschinen, den Fuhrparks von Unternehmen *(parco veicoli aziendali)* usw.

Der Vermögenswert *(valore patrimoniale)* wird vielfach zuerst von einer Finanzgesellschaft, Bank usw. gekauft und dann an den Benutzer geleast *(affittato al cliente)*, der keine Kaufoption hat *(non ha opzione d'acquisto)*.

Die erforderlichen Maschinen und Ausrüstungen *(attrezzatura)* werden also gegen eine Jahresmiete *(affitto annuale)* gemietet *(noleggiati)*, die in der Regel durch einen Bankdauerauftrag für die vereinbarte Mietzeit zahlbar ist *(pagabile a mezzo ordine bancario permanente)*.

Der größte Vorteil dieses Systems ist, daß das Leasing bei jeder Erneuerung der Lease den Erwerb der neuesten Ausrüstung ermöglicht *(rende possibile l'acquisizione delle più recenti tecnologie ad ogni rinnovo di contratto)*. Dies gilt besonders für Maschinen, die kostspielig sind oder schnell veralten *(per le macchine che sono care e sono in breve tempo obsolete)*, so daß das Leasen weniger kostspielig *(costoso)* sein kann als der Kauf *(acquisto)* einer Maschine.

OFFERTA

S.E.V.A.C.
Corso Vittorio Emanuele II, 115
10151 Torino

Elettricità Padana
Via Carlo Verri, 25
15100 Alessandria

3 marzo 1993

Oggetto: Vs. lettera del 25 febbraio 1993

N. di Catalogo	Quantità	Descrizione	Prezzo unitario
518	200	asciugacapelli da viaggio	Lit. 18.500
755	50	rasoi elettrici de luxe	Lit. 49.200
815	25	lampada solare INOVA	Lit. 28.300

Ai prezzo va aggiunta IVA del 14%.
Offerta valida tre settimane.

Consegna: nostro furgone

Sconti: 15% per ordinazioni superiori a
            Lit. 1.000.000

Pagamento: entro 30 giorni data consegna o pronta
               cassa col 2% di sconto.

S.E.V.A.C.
ppa. Aldo Briasco

1. Antwort auf allgemeine Anfragen, Übersendung von Katalogen und Preislisten

1. La Vostra richiesta del ... ci ha fatto molto piacere e qui allegato Vi inviamo

2. Apprendiamo con piacere dalla Vostra lettera del ... che siete interessati ai nostri prodotti e Vi inviamo accluso

3. Vi inviamo allegato

4. Ci fa piacere inviarVi

5. Allegato Vi inviamo con piacere

   a) il nostro ultimo listino prezzi ed il nostro catalogo.

   b) il catalogo richiesto con il listino dei prezzi.

   c) opuscoli informativi relativi alla nostra gamma di produzione.

   d) un esemplare del nostro ultimo catalogo illustrato (o generale, corrente) con tutti i particolari relativi al nostro grande assortimento di elettrodomestici.

   e) il nostro catalogo con illustrazioni di tutta la nostra gamma di produzione e dettagliate indicazioni relative ai prezzi ed alle condizioni di vendita.

   f) il nostro catalogo illustrato ed una videocassetta che illustra i dettagli di funzionamento delle nostre macchine XY.

   g) un catalogo e dei campioni di tutta la nostra gamma di colori.

   h) il nostro ultimo listino prezzi con un catalogo ed

1. *Ihre Anfrage vom ... hat uns sehr gefreut, und wir senden Ihnen in der Anlage*

2. *Ihrem Schreiben vom ... entnehmen wir gern, daß Sie an unseren Erzeugnissen interessiert sind und senden Ihnen anliegend*

3. *Wir senden Ihnen anliegend*

4. *Wir senden Ihnen gern*

5. *Anliegend senden wir Ihnen gern*

   a) *unsere neueste Preisliste und unseren Katalog.*

   b) *den gewünschten Katalog mit Preisliste.*

   c) *Broschüren mit Einzelheiten über unsere Produktpalette.*

   d) *ein Exemplar unseres neuesten illustrierten (od. Gesamt-; laufenden) Kataloges mit allen Einzelheiten unseres umfangreichen Sortiments an Haushaltsgeräten.*

   e) *unseren Katalog mit Illustrationen unserer gesamten Produktpalette und den genauen Einzelheiten unserer Preise und Verkaufsbedingungen.*

   f) *unseren bebilderten Katalog mit einer Videocassette, die die Arbeitsweise unserer XY-Maschinen im einzelnen veranschaulicht.*

   g) *einen Katalog und Proben unserer gesamten Farbenpalette.*

   h) *unsere neueste Preisliste mit Katalog und einer be-*

un opuscolo illustrativo relativo ai nostri trapani.

i) un esemplare del nostro nuovo catalogo di primavera.

j) dettagliate informazioni relative ai nostri modelli per l'esportazione.

k) alcuni depliants illustrativi con indicazione delle caratteristiche tecniche di diversi nuovi prodotti.

l) una lista dei prodotti (materiali) disponibili con il nostro listino prezzi.

m) la nostra informazione di produzione G23 con una lista dettagliata dei rivenditori specializzati della Vostra zona.

Allegato Vi inviamo un edizione per posta aerea del nostro catalogo. Il catalogo completo Vi è stato inviato per via ordinaria.

Informazioni tecniche ed il nostro catalogo completo Vi saranno inviati con plico separato.

Il catalogo aggiornato che è attualmente in corso di stampa, sarà pronto tra breve.

Siamo spiacenti che l'opuscolo relativo alle racchette da tennis sia attualmente in corso di ristampa. Speriamo di potervelo inviare entro due settimane.

Troverete le informazioni desiderate nell'allegato opuscolo.

E' per noi un piacere darVi delle informazioni generali sulla nostra ditta e sulla nostra produzione.

schreibenden Broschüre über unsere Bohrwerkzeuge.

i) ein Exemplar unseres neuen Frühjahrskataloges.

j) genaue Einzelheiten über unsere Exportmodelle.

k) einige bebilderte Prospekte mit technischen Einzelheiten zu diversen neuen Produkten.

l) eine Liste der verfügbaren Erzeugnisse (od. Materialien) mit unserer Preisliste.

m) unsere Produktinformation G23 mit einer ausführlichen Liste der Fachhändler in Ihrer Gegend.

In der Anlage übersenden wir Ihnen eine Luftpostausgabe unseres Kataloges; der Gesamtkatalog wurde Ihnen mit normaler Post zugesandt.

Technische Angaben und unser Gesamtkatalog werden Ihnen mit getrennter Post zugesandt.

Der neubearbeitete Katalog, der augenblicklich in Druck ist, wird in Kürze fertig sein.

Wir bedauern, daß die Broschüre über Tennisschläger augenblicklich neu gedruckt wird. Wir hoffen, Ihnen diese innerhalb von zwei Wochen schicken zu können.

In der beigefügten Broschüre finden Sie die von Ihnen gewünschte Information.

Es ist uns ein Vergnügen, Ihnen eine allgemeine Auskunft über unsere Firma und ihre Erzeugnisse zu geben.

L'opuscolo accluso descrive dettagliatamente la macchina e siamo sicuri che una Vostra visita Vi convincerà dei suoi numerosi vantaggi.

1. Troverete i particolari
2. Troverete i particolari relativi alle prestazioni, immissione sul mercato e ai costi d'esercizio
3. Troverete le risposte alle Vostre domande relative al progetto (alla costruzione, ai costi, al finanziamento)
4. I prezzi dei diversi articoli e le condizioni di consegna sono indicati

   a) a pag. 15 del catalogo.
   b) sulla terza pagina di copertina.

Attiriamo la Vostra particolare attenzione sulla pagina 12,

a) dove sono riassunte le principali caratteristiche delle nostre macchine ed alla pagina 19 dove si trovano dei disegni relativi ai nuovi modelli.

b) dove sono indicati particolari relativi alla prestazione ed ai costi di esercizio, ed alla pag. 23 dove sono riportati all'immissione sul mercato i prezzi delle diverse macchine e le condizioni di noleggio.

Il catalogo contiene un formulario per l'ordinazione.

Sulla pagina interna (del nostro catalogo) trovate un formulario che Vi renderà agevole l'ordinazione di ogni singolo articolo.

Nel caso foste interessati ad alcuni dei nostri articoli Vi spediremmo con piacere informazioni dettagliate.

Die beigefügte Broschüre beschreibt die Maschine ausführlich, und wir sind sicher, daß eine Besichtigung Sie von ihren vielen Vorzügen überzeugen wird.

1. Sie finden Einzelheiten
2. Sie finden Einzelheiten über Leistung, Output und Betriebskosten

3. Sie finden die Antworten auf Ihre Fragen zum Projekt (od. zu Konstruktion, Kosten, Finanzierung)
4. Die Preise der verschiedenen Artikel und die Lieferbedingungen sind angegeben

   a) auf S. 15 des Kataloges.
   b) auf der Innenseite des hinteren Umschlages.

Wir weisen Sie besonders auf Seite 12 hin,

a) wo die Hauptmerkmale unserer Maschinen zusammengefaßt sind, und auf Seite 19, wo graphische Darstellungen der neuesten Modelle gezeigt werden.

b) wo Einzelheiten über Leistung, Output und Betriebskosten angegeben sind, und auf S. 23, wo die Preise der verschiedenen Maschinen und die Leasingbedingungen aufgelistet sind.

Der Katalog enthält ein Auftragsformular.

Auf der Innenrückseite (unseres Kataloges) finden Sie ein Blanko-Auftragsformular, das Ihnen helfen wird, jeden gewünschten Artikel zu bestellen.

Sollten Sie an einigen unserer Artikel interessiert sein, senden wir Ihnen gern ausführliche Angebote.

2. Eingangsformeln

a) allgemeine Eingangsformeln

1. Molte grazie per la Vostra richiesta del ...

2. Vi ringraziamo per la Vostra richiesta

   a) e per l'interesse per i nostri prodotti.

   b) relativa ai nostri diversi apparecchi elettrici per riscaldamento.

   c) nella quale dichiarate il Vostro interesse per il nostro carrello sollevatore.

   d) nella quale ci chiedete ulteriori informazioni relative ai nostri estintori.

   e) nella quale ci domandate dettagli relativi alle nostre nuove gru galleggianti.

   f) nella quale ci chiedete se siamo in grado di fornire 5000 materassi di gommapiuma franco nostro magazzino (entro due settimane).

Vi ringraziamo per la Vostra lettera del ...

a) nella quale ci chiedete informazioni relative al nostro abbigliamento in pelle.

b) nella quale ci chiedete informazioni relative ai diversi tipi di scavatrice che noi forniamo.

1. Abbiamo ricevuto con piacere la Vostra richiesta del ...

2. Vi ringraziamo per la Vostra richiesta del ...

   a) e Vi sottoponiamo la seguente offerta.

   b) e saremmo lieti di fornirVi le nostre lavastoviglie al prezzo di Lit. ...

1. *Vielen Dank für Ihre Anfrage vom ...*

2. *Wir danken Ihnen für Ihre Anfrage*

   a) *und für Ihr Interesse an unseren Erzeugnissen.*

   b) *zu unseren verschiedenen elektrischen Heizgeräten.*

   c) *in der Sie Ihr Interesse für unseren Gabelstapler zum Ausdruck bringen.*

   d) *in der Sie um weitere Information über unsere Feuerlöschgeräte bitten.*

   e) *in der Sie um genaue Einzelheiten über unsere neuen Schwimmkräne bitten.*

   f) *in der Sie sich erkundigen, ob wir 5000 Schaumstoffmatratzen ab Lager (innerhalb von zwei Wochen) liefern können.*

Wir danken Ihnen für Ihr Schreiben vom ...,

a) *in dem Sie um Auskunft über unsere Lederbekleidung bitten.*

b) *in dem Sie sich über die verschiedenen Bagger erkundigen, die wir liefern.*

1. *Wir haben uns über Ihre Anfrage vom ... gefreut*

2. *Wir danken Ihnen für Ihre Anfrage vom ...*

   a) *und bieten gern wie folgt an:*

   b) *und würden Ihnen gern unsere Edelstahlspülen liefern zum Preis von Lit. ...*

c) e Vi inviamo allegata la nostra offerta per scale in alluminio.

c) und senden anliegend unser Angebot für Aluminium-Leitern.

d) e Vi confermiamo l'offerta fattaVi stamattina via fax come segue: ...

d) und bestätigen unser heute morgen per Fax gesandtes Angebot wie folgt: ...

Siamo lieti

Es freut uns,

a) di offrire quanto segue: ...

a) wie folgt anzubieten: ...

b) di sottoporVi la nostra offerta regolata dalle condizioni riportate in calce (sul retro).

b) unser Angebot zu unterbreiten unter Vorbehalt der unten (od. umseitig) aufgeführten Bedingungen.

c) di allegare la nostra offerta dettagliata.

c) unser detailliertes Angebot beizufügen.

d) di allegare il nostro preventivo per la fornitura di impianti d'allarme antiscasso.

d) unseren Kostenvoranschlag für die Lieferung von Alarmanlagen zur Einbruchsverhütung beizufügen.

Siamo lieti di poter indicare i seguenti prezzi per betoniere.

Wir freuen uns, die folgenden Preise für Betonmischmaschinen angeben zu können.

Possiamo offrirVi i seguenti prezzi (ed il seguente piano di consegna):

Wir können (Ihnen) die folgenden Preise (und den folgenden Lieferplan) anbieten:

Siamo ormai in grado di offrirVi:

Wir sind nunmehr in der Lage, Ihnen anzubieten:

b) mit Bezug auf einen Geschäftsfreund, eine Unterredung usw.

Abbiamo avuto il Vostro nome e indirizzo da ...

Ihren Namen und Ihre Anschrift haben wir von ... erhalten.

1. Il nostro comune partner, la Ditta ..., ci ha fatto sapere

1. Unsere gemeinsamen Geschäftsfreunde, die Firma ... hat uns davon unterrichtet,

2. Apprendiamo dalla nostra ambasciata

2. Durch unsere Botschaft in ... erfahren wir,

a) che siete interessati ai mobili da cucina.

a) daß Sie an Küchenmöbeln interessiert sind.

b) che in un prossimo (immediato) futuro prevedete di ricostituire le Vostre scorte.

b) daß Sie in naher Zukunft wahrscheinlich Ihre Lagerbestände wieder auffüllen werden.

c) che cercate delle lenti per macchine fotografiche.

c) daß Sie Fotolinsen suchen.

d) che cercate un serio fornitore di interruttori elettrici.

d) daß Sie einen zuverlässigen Lieferanten von Elek-
troschaltanlagen suchen.

1. A seguito del nostro colloquio telefonico di oggi

1. Im Anschluß an unser heutiges Telefongespräch

2. A seguito della visita del
Vostro rappresentante nella
nostra ditta

2. Im Anschluß an den Besuch
unseres Vertreters in Ihrer
Firma am ...

siamo lieti di inviarVi ...

freuen wir uns, Ihnen ... zu
übersenden.

c) ohne vorherige Anfrage

Desideriamo attirare la Vostra
attenzione sul nostro assortimento di scarpe lavorate a mano.

Wir möchten Sie auf unser
Sortiment   handgearbeiteter
Schuhe aufmerksam machen.

1. Mi permetto di attirare la Sua
attenzione sui nostri nuovi
interruttori elettrici.

1. Darf ich Sie auf unsere neu-
en elektrischen Schalter aufmerksam machen.

2. Riteniamo che siate interessati alle nostre nuove macchine utensili

2. Wir glauben, daß Sie an den
neuen Werkzeugmaschinen
interessiert sind,

a) che abbiamo appena lan-
ciato sul mercato.

a) die wir gerade auf den
Markt gebracht haben.

b) per le quali siamo i soli
depositari del brevetto.

b) für die wir die alleinigen
Patentinhaber sind.

c) e al nostro sistema sem-
plificato ed estremamen-
te interessante di sconti
per quantità (sistema di
leasing).

c) und an unserem verein-
fachten und höchst ver-
lockenden Mengenrabatt-
system (od. Leasing-Sy-
stem).

Siamo fabbricanti di posate
in acciaio e desideriamo ampliare il mercato dei nostri prodotti.

Wir sind Hersteller von Edel-
stahlbestecken und bestrebt,
den Markt für unsere Erzeugnisse zu erweitern.

Il nostro nuovo catalogo illustrato di 150 pagine è appena
uscito dalla tipografia. In esso
troverete dettagliate descrizio-
ni dei nostri arredamenti per
negozi.

Unser neuer 150seitiger illu-
strierter Katalog ist gerade aus
der Druckerei gekommen. Sie
finden darin ausführliche Be-
schreibungen über unsere neu-
en Ladeneinrichtungen.

d) bei zeitweiliger Unterbrechung

Ci dispiace constatare che

Wir bedauern festzustellen,
daß

a) da oltre tre mesi non abbia-

a) wir über drei Monate ohne

mo ricevuto ordinazioni da Voi.

b) non ci avete passato ordinazioni da qualche tempo e speriamo che non abbiate motivi d'insoddisfazione circa l'esecuzione delle precedenti commesse.

Speriamo che abbiate ricevuto il catalogo con il listino dei prezzi speditoVi il ...

Con riferimento all'offerta sottopostaVi il ... ci dispiace constatare che non ci avete passato nessuna ordinazione.

Poiché nel passato ci avete onorato con molte ordinazioni abbiamo deciso di concederVi uno sconto speciale.

einen Auftrag von Ihnen geblieben sind.

b) Sie uns seit einiger Zeit keine Aufträge erteilt haben und hoffen, daß Sie keine Gründe haben, mit der Ausführung Ihrer früheren Aufträge unzufrieden zu sein.

Wir hoffen, daß Sie den Ihnen am ... gesandten Katalog mit Preisliste erhalten haben.

Mit Bezug auf das Ihnen am ... gemachte Angebot stellen wir mit Bedauern fest, daß wir von Ihnen noch keinen Auftrag erhalten haben.

Da Sie uns in der Vergangenheit mit vielen Aufträgen beehrten, haben wir beschlossen, Ihnen einen Sonderrabatt einzuräumen.

3. Ein Angebot kann nicht sofort abgegeben werden

Vi invieremo un'offerta tra alcuni giorni.

Prima di poterVi fare un'offerta di prezzo desideriamo chiarire i seguenti punti:

Ci sarebbe d'aiuto se ci forniste ulteriori informazioni (particolari) circa ...

Non appena ricevute le informazioni di cui sopra Vi sottoporremo la nostra migliore «offerta tutto compreso».

Il nostro servizio tecnico analizzerà attentamente le Vostre esigenze e contiamo di poterVi sottoporre nella prossima settimana un'offerta veramente concorrenziale.

Wir werden Ihnen in einigen Tagen ein Angebot schicken.

Bevor wir Ihnen ein Preisangebot machen können, möchten wir folgende Punkte klären:

Es würde uns helfen, wenn Sie uns weitere Einzelheiten (od. Informationen) über ... geben würden.

Sobald wir die obige Information erhalten, werden wir Ihnen unser bestes Inklusiv-Angebot unterbreiten.

Unser Technischer Dienst wird Ihren Bedarf sorgfältig untersuchen, und wir hoffen, Ihnen innerhalb der nächsten Woche ein sehr konkurrenzfähiges Angebot unterbreiten zu können.

4. Besonders günstiges Angebot

Siamo particolarmente lieti di sottoporre ai nostri clienti la seguente offerta speciale di abbigliamento per il tempo libero:

Es freut uns besonders, unseren Kunden das folgende Sonderangebot für Freizeitkleidung zu unterbreiten:

Siamo in grado di offrirVi delle falciatrici a prezzi particolarmente interessanti.

Wir sind in der Lage, Ihnen Rasenmäher zu besonders interessanten Preisen anzubieten.

Desideriamo informarVi sui particolari sconti per tessuti di jersey entrati in vigore il 15 ottobre.

Wir möchten Sie besonders über Preisermäßigungen für unsere Jerseystoffe informieren, die am 15. Oktober in Kraft getreten sind.

1. Abbiamo comprato un grosso quantitativo di borse da viaggio a condizioni molto vantaggiose e possiamo offrirVele

1. *Wir haben eine große Menge Reisetaschen zu sehr vorteilhaften Bedingungen gekauft und können Ihnen diese*

2. Abbiamo appena rilevato il magazzino della fallita ditta ... e possiamo offrirVi le sottoindicate merci

2. *Wir haben gerade das Lager der in Konkurs gegangenen Firma ... aufgekauft und können Ihnen die folgenden Waren*

3. Possiamo offrirVi le merci sottoindicate

3. *Wir können Ihnen die folgenden Waren*

   a) al di sotto del prezzo di mercato.

   a) *unter dem Marktpreis anbieten.*

   b) al di sotto del prezzo di costo.

   b) *unter dem Gestehungspreis anbieten.*

   c) al prezzo eccezionalmente basso di Lit. ...

   c) *zu dem außergewöhnlich niedrigen Preis von Lit. ... anbieten.*

   d) al prezzo speciale di Lit. ...

   d) *zum Sonderpreis von Lit. ... anbieten.*

   d) con lo sconto del 10% sui prezzi di catalogo.

   d) *zum Sonderrabattsatz von 10% auf die Katalogpreise anbieten.*

   f) a condizioni particolarmente favorevoli.

   f) *zu besonders günstigen Bedingungen anbieten.*

Queste riduzioni di prezzo sono state rese possibili da oscillazioni dei cambi; in particolare dalla caduta del dollaro rispetto la maggior parte delle altre principali monete.

Diese Preisermäßigungen wurden durch Währungsschwankungen möglich, insbesondere durch das Fallen des Dollars gegenüber den meisten führenden Währungen.

Offriamo una così ecceziona-

Wir bieten eine so ausge-

le qualità a questo prezzo solo per poter eliminare le rimanenze di stagione.

In previsione del nostro prossimo trasferimento ad Alessandria, per risparmiare spese d'imballaggio e trasporto, svendiamo a prezzi ridotti tutte le nostre scorte.

Si tratta di un'offerta speciale che non sarà ripetuta tra breve.

Dubitiamo di poter offrire di nuovo le stesse condizioni riguardo prezzo, credito e termine di consegna.

1. In considerazione degli stretti rapporti tra le nostre due ditte negli ultimi 10 anni

2. Poiché per il passato ci avete onorato con molte cospicue ordinazioni

abbiamo il piacere (abbiamo deciso) di darVi la prima opzione per questa merce (dobbiamo però farVi notare che l'offerta è fissa [impegnativa] solo per dieci giorni).

Per Lei è sicuramente vantaggioso di acquisire la perforatrice verticale con contratto di noleggio. Con questo metodo potrà effettuare pagamenti rateali con opzione d'acquisto. Il prezzo di noleggio mensile ammonta a sole Lit. ...

zeichnete Qualität zu diesem Preis nur an, um die Vorräte der Saison zu räumen.

In Anbetracht unseres bevorstehenden Umzugs nach Alessandria stoßen wir alle unsere Bestände zu ermäßigten Preisen ab, um die Kosten für Verpackung und Transport zu sparen.

Dies ist ein Sonderangebot, das so bald nicht wiederholt werden wird.

Wir zweifeln, daß wir je wieder dieselben Bedingungen bezüglich Preis, Kredit und Lieferzeit anbieten können.

1. In Anbetracht der engen Beziehungen zwischen unseren beiden Firmen während der letzten 10 Jahre,

2. Da wir Ihnen viele große Aufträge in der Vergangenheit verdanken,

freut es uns (od. haben wir uns entschlossen), Ihnen die erste Option für diese Ware zu geben (müssen Sie jedoch darauf aufmerksam machen, daß das Angebot nur für zehn Tage fest [od. verbindlich] ist).

Für Sie ist es sicher vorteilhaft, die Senkrechtbohrmaschine auf Mietkauf zu erwerben. Durch diese Methode können Sie Mietzahlungen mit Kaufoption leisten. Die Mietgebühr beträgt nur Lit. ... monatlich.

5. Preise, Bedingungen

a) Angabe der Preise, Preisstellung

1. Alleghiamo
   a) un esemplare del nostro listino prezzi con le condizioni di pagamento.

1. Wir fügen
   a) ein Exemplar unserer Preisliste mit Zahlungsbedingungen bei.

b) il nostro listino prezzi con le condizioni per grossisti.

b) unsere Preisliste mit den Bedingungen für Großeinkäufer bei.

I nostri prezzi variano a partire da Lit. ... al litro (alla dozzina, al metro) a seconda della qualità.

Unsere Preise bewegen sich von Lit. ... pro Liter (od. pro Dutzend, pro Meter) aufwärts, je nach Qualität.

I prezzi indicati sono in dollari.

Die Preise sind in US-Dollar angegeben.

I prezzi (indicati) valgono per quantità non inferiori a ...

Die (angegebenen) Preise gelten für Mengen von nicht weniger als ...

Vi preghiamo di tenere presente che

Bitte beachten Sie, daß

a) non c'è possibilità di resa.

a) keine Rücknahme erfolgen kann.

b) le merci inviate in visione – nel caso non siano accettate – devono essere ritornate franco di porto entro sette giorni.

b) zur Ansicht gesandte Waren, falls nicht gewünscht, innerhalb von 7 Tagen frachtfrei zurückzusenden sind.

Accettiamo il Vostro vecchio modello a parziale pagamento e Vi garantiamo comode condizioni di pagamento.

Wir nehmen Ihr altes Modell zu einem günstigen Preis als Teilzahlung und sichern Ihnen bequeme Zahlungsbedingungen zu.

I nostri prezzi s'intendono

Unsere Preise verstehen sich

a) netto.

a) netto.

b) franco fabbrica.

b) ab Werk (od. Fabrik).

c) fob Cuxhaven.

c) fob Cuxhaven.

d) nolo a carico del destinatario.

d) Fracht zu Lasten des Empfängers.

(Weitere Lieferangaben vgl. Incoterms S. 28–30*)*

I prezzi sono netti. Ad essi vanno aggiunti il nolo e l'imballaggio.

Diese Preise sind netto, zuzüglich Fracht und Verpackung.

Il prezzo comprende la consegna al più vicino scalo merci.

Der Preis enthält Lieferung zum nächstliegenden Ladebahnhof.

Le merci devono essere ritirate alla nostra fabbrica.

Die Waren sind von unserem Werk abzuholen.

Questi prezzi comprendono la consegna alla Vostra fabbrica.

Diese Preise schließen Lieferung zu Ihrem Werk ein.

Commesse che superano Lit. ... sono franco di porto.

Aufträge über Lit. ... frachtfrei.

Diese Preissenkung (od. Dieser niedrige Preis) wirkt sich in
keiner Weise ungünstig auf die
Qualität der Maschine aus

e di prezzi
o) non in-
la qualità

a) und ist ausschließlich eine
Folge der Notwendigkeit von
Preisermäßigungen, um der
Konkurrenz die Stirn zu bie-
ten.

ente una
necessità
uzioni di
e alla con-

b) und ist nur durch die Größe
unserer Organisation und unserer Politik der Ausschal-
tung des üblichen Zwischen-
handels möglich.

grazie al-
nostra or-
nostra
alla nostra
ne di inter-

Preisermäßigung (Rabatt)

soggetti a

Alle Preise unterliegen
a) einem Rabatt von 10%.

%.

mmercianti
zzi franco

b) einem Händlerrabatt von
30% auf die Preise ab Werk.

ale del 5%
he supera-
gni singolo

c) einem Sonderrabatt von 5%
auf Aufträge, die über 100
Stück eines einzelnen Artikels hinausgehen.

mmercianti

Der Händlerrabatt beträgt
35%.

nostre re-

1. Um unsere Geschäftsbeziehungen zu beleben,

I lancio di

2. Um diesen Produkten zum
Durchbruch zu verhelfen,

3. Um alle Kunden zu veranlassen, sich für die Frühjahr-
saison einzudecken,

i clienti a
bisogno per
averile

4. Um Ihnen beim Aufbau Ih-
neuen Firma zu helfen,

lo sviluppo
a Ditta

sind wir bereit, Ihnen e
Sonderrabatt von 10% wäh
räumen (gültig nur wäh
des Monats März).

concederVi
le del 10%
e di marzo).

Kunden, die von un
Angebot Gebrauch
werden, wird ein Rabatt
gewährt, wenn sie vor E
nächsten Monats beste

rofitteranno
verrà con-
l 5% se or-
ella fine del

I prezzi indicati valgono per la consegna al deposito container di Livorno.

Die genannten Preise gelten für die Lieferung zu dem Containerdepot in Livorno.

I nostri prezzi (non) comprendono trasporto e imballaggio.

Unsere Preise schließen (od. schließen nicht) Transport und Verpackung ein.

Franco di porto e imballaggio.

Porto und Verpackung sind frei.

I prezzi sopraindicati comprendono il trasporto in container.

Die obigen Preise schließen Transport in Containern ein.

Il costo delle damigiane viene computato e accreditato al momento della resa.

Korbflaschen werden berechnet, aber bei Rückgabe gutgeschrieben.

I contenitori non vengono ripresi.

Die Behälter werden nicht zurückgenommen.

b) Preisschwankungen, Fallen und Steigen der Preise

I prezzi subiranno (hanno subito) leggere (sensibili) variazioni.

Die Preise werden (od. haben) geringe (bedeutende) Schwankungen erfahren.

I prezzi

Die Preise

a) sono invariati (stabili).

a) sind unverändert (stabil).

b) probabilmente aumenteranno.

b) werden wahrscheinlich steigen.

c) aumentano (lievitano).

c) steigen (ziehen an).

L'attuale (ultimo) aumento dei prezzi è una conseguenza

Die gegenwartige (letzte) Preissteigerung ist eine Folge

a) del limitato raccolto a causa del cattivo tempo.

a) der schlechten Ernten infolge ungünstigen Wetters.

b) degli alti prezzi delle materie prime.

b) der hohen Rohstoffpreise.

c) degli alti costi d'esercizio.

c) der hohen Betriebskosten.

d) delle non completamente sfruttate potenzialità produttive.

d) der nicht voll ausgelasteten Produktionskapazität.

e) degli scioperi (degli operai e degli impiegati).

e) von Streiks (der Arbeiter und Angestellten).

I prezzi del cacao sono rapidamente aumentati a causa di una vivace situazione di mercato.

Die Kakaopreise zogen bei sehr lebhaftem Handel steil an.

Il mercato laniero è debole.

Der Wollmarkt ist flau.

I prezzi sono crollati.

Die Preise brachen zusammen.

I prezzi stanno lentamente calando (scendendo, diminuendo).

Die Preise kommen langsam ins Rutschen (od. Die Preise sinken, fallen).

La caduta di prezzo della settimana scorsa è una conseguenza
a) del buon (dell'abbondante) raccolto.
b) di un mercato sovralimentato.
c) di eccessive scorte.
d) di una generale debolezza del mercato.

Der Preissturz der letzten Woche ist eine Folge
a) der guten (od. reichlichen) Ernte.
b) eines überfüllten Marktes.
c) zu großer Vorräte.
d) einer allgemeinen Flaute im Handel.

Riteniamo che i prezzi aumenteranno (diminuiranno) nuovamente tra breve.

Wir glauben, daß die Preise in Kürze wieder steigen (od. fallen) werden.

I prezzi diminuiranno probabilmente ancora.

Die Preise werden voraussichtlich noch weiter nachgeben.

A causa degli aumentati costi di produzione c'è da aspettarsi prossimamente un aumento dei prezzi.

Infolge der erhöhten Herstellungskosten wird in nächster Zeit eine Preissteigerung erwartet.

Tutto sta ad indicare che ci sarà presto un ulteriore aumento di prezzo.

Alles deutet darauf hin, daß bald eine weitere Preissteigerung eintreten wird.

I prezzi hanno raggiunto il loro livello minimo (massimo).

Die Preise haben ihren Tiefstand (Höchststand) erreicht.

c) die Preise sind äußerst niedrig kalkuliert

I nostri prezzi all'ingrosso sono veramente concorrenziali e Vi lasciano così un grande margine di guadagno.

1. Constaterete
2. Dall'accluso listino noterete

a) che i prezzi sono sorprendentemente (inusualmente) bassi e poiché essi molto probabilmente aumenteranno, desideriamo consigliarVi, nel Vostro interesse, di impartire l'ordinazione al più presto.

Unsere Großhandelspreise sind sehr konkurrenzfähig und lassen Ihnen somit eine reichliche Gewinnspanne.

1. Sie werden feststellen,
2. Aus der beiliegenden Liste werden Sie ersehen,

a) daß die Preise erstaunlich (ungewöhnlich) niedrig sind, und da sie sehr wahrscheinlich steigen werden, möchten wir Ihnen in Ihrem eigenen Interesse raten, Ihren Auftrag so bald wie möglich zu erteilen.

A

b) che i prez... molto bas... mo farVi... soltanto il... di produzi... scala ci p... colare que... za danno...

Operiamo su... temente concorr... costringe a con... prezzi al massim...

Nell'attesa di... commessa abbi... nostri prezzi a t... margine di guad... ché insignificant...

Poiché i nostr... contenuti al mass... massimo) compr... le nostre condiz... mento (netto cass... devono essere osservate.

Sebbene i cos... costantemente
a) evaderemo le... zioni ai prezzi i... zio di quest'an...
b) non abbiamo a... tato i prezzi. D... farlo quando le... scorte saranno...

d)

Questa è l'offert... giosa che possiam... corderete certame... suno dei nostri cor... offrire condizioni...

Poiché i nostri... calcolati cif... senza dubbio che... considerevolment... uelli dei nostri co...

---

114   Angeb...

Questa diminuzion... (questo prezzo bass... fluenza minimament... della macchina
a) ed è esclusivam... conseguenza dell... di effettuare ri... prezzi per far fron... correnza.
b) ed è solo possibil... le dimensioni dell... ganizzazione ed... politica di esclusiv... mediari.

e...

Tutti i prezzi son...
a) uno sconto del 1...
b) uno sconto per c... del 30% sui pr... fabbrica.
c) uno sconto speci... per ordinazioni... no i 100 pezzi di... articolo.

Lo sconto per c... ammonta al 35%.

1. Per vivacizzare... lazioni
2. Per agevolare... questo prodotto...
3. Per indurre tutt... coprire il loro fab... la stagione prim...
4. Per aiutarVi ne... della Vostra nuo...

siamo disposti a... uno sconto specia... (valido solo nel me...

Ai clienti che ap... della nostra offert... cesso uno sconto... dineranno prima... mese prossimo.

Saremmo disposti a conce-
derVi uno sconto speciale del
5%

Wir wären bereit, Ihnen einen
Sonderrabatt von 5% einzuräu-
men,

a) se Vi fosse possibile aumentare la Vostra ordinazione a
100 unità.

a) wenn Sie es ermöglichen
könnten, Ihren Auftrag auf
100 Einheiten zu erhöhen.

b) per ordinazioni di quantità
comunque non inferiori ai
1000 articoli.

b) jedoch nur auf in Mengen von
1000 oder mehr bestellte Ar-
tikel.

Siamo disposti

Wir sind bereit,

a) a concedere uno sconto speciale per commercianti del
10% su tutte le ordinazioni di
importo superiore a 10 milioni di lire.

a) einen Sonderhändlerrabatt
von 10% auf alle Aufträge mit
einem Nettowert von mehr
als 10 Mio. Lire zu gewähren.

b) ad offrire una riduzione di
prezzo del 10% per tutte le
ordinazioni superiori ai 500
pezzi.

b) eine 10prozentige Preiser-
mäßigung auf alle Aufträge
über 500 Stück anzubieten.

c) ad offrirVi uno sconto speciale del 3% su tutte le ordinazioni ricevute fino alla fine di
questo mese.

c) Ihnen einen Sonderrabatt
von 3% auf alle bis zum Ende
dieses Monats erhaltenen
Aufträge zu bieten.

d) a concederVi uno sconto variabile (un prezzo differen-
ziato) per ordinazioni di almeno 100 unità di ogni tipo
come indicato nel listino
prezzi.

d) Ihnen einen gleitenden Men-
genrabatt (od. Staffelpreis)
zu gewähren auf Aufträge
von 100 Einheiten oder mehr
pro Typ, wie in der Preisliste
verzeichnet.

e) a concederVi uno sconto
speciale del 10% sulla prima
ordinazione.

e) Ihnen einen Sonderrabatt für
einen Erstauftrag von 10% zu
gewähren.

1. Per le quantità da Voi indicate

1. Für die von Ihnen genannten
Mengen

2. Per quantità di 1000 unità o
superiori

2. Für Mengen von 1000 Einhei-
ten und darüber

3. Per acquisti che superino
l'importo totale annuale di
Lit. ...

3. Auf Einkäufe, die eine jährli-
che Gesamtsumme von Lit.
... übersteigen,

possiamo offrire uno sconto
speciale del 5% sui prezzi di
listino.

können wir einen Sonderra-
batt von 5% auf die Listenprei-
se anbieten.

Quest'anno abbiamo miglio-
rato il nostro sistema di sconti
per quantità. Attualmente offriamo sconti combinati a parti-

In diesem Jahr haben wir
unseren Mengenrabattplan ver-
bessert. Wir bieten jetzt kombi-
nierte Rabatte, die bei 25 Ta-

re da 25 calendari tascabili indipendentemente dalla lavorazione. Questo significherà certamente un notevole risparmio.

Fino ad oggi non abbiamo potuto concedere alcuno sconto per acquisti annuali al di sotto di Lit. ...

I nostri bassi prezzi (calcolati al minimo possibile) non ci permettono di concederVi alcuno sconto.

Si tratta di un'offerta speciale e non è soggetta ai nostri consueti sconti.

I prezzi s'intendono netti e senza alcuna possibilità di sconto.

I prezzi indicati nel nostro listino sono netti; tuttavia noi offriamo degli sconti da concordare in funzione dell'entità delle ordinazioni.

Alleghiamo le nostri condizioni di vendita e ci farebbe piacere trattare con Voi la possibilità di sconti se voleste cortesemente comunicarci la probabile entità delle Vostre ordinazioni.

Sulla seconda pagina di copertina del nostro catalogo troverete particolari relativi ai nostri sconti per commercianti.

Le nostre condizioni sono:

a) sconto del 10% per ordinazioni di Lit. 5 milioni o superiori.

b) sconto del 5% per ordinazioni di almeno 100 pezzi (unità).

c) sconto del 5% per ordinazioni di almeno 20 unità. Oltre tale quantità sconto dell' 8%.

d) sconto del 5% per una quantità di almeno 50 lattine dello stesso tipo.

Questi sconti si aggiungono al nostro normale sconto del 2% per pagamento a 30 giorni.

schenkalendern beginnen, unabhängig von der Ausführung. Dies wird sicherlich eine wesentliche Ersparnis bedeuten.

Keinen besonderen Preisnachlaß konnten wir bis jetzt auf jährliche Gesamteinkäufe unter Lit. ... geben.

Unsere niedrigen (od. sehr scharf kalkulierten) Preise machen es unmöglich, Ihnen irgendeinen Rabatt zu gewähren.

Dies ist ein Sonderangebot und unterliegt nicht unseren üblichen Rabatten.

Die Preise verstehen sich netto und ohne jeden Rabatt.

Die in unserer Preisliste aufgeführten Preise sind netto; wir bieten jedoch noch auszuhandelnde Rabatte, die von dem Umfang der Aufträge abhängen.

Wir fügen unsere Verkaufsbedingungen bei und würden gern mit Ihnen über Rabatte diskutieren, wenn Sie uns freundlicherweise den voraussichtlichen Umfang Ihrer Aufträge mitteilen.

Auf der vorderen Innenseite des Kataloges werden Sie Einzelheiten über unsere Händlerrabatte finden.

Unsere Bedingungen sind:

a) 10% Rabatt auf Bestellungen von 5 Mio. Lire oder darüber.

b) 5% Rabatt auf Bestellungen für 100 Stück (od. Einheiten) oder mehr.

c) Rabatt von 5% auf Bestellungen bis zu 20 Einheiten, darüber hinaus 8% Rabatt.

d) 5% auf eine Menge von über 50 Dosen der gleichen Art.

Diese Rabatte sind zuzüglich unseres normalen Skontos von 2% für Zahlung innerhalb von 30 Tagen.

f) die Preise sind bindend (bis ...)

Desideriamo evidenziare (far-Vi notare) che quest'offerta vale solo tre giorni.

Wir möchten betonen (od. Wir möchten Sie darauf aufmerksam machen), daß dieses Angebot nur drei Tage gilt.

1. Queste particolari condizioni valgono

1. *Diese besonderen Bedingungen gelten*

2. Questa concessione di prezzo vale

2. *Dieses Preiszugeständnis gilt*

   a) solo fino al 30 gingno.

   a) *nur bis zum 30. Juni.*

   b) solo per sette giorni.

   b) *nur für sieben Tage.*

Vi consigliamo di approfittare del prezzo speciale sopraindicato valido solo sette giorni e di comunicarci telefonicamente la Vostra accettazione.

Wir empfehlen Ihnen, den oben angegebenen Sonderpreis auszunutzen, der nur sieben Tage gültig ist, und uns Ihre Annahme telefonisch mitzuteilen.

Possiamo mantenere la nostra offerta solo per sette giorni. Vogliate pertanto sollecitamente passare l'ordinazione via fax.

Wir können unser Angebot nicht länger als 7 Tage offenhalten; würden Sie deshalb bitte unverzüglich per Fax bestellen.

Per tutte le ordinazioni ricevute dopo il 10 marzo i prezzi saranno superiori del 5% a quelli da noi adesso offerti.

Für alle nach dem 10. März erhaltenen Aufträge werden die Preise 5% höher sein als die jetzt von uns angebotenen.

A causa della situazione del mercato del caffè possiamo tenere fissi questi prezzi solo per un periodo limitato.

Wir können wegen der Lage auf dem Kaffeemarkt diese Preise nur für eine begrenzte Zeit als fest betrachten.

Il preventivo di cui sopra si basa sugli attuali costi per materiale e manodopera ed è soggetto a variazioni in caso di aumento dei prezzi nel periodo tra ora e il completamento del lavoro.

Der obige Kostenanschlag gründet sich auf die heutigen Material- und Lohnkosten und unterliegt Änderungen bei einer Preiserhöhung in der Zeit zwischen jetzt und der Fertigstellung der Arbeit.

Se quest'offerta non fosse accettata entro 30 giorni dalla sua data ci riserviamo il diritto di aumentare i prezzi in conformità alla rata ufficiale d'inflazione.

Wenn dieses Angebot nicht innerhalb von 30 Tagen ab obigem Datum angenommen wird, behalten wir uns das Recht vor, den Preis gemäß der offiziellen Inflationsrate zu erhöhen.

I prezzi possono essere variati (subire variazioni) senza preavviso.

Die Preise können ohne vorherige Ankündigung geändert werden.

I prezzi valgono fino al 31 dicembre.

Die Preise sind bis zum 31. Dezember gültig.

Con riserva della possibilità di fornitura.	*Vorbehaltlich der Liefermöglichkeit.*
Offerta limitata.	*Beschränktes Angebot.*
Offriamo queste merci salvo venduto al momento del ricevimento dell'ordinazione.	*Wir bieten diese Waren an unter dem Vorbehalt, daß sie bei Erhalt Ihres Auftrages noch nicht verkauft sind.*

6. Zahlungsbedingungen

1. Le nostre condizioni di pagamento sono:

1. *Unsere Zahlungsbedingungen sind:*

2. Condizioni di pagamento:

2. *Zahlungsbedingungen:*

a) Pagamento al momento dell'ordinazione (la spedizione avviene entro 24 ore).

a) *Zahlung bei Auftragserteilung (Versand erfolgt innerhalb 24 Stunden).*

b) pagamento immediato.

b) *sofortige Bezahlung.*

c) netto cassa.

c) *netto Kasse.*

d) netto a 30 giorni.

d) *30 Tage netto.*

e) netto a 30 giorni; sconto del 2% per pagamento entro 10 giorni.

e) *30 Tage netto; 2% Skonto bei Zahlung innerhalb von 10 Tagen.*

f) pagamento al ricevimento della fattura.

f) *Zahlung bei Erhalt der Rechnung.*

g) contrassegno.

g) *per Nachnahme.*

h) pagamento al ricevimento delle merci.

h) *Zahlung bei Erhalt der Waren.*

i) netto a 7 giorni dal ricevimento del plico via aerea.

i) *7 Tage netto nach Erhalt des Luftpostpakets.*

j) sconto del 2,5% per pagamento entro un mese (data fattura).

j) *2,5% Skonto innerhalb eines Monats (ab Rechnungsdatum).*

k) sconto del 2,5% per pagamento mensile.

k) *2,5% bei monatlicher Abrechnung.*

l) estratto conto mensile (trimestrale).

l) *monatliche (od. vierteljährliche) Abrechnung.*

m) 25% dei costi totali pagabile al momento dell'ordinazione, il resto alla consegna.

m) *25% der Gesamtkosten sind zahlbar bei Auftragserteilung, der Saldo ist bei Lieferung fällig.*

n) documenti contro pagamento.

n) *Dokumente gegen Zahlung.*

o) documenti contro accettazione.

o) *Dokumente gegen Akzept.*

p) vedi le condizioni generali sul retro.

p) siehe umseitige Allgemeine Bedingungen.

Pagamento:

Zahlung:

a) a mezzo tratta a 60 giorni.

a) durch Wechsel mit 60 Tagen Ziel.

b) a mezzo cambiale bancaria.

b) durch Bankwechsel.

c) a mezzo lettera di credito documentario irrevocabile (e confermata).

c) durch unwiderrufliches (und bestätigtes) Dokumentenakkreditiv.

d) deve essere allegato all'ordinazione.

d) muß dem Auftrag beiliegen.

Vi preghiamo di effettuare il pagamento a mezzo cambiale bancaria al ricevimento della nostra fattura pro forma.

Wir bitten um Zahlung durch Bankwechsel bei Erhalt unserer Proforma-Rechnung.

La nostra politica aziendale prevede per vendite all'esportazione (o prime ordinazioni) il pagamento al momento dell'ordinazione. Vi preghiamo pertanto di prendere i necessari provvedimenti per assicurare il pagamento a mezzo cambiale bancaria al ricevimento della nostra fattura pro forma.

Unsere Geschäftspolitik sieht für Exportgeschäfte (od. Erstaufträge) nur Barzahlung bei Auftragserteilung vor. Wir müssen Sie deshalb bitten, die nötigen Schritte zur Sicherung der Zahlung durch Bankwechsel bei Erhalt unserer Proforma-Rechnung zu unternehmen.

Per quanto riguarda il pagamento le nostre condizioni abituali per l'esportazione sono documenti contro pagamento, vale a dire consegna della polizza di carico ad avvenuto pagamento a mezzo cambiale bancaria presso la ...

Was die Zahlung betrifft, sind unsere üblichen Exportbedingungen Dokumente gegen Zahlung, d.h. das Konnossement wird gegen Zahlung unserer Rechnung durch Bankwechsel auf die ... Bank ... freigegeben.

Se richiesto concediamo un credito contro cambiale a 3 mesi. Pagamenti entro due settimane godono di uno sconto del 2%.

Kredit wird, falls erwünscht, gegen 3-Monats-Wechsel gewährt. Barzahlungen innerhalb von 14 Tagen erhalten 2% Skonto.

E' nostra prassi abituale con nuovi clienti di fornire inizialmente le nostre merci dietro pagamento a un mese data fattura. Questa condizione viene successivamente portata a tre mesi.

Unsere übliche Praxis ist, neuen Kunden zuerst unsere Waren gegen Zahlung innerhalb eines Monats ab Rechnungsdatum zu liefern und diesen Zahlungstermin später auf 3 Monate zu erweitern.

A causa dei notevoli sconti possiamo fornire queste merci

Wir können diese Waren wegen der erheblichen Preiser-

solo contro pagamento in contanti. Vi preghiamo pertanto di voler accludere alla Vostra ordinazione un assegno per l'importo totale più le spese di trasporto.

Siamo disposti a considerare la particolare natura di questa transazione e Vi concediamo eccezionalmente uno sconto del 2% per pagamento entro un mese.

mäßigungen nur auf der Basis einer Barzahlung verkaufen. Wir möchten Sie daher bitten, Ihrer Bestellung einen Scheck über den vollen Betrag zuzüglich Fracht beizufügen.

Wir sind bereit, die besondere Art dieses Geschäfts zu berücksichtigen und gewähren Ihnen ausnahmsweise einen Skonto von 2% bei Zahlung innerhalb eines Monats.

7. Bitte um Angabe von Referenzen

Saremmo lieti di entrare in relazioni d'affari con Voi e Vi preghiamo di indicarci le abituali referenze commerciali e bancarie.

Poiché non abbiamo ancora concluso affari con Voi Vi preghiamo di darci le abituali referenze commerciali o il nome di una banca alla quale possiamo rivolgerci.

1. Sotto (o: A) condizione di ricevere soddisfacenti referenze.

2. Al ricevimento delle referenze d'uso

   a) Vi concederemo con piacere i vantaggi di un conto aperto.

   b) Vi concederemo con piacere le seguenti condizioni: pagamento a mezzo tratta a 60 giorni con il 2,5% di sconto.

In caso desideriate crediti a breve termine, siamo disposti a soddisfare la Vostra richiesta a condizione che

a) facciate garantire i pagamenti da una banca di Milano.

b) disponiate di una garanzia bancaria.

Wir würden uns freuen, mit Ihnen ins Geschäft zu kommen und bitten Sie um Angabe der üblichen Handels- und Bankreferenzen.

Da wir bisher mit Ihnen noch keine Geschäfte abgeschlossen haben, geben Sie uns bitte entweder die üblichen Handelsreferenzen oder den Namen einer Bank, an die wir uns wenden können.

1. Vorbehaltlich der Angabe zufriedenstellender Referenzen.

2. Nach Erhalt der üblichen Referenzen

   a) werden wir Ihnen gern die Vorteile eines laufenden Kontos einräumen.

   b) werden wir Ihnen gern folgende Bedingungen anbieten: Zahlung gegen 60-Tage-Wechsel, abzüglich 2,5% Skonto.

Falls Sie kurzfristige Kredite wünschen, sind wir bereit, Ihre Bitte zu erfüllen vorausgesetzt, daß

a) Sie die Zahlungen durch eine Mailänder Bank garantieren lassen.

b) Sie die Garantie einer Bank haben.

8. Hinweis auf Geschäftsbedingungen

Vi preghiamo di prendere atto che tutte le nostre offerte sono sottoposte alle condizioni generali di vendita indicate sul retro.

Bitte nehmen Sie davon Kenntnis, daß alle unsere Angebote unseren umseitig verzeichneten Allgemeinen Geschäftsbedingungen unterliegen.

Vi preghiamo di prendere atto delle nostre condizioni standard di vendita sul retro di quest'offerta (all'interno della copertina del nostro catalogo).

Bitte nehmen Sie von unseren Standard-Verkaufsbedingungen auf der Rückseite dieses Angebots (od. auf der Innenseite des Einbands unseres Kataloges) Kenntnis.

In allegato trovate le nostre condizioni di vendita (pagamento).

Beiliegend finden Sie unsere Verkaufsbedingungen (Zahlungsbedingungen).

L'accettazione di quest'offerta implica l'accettazione delle nostre condizioni di vendita.

Die Annahme dieses Angebots bedeutet die Annahme unserer Verkaufsbedingungen.

Vi preghiamo di leggere attentamente i dettagli sul retro.

Bitte lesen Sie die umseitigen Einzelheiten sorgfältig.

9. Beschreibung, Qualität der Waren

Questi tessuti (Queste stoffe)

Diese Stoffe sind

a) sono garantiti(e) che non stingono.

a) garantiert farbecht.

b) robusti(e) e resistenti.

b) fest und strapazierfähig.

c) impermeabili.

c) wasserdicht.

d) disponibili in rosso, verde ecc.

d) in rot, grün etc. zu haben.

Tutti i nostri prodotti (I nuovi modelli)

Alle unsere Erzeugnisse (od. Die neuen Modelle)

a) hanno una completa garanzia.

a) haben volle Garantie.

b) sono particolarmente adatti per ...

b) eignen sich besonders für

c) sono prodotti con materiali di prima scelta e pertanto destinati ad una lunga vita.

c) sind aus Qualitätsmaterial hergestellt und für eine lange Lebensdauer bestimmt.

d) sono costruiti in ottemperanza alle più recenti migliorie tecniche.

d) sind ansprechend konstruiert mit den neuesten technischen Verbesserungen.

Vi confermiamo con piacere che i nostri prodotti

Wir bestätigen Ihnen gern, daß unsere Erzeugnisse

a) sono tutti di produzione tedesca.

a) alle deutscher Herstellung sind.

b) sono in pura lana.

b) aus reiner Wolle sind.

c) sono lavorati a mano.

c) handgearbeitet sind.

d) sono adatti per ...

d) geeignet sind für ...

e) sono fabbricati in acciaio legato.

e) aus Edelstahl hergestellt sind.

Questi guanti possono essere forniti solo nelle misure standard (nelle misure 7 e 8).

Diese Handschuhe sind nur in den Standard-Größen (od. in den Größen 7 und 8) lieferbar.

Forniamo queste tende in differenti lunghezze (colori).

Wir liefern diese Vorhänge in sortierten Längen (od. Farben).

Noterete che i prezzi di questa stagione sono leggermente più alti. Peraltro noterete dei considerevoli miglioramenti in quasi tutte le categorie merceologiche.

Sie werden feststellen, daß die Preise in dieser Saison ein wenig höher sind. Sie werden aber wesentliche Verbesserungen in fast allen Warengattungen finden.

Dall'allegato catalogo noterete che questi prefabbricati in legno hanno molti vantaggi; i principali dei quali sono qui elencati.

Aus dem beiliegenden Katalog werden Sie ersehen, daß diese Fertigholzbauten viele Vorzüge aufweisen; die wichtigsten davon sind nachstehend angegeben.

Questi prodotti sono il risultato di una ricerca ed uno sviluppo pluriennali

Diese Erzeugnisse sind das Ergebnis jahrelanger Forschung und Entwicklung

a) e rivoluzioneranno molto probabilmente tutti i metodi tradizionali.

a) und werden sehr wahrscheinlich alle jetzt üblichen Methoden revolutionieren.

b) e sono costruiti in base a precise norme a lunga durata.

b) und sind nach genauen und gleichbleibenden Normen konstruiert.

Queste sciarpe sono un vero successo di mercato,

Diese Schals sind ein wahrer Verkaufsschlager,

a) e riteniamo che questi attrattivi imballaggi ne aumentino ancora il favore della clientela.

a) und wir glauben, daß die attraktiven Kartons ihren Anklang bei der Kundschaft noch erhöhen.

b) e non sarà certo un errore approvvigionare il Vostro magazzino.

b) und es wird sicher kein Fehler sein, sie auf Lager zu nehmen.

Da oltre un secolo la qualità è il nostro emblema.

Seit mehr als 100 Jahren ist Qualität unser Markenzeichen.

Entrambi i modelli hanno una completa garanzia per difetti

Beide Modelle tragen volle Garantie gegen Fehler, die

sorti entro 12 mesi di normale impiego. In tal caso saranno immediatamente sostituiti.

Tutti i contratti d'acquisto per le nostre macchine comprendono il completo servizio di assistenza.

Desideriamo cogliere l'occasione per ricordare il nostro servizio di assistenza che da molti anni rappresenta un importante aspetto della nostra azienda.

La maggior parte delle componenti sono pezzi standard ed in caso di avaria possono essere facilmente sostituiti.

All'atto dell'ordinazione Vi preghiamo di indicare il numero di catalogo (il colore e la misura desiderati).

I campioni inviati Vi convinceranno dell'eccezionale qualità dei nostri strumenti medici.

Affinché Vi possiate persuadere della qualità, praticità e prestazioni delle nostre seghe manuali e a nastro Vi inviamo alcuni campioni sotto plico separato.

Siamo certi che constaterete che i nostri prodotti sono i migliori sul mercato

a) e che si dimostrerebbero una preziosa integrazione della Vostra attuale collezione.

b) e decisamente migliori di quelli offerti attualmente sul mercato dai nostri concorrenti.

E' nostra politica aziendale di offrire la migliore merce ai prezzi più concorrenziali ed at-

durch natürliche Abnutzung innerhalb von 12 Monaten entstehen. In einem solchen Fall werden sie sofort ersetzt.

Alle Verkaufsverträge für unsere Maschinen schließen unseren vollen Wartungsdienst ein.

Wir möchten diese Gelegenheit benutzen, um an den Ersatzteildienst zu erinnern, der seit vielen Jahren einen wichtigen Bereich unseres Unternehmens darstellt.

Die meisten Bestandteile sind standardisierte Einzelteile und können bei einem Defekt leicht ersetzt werden.

Geben Sie bitte bei Bestellung die Katalognummer (od. die gewünschte Farbe und Größe) an.

Die gesandten Muster werden Sie von der ausgezeichneten Qualität unserer medizinischen Instrumente überzeugen.

Damit Sie selbst sehen, wie gut konstruiert, praktisch und leistungsfähig unsere Hand- und Bandsägen sind, schicken wir Ihnen mit getrennter Post einige Muster.

Wir sind überzeugt, daß Sie feststellen werden, daß unsere Erzeugnisse die besten auf dem Markt sind

a) und daß sie sich als wertvolle Ergänzung Ihrer augenblicklichen Kollektion erweisen würden.

b) und erheblich besser als diejenigen unserer Konkurrenten, die den Markt augenblicklich beliefern.

Es ist unsere Geschäftspolitik, die bestmögliche Ware zu den konkurrenzfähigsten Prei-

tribuiamo inoltre una particolare importanza ad assistere i nostri clienti in ogni maniera a noi possibile.

sen anzubieten, und wir legen besonderen Wert darauf, unsere Kunden in jeder uns möglichen Weise zu unterstützen.

10. Muster, Proben

(Dei) campioni possono essere ottenuti su richiesta e senza impegno.

Proben sind auf Verlangen unverbindlich erhältlich.

Saremo lieti

Wir werden gern

a) di inviare campioni o merci in visione.

a) Proben schicken oder Waren zur Ansicht liefern.

b) di inviare campioni di tutti i cinturini per orologi per i quali Vi interessate particolarmente.

b) Muster aller Armbanduhrbänder schicken, für die Sie sich besonders interessieren.

Se desiderate una copia-saggio di questo nuovo manuale inviateci la cartolina allegata debitamente compilata. Un esemplare Vi sarà inviato a giro di posta.

Falls Sie ein Probeexemplar dieses neuen Handbuches wünschen, schicken Sie bitte die beigefügte Karte ausgefüllt zurück. Ein Exemplar wird Ihnen postwendend zugesandt.

1. Inviamo qui allegato

1. Wir senden Ihnen mit diesem Brief

2. Troverete qui accluso

2. Beiliegend finden Sie

3. Vi inviamo con plico via aerea (pacco postale)

3. Wir senden Ihnen mit Luftpostpaket (od. mit Postpaket)

4. In data odierna Vi inviamo (inoltre)

4. Unter heutigem Datum senden wir Ihnen (auch)

a) campioni di tutte le nostre fascie elastiche.

a) Muster aller unserer Kolbenringe.

b) un completo campionario.

b) einen vollen Satz Muster.

c) un assortimento di campioni nella certezza che Vi convincerete della loro eccezionale qualità.

c) ein Sortiment Muster und sind sicher, daß Sie von ihrer erstklassigen Qualität überzeugt sein werden.

d) una scelta di campioni di tessuto affinché possiate operare una scelta conveniente.

d) eine Auswahl von Stoffmustern, damit Sie eine passende Auswahl treffen können.

e) una scelta di campioni che sono particolarmente adatti per lo scopo da Voi indicato.

e) eine Auswahl von Mustern, die besonders für den von Ihnen erwähnten Zweck geeignet sind.

f) campioni dei diversi utensili per la lavorazione dei diamanti con le relative indicazioni di prezzo.

g) un listino prezzi ed un campionario completo di stoffe.

h) alcuni campioni che potranno darVi un'idea delle stoffe impiegate per la produzione delle nostre tute da ginnastica.

i) campioni di tappezzerie attualmente disponibili in magazzino.

j) due campionari di stoffe.

k) un opuscolo delle poltroncine «Frau» con campioni di stoffe per il rivestimento fornibili.

l) campioni delle nostre affilatrici automatiche per coltelli.

m) una scelta di campioni che potrete personalmente esaminare.

n) una copia-saggio dell'edizione di giugno della rivista che certamente Vi interesserà.

Vi preghiamo di sottoporre i campioni ad ogni possibile esame (una serie di esami).

Come potete vedere la scelta di modelli e di colori è ancora più ampia che nella scorsa primavera.

Vi sarà inviata una confezione-prova della nostra macedonia di frutta.

Il nostro listino prezzi illustrato e i cinque campioni che Vi abbiamo inviato separatamente Vi daranno un'idea dell'eccezionale qualità, del design e dell'accuratezza dei nostri prodotti. Essi sono total-

f) Muster der verschiedenen Qualitäten von Diamantwerkzeugen, alle mit Preisangabe versehen.

g) eine Preisliste und einen kompletten Satz Stoffmuster.

h) einige Muster, um Ihnen eine Vorstellung von den Stoffen zu geben, aus denen unsere Trainingsanzüge hergestellt werden.

i) Muster von Tapeten, die wir augenblicklich am Lager haben.

j) zwei Stoffmusterbücher.

k) einen Prospekt über die Sessel der Marke ,,Frau'' mit Textilmustern der lieferbaren Bezugstoffe.

l) Muster unserer neuesten automatischen Messerschleifer.

m) eine Auswahl von Mustern, die Sie persönlich prüfen können.

n) ein Freiexemplar der Juni-Ausgabe der Zeitschrift, die Sie sicher interessieren wird.

Bitte unterwerfen Sie die Muster jedem gewünschten Test (od. einer Reihe von Tests).

Wie Sie sehen, ist die Auswahl an Modellen und Farbtönen sogar noch größer als im letzten Frühjahr.

Eine Probe-Büchse unseres Obstsalates wird Ihnen zum Probieren zugesandt.

Unsere bebilderte Preisliste und die fünf Proben, die wir Ihnen mit getrennter Post schikken, werden Ihnen eine Vorstellung von der ausgezeichneten Qualität, dem Design und der Präzision unserer Erzeugnisse

mente prodotti in Germania e si può affermare con certezza che superano i più severi esami.

geben. Sie sind vollständig in Deutschland hergestellt, und man kann mit Sicherheit behaupten, daß sie den höchsten Ansprüchen gerecht werden.

11. Menge, Vorrat, Liefermenge

Vogliate prendere nota che

Nehmen Sie (bitte) davon Kenntnis, daß

a) il vino viene fornito in damigiane da 25 litri.

a) der Wein in Korbflaschen à 25 Liter geliefert wird.

b) viene fornito in contenitori da 10 o 20 kg.

b) es in Behältern von 10 oder 20 kg geliefert wird.

c) la quantità minima per forniture entro 7 giorni è di kg 100 (200 pezzi).

c) die Mindestbestellung zur Lieferung innerhalb von 7 Tagen 100 kg (od. 200 Stück) ist.

Disponiamo in generale di cospicue (grandi) riserve.

Wir haben in der Regel reichliche (od. große) Vorräte.

Abbiamo gli articoli in magazzino.

Wir haben die Artikel auf Lager.

Tutti i materiali (gli articoli) contenuti nel nostro catalogo (nella Vostra richiesta) sono disponibili in magazzino.

Alle in unserem Katalog (od. in Ihrer Anfrage) aufgeführten Materialien (od. Artikel) sind am Lager.

Tutte le macchine di cui a quest'offerta sono disponibili in magazzino.

Alle in diesem Angebot erwähnten Maschinen haben wir auf Lager.

Tutti gli articoli di cui inviamo campioni sono al momento disponibili.

Alle Artikel, für die wir Muster einreichen, sind z. Zt. verfügbar.

Possiamo offrirVi una grande scelta di tutte le misure e colori (tipi), fornibili franco magazzino

Wir können Ihnen eine große Auswahl aller Größen und Farben (od. Typen) ab Lager anbieten

a) e possiamo effettuare la consegna immediatamente al ricevimento dell'ordine.

a) und können sofort nach Erhalt Ihres Auftrages liefern.

b) e possiamo pertanto servirVi immediatamente.

b) und können Sie deshalb prompt bedienen.

La maggior parte degli articoli è disponibile immediatamente.

Die meisten Artikel sind sofort lieferbar.

Il nostro deposito sempre ben fornito ci permette di evadere prontamente ordinazioni successive.

Unser stets gut bestücktes Lager ermöglicht es uns, Nachbestellungen prompt auszuführen.

Attualmente possiamo fornire solo limitate quantità degli articoli N.105 e 107 del listino prezzi generale. Grosse ordinazioni potranno essere soltanto evase a partire da giugno.

Abbiamo solo una limitata quantità di tende da doccia e probabilmente non ripeteremo quest'offerta speciale.

Fabbrichiamo questi articoli solo su ordinazione.

Non abbiamo disponibilità di magazzino, siamo tuttavia disposti

a) a far produrre espressamente per Voi le borse da viaggio in pelle.

b) ad acquistare le giacche di lana da un altro fornitore.

Consegne di grosse quantità possono essere effettuate a partire da ...

Augenblicklich können wir nur begrenzte Mengen der Artikel Nr.105 und 107 der allgemeinen Preisliste liefern. Große Bestellungen können erst ab Juni ausgeführt werden.

Wir haben nur einen begrenzten Vorrat an Duschvorhängen und werden wahrscheinlich dieses Sonderangebot nicht wiederholen.

Wir fertigen diese Artikel nur auf Bestellung.

Wir halten keine Lagerbestände, sind jedoch bereit,

a) die Reisetaschen aus Leder besonders für Sie herstellen zu lassen.

b) die Wolljacken von einem anderen Lieferanten zu beziehen.

Mengenlieferungen können ab ... ausgeführt werden.

12. Versandart

Possiamo provvedere per consegna

a) al Vostro magazzino principale o ai diversi punti di vendita.

b) a mezzo nostro furgone al ricevimento della Vostra comunicazione telefonica (ordinazione).

c) a mezzo furgone entro tre giorni dal conferimento dell'ordinazione.

Potremmo effettuare la consegna

a) a mezzo camion frigoriferi in modo che la merce Vi arrivi in perfetto stato.

Wir können Lieferung arrangieren

a) entweder zu Ihrem Hauptwarenlager oder zu einzelnen Verkaufsstellen.

b) durch unseren Lieferwagen nach Erhalt Ihrer telefonischen Mitteilung (od. nach Erhalt Ihres Auftrages).

c) durch Lieferwagen innerhalb von 3 Tagen nach Auftragserteilung.

Wir könnten die Lieferung

a) durch Kühllastwagen senden, damit die Ware Sie in einwandfreiem Zustand erreicht.

b) a mezzo ferrovia al ricevimento della Vostra ordinazione che può essere impartita per telefono o fax.

b) per Bahn senden bei Erhalt Ihres Auftrages, der telefonisch oder per Fax erteilt werden kann.

Se avete urgente necessità delle merci provvederemo per una spedizione via aerea.

Wenn Sie die Waren dringend benötigen, werden wir für eine Luftfrachtsendung sorgen.

La nostra ditta dispone di un proprio servizio di consegna.

Unsere Firma hat ihren eigenen Zustelldienst.

13. Lieferzeit

1. Disponiamo generalmente di grosse quantità in magazzino

1. Wir haben meist große Mengen am Lager

2. Teniamo cospicue disponibilità in magazzino

2. Wir unterhalten reichliche Lagervorräte

3. Abbiamo l'articolo in magazzino

3. Wir haben den Artikel auf Lager

4. Abbiamo in magazzino tutte le macchine indicate in questa offerta

4. Wir haben alle in diesem Angebot erwähnten Maschinen auf Lager

5. Abbiamo una grande scelta di misure e colori disponibili in magazzino

5. Wir haben eine große Auswahl an Größen und Farben am Lager

  a) e possiamo consegnare immediatamente al ricevimento dell'ordine.

a) und können unmittelbar nach Erhalt Ihres Auftrages liefern.

  b) e possiamo garantire una spedizione immediata.

b) und können sofortigen Versand garantieren.

  c) e possiamo consegnare il materiale entro due settimane dal ricevimento dell'ordine.

c) und können das Material innerhalb zwei Wochen nach Erhalt der Bestellung liefern.

Tutti i materiali (gli articoli) indicati nel nostro catalogo (nella Vostra richiesta) sono disponibili in magazzino.

Alle Materialien (od. Artikel), die in unserem Katalog verzeichnet (od. in Ihrer Anfrage aufgeführt) sind, sind am Lager.

Possiamo consegnare i distributori automatici immediatamente.

Wir können die Verkaufsautomaten sofort liefern.

Tutte le merci sono disponibili in magazzino.

Alle Waren sind am Lager vorrätig.

Queste merci sono fornibili subito franco magazzino.

Diese Waren sind sofort ab Lager erhältlich.

Possiamo assicurare (garantire) la consegna entro il 3 aprile p. v.

Wir können Lieferung bis 3. April zusichern (od. garantieren).

Possiamo evadere la Vostra ordinazione entro 3 settimane dal ricevimento.

Wir können Ihren Auftrag innerhalb von 3 Wochen ab Eingang ausführen.

La consegna può aver luogo prima del 20 giugno.

Die Lieferung kann vor dem 20. Juni erfolgen.

Possiamo effettuare subito la spedizione. Il Vostro ordine deve essere evaso immediatamente?

Wir können sofort versenden. Soll Ihr Auftrag sofort ausgeführt werden?

Generalmente possiamo consegnare entro tre settimane dal ricevimento dell'ordinazione.

Wir können gewöhnlich innerhalb drei Wochen nach Erhalt eines Auftrages liefern.

Sebbene la domanda per i nostri prodotti sia in costante aumento possiamo consegnare subito la maggior parte degli articoli.

Obwohl für unsere Erzeugnisse eine zunehmende Nachfrage besteht, können wir die meisten Artikel sofort liefern.

Confermiamo la nostra telefonata di oggi (il nostro telegramma) con la quale (il quale) abbiamo comunicato che

Wir bestätigen unser heutiges Telefongespräch (od. unser Telegramm), in dem wir Ihnen mitteilen, daß

a) le merci potranno essere consegnate il 20 ottobre e comunque non prima.

a) die Waren am 20. Oktober geliefert werden können, jedoch nicht früher.

b) Vi possiamo assicurare la consegna entro il 20 gennaio se riceveremo la Vostra ordinazione entro la fine di questo mese.

b) wir Ihnen die Lieferung bis 20. Januar zusichern können, sofern wir Ihren Auftrag bis Ende dieses Monats erhalten.

c) non Vi possiamo promettere la consegna prima del 20 gennaio p. v. se il Vostro ordine non ci perviene entro 48 ore.

c) wir Ihnen die Lieferung nicht vor dem 20. Januar zusichern können, falls Ihr Auftrag uns nicht innerhalb 48 Stunden erreicht.

d) possiamo fornire tutti i colori (tutte le misure) da Voi richiesti(e) in quantità sufficiente entro 3 giorni.

d) wir jede der von Ihnen verlangten Farben (od. Größen) in genügender Menge innerhalb von 3 Tagen liefern können.

e) possiamo consegnare subito una parte della merce richiesta conformemente alla dettagliata offerta allegata.

e) wir einen Teil der gewünschten Ware sofort liefern können gemäß dem beigefügten detaillierten Angebot.

Per quanto riguarda la consegna non avremmo difficoltà ad osservare la data da Voi indicata. Dovremmo però ricevere la Vostra ordinazione entro il 2 maggio.

Bezüglich der Lieferung hätten wir keine Schwierigkeiten, das von Ihnen genannte Datum einzuhalten. Wir müßten jedoch Ihren Auftrag bis 2. Mai erhalten.

1. Poiché c'è una notevole domanda di giocattoli in plastica,

1. *Da eine beträchtliche Nachfrage nach Spielwaren aus Plastik besteht,*

2. Poiché possiamo fornire solo quantità limitate,

2. *Da wir nur beschränkte Mengen liefern können,*

3. Se desiderate avere scorte di magazzino di queste cartelle in pelle prima di Natale,

3. *Wenn Sie einen Lagerbestand dieser Lederaktentaschen vor Weihnachten haben wollen,*

4. Non è nostra intenzione fare pressione per una Vostra decisione, ma poiché le nostre scorte sono così limitate che uno o due grossi ordini potrebbero esaurirle,

4. *Es ist nicht unsere Absicht, Sie zu einer Entscheidung zu drängen; da jedoch unsere Lagerbestände so niedrig sind, daß sie durch zwei oder drei große Aufträge erschöpft sein würden,*

a) Vi consigliamo di impartire la Vostra ordinazione al più presto.

a) *raten wir Ihnen, Ihren Auftrag so bald wie möglich zu erteilen.*

b) Vi consigliamo di comunicarci al più presto l'esatta entità della Vostra ordinazione.

b) *raten wir Ihnen, uns so bald wie möglich den genauen Umfang Ihres Auftrags mitzuteilen.*

Poiché per molti articoli le scorte sono limitate

Da bei vielen Artikeln die Vorräte knapp sind,

a) desideriamo consigliarVi di ordinare senza indugio.

a) *möchten wir Ihnen raten, unverzüglich zu bestellen.*

b) non siamo in grado di garantire una consegna prima del 4 marzo.

b) *sind wir nicht in der Lage, eine Lieferung vor dem 4. März zu garantieren.*

c) sono consigliabili sollecite ordinazioni che verranno evase secondo l'ordine d'arrivo.

c) *sind baldige Bestellungen ratsam, die in der Reihenfolge des Eingangs ausgeführt werden.*

Vi consigliamo di impartire il Vostro ordine fisso al più presto per evitare ritardi nella consegna.

Wir raten Ihnen, Ihren Festauftrag so bald wie möglich zu erteilen, um Verzögerungen in der Lieferung zu vermeiden.

Il termine di consegna per le forbici è di quattro settimane e

Die Lieferzeit für die Scheren beträgt vier Wochen und für die

per i coltelli tascabili di sette giorni.

Taschenmesser sieben Tage.

Il termine di consegna per le scarpe da ginnastica a pag. 21 va da tre a quattro settimane. Il resto può essere consegnato subito.

Die Lieferzeit für die Sport-schuhe auf Seite 21 beträgt drei bis vier Wochen, der Rest ist sofort lieferbar.

Abbiamo contrassegnato gli articoli che possiamo fornire subito franco magazzino. Per tutti gli altri articoli abbiamo bi-sogno di circa 3 settimane dal ricevimento dell'ordinazione.

Wir haben die Artikel ge-kennzeichnet, die wir sofort ab Lager liefern können. Für alle übrigen Artikel brauchen wir ungefähr 3 Wochen ab Eingang der Bestellung.

Possiamo inviarVi subito tutti gli articoli ad eccezione delle lenti a contatto.

Wir können Ihnen alle Artikel mit Ausnahme der Kontaktlin-sen sofort übersenden.

1. Gli articoli N. 4 e N. 8 sono in via di esaurimento

1. Die Artikel Nr. 4 und 8 gehen zur Neige (od. sind bald ver-griffen)

2. Gli articoli N. 114 e N. 116 vengono fabbricati solo su ordinazione

2. Die Artikel Nr. 114 und 116 werden nur auf Bestellung angefertigt.

   a) e il termine di consegna è generalmente di tre o quattro mesi dalla data dell'ordinazione.

   a) und die Lieferzeit beträgt normalerweise drei oder vier Monate ab Auftrags-datum.

   b) e l'esecuzione di una tale ordinazione abbisogna di circa 2 mesi.

   b) und die Ausführung eines solchen Auftrages erfor-dert etwa zwei Monate

Poiché gli impianti dl clima-tizzazione dovrebbero essere fabbricati in maniera particola-re, la consegna potrebbe avve-nire dopo circa 6 settimane dal ricevimento della commessa.

Da die Klimaanlage geson-dert angefertigt werden muß, könnte die Lieferung ungefähr sechs Wochen nach Auftrags-eingang erfolgen.

I mobili per ufficio dovrebbe-ro essere costruiti espressa-mente per Voi. Potremmo co-munque iniziare la lavorazione non appena ricevuta la com-messa e la consegna potrebbe avere luogo entro 3 settimane da tale data.

Die Büromöbel müßten für Sie spezialangefertigt werden. Wir würden sie jedoch in Arbeit nehmen, sobald wir Ihren Auf-trag erhalten, und die Lieferung könnte innerhalb 3 Wochen ab diesem Datum erfolgen.

Vi consigliamo (pertanto) di rifornire il Vostro magazzino poiché le nostre scorte si vanno lentamente esaurendo.

Wir raten Ihnen (deshalb) Ihr Lager aufzufüllen, da unsere Vorräte langsam ausgehen.

Le valigie da pic-nic sono talmente apprezzate che la nostra produzione non riesce a soddisfare tutte le richieste.

Die Picknick-Koffer sind so ungeheuer beliebt, daß unsere Produktion nicht alle Anfragen zufriedenstellen kann.

Le ordinazioni vengono evase secondo l'ordine di arrivo e possono essere accettate solo fino ad esaurimento delle scorte.

Aufträge werden in der Reihenfolge Ihres Eingangs ausgeführt und können nur angenommen werden, solange der Vorrat reicht.

Purtroppo

Leider

a) possiamo prometterVi la consegna solo dopo tre mesi dal ricevimento dell'ordinazione.

a) können wir Ihnen Lieferung erst in drei Monaten ab Datum des Auftragseingangs versprechen.

b) dobbiamo questa volta deluderVi e possiamo prometterVi la consegna solo per la fine di ottobre.

b) müssen wir Sie diesmal enttäuschen und können Ihnen Lieferung erst Ende Oktober versprechen.

Se il Vostro ordine dovesse arrivare dopo il 15 marzo non saremmo in grado di consegnare i motori entro il 1° giugno.

Wenn Ihr Auftrag nach dem 15. März eintreffen sollte, sind wir nicht in der Lage, die Motoren bis 1. Juni zu liefern.

Le date di consegna indicate sono provvisorie. In nessun modo saranno comunque superate di oltre 10 giorni.

Die angegebenen Lieferdaten sind vorläufig. Sie werden aber auf keinen Fall um mehr als 10 Tage überschritten.

La merce sarà a disposizione entro il 2 aprile.

Die Ware wird bis zum 2. April zur Verfügung stehen.

Vi preghiamo di tener presente che per la consegna sono necessari almeno 21 giorni.

Berücksichtigen Sie bitte, daß wenigstens 21 Tage für die Lieferung erforderlich sind.

14. Angabe von Referenzen

Nel passato abbiamo eseguito tutta una serie di analoghi lavori con piena soddisfazione dei nostri clienti.

Wir haben in der Vergangenheit eine ganze Reihe ähnlicher Arbeiten zur vollständigen Zufriedenheit unserer Kunden ausgeführt.

In allegato troverete una lista di pareri molto positivi espressi da ditte molto note nel nostro Paese.

In der Anlage werden Sie begeisterte Anerkennung von in unserem Lande gut bekannten Firmen finden.

Allego delle lettere di approvazione

Ich füge Anerkennungsschreiben

a) di alcuni dei nostri clienti (abituali)

a) von einigen unserer (Stamm)-Kunden bei.

b) di diverse imprese che hanno adottato il nostro sistema.

b) von mehreren Unternehmen bei, die unser System übernommen haben.

Constaterete che tra i più entusiasti vi è una ditta del Vostro ramo.

Sie werden feststellen, daß eine der begeistertsten eine Firma aus Ihrer Branche ist.

Da molti di loro abbiamo ricevuto ripetute ordinazioni sucessive.

Von vielen von ihnen haben wir bereits mehrere Nachbestellungen.

15. Schlußworte

a) allgemein

1. Saremo lieti se Vi deciderete all'acquisto delle nostre merci (se Vi deciderete per le nostre merci)

1. Es wird uns sehr freuen, wenn Sie sich zum Kauf unserer Waren entschließen (od. sich für unsere Waren entscheiden)

2. Speriamo che troverete soddisfacente la nostra offerta (che la nostra offerta Vi soddisfi)

2. Wir hoffen, daß Sie unser Angebot zufriedenstellend finden

   a) e attendiamo con piacere la Vostra ordinazione di prova.

   a) und sehen Ihrem Probeauftrag gern entgegen.

   b) e attendiamo il Vostro ordine con piacere.

   b) und sehen Ihrem Auftrag gern entgegen.

Ci fa molto piacere (Siamo molto lieti di)

Wir freuen uns darauf, (od. Wir sind sehr erfreut,)

a) servirVi.

a) Sie zu bedienen.

b) entrare in relazioni d'affari con Voi.

b) mit Ihnen ins Geschäft zu kommen.

c) inserire il Vostro nome nella lista dei nostri clienti esteri soddisfatti.

c) den Namen Ihres Unternehmens in die Liste unserer zufriedenen Auslandskunden aufzunehmen.

Attendiamo con piacere

Wir sehen

a) l'accettazione di quest'offerta.

a) der Annahme dieses Angebots gern entgegen.

b) il ricevimento del Vostro ordine tra breve (in un prossimo futuro; a tempo debito).

b) dem Erhalt Ihres Auftrages in Kürze (od. in der nahen Zukunft; zu gegebener Zeit) gern entgegen.

c) Vostre notizie e la visita del Vostro addetto agli acquisti.

c) Ihrer Nachricht und dem Besuch Ihres Einkäufers gern entgegen.

Vogliate (Vi preghiamo di) comunicarci i Vostri desideri.

Teilen Sie uns bitte Ihre Wünsche mit.

La nostra grande esperienza nel settore è a Vostra completa disposizione. Speriamo (Ci auguriamo) che vogliate farne uso.

Unsere große Erfahrung auf dem Gebiet steht zu Ihrer vollen Verfügung. Wir hoffen, daß Sie davon Gebrauch machen werden.

Se le Vostre scorte di cinture alla moda stanno riducendosi avete qui un'ottima occasione per ricostituirle.

Wenn Ihr Vorrat an Modegürteln knapp wird, haben Sie hier eine sehr gute Gelegenheit, ihn wieder aufzufüllen.

Vi preghiamo di comunicarci se siete disposti ad acquisire questa nuova collezione.

Bitte teilen Sie uns mit, ob Sie bereit sind, diese neue Kollektion aufzunehmen.

b) weitere Information wird gern gegeben

1. Speriamo di avere (con ciò) risposto alle Vostre domande.

1. Wir hoffen, daß wir damit Ihre Fragen beantwortet haben.

2. Riteniamo che il nostro catalogo risponda a tutte le Vostre domande al riguardo.

2. Wir glauben, daß unser Katalog alle Ihre diesbezüglichen Fragen beantworten wird.

3. Speriamo (Ci auguriamo) che questo opuscolo sia di Vostro interesse (interessante per Voi).

3. Wir hoffen, daß diese Broschüre Ihr Interesse finden wird.

Nel caso desideriate ulteriori informazioni Vi preghiamo di farcelo sapere.

Falls Sie weitere Auskünfte benötigen, lassen Sie es uns bitte wissen.

Non esitate a riscriverci se avete bisogno di ulteriori informazioni.

Zögern Sie jedoch bitte nicht, wieder zu schreiben, wenn Sie weitere Informationen benötigen.

1. Speriamo che questa lettera ed il materiale allegato rispondano in maniera esauriente a tutte le Vostre domande.

1. Wir hoffen, daß dieser Brief mit dem beiliegenden Material alle Ihre Fragen hinreichend beantwortet.

2. Riteniamo di aver trattato ogni punto (tutti i punti) della Vostra richiesta.

2. Wir denken, daß wir jeden Punkt (od. alle Punkte) Ihrer Anfrage behandelt haben.

In caso contrario Vi preghiamo di comunicarcelo e faremo

Andernfalls teilen Sie uns dies doch bitte mit, und wir wer-

del nostro meglio per aiutarVi ulteriormente.

den unser Bestes tun, um Ihnen weiterzuhelfen.

1. Vi ringraziamo per il Vostro interesse e se possiamo aiutarVi ulteriormente in qualche modo,

1. *Wir danken Ihnen für Ihr Interesse, und wenn wir Ihnen irgendwie weiterhelfen können,*

2. Se desiderate avere ulteriori informazioni,

2. *Falls Sie weitere Auskunft haben möchten,*

3. Se avete bisogno di ulteriori particolari o di aiuto,

3. *Wenn Sie weitere Einzelheiten oder Hilfe benötigen,*

4. Se non abbiamo trattato esaurientemente tutti i punti della Vostra richiesta,

4. *Wenn wir nicht alle Punkte Ihrer Anfrage ausführlich behandelt haben,*

   a) non esitate a riscriverci.

   a) *dann zögern Sie bitte nicht, uns wieder zu schreiben.*

   b) mi scriva o mi telefoni al numero di cui sopra (interno 63).

   b) *schreiben Sie mir oder rufen Sie mich an unter der obigen Nummer, Nebenstelle 63.*

Si possono ottenere ulteriori informazioni da ...

Weitere Informationen sind von ... zu erhalten.

c) Bitte, das beigefügte Bestellformular zu benutzen

Nel caso desideriate impartire un'ordinazione per uno dei nostri prodotti Vi preghiamo di utilizzare il formulario accluso.

Falls Sie einen Auftrag für einen unserer Produkte erteilen möchten, benutzen Sie bitte das beiliegende Auftragsformular.

Non avete che da compilare l'accluso modulo ed indicare gli articoli desiderati. Ve li invieremo immediatamente.

Sie brauchen nur das beigefügte Bestellformular auszufüllen und die gewünschten Artikel anzukreuzen. Wir werden sie Ihnen umgehend zuschicken.

Vogliate compilare solo la parte in calce di questo foglio ed inviarcelo nell'acclusa busta Noi ci occuperemo del resto.

Füllen Sie nur den unteren Teil dieses Schreibens aus, und senden Sie ihn in dem beiliegenden Umschlag an uns zurück. Alles übrige erledigen wir.

Al momento dell'ordinazione Vi preghiamo di indicare il numero di catalogo, il colore (e la misura).

Bitte geben Sie bei Bestellung die Katalog-Nummer sowie Farbe (und Größe) an.

In caso di accettazione vogliate indicare il numero dell'offerta.

Bitte geben Sie bei Annahme die Angebots-Nummer an.

d) Bitte, mit der Auftragserteilung nicht zu zögern

E' consigliabile ordinare per tempo.

Rechtzeitige Bestellung ist ratsam.

1. Poiché le nostre scorte sono limitate,

1. *Da unsere Vorräte beschränkt sind,*

2. Poiché ci attendiamo una considerevole reazione a quest'offerta speciale,

2. *Da wir eine beträchtliche Reaktion auf dieses Sonderangebot erwarten,*

3. Poiché il succitato prezzo è soggetto a variazioni,

3. *Da der obige Preis Änderungen unterliegt,*

4. Poiché i prezzi aumentano continuamente,

4. *Da die Preise ständig steigen,*

5. Poiché i prezzi sono in aumento e noi dovremo presto adeguare le nostre offerte,

5. *Da die Preise im Steigen sind und wir bald unsere Angebote anpassen müssen,*

a) Vi consigliamo (Desideriamo consigliarVi) di impartire il Vostro ordine al più presto.

a) *raten wir Ihnen (od. möchten wir Ihnen raten), Ihren Auftrag baldmöglichst zu erteilen.*

b) Vi consigliamo di approfittare rapidamente di quest'offerta.

b) *raten wir Ihnen dringend, dieses Angebot zu nutzen.*

Se desiderate ampliare le Vostre scorte dovreste acquistare prima del 15 aprile quando verranno aumentati i prezzi.

Wenn Sie Ihren Lagerbestand vergrößern möchten, sollten Sie kaufen, bevor die Preise am 15. April erhöht werden.

Vogliate tener presente che, sebbene i prezzi siano rimasti invariati negli ultimi 5 mesi, ci si aspetta un aumento dal 5% all'8% per il principio dell'anno.

Bitte beachten Sie, daß, obwohl die Preise während der letzten 5 Monate unverändert geblieben sind, eine Erhöhung von 5 bis 8% in diesem Frühjahr erwartet wird.

Se accettate la nostra offerta (Se Vi decidete) ad accettare la nostra offerta),

Wenn Sie unser Angebot annehmen (od. sich dazu entschließen, unser Angebot anzunehmen),

a) comunicateci al più presto (entro il prossimo venerdì) i Vostri desideri.

a) *teilen Sie uns bitte Ihre Wünsche baldmöglichst mit (od. bis nächsten Freitag mit).*

b) comunicateci telegraficamente la Vostra accettazione.

b) *telegrafieren Sie bitte Ihre Annahme.*

c) comunicatecelo per telefono (e confermatelo per lettera via aerea entro 3 giorni).

c) *teilen Sie uns dies bitte telefonisch mit (und bestätigen Sie dies durch Luftpostbrief innerhalb von 3 Tagen).*

Inviateci (Vi preghiamo di inviarci) le Vostre istruzioni per fax.

Bitte senden Sie uns Ihre Anweisungen per Fax.

Vi preghiamo di risponderci subito se siete interessati a quest'offerta.

Würden Sie uns bitte sofort antworten, falls dieses Angebot Sie interessiert.

e) beste Ausführung der Aufträge wird zugesichert

Attendiamo con piacere il ricevimento del Vostro ordine che evaderemo con la massima (nostra abituale) cura.

Wir sehen dem Erhalt Ihres Auftrages gern entgegen und werden ihn mit der größten (od. unserer gewohnten) Sorgfalt ausführen.

Potete esser certi che il Vostro ordine sarà oggetto della nostra immediata attenzione.

Sie können sicher sein, daß wir Ihrem Auftrag unsere sofortige Aufmerksamkeit widmen werden.

Tutti gli ordini che ci passerete saranno da noi immediatamente evasi.

Alle Aufträge, die Sie uns erteilen, werden umgehend von uns erledigt.

Attendiamo con piacere Vostre ulteriori ordinazioni che saranno evase con la nostra abituale cura.

Wir sehen Ihren weiteren Aufträgen gern entgegen, die mit unserer üblichen Sorgfalt ausgeführt werden.

Gli ordini vengono evasi il giorno del ricevimento e siamo persuasi che Voi sarete soddisfatti sia delle nostre condizioni che delle nostre merci.

Die Aufträge werden am Tage des Eingangs erledigt, und wir sind überzeugt, daß Sie sowohl mit unseren Bedingungen als auch mit unseren Waren zufrieden sein werden.

La nostra completa esperienza è a Vostra disposizione e non risparmieremo alcuno sforzo per soddisfarVi.

Unsere ganze Erfahrung steht zu Ihrer Verfügung, und wir werden keine Mühe scheuen, Sie voll zufriedenzustellen.

Faremo del nostro meglio per coprire il Vostro fabbisogno futuro con Vostra piena soddisfazione così come per il passato.

Wir werden unser Bestes tun, Ihren Bedarf in der Zukunft wie in der Vergangenheit prompt und zu Ihrer vollen Zufriedenheit zu decken.

E' sempre stato nostro sforzo il fornirVi merce di prima qualità e riteniamo di poter affermare di offrirVi ancora una volta una merce eccezionale alle migliori condizioni.

Wir haben immer danach gestrebt, Sie mit Waren erster Qualität zu beliefern und glauben behaupten zu können, Ihnen wieder einmal eine erstklassige Ware zu den günstigsten Bedingungen anzubieten.

Crediamo che troverete le nostre condizioni eccezionalmente favorevoli e desideriamo in particolare sottolineare che possiamo assicurare la consegna immediata di ogni articolo.

Wir glauben, daß Sie unsere Bedingungen außerordentlich günstig finden werden und möchten besonders betonen, daß wir sofortige Lieferung jedes Artikels zusagen können.

Attendiamo le Vostre istruzioni e Vi invieremo le merci rapidamente al ricevimento della Vostra ordinazione.

Wir erwarten Ihre Anweisungen und werden Ihnen die Waren schnellstens zusenden, sobald Ihr Auftrag eingeht.

f) Bitte um Erteilung eines Probeauftrages

Siamo certi che un'ordinazione di prova Vi soddisferà completamente ed attendiamo con piacere Vostre notizie.

Wir sind sicher, daß ein Probeauftrag Sie voll zufriedenstellen wird und sehen Ihrer Nachricht gern entgegen.

Speriamo di poterVi servire in futuro e attendiamo con piacere il Vostro primo ordine.

Wir hoffen, Sie in Zukunft bedienen zu dürfen und freuen uns auf Ihren ersten Auftrag.

Vorremmo approfittare dell'occasione per dimostrarVi come possiamo facilmente coprire il Vostro fabbisogno.

Wir würden gern die Gelegenheit benutzen Ihnen zu zeigen, wie reibungslos wir Ihren Bedarf decken können.

Saremmo molto lieti di entrare in relazione d'affari con la Vostra catena di negozi. I Vostri ordini sarebbero eseguiti con la massima cura.

Wir würden uns sehr freuen, mit einer Ladenkette wie der Ihren ins Geschäft zu kommen und würden Ihre Aufträge mit der größten Sorgfalt erledigen.

g) nach Unterbrechung der Geschäftsbeziehung

Speriamo di avere il piacere di servirVi di nuovo tra breve.

Wir hoffen, daß wir das Vergnügen haben werden, Sie in Kürze wieder zu bedienen.

Speriamo che riprenderete le passate relazioni con la nostra ditta.

Wir hoffen, daß Sie die früheren Beziehungen zu unserer Firma wieder aufnehmen.

Siamo lieti di contarVi di nuovo tra i nostri clienti.

Wir freuen uns, Sie erneut zum Kreis unserer Kunden zählen zu dürfen.

16. Nachfaßbriefe

Il Signor Pizzorno, nostro rappresentante, Vi ha più volte

Unser Vertreter, Herr Pizzorno, hat Sie mehrmals besucht,

fatto visita allo scopo di introdurre i nostri nuovi arredamenti per ufficio. Finora non ci è tuttavia riuscito ad interessare il Vostro addetto agli acquisti.

In gennaio Vi abbiamo inviato una completa documentazione sui nostri occhiali da sole insieme ad una scelta di campioni. Siamo sorpresi di non avere ricevuto alcuna Vostra risposta.

1. Ci dispiace (dover) constatare che

2. Constatiamo con rincrescimento che

3. Abbiamo con preoccupazione constatato che

   a) non abbiamo ricevuto Vostri ordini da giugno.

   b) siamo senza Vostri ordini da qualche tempo.

Sono oltre cinque mesi che non abbiamo più il piacere di ricevere Vostre notizie. Ciò ci preoccupa poiché non è certo con piacere che perdiamo i contatti con un affezionato cliente come Voi.

Poiché non abbiamo ricevuto risposta alla nostra lettera del 6 maggio abbiamo pregato il nostro collaboratore esterno, Signor Schiaffino, di mettersi in contatto con Voi quando sarà a Mantova il 15 maggio p. v.

Vi ricorderete certamente che avevamo indicato un prezzo di Lit. ... Siamo ora lieti di comunicarVi che possiamo diminuire (considerevolmente) quest'importo poiché abbiamo potuto ridurre i costi di fabbricazione.

Nonostante il generale aumento dei costi i nostri prezzi

um unsere neuen Büroeinrichtungen bei Ihrer Firma einzuführen. Bisher ist es uns jedoch nicht gelungen, Ihren Einkäufer dafür zu interessieren.

Im Januar haben wir Ihnen vollständige Informationen über unsere Sonnenbrillen gesandt und eine Auswahl von Mustern. Wir sind überrascht, keine Antwort von Ihnen erhalten zu haben.

1. Wir bedauern festzustellen (feststellen zu müssen), daß

2. Wir stellen mit Bedauern fest, daß

3. Wir haben mit Sorge festgestellt, daß

   a) wir seit Juni keinen Auftrag von Ihnen erhalten haben.

   b) wir seit einiger Zeit ohne Ihre Aufträge sind.

Es ist mehr als fünf Monate her, seit wir das Vergnügen hatten von Ihnen zu hören. Dies macht uns Sorge, denn wir verlieren nicht gern den Kontakt zu so geschätzten Kunden wie Sie es sind.

Da wir noch keine Antwort auf unseren Brief vom 6. Mai erhalten haben, haben wir unseren Außendienstmitarbeiter, Herrn Schiaffino, gebeten, bei Ihnen vorzusprechen, wenn er am 15. Mai in Mantua ist.

Sie werden sich sicher erinnern, daß wir einen Preis von Lit. ... angegeben hatten. Es freut uns Ihnen mitzuteilen, daß wir diesen Betrag jetzt (beträchtlich) herabsetzen können, da wir die Herstellungskosten reduzieren konnten.

Trotz der allgemein steigenden Kosten sind unsere Preise

non sono aumentati negli ultimi quattro mesi.

Noterete inoltre che i nostri sconti per pagamento in contanti e per grandi quantità sono molto considerevoli.

Se il motivo per l'interruzione dei Vostri ordini è da ricondursi all'attuale situazione di scarsa mobilità del mercato sarete forse interessati al nostro nuovo listino prezzi che prevede uno sconto del 5%.

Desideriamo evidenziare che un'ordinazione per essere evasa entro la data indicata deve pervenirci prima della fine del mese.

Siete tra i pochi clienti, tra le centinaia a cui abbiamo inviato questo materiale, che non hanno risposto alla nostra lettera. Saremmo lieti di conoscerne il motivo.

Ci farebbe molto piacere se ci informaste brevemente riguardo l'interruzione nel passaggio di Vostri ordini.

1. Poiché non Vi siete mai lamentati della qualità delle nostre merci e dei nostri servizi

2. Poiché non abbiamo nessuna certificazione di reclami sia per quanto riguarda i prodotti che l'imballaggio

deduciamo di non averVi dato alcun motivo di essere insoddisfatti. Qualora ciò fosse tuttavia avvenuto vorremmo conoscerne i motivi.

Speriamo di avere il piacere di servirVi di nuovo.

während der letzten vier Monate nicht gestiegen.

Sie werden auch bemerken, daß unsere Rabatte für Bar- und Großkäufe sehr großzügig sind.

Wenn der Grund für das Ausbleiben Ihrer Aufträge die augenblickliche flaue Marktlage ist, sind Sie vielleicht an unserer neuesten Preisliste interessiert, die eine Preisermäßigung von 5% zeigt.

Wir möchten betonen, daß eine Bestellung, wenn sie noch bis zum angegebenen Zeitpunkt bearbeitet werden soll, uns vor Ende des Monats erreichen muß.

Sie sind einer der wenigen Kunden unter den hunderten, denen wir dieses Material gesandt haben, der auf unseren Brief nicht geantwortet hat, und wir wüßten gern den Grund dafür.

Es wäre sehr liebenswürdig von Ihnen, wenn Sie uns kurz berichten würden, warum Ihre Aufträge eingestellt wurden.

1. Da Sie sich niemals über die Qualität unserer Waren oder über unsere Dienstleistung beklagt haben,

2. Da wir keine Unterlage über irgendeine Beschwerde haben, sei es in bezug auf die Produkte oder ihre Verpakkung,

können wir nur annehmen, daß wir Ihnen keinen Grund gegeben haben, unzufrieden zu sein. Sollte es doch der Fall sein, wüßten wir gern die Gründe.

Wir hoffen, daß wir das Vergnügen haben werden, Sie bald wieder zu bedienen.

17. Es kann kein Angebot gemacht werden

a) die Waren sind nicht mehr vorrätig, werden nicht mehr hergestellt

Vi ringraziamo per la Vostra richiesta del ..., ma siamo spiacenti di comunicarVi che

a) gli articoli citati non sono (attualmente) disponibili.

b) non possiamo fornire questo materiale perché ne abbiamo sospeso la produzione.

c) abbiamo interrotto da alcuni mesi la produzione di macchine per la fabbricazione di chiavi.

d) è stata ormai sospesa la produzione del modello K 21 che è stato sostituito dal modello K 15.

e) abbiamo interrotto questa collezione a causa del mercato molto limitato.

A causa dello straordinario successo dei nostri carrelli elevatori e delle attuali difficoltà ad ampliare la nostra fabbrica abbiamo dovuto sospendere temporaneamente la produzione di macchine agricole.

Attendiamo una fornitura entro circa dieci giorni e, qualora non fosse per Voi troppo tardi, Vi invieremmo volentieri un campione.

Wir danken Ihnen für Ihre Anfrage vom ..., bedauern aber Ihnen mitzuteilen, daß

a) die erwähnten Artikel (augenblicklich) nicht vorrätig sind.

b) wir dieses Material nicht liefern können, da wir die Herstellung eingestellt haben.

c) wir die Herstellung von Schlüsselschneidemaschinen vor einigen Monaten eingestellt haben.

d) die Herstellung des Modells K 21 nunmehr eingestellt und durch Modell K 15 ersetzt wurde.

e) wir diese Kollektion wegen des sehr beschränkten Marktes eingestellt haben.

Wegen des außerordentlichen Erfolges unserer Gabelstapler und der Schwierigkeiten, unsere Fabrikgebäude augenblicklich zu erweitern, mußten wir die Herstellung der landwirtschaftlichen Geräte vorläufig einstellen.

Wir erwarten in ungefähr 10 Tagen eine Lieferung und würden Ihnen dann gern eine Probe schicken, sofern dies für Sie nicht zu spät wäre.

b) Angabe von Herstellern

Nel frattempo Vi consigliamo

a) di metterVi in contatto con uno dei nostri partners nel ramo.

b) di metterVi in contatto con la Ditta ... che è specializzata in questo campo.

Inzwischen raten wir Ihnen,

a) sich mit einem unserer Geschäftsfreunde aus der Branche in Verbindung zu setzen:

b) sich mit der Firma ... in Verbindung zu setzen, die auf dieses Gebiet spezialisiert ist.

c) Alternativ-Angebot

Questa è forse un'offerta alternativa accettabile.

Hier ist ein vielleicht akzeptables Alternativangebot:

Abbiamo in magazzino un analogo tipo di sveglia al quarzo.

Wir haben einen ähnlichen Quartz-Reisewecker auf Lager.

1. Questa collezione è stata adesso interrotta.

1. *Diese Kollektion ist jetzt eingestellt worden.*

2. Il modello da Voi richiesto non viene più prodotto

2. *Das Modell, nach dem Sie fragen, wird nicht mehr hergestellt,*

a) ed è stato sostituito da ...

a) *und wurde durch ... ersetzt.*

b) ma possiamo fornire al suo posto ...

b) *aber wir können ... statt dessen liefern.*

Questa macchina è stata sostituita dal modello 1010 che è superiore al precedente sia nella costruzione che nel design.

Diese Maschine wurde durch das Modell 1010 ersetzt, das dem bisherigen in Konstruktion und Design überlegen ist.

d) Schlußworte

Non appena potremo fornire di nuovo queste borse a tracolla ci metteremo in comunicazione con Voi.

Sobald wir diese Umhängetaschen wieder liefern können, werden wir uns mit Ihnen in Verbindung setzen.

Vi ringraziamo molto per l'interesse dimostrato per i nostri prodotti, ma siamo spiacenti di non poterVi aiutare per il momento.

Wir danken Ihnen sehr für das Interesse an unseren Erzeugnissen, bedauern aber, daß wir Ihnen im Augenblick nicht helfen können.

Vi preghiamo di scusarci se questa volta non ci è possibile coprire il Vostro fabbisogno.

Bitte entschuldigen Sie, daß es uns diesmal nicht möglich ist, Ihren Bedarf zu decken.

18. Ablehnung eines Angebotes

Vi ringraziamo per la Vostra sollecita risposta e per la dettagliata offerta.

Wir danken Ihnen für Ihre umgehende Antwort und Ihr ausführliches Angebot.

Vi ringraziamo per i campioni inviati in risposta alla nostra lettera dell'8 giugno.

Wir danken für die in Beantwortung unserer Anfrage vom 8. Juni gesandten Muster.

Siamo spiacenti di comunicarVi che i campioni da Voi in-

Wir bedauern Ihnen mitzuteilen, daß die uns gemäß Schrei-

viati in visione come da Vostra lettera del 5 maggio non sono adatti per i nostri scopi. Ve li ritorneremo al più presto possibile.

Abbiamo esaminato la Vostra offerta del 6 aprile. Sebbene i Vostri prodotti ci abbiano fatto un'impressione positiva, abbiamo purtroppo constatato che i prezzi indicati sono molto più alti che quelli dei Vostri concorrenti.

Siamo spiacenti di comunicarVi che non possiamo approfittare della Vostra offerta,

a) poiché il prezzo da Voi indicato è al di sopra dei prezzi locali di mercato per la qualità in questione.

b) perché i Vostri prezzi sono troppo alti.

c) perché i Vostri prezzi sono di molto superiori a quelli da me pagati per ombrelli della stessa qualità.

Dopo un attento esame della Vostra offerta ed un confronto con i miei abituali fornitori ho constatato che i Vostri prezzi sono di almeno il 16% superiori a quelli della concorrenza.

Il prezzo di Lit. ... indicato dal Vostro rappresentante in occasione della visita della settimana scorsa non ci lascia un sufficiente margine di guadagno.

Per tutta una serie di motivi non possiamo mantenere in magazzino scorte ingenti della Vostra merce.

Desidero far rilevare che la Vostra scelta di colori e motivi è molto limitata e che mancano le tonalità (di colore) attualmente di moda.

ben vom 5. Mai zur Ansicht gesandten Muster für unsere Zwecke nicht geeignet sind. Wir werden sie Ihnen so bald wie möglich zurückschicken.

Wir haben das uns am 6. April vorgelegte Angebot geprüft. Obgleich Ihre Erzeugnisse einen günstigen Eindruck auf uns gemacht haben, haben wir leider festgestellt, daß die genannten Preise sehr viel höher sind als die Ihrer Konkurrenz.

Wir bedauern Ihnen mitzuteilen, daß wir von Ihrem Angebot keinen Gebrauch machen können,

a) da der von Ihnen angegebene Preis über dem hiesigen Marktniveau für die in Frage kommende Qualität liegt.

b) da Ihre Preise zu hoch sind.

c) da Ihre Preise viel höher als die von mir bisher für Schirme der gleichen Qualität bezahlten Preise sind.

Nach sorgfältiger Prüfung Ihres Angebots und Vergleich mit meinen gewohnten Lieferanten habe ich festgestellt, daß Ihre Preise mindestens 16% höher sind als die der Konkurrenz.

Der von Ihrem Vertreter anläßlich seines Besuches in der vorigen Woche angegebene Preis von Lit. ... erlaubt uns keine ausreichende Gewinnspanne.

Wir können große Vorräte Ihrer Erzeugnisse aus einer Reihe von Gründen nicht in unserem Lager aufbewahren.

Ich möchte darauf hinweisen, daß Ihre Auswahl an Farben und Mustern sehr beschränkt ist und daß die jetzt modernen Farbtönungen fehlen.

Vi ringraziamo per la Vostra lettera con cui ci comunicate che non potete fornire i tostapane automatici prima del 15 luglio.

Wir danken Ihnen für Ihr Schreiben mit der Mitteilung, daß Sie vor dem 15. Juli die automatischen Toaster nicht liefern können.

Sono spiacente di doverVi comunicare che, a queste condizioni, non possiamo passarVi alcun ordine (approfittare della Vostra offerta).

Ich bedauere, Ihnen mitteilen zu müssen, daß wir Ihnen unter diesen Umständen keinen Auftrag erteilen (od. von Ihrem Angebot keinen Gebrauch machen) können.

Pertanto abbiamo deciso di acquistare le attrezzature da pesca presso un'altra ditta che può fornire immediatamente.

Deshalb haben wir uns entschlossen, die Angelausrüstungen von einer anderen Firma zu beziehen, die sofort liefern kann.

Il Vostro catalogo viene da noi conservato per un futuro uso.

Ihr Katalog wird bei uns zur späteren Verwendung aufbewahrt.

Naturalmente i Vostri cataloghi e le Vostre circolari mensili continueranno ad avere tutta la mia attenzione.

Ihre monatlichen Kataloge und Rundschreiben werden natürlich weiter meine volle Aufmerksamkeit finden.

19. Das Angebot könnte nur zu einem günstigeren Preis angenommen werden

Saremmo lieti di passarVi il nostro ordine qualora poteste sottoporci un'offerta più favorevole.

Wir würden Ihnen gern unseren Auftrag erteilen, sofern Sie uns ein günstigeres Angebot machen können.

Prima di passarVi un'ordine fisso desideriamo sapere se potete indicarci un prezzo migliore (delle condizioni più vantaggiose) per queste merci.

Bevor wir einen festen Auftrag erteilen, möchten wir gern wissen, ob Sie uns einen etwas besseren Preis (od. günstigere Bedingungen) für diese Waren nennen können.

Speriamo che rivediate ancora la Vostra offerta e ci indichiate un prezzo inferiore calcolato sulla base di una fornitura mensile di 50 cartoni.

Wir hoffen, daß Sie Ihr Angebot noch einmal überdenken und uns einen niedrigeren Preis angeben, der auf der Grundlage einer monatlichen Lieferung von 50 Kartons kalkuliert ist.

Desideriamo proporVi di praticarci uno sconto sui prezzi da

Wir möchten Ihnen vorschlagen, uns auf Ihre genannten

Voi indicati che ci aiuterebbe ad introdurre le Vostre merci su questo mercato.

Sono spiacente di doverVi comunicare che queste condizioni non sono per noi soddisfacenti e, qualora non potessero essere cambiate, dovremmo passare la nostra ordinazione ad un'altra ditta.

Se non potete diminuire (ridurre) il prezzo sono purtroppo costretto a (devo) rifiutare la Vostra attuale offerta.

Preise einen Nachlaß zu gewähren, der uns helfen würde, Ihre Waren auf diesem Markt einzuführen.

Ich bedauere Ihnen mitteilen zu müssen, daß diese Bedingungen für uns nicht zufriedenstellend sind und, falls sie nicht geändert werden können, wir unseren Auftrag an eine andere Firma vergeben müßten.

Wenn Sie den Preis nicht reduzieren können, bin ich leider gezwungen, Ihr jetziges Angebot abzulehnen.

20. Preiserhöhung

Attraverso economie in altri settori ci è finora riuscito di mantenere i nostri prezzi particolarmente bassi.

Grazie ad una eccezionale efficienza abbiamo potuto far fronte agli aumenti dei costi,

a) dobbiamo però constatare che ciò non è più possibile.

b) dobbiamo però constatare che non ci è più possibile lavorare agli attuali prezzi.

All'inizio di quest'anno avevamo sperato che non sarebbe stato necessario aumentare i prezzi (le nostre tariffe per contratti d'assistenza).

Il nostro ultimo listino prezzi generale è stato pubblicato nel marzo scorso.

L'ultima volta che abbiamo aumentato le tariffe è stato in gennaio.

1. Da allora

2. Nei mesi da allora trascorsi

Bisher ist es uns gelungen, durch Einsparungen in anderen Bereichen unsere Preise besonders niedrig zu halten.

Durch höchste Leistungsfähigkeit konnten wir steigende Kosten auffangen,

a) müssen aber feststellen, daß dies nicht länger möglich ist.

b) stellen jedoch fest, daß es uns nicht mehr möglich ist, zu unseren jetzigen Preisen weiter zu arbeiten.

Zu Beginn dieses Jahres hatten wir gehofft, daß es nicht nötig sein würde, unsere Preise (unsere Gebühren für Wartungsverträge) zu erhöhen.

Unsere letzte allgemeine Preisliste wurde im März vorigen Jahres herausgegeben.

Das letzte Mal, daß wir unsere Gebühren erhöht haben, war im Januar.

1. Seit diesem Zeitpunkt

2. In den seither vergangenen Monaten

a) i prezzi hanno avuto una tendenza più crescente che calante

a) *hatten die Preise eine mehr steigende als fallende Tendenz.*

b) abbiamo potuto far fronte a continui aumenti dei costi per materiali e manodopera grazie al miglioramento dei metodi di produzione (delle tecniche di fabbricazione).

b) *konnten wir steigende Material- und Lohnkosten durch die Verbesserung von Produktionsmethoden (od. Herstellungstechniken) eindämmen.*

c) sono aumentati i nostri costi fissi (nella maggior parte dei casi in maniera eccezionale).

c) *haben sich unsere laufenden Kosten erhöht (in den meisten Fällen drastisch).*

d) i costi di energia e manodopera sono eccezionalmente aumentati.

d) *haben sich die Energie- und Lohnkosten geradezu phantastisch erhöht.*

e) l'aumento dell'inflazione ha creato una situazione estremamente difficile.

e) *hat die Inflationsspirale eine unerträglich schwierige Lage geschaffen.*

Sono certo che saprete (comprenderete)

Ich bin überzeugt, daß Sie wissen (od. Sie werden Verständnis dafür haben),

a) che i costi sono ancora aumentati e che siamo costretti a recuperarne una parte sotto forma di aumenti di prezzo per alcuni dei nostri prodotti.

a) *daß die Kosten weiter gestiegen sind, und daß wir nun einen Teil davon in Form von Preisänderungen für einige unserer Erzeugnisse weitergeben müssen.*

b) che i costi per ... sono saliti vertiginosamente negli ultimi dieci mesi (che i costi hanno raggiunto livelli astronomici) e che noi dobbiamo aumentare tutti i nostri prezzi del 5% (per tutta la serie di articoli).

b) *daß die Kosten für ... während der vergangenen zehn Monate hochgeschnellt sind (od. daß die Kosten astronomische Höhen erreicht haben) und wir unsere Preise um 5% durchweg (od. für die ganze Artikelserie) erhöhen müssen.*

c) che i prezzi delle materie prime sono aumentati nello scorso anno del 10%.

c) *daß die Preise für Rohmaterial während des letzten Jahres um 10% gestiegen sind.*

Siamo costretti ad aumentare i nostri prezzi del ... % a causa

Wir sind gezwungen, unsere Preise um ... Prozent zu erhöhen wegen

a) del continuo aumento dei costi fissi (costi d'esercizio).

a) *ständig steigender allgemeiner Unkosten (od. Betriebskosten).*

b) dell'aumento dei prezzi delle materie prime.

c) dell'aumento dei costi di nolo e trasporto.

d) dell'aumento del costo della manodopera.

La recente svalutazione è stata un fattore determinante per l'aumento dei prezzi delle materie prime importate e pertanto abbiamo dovuto anche noi aumentare leggermente i prezzi di alcuni nostri prodotti.

1. A causa del notevole aumento dei noli atlantici siamo costretti

2. Il generale aumento del prezzo della lana grezza ha reso necessario

3. A causa dell'aumento dei costi di produzione e dei numerosi scioperi degli ultimi mesi siamo costretti

   a) ad aumentare i nostri prezzi di ... del ... %.

   b) ad adeguare i nostri prezzi in maniera corrispondente.

   c) a riportare una parte di quest'aumento sui nostri clienti.

I costi di produzione sono saliti a tal punto da non lasciarci più alcun margine di guadagno.

Durante i passati sei mesi abbiamo dovuto compensare due aumenti di prezzo per ... (da parte dei nostri fornitori).

Aumenti dei nostri prezzi sono pertanto inevitabili.

Non siamo (pertanto) più in grado di mantenere i nostri prezzi per i seguenti articoli:

Desideriamo far rilevare che questo è il primo aumento in

b) *der steigenden Rohmaterial-preise.*

c) *steigender Fracht- und Transportkosten.*

d) *steigender Lohnkosten.*

Die kürzliche Abwertung der Währung war ein bedeutender Faktor für die Erhöhung der Preise importierter Rohstoffe, und deshalb haben wir für einige unserer Erzeugnisse die Preise leicht erhöhen müssen.

1. *Wegen der umfassenden Erhöhung der Atlantik-Frachtraten sind wir gezwungen,*

2. *Die allgemeine Preis-Erhöhung der Rohwolle hat es erforderlich gemacht,*

3. *Wegen gestiegener Herstellungskosten und der zahlreichen Streiks der letzten Monate sind wir gezwungen,*

   a) *unsere Preise für ... um ... Prozent zu erhöhen.*

   b) *unsere Preise entsprechend anzupassen.*

   c) *einen Teil dieser Erhöhung an unsere Kunden weiterzugeben.*

Die Herstellungskosten sind auf einen Punkt angestiegen, der uns keinen Gewinn mehr läßt.

Während der vergangenen sechs Monate mußten wir zwei Preiserhöhungen für ... (od. von unseren Lieferanten) auffangen.

Erhöhungen unserer Preise sind deshalb unvermeidlich.

Wir sind (deshalb) nicht mehr in der Lage, unsere Preise für die folgenden Artikel aufrechtzuerhalten:

Wir möchten darauf hinweisen, daß dies die erste Erhö-

otto mesi e siamo certi che comprenderete che non avevamo altra scelta.

Siamo veramente spiacenti per la necessità di quest'aumento del 5%,

a) siamo peraltro certi che capirete i motivi che lo hanno reso indispensabile.

b) e desideriamo rilevare che abbiamo aumentato i prezzi solo del minimo indispensabile.

I nuovi prezzi entrano in vigore il 1° ottobre.

A partire dal 1° marzo i prezzi di vendita degli articoli sopraccitati saranno aumentati del 5%.

E' comunque evidente che tutti gli ordini precedentemente impartiti saranno evasi al prezzo vecchio.

hung in acht Monaten ist und sind sicher, daß Sie verstehen werden, daß wir keine andere Wahl hatten.

Wir bedauern aufrichtig die Notwendigkeit für diese 5prozentige Erhöhung,

a) sind jedoch sicher, daß Sie die Gründe verstehen, die dies unvermeidlich gemacht haben.

b) und möchten darauf hinweisen, daß wir die Preise nur um ein unvermeidliches Minimum erhöht haben.

Die neuen Preise treten am 1. Oktober in Kraft.

Ab 1. März werden die Verkaufspreise der oben erwähnten Artikel um 5% erhöht.

Es ist natürlich selbstverständlich, daß alle vorher erteilten Aufträge zum alten Preis ausgeführt werden.

21. Preisermäßigung

1. Una recente ristrutturazione della nostra fabbrica (L'introduzione di una serie di nuove macchine) ha avuto come conseguenza considerevoli economie e ci permette

2. Una razionalizzazione dei nostri metodi di fabbricazione ci ha permesso

   a) di ridurre i nostri prezzi del ... %.

   b) di ridurre molti dei nostri prezzi senza alcun pregiudizio per la qualità.

In alcuni casi particolari i prezzi sono stati ridotti del 50%.

1. Le riduzioni di prezzo
2. I prezzi riveduti

1. Eine kürzliche Reorganisation unserer Fabrik (od. Die Einführung einer Reihe neuer Maschinen) hat zu bedeutenden Einsparungen geführt und es uns ermöglicht,

2. Eine Rationalisierung unserer Fabrikationsmethoden hat es uns ermöglicht,

   a) unsere Preise um ... % zu reduzieren.

   b) viele unserer Preise ohne jegliche Qualitätseinbuße zu reduzieren.

Die Preise wurden in einigen Spezialfällen um 50% herabgesetzt.

1. Die Preisermäßigungen
2. Die revidierten Preise

3. I nuovi prezzi valgono per ordini di almeno Lit. ... e

a) entreranno in vigore il ...
b) saranno calcolati dal ... (a partire dal ...)
c) sono in vigore dal ...

Desideriamo attirare la Vostra attenzione sui nostri nuovi sconti per quantità che sono entrati in vigore il ... (entreranno in vigore il ...).

1. Desideriamo assicurarVi

2. Potete esser certi

a) che manterremo la nostra politica di offerta di merce di prima qualità a prezzi concorrenziali.

b) che la qualità dei nostri prodotti rimane invariata: vengono impiegati solo i migliori componenti.

c) che faremo ancora del nostro meglio per mantenere i prezzi (i costi) più bassi possibile.

La lista acclusa Vi informa quali dei nostri articoli non saranno più prodotti da qui a sei mesi. Questa informazione Vi dà tempo sufficiente per esaurire i detti prodotti qualora lo desideriate.

3. *Die neuen Preise gelten für Mindestaufträge von Lit. ... und*

a) *treten am ... in Kraft.*
b) *werden ab ... berechnet.*

c) *sind ab ... gültig.*

Wir möchten Sie auf unsere neuen Rabatte für Masseneinkäufe aufmerksam machen, die am ... in Kraft getreten sind (od. am ... in Kraft treten).

1. *Wir möchten Ihnen versichern,*

2. *Sie können sicher sein,*

a) *daß wir unsere Politik, nur erstklassige Ware zu konkurrenzfähigen Preisen anzubieten, beibehalten werden.*

b) *daß die Qualität unserer Erzeugnisse unverändert bleibt – nur die besten Bestandteile werden verwendet.*

c) *daß wir weiter unser Bestes tun werden, um die Preise (od. die Kosten) so niedrig wie möglich zu halten.*

Die beigefügte Liste wird Ihnen zeigen, welche von unseren Artikeln in sechs Monaten ab heute nicht mehr gefertigt werden. Diese Nachricht läßt Ihnen genügend Zeit, die genannten Erzeugnisse auslaufen zu lassen, falls Sie es wünschen.

22. Leasing

Attiriamo la Vostra attenzione sul nostro sistema di leasing.

Conoscerete senz'altro i fondamentali vantaggi del leasing.

Wir machen Sie besonders auf unser Leasing-System aufmerksam.

Die grundsätzlichen Vorteile des Leasings kennen Sie gewiß.

Il nostro «Servizio Leasing» è la perfetta forma di leasing automobilistico.

Unser Dienstleistungs-Leasing ist die perfekte Form des Fahrzeug-Leasing.

Oltre al puro leasing offriamo un (eccezionale) servizio di assistenza di alta qualità.

Zusätzlich zum Netto-Leasing bieten wir einen hochwertigen (ausgezeichneten) Kundendienst.

Ci facciamo carico di tutti i lavori di manutenzione e delle normali saldature di riparazione.

Wir übernehmen alle Wartungsarbeiten und normalen Verschleißreparaturen.

La sostituzione dei pneumatici comprende montaggio ed equilibratura.

Das Ersetzen der Reifen beinhaltet Montage und Auswuchten.

Ci facciamo carico della tassa di circolazione.

Wir übernehmen die Kraftfahrzeugsteuer.

Stipuliamo tutte le necessarie assicurazioni per veicoli.

Wir schließen alle notwendigen Fahrzeugversicherungen ab.

Conosciamo molto bene l'attività di Container-Leasing poiché siamo una delle più grandi imprese del ramo in Italia. Su Vostra richiesta Vi invieremo volentieri ulteriori informazioni.

Container-Leasing ist eine Leistung, die wir bestens kennen, denn wir sind eines der größten Unternehmen auf dem Gebiet in Italien. Wir werden Ihnen gern auf Anfrage weitere Informationen zusenden.

IV. Aufträge, Bestellungen, Außendienst

Braucht man *(aver bisogno di)* einen Artikel, will man sich Vorrat anschaffen *(provvedersi)* oder bietet sich eine günstige Kaufgelegenheit *(favorevole occasione di acquisto)*, so erteilt *(trasmettere, passare)* man einen Auftrag *(ordine)*.

Aufträge oder Bestellungen erfolgen jedoch oft auf Grund eines vorangegangenen Angebots *(precedente offerta)*. Sie können aber auch einem Reisenden *(viaggiatore)* oder Vertreter *(rappresentante)* erteilt werden.

Die Aufträge müssen genaue Angaben über *(specificare, precisare)* Mengen *(quantità)*, Güte *(qualità)*, Preis *(prezzo)*, Verpackung *(imballaggio)*, Lieferungs- und Zahlungsbedingungen *(condizioni di consegna e pagamento)* usw. enthalten. Sie werden zur sofortigen Lieferung *(consegna immediata [o pronta])* oder zur späteren Lieferung *(consegna differita, consegna a termine)* erteilt. Bei späterer Lieferung können die Waren zu gewissen Zeitpunkten je nach Bedarf *(secondo richiesta)* abgenommen oder abgerufen werden *(ritirare, richiamare; Bestellung auf Abruf)*.

Den Umständen entsprechend kann ein Auftrag vollständig *(completamente)*, teilweise *(parzialmente; esecuzione parziale* Teilausführung*)* oder gar nicht *(affatto)* ausgeführt werden.

ORDINAZIONE

Enoteca Ligure
Via Dante, 7
19100 La Spezia

CANTINA SOCIALE di Canelli
14053 Canelli (AT)

12 marzo 19..

Vi preghiamo di evadere la seguente ordinazione:

120	bottiglie da 0.7 l	Barbaresco 1989	Lit. 8.200 cad.
500	bottiglie da 0.7 l	Dolcetto 1989	Lit. 3.200 cad.
70	bottiglie da 0.7 l	Barolo 1988	Lit. 9.900 cad.

Consegna e pagamento come da Vostra offerta del
5 marzo u. s.

Enoteca Ligure

(Paolo Mason)

Oft bedient man sich eines besonderen, meist mit laufender Nummer *(numero progressivo)* versehenen Bestellscheins oder Bestellzettels *(copia commissione)*, worin alle Punkte genau angegeben werden.

Besonders beim ersten Auftrag *(ordine iniziale)* oder bei einem Probeauftrag *(ordine di prova)* muß auf sachgemäße Angabe Gewicht gelegt werden. Aber auch bei Erneuerung eines Auftrages *(rinnovo di un ordine)* oder bei einer Nachbestellung *(ordinazione successiva)* wird es nicht schaden, wenn man alle Einzelheiten *(dettagli)* und Anweisungen oder Vorschriften *(indicazioni, istruzioni)* wiederholt, statt sich mit „wie gehabt" *(come agli ordini precedenti)* *(come già avuto)* zu begnügen.

DIREZIONE CENTRALE VIA RIVAROLO, 14 - 16161 GENOVA
TELEFONO: (010) 41001 - TELEGRAMMI: "MIRALANZA,,
TELEX: MIRAGE 271199
CODICE FISCALE E PARTITA IVA 00267670107

MIRALANZA

S.p.A. SEDE LEGALE MIRA (VENEZIA) ISCRIZ. UFF. REG. IMPRESE TRIB.LE VENEZIA N. 2761 C.C.I.A.A. GENOVA N. 26406 C/C POSTALE N. 214163 CAPITALE VERSATO L. 6.160.000.000

GENOVA,

<u>OGGETTO</u>

R.M.

ORDINAZIONE N°

da citare nella corrispondenza

FORNITORE

Vi conferiamo ordinazione di quanto sotto descritto alle
condizioni appresso indicate e con l'osservanza
delle condizioni generali di acquisto riportate a tergo:

MERCE RESA ☐

TERMINI DI CONSEGNA

DESTINAZIONE

DOGANA

MODO DI SPEDIZIONE

IMBALLO

COLLAUDO

PAGAMENTO

CODICE MATERIALE	Unità di conto cod.	DESCRIZIONE DEL MATERIALE	QUANTITA'		Prezzo Unitario	Sc. %
			Unità conto	INTERI		

FAC-SIMILE FAC-SIMILE

TERMINI DI CONSEGNA DIFFERENZIATI (ad uso CED)

CODICE MATER.	Q. 1	Scad. 1	Q. 2	Scad. 2	Q. 3	Scad. 3	Q. 4	Scad. 4

Mod. 0165 M.L.

CONFERMA D'ORDINE L'allegato modulo debitamente compilato e sottoscritto per accettazione del presente ordine, deve essere
restituito entro giorni 15 dalla data dell'ordine a MIRA LANZA S.p.A. - Via Rivarolo, 14 - 16161 Genova. La MIRA LANZA S.p.A.
si riserva il diritto di considerare, inefficaci le conferme d'ordine espresse in forma diversa e pervenute in ritardo rispetto al termine
come sopra stabilito.

Auftragsformular

Die Tätigkeit des Reisenden im Außendienst

Der Handlungs- oder Geschäftsreisende *(viaggiatore di commercio)* sammelt Aufträge *(raccogliere ordini)* oder macht Geschäfte *(concludere affari)* für eine Firma, die reisen läßt *(impiegare viaggiatori)*. Das Gebiet *(zona)* seiner Tätigkeit *(attività)* liegt, im Gegensatz zum Platz-Vertreter *(piazzista)*, außerhalb des Geschäftssitzes *(sede d'affari)* der Firma, für die er reist *(viaggiare)*. Je nach Übereinkunft *(accordo)* kann der Reisende auch Geldbeträge einziehen *(incassare somme)*, Zahlungsfristen gewähren *(concedere dilazioni)* und Mängelrügen berücksichtigen *(esaminare reclami)*.

Der Kundschaft *(clientela)* wird der bevorstehende Besuch *(visita)* des Reisenden durch ein Reiseavis *(avviso di passaggio)* etwa wie folgt angekündigt *(annunziare)*:

Il nostro rappresentante, Sig. Guido Bosisio, si tratterrà nella Vostra regione per alcune settimane a partire da lunedì 20 p. v. per presentare a varie ditte del ramo la nostra nuova gamma di prodotti per la pulizia della casa.

Saremmo molto lieti di ricevere anche dalla Vostra stimata Casa un'ordinazione di prova sulla cui accurata esecuzione potete fin d'ora contare.

Con i migliori saluti.

Der Reisende muß mit den Bedürfnissen *(esigenze)*, dem Geschmack *(gusto)* und den Gepflogenheiten *(consuetudini, abitudini)* der Kunden, die er besucht *(visitare)*, aufs beste vertraut *(familiare)* sein. Um Erfolg zu haben *(avere successo)*, muß er vor allen Dingen über gute Geschäftskenntnisse *(cognizioni degli affari)*, ein taktvolles Auftreten *(ottima presentazione)* und ein genügendes Maß von Anpassungsfähigkeit *(adattabilità)* und Beharrlichkeit *(perseveranza)* verfügen.

Der Firma hat er über das Ergebnis *(risultato)* seiner Besuche Bericht zu erstatten *(riferire)*.

Für seine Dienste *(servizi)* erhält er entweder ein festes Gehalt *(stipendio fisso)* nebst Vergütung *(rimborso)* der Reisespesen *(spese di viaggio)*, oder er bezieht als Provisionsreisender *(viaggiatore a provvigione)* lediglich eine Provision *(provvigione)* auf die erzielten Aufträge *(ordini ottenuti)*.

1. Eingangsformeln

a) allgemein

Vi ringraziamo (Molte grazie) per l'invio del Vostro listino prezzi e delle Vostre condizioni di vendita.	*Vielen Dank für die Zusendung Ihrer Preisliste und Ihrer Verkaufsbedingungen.*

Vi ringraziamo per la Vostra offerta del 5 marzo

Wir danken Ihnen für Ihr Angebot vom 5. März

a) e per l'edizione via aerea del Vostro catalogo.

a) und die Luftpostausgabe Ihres Kataloges.

b) che accettiamo alle condizioni indicate.

b) , das wir zu den genannten Bedingungen annehmen.

Vi ringraziamo per la Vostra sollecita risposta alla nostra richiesta di stoffe per arredamento.

Vielen Dank für Ihre schnelle (od. prompte) Antwort auf unsere Anfrage über Polsterstoffe.

1. Vi ringraziamo per la Vostra lettera (il Vostro listino prezzi, la Vostra offerta) del 10 aprile

1. Wir danken Ihnen für Ihr Schreiben (od. Ihre Preisliste, Ihr Angebot) vom 10. April

2. Confermiamo la nostra telefonata di questa mattina

2. Wir bestätigen unser Telefonat von heute morgen

a) e Vi trasmettiamo qui allegato il nostro ordine fisso per quanto segue:

a) und senden Ihnen in der Anlage unseren festen Auftrag wie folgt:

b) ed alleghiamo il nostro ordine N. 376 per macchine per la lavorazione del legno.

b) und fügen unseren Auftrag Nr. 376 für Holzbearbeitungsmaschinen bei.

1. Vi preghiamo di (Vogliate) fornire

1. Bitte liefern Sie

2. Vi preghiamo di (Vogliate) inviarci

2. Bitte senden Sie uns

3. Vi prego di (Vogliate) spedirmi

3. Bitte schicken Sie mir

4. A seguito della nostra telefonata del 10 giugno Vi preghiamo di inviarci

4. Im Anschluß an unser Telefongespräch vom 10. Juni schicken Sie uns bitte

a) alle migliori condizioni

a) zu den besten Bedingungen:

b) franco di porto (in contrassegno)

b) frachtfrei (od. per Nachnahme):

c) le sottoindicate merci elencate singolarmente (le sottoelencate merci)

c) die nachstehend einzeln aufgeführten Waren:

d) le seguenti merci (i seguenti articoli):

d) die folgenden Waren (od. Artikel):

e) al più presto.

e) so bald (od. so schnell) wie möglich:

f) subito.

f) *sofort:*

g) a giro di posta.

g) *postwendend:*

h) a mezzo pacco postale.

h) *durch Paketpost:*

Vi prego di inviarmi i seguenti articoli come da edizione autunnale del Vostro catalogo.

Liefern Sie mir bitte die folgenden Artikel laut Herbstausgabe Ihres Katalogs.

Vi preghiamo di provvedere per l'immediata fornitura di 50 coperte da viaggio N. RM8217.

Bitte veranlassen Sie die sofortige Lieferung von 50 Reisedecken, Artikel Nr. RM8217.

Siamo lieti di passarVi la seguente ordinazione:

Wir freuen uns, Ihnen den folgenden Auftrag zu erteilen:

Vi prego di inviarmi al più presto 500 pigiami da donna

Bitte senden sie mir so schnell wie möglich 500 Damen-Schlafanzüge

a) come da Vostro più recente catalogo.

a) *gemäß Ihrem neuesten Katalog.*

b) conformi all'allegato disegno.

b) *entsprechend beigefügter Skizze.*

Alleghiamo un'ordinazione di prova

Wir fügen einen Probeauftrag

a) per pigiami al Vostro prezzo di listino di Lit. ... cadauno meno 35% di sconto.

a) *für Schlafanzüge zu Ihrem Listenpreis von je Lit. ... abzüglich 35% Rabatt bei.*

b) per i seguenti articoli come da Vostro catalogo (edizione primavera).

b) *für die folgenden Artikel aus Ihrem Frühjahrskatalog bei:*

Siamo lieti di inviarVi (passarVi) il nostro ordine (estero) N. 675 per macchine per imballaggio.

Wir freuen uns, Ihnen unseren Auftrag (od. Auslandsauftrag) Nr. 675 für Packmaschinen zu senden.

b) Bestätigung des telefonisch erteilten Auftrages

Con la presente confermo il mio ordine telefonico di questa mattina per i seguenti articoli:

Hiermit bestätige ich meinen telefonischen Auftrag von heute morgen für die folgenden Artikel:

A conferma della mia telefonata di questa mattina sono lieto di passarVi la mia ordinazione formale per palle da tennis e da golf.

In Bestätigung meines Telefongesprächs von heute morgen freue ich mich, meinen formellen Auftrag für Tennis- und Golfbälle zu erteilen.

La presente serve a confermare l'ordinazione telefonica impartitaVi questa mattina.	*Dieses Schreiben dient zur Bestätigung unseres telefonischen Auftrages von heute morgen.*

c) nach Erhalt von Mustern oder Proben usw.

Vi ringraziamo per l'invio del Vostro campionario (dei campioni di tappezzeria).	*Wir danken Ihnen für die Übersendung Ihres Musterbuches (od. der Tapetenmuster).*
Vi ringraziamo per la Vostra lettera del 22 marzo e per i campioni dei Vostri prodotti che ci avete fatto cortesemente pervenire.	*Wir danken Ihnen für Ihr Schreiben vom 22. März und für die Muster Ihrer Erzeugnisse, die Sie uns freundlicherweise zugesandt haben.*
Vi ringraziamo molto per i Vostri campioni. Desideriamo ordinare quanto segue:	*Vielen Dank für Ihre Muster. Wir möchten wie folgt bestellen:*
1. Abbiamo esaminato attentamente il Vostro catalogo	*1. Wir haben Ihren Katalog sorgfältig durchgesehen*
2. Abbiamo esaminato accuratamente i Vostri compioni	*2. Wir haben Ihre Muster gründlich geprüft*
e abbiamo deciso di acquistare quanto segue:	*und haben uns entschlossen, wie folgt zu kaufen:*
Vi ringraziamo per la chiara descrizione del lavoro che ci proponete di effettuare per nostro conto e per i due preventivi (di spesa).	*Vielen Dank für die klare Beschreibung der Arbeit, die Sie vorschlagen für uns durchzuführen, und für die beiden Kostenanschläge.*

d) mit Bezug auf Vorführung oder Besuch

Vi ringraziamo per aver provveduto affinché il Vostro rappresentante presenti al Signor Cantino i Vostri dittafoni.	*Wir danken Ihnen, daß Sie veranlaßt haben, unserem Herrn Cantino Ihre Diktiergeräte durch Ihren Vertreter vorzuführen.*
Vi ringraziamo per aver provveduto per una nostra visita agli impianti per la lavorazione del legno della Ditta «Falegnameria del Ticino».	*Vielen Dank, daß Sie für uns einen Besuch in den Werkstätten der Firma «Falegnameria del Ticino» („Tessiner Tischlerwerkstatt") arrangiert haben.*
La presentazione del modello 2045 ci ha molto favorevolmente impressionati e desideriamo pertanto impartire un'ordine per 5 esemplari.	*Die Vorführung des Modells 2045 hat uns sehr positiv beeindruckt, und daher möchten wir einen Auftrag über 5 Exemplare erteilen.*
1. In seguito ai colloqui con il Vostro rappresentante, Signor Fascio	*1. Nach den Besprechungen mit Ihrem Vertreter, Herrn Fascio,*

2. In seguito alla nostra corrispondenza intercorsa e alla Vostra visita del mese scorso

a) ci siamo decisi per il nuovo modello XZ.

b) ci siamo decisi ad impartire la seguente ordinazione a condizione che possiate garantire la consegna della merce entro il 14 maggio.

c) abbiamo deciso l'acquisto secondo il Vostro sistema Leasing della macchina di cui sopra.

Preferiamo noleggiare anziché comprare e siamo disposti a sottoscrivere il contratto triennale presentatoci dal Signor Roveda.

Prendiamo atto con piacere che avete introdotto nel Vostro assortimento un gran numero di nuovi articoli

a) ed abbiamo deciso di passarVi un'ordinazione di prova

b) e siamo disponibili ad immettere in via sperimentale (a titolo di prova) quanto segue nel nostro magazzino:

2. *Nach unserem vorangegangenen Briefwechsel und Ihrem Besuch hier im vorigen Monat*

a) *haben wir uns für das neue Modell XZ entschieden.*

b) *haben wir uns jetzt zur Erteilung des beigefügten Auftrages entschlossen unter der Voraussetzung, daß Sie die Lieferung bis 14. Mai garantieren.*

c) *haben wir uns zu einer Anschaffung obiger Maschine gemäß Ihrem Leasing-System entschlossen.*

Wir möchten lieber leasen als kaufen und sind bereit, Ihren dreijährigen Standard-Vertrag, wie von Herrn Roveda erläutert, zu unterzeichnen.

Wir nehmen gern davon Kenntnis, daß Sie eine große Anzahl neuer Artikel in Ihr Sortiment aufgenommen haben

a) *und haben uns entschlossen, Ihnen einen Probeauftrag zu erteilen.*

b) *und sind bereit, folgendes als Probeauftrag auf Lager zu nehmen:*

e) Sonstiges

Sono stato incaricato di informarVi che la Vostra offerta per i lavori stradali è stata accettata dalle competenti autorità municipali.

Sarete lieti di apprendere che siamo stati scelti per l'appalto di cui sopra e pertanto accludiamo il nostro ordine N. N5986 basato sulla Vostra fattura proforma del 2 giugno u. s.

Ich bin beauftragt Ihnen mitzuteilen, daß Ihr Angebot für die Straßenbauarbeiten von der zuständigen städtischen Behörde angenommen worden ist.

Es wird Sie freuen zu erfahren, daß wir für die obige Vergabe ausgesucht wurden und fügen deshalb unseren Auftrag Nr. N5986 bei, der auf Ihrer Proforma-Rechnung vom 2. Juni basiert.

2. Beschaffenheit, Qualität usw. der Waren

La qualità deve

a) concordare esattamente con i campioni forniti.

b) corrispondere al campione.

Il materiale (fornito) deve

a) corrispondere al campione presentato.

b) essere completamente impermeabile (di colori inalterabili; irrestringibile, garantito)

c) essere adatto al compione allegato.

1. Dobbiamo farVi presente

2. Dobbiamo ricordarVi che è condizione essenziale del nostro contratto

che la quantità totale deve corrispondere esattamente al campione.

Come concordato ci riserviamo inoltre il diritto di rifiutare merci che non corrispondono al campione.

Le merci devono concordare esattamente con il campione.

Vi preghiamo di fornire

a) in colori assortiti (misure assortite), se possibile in blu, verde e rosa per doppia dozzina.

b) la merce maggiormente simile al campione allegato.

c) le piastrelle in rosa se non sono disponibili in rosso.

d) gli articoli N. 22A e 34C nel caso non siano disponibili i N. 27B e 30C.

Il tasso alcoolico non deve superare il 28%.

Le dimensioni totali non devono superare m 2 x 4 x 7.

Die Qualität muß

a) *mit den gelieferten Mustern genau übereinstimmen.*

b) *dem Muster entsprechen.*

Das (gelieferte) Material muß

a) *wie das vorgelegte Muster sein.*

b) *völlig wasserdicht sein (od. farbecht, nicht einlaufend; garantiert sein).*

c) *zu dem beigefügten Muster passen.*

1. *Wir müssen Sie darauf aufmerksam machen,*

2. *Wir müssen Sie daran erinnern, daß es ausdrückliche Bedingung des Vertrages ist,*

daß die Gesamtmenge genau mit der Probe übereinstimmen muß.

Wie vereinbart, behalten wir uns das Recht vor, Waren zurückzuweisen, die der Probe nicht entsprechen.

Die Waren müssen mit dem Muster genau übereinstimmen.

Bitte liefern Sie

a) *in gemischten Farben (od. Größen), wenn möglich je 2 Dutzend in blau, grün und rosa.*

b) *das, was dem beiliegenden Muster am nächsten kommt.*

c) *die Kacheln in rosa, wenn sie in rot nicht vorrätig sind.*

d) *Nr. 22A und 34C, falls die Nr. 27B und 30C nicht zu haben sind.*

Der Alkoholgehalt darf 28% nicht übersteigen.

Die Gesamtmaße dürfen 2 x 4 x 7 m nicht überschreiten.

Il peso totale non deve superare kg 50.

Deve essere fornita garanzia che le macchine corrispondano esattamente alla nostra descrizione tecnica.

Vi preghiamo di inviarci solo merci

a) di primissima qualità.

b) di qualità medio-superiore.

Das Gesamtgewicht darf nicht über 50 kg sein.

Es muß Garantie geleistet werden, daß die Maschinen unserer technischen Beschreibung genau entsprechen.

Bitte senden Sie nur Waren

a) allererster Qualität.

b) der gehobenen Mittelklasse.

3. Preis

Confermiamo l'ordine impartitoVi oggi telefonicamente per 50 berretti di corda al prezzo di listino di Lit. ... cad. meno sconto commerciale del 35%, consegna franco di porto ed imballaggio.

Prendiamo atto che i costi totali per 500 unità ammontano a Lit. ...

Vi ringraziamo per il listino prezzi riveduto inviatoci il 6 luglio ed alleghiamo il nostro ordine N. ...

Potremmo impartirVi delle ordinazioni molto più cospicue se Vi fosse possibile portare i Vostri prezzi ad un livello compatibile con quelli della locale concorrenza.

Il Signor Ferrari, Vostro agente locale, che ci ha recentemente fatto visita, ci ha indicato un prezzo di Lit. ... per una partita di 1000 impermeabili franco di porto.

Il prezzo di Lit. ... fattoci dal Signor Bisio s'intendeva con una riduzione di Lit. ... quale pagamento della nostra vecchia macchina.

Sebbene il Vostro prezzo sia leggermente più alto di quello

Wir bestätigen den Ihnen heute morgen telefonisch erteilten Auftrag über 50 Kordmützen zum Listenpreis von je Lit. ... abzüglich 35% Handelsrabatt, fracht- und verpakkungsfrei.

Wir nehmen zur Kenntnis, daß die Gesamtkosten für 500 Einheiten Lit. ... betragen.

Wir danken Ihnen für die uns am 6. Juli zugesandte revidierte Preisliste und fügen unseren Auftrag Nr. ... bei.

Wir könnten Ihnen weit größere Aufträge erteilen, wenn Sie es ermöglichen könnten, Ihre Preise auf ein Niveau zu bringen, das sich mit dem der hiesigen Konkurrenz vergleichen ließe.

Ihr hiesiger Vertreter, Herr Ferrari, der uns vor kurzer Zeit besuchte, nannte uns einen Preis von Lit. . frachtfrei, für einen Posten von 1000 Regenmänteln.

Der uns von Herrn Bisio gegebene Preis betrug Lit. ... mit einer Ermäßigung von Lit. ... für unsere in Zahlung genommene veraltete Maschine.

Obgleich Ihr Preis etwas höher ist als der Ihrer amerikani-

dei Vostri concorrenti americani siamo pronti ad accettare la
Vostra offerta poiché pensiamo
che il Vostro modello sia più
adatto per i nostri scopi (per la
nostra clientela).

Sebbene da oltre due anni
non Vi abbiamo più passato ordini ci ha fatto piacere ricevere
la Vostra circolare del 2 marzo
dalla quale abbiamo appreso
che i Vostri prezzi per pesce
congelato sono nuovamente
concorrenziali.

Come comprendo viene man-
tenuto lo sconto del 3% per pagamento in contanti.

Vi ringraziamo per aver applicato lo sconto anche all'ordinazione di prova.

Come concordato Vi riserva-
te il diritto di calcolare il prezzo
pieno qualora il nostro fabbisogno scenda al di sotto delle
50 tonnellate all'anno.

Qualora non sia soddisfatto
vale l'accordo che posso restituire la merce entro 7 giorni e
sarò completamente rimborsato.

1. Desidereremmo sapere

2. Vi saremmo grati se ci chiari-
ste il paragrafo 2 della Vostra
lettera del 10 aprile e ci informaste

a) se i costi per il trasporto
via ferrovia vanno a carico del destinatario anche
se la fornitura supera le
20 scatole.

b) se siete disposti a concederci uno sconto del 5%
per l'acquisto di 1000 ombrelli pieghevoli.

Il Vostro rappresentante ci ha
recentemente assicurato che
non avremmo alcuna spesa di

*schen Konkurrenz, sind wir be-
reit Ihr Angebot anzunehmen,
da wir den Eindruck haben, daß
Ihr Modell für unseren Zweck
(od. für unsere Kunden) geeigneter ist.*

*Obgleich wir Ihnen seit über
zwei Jahren keinen Auftrag
mehr erteilt haben, hat es uns
gefreut, Ihr Rundschreiben vom
2. März zu erhalten, dem wir
entnommen haben, daß Ihre
Preise für Gefrierfisch wieder
konkurrenzfähig geworden sind.*

*Wie ich verstehe, werden die
üblichen 3% Skonto für Barzahlung gewährt.*

*Wir danken Ihnen dafür, daß
Sie den Rabatt auch auf den Probeauftrag angewendet haben.*

*Es gilt als vereinbart, daß Sie
das Recht haben, uns den vollen Preis zu berechnen, sollte
unser Bedarf unter 50 Tonnen
im Jahr fallen.*

*Wenn ich nicht zufrieden bin,
gilt die Vereinbarung, daß ich die
Waren innerhalb von 7 Tagen zurückgeben kann und mein Geld
voll zurückerstattet wird.*

1. Wir möchten gern wissen,

*2. Wir wären dankbar, wenn Sie
den Abschnitt 2 Ihres Schreibens vom 10. April klarstellen
und uns mitteilen würden,*

*a) ob die Kosten für Bahn-
fracht zu Lasten des Emp-
fängers gehen, selbst
wenn die Lieferung mehr
als 20 Kisten beträgt.*

*b) ob Sie bereit sind, uns ei-
nen Rabatt von 5% bei Ab-
nahme von 1000 Taschen-
schirmen zu gewähren.*

*Ihr Vertreter hat uns kürzlich
versichert, daß wir bei einer
Bestellung von 500 Mülleimern*

trasporto per un'ordinazione di almeno 500 pattumiere.

A condizione che siate disposti ad assumerVi i costi di trasporto Vi ordiniamo quanto segue:

Spese di trasporto e dazi doganali sono a Vostro carico.

E' concordato che per ordinazioni superiori a Lit. ... i costi di trasporto ed imballaggio non sono fatturati.

keine Frachtkosten zu bezahlen hätten.

Unter der Bedingung, daß Sie bereit sind, die Transportkosten zu tragen, bestellen wir hiermit:

Transport und Zollkosten gehen zu Ihren Lasten.

Es gilt als vereinbart, daß bei Aufträgen von mehr als Lit. ... Verpackung und Transport nicht berechnet werden.

4. Lieferzeit

Vi preghiamo di fornire immediatamente (quanto segue):

Vi prego di inviarmi al più presto e comunque non più tardi del 20 aprile p.v. un esemplare per ciascuno dei seguenti libri:

Quest'ordinazione sottintende la consegna immediata.

Consegna: al più presto possibile (entro il 10 luglio).

Vi preghiamo di provvedere per una sollecita consegna.

Vi saremmo grati se poteste consegnare al più presto possibile.

Vi saremmo grati per una pronta evasione di quest'ordine perché le nostre scorte stanno esaurendosi.

Vi preghiamo di considerare quest'ordine come particolarmente urgente.

Tutti questi articoli sono richiesti urgentemente dai nostri clienti.

Poiché i nostri clienti ci hanno pregato di effettuare subito la consegna Vi preghiamo di fornire immediatamente:

Bitte liefern Sie (folgendes) unverzüglich:

Bitte senden Sie mir so bald wie möglich, und keinesfalls später als 20. April, je ein Exemplar folgender Bücher:

Dieser Auftrag gilt für sofortige Lieferung.

Lieferung: so schnell wie möglich (od. bis 10. Juli spätestens).

Würden Sie bitte dafür sorgen, daß die Lieferung bald erfolgt.

Wir wären Ihnen dankbar, wenn sie uns so bald wie möglich beliefern könnten.

Wir wären für schnelle Erledigung dieses Auftrages dankbar, da unsere Lagerbestände knapp werden.

Bitte behandeln Sie diesen Auftrag als besonders dringend.

Alle diese Artikel werden von unseren Kunden dringend benötigt.

Da unsere Kunden um umgehende Lieferung gebeten haben, liefern Sie bitte sofort:

Poiché una immediata consegna è per noi molto importante Vi saremmo grati di fare il possibile affinché ciò avvenga.

Ho urgente bisogno di questi articoli e avrei delle grosse difficoltà se non fossero disponibili per la fine di questa settimana.

Gli articoli di cancelleria sono necessari urgentemente e Vi preghiamo pertanto di provvedere ad una sollecita esecuzione dell'ordine.

La nostra provvista di buste per lettere durerà ancora circa due settimane ed è pertanto importante che provvediate immediatamente per una fornitura straordinaria di 10.000 pezzi.

Vi preghiamo di cancellare da quest'ordinazione tutti gli articoli che non potete fornire immediatamente.

Abbiamo urgente bisogno degli articoli sottolineati. Se li avete disponibili in magazzino Vi preghiamo di consegnarli subito e non attendere per effettuare la completa fornitura.

1. Sarà sufficiente che il carico

2. E' necessario che la spedizione

arrivi entro il 30 agosto.

Alleghiamo il nostro ordine N. 156 per bottoni in plastica e Vi saremmo grati se fosse eseguito entro il 14 maggio.

1. Attendiamo il ricevimento della merce
2. Attendiamo la prima spedizione
   a) entro 3 settimane, come indicato nella Vostra lettera.

Da eine sofortige Lieferung für uns sehr wichtig ist, wären wir Ihnen dankbar, wenn Sie Ihr Möglichstes tun würden, um dies zu erreichen.

Ich brauche diese Artikel dringend und würde große Unannehmlichkeiten haben, wenn sie bis Ende dieser Woche nicht verfügbar wären.

Die Schreibwaren werden dringend benötigt, und wir bitten Sie, für eine rasche Ausführung des Auftrages Sorge zu tragen.

Unser Vorrat an Briefumschlägen wird noch etwa 2 Wochen reichen, und es ist deshalb wichtig, daß Sie unverzüglich eine Sonderlieferung von 10.000 Stück veranlassen.

Bitte streichen Sie von dieser Bestellung alle Artikel, die Sie nicht sofort liefern können.

Die unterstrichenen Artikel benötigen wir dringend. Wenn Sie sie auf Lager haben, bitte liefern Sie sie sofort und warten Sie nicht bis zur vollständigen Lieferung.

1. Es wird genügen, wenn die Schiffsladung

2. Es ist notwendig, daß die Sendung

bis zum 30. August eintrifft.

Wir fügen unseren Auftrag Nr. 156 für Plastikknöpfe bei und wären Ihnen dankbar, wenn er bis zum 14. Mai ausgeführt wäre.

1. Wir erwarten den Empfang der Ware
2. Wir erwarten die erste Sendung
   a) innerhalb 21 Tagen, wie in Ihrem Schreiben angegeben.

b) entro e non oltre il 2 aprile.

c) all'incirca per la metà del mese prossimo.

Le merci devono essere pronte al prelevamento nella Vostra fabbrica per poter essere caricate sulla M/N Laguna che partirà da La Spezia per Amburgo il giorno 15 marzo p.v.

Vi preghiamo di evadere immediatamente quest'ordine perché è necessaria la consegna entro il 15 dicembre.

1. Vi preghiamo di tener presente

2. Desidero ancora una volta sottolineare

che la consegna deve avvenire assolutamente entro il 9 aprile.

Vi preghiamo di consegnare entro il 2 novembre (Dobbiamo insistere per una consegna entro il ...).

a) perché il materiale è necessario per l'esecuzione di un importante ordine estero molto urgente.

b) poiché dobbiamo esporre le merci in tempo per il periodo natalizio.

Qualora ci siano difficoltà Vi preghiamo di telefonare al Sig. Nebbia, al N. 0 10-5 52 60 51.

Condizione (per l'esecuzione) di questo contratto è che le merci siano consegnate al nostro ufficio entro il 2 maggio.

Teniamo particolarmente ad avere (a disporre di) tutte le macchine entro il 6 maggio in modo che il cambiamento possa avvenire senza problemi durante il fine settimana.

Come concordato le merci saranno caricate sulla M/N Ber-

---

b) *bis 2. April spätestens.*

c) *ungefähr Mitte nächsten Monats.*

Die Waren müssen zur Abholung in Ihrem Werk bereit sein, um auf M/S Laguna nach Hamburg verschifft werden zu können, die von La Spezia am 15. März auslaufen wird.

Würden Sie diesen Auftrag bitte sofort erledigen, da Lieferung vor dem 15. Dezember erforderlich ist.

1. *Bitte beachten Sie,*

2. *Ich möchte nochmals betonen,*

daß die Lieferung bis zum 9. April unbedingt erfolgen muß.

Bitte liefern Sie bis zum 2. November (od. Wir müssen auf Lieferung bis ... bestehen),

a) *da das Material zur Fertigstellung eines wichtigen, sehr dringenden Exportauftrages benötigt wird.*

b) *da wir die Waren rechtzeitig für die Weihnachtssaison ausstellen müssen.*

Falls sich Schwierigkeiten ergeben, rufen Sie bitte Herrn Nebbia, Tel. 0 10-5 52 60 51 an.

Eine Bedingung bei diesem Auftrag ist, daß die Waren nicht später als 2. Mai in unser Büro angeliefert werden.

Es liegt uns sehr daran, alle Maschinen bis zum 6. Mai aufgestellt zu haben, so daß die Umstellung während des Wochenendes reibungslos erfolgt.

Wie vereinbart, werden die Waren auf der M/S Bernina, die

nina che parte da Livorno il 6 maggio p.v.

von Livorno am 6. Mai abfährt, verschifft werden.

1. Vi preghiamo di annullare quest'ordine se

1. Bitte streichen Sie diesen Auftrag, falls Sie

2. Dobbiamo pregarVi di cancellare gli articoli che

2. Wir müssen Sie bitten, alle Artikel zu streichen, die Sie

a) non potete consegnare immediatamente.

a) nicht sofort liefern können.

b) non potete consegnare entro il 22 marzo.

b) nicht bis spätestens 22. März liefern können.

Il nostro ordine d'acquisto è allegato. Vogliate cancellare tutti gli articoli che non potete consegnare immediatamente.

Unsere Einkaufsorder liegt bei; streichen Sie aber bitte alle Artikel, die Sie nicht sofort liefern können.

Siamo disposti a prelevare 10 t. a Lit. ... se la consegna può avvenire entro il 2 aprile.

Wir sind bereit, 10 Tonnen zu Lit. ... abzunehmen, falls die Lieferung bis 2. April erfolgen kann.

Come concordato i lavori cominceranno non più tardi del 10 giugno ed dovranno essere terminati entro due settimane.

Es ist abgemacht, daß die Arbeiten nicht später als 10. Juni beginnen und innerhalb von zwei Wochen beendet sein müssen.

Ci riserviamo il diritto di annullare quest'ordine qualora la data di consegna non venga rispettata.

Wir behalten uns das Recht vor, diesen Auftrag zu stornieren, falls der Liefertermin nicht eingehalten wird.

E' estremamente importante che la data di consegna venga scrupolosamente rispettata.

Es ist äußerst wichtig, daß das Lieferdatum strikt eingehalten wird.

Poiché la data per i nostri saldi estivi è già stata fissata dobbiamo avere la Vostra assoluta assicurazione che le merci saranno consegnate entro il 20 luglio.

Da das Datum unseres Sommerschlußverkaufs bereits festgelegt ist, müssen wir Ihre uneingeschränkte Versicherung haben, daß die Waren bis 20. Juli geliefert werden.

Impartiamo quest'ordinazione a condizione che possiate consegnare entro il 15 dicembre. Ci riserviamo pertanto il diritto di annullare quest'ordine e/o di ritornare dopo tale data la fornitura a Vostre spese e rischi.

Wir erteilen diesen Auftrag unter der Bedingung, daß Sie vor dem 15. Dezember liefern. Wir behalten uns deshalb vor, den Auftrag rückgängig zu machen und/oder die Lieferung auf Ihre Kosten und Gefahr nach diesem Datum zurückzuschicken.

A causa degli impegni assunti con i nostri clienti non è possibile concedere una proroga.

Auf Grund unserer Verpflichtungen unseren Kunden gegenüber kann keine Fristverlängerung gewährt werden.

In caso di ritardo (ritardata consegna) saremo costretti a rifornirci altrove e a ritenerVi responsabili per ogni perdita da ciò derivante.

Il termine di consegna deve essere il punto più importante di questo contratto.

Desideriamo far rilevare che una puntuale consegna come indicato sullo scadenzario è estremamente importante.

Attendiamo la Vostra comunicazione riguardo la data di consegna.

Per l'allestimento è previsto un periodo da 2 a 3 mesi. Vi sarei tuttavia grato se poteste fare tutto il possibile per abbreviare questa scadenza.

Vi prego di comunicarmi a giro di posta la data su cui posso contare per la prima consegna.

Vi preghiamo di informarci (per telex, per via aerea)

a) non appena le merci sono (state) spedite.

b) non appena sono noti i particolari relativi all'imbarco.

c) quando le merci sono (state) inviate.

Vi preghiamo di confermarci la data di consegna.

Falls eine Verzögerung entsteht, werden wir gezwungen sein, uns anderweitig einzudecken und uns für jeden daraus entstehenden Verlust an Sie zu halten.

Die Lieferzeit muß der wichtigste Punkt dieses Vertrages sein.

Wir möchten betonen, daß prompte Lieferung zu den auf dem Terminplan angegebenen Zeiten äußerst wichtig ist.

Wir sehen Ihrer Mitteilung, wann Sie liefern können, gern entgegen.

Für die Ausstattung steht eine Zeitspanne von 2 bis 3 Monaten zur Verfügung. Ich wäre jedoch dankbar, wenn Sie Ihr Möglichstes tun würden, um diese Frist abzukürzen.

Bitte teilen Sie mir postwendend das Datum mit, an dem ich mit der ersten Lieferung rechnen kann.

Bitte geben Sie uns (durch Telex; durch Luftpostbrief) Bescheid,

a) sobald die Waren abgesandt worden sind.

b) sobald die Einzelheiten bezüglich der Verschiffung bekannt sind.

c) wenn die Waren abgeschickt sind.

Bitte bestätigen Sie das Lieferdatum.

5. Verpackung

Vi preghiamo di provvedere per un accurato imballaggio.

Vi preghiamo di inviare le merci

a) in contenitori con speciale rivestimento impermeabile.

Bitte sorgen Sie für sorgfältige Verpackung.

Bitte senden Sie die Waren

a) in besonderen, wasserdicht ausgeschlagenen Behältern.

b) in contenitori rivestiti di lamiera.

Le casse devono avere un rivestimento interno impermeabile (contro l'umidità, il fuoco).

Ogni scatola (cartone) deve essere regolarmente sigillata.

Se si impiegano cartoni, i coperchi devono essere incollati. I cartoni devono essere rinforzati da nastro metallico.

Le casse devono essere inchiodate, rinforzate con sbarre e nastro metallico.

Le casse devono essere completamente rivestite di espanso.

La merce deve essere consegnata su pallets con rivestimento in plastica termoretraibile.

Vi preghiamo di imballare ogni oggetto singolarmente in ...

Le casse devono essere completamente rivestite di espanso.

Vi preghiamo di imballare ogni oggetto singolarmente in

a) carta oleata.

b) carta velina.

c) carta cerata.

d) carta con rivestimento impermeabile.

e) un sacchetto di plastica.

Ogni flacone dovrebbe essere avvolto in carta velina prima di essere messo nella scatola regalo all'uopo (appositamente) concepita.

Desideriamo che imballiate i barattoli

a) in 10 grosse scatole da 40 barattoli ciascuna.

b) in robuste scatole di cartone di 12 barattoli ciascuna separati da cartone ondulato.

b) in mit Blech ausgeschlagenen Behältern.

Die Kisten müssen innen eine wasserdichte (od. feuchtigkeitssichere, feuerfeste) Auskleidung haben.

Jeder Karton sollte ordnungsgemäß verschlossen sein.

Falls Kartons benutzt werden, müssen die Klappen zugeleimt sein. Die Kartons müssen durch Metallbänder verstärkt sein.

Die Kisten müssen zugenagelt, mit Latten und durch ein Metallband verstärkt sein.

Die Kisten müssen ganz mit Schaumstoff ausgekleidet sein.

Die Ware muß auf Paletten in Plastikfolie eingeschweißt geliefert werden.

Bitte packen Sie jeden Gegenstand getrennt ein in ...

Die Kisten müssen ganz mit Schaumstoff ausgekleidet sein.

Bitte packen Sie jeden Gegenstand getrennt ein in

a) Fettpapier.

b) Seidenpapier.

c) Wachspapier.

d) wasserdicht beschichtetes Papier.

e) einen Plastikbeutel.

Jeder Flakon müßte in Seidenpapier eingewickelt werden, bevor er in den besonders entworfenen Geschenkkarton gelegt wird.

Wir möchten, daß Sie die Büchsen

a) in 10 große Kartons à 40 Büchsen verpacken.

b) in starke Pappkartons zu je 12 Büchsen packen, getrennt durch Trennwände aus Wellpappe.

Per evitare spostamenti nelle scatole (nei cartoni) i registratori-video (Video-Recorders) devono essere protetti da adeguate forme in plastica.

Ogni cartone non deve eccedere le misure di cm 120 x cm 60 x cm 50.

Le dimensioni totali di ogni cassa non devono superare cm 100 x cm 55 x cm 55 per non dover pagare la tassa speciale prevista in questo caso.

Dobbiamo insistere su alcune condizioni riguardanti l'imballaggio sia nel nostro interesse che per adempiere alle richieste delle nostre autorità doganali.

Una grande cura deve essere dedicata al confezionamento e all'imballaggio in gabbie.

a) perché le casse saranno probabilmente soggette a scuotimenti durante il trasporto.

b) perché ogni danno durante il trasporto ci causerebbe gravi perdite.

Poiché il controllo doganale a ... è accurato

a) le casse devono essere tali da poter essere facilmente richiuse dopo l'apertura.

b) tutti i nastri metallici di protezione alle casse devono essere accuratamente tolti in modo che le casse possano essere aperte e quindi correttamente richiuse.

Queste istruzioni (Le istruzioni di imballaggio) devono essere esattamente osservate.

Vi preghiamo di prestare particolare attenzione al rivesti-

Zur Vermeidung des Rutschens in den Kisten (od. Kartons) müssen die Video-Recorder durch geeignete Plastikformteile geschützt werden.

Jeder Karton darf nicht größer sein als 120 cm x 60 cm x 50 cm.

Die Gesamtabmessungen jeder Kiste dürfen 110 cm x 55 cm x 55 cm nicht übersteigen, um die in diesem Fall vorgesehene Extragebühr nicht entrichten zu müssen.

Wir müssen auf gewisse Packbedingungen bestehen, sowohl in unserem Interesse als auch um die Forderungen unserer Zollbehörden zu erfüllen.

Große Sorgfalt muß dem Verpacken und dem Packen in Lattenkisten gewidmet werden,

a) da die Kisten wahrscheinlich während des Transportes Erschütterungen ausgesetzt sein werden.

b) da uns jeder Schaden beim Transport schwere Verluste verursachen würde.

Da die Zollkontrolle in ... gründlich ist,

a) müssen die Kisten so sein, daß sie nach dem Öffnen wieder leicht verschlossen werden können.

b) müssen alle die Lattenkisten schützenden Metallbänder sorgfältig aufgeschraubt werden, so daß die Kisten geöffnet und wieder korrekt geschlossen werden können.

Diese Anweisungen (od. Die Verpackungsanweisungen) müssen genau befolgt werden.

Bitte achten Sie besonders auf die feuerfeste Auskleidung,

mento refrattario poiché la nostra società di assicurazione lo esige.

E' chiaro che questo materiale è imballato in solidi sacchi di plastica e può essere depositato all'aperto. Per noi è molto importante poiché al momento abbiamo limitato spazio in magazzino.

Ad imballaggio avvenuto

a) vogliate informare il nostro spedizioniere ...

b) vogliate inviare le merci al magazzino del nostro agente a ...

da unsere Versicherungsgesellschaft dies verlangt.

Es ist klar, daß dieses Material in soliden Plastiksäcken verpackt ist und im Freien gelagert werden kann. Für uns ist dies sehr wichtig, da wir augenblicklich nur beschränkten Lagerraum haben.

Nach fertigem Packen

a) benachrichtigen Sie bitte unsere Speditionsfirma...

b) senden Sie bitte die Waren zum Lager unserer Agenten in ...

6. Markierung

Le casse devono essere marcate «FSC»

a) e numerate progressivamente da 1 a 10

b) con lettere di 10 cm di altezza

c) e l'indicazione «FRAGILE» deve essere riportata a grandi lettere (con mascherina) su tutti i lati del container.

Vogliate riportare le seguenti indicazioni a grosse lettere sui quattro lati di ogni container:

EXPORT – NIGERIA

INFIAMMABILE

ATTENZIONE – FRAGILE

Ogni cassa deve essere marcata come segue:

a) la Vostra propria marcatura e numeri.

b) simboli che rappresentino i seguenti avvertimenti e istruzioni:

Die Kisten müssen mit «FSC» markiert werden

a) und fortlaufend von 1 bis 10 numeriert sein

b) mit 10 cm hohen Buchstaben

c) und das Wort ZERBRECHLICH muß mit großen Buchstaben auf alle Seiten des Containers (mit Schablone) aufgemalt werden.

Wir bitten Sie, alle vier Seiten jedes Containers mit folgenden Worten in großen Buchstaben zu beschriften.

EXPORT – NIGERIA

FEUERGEFÄHRLICH

VORSICHT – ZERBRECHLICH

Jede Kiste muß folgendermaßen markiert sein:

a) Ihre firmeneigenen Markierungen und Nummern.

b) Symbole, die die folgenden Warnungen und Anweisungen darstellen:

c) nome del paese di origine.

Sul foglio accluso troverete esatte indicazioni riguardo l'imballaggio e la marcatura.

Seguono precisi particolari (precise istruzioni) riguardo imballaggio e marcatura.

Tutte le altre marcature e il nome del paese d'origine devono essere cancellati dalle casse prima dell'imbarco.

L'imballaggio ed una corretta marcatura devono essere eseguiti con la massima accuratezza.

c) Name des Ursprungslandes.

Auf beiliegendem Blatt werden Sie genaue Anweisungen bezüglich Verpackung und Markierung finden.

Es folgen genaue Einzelheiten (od. Anweisungen) bezüglich Verpackung und Markierung.

Alle anderen Markierungen und der Name des Ursprungslandes sind von den Kisten vor der Verschiffung zu entfernen.

Verpackung und korrekte Markierung müssen mit größter Sorgfalt durchgeführt werden.

7. Art der Zusendung, Versendungsart

Vi preghiamo di inviare le (sottoelencate) merci (al più presto possibile).

a) a piccola velocità.

b) a mezzo ferrovia.

c) a grande velocità.

d) con la prossima nave.

e) con la prossima nave diretta a New York.

f) per via aerea.

g) con volo charter cargo.

h) a mezzo camion.

i) direttamente al nostro magazzino di Pavia (alla nostra fabbrica in via Goldoni; al'-l'indirizzo sopraindicato).

Vi preghiamo di inviarci se possibile con sollecitudine 20 diapason a mezzo raccomandata.

Attendiamo la consegna entro cinque giorni a mezzo Vostro camion frigorifero.

Vi preghiamo di provvedere per l'avvio (l'inoltro) della fornitura a mezzo autocarri per Ge-

Bitte senden Sie die (unten erwähnten) Waren (sobald wie möglich)

a) durch Frachtgut.

b) mit der Bahn.

c) per Eilgut.

d) mit dem nächsten Schiff.

e) mit dem ersten direkten Schiff nach New York.

f) als Luftfracht.

g) mit Fracht-Charterflugzeug.

h) durch Güterkraftverkehr.

i) direkt zu unserem Lagerhaus in Pavia (od. zu unserem Werk Via Goldoni; an die oben genannte Adresse),

Bitte senden sie uns möglichst schnell per Einschreiben 20 Stimmgabeln.

Wir erwarten die Lieferung innerhalb von fünf Tagen durch Ihren Kühlwagen.

Bitte veranlassen sie den Versand der Lieferung durch Lastwagen nach Genua zur

nova per l'imbarco sulla M/N «Verena P.» che parte il 21 maggio p. v. per Cape Town. Vogliate inoltre prestare attenzione che tutte le casse siano chiaramente marcate e numerate come indicato nella nostra ordinazione ufficiale.

La M/N Sigrid parte da La Spezia per Panama il 12 ottobre p. v. e ci affidiamo a Voi affinché facciate tutto il possibile affinché le merci siano pronte per l'imbarco.

Le merci devono essere inviate sollecitamente per nave della Hapag-Lloyd-Line.

Vi preghiamo di inviare a mezzo nostro spedizioniere, ditta ..., le merci elencate qui di seguito:

Il nostro spedizioniere di Trieste provvederà per la marcatura e la numerazione e Vi informerà circa le sue tariffe.

Vi preghiamo di metterVi in contatto con il nostro spedizioniere non appena potete consegnargli le merci.

Le istruzioni per l'imbarco

a) seguiranno tra breve.

b) Vi perveranno attraverso il nostro spedizioniere.

Vi preghiamo di comunicarci quando le macchine sono pronte e noi Vi daremo indicazioni per la marcatura ed ulteriori istruzioni per la spedizione.

Consegne parziali sono vietate.

Il Vostro rappresentante deve consegnare ed installare la macchina e prelevare a Vostre spese la macchina data a parziale pagamento.

Verschiffung mit M/S Verena P, die am 21. Mai nach Cape Town auslaufen soll. Achten Sie bitte darauf, daß alle Kisten deutlich markiert und numeriert sind, wie in unserem offiziellen Auftrag angegeben.

Die M/S Sigrid läuft von La Spezia nach Panama am 12. Oktober aus, und wir verlassen uns auf Sie, daß Sie alles tun werden, damit die Waren dann zum Verladen bereit sind.

Die Waren sollten möglichst bald per Schiff der Hapag-Lloyd-Linie versandt werden.

Bitte senden Sie durch unseren Spediteur, die Firma ..., die nachstehend verzeichneten Waren:

Unser Spediteur in Triest wird Ihnen die Markierung und Versandnumerierung geben und Sie über seine Gebühren unterrichten.

Bitte setzen Sie sich mit unserem Spediteur in Verbindung, sobald Sie ihm die Waren übergeben können.

Die Anweisungen zur Verschiffung werden

a) in Kürze folgen.

b) Ihnen durch unseren Spediteur zugehen.

Bitte teilen Sie uns mit, wann die Maschinen bereit sind, und wir werden Ihnen die Versandmarkierungen und weitere Anweisungen geben.

Teillieferungen verboten.

Ihr Vertreter muß die Maschine liefern und installieren und die in Zahlung gegebene Maschine auf Ihre Kosten mitnehmen.

8. Zahlungsweise

a) allgemein

Allego assegno N. ... per (l'importo di) Lit. ...

Il mio assegno per l'importo totale dell'ordinazione più porto è allegato.

Comunicateci per favore quando la fornitura è pronta per la spedizione (inoltro) e noi provvederemo per il versamento conformemente ai nostri precedenti accordi.

All'arrivo della merce pagheremo la fattura al Vostro autista a mezzo assegno.

Vi preghiamo di inviare le merci (il pacchetto) in contrassegno).

Il pagamento avverrà a mezzo versamento bancario al ricevimento delle merci (al ricevimento della Vostra fattura proforma).

Pagamento: 30 giorni netto.

E' stato concordato uno sconto del 2,5% per pagamento entro 7 giorni.

Vi preghiamo di comunicarci se siete disposti a consegnare (rifornirci) con fattura aperta.

Vorremmo pagare a mezzo tratta a 60 giorni vista e saremmo lieti se accettaste.

Saremmo lieti se foste d'accordo di spiccare tratta su di noi a 30 giorni vista.

Ich füge einen Scheck Nr. ... über Lit. ... bei.

Mein Scheck für den Gesamtbetrag des Auftrages, zuzüglich Porto, ist beigefügt.

Bitte geben Sie uns Bescheid, wenn die Sendung zum Versand bereit ist, und wir werden die Überweisung gemäß unseren früheren Vereinbarungen veranlassen.

Bei Anlieferung der Ware werden wir Ihrem Fahrer die Rechnung durch Scheck bezahlen.

Bitte senden sie die Waren (od. das Paket) per Nachnahme.

Die Zahlung wird durch Banküberweisung bei Erhalt der Waren (od. bei Erhalt Ihrer Proforma-Rechnung) erfolgen.

Zahlung: 30 Tage netto.

Bei Zahlung innerhalb von 7 Tagen wurden 2,5% Skonto vereinbart.

Bitte teilen Sie uns mit, ob Sie bereit sind, uns in laufender Rechnung zu beliefern.

Wir möchten mit 60-Tage-Sichtwechsel bezahlen und würden uns freuen, wenn Sie dem zustimmen würden.

Wir würden uns freuen, wenn Sie damit einverstanden wären, auf uns mit 30 Tagen Sicht zu ziehen.

b) Akkreditiv

Provvederemo per l'apertura di un credito irrevocabile a Vostro favore.

Wir werden die Eröffnung eines unwiderruflichen Akkreditivs zu Ihren Gunsten veranlassen.

1. Abbiamo concordato con la Banca ...

2. Abbiamo dato disposizione (pregato) la Banca ... a ...

di aprire un credito a Vostro favore valido fino al 30 aprile p. v.

Con la presente Vi comunichiamo di aver adesso aperto accreditivi irrevocabili per l'importo di Lit. ... presso la Banca ...

Questi accreditivi sono validi fino al 15 marzo p. v. e Vi saranno confermati dalla Banca ...

Questo credito Vi sarà confermato dalla Banca ... a ... ed essa accetterà la Vostra tratta a 60 giorni vista per l'importo della fattura.

Il credito aperto è sufficiente per la copertura dell'importo della fattura e di tutte le altre ulteriori spese.

1. I seguenti documenti devono essere acclusi alla Vostra tratta.

2. La Banca ... esigerà che alla Vostra tratta siano allegati i seguenti documenti di bordo:

3. Per l'accettazione della Vostra tratta, che deve includere tutte le spese fino ad Amburgo, la Banca esigerà da Voi i seguenti documenti:

a) un esemplare completo delle polizze di carico nette (2 copie) (in duplice copia).

b) la fattura commerciale (3 esemplari) (in triplice copia)

c) la polizza di assicurazione per l'importo di Lit. ...

---

1. *Wir haben mit der ... Bank vereinbart,*

2. *Wir haben die ... Bank in ... angewiesen (od. gebeten),*

ein Akkreditiv über Lit. ... zu Ihren Gunsten zu eröffnen, gültig bis 30. April.

Hierdurch teilen wir Ihnen mit, daß wir jetzt unwiderrufliche Akkreditive in Höhe von ... bei der ... Bank eröffnet haben.

Diese Akkreditive sind bis zum 15. März gültig und werden Ihnen durch die ... Bank bestätigt werden.

Das Akkreditiv wird durch die ... Bank in ... bestätigt, und sie wird Ihre 60-Tage-Sichttratte auf sie in Höhe des Rechnungsbetrages akzeptieren.

Das eröffnete Akkreditiv reicht zur Deckung des Rechnungsbetrages und aller weiteren Gebühren aus.

1. *Die folgenden Dokumente müssen Ihrer Tratte beigefügt werden:*

2. *Die ... Bank wird verlangen, daß folgende Verschiffungsdokumente Ihrer Tratte beigefügt werden:*

3. *Für die Annahme Ihrer Tratte, die alle Gebühren bis Hamburg einschließen muß, wird die Bank von Ihnen die folgenden Dokumente verlangen:*

a) *einen vollständigen Satz reiner Verschiffungskonnossemente (2 Kopien) (od. in doppelter Ausfertigung).*

b) *die Handelsrechnung (3 Exemplare) (od. in dreifacher Ausfertigung).*

c) *Versicherungspolice in Höhe von Lit. ...*

d) il certificato d'origine.

e) la fattura consolare.

Vi preghiamo di spiccare tratta su di noi per l'importo complessivo ed allegare ad essa i documenti di bordo.

La nostra accettazione avverrà alla presentazione della cambiale presso la filiale di ... della Banca ...

d) *Ursprungszeugnis.*

e) *Konsulatsfaktura.*

Bitte ziehen Sie für den fälligen Betrag auf uns, und fügen Sie Ihrer Tratte die Verschiffungsdokumente bei.

Unser Akzept wird bei Vorlage des Wechsels bei der ... Zweigstelle der ... Bank geleistet werden.

c) Bitte um Kredit

1. Poiché prevediamo di impartirVi ulteriori ordinazioni,

2. Poiché siamo da ormai quasi due anni in relazioni d'affari con Voi

3. Poiché probabilmente Vi impartiremo ordinazioni ancora più considerevoli

   a) desideriamo approfittare della Vostra offerta riguardante facilitazioni di credito.

   b) desidereremmo avere condizioni di pagamento trimestrali.

   c) saremmo lieti se voleste rifornirci a mezzo conto aperto con regolamento trimestrale.

   d) Vi saremmo grati se ci concedeste delle facilitazioni di credito.

1. *Da wir damit rechnen, Ihnen weitere Aufträge zu erteilen,*

2. *Da wir nunmehr mit Ihnen fast zwei Jahre lang in Geschäftsverbindung stehen,*

3. *Da wir Ihnen wahrscheinlich noch größere Aufträge erteilen werden,*

   a) *möchten wir von Ihrem Angebot bezüglich Krediterleichterungen Gebrauch machen.*

   b) *hätten wir gern vierteljährliche Abrechnungsbedingungen.*

   c) *würden wir es begrüßen, wenn Sie uns auf laufendem Konto mit vierteljährlicher Abrechnung beliefern würden.*

   d) *wären wir dankbar, wenn Sie uns Krediterleichterungen gewähren würden.*

9. Referenzen

Siamo una ditta di vendita per corrispondenza con un'ottima reputazione e possiamo dare ogni referenza bancaria desiderata.

Se lo desiderate possiamo fornire referenze commerciali e bancarie.

Wir sind ein höchst angesehenes Versandhaus und können jede gewünschte Bankreferenz geben.

Wir können Bank- und Handelsreferenzen liefern, falls Sie es wünschen.

Possiamo indicare come referenza la nostra Banca ... e la Ditta ... con le quali siamo in relazione d'affari da molti anni.

La nostra banca è la filiale di ... della ... presso la quale potete verificare la solvibilità della nostra impresa.

Invio una referenza bancaria come prova della solidità della nostra situazione finanziaria.

Per informazioni riguardo la nostra solvibilità rivolgeteVi (Vi preghiamo di rivolgerVi) a ...

1. Poiché questa è la nostra prima ordinazione

2. Poiché fino a ora non abbiamo concluso affari con Voi

a) Vi rimandiamo alla Banca ... a ...

b) Vi rimandiamo alla Ditta ... che Vi darà ogni necessaria informazione.

1. Nel caso desideriate avere informazioni circa la nostra solvibilità

2. In caso desideriate sicurezza circa la nostra reputazione,

a) la ditta ... con la quale siamo in relazione d'affari da molti anni Vi darà volentieri tutte le informazioni necessarie.

b) le seguenti ditte risponderanno volentieri alle Vostre richieste.

c) vogliate rivolgerVi a ...

d) Vi rimandiamo alla nostra Banca:

Vi indichiamo con piacere qui sotto i nomi e gli indirizzi di due ditte che sono pronte a darVi le informazioni desiderate.

Wir können als Referenzen unsere Bank ... angeben und die Firma ..., mit denen wir seit vielen Jahren in Geschäftsverbindung stehen.

Unsere Bank ist die ... Niederlassung der ... Bank, bei der Sie die Bonität unseres Unternehmens überprüfen können.

Ich sende Ihnen eine Bankreferenz als Beweis unserer zuverlässigen finanziellen Lage.

Zur Auskunft bezüglich unserer Bonität wenden Sie sich bitte an:

1. Da dies unser erster Auftrag ist,

2. Da wir bisher mit Ihnen noch keine Geschäfte abgeschlossen haben,

a) verweisen wir Sie an die ... Bank in ...

b) verweisen wir Sie an die Firma ..., die Ihnen jedwede notwendige Information geben wird.

1. Falls Sie Erkundigungen über unsere Bonität einholen möchten,

2. Sollten Sie Gewißheit über unseren Ruf wünschen,

a) wird die Firma ..., mit der wir seit vielen Jahren in Geschäftsverbindung stehen, Ihnen gern alle nötigen Informationen geben.

b) werden die folgenden Firmen gern auf Ihre Anfragen antworten:

c) wenden Sie sich bitte an:

d) verweisen wir Sie an unsere Bank:

Gern geben wir Ihnen nachstehend Namen und Anschrift zweier Firmen, die bereit sind, Ihnen die gewünschte Auskunft zu erteilen.

Abbiamo compilato e Vi restituiamo il formulario per la richiesta di credito pervenutoci con la Vostra lettera del 1° luglio u. s.

Wir haben das mit Ihrem Brief vom 1. Juli erhaltene Kredit-Antragsformular ausgefüllt und senden es Ihnen nun zurück.

10. Versicherung

Ulteriori istruzioni riguardo l'assicurazione seguiranno tra breve.

Weitere Anweisungen bezüglich der Versicherung werden in Kürze folgen.

Vi preghiamo di provvedere per la copertura assicurativa.

Bitte sorgen Sie für die Versicherungsdeckung.

Ci affidiamo a Voi per i dettagli; desideriamo però che la spedizione sia coperta da assicurazione da magazzino a magazzino.

Wir überlassen Ihnen die Einzelheiten, möchten aber die Sendung durch Versicherung von Lagerhaus zu Lagerhaus gedeckt haben.

Provvederemo per l'assicurazione.

Die Versicherung wird von uns besorgt.

Vi preghiamo di assicurare la spedizione per l'importo della Vostra fattura più il 10% di supposto (previsto) guadagno sul prezzo d'acquisto.

Bitte versichern Sie die Sendung für den Betrag Ihrer Rechnung zuzüglich 10% angenommenen Gewinns (od. Scheingewinns) auf den Kaufpreis.

11. Importlizenz

Le correnti disposizioni valutarie in ... esigono che sia inviata alle autorità doganali una fattura proforma affinché possa essere concessa l'autorizzazione all'importazione.

Die laufenden Devisenbestimmungen in ... verlangen, daß den Behörden eine Proforma-Rechnung eingereicht wird, damit die Einfuhrerlaubnis erteilt werden kann.

Abbiamo ottenuto la licenza d'importazione N. ...

Wir haben die Importlizenz Nr. ... erhalten.

La licenza d'importazione è valida fino al 30 ottobre p. v.

Die Importlizenz ist bis zum 30. Oktober gültig.

Confermiamo che per l'entrata di queste merci nella Repubblica Federale Tedesca non viene richiesta la licenza d'importazione.

Wir bestätigen, daß für diese Waren bei Eintritt in die Bundesrepublik Deutschland keine Importlizenz verlangt wird.

12. Gerichtsstand, Geschäftsbedingungen

In caso di controversia è competente solo il Foro di ...

Im Falle eines Rechtsstreits ist der alleinige Gerichtsstand ...

Ci riserviamo il diritto di non accettare la merce o di non saldare la fattura se il nostro numero d'ordinazione non è indicato su tutti i documenti di consegna, fatture ecc.

Wir behalten uns das Recht vor, die Ware nicht anzunehmen oder die Rechnung nicht zu bezahlen, wenn unsere Auftragsnummer nicht auf allen Lieferanzeigen, Rechnungen usw. angegeben ist.

Quest'ordine è sottoposto alle condizioni di contratto stampate sul retro.

Dieser Auftrag unterliegt den auf der Rückseite gedruckten Geschäftsbedingungen.

Dobbiamo insistere per l'osservanza delle nostre condizioni di contratto.

Wir müssen auf Einhaltung unserer Geschäftsbedingungen bestehen.

Desidero attirare la Vostra attenzione sulle sottoelencate consuete condizioni commerciali della nostra ditta.

Ich möchte Sie auf die untenstehenden üblichen Handelsbedingungen unserer Firma aufmerksam machen.

Tutti i documenti devono essere in lingua italiana.

Alle Dokumente müssen in italienischer Sprache sein.

Desidero evidenziare particolarmente che queste istruzioni devono essere seguite con la massima esattezza.

Ich möchte besonders betonen, daß diese Anweisungen genauestens befolgt werden müssen.

13. Bitte um Bestätigung

Vi preghiamo di confermare il ricevimento dell'ordine.

Bitte bestätigen Sie den Eingang der Bestellung.

Vi preghiamo di confermare quest'ordine e assicurare

Bitte bestätigen Sie diesen Auftrag und versichern Sie,

a) che fornirete le merci a queste condizioni.

a) daß Sie die Waren zu diesen Bedingungen liefern werden.

b) che potete consegnare (effettuare la consegna) entro il 10 ottobre.

b) daß Sie bis zum 10. Oktober liefern können.

Speriamo che confermerete che la consegna avverrà all'epoca stabilita.

Wir hoffen, daß Sie bestätigen werden, daß die Lieferungen zur festgesetzten Zeit erfolgen.

Vi preghiamo di comunicarci a giro di posta

Bitte teilen Sie uns postwendend mit,

a) se siete disposti a fornire le merci indicate alle sopraccitate condizioni.

b) se concordate (siete d'accordo) con queste condizioni.

Speriamo che possiate soddisfare le nostre richieste (i nostri desideri) ed attendiamo la Vostra risposta via telex/fax.

a) ob Sie bereit sind, die erwähnten Waren zu den obigen Bedingungen zu liefern.

b) ob Sie mit diesen Bedingungen einverstanden sind.

Wir hoffen, daß Sie unseren Wünschen entsprechen können und erwarten Ihre Antwort durch Telex/Fax.

14. Schlußworte

Vi saremmo grati per l'immediata evasione di quest'ordine (di prova).

Vi preghiamo di evadere quest'ordine subito (con cura).

Vi saremmo grati per una sollecita (pronta) consegna perché necessitiamo immediatamente delle merci.

Speriamo di ricevere a giro di posta il Vostro avviso di spedizione.

Vi preghiamo di comunicarci al più presto (possibile) quando prevedete di cominciare il lavoro.

Vi preghiamo di considerare questa lettera come ordinazione.

1. Questa è un'ordinazione di prova e, se sarà evasa in maniera soddisfacente,

2. Se questa prima ordinazione sarà evasa in maniera soddisfacente

3. Se saremo ooddJslfatti della tornitura

a) impartiremo (probabilmente) ulteriori ordini.

b) potete (presto) contare su regolari ordinazioni successive.

Für die sofortige Erledigung dieses (Probe-)Auftrages wären wir dankbar.

Wir bitten Sie, diesen Auftrag sofort (od. sorgfältig) zu erledigen.

Wir wären für prompte Lieferung dankbar, da die Waren dringend benötigt werden.

Wir hoffen, Ihre Versandanzeige postwendend zu erhalten.

Bitte teilen Sie uns so bald wie möglich mit, wann Sie planen, die Arbeit in Angriff zu nehmen.

Bitte betrachten Sie diesen Brief als Auftrag.

1. Dies ist ein Probeauftrag, und wenn er zufriedenstellend ausgeführt wird,

2. Wenn dieser Erstauftrag zufriedenstellend zur Ausführung kommt,

3. Wenn wir mit der Lieferung zufrieden sind,

a) werden wir (wahrscheinlich) weitere Aufträge erteilen.

b) können Sie (bald) regelmäßige Nachbestellungen erwarten.

c) concluderemo con Voi ulteriori (regolari) affari.

c) werden wir weitere (od. regelmäßige) Geschäfte mit Ihnen abschließen.

d) Vi impartiremo regolarmente ordinazioni.

d) werden wir Ihnen regelmäßige Aufträge erteilen.

Speriamo di diventare clienti abituali e di ripetere spesso quest'ordinazione negli anni a venire.

Wir hoffen, Stammkunden zu werden und diesen Auftrag in den kommenden Jahren oft zu wiederholen.

Il campionario (la videocassetta) che avete cortesemente allegato alla Vostra offerta Vi sarà rinviata separatamente.

Das Musterbuch, das (od. die Videocassette, die) Sie freundlicherweise Ihrem Angebot beigefügt haben, wird Ihnen getrennt zurückgesandt.

Inviamo oggi sotto plico separato i campioni che ci avete cortesemente inviato in visione.

Wir senden heute mit getrennter Post die Muster zurück, die Sie uns freundlicherweise zur Ansicht gesandt haben.

15. Reiseberichte

a) allgemein

1. Oggi ho fatto visita alla ditta Querini e Figli come concordato.

1. Heute habe ich die Firma Querini e Figli wie vereinbart besucht.

2. Il 2 maggio mi avete richiesto di visitare la ditta Premoli. Vi sono stato il 5 maggio.

2. Am 2. Mai haben sie mich angewiesen, Firma Premoli zu besuchen. Ich war dort am 5. Mai.

3. Ho visitato la ditta SAELA il 2 giugno u. s.

3. Ich habe die Firma SAELA am 2. Juli besucht

a) ed ho avuto un colloquio con il Signor Paolo Nespoli.

a) und hatte eine Besprechung mit Herrn Paolo Nespoli.

b) ed ho discusso con il Signor Mantovani i tempi di consegna.

b) und besprach mit Herrn Mantovani die Lieferzeiten.

c) e sono stato cortesemente accolto dal Signor Neri.

c) und wurde von Herrn Neri höflich empfangen.

d) ed ho constatato che erano pronti all'acquisto come potete vedere dall'allegata ordinazione.

d) und stellte fest, daß sie zum Kauf bereit waren, wie Sie aus dem beigefügten Auftrag ersehen können.

e) ed ho illustrato con l'aiuto della nostra videocassetta N. 12 il ciclo operativo nel nostro nuovo modello UL 1.

Scopo della mia visita alla Astrengo e C. era

a) di constatare se il campionario di fili di cotone sottoposto due settimane fa era stato esaminato.

b) di pregarli di (impartire) una prima ordinazione di calze da bambino.

In assenza del Signor Briano, capo ufficio acquisti, ho visto il Signor Poggi che però non è stato in grado di darmi alcuna precisa informazione.

Nell'allegato rapporto sono contenuti dettagli circa il loro fabbisogno ed i nostri colloqui.

Il rapporto contiene il nome di ogni commerciante da me visitato e le mie osservazioni circa la sua potenzialità come cliente.

Durante una breve visita di routine in Baviera il Signor Huber della ditta Hegler e C. ha menzionato ...

Desidero proporre di invitare il Signor Pagni per due giorni ad Augsburg come ospite della nostra ditta

a) affinché veda il maggior numero possibile di macchine in esercizio.

b) in modo da dargli tempo per esaurienti colloqui.

La ditta Grün e C. è da molti anni fabbricante di apparecchiature per il lavaggio chimico. Un ampliamento della fabbrica per circa 5000 m² è in corso.

---

e) *und habe mit Hilfe unserer Videocassette Nr. 12 die Arbeitsabläufe unseres neuen Modells UL 1 erklärt.*

Zweck meines Besuches bei der Firma Astrengo & Co. war

a) *festzustellen, ob die vor zwei Wochen vorgelegten Baumwollgarn-Muster geprüft worden waren.*

b) *sie um einen Erstauftrag für Kindersocken zu bitten.*

In Abwesenheit von Herrn Briano (Haupteinkäufer) habe ich Herrn Poggi gesehen, der aber nicht in der Lage war, mir irgendeine präzise Auskunft zu geben.

Einzelheiten ihres Bedarfs und unserer Besprechungen sind in dem beiliegenden Bericht enthalten.

Der Bericht enthält den Namen jedes von mir besuchten Händlers und meinen Kommentar über sein Potential als Kunde.

Während eines kürzlichen Routinebesuches in Bayern erwähnte Herr Huber von der Firma Hegler & Co. ....

Ich möchte vorschlagen, daß wir Herrn Pagni einladen, zwei Tage in Augsburg Gast unserer Firma zu sein,

a) *damit er so viele Maschinen wie möglich in Betrieb sehen kann.*

b) *um ihm Zeit für eingehende Besprechungen zu geben.*

Grün & Co. sind alteingesessene Fabrikanten für chemische Reinigungsapparate. Eine Erweiterung der Fabrik um ungefähr 5000 m² ist im Bau.

b) günstige Nachricht

Invio allegato un'ordine da me ricevuto per prese e spine elettriche con consegna a 7 giorni.

Nonostante la forte concorrenza ho ottenuto un ordine per due macchine tagliavetro a laser.

Questo è il primo ordine impartito dalla ditta Olcese, ma con molta probabilità ci saranno nuove ordinazioni se saranno soddisfatti della qualità.

Infine sono riuscito a convincere il Signor Martini ad accettare l'offerta poiché Voi avete una buona reputazione per quanto concerne la qualità.

Sono lieto di constatare che la Vostra speranza di ordini da parte della ditta Viale si è realizzata. Ma ritengo di doverVi altrettanto mettere in guardia circa la crescente concorrenza sul locale mercato del mobile.

Sono lieto di comunicarVi che, nonostante la forte concorrenza, mi è riuscito di (son riuscito a) ottenere ordini per oltre Lit. ...

Apprendete i dettagli dall'accluso formulario di ordinazione.

Il Signor Sbarbori mi ha detto che Vi ha già inviato il suo ordine.

Ho potuto convincere la ditta Morazzoni e C. ad aumentare le sue ordinazioni.

Non è stato facile trattare con il Signor Panelli della Bianchi e Panelli S. n. c., ma alla fine ha

Anliegend sende ich Ihnen einen Auftrag über elektrische Stecker und Steckdosen, den ich zur Lieferung in 7 Tagen erhalten habe.

Trotz starker Konkurrenz habe ich den Auftrag über 2 Laser-Glasschneidemaschinen erhalten.

Dies ist der erste Auftrag, den die Firma Olcese uns erteilt hat, aber es besteht alle Aussicht, daß nachbestellt wird, wenn man mit der Qualität zufrieden ist.

Schließlich habe ich Herrn Martini überzeugen können, das Angebot anzunehmen, weil Sie einen guten Ruf haben, was die Qualität betrifft.

Es freut mich festzustellen, daß Ihre Hoffnung auf Aufträge von der Firma Viale sich verwirklicht hat. Aber ich denke, daß ich Sie vor der wachsenden Konkurrenz auf dem Möbelmarkt hier warnen muß.

Ich freue mich Ihnen mitzuteilen, daß es mir trotz der starken Konkurrenz gelungen ist, Aufträge über Lit. ... zu erhalten.

Einzelheiten ersehen Sie aus den beigefügten Bestellformularen.

Herr Sbarbori sagte mir, daß er Ihnen seinen Auftrag bereits zugeschickt hat.

Ich konnte die Firma Morazzoni & Co. überzeugen, ihre Aufträge zu steigern.

Mit Herrn Panelli von Bianchi e Panelli S. n. c. war es nicht so leicht umzugehen, schließlich

acconsentito a prendere 200 forbici da giardino.

war er jedoch damit einverstanden, 200 Gartenscheren zu nehmen.

Il Signor Bruni della ALCA S.p.A. è stato molto disponibile anche se attualmente non è ancora in grado di passare un ordine.

Herr Bruni von der Firma ALCA S.p.a. war sehr gefällig, obgleich er im Augenblick noch nicht in der Lage ist, einen Auftrag zu erteilen.

Sono estremamente lieto per questo successo e confido in ulteriori affari.

Ich bin hocherfreut über diesen Erfolg und sehe zuversichtlich weiteren Geschäften entgegen.

Il Signor Macchi vuole incrementare la vendita dei nostri articoli.

Herr Macchi will den Verkauf unseres Artikels vorantreiben.

c) Aufträge in Aussicht

C'è la possibilità di ricevere una grossa ordinazione dalla ditta Rossi e C.

Es besteht die Aussicht auf einen großen Auftrag von Firma Rossi & Co.

Ho indicato i nostri prezzi di listino e ho promesso di spedire campioni.

Ich habe unsere Listenpreise angegeben und versprochen, Muster zu schicken.

Il Signor Fabbri ha fatto presente che un concorrente (non nominato) ha indicato un prezzo inferiore di Lit. ... al quintale.

Herr Fabbri deutete an, daß ein (ungenannter) Konkurrent einen Preis unter Lit. ... pro 100 kg genannt hatte.

Il fabbisogno annuale ammonta in 50 tonnellate da consegnarsi in quantitativi di 5 t.

Der jährliche Bedarf beträgt ca. 50 Tonnen, bei Lieferung in Mengen von 5 Tonnen.

Sono lieto di poter dire che questo progetto prende rapidamente consistenza (forma).

Ich freue mich zu sagen, daß dieses Projekt schnell Form annimmt.

Potete esser certi che farò ogni sforzo per mantenere questo primo vantaggio raggiunto (conseguito).

Sie können sich darauf verlassen, daß ich alle Anstrengungen machen werde, diesen ersten gewonnenen Vorteil aufrechtzuerhalten.

Tutto sta ad indicare nuovi affari.

Alles deutet auf weitere Geschäfte hin.

Le prospettive per ulteriori cospicui ordini sono buone.

Die Aussichten für weitere größere Aufträge sind gut.

Non sarà presa nessuna decisione circa il fornitore finché tutti i campioni non saranno stati esaminati.

Keine Entscheidung wird bezüglich des Lieferanten fallen, bevor nicht alle Proben geprüft worden sind.

d) Klagen und Bemängelungen

I nostri prezzi sono considerati troppo alti.

Man findet unsere Preise zu hoch.

I nostri prezzi sono mediamente più alti che quelli della (nostra) concorrenza.

Im Durchschnitt sind unsere Preise höher als die unserer Konkurrenz.

E' chiaro che la STAR ha un giusto motivo per lamentarsi.

Es ist klar, daß STAR einen berechtigten Grund zur Klage hat.

Il Signor Cognasso ha detto che non sa spiegarsi che cosa sia successo negli ultimi tempi alla nostra qualità ed al nostro servizio.

Herr Cognasso sagte, daß er nicht verstehen könne, was in der letzten Zeit mit unseren Dienstleistungen und der Qualität los war.

Il Signor Biancheri si è lamentato circa

Herr Biancheri hat sich beschwert über

a) la cattiva qualità delle merci.

a) die schlechte Qualität der Waren.

b) il ritardo nella consegna.

b) den Lieferverzug.

Il Signor Colli desidera che cambiamo le merci.

Herr Colli möchte, daß wir die Waren umtauschen.

Il Signor Bacigalupo minaccia

Herr Bacigalupo droht,

a) di restituire le merci.

a) die Waren zurückzusenden.

b) di non passarci ulteriori ordinazioni.

b) uns keine weiteren Aufträge mehr zu erteilen.

Dovevamo consegnare gli abiti il 20 luglio u.s. come da loro ordinazione N. 645. La consegna è effettivamente avvenuta il 30 luglio.

Wir sollten die Anzüge auf Grund ihrer Bestellung Nr. 645 am 20. Juli liefern. Die Lieferung erfolgte tatsächlich am 30. Juli.

Il Signor Campora ha detto che nel passato si è sempre potuto fidare di noi. Ma se i disguidi degli ultimi tempi dovessero ripetersi, non sarebbe più sicuro di voler lavorare ancora con noi.

Herr Campora sagte, daß er sich in der Vergangenheit immer auf uns verlassen konnte. Aber wenn die Versehen der letzten Zeit so weitergehen sollten, sei er nicht sicher, daß er noch weiter mit uns geschäftlich arbeiten wolle.

Propongo di fare immediatamente i seguenti passi:

Ich schlage vor, unverzüglich folgende Schritte zu unternehmen:

a) spedire una lettera di scuse all'attenzione del Signor Siano.

a) Einen Entschuldigungsbrief zu schicken, zu Händen von Herrn Siano.

b) verificare il motivo del ritardo della consegna.

b) Den Grund der Lieferverzögerung zu untersuchen.

c) verificare il motivo del mancato invio di campioni da parte del reparto vendite come da me richiesto nel mio rapporto dell'8 giugno.

c) Das Versagen der Verkaufsabteilung beim Musterversand zu untersuchen, wie in meinem Bericht vom 8. Juni gefordert.

e) wenig oder gar kein Geschäft

Sono spiacente di non poterVi passare attualmente alcun ordine.

Ich bedauere, Ihnen zur Zeit keine Aufträge schicken zu können.

Nonostante grandi sforzi non mi è stato possibile concludere.

Trotz größter Bemühungen war es mir unmöglich, Abschlüsse zu tätigen.

Ho fatto oggi visita a molti clienti, ma li ho trovati poco disposti ad ordinare.

Ich habe heute viele Kunden aufgesucht, fand sie aber zum Bestellen wenig geneigt.

Il Signor Campi dice che più della metà delle sue riserve sono ancora invendute.

Herr Campi sagt, daß mehr als die Hälfte seines Vorrats noch unverkauft sei.

Il Signor Grazioli trova impossibile di vendere la merce in magazzino (che si trova in magazzino).

Herr Grazioli findet es unmöglich, die auf Lager befindliche Ware zu verkaufen.

Il mio viaggio in Piemonte non ha portato ad alcun risultato soddisfacente.

Meine Reise durch Piemont hat zu keinem befriedigenden Ergebnis geführt.

Riguardo la promessa ordinazione non è stata presa finora nessuna decisione.

Keine Entscheidung ist bisher in bezug auf den versprochenen Auftrag getroffen worden.

Il risultato lascia molto a desiderare (è piuttosto deludente).

Das Ergebnis läßt viel zu wünschen übrig (od. ist ziemlich entmutigend).

Fino ad ora i miei sforzi sono rimasti senza successo.

Bis jetzt sind meine Bemühungen erfolglos geblieben.

Il mercato è debole (Non si fanno quasi affari) perché vi sono state molte chiusure di ditte nella zona.

Das Geschäft ist flau (od. Es werden kaum Geschäfte gemacht), weil die Gegend von Firmenschließungen betroffen ist.

Il mercato è in generale molto debole.

Das Geschäft ist im allgemeinen sehr flau.

Il Signor Franchini non è disposto ad introdurre un nuovo articolo.

Herr Franchini ist nicht bereit, einen neuen Artikel einzuführen.

La ditta Prati e C. rifiuta di lavorare ulteriormente con noi perché non riesce a vendere la nostra merce ai prezzi abituali.

Die Firma Prati & Co. lehnt es ab, mit uns länger zu arbeiten, weil sie unsere Ware zum üblichen Preis nicht absetzen kann.

16. Firma an Vertreter/Außendienstmitarbeiter

a) bezüglich Kundenbesuche

1. Abbiamo ricevuto una richiesta d'informazioni per i nostri nuovi ferri a vapore dalla ditta Cappato e C. e

2. La Ditta «Carlo Rossi e Figli» di Voghera ci ha scritto per pregarci di una dimostrazione del nostro nuovo apribuste e noi

   a) le abbiamo comunicato che Lei passerà da loro nei prossimi giorni.

   b) alleghiamo una copia della nostra offerta.

Ci teniamo particolarmente ad entrare in relazioni d'affari con Voi.

Ci dispiace farVi fretta, ma senza dubbio si tratta qui dell'occasione che abbiamo atteso a lungo.

Siamo sicuri che Lei farà tutti gli sforzi necessari per ottenere un'ordinazione di prova.

Speriamo che potrà riferirci di una fruttuosa visita.

Abbiamo l'impressione che potrebbe essere estremamente proficuo di visitare regolarmente questo cliente.

Dobbiamo mantenere il contatto con il Signor Bruzzone che ci ha fatto visita alla fiera di Hannover.

Si dovrebbe ancora seguire questa indicazione.

Questa mattina abbiamo ricevuto il contratto firmato per la fornitura di due macchine perforatrici.

1. *Wir haben eine Anfrage über unsere neuen Dampfbügeleisen von der Firma Cappato & Co. erhalten und*

2. *Die Firma Carlo Rossi e Figli in Voghera hat geschrieben und bittet um eine Vorführung unseres neuen Brief-Schnellöffners, und wir*

   a) *haben ihr (der Firma) mitgeteilt, daß Sie innerhalb der nächsten Tage bei ihnen vorsprechen werden.*

   b) *fügen eine Kopie unseres Angebotes bei.*

Uns liegt besonders viel daran, mit Ihnen ins Geschäft zu kommen.

Es tut uns leid, Sie zu drängen, aber ohne Zweifel ist dies die Gelegenheit, auf die wir schon lange gewartet haben.

Wir sind sicher, daß Sie alle nötigen Anstrengungen machen werden, um einen Probeauftrag zu bekommen.

Wir hoffen, daß Sie über einen erfolgreichen Besuch berichten können.

Wir haben den Eindruck, daß es höchst nützlich sein könnte, diesen Kunden regelmäßig zu besuchen.

Wir müssen mit Herrn Bruzzone Kontakt behalten, der uns auf der Hannover-Messe besucht hat.

Diesen Hinweis sollte man weiterverfolgen.

Heute morgen haben wir den unterzeichneten Vertrag für die Lieferung von zwei Bohrmaschinen erhalten.

Alleghiamo una copia della lettera che abbiamo appena ricevuto da Sartori e Figli con l'ordinazione di 250 rasoi elettrici ricaricabili. Accludiamo inoltre una copia della nostra risposta con l'informazione che Lei è il nostro rappresentante.

Wir fügen eine Fotokopie des Briefes bei, den wir gerade von Sartori e Figli erhalten haben mit der Bestellung über 250 wiederaufladbare Rasierapparate und eine Kopie unserer Antwort mit dem Hinweis, daß Sie unser Vertreter sind.

Allego una copia della lettera che ho ricevuto stammattina dal Signor Biagiotti (con un reclamo circa ..).

Ich füge eine Kopie des Briefes bei, den ich heute morgen von Herrn Biagiotti erhalten habe (mit Beschwerde über ...).

La prego di modificare il Suo itinerario affinché possa visitare questo cliente.

Bitte ändern Sie Ihre Reiseroute, so daß Sie diesen Kunden besuchen können.

Le chiedo di andarci immediatamente

Ich bitte Sie, sofort hinzufahren

a) e di regolare convenientemente (con tatto) la questione.

a) und die Angelegenheit fair (taktvoll) zu regeln.

b) e di fare tutto il possibile per rimettere le cose in ordine.

b) und alles zu tun, um die Sache wieder in Ordnung zu bringen.

c) e di fare ogni sforzo per ottenere un ordine di prova.

c) und alles daranzusetzen, einen Probeauftrag zu erhalten.

Desideriamo inoltre avere un rapporto circa le difficoltà presso ...

Wir möchten auch einen Bericht haben über die Schwierigkeiten bei ...

Il cliente è adesso completamente soddisfatto?

Ist der Kunde jetzt ganz zufrieden?

Quando avrà tutte le informazioni mi invii per favore un resoconto.

Wenn Sie alle Fakten haben, schicken Sie mir bitte einen Bericht.

La prego di far visita al Signor Salviati per conoscere il motivo del suo ritardo nel pagamento.

Bitte besuchen Sie Herrn Salviati, um den Grund für seine Zahlungsverzögerung zu erfahren.

Non mi pare necessario pregarLa di non orcare malintesi (Irritare la gente). Lei sa bene che se perdessimo la Società Pavesi sarebbe un fatto di estrema gravità.

Ich brauche Sie wohl nicht zu warnen, Mißverständnisse zu erzeugen (od. die Leute zu verärgern) – Sie wissen, daß, wenn wir die Società Pavesi verlieren, dies ein äußerst schwerer Schlag wäre.

Constatiamo che molti clienti sono in ritardo con i pagamenti.

Wir stellen fest, daß mehrere Kunden mit ihren Zahlungen im Rückstand sind.

Proponiamo che Lei chiarisca con tatto che non siamo in grado di eseguire ulteriori ordinazioni fino a che le fatture scoperte non siano saldate.

L'ultimo listino prezzi, distribuito ai nostri agenti nel marzo scorso, è stato modificato.

Ulteriori indicazioni riguardo i nuovi prezzi Vi saranno inviate al più presto possibile.

Vi preghiamo di comunicare ai clienti (alla clientela) che un leggero aumento dei prezzi sarà applicato a tutte le ordinazioni pervenute a partire dal 30 aprile.

Abbiamo letto con interesse dei molti nuovi contatti che ha potuto stabilire e speriamo che seguiranno cospicue ordinazioni.

Con la presente desidero inviare (formulare) a Lei ed ai Suoi collaboratori le mie congratulazioni per gli eccezionali risultati raggiunti nel corso dell'ultimo anno commerciale.

Wir schlagen vor, daß Sie taktvoll erklären, daß wir nicht in der Lage sind, weitere Aufträge auszuführen, bis diese rückständigen Rechnungen reguliert sind.

Die letzte Preisliste, die im März an unsere Vertreter ausgegeben wurde, ist geändert worden.

Weitere Angaben über die neuen Preise werden Ihnen so schnell wie möglich zugesandt.

Bitte teilen Sie den Kunden (od. der Kundschaft) mit, daß eine leichte Preiserhöhung auf alle nach dem 30. April eingehenden Aufträge zur Anwendung kommt.

Mit Interesse haben wir von den vielen neuen Kontakten, die Sie anknüpfen konnten, gelesen und hoffen, daß beträchtliche Aufträge folgen werden.

Hiermit möchte ich Ihnen und Ihren Mitarbeitern meine Glückwünsche senden für die ausgezeichneten Ergebnisse, die Sie während des letzten Geschäftsjahres erzielt haben.

b) bezüglich Spesenabrechnung

La Sua lista di spese è stata inoltrata al nostro reparto contabilità per il pagamento anche se abbiamo trovato le Sue spese per giugno piuttosto alte.

Ci preoccupa che la Sua nota spese per il mese scorso è sorprendentemente alta.

Come Lei certamente comprende, le Sue spese per marzo sono state talmente eccessive, che esito ad inoltrare la nota al direttore.

Ihre Spesenaufstellung wurde an unsere Rechnungsabteilung zur Zahlung angewiesen, obgleich wir Ihre Auslagen für Juni ziemlich hoch fanden.

Es macht uns Sorge, daß Ihre Spesenaufstellung für den vergangenen Monat ungewöhnlich hoch ist.

Wie Sie sicherlich verstehen, waren Ihre Spesen für März derartig hoch, daß ich zögere, die Liste an den Chef weiterzugeben.

E' necessario che avvenga un accurato controllo delle spese.

Es ist notwendig, daß eine genaue Kontrolle der Ausgaben erfolgt.

Converrà che abbiamo diritto ad una spiegazione.

Sie werden zugeben, daß wir auf eine Erklärung Anspruch haben.

La preghiamo di inviarci un elenco dettagliato di queste spese comprese fotocopie di tutti i conti d'albergo, spese di viaggio e ricevute varie.

Bitte senden sie uns eine eingehende Aufschlüsselung dieser Ausgaben einschließlich Fotokopien aller Hotelrechnungen, Reisekosten, Belege usw.

Autorizziamo per questa volta queste spese elevate, ma desideriamo precisare che non siamo in grado per il futuro di pagare cene con i clienti.

Dieses Mal genehmigen wir diese hohen Ausgaben, möchten aber betonen, daß wir in Zukunft nicht in der Lage sind, Abendessen mit Kunden zu bezahlen.

Apprezziamo molto i Suoi sforzi, ma in considerazione del limitato margine di guadagno non possiamo permetterci queste ulteriori spese.

Wir schätzen Ihre Bemühungen sehr, können uns jedoch in Anbetracht der niedrigen Gewinnspanne diese zusätzlichen Spesen nicht leisten.

17. Ankündigung des Vertreterbesuches

die Firma an den Kunden

Siamo lieti di comunicarVi che il Signor Viale, nostro rappresentante, farà un viaggio in Austria nel prossimo mese di maggio.

Wir freuen uns Ihnen mitzuteilen, daß unser Vertreter, Herr Viale, während des Monats Mai eine Geschäftsreise nach Österreich unternehmen wird.

Il Signor Cavo, nostro agente per la Germania, Vi farà visita nel corso della prossima settimana in occasione del suo viaggio in Baviera.

Herr Cavo, unser Vertreter für Deutschland, wird Sie nächste Woche anläßlich seiner Reise durch Bayern besuchen.

A causa della malattia del nostro abituale rappresentante nella Vostra zona, il Signor Rossi Vi farà visita tra breve.

Wegen der Erkrankung unseres gewohnten Vertreters in Ihrem Gebiet wird Herr Rossi Sie in Kürze besuchen.

1. Se desiderate ulteriori informazioni circa prezzi, condizioni ed epoca di consegna

1. Wenn Sie weitere Auskünfte über Preise, Bedingungen und Lieferzeit wünschen,

2. Se desiderate avere ulteriori informazioni (circa i differen-

2. Wenn Sie zusätzliche Auskünfte (über die verschiede-

ti modelli delle nostre macchine)

a) provvederemo volentieri affinché il nostro agente Vi renda (faccia una) visita.

b) uno dei nostri agenti Vi farà visita per chiarire i Vostri specifici problemi e per presentarVi una macchina che soddisfi le Vostre esigenze.

Se ci restituite l'allegata cartolina (debitamente) compilata Vi invieremo con piacere un rappresentante che Vi sarà d'aiuto nella scelta del modello.

Come desiderato chiederemo al nostro rappresentante di telefonarVi per organizzare la presentazione di questa macchina.

Se (Qualora) desideriate una presentazione di questo impianto telefonate al nostro agente locale, il Signor Arturo Razzetti, al N. 0 19-25 32 84.

Il nostro rappresentante tecnico sarà da Voi nei prossimi giorni. Qualora abbiate domande urgenti telefonateci.

Ci sembra raccomandabile che il nostro rappresentante locale concordi con Voi un incontro in modo da discutere dettagliatamente il Vostro fabbisogno.

In occasione della revisione del nostro listino prezzi saremmo molto lieti se il nostro rappresentante, Signor Laudi, Vi facesse visita per illustrarVi le nostre nuove offerte speciale.

Vi ringraziamo per avere accolto così cortesemente il

nen Modelle unserer Maschinen) wünschen,

a) werden wir gern veranlassen, daß unser Vertreter Ihnen einen Besuch abstattet.

b) wird einer unserer Vertreter Sie zur Erörterung Ihrer besonderen Probleme besuchen und eine Maschine vorführen, die Ihren Anforderungen entspricht.

Wenn Sie die beigefügte Karte ausfüllen und zurücksenden, werden wir gern einen Vertreter schicken, der Ihnen bei der Wahl des Modells behilflich ist.

Wie gewünscht, werden wir unseren Vertreter bitten, Sie anzurufen, um eine Vorführung dieser Maschine zu arrangieren.

Falls Sie eine Vorführung dieser Anlage wünschen, rufen Sie bitte unseren Ortsvertreter, Herrn Arturo Razzetti, unter der Nr. 0 19-25 32 84 an.

Unser technischer Vertreter wird in den nächsten Tagen bei Ihnen vorsprechen. Falls Sie dringende Fragen haben, rufen Sie uns an.

Es scheint uns empfehlenswert, daß unser Bezirksvertreter einen Besuchstermin mit Ihnen vereinbart, um Ihren Bedarf eingehend zu besprechen.

Anläßlich der Revidierung unserer Preisliste würden wir uns sehr freuen, wenn unser Vertreter, Herr Laudi, Sie besuchen würde, um Ihnen unsere neuen Sonderangebote zu präsentieren.

Wir danken Ihnen, daß Sie unseren Herrn Briasco so

nostro Signor Briasco in occasione della Sua visita il 9 maggio u. s.

Vi ringraziamo molto per la cortesia e l'ospitalità che avete dimostrato al nostro rappresentante, Signor Nebbia, in occasione della presentazione del nuovo modello L 23 nei Vostri locali aziendali.

Il Signor Lomax, nostro rappresentante, mi ha

a) riferito circa la sua breve visita da Voi a Mantova e della cortesia con la quale lo avete accolto.

b) riferito del proficuo incontro avuto recentemente con Voi.

freundlich empfangen haben, als er am 9. Mai bei Ihnen vorsprach.

Wir danken Ihnen sehr für die Höflichkeit und Gastfreundschaft, die Sie unserem Vertreter, Herrn Nebbia, entgegengebracht haben, anläßlich der Vorführung des neuen Modells L 23 in Ihren Geschäftsräumen.

Unser Vertreter, Herr Lomax hat mir

a) von seinem kürzlichen Besuch bei Ihnen in Mantua berichtet und von der Liebenswürdigkeit, mit der Sie ihn empfangen haben.

b) von der angenehmen Zusammenkunft, die er kürzlich mit Ihnen hatte, berichtet.

V. Auftragsbestätigung, Stornierung, Auftragsablehnung

Mit der vorbehaltlosen Annahme *(accettazione incondizionata)* des Gesamtauftrages *(ordinazione completa)* durch die Lieferfirma ist das Geschäft abgeschlossen *(il contratto è concluso)*.

Nach Abschluß eines bindenden Vertrages *(contratto vincolante)* haben beide Parteien gegenseitige Rechte und Verpflichtungen *(diritti e doveri)*. Wenn eine Partei es versäumt *(trascura)* oder sich weigert *(rifiuta)*, eine vertragliche Verpflichtung zu erfüllen, dann entsteht ein Vertragsbruch *(rottura di contratto)*. Das übliche Rechtsmittel *(mezzo legale)* ist Klage auf Schadenersatz *(causa per danni)*.

Bei großen Aufträgen enthält das Bestätigungsschreiben der Lieferfirma normalerweise die allgemeinen Geschäftsbedingungen *(condizioni generali di vendita)*. Die Firmen haben hierfür meistens vorgedruckte Formulare, oder diese Bedingungen befinden sich als Kleingedrucktes *(a caratteri piccoli)* auf der Rückseite der Auftragsbestätigungen und enthalten wichtige Hinweise wie: Reklamationen werden nur innerhalb von 8 Tagen nach Empfang der Ware angenommen *(reclami vengono accettati solo se giungono entro una settimana dalla consegna della merce)* und Hinweise auf Eigentumsvorbehalt *(riserva di proprietà)*, Erfüllungsort *(luogo di adempimento)*, Kundendienst *(servizio assistenza clienti)*, Mängelhaftung *(garanzia per eventuali difetti)* usw.

Die Auftragsbestätigung sollte auch enthalten:

Den Ausdruck des Dankes für den Erhalt des Auftrages mit einer günstigen Beurteilung *(commento, accenno)* der zu liefernden Waren *(merci da fornire)*, die Versicherung, daß der Auftrag sorgfältig und prompt ausgeführt wird, eine Wiederholung aller wichtigen Punkte, die Hoffnung, daß der Kunde mit der Ware zufrieden sein wird, einen Hinweis auf andere Waren *(accenno ad altri articoli)*, die den Kunden wahrscheinlich interessieren werden *(potrebbero interessare il cliente)* und die Hoffnung auf weitere Aufträge *(speranza di ricevere ulteriori ordini)*.

Falls die Lieferfirma etwas nicht liefern kann, sollte sie ohne Zustimmung des Kunden keinen Ersatzartikel *(articolo sostitutivo)* liefern, sondern ein Gegenangebot *(controfferta)* machen oder den Auftrag mit Bedauern *(rammarico)* ablehnen *(rifiutare)*.

Bei umfangreichen und schwierigen Aufträgen, z. B. Produktions- oder Exportaufträgen usw. ist es manchmal nicht ratsam, sofort zu bestätigen, denn hier könnte Eile unangenehme gesetzliche Folgen *(conseguenze legali)* haben. Um genügend Zeit zur Überprüfung zu haben, ist es in solchen Fällen besser, zunächst nur den Erhalt des Auftrages zu bestätigen *(ricevimento dell'ordine)* mit der Zusage, nach Prüfung das Annahmeschreiben in einigen Tagen zu schicken *(l'accettazione formale seguirà tra alcuni giorni)*.

Ändert der Kunde in seiner Bestellung das Angebot der Lieferfirma, entsteht rechtlich ein neuer Vertrag. Dasselbe gilt, wenn die Lieferfirma Klauseln ihres Angebots ändert. Dann ist die Auftragsbestätigung keine vorbehaltlose Annahme *(accettazione incondizionata)* mehr, sondern ein Gegenangebot *(controfferta)*, das von dem etwaigen *(potenziale)* Käufer angenommen oder abgelehnt werden kann, d. h. der Käufer ist nicht vertraglich gebunden *(non è contrattualmente obbligato)*.

Auch werden Postkarten mit vorgedruckter Bestätigung *(conferma)* verwandt. Aber ein kurzer Brief mit der Bestätigung, wann die Lieferung zu erwarten ist *(quando è prevista la consegna)*, ist in manchen Fällen besser und trägt zur Schaffung freundlicher Beziehungen bei *(contribuisce all'instaurarsi di buone relazioni)*.

Viele kleine routinemäßige Bestellungen und Bestätigungen erfolgen telefonisch. Zur Vermeidung von Hörfehlern oder Mißverständnissen *(errori di comprensione o malintesi)* ist eine schriftliche Bestätigung per Fax zu empfehlen.

Für Lieferungsschwierigkeiten *(difficoltà di consegna)* können folgende Gründe bestehen: Knappheit an Rohmaterial *(scarsezza di materie prime)*, Maschinenschaden *(guasti alle macchine)*, Streik *(sciopero)* etc. Es ist wichtig, daß der Lieferer seinen Kunden hiervon sofort in Kenntnis setzt. Er entschuldigt sich für den Verzug *(si scusa per il ritardo)*, erklärt die Lage *(spiega la situazione)* und bringt die Hoffnung zum Ausdruck *(formula la speranza)*, daß seinem Kunden keine ungebührlichen Unannehmlichkeiten entstehen *(che ciò non causi degli ingiusti inconvenienti)*. Er gibt den frühesten Termin an, zu dem er liefern kann und bittet seinen Kunden um Verlängerung der Lieferzeit *(di concedergli una proroga della data di consegna)*. Es ist wichtig zu bedenken, daß der Kunde seine Bestellung vielleicht so abgefaßt hat *(può aver formulato il suo ordine in tal forma)*, daß prompte Lieferung eine wesentliche Bedingung des Vertrages ist *(che la consegna immediata sia una condizione essenziale del contratto)*.

Pallotti

S.A.S. · MACCHINE UTENSILI DI PRECISIONE · UTENSILI ED ATTREZZI PER LE INDUSTRIE MECCANICHE E NAVALI

20124 MILANO · VIA G. B. PERGOLESI 13

TELEFONI: 273.185 · 206.971
TELEGRAMMI: UTENSILI MILANO
TELEX: 320170 UTENS-I

C.C.I.A. MILANO N. 721530
C.C. POSTALE N. 4376420B
COD. FISCALE 007 4523 018 1
PARTITA IVA 007 4523 018 1

VOSTRO RIFERIMENTO	DATA VOSTRA LETTERA	NOSTRO RIFERIMENTO	
- - -	- - -	aô/1280	MILANO 1° Dicembre 1982

ARGOMENTO: Vostro ordine verbale del 26.11.1982

       Con riferimento all'ordine da voi conferito verbalmente al nostro Sig. Formenti, per il quale sentitamente vi ringraziamo, ve ne diamo qui di seguito regolare conferma.

- Consegna: 20/30 gg., s.i.
- Merce resa franco: nostro magazzino di Milano
- Imballo: al costo
- Pagamento: 30 gg. d.f. c/tratta

1	supporto orig. Comato tipo 1B-187-10-1T	Lire 88.000.=
1	staffa orig. Comato tipo 1C-187-10-3TL	Lire 45.000.=

       In caso di contestazioni le parti riconoscono l'esclusiva competenza del Foro di Milano.

       Sempre con piacere ai vostri ambiti ordini, ben distintamente vi salutiamo.

Auftragsbestätigung

A. Auftragsbestätigung

1. Eingangsformeln

1. Molte grazie per il Vostro ordine N. A 1123 dell'8 marzo u. s.

2. Vi ringraziamo per il Vostro ordine N. 814 per cuscini di gommapiuma,

   a) che avete impartito (passato) al nostro agente, il Signor Magli, il 10 marzo.

   b) che accettiamo con piacere.

   c) con l'allegato assegno per (l'importo di) Lit. ...

   d) che eseguiremo conformemente alle Vostre istruzioni.

   e) che sarà immediatamente evaso.

   f) che accettiamo in base alle condizioni standard di vendita della nostra impresa che sono riportate sul retro.

   g) che abbiamo inoltrato per l'esecuzione al nostro agente, la Ditta Piana e Bottero S.n.c.

Ci ha fatto piacere ricevere la Vostra ordinazione del 4 aprile (c. m.) per apparecchi acustici

a) e possiamo confermarVi di avere sufficienti apparecchi del tipo D 15 in magazzino e che pertanto la data di consegna potrà essere rispettata.

b) che devono essere forniti secondo le Vostre particolari (specifiche) indicazioni.

1. *Besten Dank für Ihren Auftrag Nr. A 1123 vom 8. März,*

2. *Wir danken Ihnen für Ihren Auftrag Nr. 814 über Schaumstoffkissen,*

   a) *den Sie unserem Vertreter, Herrn Magli, am 10. März erteilt haben.*

   b) *den wir gern annehmen.*

   c) *mit dem beigefügten Scheck über Lit. ...*

   d) *den wir gemäß Ihren Anweisungen ausführen.*

   e) *der sofort erledigt wird.*

   f) *den wir entsprechend den auf der Rückseite angegebenen Standard-Verkaufsbedingungen unseres Unternehmens annehmen.*

   g) *den wir an unseren Agenten, die Firma Piana e Bottero S.n.c. zur Erledigung weitergegeben haben.*

Wir haben uns gefreut, Ihre Bestellung vom 4. April über Hörgeräte zu erhalten,

a) *und wir können bestätigen, daß wir ausreichende Vorräte des Typs D 15 auf Lager haben und daher der Liefertermin eingehalten werden kann.*

b) *die nach Ihren Einzelangaben (od. Sonderangaben) geliefert werden sollen.*

c) e prenderemo volentieri in considerazione una cosegna con fattura aperta se sarete così gentili da fornirci le consuete referenze commerciali.

c) und werden gern Lieferung in laufender Rechnung erwägen, wenn Sie so freundlich sind, uns die üblichen Handelsreferenzen anzugeben.

d) e abbiamo provveduto per l'inoltro della merce a mezzo M/N Angelita che lascerà Cuxhaven il 12 aprile per essere a Savona il 26 aprile p. v.

d) und haben veranlaßt, die Ware mit MS Angelita zu schikken, das am 12. April in Cuxhaven ausläuft und am 26. April in Savona eintreffen soll.

e) e faremo del nostro meglio per osservare la data di consegna.

e) und werden unser Bestes tun, das Lieferdatum einzuhalten.

f) ed apprendere che avete smerciato (venduto) con successo l'ultima partita.

f) und zu hören, daß Sie die letzte Sendung erfolgreich verkauft haben.

Molte grazie per l'ordinazione allegata alla Vostra lettera del 9 aprile.

Vielen Dank für den Ihrem Schreiben vom 9. April beigefügten Auftrag.

Vi ringraziamo per la Vostra lettera dell'8 giugno u. s.

Wir danken Ihnen für Ihr Schreiben vom 8. Juni

a) con l'allegata ordinazione per macchine per la lavorazione del legno.

a) mit anliegender Bestellung über Holzbearbeitungsmaschinen.

b) con la (a mezzo della) quale ordinate il seguente materiale:

b) mit dem Sie das folgende Material bestellen:

c) e per il Vostro ordine N. 1233 che viene ora da noi evaso e sarà inoltrato con la prima nave portacontainer disponibile.

c) und für Ihren Auftrag Nr. 1233, der jetzt von uns erledigt und mit dem ersten verfügbaren Containerschiff zum Versand kommen wird.

Molte grazie per la Vostra prima ordinazione.

Vielen Dank für Ihren Erstauftrag.

Apprendiamo con piacere che la saldatrice consegnata il 10 luglio Vi ha soddisfatti sotto ogni aspetto e Vi ringraziamo per la successiva ordinazione appena passataci.

Wir nehmen gern zur Kenntnis, daß die am 10. Juli gelieferte Schweißmaschine Sie in jeder Weise zufriedengestellt hat und danken Ihnen für die uns soeben erteilte Nachbestellung.

Confermiamo la Vostra ordinazione telefonica di stamattina per maglieria da donna con consegna immediata.

Wir bestätigen Ihren heute morgen fernmündlich erteilten Auftrag über Damen-Strickwaren zur sofortigen Lieferung.

Facciamo riferimento alla telefonata odierna tra Voi e il Si-

Wir beziehen uns auf Ihr heutiges Telefongespräch mit

gnor Marchetti e Vi confermiamo che siamo pronti ad accettare la Vostra ordinazione in base alle (secondo le) condizioni stabilite.

Herrn Marchetti und bestätigen, daß wir bereit sind, Ihren Auftrag gemäß den festgesetzten Bedingungen anzunehmen.

2. Klarstellung von Einzelheiten und Mißverständnissen

Vi preghiamo di comunicarci se preferite il modello standard o di lusso poiché non lo indicate (avete indicato) nella Vostra ordinazione.

Bitte teilen Sie uns mit, ob Sie das Standard- oder das Luxusmodell vorziehen, da Sie dies in Ihrer Bestellung nicht erwähnen.

Purtroppo avete omesso (dimenticato) di indicare la dimensione (il colore, la lunghezza, le esatte misure) da Voi desiderata(-o, -e).

Leider haben Sie übersehen, uns die von Ihnen gewünschte Größe (od. Farbe; Länge; die genauen Abmessungen) anzugeben.

Non appena avremo (disporremo di) queste indicazioni (informazioni) ulteriori saremo in grado di eseguire (evadere) l'ordinazione completa.

Sobald wir diese zusätzlichen Angaben haben, werden wir in der Lage sein, den gesamten Auftrag auszuführen.

La Vostra ordinazione non corrisponde alle condizioni contrattuali.

Ihr Auftrag steht nicht im Einklang mit den Vertragsbedingungen.

3. Preise, Abweichungen von den angebotenen Preisen

Accettiamo il Vostro ordine ai prezzi indicati nella nostra lettera del 22 luglio. Ordini futuri potranno però essere accettati solamente ai prezzi indicati nell'accluso listino.

Wir nehmen Ihren Auftrag zu den in unserem Schreiben vom 22. Juli genannten Preisen an. Künftige Aufträge können aber nur zu den auf der beigefügten Liste genannten Preisen angenommen werden.

Il Vostro ordine ci fa piacere, desideriamo tuttavia precisare

Wir schätzen Ihren Auftrag, möchten jedoch betonen,

a) che nonostante considerevoli aumenti salariali e di materiale i nostri prezzi non sono stati aumentati da otto mesi.

a) daß unsere Preise trotz beträchtlich gestiegener Lohn- und Materialkosten acht Monate lang nicht erhöht worden sind.

b) che abbiamo già ridotto al massimo i nostri prezzi nell'attesa di una considerevole ordinazione.

c) che i nostri prezzi ci lasciano solo un margine molto ridotto di guadagno.

d) che per merci di analoga qualità i nostri prezzi sono più bassi di quelli della concorrenza.

Se confrontate il nostro prodotto con analoghe marche Vi sarà chiaro quanto limitato è il nostro margine di guadagno.

Il Vostro ordine ci fa piacere,

a) siamo però spiacenti di non poter soddisfare la Vostra richiesta di un ulteriore sconto (uno sconto speciale) del 3%.

b) siamo però spiacenti di non essere in grado di accordare la riduzione proposta di Lit. 5000 al prezzo di Lit. 148.000 al chilo.

Non è nostra abitudine concedere crediti a lunga scadenza alla prima ordinazione, tuttavia, in base alle Vostre referenze siamo disposti a fare un'eccezione in questo particolare caso.

Il prezzo per strumento indicato nel Vostro ordine è di Lit. 251.000 mentre avevamo indicato Lit. 351.000 nel nostro telex del 1° marzo. Probabilmente si tratta semplicemente di un errore di battitura.

Desideriamo far presente

a) che il prezzo speciale di Lit. 152.000 per cassa è stato fatto contando su un'ordinazione molto più considerevole.

b) *daß unsere Preise in Erwartung eines beträchtlichen Auftrages bereits auf das äußerste Mindestmaß herabgesetzt sind.*

c) *daß unsere Preise uns nur eine sehr kleine Gewinnspanne lassen.*

d) *daß für Waren ähnlicher Qualität unsere Preise niedriger sind als die unserer Konkurrenz.*

Wenn Sie unser Produkt mit ähnlichen Marken vergleichen, wird Ihnen klar sein, wie klein unsere Gewinnspanne ist.

Wir schätzen Ihren Auftrag,

a) *bedauern jedoch, daß wir Ihrer Bitte um einen Sonder- (od. weiteren) Rabatt von 3% nicht nachkommen können.*

b) *bedauern jedoch, daß wir nicht in der Lage sind, dem vorgeschlagenen Nachlaß von Lit. 5000 auf den Kilopreis von Lit. 148.000 zuzustimmen.*

Es ist nicht unsere Gepflogenheit, für einen ersten Abschluß langfristige Kredite zu gewähren, jedoch sind wir auf Grund Ihrer Referenzen bereit, in diesem besonderen Fall eine Ausnahme zu machen.

Der in Ihrem Auftrag genannte Preis ist Lit. 251.000 pro Instrument, wogegen wir in unserem Telex vom 1. März Lit. 351.000 angegeben hatten. Es ist möglicherweise lediglich ein Tippfehler.

Wir möchten darauf hinweisen,

a) *daß das besondere Preisangebot von Lit. 152.000 pro Kiste in Erwartung eines größeren Auftrages gemacht wurde.*

b) che il prezzo indicato è per ordinazioni di Lit. 500.000 o superiori.

Speriamo che Vi sia possibile aumentare il Vostro ordine (a quest'importo) se volete approfittare di questo prezzo vantaggioso.

Ci sarebbe impossibile fornire una tale piccola quantità in diverse misure senza aumentare considerevolmente i prezzi.

Siamo spiacenti di non poter aumentare il nostro sconto poiché i nostri prezzi sono già considerevolmente al di sotto della media.

b) daß der Preis für Aufträge von Lit. 500.000 und darüber angegeben wurde.

Wir hoffen, daß Sie es ermöglichen können, Ihren Auftrag (auf diesen Betrag) zu erhöhen, wenn Sie diesen günstigen Preis nutzen wollen.

Es wäre uns unmöglich, eine so kleine Menge in verschiedenen Größen zu liefern, ohne die Preise beträchtlich zu erhöhen.

Wir bedauern, daß wir unseren Rabatt nicht erhöhen können, da unsere Preise bereits erheblich unter dem Durchschnitt liegen.

4. Zahlungsbedingungen

Accludiamo la nostra fattura pro forma

Wir fügen unsere Proforma-Rechnung bei

a) e Vi saremmo grati se poteste provvedere per il pagamento a mezzo versamento bancario.

a) und wären dankbar, wenn Sie die Zahlung durch Banküberweisung veranlassen könnten.

b) al saldo della quale la merce ordinata sarà immediatamente inviata.

b) nach deren Regulierung die bestellte Ware unverzüglich zum Versand kommen wird.

c) che Vi dà i particolari relativi ai costi di trasporto e assicurazione. Il pagamento deve avvenire prima dell'invio della merce.

c) die Ihnen die Einzelheiten über die Fracht und Versicherungskosten gibt. Die Zahlung muß vor Versand der Ware erfolgen.

1. Se ci inviate un assegno per tale importo o l'annuncio dell'apertura di un credito,

1. Wenn Sie uns einen Scheck für diesen Betrag senden oder die Eröffnung eines Akkreditivs,

2. Al ricevimento del Vostro versamento di Lit. ...

2. Bei Erhalt Ihrer Überweisung von Lit. ...

   a) evaderemo immediatamente la Vostra ordinazione.

   a) werden wir Ihren Auftrag sofort ausführen.

   b) provvederemo immediatamente per l'invio.

   b) werden wir sofort den Versand veranlassen.

c) la merce Vi sarà inviata immediatamente.

d) le merci Vi saranno inviate nel giro di pochi giorni.

e) consegneremo le merci allo spedizioniere per l'inoltro a mezzo ferrovia.

1. La merce sarà spedita

2. Le merci saranno inviate a mezzo nostro spedizioniere

3. Le merci saranno inviate per pacco postale (a mezzo nostro furgone, per via aerea, a mezzo ferrovia, per via mare)

a) non appena riceveremo il Vostro versamento.

b) non appena apprenderemo dalla nostra banca che è stato provveduto per il pagamento.

c) non appena riceveremo l'allegata cambiale a 90 giorni vista accettata a saldo della nostra fattura N. 1287.

d) non appena riceveremo una risposta favorevole alle nostre richieste di informazioni.

Poiché fino ad ora non abbiamo ancora concluso affari con Voi

a) Vi preghiamo di effettuare il versamento di Lit. 15.300.000 conformemente all'allegata fattura pro forma.

b) alleghiamo copia della nostra fattura e saremmo lieti se provvedeste al pagamento a mezzo cambiale bancaria (apertura di lettera di credito irrevocabile a nostro favore).

c) wird Ihnen die Ware unverzüglich übersandt.

d) werden die Waren innerhalb weniger Tage an Sie abgesandt werden.

e) werden wir die Waren dem Spediteur übergeben zur Weiterleitung per Bahn.

1. Die Ware wird abgeschickt werden,

2. Die Waren werden durch Vermittlung unseres Spediteurs versandt werden,

3. Die Waren werden durch Paketpost (od. unseren Lieferwagen; als Luftfracht; per Bahn; auf dem Seeweg) versandt werden,

a) sobald wir Ihre Überweisung erhalten.

b) sobald wir von unserer Bank erfahren, daß die Zahlung veranlaßt wurde.

c) sobald wir den beiliegenden 90-Tage-Sichtwechsel mit Ihrem Akzept zum Ausgleich unserer Rechnung Nr. 1287 zurückerhalten.

d) sobald wir eine günstige Antwort auf unsere Erkundigungen erhalten haben.

Da wir bisher mit Ihnen noch keine Geschäfte gemacht haben,

a) bitten wir Sie um Überweisung von Lit. 15.300.000 gemäß der beiliegenden Proforma-Rechnung.

b) fügen wir eine Kopie unserer Rechnung bei und würden uns freuen, wenn Sie die Zahlung durch Banktratte (od. durch Eröffnung eines unwiderruflichen Akkreditivs zu unseren Gunsten) veranlassen würden.

Purtroppo non possiamo accettare nessun'ordinazione senza un acconto del 30%.

Siamo spiacenti che le merci da Voi richieste possono essere spedite solo se riceviamo il pagamento insieme all'ordinazione.

Dobbiamo insistere per pagamento a mezzo lettera di credito.

Siamo certi che comprenderete la necessità di questa politica aziendale.

Questa è la nostra consueta prassi aziendale per ordinazioni dall'estero (prime ordinazioni).

Vogliate pertanto (Vi preghiamo pertanto di)

a) inviare un assegno per (l'importo di) Lit. 852.000 ed eseguiremo immediatamente con piacere il Vostro ordine.

b) provvedere per il necessario e informarci a tempo debito.

Vi assicuriamo che questa procedura trova generale applicazione in tali casi.

Spiccheremo tratta a vista (a 60 giorni) su di Voi attraverso la banca ... che Vi consegnerà i documenti contro accettazione della stessa.

La polizza di carico, il certificato d'assicurazione e la fattura consolare Vi saranno consegnati, come d'abitudine, contro pagamento dell'importo dovuto alla scadenza.

Vi inoltreremo i documenti a mezzo nostra banca, la ... che Ve li consegnerà ad avvenuta accettazione della cambiale presentataVi.

Wir können leider keine Aufträge annehmen ohne eine Vorauszahlung von 30%.

Wir bedauern sehr, daß die von Ihnen erbetenen Waren nur versandt werden können, wenn wir die Zahlung mit dem Auftrag erhalten.

Wir müssen auf Zahlung durch Dokumentenakkreditiv bestehen.

Wir sind sicher, daß Sie die Notwendigkeit dieser Geschäftspolitik einsehen werden.

Dies ist unsere übliche Geschäftspolitik bei Auslands- (od. Erst-)Aufträgen.

Würden Sie deshalb bitte

a) einen Scheck in Höhe von Lit. 852.000 schicken, und wir werden Ihren Auftrag gern sofort ausführen.

b) das Nötige veranlassen und uns zur gegebenen Zeit benachrichtigen.

Wir versichern Ihnen, daß dieses Verfahren allgemein in solchen Fällen zur Anwendung kommt.

Wir werden für diesen Betrag eine Sichttratte (od. eine Tratte mit 60 Tagen Sicht) durch die ... Bank auf Sie ziehen, die Ihnen die Dokumente gegen Akzept der Tratte aushändigen wird.

Konossement, Versicherungszertifikat und Konsulatsfaktura werden Ihnen gegen Zahlung des fälligen Betrages wie üblich ausgehändigt werden.

Wir werden die Dokumente durch unsere Bank, die ... Bank, an Sie weiterleiten, die sie Ihnen nach Akzept des Ihnen präsentierten Wechsels aushändigen wird.

5. Bitte um Angabe von Referenzen

1. Poiché questa è la prima volta che facciamo affari con Voi

2. Poiché questo è il primo ordine che abbiamo il piacere di ricevere da Voi

3. Poiché questo è il primo affare con noi ed in particolare poiché ci chiedete un prolungamento delle nostre abituali condizioni di credito

   a) Vi preghiamo di compilare e restituirci l'accluso formulario di richiesta di credito.

   b) Vi preghiamo di indicarci il nome della Vostra banca o di ditte alle quali possiamo rivolgerci per referenze.

   c) vogliate essere così cortesi da fornirci (indicarci) le consuete (abituali) referenze commerciali.

   d) saremmo lieti se ci indicaste i nomi di due ditte con le quali siete in regolari rapporti d'affari.

Prima di poterVi inviare le merci dobbiamo chiederVi le consuete referenze, una della Vostra banca e una di un'altra ditta presso la quale avete acquistato merci.

Desideriamo proporVi, se siete interessati ad aprire un conto presso di noi, di inviarci le Vostre referenze commerciali e bancarie. In tal modo future transazioni potranno essere regolate su base creditizia.

E' nostra abitudine richiede-

1. *Da dies das erste Mal ist, daß wir mit Ihnen Geschäfte machen,*

2. *Da dies der erste Auftrag ist, den wir das Vergnügen hatten von Ihnen zu erhalten,*

3. *Da dies der erste Abschluß mit uns ist, und insbesondere da Sie eine Verlängerung unserer üblichen Kreditbedingungen wünschen,*

   a) *bitten wir Sie, das beigefügte Kreditantragsformular auszufüllen und an uns zurückzusenden.*

   b) *bitten wir Sie, den Namen Ihrer Bank oder die Namen von Firmen anzugeben, an die wir uns zwecks Referenzen wenden können.*

   c) *sind Sie vielleicht so freundlich, uns die üblichen Handelsreferenzen anzugeben.*

   d) *würden wir uns freuen, wenn Sie die Namen von zwei Firmen angeben würden, mit denen Sie regelmäßig Geschäfte tätigen.*

Bevor wir die Waren schicken können, müssen wir Sie um die üblichen Referenzen bitten, eine von Ihrer Bank und eine von einer anderen Firma, von der Sie Waren bezogen haben.

Wir möchten Ihnen vorschlagen, wenn Sie daran interessiert sind, bei uns ein Konto zu eröffnen, uns Ihre Handels- und Bankreferenzen zu schicken. So können zukünftige Geschäfte auf Kreditbasis abgewickelt werden.

Es ist unsere Gepflogenheit,

re referenze a tutti i nostri nuovi clienti e Vi saremmo pertanto grati se ce le voleste cortesemente fornire.

alle unsere neuen Kunden um Referenzen zu bitten, und wir wären Ihnen deshalb dankbar, wenn Sie uns diese freundlicherweise einreichen würden.

6. Lieferzeit, Lieferung

1. Tutti gli articoli sono disponibili in magazzino.

2. Le merci ordinate possono essere consegnate franco magazzino

   a) e Vi saranno inviate a mezzo ferrovia non appena ricevuto l'importo della fattura di Lit. 1.520.000 oltre alle spese di spedizione.

   b) e saranno imballate ed inviate non appena l'apertura di credito sarà confermata dalla Banca ...

   c) e saranno inviate a mezzo pacco postale (per via aerea; per ferrovia) non appena riceveremo il versamento (apprenderemo dalla nostra banca che è stato provveduto per il pagamento).

Come desiderato invieremo le merci per via aerea tra qualche giorno.

Le merci sono state imballate in sacchi della dimensione richiesta e spedite oggi a piccola velocità.

Abbiamo le merci in magazzino e le invieremo domani a mezzo ferrovia.

Provvederemo affinché le merci Vi siano consegnate entro tre giorni.

Le merci Vi saranno spedite per pacco postale (a mezzo nostro furgone; a mezzo ferro-

1. Alle Artikel sind im Lager verfügbar.

2. Die bestellten Waren können ab Lager geliefert werden

   a) und werden Ihnen mit der Bahn sofort nach Empfang des Rechnungsbetrages in Höhe von Lit. 1.520.000 zuzüglich Frachtkosten übersandt.

   b) und werden, sobald das Akkreditiv durch die ... Bank bestätigt wird, verpackt und versandt.

   c) und werden durch Paketpost (od. Luftfracht, per Bahn) versandt werden, sobald wir die Überweisung erhalten (od. wir von unserer Bank hören, daß die Zahlung veranlaßt wurde).

Wir werden die Waren wie gewünscht in einigen Tagen per Luftfracht versenden.

Die Waren wurden heute in Säcke der gewünschten Größe verpackt und als Frachtgut versandt.

Wir haben die Waren auf Lager und werden sie morgen per Bahn versenden.

Wir werden veranlassen, daß die Waren Ihnen in drei Tagen geliefert werden.

Die Waren werden Ihnen durch Paketpost (od. durch unseren Lieferwagen; per Bahn,

via; franco di porto; via mare; via aerea) domani (la prossima settimana, tra alcuni giorni, entro due settimane).

frachtfrei; auf dem Seeweg; als Luftfracht) morgen (od. in der nächsten Woche; in einigen Tagen; innerhalb von 2 Wochen) übersandt.

Vi invieremo la partita
a) il 10 aprile come richiesto.

Wir werden Ihnen den Posten
a) wie erbeten am 10. April schikken.

b) al più presto possibile e certamente non oltre la fine del mese.

b) so bald wie möglich und bestimmt nicht später als Ende dieses Monats schicken.

Potete contare sulla consegna entro circa tre settimane.

Sie können die Lieferung in ungefähr 3 Wochen erwarten.

Speriamo di poter evadere quest'ordinazione entro due settimane e Vi comunicheremo al più presto possibile la data di consegna.

Wir hoffen, diesen Auftrag in 14 Tagen ausführen zu können und werden Sie über das Datum der Lieferung so bald wie möglich unterrichten.

Gli alberi a gomito saranno consegnati dalla nostra fabbrica di Duisburg il 28 marzo p. v.

Die Kurbelwellen werden von unserem Duisburger Werk am 28. März geliefert werden.

Potete essere certi che la Vostra macchina sarà pronta per la spedizione entro il 10 ottobre.

Sie können sicher sein, daß Ihre Maschine bis zum 10. Oktober versandbereit sein wird.

Come assicurato potete contare sulla consegna per il 5 dicembre o prima.

Sie können, wie zugesagt, mit der Lieferung am 5. Dezember oder früher rechnen.

Le merci saranno inviate il 15 marzo a mezzo nostro furgone
a) e contiamo di consegnare nel corso del pomeriggio.

Die Waren werden am 15. März durch unseren Lieferwagen geschickt werden,
a) und wir rechnen damit, sie im Laufe des Nachmittags anzuliefern.

b) e prevediamo che il nostro autista arrivi alla Vostra filiale di Bergamo nel tardo pomeriggio e comunque ancora durante le ore lavorative.

b) und wir nehmen an, daß unser Fahrer in Ihrer Zweigstelle in Bergamo am späten Nachmittag ankommen wird, jedenfalls noch während der Geschäftszeit.

Effettuiamo consegne nella Vostra zona due volte alla settimana e speriamo di portare già al prossimo giovedì le merci ordinate.

Wir liefern zweimal in der Woche in Ihrem Gebiet und hoffen, die bestellten Waren bei unserer Fahrt am Donnerstag hinzuzunehmen.

Faremo tutto quanto ci è possibile per consegnare entro la

Wir werden alles tun, was uns möglich ist, um gemäß Ih-

fine del mese in base al Vostro desiderio; tuttavia non possiamo garantire la data di consegna.

Siamo spiacenti di non poterci assumere la responsabilità per ritardo di consegna. Tuttavia possiamo darVi la nostra ferma assicurazione che faremo tutti gli sforzi possibili per effettuare la consegna entro il 30 ottobre.

1. Abbiamo iniziato la produzione
2. Evadiamo il Vostro ordine con precedenza
   a) e Vi comunicheremo al più presto (possibile) la data della spedizione (dell'inoltro).
   b) e speriamo di caricare i videoregistratori sulla nave portacontainer «Emden Express» che parte da Rotterdam il 2 marzo p. v.
   c) e non ci sarà nessuna difficoltà a consegnarVi le merci entro la data stabilità.

Questi avvolgibili devono essere fabbricati in base al Vostro ordine e ciò causerà un ritardo di dieci giorni.

Abbiamo iniziato un programma immediato per la produzione delle parti (componenti) speciali desiderate.

Vi farà piacere apprendere che il Vostro ordine di lucchetti si trova già in esecuzione.

Prendiamo atto
a) che desiderate prelevare Voi stessi le merci e Ve le terremo pronte – come desiderato – per il 22 maggio.

rem Wunsch bis Ende des Monats zu liefern, können das Lieferdatum jedoch nicht garantieren.

Wir bedauern, daß wir die Verantwortung für Lieferungsverzug nicht übernehmen können. Jedoch können wir Ihnen unsere feste Zusage geben, daß alles getan wird, damit die Lieferung bis zum 30. Oktober erfolgt.

1. *Wir haben mit der Herstellung begonnen*
2. *Wir behandeln Ihren Auftrag mit Vorrang*
   a) *und werden Ihnen das Verschiffungsdatum sobald wie möglich mitteilen.*
   b) *und hoffen, die Video-Recorder mit dem Containerschiff ,,Emden Express'', das von Rotterdam am 2. März ausläuft, zu verschiffen.*
   c) *und es wird keine Schwierigkeit geben, Ihnen die Waren bis zum festgesetzten Datum zuzustellen.*

Diese Rolläden müssen gemäß Ihrem Auftrag angefertigt werden, und das wird eine Verzögerung von 10 Tagen verursachen.

Wir haben ein Sofortprogramm zur Anfertigung der von Ihnen gewünschten Spezialteile eingeleitet.

Es wird Sie freuen zu hören, daß Ihr Auftrag über die Vorhängeschlösser sich bereits in Arbeit befindet.

Wir nehmen davon Kenntnis,
a) *daß Sie die Waren selbst abholen wollen, und wir werden sie, wie gewünscht, für Sie am 22. Mai bereithalten.*

b) che le merci devono essere prelevate nella nostra fabbrica dal Vostro spedizioniere.

Questa partita sarà presa in consegna dal nostro spedizioniere Rossi di Albenga che provvederà per la consegna al Vostro laboratorio (magazzino).

Abbiamo preso accordi con lo spedizioniere da Voi proposto, la ditta ..., circa il prelevamento di questa partita dal nostro magazzino per la spedizione via mare il 25 maggio.

Informeremo il Vostro spedizioniere Breda e C. quando la merce sarà pronta per il prelevamento.

Prendiamo provvedimenti per caricare le merci sulla M/N «Düsseldorf Express» che parte il 10 ottobre per Genova.

Le merci sono ora pronte per la spedizione e desidereremmo pertanto avere Vostre istruzioni al riguardo.

Vi invieremo un avviso di spedizione

a) non appena le merci saranno imballate e caricate.

b) quando tutti i preparativi saranno finiti e la merce sarà a bordo.

Come richiesto Vi comunicheremo

a) la data di spedizione.

b) quando la merce sarà pronta per essere prelevata

b) daß die Waren in unserem Werk durch Ihren Spediteur abgeholt werden sollen.

Dieser Posten wird von unserem Spediteur Rossi aus Albenga abgeholt werden, der für die Lieferung an Ihr Laboratorium (od. Lager) sorgen wird.

Wir haben mit der von Ihnen vorgeschlagenen Speditionsfirma ... Vorkehrungen zur Abholung dieses Postens von unserem Lager zur Verschiffung am 25. Mai getroffen.

Wir werden Ihren Spediteur, die Firma Breda & Co., benachrichtigen, wenn die Ware abholbereit ist.

Wir treffen Vorkehrungen, um die Waren auf die MS Düsseldorf Express zu verladen, die am 10. Oktober nach Genua auslaufen soll.

Die Waren sind jetzt zum Versand bereit, und deshalb hätten wir gern Ihre diesbezüglichen Versandanweisungen.

Wir werden Ihnen eine Versandanzeige schicken,

a) sobald die Waren verpackt und verschifft sind.

b) wenn alle Vorbereitungen durchgeführt sind und die Ware an Bord sein wird.

Wie erbeten, werden wir Ihnen

a) das Versanddatum mitteilen.

b) mitteilen, wann Ihr Auftrag abholbereit ist.

7. Die Lieferzeit kann nicht eingehalten werden

Ci dispiace molto

a) di doverVi comunicare un ritardo nell'esecuzione del Vostro ordine.

Wir bedauern sehr,

a) Ihnen eine Verzögerung in der Ausführung Ihres Auftrages mitteilen zu müssen.

b) che l'articolo N. 23B non sia disponibile prima del 10 maggio. Vi saremmo grati se ci comunicaste se desiderate attendere o ordinare un modello alternativo.

c) che in seguito ad un imprevedibile guasto del nostro parco macchine non ci è possibile consegnare subito le merci.

d) che possiamo consegnare al più presto il 15 marzo.

e) che a causa di un'imprevista mancanza di materie prime non siamo in grado di eseguire il Vostro ordine N. 2456 come richiesto entro il 22 marzo.

Siamo oltremodo spiacenti di essere costretti a chiederVi una proroga della data di consegna del Vostro ordine N. A657 dell'8 aprile u. s.

1. La domanda è stata così grande

2. Abbiamo avuto una enorme domanda per questi articoli

   a) che assolutamente non ci attendevamo.

   b) che il nostro magazzino si è svuotato prima del previsto.

   c) che abbiamo esaurito tutte le nostre scorte.

   d) che i nostri fornitori non sono riusciti a far fronte all'ondata di ordinazioni.

   e) che ci siamo decisi (abbiamo deciso) di aumentare la produzione; questo significa che potremo eseguire il Vostro ordine entro 3 settimane.

1. Dei ritardi nella consegna delle materie prime (delle componenti)

b) daß Artikel Nr. 23B nicht vor dem 10. Mai lieferbar ist. Wir wären dankbar, wenn Sie angeben würden, ob Sie warten oder ein Alternativmodell bestellen wollen.

c) daß es uns infolge einer vorübergehenden Betriebsstörung unseres Maschinenparks unmöglich ist, die Waren sofort auszuliefern.

d) daß wir nun frühestens am 15. März liefern können.

e) daß wir infolge eines unvorhergesehenen Rohmaterialmangels nicht in der Lage sind, Ihren Auftrag Nr. 2456 bis 22. März wie erbeten auszuführen.

Wir bedauern außerordentlich gezwungen zu sein, Sie um eine Verlängerung der Lieferzeit für Ihren Auftrag Nr. A 657 vom 8. April zu bitten.

1. Die Nachfrage ist so groß gewesen,

2. Wir hatten eine so enorme Nachfrage nach diesen Artikeln,

   a) daß wir gar nicht darauf gefaßt waren.

   b) daß unser Lager früher als erwartet leer war.

   c) daß unser ganzes Reservelager geräumt ist.

   d) daß unsere Zulieferer mit der Auftragswelle nicht Schritt halten konnten.

   e) daß wir uns entschlossen haben, die Produktion zu steigern, und dies bedeutet, daß wir Ihren Auftrag innerhalb von 3 Wochen ausführen können.

1. Verzögerungen in der Lieferung des Rohmaterials (od. der Einzelteile)

2. Una serie di eventi avversi

2. *Eine Reihe widriger Umstände*

3. Delle difficoltà con il personale (le maestranze)

3. *Personalschwierigkeiten*

4. I (recenti) scioperi dei metallurgici

4. *Die (kürzlichen) Streiks der Metallarbeiter*

a) ci hanno costretti a diminuire (temporaneamente) la produzione. La consegna avrà pertanto luogo (avverrà) con circa 4 settimane di ritardo.

a) *haben uns gezwungen, die Produktion (vorübergehend) zu drosseln. Die Lieferung wird demzufolge mit etwa 4 Wochen Verspätung erfolgen.*

b) hanno causato ritardi nella spedizione di diverse partite.

b) *haben Verzögerungen im Versand einer Anzahl von Sendungen verursacht.*

c) hanno gravemente compromesso la nostra attività e, sebbene abbiamo fatto i massimi sforzi per far fronte ai nostri impegni, temiamo di non poter eseguire il Vostro ordine prima del 20 giugno.

c) *haben unser Geschäft stark beeinträchtigt, und trotz größter Anstrengungen, unseren Verpflichtungen nachzukommen, fürchten wir, daß wir Ihren Auftrag nicht vor dem 20. Juni ausführen können.*

Attualmente sono in corso delle trattative e c'è senz'altro motivo di credere che possiamo effettuare la consegna tra due settimane.

Momentan sind jedoch Schlichtungsverhandlungen im Gange, und es besteht durchaus Grund zu der Annahme, daß wir die Lieferung in zwei Wochen durchführen können.

Una delle nostre fabbriche è stata danneggiata da un (piccolo) incendio,

Eine unserer Werkstätten wurde durch ein (kleines) Feuer beschädigt,

a) e, sebbene il danno per le nostre macchine non sia stato troppo grave, la nostra produzione si fermerà per qualche tempo (la produzione è stata temporaneamente interrotta).

a) *und, obgleich der Schaden an unseren Maschinen nicht allzu gravierend gewesen ist, wird dies unsere Produktion eine Zeitlang aufhalten (od. ist die Produktion zeitweilig eingestellt worden).*

b) e non c'è speranza di poter riprendere la piena produzione prima di due settimane.

b) *und es besteht keine Hoffnung, daß wir die volle Produktion vor zwei Wochen wieder aufnehmen können.*

Viene comunque fatto ogni sforzo per riprendere la produzione.

Es wird jedoch jede Anstrengung unternommen, die Produktion wieder aufzunehmen.

1. I nostri fornitori si sono impegnati a (hanno garantito

1. *Unsere Lieferer haben sich verpflichtet (od. haben ga-*

di) ricostituire entro 7 giorni le nostre scorte (di magazzino).

2. In seguito a ripetute richieste i nostri fornitori si sono impegnati a consegnare questa settimana il materiale necessario,

a) e dovremmo pertanto essere in grado di eseguire il Vostro ordine entro il 5 ottobre.

b) e prevediamo perciò di essere certamente in grado di fornire questo articolo per la fine del mese.

1. Lavoriamo al massimo della nostra potenzialità

2. Lavoriamo in due turni

3. I nostri dipendenti fanno straordinari

4. Siate certi che faremo tutto il possibile

a) per rispettare i tempi delle ordinazioni.

b) per recuperare il tempo perduto.

Vi assicuriamo che tutte le ordinazioni sono evase in base all'ordine di arrivo e che si fa tutto il possibile per accelerare la consegna.

Risponderemo a richieste inevase non appena saranno disponibili nuove scorte.

Purtroppo non potremo fornire i 5 motori entro la data indicata nella nostra lettera dell'8 maggio. In ogni caso tratteremo il Vostro ordine con precedenza così che non dobbiate attendere più di 5 giorni rispetto la data concordata.

La data più prossima alla quale il Vostro ordine del 27

rantiert), unsere Lagerbestände innerhalb von 7 Tagen wieder aufzufüllen,

2. *Auf Grund wiederholter Bitten haben unsere Lieferanten sich verpflichtet, das notwendige Material in dieser Woche zu liefern,*

a) *und wir dürften infolgedessen in der Lage sein, Ihren Auftrag bis zum 5. Oktober auszuführen.*

b) *und wir schätzen deshalb, durchaus in der Lage zu sein, diesen Artikel bis Ende des Monats zu liefern.*

1. *Wir arbeiten mit voller Kapazitätsauslastung,*

2. *Wir arbeiten in zwei Schichten,*

3. *Unsere Mitarbeiter machen Überstunden,*

4. *Seien Sie versichert, daß wir alles tun, was wir können,*

a) *um die Auftragsfristen einzuhalten.*

b) *um die versäumte Zeit aufzuholen.*

Wir versichern Ihnen, daß alle Aufträge der Reihe nach bearbeitet werden und daß zur Beschleunigung der Lieferung alles nur Mögliche geschieht.

Wir werden unerledigte Nachfragen beantworten, sobald neue Vorräte verfügbar sind.

Leider werden wir die 5 Motoren zu dem in unserem Schreiben vom 8. Mai erwähnten Datum nicht liefern können. Auf jeden Fall werden wir Ihren Auftrag mit Vorrang behandeln, damit Sie höchstens 5 Tage länger als vereinbart warten müssen.

Der früheste Zeitpunkt, an dem Ihr Auftrag vom 27. Juli

luglio u. s. sarà pronto all'invio è il 5 settembre p. v.

versandbereit sein wird, ist der 5. September.

Prevediamo che l'esecuzione del Vostro ordine sia ritardata di circa 3 settimane al massimo.

Wir schätzen, daß die Auslieferung Ihres Auftrages sich um höchstens etwa drei Wochen verzögert.

Vi preghiamo di confermare la Vostra ordinazione per questa data di consegna.

Bestätigen Sie bitte Ihren Auftrag für diesen Liefertermin.

Ci dispiace veramente molto di non poter rispettare la data di consegna del 15 aprile stabilita all'inizio. Contiamo comunque di avere pronte le macchine per l'inizio di maggio.

Es tut uns wirklich sehr leid, daß wir das anfänglich festgesetzte Lieferdatum 15. April nicht einhalten können. Wir rechnen jedoch damit, die Maschinen Anfang Mai bereithalten zu können.

Speriamo che questo ritardo non Vi causi dei gravi problemi.

Wir hoffen, daß dieser Verzug Ihnen keine ernstlichen Unannehmlichkeiten verursacht.

1. Chiediamo scusa per questo (spiacevole) ritardo

1. Für diese (bedauerliche) Verzögerung bitten wir um Entschuldigung

2. Siamo spiacenti per questo ritardo

2. Wir bedauern diese Verzögerung

  a) e siamo certi che comprenderete che questo (ciò) è da attribuire a circostanze (motivi) sulle (sui) quali non abbiamo alcun controllo.

  a) und wir sind sicher, daß Sie verstehen werden, daß dies Umständen (od. Gründen) zuzuschreiben ist, die sich unserer Kontrolle entziehen.

  b) e speriamo che non ci riterrete responsabili per eventi al di fuori del nostro controllo.

  b) und hoffen, daß Sie uns für Vorkommnisse außerhalb unserer Kontrolle nicht verantwortlich machen werden.

  c) e speriamo che ciò non Vi causi degli eccessivi (dei gravi) problemi.

  c) und hoffen, daß Ihnen hierdurch keine größeren (od. ernstlichen) Probleme entstehen.

  d) e facciamo del nostro meglio per evadere il Vostro ordine al più presto possibile.

  d) und tun unser Bestes, um Ihren Auftrag so schnell wie möglich auszuführen.

  e) e Vi assicuriamo che faremo tutto il possibile per evadere il Vostro ordine al più presto.

  e) und versichern Ihnen, daß wir alles tun werden, um Ihren Auftrag frühestmöglich auszuführen.

Per evitare altri ritardi invieremo le merci a mezzo camion al Vostro magazzino senza ulteriore fatturazione.

Poiché ci avete comunicato di non aver urgente bisogno delle merci, speriamo che questo ritardo non Vi causerà eccessivi problemi.

Ci dispiace veramente di averVi dovuto creare in tal modo dei problemi perché teniamo sempre particolarmente a servire i nostri clienti sollecitamente.

In considerazione di questa situazione molto particolare siamo certi della Vostra comprensione.

Vogliate accettare le nostre sincere scuse

a) per i problemi causati.

b) per questo ritardo.

Zur Vermeidung weiterer Verzögerungen werden wir die Waren durch LKW ohne zuzügliche Berechnung zu Ihrem Lager schicken.

Da Sie mitgeteilt haben, daß die Waren nicht dringend gebraucht werden, hoffen wir, daß diese Verzögerung Ihnen keine übermäßigen Unannehmlichkeiten verursachen wird.

Wir bedauern wirklich, Ihnen auf diese Weise Unannehmlichkeiten bereitet zu haben, da uns immer sehr daran liegt, unsere Kunden prompt zu bedienen.

Angesichts dieses sehr ungewöhnlichen Umstandes sind wir sicher, daß Sie Verständnis haben werden.

Bitte nehmen Sie unsere aufrichtige Entschuldigung

a) für die verursachtgen Unannehmlichkeiten entgegen.

b) wegen dieser Verzögerung entgegen.

8. Teilsendung

Ci metteremo in contatto con Voi non appena la prima consegna parziale sarà pronta all'inoltro.

La fabbrica lavora al massimo della potenzialità e, salvo imprevisti, effettueremo la prima spedizione il 7 maggio p. v.

a) e il resto entro due settimane.

b) e le altre spedizioni seguiranno come concordato con scadenza bisettimanale.

Sono state date istruzioni al nostro reparto spedizioni di inviare il 20 maggio, il 20 giugno e il 20 luglio p. v. le merci da Voi ordinate.

˜Sobald die erste Teilllieferung zum Versand bereit ist, werden wir uns mit Ihnen in Verbindung setzen.

Unsere Fabrik ist voll ausgelastet und, falls nichts Unerwartetes passiert, werden wir Ihnen die erste Sendung am 7. Mai schicken

a) und den Rest innerhalb von 2 Wochen.

b) und die weiteren Sendungen werden wie abgemacht in Abständen von 14 Tagen folgen.

Unsere Speditionsabteilung hat Anweisung, die von Ihnen bestellten Waren am 20. Mai, 20. Juni und 20. Juli zu versenden.

I seguenti articoli Vi saranno inoltrati a mezzo pacco postale all'inizio della prossima settimana:

Tutte le posizioni del Vostro ordine ad eccezione del N. 99 saranno consegnate entro i prossimi giorni franco Vostro magazzino.

Purtroppo non siamo in grado di inviare prima dell'inizio di marzo le posizioni N. 40 e 44 del Vostro ordine.

Siamo spiacenti che le posizioni 4 e 5 saranno disponibili solo all'inizio di aprile.

Non possiamo purtroppo promettere di poter spedire questi articoli prima del 10 aprile.

Vogliate darci le Vostre istruzioni circa questi articoli.

Die folgenden Artikel werden durch Paketpost Anfang der nächsten Woche an Sie abgehen:

Alle Posten Ihres Auftrages mit Ausnahme von Nr. 99 werden innerhalb der nächsten Tage frei Haus an Sie geliefert.

Leider sind wir nicht in der Lage, die Posten Nr. 40 und 44 Ihres Auftrages vor Anfang März abzuschicken.

Wir bedauern, daß die Posten 4 und 5 erst Anfang April verfügbar sein werden.

Wir können leider nicht versprechen, diese Artikel vor dem 10. April zu versenden.

Geben Sie uns bitte Ihre Anweisungen bezüglich dieser Artikel.

9. Weitere Lieferungen können nur nach Begleichung der noch offenstehenden Rechnungen erfolgen

1. Vi ringraziamo per averci passato un'ulteriore ordinazione,

2. Ci ha fatto piacere ricevere il Vostro ordine per una ulteriore fornitura di pelli per abbigliamento,

   a) ma poiché l'attuale saldo passivo del Vostro conto è di Lit. 12.500.000 (supera Lit. 12.500.000) saremmo lieti di ricevere da Voi un assegno prima di concludere ulteriori transazioni (prima di poter concedere crediti per ulteriori forniture).

   b) ma dobbiamo peraltro far rilevare che le nostre fatture dell'11 aprile e del 2

1. *Vielen Dank für die Erteilung eines weiteren Auftrages,*

2. *Es hat uns gefreut, Ihren Auftrag für eine weitere Lieferung Leder für Bekleidung zu erhalten,*

   a) *aber da der Saldo auf Ihrem Konto derzeit bei Lit. 12.500.000 steht (od. Lit. 12.500.000 überschreitet), wurden wir es begrüßen, einen Scheck von Ihnen zu erhalten, bevor wir weitere Geschäfte abschließen (od. Kredite für weitere Lieferungen gewähren können).*

   b) *wir müssen jedoch darauf hinweisen, daß unsere Rechnungen vom 11. April*

maggio u. s. sono ancora scoperte.

und 2. Mai noch offenstehen.

Siamo molto spiacenti di comunicarVi che il Vostro ordine sarà tenuto in sospeso dal nostro reparto contabilità fino al ricevimento di Lit. 29.300.000 a saldo nostra fattura del 10 marzo u. s.

Wir bedauern sehr, Ihnen mitzuteilen, daß Ihr Auftrag durch unsere Buchhaltung aufgehalten wird bis zum Erhalt von Lit. 29.300.000 zur Begleichung unserer Rechnung vom 10. März.

Vi preghiamo pertanto

Wir bitten Sie deshalb, uns

a) di inviarci un assegno per l'importo di Lit. 1.000.000 a parziale pagamento della nostra fattura.

a) einen Scheck in Höhe von Lit. 1.000.000 zum Teilausgleich unserer Rechnung zu schikken.

b) di inviarci a giro di posta un assegno a saldo del Vostro conto affinché la Vostra ordinazione possa essere evasa senza ulteriore ritardo.

b) postwendend einen Scheck zur Regulierung Ihres Kontos zu schicken, so daß Ihr Auftrag ohne weitere Verzögerung ausgeführt werden kann.

1. Provvederemo per l'inoltro della macchina tappatrice

1. Wir werden dafür sorgen, daß die Korkenverschlußmaschine sofort herausgeht,

2. La merce ordinata sarà inviata,

2. Die bestellte Ware wird versandt werden,

3. Evaderemo con piacere il nuovo ordine che ci avete cortesemente passato

3. Wir werden den neuen Auftrag, den Sie uns liebenswürdigerweise erteilt haben, gern ausführen,

a) non appena riceveremo il Vostro assegno.

a) sobald wir Ihren Scheck bekommen.

b) non appena avremo ricevuto il pagamento delle fatture di luglio.

b) sobald wir die Zahlung der Juli-Rechnungen erhalten haben.

Il ritardo nel pagamento è certamente da attribuire ad una distrazione e probabilmente il denaro è già in viaggio. Il suo arrivo ci permetterà di evadere immediatamente il Vostro ordine.

Zweifellos ist der Zahlungsverzug einem Versehen zuzuschreiben, und das Geld ist wahrscheinlich schon unterwegs. Sein Eintreffen wird es uns ermöglichen, Ihren Auftrag sofort auszuführen.

10. Schlußworte

1. Vi assicuriamo che il Vostro ordine

1. Wir versichern Ihnen, daß

2. Vi ringraziamo per il Vostro ordine di prova e Vi assicuriamo che esso

2. Wir danken Ihnen für die Erteilung eines Probeauftrages und versprechen, sarà evaso con accuratezza e sollecitudine.

daß Ihr Auftrag sorgfältig und prompt erledigt wird.

Siamo (assolutamente) sicuri (certi) che

Wir sind (ganz) sicher, daß

a) Lei sarà più che soddisfatto delle gonne e dei pantaloni per signora scelti e speriamo di poterLa servire ancora spesso nel futuro.

a) *Sie mit den ausgewählten Damenröcken und -hosen mehr als zufrieden sein werden und hoffen, Sie in Zukunft noch oft bedienen zu dürfen.*

b) Lei sarà completamente soddisfatto dell'esecuzione del Suo ordine e che ciò porterà ad una proficua e durevole relazione tra le nostre aziende.

b) *Sie mit der Ausführung Ihres Auftrages voll zufrieden sein werden, und daß dies zu einer fruchtbaren und dauerhaften Verbindung zwischen unseren Unternehmen führen wird.*

c) sarà completamente soddisfatto delle prestazioni della macchina imbottigliatrice e speriamo di poter servire la Sua Ditta ancora nel futuro.

c) *Sie voll zufrieden sein werden mit der Leistung der Flaschenabfüllmaschine und hoffen, Ihre Firma auch künftig bedienen zu können.*

Speriamo

Wir hoffen,

a) che questo sia l'inizio di una proficua e lunga relazione e potete essere certi che faremo tutto quanto ci è possibile per agire in tale direzione.

a) *daß dies der Anfang einer langen und angenehmen Verbindung ist, und Sie können gewiß sein, daß wir alles uns nur Mögliche tun werden, es so zu gestalten.*

b) che questo sia solo il primo dei molti ordini che ci passerete.

b) *daß dies nur der erste von vielen Aufträgen ist, die Sie uns erteilen werden.*

c) che ciò sarà l'inizio di una lunga e per entrambi vantaggiosa relazione d'affari.

c) *daß dies der Beginn einer langen und beiderseits gewinnbringenden Geschäftsverbindung sein wird.*

Viene fatto ogni sforzo per soddisfare le Vostre richieste e speriamo che l'esecuzione di questo ordine di prova porterà ad ulteriori rapporti d'affari ed in particolare ad un ordine permanente.

Alle Anstrengungen werden unternommen, um Ihren Anforderungen zu entsprechen, und wir hoffen, daß die Erledigung dieses Probeauftrages zu weiteren Geschäftsbeziehungen führen wird, insbesondere zu einem Dauerauftrag.

Facciamo sempre ogni sforzo per servire al meglio i nostri clienti e speriamo che questo sia l'inizio di una lunga relazione d'affari.

Wir sind immer bestrebt, unsere Kunden bestens zu bedienen und hoffen, daß dies der Beginn einer langen Geschäftsverbindung ist.

Vi assicuro con piacere che mi occuperò personalmente del Vostro ordine e controllerò che ogni parte sia prodotta esattamente secondo le Vostre indicazioni.

Come desiderato Vi informeremo per via aerea (per fax) non appena la merce sarà spedita.

Poiché probabilmente non conoscete la nostra vasta gamma di produzione Vi inviamo in allegato il nostro catalogo generale e speriamo che l'esecuzione di quest'ordine porterà ad ulteriori transazioni tra noi.

Ich versichere Ihnen gern, daß ich mich persönlich um Ihren Auftrag kümmern und darauf achten werde, daß jedes Stück genau nach Ihren Angaben angefertigt wird.

Wie gewünscht, werden wir Sie durch Luftpost (per Fax) benachrichtigen, sobald die Ware abgesandt ist.

Da Sie unsere breite Produktpalette vielleicht nicht kennen, senden wir Ihnen anbei ein Exemplar unseres Gesamtkataloges und hoffen, daß die Ausführung dieses Auftrages zu weiteren Geschäften zwischen uns führen wird.

B. Stornierung, Auftragsablehnung

1. Der Auftrag wird vom Auftraggeber zurückgezogen

Il 12 aprile scorso abbiamo ordinato 200 tappeti extramorbidi per consegna entro la fine del mese prossimo.

1. La recente crisi del locale mercato ha avuto gravi effetti sulle vendite e ci rende inevitabile di

2. L'improvviso crollo dei prezzi ci costringe ad

3. La domanda eccezionalmente bassa per (macchine) lavastoviglie ci costringe ad

    a) annullare il nostro ordine.

    b) annullare una parte della nostra ordinazione.

Il cliente al quale erano destinate le merci ordinate ha revocato l'ordinazione per motivi che non ci sono ancora noti.

Am 12. April bestellten wir 200 Hochflauschteppiche zur Lieferung Ende des nächsten Monats.

1. Die kürzliche Krise auf dem hiesigen Markt hat ernsthafte Auswirkungen auf den Verkauf gehabt und macht es unvermeidlich,

2. Der plötzliche Preissturz zwingt uns,

3. Die außerordentlich geringe Nachfrage nach Spülmaschinen zwingt uns,

    a) unseren Auftrag zu stornieren.

    b) einen Teil unseres Auftrages zu stornieren.

Der Kunde, für den die bestellten Waren bestimmt waren, hat aus uns noch nicht bekannten Gründen die Bestellung rückgängig gemacht.

1. Poiché la nostra ditta ha presentato richiesta di fallimento
2. Poiché la nuova ditta non riconosce alcun ordine passato precedentemente
3. Poiché abbiamo in magazzino ancora notevoli quantità di queste merci
4. Poiché non avete ancora fornito le merci ordinate tre mesi fa
5. Poiché non avete consegnato in tempo (entro il termine stabilito)
   a) Vi preghiamo di cancellare il nostro ordine del 16 giugno.
   b) siamo costretti – anche se con dispiacere – ad annullare l'ordinazione.
   c) non ci resta altro (non ci lasciate altra scelta) che di annullare l'ordine.

1. Siamo spiacenti di doverVi pregare di annullare l'ordinazione.
2. Ci dispiace dover fare questa richiesta,
   a) speriamo tuttavia che sulla base della nostra pluriennale relazione d'affari ci verrete incontro.
   b) ma purtroppo il peggioramento della situazione economica non ci lascia altra scelta.

Vogliate annullare la nostra ordinazione di 50 gonne misura 10 e inviateci invece (in sostituzione) 50 gonne misura 12.

Se controllate ancora (rivedete) il nostro ordine N. B 415 dell'8 maggio u. s. noterete che abbiamo evidenziato l'importanza della consegna al più tardi per il 25 giugno.

---

1. Da unsere Firma Konkurs angemeldet hat,
2. Da die neue Firma keine früher erteilten Bestellungen anerkennt,
3. Da wir noch beträchtliche Mengen dieser Waren auf Lager haben,
4. Da Sie die vor drei Monaten bestellten Waren noch nicht geliefert haben,
5. Da Sie nicht rechtzeitig (od. innerhalb der festgesetzten Zeit nicht) geliefert haben,
   a) bitten wir Sie, unseren Auftrag vom 16. Juni zu streichen.
   b) sind wir, wenn auch ungern, gezwungen, den Auftrag zu annullieren.
   c) bleibt uns nichts anderes übrig (od. lassen Sie uns keine andere Wahl), als den Auftrag zu stornieren.

1. Wir bedauern, Sie bitten zu müssen, den Auftrag zu stornieren,
2. Es tut uns leid, diese Bitte vorbringen zu müssen,
   a) hoffen jedoch, daß Sie uns in Anbetracht unserer langjährigen Geschäftsverbindung entgegenkommen werden.
   b) jedoch läßt uns die Verschlechterung der wirtschaftlichen Lage keine andere Wahl.

Bitte annullieren Sie unseren Auftrag über 50 Röcke Größe 10 und schicken Sie uns statt dessen (od. als Ersatz) 50 Röcke Größe 12.

Wenn Sie sich unseren Auftrag Nr. B 415 vom 8. Mai noch einmal ansehen, werden Sie bemerken, daß wir die Wichtigkeit einer Lieferung bis spätestens 25. Juni betont haben.

Vi abbiamo già scritto due volte per ricordarVi l'importanza di una pronta consegna.

Poiché non avete consegnato le grucce alla data concordata abbiamo dovuto provvedere all'acquisto altrove.

Vi ricorderete certamente che noi abbiamo evidenziato (sottolineato) l'importanza di una sollecita consegna e comprenderete che il Vostro ritardo ci dà il diritto di richiederVi il risarcimento dei danni.

Vi saremmo (pertanto) molto grati se ci scioglieste dal nostro impegno.

Spero di ricevere una risposta favorevole.

Vogliate (Vi preghiamo di) confermare l'annullamento.

Wir haben Ihnen bereits zweimal geschrieben, um Sie an die Wichtigkeit prompter Lieferung zu erinnern.

Da Sie die Kleiderbügel nicht zu dem vereinbarten Datum geliefert haben, mußten wir sie anderswo besorgen.

Sie werden sich daran erinnern, daß wir die Wichtigkeit einer baldigen Lieferung betont haben und werden verstehen, daß Ihre Verspätung uns das Recht gibt, Schadenersatz zu fordern.

Wir wären (infolgedessen) sehr dankbar, wenn Sie uns von unserer Verpflichtung entbinden würden.

Ich sehe einer günstigen Antwort gern entgegen.

Bitte bestätigen Sie die Annullierung.

2. Der Lieferant besteht auf Einhaltung des Vertrages oder stimmt der Stornierung zu

Siamo molto spiacenti di non poter soddisfare il Vostro desiderio (la Vostra richiesta) di annullamento del Vostro ordine N. B 31579.

In considerazione delle circostanze siamo disposti

a) a ridurre da 50 a 20 il numero degli scafandri da Voi ordinati.

b) a cancellare l'ordine (una parte dell'ordine) per bastoni da passeggio che ci avete passato il 6 giugno.

Subito dopo aver ricevuto il Vostro telegramma ho telefonato alla nostra fabbrica di Burscheid dove vengono prodotti specialmente per Voi le fasce elastiche.

Wir bedauern sehr, daß wir Ihrem Wunsch nach Streichung Ihres Auftrages Nr. B 31579 nicht nachkommen können.

In Anbetracht der Umstände sind wir bereit,

a) die Anzahl der von Ihnen bestellten Taucheranzüge von 50 auf 20 zu reduzieren.

b) den Auftrag (od. einen Teil des Auftrages) über Spazierstöcke, den Sie uns am 6. Juni erteilt haben, zu streichen.

Sofort nach Erhalt Ihres Telegramms habe ich unser Werk in Burscheid angerufen, wo die Kolbenringe für Sie speziell angefertigt werden sollten.

Il nostro direttore aziendale (Il capo del reparto imballaggio) mi ha comunicato

Unser Betriebsleiter (od. Leiter unserer Packabteilung) hat mir mitgeteilt,

a) che le merci sono già state imballate e consegnate allo spedizioniere.

a) daß die Waren bereits verpackt und dem Spediteur übergeben wurden.

b) che il Vostro ordine è già stato evaso ed attende solo di essere spedito.

b) daß Ihr Auftrag bereits ausgeführt ist und nur auf den Versand wartet.

Andiamo sempre volentieri incontro ai nostri clienti e siamo molto spiacenti di non poter soddisfare il Vostro desiderio in quest'occasione.

Wir kommen unseren Stammkunden immer gern entgegen und bedauern sehr, daß wir diesmal Ihrem Wunsch nicht entsprechen können.

Desideriamo tuttavia sottolineare che noi non cederemo un'altra volta e che esigiamo che la Vostra Ditta adempia in futuro pienamente ai propri impegni.

Wir möchten jedoch betonen, daß wir nicht weiter nachgeben können und darauf bestehen müssen, daß Ihre Firma in Zukunft ihre Verpflichtungen voll und ganz erfüllt.

Vi ricorderete senz'altro che sono già passate quattro settimane da che la macchina piallatrice è pronta per essere prelevata e non possiamo capire perché non avete risposto alle nostre lettere del 22 maggio e del 4 e 10 giugno.

Sie werden sich sicher daran erinnern, daß schon vier Wochen vergangen sind, seit die Hobelmaschine abholbereit war, und wir können nicht verstehen, warum Sie auf unsere Briefe vom 22. Mai, 4. Juni und 10. Juni nicht geantwortet haben.

Facciamo riferimento alle nostre lettere del 2 e dell'8 giugno con le quali Vi abbiamo comunicato che la macchina fresatrice è pronta per essere prelevata.

Wir beziehen uns auf unsere bisherigen Briefe vom 2. Juni und 8. Juni, in denen wir Ihnen mitteilten, daß Ihre Fräsmaschine abholbereit ist.

Se la merce non sarà ritirata entro sette giorni saremo costretti a fatturarVi i costi di deposito.

Wenn die Ware innerhalb von 7 Tagen nicht abgeholt ist, werden wir gezwungen sein, Ihnen Lagerkosten zu berechnen.

3. Der Auftrag wird vom Lieferanten abgelehnt

Siamo molto spiacenti di non poter accettare la Vostra ordinazione

Wir bedauern sehr, daß es uns unmöglich ist, Ihren Auftrag

a) ai prezzi ed alle condizioni da Voi indicati

a) zu den von Ihnen angegebenen Preisen und Bedingungen anzunehmen.

b) al prezzo indicato (desiderato) di Lit. 82.500 per 100 unità.

Con nostro grande rincrescimento non possiamo accettare la Vostra ordinazione

a) poiché per qualsiasi modifica delle dimensioni standard sarebbe necessaria una riorganizzazione delle nostre officine che per il momento non possiamo prendere in considerazione.

b) poiché non produciamo più gli articoli elencati nella Vostra ordinazione.

c) poiché ponete come condizione fissa la consegna entro tre settimane.

1. Non possiamo fornire esattamente come da Vostro ordine

2. Ci dispiace di non poter evadere il Vostro ordine,

a) poiché non disponiamo di nessun articolo che corrisponda al Vostro campione.

b) poiché questi campioni non sono più disponibili (moderni).

c) poiché le nostre scorte di magazzino di questo articolo sono attualmente esaurite.

d) poiché questi colori non sono più disponibili.

e) poiché siamo stati costretti ad interrompere la produzione per la fine dello scorso anno.

Purtroppo non possiamo consegnare i tubi di rame ordinati il 1° luglio scorso.

1. A causa della straordinaria richiesta di posaterie di So-

b) *zu dem genannten (od. gewünschten) Preis von Lit. 82.500 für 100 Einheiten anzunehmen.*

Zu unserem großen Bedauern können wir Ihren Auftrag nicht annehmen,

a) *da für jede Änderung in den Standardgrößen eine Reorganisation unserer Werkstätten notwendig wäre, die wir augenblicklich nicht in Betracht ziehen können.*

b) *da wir die in Ihrer Bestellung angeführten Artikel nicht mehr herstellen.*

c) *da Sie die Lieferung innerhalb von drei Wochen als feste Bedingung verlangen.*

1. *Wir können nicht genau nach Ihrem Auftrag liefern,*

2. *Wir bedauern, daß wir Ihren Auftrag nicht ausführen können,*

a) *da wir über keinen Artikel verfügen, der Ihrem Muster entspricht.*

b) *da diese Muster nicht mehr verfügbar (od. nicht mehr modern) sind.*

c) *da unsere Lagerbestände dieses Artikels im Moment erschöpft sind.*

d) *da diese Farben nicht mehr vorrätig sind.*

e) *da wir gezwungen waren, die Produktion Ende des vorigen Jahres einzustellen.*

Leider können wir die am 1. Juli bestellten Kupferrohre nicht liefern.

1. *Wegen der außergewöhnlichen Nachfrage nach So-*

lingen siamo attualmente sprovvisti della marca da Voi richiesta

2. Siamo molto spiacenti che le nostre scorte di queste coperte siano esaurite,

   a) e non è da prevedere l'arrivo di ulteriori forniture nelle prossime settimane.

   b) e possiamo garantire la consegna solo per la fine di giugno.

Negli ultimi anni la richiesta di pattini a rotelle è così diminuita

   a) che abbiamo dovuto interrompere la produzione.

   b) che siamo stati costretti a interrompere la produzione di questo articolo.

A causa di diverse lamentele non teniamo più questa serie di articoli in magazzino.

Non produciamo più il modello GK 2. Esso è stato sostituito dal modello L 23.

Delle difficoltà di produzione ci obbligano a rifiutare temporaneamente ulteriori ordinazioni di questo modello.

Desideriamo consigliarVi di acquistare al Suo posto il nostro nuovo modello che possiamo raccomandare come un eccezionale prodotto ad un prezzo relativamente basso.

La domanda per questo materiale ha suporato le nostre aspettative e di conseguenza abbiamo avuto delle difficoltà nell'esecuzione degli ordini.

1. Se controllate la nostra lettera del 3 aprile u. s. noterete

   a) che la nostra offerta non era fissa e che abbiamo

---

linger Besteckwaren ist die von Ihnen bestellte Marke augenblicklich nicht vorrätig,

2. Wir bedauern sehr, daß unsere Lagerbestände dieser Decken erschöpft sind,

   a) und es ist nicht anzunehmen, daß weitere Lieferungen in den nächsten Wochen erhältlich sind.

   b) und wir können Lieferung erst Ende Juni garantieren.

In den letzten Jahren hat die Nachfrage nach Rollschuhen so abgenommen,

   a) daß wir die Herstellung einstellen mußten.

   b) daß wir gezwungen waren, die Herstellung dieses Artikels einzustellen.

Aufgrund einiger Beschwerden nehmen wir diese Artikelserie nicht mehr auf Lager.

Wir stellen das Modell GK 2 nicht mehr her. Es wurde durch das Modell L 23 ersetzt.

Herstellungsschwierigkeiten zwingen uns, weitere Bestellungen für dieses Modell vorläufig abzulehnen.

Wir möchten Ihnen raten, statt dessen unser neues Modell zu kaufen, das wir als ausgezeichnetes Erzeugnis zu einem verhältnismäßig niedrigen Preis empfehlen können.

Die Nachfrage nach diesem Material hat unsere Erwartungen übertroffen, und demzufolge haben wir einige Schwierigkeiten bei der Ausführung der Bestellungen.

1. Wenn Sie unser Schreiben vom 3. April prüfen, werden Sie bemerken,

   a) daß unser Angebot nicht fest war, und daß wir die

sottolineato l'importanza di una sollecita risposta.

b) che non possiamo più fornire questi motori al vecchio prezzo di Lit. 6.230.000 poiché dalla Vostra prima ordinazione ci sono stati tre aumenti di prezzo.

c) che Vi abbiamo indicato il nostro migliore prezzo (per tale quantità) di Lit. 78.600 al quintale.

d) che questo prezzo speciale vale solo per un prelievo minimo di 10.000 pezzi.

I costi di manodopera sono notevolmente aumentati (rapidamente saliti) dalla Vostra ultima ordinazione e pertanto possiamo evadere la Vostra ordinazione solo ai prezzi indicati nell'accluso listino.

Speriamo che comprendiate la nostra situazione

a) e modifichiate il Vostro ordine come proposto.

b) e confermiate il Vostro ordine ai prezzi indicati.

Abbiamo attentamente esaminato la Vostra controproposta alla nostra offerta del 2 giugno, ma siamo molto spiacenti di non poterla accettare.

Siamo spiacenti di non poterVi essere d'aiuto in questa circostanza.

Ci metteremo in contatto con Voi non appena

a) potremo nuovamente fornire queste merci.

b) l'attuale sciopero sarà finito.

c) la situazione sarà di nuovo normale.

Wichtigkeit einer baldigen Antwort betont haben.

b) *daß wir diese Motoren zum alten Preis von Lit. 6.230.000 nicht mehr liefern können, da seit Ihrem ersten Auftrag drei Preiserhöhungen stattgefunden haben.*

c) *daß wir Ihnen unseren niedrigsten Preis (für diese Menge) mit Lit. 78.600 pro 100 kg angegeben haben.*

d) *daß dieser Sonderpreis nur bei Mindestabnahme von 10.000 Stück gilt.*

Die Lohnkosten sind seit Ihrer letzten Bestellung beträchtlich gestiegen (od. steil in die Höhe gegangen), und deshalb können wir Ihren Auftrag nur zu den auf der beigefügten Liste notierten Preisen annehmen.

Wir hoffen, daß Sie unsere Lage verstehen

a) *und Ihren Auftrag wie vorgeschlagen ändern werden.*

b) *und Ihren Auftrag zu den angegebenen Preisen bestätigen werden.*

Wir haben Ihren Gegenvorschlag zu unserem Angebot vom 2. Juni sorgfältig geprüft, bedauern jedoch sehr, daß wir ihn nicht annehmen können.

Wir bedauern, daß wir Ihnen in dieser Angelegenheit nicht behilflich sein können.

Wir werden uns mit Ihnen in Verbindung setzen, sobald

a) *wir diese Waren wieder liefern können.*

b) *der augenblickliche Streik beendet ist.*

c) *die Lage sich wieder normalisiert hat.*

Forniamo solo a grossisti (Non forniamo a privati) e Vi proponiamo di rivolgerVi alla Ditta:

Wir liefern nur an Großhändler (od. nicht an Privatkunden) und schlagen Ihnen vor, sich an folgende Firma zu wenden:

Vi abbiamo appena telegrafato come segue:

Wir haben Ihnen gerade wie folgt telegrafiert:

NON POSSIAMO EVADERE VS ORDINAZIONE 20 GIUGNO STOP MERCE NON DISPONIBILE.

KÖNNEN IHRE BESTELLUNG 20 JUNI NICHT AUSFÜHREN STOP WARE NICHT VORRÄTIG.

Il telegramma è stato inviato per ridurre al minimo eventuali malintesi.

Das Telegramm wurde gesandt, um eventuelle Mißverständnisse auf ein Mindestmaß zu beschränken.

VI. Ausführung eines Auftrages. Versandanzeige

Der Verkäufer teilt dem Käufer mit, daß der erteilte Auftrag *(ordine trasmesso, passato)* vorschriftsmäßig *(secondo le prescrizioni)* oder auftragsgemäß *(in conformità all'ordine)* ausgeführt worden ist.

Die Rechnung wird beigefügt *(accludere, allegare, unire)* mit der Bitte *(preghiera)* um Gutschrift *(accreditamento)* des Rechnungsbetrages *(importo della fattura)*; andernfalls wird der Käufer darauf aufmerksam gemacht, daß man auf ihn ziehen *(spiccar tratta)* wird oder schon gezogen hat.

Mit dem Wunsch *(augurio)*, daß die Ware wohlbehalten *(in buono stato)* oder in gutem Zustand *(in buona condizione)* ankommen und den Beifall *(approvazione)* des Empfängers *(destinatario)* finden *(incontrare)* möge, verbindet man die Bitte um Erteilung weiterer *(ulteriori)* Aufträge.

Manchmal werden auch einige Bemerkungen *(osservazioni)* über den Preis *(prezzo)*, die Qualität *(qualità)*, Verpackung *imballaggio)*, Lieferung *(consegna)* usw. der Ware zu machen sein, besonders wenn vom vorgeschriebenen Auftrag irgendwie abgewichen *(deviare)* werden mußte. Namentlich sind nähere Angaben dann nötig, wenn man den Auftrag aus irgendeinem Grund (etwa aus Mangel an Vorrat *mancanza di disponibilità* usw.) nur teilweise *(parzialmente)* ausführen konnte, oder wenn Preise und Bedingungen infolge ungünstiger Verhältnisse *(circostanze, condizioni sfavorevoli)* nicht aufrechterhalten *(mantenere)* werden konnten. In solchen Fällen wird man den Käufer von der Unmöglichkeit *(impossibilità)* einer vorschriftsmäßigen Ausführung zu überzeugen suchen und ihm sagen, in welcher Weise *(in quale modo)* man bemüht sein wird, ihm entgegenzukommen *(venire incontro, favorire)*.

Die Dokumente, die bei Exportsendungen hauptsächlich in Frage kommen, sind:

1. Handelsfaktura *(fattura commerciale)*.
2. Konsulatsfaktura *(fattura consolare)*.
3. Versicherungspolice oder Zertifikat *(polizza o certificato di assicurazione)*.

4. Konnossement, Frachtbrief *(polizza di carico, lettera di vettura)*.
5. Zollinhaltserklärung *(dichiarazione doganale)*.
6. Ursprungszeugnis *(certificato d'origine)*, falls vorgeschrieben.

Die Rechnung

Eine Rechnung wird ausgestellt *(è emessa)*, um den Käufer über den zu zahlenden Betrag zu informieren. Sie enthält folgende Angaben:

Name und Anschrift des Lieferanten *(fornitore)*;
Name und Anschrift des Käufers *(acquirente, compratore)*;
Name und Anschrift des Empfängers *(destinatario)*;
Datum und Rechnungsnummer *(data e numero)*;
Datum der Bestellung und Bestellnummer *(data e numero dell'ordina-zione)*;
Menge *(quantità)*;
Warenart mit genauer Beschreibung *(esatta descrizione)*, Katalognummer;
Preis per Einheit *(per unità)* und Gesamtpreis *(prezzo totale)*;
Rabatte *(abbuoni)* außer Sofortzahlungsrabatt *(sconto per pagamento a pronti)*;
Transportart und eventuelle Transportkosten;
Versicherung;
Mehrwertsteuer *(Imposta sul Valore Aggiunto, IVA)* mit Prozentangabe;
Gesamtwert der Faktura;
Die Abkürzungen *S. E. & O. (Salvo Errori & Omissioni =* Irrtümer und Auslassungen vorbehalten*)*;
Verschiedene Einzelheiten (dettagli diversi) wie z. B. Zahlungsmodus *(modo di pagamento)*, Zeitpunkt des Versands, Rücksendung von Leergut *(resa di vuoti)*.
Vielfach wird auch auf schiedsgerichtliche Entscheidung *(arbitraggio in caso di controversia)* hingewiesen.

Mehrwertsteuer *(Imposta sul Valore Aggiunto, IVA)*

Die Mehrwertsteuer (MWSt) für Waren und Dienstleistungen existiert in allen EG-Ländern *(paesi della CEE)*. Sie ist bei jeder Produktionsstufe *(ogni stadio di produzione)* zahlbar, von der Urerzeugung *(produzione originaria)* bis zum Endverbraucher *(consumatore)*. Bemessungsgrundlage *(imponibile)* ist der Mehrwert der Waren *(valore aggiunto)* auf jeder einzelnen Produktions- oder Handelsstufe.

Mehrwertsteuer ist auch für importierte Waren und Dienstleistungen zu zahlen. Einige Waren und Dienstleistungen sind von dieser Steuer ausgenommen *(esenti)*, z. B. Exporte. Die Regierungen können die Höhe der Mehrwertsteuer ändern. In Italien müssen die Mehrwertsteuer-Registriernummer *(partita IVA)*, die Rechnungsnummer und die Mehrwertsteuer auf der Rechnung angegeben werden. Grundsätzlich zahlt jede Firma Mehrwertsteuer für die Waren und Dienstleistungen, die sie kauft und berechnet Mehrwertsteuer auf die Verkäufe, kann aber die vorher auf die gekauften Waren und Dienstleistungen berechnete Mehrwertsteuer abziehen *(dedurre)*.

FATTURA

Enrico Bagnarello & C.
Via Cesare Battisti, 23
38100 Trento

Ditta F.E.A.R.
Via C. Barabino, 17–18
16153 Genova

29 dicembre 19..

Quantità	Numero di catalogo	Descrizione	Prezzo unitario	Prezzo totale
			Lit.	Lit.
20	251 OA	Specchi retrovisori ALPHA	15.000	300.000
50	521 BS	Contagiri PRISMΛ	70.000	3.500.000
30	321	Tappetini VALDO	10.000	300.000
				4.100.000
		IVA 14%		574.000
		Totale Lit.		4.674.000

Pagamento: netto a 30 giorni o 2% di sconto entro 8 giorni.

Enrico Bagnarello & C.

(Franco Busoni)

Die Exportrechnung ist ähnlich wie die Inlandrechnung, jedoch zuzüglich vieler anderer Angaben und Dokumente, denn im internationalen Handel dient die Rechnung nicht nur als Zahlungsaufforderung *(richiesta di pagamento)*, sie wird darüber hinaus benötigt zur Festsetzung des Zolls, Devisenkontrolle *(controllo dei cambi)*, Vertragsfestsetzung mit Banken *(stipulazione di contratti con le banche)*, für die Verschiffung *(per la spedizione via mare)*, für eventuelle Importlizenzen *(licenze d'importazione)*.

Sie enthält deshalb noch folgende Angaben:
Genaue Einzelheiten über Verpackung einschließlich Abmessungen *(dimensioni)*;
Netto- und Bruttogewicht jeder Packung *(collo)* und ihre Nummern;
Transportzeichen *(marche)*;
Einzelheiten über die Transportart *(modo di trasporto)*;
Einzelheiten über die Verkaufsbedingungen, fob, cif usw. und Bestimmungshafen *(porto di destinazione)*;
Angabe der Banken, über die die Zahlung abgewickelt wird.

Bei der Angabe des Gewichts *(peso)* wird bei größeren Warensendungen oft eine besondere Gewichtsnota *(nota di peso)* verwendet. Hier ist zu unterscheiden:

a) das Rein- oder Nettogewicht *(peso netto)*, das wirkliche *(peso reale)* Gewicht der Waren ohne Verpackung *(imballaggio)* oder irgendeine Art von Behältern *(tipo di contenitore)*;

b) das Roh- oder Bruttogewicht *(peso lordo)*, das Gesamtgewicht einer Ware einschließlich Verpackung;

c) die Tara, das Leergewicht *(tara)*, d. h. das Gewicht des Behälters oder der Verpackung wie z. B. Kisten *(casse)*, Packpapier *(carta da imballaggio)* usw.

Man unterscheidet:

1. die reine oder absolute *(reale)* Tara: das tatsächliche Gewicht der Verpackung, das in jedem einzelnen Fall genau ermittelt wird;

2. die Durchschnitts- oder Prozenttara *(tara media)*: das Gewicht einiger Pakete als Durchschnitt für eine größere Anzahl;

3. die geschätzte Tara *(tara stimata)*;

4. die Zolltara *(tara doganale)*, die von der Zollbehörde bei der Berechnung des Zollgewichts vom Bruttogewicht abgezogen *(dedotta)* wird.

d) Tara und Gutgewicht *(tara e buon peso)* ist der dem Kunden zugestandene Gewichtsvorteil für Verlust *(perdita di peso)* usw.

Nach Abzug der Tara vom Bruttogewicht erhält man das Nettogewicht der Ware. „Tara" ist auch das Leergewicht *(peso a vuoto)* eines Lastwagens *(camion, autocarro, furgone)* oder Eisenbahnwaggons *(vagone)*.

Je nach Umständen (z. B. beim Speditions- oder Kommissionsgeschäft) kommen folgende Posten *(voci)* in Betracht, die oft in einer besonderen Kosten- oder Spesenrechnung *(nota [di] spese)* aufgeführt werden:
spese d'asta – Auktionsgebühren
spese di mediazione – Maklergebühr, Courtage

tassa di recapito – Zustellgebühr
provvigione – Provision
sdoganamento – Zollabfertigung
consegna – Ablieferung, Auslieferung
oneri di magazzinaggio – Dockgebühren
dazio d'esportazione – Ausfuhrzoll
assicurazione – Versicherung
imballaggio – Verpackung
porto – Porto
controllo di campioni – Stichprobenkontrolle
sorveglianza – Überwachen
spese di pesatura – Wiegegeld
stazzare/tarare – eichen

Die Konsulatsfaktura *(fattura consolare)* ist in einigen Ländern, in denen die Einfuhrzölle ad valorem *(secondo il valore)* berechnet werden, erforderlich. Diese Konsulatsfaktura enthält eine vor dem Konsul des importierenden Landes abgegebene eidesstattliche Erklärung *(dichiarazione in luogo di giuramento)*, daß die Einzelheiten der Rechnung korrekt sind. Der Konsul beglaubigt daraufhin die Rechnung *(autentifica la fattura)*.

Solche Konsulatsfakturen werden von den Zollbehörden *(autorità doganali)* im Lande des Käufers als rechtmäßige Grundlage für die Berechnung des Einfuhrzolles angenommen *(accettate come base legale per il computo dei diritti doganali d'importazione)*.

Das Ursprungszeugnis *(certificato d'origine)* wird von Überseeländern *(paesi d'oltremare)* verlangt, wo den Waren Vorzugsimportzölle *(dazi preferenziali all'importazione)* zugestanden werden.

Die Exportlizenz ist nur für einige Warenarten erforderlich, denn die meisten Waren können unbeschränkt *(senza restrizioni)* exportiert werden. Ausnahmen sind z. B. Waffen, strategische Güter, gewisse Chemikalien usw. Hierfür muß eine Exportlizenz vor Verschiffung beantragt werden.

Der Lieferschein

Wird die Ware durch eigenes Fahrzeug zugestellt, ist es üblich, einen Lieferschein *(bolla di consegna)* mitzuschicken, aus dem Warenart und Menge ersichtlich sind. Oft wird auch auf dem Doppel des Lieferscheins der Empfang der Waren bestätigt. Wenn die Sendung bei Empfang nicht sofort geprüft wird, so wird der Empfang der Kisten usw. mit dem Zusatz bestätigt „Inhalt nicht geprüft" *(contenuto non verificato)*.

Der Frachtbrief

Wenn ein Lieferant Waren per Bahn oder durch Lkw-Güterverkehr schickt, muß er einen Frachtbrief *(lettera di vettura)* ausfüllen *(compilare)*. Dieses Dokument ist eine Empfangsbescheinigung *(attestazione del ricevimento delle merci)* und ein Beförderungsvertrag *(contratto di tra-*

sporto), ist aber nicht, wie das Konnossement, verkäuflich, übertragbar, begebbar *(non è negoziabile, girabile).* Im Frachtbrief müssen verzeichnet werden: Einzelheiten über Gewicht, Beschreibung der Waren, Absender, Empfänger und Bestimmungsort, wer die Fracht bezahlt, d. h. ob die Waren frachtfrei *(franco di porto)* oder die Frachtkosten per Nachnahme *(porto assegnato)* gehen.

Wenn die Waren in beschädigtem Zustand *(danneggiate)* ankommen, sollte der Unterzeichner im Lieferbuch *(libro delle consegne)* nach seiner Unterschrift noch eine entsprechende Bemerkung machen.

Außer diesem Inlandfrachtbrief gibt es noch den internationalen Frachtbrief (CIM = Convention internationale concernant le transport des marchandises par chemins de fer/*Convenzione internazionale riguardante il trasporto delle merci per ferrovia* bzw. CMR = Convention relative au contrat de transport international de marchandises par route/*Convenzione relativa al contratto di trasporto internazionale di merci su strada;* siehe Formblatt S. 225).

Dieser internationale Frachtbrief ermöglicht zusammen mit einer T.I.F. Zollerklärung (Transport international ferroviaire/*Trasporto internazionale ferroviario*) oder dem Carnet-TIR (= Transport international de marchandises par la route/*Trasporto stradale internazionale*) die Durchfahrt von Eisenbahnwaggons bzw. Lastwagen unter Zollverschluß *(sigillo doganale)* durch ein Land gegen Vorlage eines Exemplars der Erklärung bei Einfahrt und Ausfahrt *(entrata e uscita).*

Das Konnossement

Das Konnossement *(polizza di carico)* ist das wichtigste Dokument im internationalen Handel. Es ist

a) eine Bescheinigung des Schiffseigentümers mit der Bestätigung, daß die Waren zur Verschiffung nach einem bestimmten Bestimmungsort *(luogo di destinazione)* empfangen wurden;

b) ein Vertrag zum Transport der Waren *(contratto di trasporto)* zwischen dem Versender *(speditore)* und der Reederei *(compagnia di navigazione);*

c) eine durch Indossament übertragbare Besitzurkunde *(titolo di proprietà trasferibile mediante girata)* und setzt fest *(stabilisce),* daß der rechtliche Besitzer *(proprietario legale)* des Konnossements der rechtliche Besitzer der Ware ist.

Dieses Dokument wird von dem Käufer oder seiner Bank als Beweis *(prova)* gefordert *(richiesto),* daß die Waren abgesandt wurden, bevor Zahlung geleistet wird *(prima di effettuare il pagamento).*

Dann wird das Konnossement dem Käufer geschickt, für den es ein Beweis seines Besitzanspruches ist *(prova del suo diritto di possesso);* denn nur gegen Aushändigung *(consegna)* des Konnossements wird die Ware an den legitimierten Empfänger ausgeliefert, d. h. die Übergabe *(consegna)* der Urkunde bewirkt den Übergang *(trasmissione)* des Eigentums an der Ware.

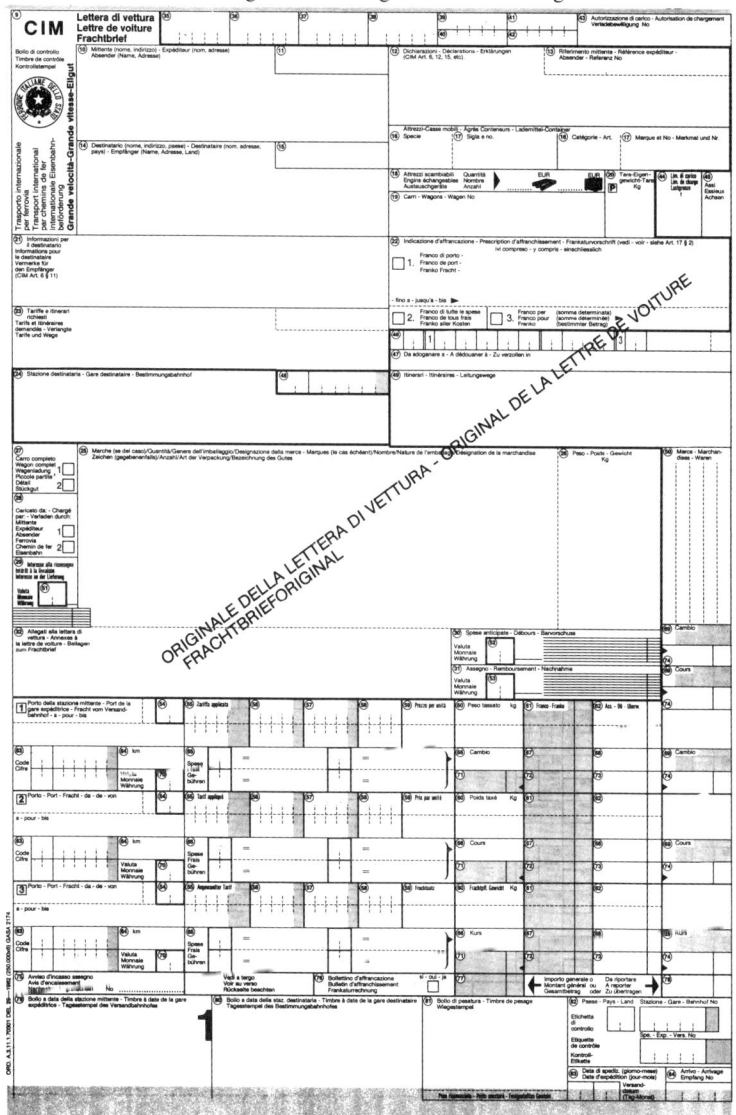

Internationaler Frachtbrief

Im einzelnen enthält das Konnossement die folgenden Angaben:

Name und Anschrift des Versenders *(speditore)*;
Anschrift des zu Benachrichtigenden *(indirizzo)*;
Name des transportierenden Schiffes *(nome della nave)*;
Ladehafen *(porto di carico)*;
Bestimmungshafen *(porto di destinazione)*;
Markierung und Nummern *(marche e numeri)*;
Anzahl der Packungen *(numero dei colli)* und Art der Verpackung *(tipo d'imballaggio)*;
eine Beschreibung *(descrizione)* der Ware;
Bruttogewicht *(peso lordo)*;
Abmessungen *(dimensioni)*;
Angaben bezüglich Versicherung *(assicurazione)*;
Kosten der Fracht *(nolo)* und ob Fracht bezahlt *(pagato)* oder bei Ankunft zu zahlen ist *(pagabile a destinazione)*;
Zahl der ausgegebenen *(emessi)* Exemplare des Konnossements;
Ort und Datum der Ausgabe *(luogo e data di emissione)*.

Ein Konnossement, das ohne Einschränkung *(senza riserve)* feststellt, daß die Waren „augenscheinlich in guter Ordnung und Verfassung sind" *(apparentemente in buon ordine e condizione)*, ist ein „reines Konnossement" *(polizza di carico netta)*. Falls die Ware oder Verpackung Schäden und Mängel *(danni e difetti)* aufweist, wird dies im Dokument vermerkt, und das Konnossement wird als „unreines Konnossement" *(polizza di carico sporca)* bezeichnet.

Dokumentenkredite *(crediti documentari)* erfordern immer reine Konnossemente. Bei Vorlage eines unreinen Konnossements *(polizza sporca)* wird die Bank die Zahlung verweigern. Vgl. Kap. XVIII.

Der Luftfrachtbrief *(lettera di vettura aerea)* ist das Dokument für den Lufttransport. Es ist jedoch keine durch Indossament übertragbare Besitzurkunde *(non è un titolo di proprietà trasferibile a mezzo girata)*, kann also nicht zur Übertragung des Besitzrechts der Waren genutzt werden *(non può essere usato per il trasferimento della proprietà della merce)*.

Die Verpackung

Die zum Versand kommenden Waren werden in Kisten *(casse)*, Fässer *(botti, fusti, barili)*, Säcke *(sacchi)* usw. verpackt *(imballare)*, und die zusammengehörenden Frachtstücke *(pacchi, colli)* werden fortlaufend numeriert *(numerare progressivamente)* und bezeichnet *(segnare)*, d. h. mit bestimmten Zeichen *(marche)* versehen, z. B.

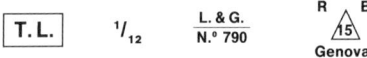

Dazu kommen noch Aufschriften oder Anweisungen *(indicazioni)* wie: *sopra!* oben!; *attenzione!* Vorsicht!; *fragile, vetro!* zerbrechlich, Glas! usw.

Zum Verpacken der Waren in Kisten *(imballare le merci in casse)* muß für die Anfertigung der Kisten die Länge *(lunghezza)*, Breite *(larghezza)* und Tiefe *(profondità)* der zu verpackenden Waren festgestellt werden. Bei seemäßiger *(imballaggio marittimo)* Verpackung werden die Holzkisten *(casse di legno)* mit Zink *(zinco)* oder Zinn *(stagno)* ausgelegt *(rivestire; casse zincate o stagnate)* oder mit Wachstucheinlagen *(rivestimento interno di tela cerata)* versehen. Die Waren können dann in einfaches Papier, statt in Wachstuch oder (braunes) Packpapier *(carta da imballaggio)* eingeschlagen *(ricoprire, avvolgere)* werden. Durch den Zinkeinsatz *(rivestimento interno di zinco)* ist die Kiste luftdicht *(ermeticamente)* verschlossen, die Waren sind gegen Beschädigung *(danneggiamento)* geschützt und brauchen nicht gegen besondere Havarie *(contro avaria parziale)* versichert zu werden. Zum Schutz der Waren und besonders um Bruch *(rottura)* zu verhindern, verwendet man auch Sägespäne *(segatura)*, Hobelspäne *(trucioli)*, Holzwolle *(lana di legno)*, Wellpappe *(cartone ondulato)* oder Stroh *(paglia)*.

Wolle *(lana)* oder Baumwolle *(cotone)* wird in Ballen verpackt *(imballare)*. Mittels der Ballenpresse *(pressa per balle)* oder Packmaschine *(macchina per imballare)* werden die Ballen *(balle)* dicht zusammengepreßt *(comprimere)*, mit oder ohne Umhüllung *(rivestimento)*, wie Segeltuch *(tela olona)*, Wachstuch, Packtuch *(tela cerata)* oder Teertuch, geteertes Tuch *(tela o juta incatramata)*. Mit Querhölzern *(assi trasversali)*, Bandeisen *(nastro metallico)*, Draht *(filo di ferro)* oder Stricken *(cordami)* wird das Ganze zusammengehalten.

Heu, Stroh usw. wird gebündelt (in Bündel geschnürt *imballare*); man unterscheidet: *balle di fieno* Bündel Heu, *balle di paglia* Bund Stroh.

Der Containertransport

Die Container sind kastenartige Behälter, meist aus Stahl *(acciaio)* oder Aluminium *(alluminio)*, und werden hauptsächlich in Standardgrößen *(dimensioni standard)* mit einer Nutzlast *(carico utile)* von ca. 18 bzw. 22 Tonnen benutzt.

Die Container werden mit Hilfe von Container-Verladebrücken *(gru a ponte)* vom Eisenbahn-Tragwagen oder vom LKW-Fahrgestell auf das Containerschiff *(nave portacontainer)* gehoben. Für Flugzeuge gibt es die sogenannten Igloo Container.

Es gibt Container mit Temperaturkontrolle *(controllo della temperatura)* zum Transport von leichtverderblichen Gütern *(prodotti deperibili)*, Kühlcontainer *(contentori refrigerati)*, Tanker Container *(contenitori per liquidi)* für Flüssigkeiten in großen Mengen *(grandi quantità)*, Container für Trockenfracht *(carichi secchi)* und besonders konstruierte Container für hochwertige Waren *(beni di grande valore)*, sogar für Automobile.

Die Kühlcontainer sind mit dem Kühlsystem des Schiffes verbunden *(collegati)* und in Containerbahnhöfen *(terminal containers)* an das Kühlanschlußsystem angeschlossen.

Der große Vorteil des Containertransports ist der schnelle Haus-zu-Haus-Dienst *(servizio porta-a-porta)* vom Exporteur zum Importeur.

1. Eingangsformeln

1. Siamo lieti di comunicarVi che

2. Siamo lieti di confermare che

3. Vi preghiamo di prendere nota che

  a) la partita di giacche in pelle di montone che ci avete ordinata il 30 luglio è pronta per la spedizione.

  b) la Vostra ordinazione N. 278 è stata evasa ed attende di essere prelevata.

  c) il Vostro ordine di scaffali per ufficio è stato evaso e la merce sarà consegnata entro questa settimana.

  d) abbiamo ricevuto gli articoli che avete ordinato il 6 giugno e adesso sono pronti per l'invio.

  e) la merce è stata spedita come concordato (conformemente alle Vostre istruzioni).

  f) sono stati presi provvedimenti per l'invio delle merci ordinate il 10 luglio.

  g) le merci saranno consegnate al Vostro magazzino il 3 marzo.

  h) le merci sono state inviate oggi e dovrebbero arrivarVi tra 7 e 9 giorni.

Abbiamo ricevuto la Vostra lettera del 30 maggio con la quale ci richiedete una risposta urgente circa la consegna del Vostro ordine N. N 824.

La merce di cui sopra è nel nostro magazzino pronta ad es-

1. *Wir freuen uns, Ihnen mitzuteilen, daß*

2. *Wir freuen uns, zu bestätigen, daß*

3. *Bitte nehmen Sie davon Kenntnis, daß*

  a) *der Posten Schaffell-Jakken, den Sie am 30. Juli bestellt haben, jetzt versandbereit ist.*

  b) *Ihr Auftrag Nr. 278 ausgeführt wurde und auf Abholung wartet.*

  c) *Ihr Auftrag über Büroregale erledigt wurde und die Ware noch diese Woche geliefert wird.*

  d) *wir die Artikel, die Sie am 6. Juni bestellt haben, erhalten haben und diese nun zum Versand bereit sind.*

  e) *die Ware jetzt wie vereinbart (od. gemäß Ihren Anweisungen) versandt wurde.*

  f) *Vorkehrungen zum Versand der am 10. Juli bestellten Waren getroffen wurden.*

  g) *die Waren am 3. März an Ihr Lagerhaus geliefert werden.*

  h) *die Waren heute versandt worden sind und Sie in 7 bis 9 Tagen erreichen dürften.*

Wir haben Ihr Schreiben vom 30. Mai erhalten, in dem Sie uns um eine dringende Antwort bezüglich der Lieferung Ihres Auftrages Nr. N 824 ersuchen.

Die obige Sendung ist in unserem Lagerhaus abholbereit

sere prelevata e consiste di 8 casse del peso di kg 85 ciascuna.

und besteht aus 8 Kisten von je 85 kg Gewicht.

2. Preis der Waren

Come potete vedere dall'acclusa fattura

Wie Sie aus der beiliegenden Rechnung ersehen,

a) il prezzo è più alto (elevato) del previsto. I produttori hanno dovuto attuare questo aumento a causa dell'incremento dei costi di manodopera e materiale.

a) ist der Preis höher als erwartet. Die Hersteller haben diese Erhöhung wegen der steigenden Lohn- und Materialkosten vornehmen müssen.

b) il prezzo rientra assolutamente nei limiti da Voi stabiliti (nell'importo massimo da Voi indicato).

b) ist der Preis durchaus innerhalb der von Ihnen festgesetzten Grenzen (od. innerhalb des von Ihnen angegebenen Höchstbetrages).

c) abbiamo concesso uno sconto speciale per quantità del 2%.

c) haben wir einen Sondermengenrabatt von 2% gewährt.

Desideriamo evidenziare che a questo prezzo speciale possiamo accettare ordinazioni successive solo per quantità minime di almeno 1000 pezzi.

Wir möchten hervorheben, daß wir zu diesem Sonderpreis Nachbestellungen nur für Mindestmengen von 1000 Stück annehmen können.

Oneri di spedizione e di assicurazione sono stati fatturati come concordato.

Versandkosten und Versicherung sind wie vereinbart berechnet worden.

3. Güte der Waren

La scelta di questi articoli è stata effettuata con cura particolare e siamo certi che essi Vi soddisferanno completamente.

Die Auswahl dieser Artikel ist mit besonderer Sorgfalt vorgenommen worden, und wir sind sicher, daß sie Ihre volle Zufriedenheit finden werden.

Speriamo che le nostre merci

Wir hoffen, daß unsere Waren

a) si dimostrino (rivelino) più che soddisfacenti.

a) sich als höchst zufriedenstellend erweisen werden.

b) corrispondano alle Vostre aspettative.

b) Ihren Erwartungen entsprechen.

c) siano adatte al Vostro scopo.

c) für Ihren Zweck geeignet sind.

Siamo convinti che troverete le merci convenienti.

Wir sind überzeugt, daß Sie die Waren preiswert finden werden.

Ogni macchina è stata attentamente collaudata e ha la nostra completa garanzia.

Jede Maschine ist gründlich überprüft worden und trägt unsere volle Garantie.

Il nostro rappresentante tecnico a Verona Vi consiglierà con piacere riguardo il montaggio e la manutenzione. Dispone inoltre di un grande magazzino ricambi.

Unser technischer Vertreter in Verona wird Sie gern bezüglich der Aufstellung und Wartung (od. Pflege) beraten. Er verfügt außerdem über ein großes Ersatzteillager.

4. Verpackung

Siamo lieti di confermare che le Vostre istruzioni d'imballaggio sono state eseguite in ogni particolare (con la massima esattezza) dal nostro spedizioniere.

Wir freuen uns zu bestätigen, daß Ihre Packanweisungen durch unseren Spediteur in allen Einzelheiten (od. peinlich genau) ausgeführt werden.

Le Vostre istruzioni riguardo imballaggio e marcatura

Ihre Anweisungen bezüglich Verpackung und Markierung

a) sono state attentamente osservate.

a) sind sorgfältig berücksichtigt worden.

b) sono state attuate con la massima cura dal nostro spedizioniere.

b) sind peinlich genau von unserem Spediteur ausgeführt worden.

Le casse sono state marcate KDT e numerate progressivamente da 1 a 10.

Die Kisten sind markiert: KDT und von 1 bis 10 fortlaufend numeriert.

La macchina è imballata in una cassa di legno che misura cm 180 x cm 120 x cm 60 (peso netto kg 80, peso lordo kg 95).

Die Maschine ist in einer Holzkiste verpackt mit den Abmessungen 180 cm x 120 cm x 60 cm, (Nettogewicht: 80 kg, Bruttogewicht: 95 kg).

La spedizione si compone di

Die Sendung besteht aus

a) 3 container contenenti ciascuno quattro cassoni.

a) 3 Containern, 4 Truhen pro Container.

b) 5 casse contenenti ciascuna 6 servizi da caffè.

b) 5 Kisten, jede mit einem Inhalt von 6 Kaffeeservicen.

c) 50 scatole del peso di kg 15 ciascuna.

c) 50 Kartons mit einem Gewicht von je 15 kg.

Desideriamo ricordarVi che per lo scarico non devono essere usati ganci.

Wir möchten Sie daran erinnern, daß beim Ausladen keine Haken verwendet werden dürfen.

Le casse non vengono (fatturate né) riprese indietro.

Kisten werden nicht (berechnet noch) zurückgenommen.

Le damigiane vengono fatturate Lit. ... ciascuna.

Ballonflaschen werden mit je Lit. ... berechnet.

I costi d'imballaggio sono a Vostro carico.

Die Verpackungskosten gehen zu Ihren Lasten.

Vogliate ritornare vuoti franco di porto al nostro deposito.

Bitte schicken Sie Leergut frachtfrei an unser Depot zurück.

I vuoti possono essere restituiti alla metà del prezzo fatturato.

Leergut kann zur Hälfte des berechneten Preises zurückgesandt werden.

L'importo in questione Vi sarà accreditato al momento della restituzione dei vuoti.

Der in Frage kommende Betrag wird Ihnen nach Erstattung des Leerguts gutgeschrieben.

Tutti gli articoli sono stati singolarmente verificati prima dell'imballaggio.

Alle Artikel wurden vor dem Verpacken einzeln geprüft.

Risarcimenti a causa di danni o consegne inferiori possono essere presi in considerazione solo se il mittente viene informato entro tre giorni dal ricevimento delle merci.

Schadenansprüche wegen Beschädigung oder Minderlieferung können nur berücksichtigt werden, wenn der Warenabsender innerhalb von drei Tagen nach Empfang der Waren benachrichtigt wird.

5. Versicherung, Verzollung

E' stata stipulata un'assicurazione con la Compagnia di Assicurazioni «Allianz».

Eine Versicherung wurde mit der Allianz Versicherungsgesellschaft abgeschlossen.

Conformemente alle Vostre istruzioni il nostro spedizioniere assicurerà le merci contro ogni rischio.

Gemäß Ihren Anweisungen wird unser Spediteur die Waren gegen alle Risiken versichern lassen.

Il nostro spedizioniere, la Ditta ..., provvederà per il trasporto, l'assicurazione e il nolo. I costi corrispondenti Vi saranno addebitati.

Unser Spediteur, die Firma ..., wird Transport, Versicherung und Fracht besorgen. Sie werden mit den entsprechenden Kosten belastet.

Un'assicurazione per l'importo di Lit. ... è stata stipulata solo fino alla frontiera tedesco-olandese.

Versicherung in Höhe von Lit. ... wurde nur bis zur deutsch-holländischen Grenze abgeschlossen.

Abbiamo stipulato un'assicurazione alle condizioni d'uso e il certificato d'assicurazione insieme alla nostra tratta ed alla polizza di carico Vi sarà inoltra-

Die Versicherung haben wir zu den üblichen Bedingungen besorgt, und das Versicherungszertifikat mit unserer Tratte und dem Konnossement wird Ihnen,

to come d'abitudine attraverso la nostra banca.

wie üblich, durch unsere Bank zugehen.

Speriamo che questa spedizione – completamente coperta da assicurazione – Vi arrivi intatta (senza alcun danno).

Wir hoffen, daß die Sendung, die durch Versicherung voll gedeckt ist, Sie unbeschädigt erreichen wird.

Qualsiasi reclamo deve essere inoltrato all'agente della Compagnia Assicuratrice entro 10 giorni dall'arrivo delle merci a destinazione.

Jede Beschwerde muß innerhalb von 10 Tagen nach Ankunft der Waren am Bestimmungsort bei dem Agenten der Versicherungsgesellschaft eingereicht werden.

Per lo sdoganamento

Für die Zollabfertigung

a) sono indicati tutti i particolari circa pesi e dimensioni.

a) sind alle Einzelheiten über Gewichte und Maße angegeben.

b) sono indicati in fattura i pesi netti e lordi di ogni cassa.

b) sind Brutto- und Nettogewicht jeder Kiste auf der Rechnung angegeben.

6. Lieferung

a) Art der Zusendung oder Verladung

1. Siamo lieti di comunicarVi (confermarVi) che

1. Wir freuen uns Ihnen mitzuteilen (zu bestätigen), daß

2. Vi preghiamo di prender nota che

2. Bitte nehmen Sie davon Kenntnis, daß

a) le merci ordinate il 6 aprile sono ora pronte per essere prelevate (sono pronte al prelevamento nella nostra fabbrica di Stoccarda).

a) die am 6. April bestellten Waren jetzt abholbereit sind (od. in unserem Werk Stuttgart zur Abholung bereitstehen).

b) le merci ordinate sono state oggi inviate per via aerea e dovrebbero arrivarVi entro questa settimana.

b) die bestellte Ware Ihnen durch Luftfracht zugeschickt worden ist und innerhalb dieser Woche bei Ihnen ankommen sollte.

c) il pacco Vi è stato oggi inviato per raccomandata e Vi sarà consegnato contro pagamento di Lit. 85.200. Questo importo include l'imballaggio e le spese postali.

c) das Paket per Einschreiben heute an Sie abgesandt wurde und gegen Zahlung von Lit. 85.200 ausgehändigt wird. In diesem Betrag sind Verpackung und Porto enthalten.

d) le merci Vi sono state inviate questo pomeriggio a mezzo pacco postale espresso.

d) *die Waren heute nachmittag an Sie durch Postpaket mit Eilzustellung abgesandt wurden.*

e) gli impianti di condizionamento d'aria Vi saranno inviati a mezzo ferrovia franco di porto (con porto assegnato).

e) *die Klimaanlagen an Sie per Bahn frachtfrei (od. per Frachtannahme) versandt werden.*

f) le merci specificate (indicate) nel Vostro formulario di ordinazione N. 543 sono state spedite a Imperia a mezzo ferrovia franco di porto (conformemente alle Vostre istruzioni in 12 casse del peso di 100 kg ciascuna).

f) *die in Ihrem Auftragsformular Nr. 543 spezifizierten Waren frachtfrei per Bahn nach Imperia geschickt worden sind (od. in 12 Kisten zu je 100 kg gemäß Ihren Anweisungen abgesandt worden sind).*

g) abbiamo inviato oggi a mezzo spedizionere Comelli una cassa contenente le lampade da tavolo da Voi ordinate l'8 giugno scorso.

g) *wir heute durch die Spedition Comelli eine Kiste mit den von Ihnen am 8. Juni bestellten Tischlampen abgesandt haben.*

h) la merce è stata inviata oggi a mezzo spedizioniere Descalzi.

h) *die Ware heute durch die Speditionsfirma Descalzi abgesandt wurde.*

i) le merci saranno inviate domani a mezzo nostro camion frigorifero.

i) *die Waren morgen durch unseren Kühlwagen versandt werden.*

j) la macchina da Voi ordinata sarà inviata domani per ferrovia a Brema dove sarà imbarcata sulla M/N Olga che partirà il 10 settembre p. v. per Palermo.

j) *die von Ihnen bestellte Maschine morgen per Bahn nach Bremen abgesandt wird zur Verschiffung mit MS Olga, das am 10. September nach Palermo ausläuft.*

k) tutte le merci ordinate nel formulario accluso alla lettera del 2 agosto sono state caricate sulla M/N Ariana P. che partirà domani da Brema per Durban dove arriverà presumibilmente il 19 settembre p. v.

k) *alle auf der Einkaufsorder, die Ihrem Schreiben vom 2. August beilag, bestellten Waren nun durch MS Ariana P. verschifft worden sind, das morgen von Bremen auslaufen wird und in Durban voraussichtlich am 19. September ankommen soll.*

l) abbiamo caricato le seguenti merci sulla M/N Mont Blanc che partirà domani da Amburgo per l'Africa Orientale:

l) wir die folgenden Waren an Sie durch MS Mont Blanc verschifft haben, das morgen von Hamburg nach Ostafrika auslaufen wird:

m) la polizza di carico Vi sarà inoltrata per posta aerea al più presto possibile.

m) Das Konnossement wird Ihnen sobald wie möglich per Luftpost zugeschickt.

Abbiamo inviato oggi le merci a mezzo pacco postale e alleghiamo alla presente la nostra fattura N. 421 per l'ammontare di Lit. 92.600.

Wir haben die Waren heute mit Paketpost versandt und senden Ihnen anbei unsere Rechnung Nr. 421 in Höhe von Lit. 92.600.

La macchina lascerà la nostra fabbrica questo pomeriggio e dovrebbe essere in Vostro possesso mercoledì al più tardi.

Die Maschine wird heute nachmittag unsere Fabrik verlassen und sollte spätestens Mittwoch in ihrem Besitz sein.

Il nostro autista partirà lunedì prossimo alle 8.30 dal nostro magazzino diretto alla Vostra zona. Dovrebbe raggiungere il Vostro negozio verso le 3 pomeridiane.

Unser Fahrer wird nächsten Montag um 8.30 Uhr in unserem Lagerhaus zur Lieferung in Ihre Gegend abfahren. Er dürfte Ihr Geschäft ungefähr um 3 Uhr nachmittags erreichen.

Abbiamo preso tutti gli accordi necessari con lo spedizioniere.

Wir haben mit dem Spediteur alle notwendigen Vorkehrungen getroffen.

Confermiamo la nostra telefonata con la quale Vi abbiamo informato che la partita di tubi è stata caricata sulla M/N Laredo attesa a Genova il 1° marzo.

Wir bestätigen unser Telefonat, mit dem wir Sie benachrichtigt haben, daß der Posten Röhren mit MS Laredo verschifft wird, das am 1. März in Genua erwartet wird.

La macchina è adesso pronta alla spedizione e sarà caricata sulla M/N Maurizia Cantino che partirà da Brema il 19 febbraio p. v. e arriverà a Livorno il 15 marzo.

Die Maschine ist jetzt versandbereit und wird mit MS Maurizia Cantino verschifft, das am 19. Februar von Bremen abfährt und in Livorno am 15. März ankommen wird.

Abbiamo preso (particolari) provvedimenti per inviare queste merci a mezzo M/N Isar-Express che partirà da Brema il 29 dicembre per essere a Bombay il 28 gennaio p. v.

Wir haben (besondere) Vorkehrungen getroffen, um diese Ware mit MS Isar-Express zu verschiffen, das von Bremen am 29. Dezember ausläuft und am 28. Januar in Bombay ankommen soll.

Sono già stati presi provvedimenti con lo spedizioniere e

Vorkehrungen wurden bereits mit unserem Spediteur

non appena riceveremo la nota delle spese sarà nostra cura che (provvederemo affinché) i documenti di bordo Vi siano inviati attraverso la Banca ... contro accettazione – come concordato – della nostra tratta.

getroffen, und sobald wir die Gebührenaufstellung erhalten, werden wir dafür sorgen, daß die Schiffsdokumente Ihnen durch die ... Bank gegen Akzept unserer Tratte wie vereinbart geschickt werden.

Vi abbiamo inviato a mezzo M/N Elbe un carico di mobili per ufficio del quale alleghiamo la polizza di carico.

Wir haben an Sie mit MS Elbe eine Sendung Büromöbel geschickt, für die wir das Konnossement beifügen.

La spedizione è attesa il 10 maggio a Buenos Aires a mezzo M/N Ambassador che ha lasciato ieri Rotterdam.

Die Sendung wird in Buenos Aires am 10. Mai erwartet mit MS Ambassador, das gestern von Rotterdam ausgelaufen ist.

Come richiesto (di consueto) le merci sono state inviate c.i.f. Taranto.

Wie erbeten (od.Wie üblich) wurden die Waren c.i.f. Taranto gesandt.

b) baldige oder rechtzeitige Ankunft der Ware

Speriamo che le merci arrivino puntualmente

Wir hoffen, daß die Waren rechtzeitig ankommen

a) e Vi pervengano in perfette condizioni.

a) und Sie in erstklassigem Zustand erreichen.

b) e di avere il piacere di ricevere Vostre ulteriori ordinazioni.

b) und daß wir das Vergnügen haben werden, weitere Aufträge von Ihnen zu erhalten.

Abbiamo fatto presente al nostro spedizioniere che la rapidità è assolutamente necessaria.

Wir haben unseren Spediteur in Kenntnis gesetzt, daß Eile absolut notwendig ist.

Per esser certi che le merci Vi arrivino in tempo le abbiamo inviate tre giorni prima (con tre giorni d'anticipo rispetto la) della data epoca di consegna garantila.

Um sicherzustellen, daß die Waren Sie rechtzeitig erreichen, haben wir sie drei Tage vor dem garantierten Liefertermin (od. drei Tage im voraus) abgeschickt.

Siamo lieti di comunicarVi che grazie ad un particolare impegno siamo riusciti ad anticipare di qualche giorno la data di consegna concordata.

Wir freuen uns, Ihnen mitzuteilen, daß es uns durch besondere Anstrengungen gelungen ist, den vereinbarten Liefertermin um einige Tage zu verkürzen.

Vi saremmo grati per la Vostra conferma dell'arrivo in buono stato della spedizione.

Wir wären Ihnen für Ihre Anzeige dankbar, daß die Sendung sicher angekommen ist.

c) die vollständige Lieferung kann erst später erfolgen

In considerazione dell'urgenza (Come desiderato) abbiamo oggi inviato la parte delle merci ordinate che avevamo in magazzino.

Angesichts der Dringlichkeit (od. Wie erbeten,) haben wir heute den Teil Ihres Auftrages abgesandt, den wir auf Lager hatten.

La Vostra ordinazione è stata solo parzialmente evasa.

Ihr Auftrag ist nur teilweise ausgeführt worden.

Il resto della merce sarà consegnato con un ritardo di circa 3 o 4 settimane.

Der Rest der Ware wird mit einer Verspätung von 3 bis 4 Wochen geliefert werden.

Il resto sarà inviato non appena avremo scorte disponibili.

Der Rest wird geschickt, sobald Vorräte verfügbar sind.

Allegheremo il resto ad una successiva spedizione.

Den Rest werden wir einer späteren Sendung beifügen.

Faremo del nostro meglio (Facciamo ogni sforzo)

Wir werden unser Bestes tun (od. Wir unternehmen jede Anstrengung),

a) per consegnare al più presto il resto delle merci.

a) um den Rest der Waren möglichst schnell zu liefern.

b) per caricare il resto delle merci sulla prossima nave che parte il 10 giugno da Anversa.

b) den Rest der Waren auf das nächste Schiff zu verladen, das am 10. Juni von Antwerpen abfährt.

Le 25 tende da camping mancanti al completamento della Vostra ordinazione N. S. 215 sono state inviate oggi.

Die zur Vervollständigung Ihres Auftrages Nr. S. 215 noch fehlenden 25 Camping-Zelte wurden heute abgesandt.

7. Zahlung des Rechnungsbetrages

Vi inviamo in allegato (Accluso inviamo)

In der Anlage senden wir Ihnen

a) la nostra fattura per gli strumenti ottici ordinati il 1° marzo.

a) unsere Rechnung für die am 1. März bestellten optischen Instrumente.

b) una copia della bolla di consegna e la nostra fattura in doppia (triplice) copia.

b) eine Kopie des Lieferscheins und unsere Rechnung in doppelter (od. dreifacher) Ausführung.

Alleghiamo la nostra fattura N. 1738

Wir fügen unsere Rechnung Nr. 1738 bei

a) relativa alle falciatrici ordinate il 19 febbraio.

a) für die am 19. Februar bestellten Rasenmäher.

b) per l'importo di Lit. 2.532.800 relativo alla prima fornitura.

b) in Höhe von Lit. 2.532.800 für die erste Lieferung.

c) per l'importo di Lit. 976.300 ed addebiteremo come di consueto tale somma sul Vostro conto.

c) in Höhe von Lit. 976.300 und werden wie üblich Ihr Konto mit diesem Betrag belasten.

d) nell'attesa (ed attendiamo) di ricevere il Vostro assegno.

d) und sehen dem Erhalt Ihres Schecks entgegen.

e) e – come concordato – la polizza di carico e la nostra tratta Vi saranno presentate dalla Banca ... per l'accettazione.

e) und werden Ihnen den Frachtbrief und unsere Tratte wie vereinbart durch die ... Bank zum Akzept vorlegen.

f) ed attendiamo con piacere il ricevimento di ulteriori ordinazioni.

f) und sehen dem Erhalt weiterer Aufträge gern entgegen.

Ci permettiamo di inviarVi qui allegato

Wir gestatten uns, Ihnen in der Anlage

a) il nostro estratto conto per il trimestre conclusosi il 30 giugno.

a) unseren Kontoauszug für das am 30. Juni endende Quartal zu senden.

b) il nostro estratto conto di gennaio (fino al 31 gennaio) che presenta un saldo di Lit. 6.376.500 a nostro credito.

b) unseren Kontoauszug von Januar (od. bis zum 31. Januar) zu senden mit einem Saldo von Lit. 6.376.500 zu unseren Gunsten.

c) il nostro estratto conto al 31 maggio e riteniamo che vogliate saldare l'Importo a Vostro debito di Lit. 972.100 come d'abitudine a mezzo cambiale bancaria.

c) unseren Kontoauszug bis 31. Mai zu senden und nehmen an, daß Sie den ausstehenden Saldo von Lit. 972.100 durch Banktratte bezahlen wollen.

Il completo pagamento dovrebbe essere effettuato al ricevimento della nostra fattura (del nostro estratto conto).

Volle Zahlung sollte nach Erhalt unserer Rechnung (od. unseres Kontoauszuges) geleistet werden.

Vi saremmo grati

Wir wären

a) per un sollecito pagamento.

a) für baldige Zahlung dankbar.

b) per il saldo di questo importo come di consueto a mezzo assegno o versamento bancario.

b) für Regulierung dieses Betrages wie üblich durch Scheck oder Banküberweisung dankbar.

c) se poteste effettuare il versamento con sollecitudine.

c) dankbar, wenn Sie Ihre Überweisung baldmöglichst vornehmen könnten.

Saremmo lieti di ricevere sollecitamente il Vostro assegno.

Vogliate spedirci un Vostro assegno a copertura dell'importo di cui all'acclusa fattura (dell'estratto conto) per (entro) la fine di questo mese.

Spicchiamo tratta su di Voi per questo importo.

Vogliate comunicarci se preferite il pagamento a mezzo cambiale. In tal caso spiccheremo tratta su di Voi a 30 giorni vista e Ve la invieremo per l'accettazione.

Il pagamento può avvenire tramite versamento sulla Banca Marittima Toscana, conto N. 12345687 o sul conto corrente postale N. 9758.

Alleghiamo la nostra fattura N. G 639 (il nostro estratto conto di marzo)

a) e – come richiesto – abbiamo spiccato tratta a 60 giorni vista per l'importo dovuto.

b) e abbiamo spiccato tratta su di Voi a 30 giorni vista.

Vi preghiamo di provvedere per l'accettazione della tratta e di restituircela al più presto.

Accludiamo una tratta a 60 giorni che Vi preghiamo di accettare e di ritornarci.

(Vogliate) Vi preghiamo di pagare (onorare) la nostra tratta alla presentazione.

Abbiamo consegnato la polizza di carico al corrispondente della Vostra banca a Francoforte,

a) che ha accettato la nostra tratta spiccata su di Voi.

b) che ha accettato la nostra tratta a 60 giorni su di Voi per

Wir würden uns freuen, Ihren Scheck umgehend (od. sofort) zu erhalten.

Bitte senden Sie uns Ihren Scheck für den Betrag der beiliegenden Rechnung (od. des Kontoauszuges) bis Ende dieses Monats.

Wir ziehen für diesen Betrag auf Sie.

Wenn Sie lieber durch Wechsel bezahlen, teilen Sie uns dies mit. Wir werden dann mit 30 Tagen Sicht auf Sie ziehen und Ihnen unsere Tratte zum Akzept schicken.

Zahlung kann erfolgen durch Überweisung an die Banca Marittima Toscana, Konto Nr. 12345687, oder durch Postgiro auf das Konto Nr. 9758.

Wir fügen unsere Rechnung Nr. G 639 (od. unseren Kontoauszug vom März) bei

a) und haben, wie erbeten, auf Sie mit 60 Tagen Sicht für den fälligen Betrag gezogen.

b) und haben mit 30 Tagen Sicht auf Sie gezogen.

Bitte versehen Sie die Tratte mit Ihrem Akzept und senden Sie sie so bald wie möglich zurück.

Eine 60-Tage-Tratte ist beigefügt, und wir möchten Sie bitten, sie mit Ihrem Akzept versehen an uns zurückzusenden.

Bitte lösen Sie unsere Tratte bei Vorlage ein.

Wir haben die Schiffsdokumente an den Korrespondenten Ihrer Bank in Frankfurt ausgehändigt,

a) der unsere Sichttratte auf Sie akzeptiert hat.

b) die unsere 60-Tage-Tratte auf Sie für den durch Ihr Ak-

l'importo dell'accreditivo da Voi aperto.

Abbiamo dato istruzioni alla nostra banca di consegnare i documenti di bordo contro pagamento della nostra tratta.

Alleghiamo una copia della fattura. Per l'importo in questione abbiamo spiccato tratta su di Voi a 60 giorni vista presso la Banca ... che ha avuto disposizioni di consegnare la polizza di carico contro accettazione della cambiale.

Inviamo la polizza di carico e la cambiale a mezzo Banca ...

Siamo lieti di allegare il seguente pacchetto di documenti di bordo:

– fattura per apparecchiature per laboratorio odontotecnico per l'importo di Lit. 147.732.000 (in cinque copie, come richiesto)

– polizza di carico netta (in triplice copia)

– polizza di assicurazione marittima per l'importo della fattura

– certificato di assicurazione N. C 71.863

– certificato d'origine.

Vi preghiamo di informarci quando le polizze di carico saranno giunte in Vostro possesso.

Ci permettiamo di ricordarVi che le nostre condizioni di pagamento sono 30 giorni con il 2% di sconto o 60 giorni netto.

Le nostre (invariate) condizioni di pagamento sono: netto contro tratta a tre mesi o 3% di sconto per pagamento entro 30 giorni.

L'importo della fattura è pagabile a mezzo tratta a 60 giorni

kreditiv eröffneten Betrag angenommen hat

Wir haben unsere Bank angewiesen, die Schiffsdokumente gegen Zahlung unserer Tratte auszuhändigen.

Eine Kopie der Rechnung fügen wir bei. Wir haben für diesen Betrag mit 60 Tagen Sicht durch die ... Bank auf Sie gezogen, die die Weisung erhalten hat, das Konnossement gegen Akzeptierung der Tratte auszuhändigen.

Wir senden das Konnossement und den Wechsel durch die ... Bank.

Es freut uns, den folgenden Satz Verschiffungsdokumente beizufügen:

– Rechnung über Zahnlabor-Ausrüstung, Wert Lit. 147.732.000 (in fünffacher Ausfertigung, wie erbeten)

– reines Bordkonnossement (in dreifacher Ausfertigung)

– Seeversicherungspolice über den Rechnungsbetrag

– Versicherungszertifikat Nr. C 71.863

– Ursprungszeugnis.

Bitte unterrichten Sie uns, sobald die Konnossemente in Ihren Besitz gelangt sind.

Wir erlauben uns, Sie daran zu erinnern, daß unsere Zahlungsbedingungen 30 Tage mit 2% Skonto oder 60 Tage netto sind.

Unsere Zahlungsbedingungen sind (unverändert): netto gegen Dreimonatstratte oder 3% Skonto bei Zahlung innerhalb von 30 Tagen.

Rechnungsbetrag zahlbar durch 60-Tage-Sichttratte oder

vista o in contanti con il 2% di sconto.	*2% Skonto bei Barzahlung.*
Come da Voi desiderato Vi inviamo la fattura in quadruplice copia.	*Wie von Ihnen gewünscht, senden wir Ihnen die Rechnung in vierfacher Ausführung.*
Vi preghiamo di indicare sul versamento il numero della fattura.	*Bitte geben Sie auf der Überweisung die Rechnungsnummer an.*

8. Schlußworte, Bitte um weitere Aufträge

Saremo lieti di ricevere Vostre ulteriori ordinazioni.	*Es wird uns freuen, Ihre weiteren Aufträge zu erhalten,*
a) che evaderemo sempre con cura e prontezza (sollecitamente e con cura).	*a) die wir stets prompt und sorgfältig erledigen werden.*
b) che eseguiremo con la massima cura.	*b) die wir mit größter Sorgfalt ausführen werden.*
1. Siamo certi di poter ritenere che sarete soddisfatti delle merci	*1. Wir sind überzeugt, daß Sie mit den Waren zufrieden sein werden,*
2. Siamo molto lieti di aver l'occasione di servirVi	*2. Wir freuen uns sehr über diese Gelegenheit, Sie zu bedienen*
a) ed attendiamo con piacere ulteriori ordinazioni.	*a) und sehen weiteren Aufträgen gern entgegen.*
b) e saremmo molto lieti di concludere altri affari con Voi (di ricevere ulteriori ordinazioni).	*b) und sehen weiteren Geschäften mit Ihnen (od. weiteren Aufträgen von Ihnen) gern entgegen.*
Siamo certi che l'eccezionale qualità delle merci inviate sarà per Voi un notevole stimolo a passarci ulteriori ordini.	*Wir sind sicher, daß die ausgezeichnete Qualität der gesandten Waren für Sie ein starker Anreiz sein wird, uns weitere Aufträge zu erteilen.*
1. Speriamo che la cura che abbiamo apportata nell'esecuzione del Vostro ordine	*1. Wir hoffen, daß die Sorgfalt, die wir auf die Ausführung Ihres Auftrages verwendet haben,*
2. Speriamo che la pronta evasione del Vostro ordine	*2. Wir hoffen, daß die prompte Ausführung Ihres Auftrages*
a) Vi soddisfi e Vi induca a passarci ulteriori ordinazioni.	*a) Ihre Zufriedenheit findet und Sie veranlaßt, uns weitere Aufträge zu erteilen.*
b) porti ad ulteriori rapporti d'affari tra noi.	*b) zu weiteren Geschäften zwischen uns führen wird.*

Vi assicuriamo che qualsiasi altro ordine che voleste passarci sarà sempre attentamente eseguito.

Wir versichern Ihnen, daß jeder weitere Auftrag, den Sie uns vielleicht erteilen, immer sorgfältig erledigt werden wird.

Desideriamo consigliarVi di impartire al più presto eventuali ordinazioni successive.

Wir möchten Ihnen raten, eventuelle Nachbestellungen so bald wie möglich zu machen.

Vi preghiamo di comunicarci se possiamo fare qualcosa per esserVi d'aiuto nella pubblicità delle macchine per maglieria.

Wenn wir irgend etwas tun können, um Ihnen bei der Werbung für die Strickmaschinen zu helfen, teilen Sie uns dies bitte mit.

Vi preghiamo di accettare le nostre scuse per il ritardo occorso nell'esecuzione del Vostro ordine.

Bitte nehmen Sie unsere Entschuldigung entgegen wegen der Verzögerung in der Ausführung Ihres Auftrages.

VII. Begleichung der Rechnung

Die Zahlungsmethoden sind wie folgt:

1. bar *(in contanti)*, Münzen und Banknoten *(monete e banconote)*.
2. durch die Post
   a) Postgiroüberweisung *(versamento su conto corrente postale)*;
   b) Nachnahme *(contrassegno)*;
   c) Postanweisung *(vaglia)*;
   d) Telegrafische Postanweisung *(vaglia telegrafico)*;
3. durch die Bank
   a) Scheck *(assegno)*;
   b) Banküberweisung *(versamento in conto)*;
   c) Wechsel *(cambiale)*;
   d) Dokumentenkredit *(credito documentario)*;
   e) Bankwechsel *(cambiale bancaria)*;
4. durch Kreditkarte *(carta di credito)*, z. B. American Express, Diners, Barclay oder Access Card usw.

Postanweisung

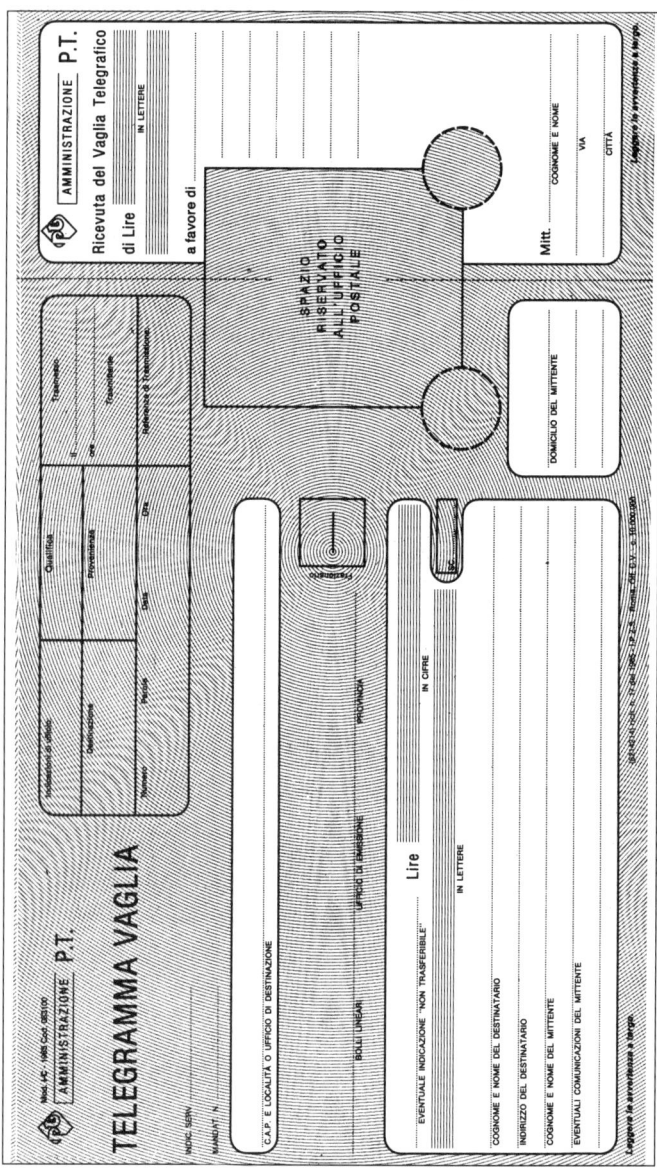

1. Eingangsformeln

(Vgl. S. 50 ff. und 273 ff.)

Vi rigranziamo molto per la pronta evasione del nostro ordine.

Besten Dank für die prompte Ausführung unseres Auftrages.

Abbiamo ricevuto oggi le tavolette da surf ordinate il 15 marzo.

Wir erhielten heute die am 15. März bestellten Surfbretter.

Siamo lieti che la merce sia arrivata puntualmente e in buone condizioni.

Wir freuen uns, daß die Sendung rechtzeitig und in gutem Zustand angekommen ist.

Vi ringraziamo per l'avviso di spedizione e la polizza di carico relativi alla partita di tessuti imbarcati sulla M/N Toscana. La merce ci è pervenuta in ottime condizioni.

Wir danken Ihnen für die Versandanzeige und das Konnossement über den mit MS Toscana gesandten Textilwarenposten. Die Ware ist in bestem Zustand angekommen.

Vi ringraziamo per la Vostra lettera del 10 aprile

Wir danken Ihnen für Ihr Schreiben vom 10. April

a) con la comunicazione che sono state inviate 5 casse di alberi a camme a mezzo M/N Marco F.

a) mit der Mitteilung, daß 5 Kisten Nockenwellenlager mit MS Marco F. verschifft worden sind.

b) con la comunicazione del'-l'invio dei freni a disco a mezzo M/N Petra Schmitz.

b) mit der Mitteilung der Verschiffung der Scheibenbremsen mit MS Petra Schmitz.

1. Le otto casse di utensili che avete inviato l'8 maggio sono arrivate ieri

1. Die 8 Kisten Werkzeugkoffer, die Sie am 8. Mai versandt haben, sind gestern eingetroffen,

2. Le merci sono arrivate in buone (ottime) condizioni

2. Die Waren sind in gutem (od. ausgezeichnetem) Zustand eingetroffen,

ed abbiamo apprezzato (molto) la pronta ed accurata esecuzione del nostro ordine.

und wir schätzen es (sehr), daß Sie unseren Auftrag so sorgfältig und schnell erledigt haben.

1. Siamo lieti di inviarVi in allegato il nostro assegno N. 13-18-25 della Banca Pacoa dore & C. per l'importo di Lit. 2.586.000.

1. Wir freuen uns, Ihnen in der Anlage unseren Scheck Nr, 13-18-25 in Höhe von Lit. 2.586.000 auf die Banca Passadore & Co. zu senden.

2. Siamo lieti di comunicarVi che abbiamo provveduto per un versamento sul Vostro conto presso la Banca Scalti & C.

2. Es freut uns, Ihnen mitzuteilen, daß eine Überweisung auf Ihr Konto bei der Banca Scalti & Co. veranlaßt wurde.

3. Abbiamo provveduto al pagamento di Lit. 5.732.000 a mezzo Dresdner Bank.

3. Wir haben die Zahlung in Höhe von Lit. 5.732.000 durch die Dresdner Bank veranlaßt.

4. Abbiamo versato oggi l'importo di Lit. 24.000.000 sul Vostro conto presso la Banca Cattolica del Veneto.

5. Abbiamo versato oggi sul Vostro conto corrente postale l'importo di Lit. 860.400

a) quale prima rata conformemente al nostro accordo (contratto).

b) come caparra per il nostro ordine N. 246.

c) a completo (parziale) saldo della Vostra fattura N. N 1974.

d) a saldo della fattura N. 2715 con deduzione del 2% di sconto per pagamento entro due settimane.

e) a completo saldo del Vostro estratto conto del 30 giugno.

f) a saldo del nostro conto fino al 31 gennaio (tenuto conto di uno sconto del 2%).

g) e Vi preghiamo di accreditare il nostro conto corrispondentemente.

h) e Vi preghiamo di inviarci una conferma a tempo debito.

i) e Vi preghiamo di scusarci per il ritardato pagamento.

Vi ringrazio per la pronta consegna ed allego assegno N. 21-53-74 della Banca Popolare di Novara per l'importo della Vostra fattura meno il 2% di sconto.

Come richiesto abbiamo dato disposizioni alla nostra banca, la Deutsche Bank a Düsseldorf, di versare telegraficamente l'-importo di Lit. 1.540.000 sul

4. Wir haben heute den Betrag von Lit. 24.000.000 auf Ihr Konto bei der Banca Cattolica del Veneto überwiesen.

5. Wir haben heute auf Ihr Postgirokonto den Betrag von Lit. 860.400 überwiesen,

a) als erste Rate gemäß unserer Vereinbarung (od. unserem Vertrag).

b) als Anzahlung für unseren Auftrag Nr. 246.

c) zum vollen Ausgleich (od. als Teilzahlung) Ihrer Rechnung Nr. N 1974.

d) zur Regulierung der Rechnung Nr. 2713 abzüglich 2% Sconto bei Zahlung innerhalb von 2 Wochen.

e) zum (vollen) Ausgleich Ihres Kontoauszuges vom 30. Juni.

f) und dies gleicht unser Konto bis zum 31. Januar aus (bei Gewährung eines Skontos von 2%).

g) und bitten sie um entsprechende Gutschrift auf unser Konto.

h) und bitten Sie, uns zur gegebenen Zeit eine Bestätigung zu schicken.

i) und bitten Sie wegen der späten Zahlung um Entschuldigung.

Ich danke Ihnen für die prompte Lieferung und füge Scheck Nr. 21-53-74 von der Banca Popolare di Novara bei über den Betrag Ihrer Rechnung abzüglich 2% Skonto.

Wie erbeten, haben wir unsere Bank, die Deutsche Bank Düsseldorf, angewiesen, den Betrag von Lit. 1.540.000 zugunsten Ihres Kontos bei der Banca

Vostro conto presso la Banca Commerciale Italiana, filiale di Alessandria.

Commerciale Italiana, Filiale von Alessandria, telegrafisch zu überweisen.

L'importo di Lit. 1.200.000 sarà versato telegraficamente a mezzo nostra banca il 31 dicembre o prima (in data 31 dicembre o precedentemente).

Der Betrag in Höhe von Lit. 1.200.000 wird durch unsere Bank am 31. Dezember oder vorher (per 31. Dezember oder früher) telegrafisch überwiesen.

Vi preghiamo di spiccare tratta su di noi a 60 giorni vista per l'importo della Vostra fattura e di inviarcela per l'accettazione.

Bitte ziehen Sie auf uns mit 60 Tagen Sicht für den Betrag Ihrer Rechnung und senden Sie uns die Tratte zum Akzept.

Abbiamo ricevuto e verificato il Vostro estratto conto al 30 settembre

Wir haben Ihren Kontoauszug zum 30. September erhalten und geprüft

a) e constatiamo che coincide con i nostri libri contabili.

a) und stellen fest, daß er mit unseren Büchern übereinstimmt.

b) e concordiamo con il saldo dovuto di Lit. 2.300.000.

b) und stimmen mit dem fälligen Saldo von Lit. 2.300.000 überein.

Vi preghiamo di scusare il ritardo nell'invio dell'allegato assegno a saldo delle forniture fino al 30 aprile. Vi ringraziamo per la Vostra comprensione.

Bitte entschuldigen Sie die verspätete Übersendung des beigefügten Schecks zur Bezahlung der bis 30. April an uns gelieferten Sendungen. Wir danken für Ihr Verständnis.

2. Bitte um Empfangsbestätigung

Vogliate inviarmi la Vostra ricevuta ufficiale per questo pagamento.

Bitte senden Sie mir Ihre offizielle Quittung für diese Zahlung.

Vogliate confermare il ricevimento.

Bitte bestätigen Sie den Erhalt.

Alleghiamo la Vostra fattura. Vogliate reinviarcela (restituircela) quietanzata.

Wir fügen Ihre Rechnung bei. Bitte schicken Sie uns diese quittiert zurück.

Non è necessaria una conferma per questo versamento.

Eine Bestätigung für diese Überweisung ist nicht notwendig.

Vi sarei grato se voleste confermare il ricevimento della cambiale.

Ich wäre dankbar, wenn Sie uns den Empfang des Wechsels bestätigen würden.

VIII. Empfang der Zahlung. Zahlungsbestätigung

Die Zahlungsbestätigung *(conferma di ricevimento del pagamento)* bringt den Geschäftsgang *(transazione)* zu Ende. Im Brief wird die Summe *(somma)*, die Zahlungsart *(modo di pagamento)*, der Abzug *(sconto)* usw. angegeben.

Zahlung durch Scheck ist erst dann gültig *(valido)* oder als Barzahlung *(pagamento in contanti)* anzusehen, wenn der Scheck bezahlt oder eingelöst worden ist *(è stato pagato)*, daher wird oft ein entsprechender Vorbehalt gemacht (Eingang vorbehalten *salvo buon fine, s.b.f.*).

Findet man Unregelmäßigkeiten *(irregolarità)* oder Irrtümer *(errori)* in der Rechnung, so macht man den Kunden darauf aufmerksam und bittet um Berichtigung *(correzione, rettifica)*.

In den meisten Fällen drückt man am Schluß die Hoffnung auf weitere Bestellungen aus.

Die Quittung *(quietanza/ricevuta)* gibt das Datum *(data)*, den Betrag *(importo)*, die Form der Zahlung (in bar *in contanti*, durch Scheck *con assegno* usw.) und den gewährten Abzug *(sconto concesso)* an. Die Stempelmarke *(marca da bollo)* wird durch die quer durch dieselbe geschriebene Unterschrift *(firma)* mit Datum entwertet *(annullata)*.

Ricevuta

N.° ....   Napoli, ... 19 .....

Ricevo dal sig. L u i g i L u z z a t i la somma di Lire
TRENTAMILA a saldo mia fattura 25 luglio 19 .....

Lire 30.000   Ant onio Borg ata.

---

1. Eingangsformeln

Vi ringraziamo per la Vostra lettera dell'8 aprile contenente il Vostro assegno (la Vostra cambiale, tratta) per l'ammontare di Lit. 980.000

Wir danken Ihnen für Ihren Brief vom 8. April mit Ihrem Scheck (od. Wechsel; Ihrer Tratte) über Lit. 980.000

a) a saldo del Vostro conto.

a) zum Ausgleich Ihres Kontos.

b) a totale (parziale) saldo del nostro estratto conto del 30 giugno.

b) zum vollen Ausgleich (od. als Teilzahlung) unseres Kontoauszuges vom 30. Juni.

c) a totale saldo della nostra fattura del 2 maggio.

c) zum vollen Ausgleich unserer Rechnung vom 2. Mai.

d) ed accludiamo la nostra ricevuta ufficiale.

d) und fügen unsere offizielle Quittung bei.

Vi ringraziamo molto per l'invio del Vostro assegno di Lit. 2.130.500 a totale saldo del Vostro conto.

Besten Dank für die Übersendung Ihres Schecks in Höhe von Lit. 2.130.500 zum vollen Ausgleich Ihres Kontos.

1. Vi ringraziamo per il Vostro assegno di Lit. 2.114.000

1. Wir danken Ihnen für Ihren Scheck über Lit. 2.114.000

2. Vi ringraziamo per il Vostro versamento di Lit. 965.000 sul nostro conto presso la Banca Varesina

2. Wir danken Ihnen für Ihre Überweisung von Lit. 965.000 auf unser Konto bei der Banca Varesina

3. Vi ringraziamo per il Vostro versamento di Lit. 665.000

3. Wir danken Ihnen für Ihre Überweisung von Lit. 665.000

a) a saldo del nostro estratto conto al 31 dicembre.

a) zum Ausgleich unseres Kontoauszuges vom 31. Dezember.

b) e per il pronto pagamento della nostra fattura.

b) und für die prompte Bezahlung unserer Rechnung.

Abbiamo accreditato l'importo sul Vostro conto (e accludiamo con piacere la ricevuta ufficiale richiesta).

Wir haben den Betrag Ihrem Konto gutgeschrieben (und fügen gern die gewünschte offizielle Quittung bei).

Il Vostro conto è in tal modo a tutt'oggi saldato.

Ihr Konto ist somit bis heute ausgeglichen.

Come da istruzioni abbiamo accreditato l'importo sul conto della ditta Rossi, Potente & C.

Wie angewiesen, haben wir den Betrag dem Konto der Firma Rossi, Potente & Co. gutgeschrieben.

2. Empfangsbestätigung über Teilzahlung

Vi ringraziamo per il Vostro assegno (versamento) di Lit. 750.000

Wir danken Ihnen für Ihren Scheck (od. für Ihre Überweisung) in Höhe von Lit. 750.000

a) a parziale saldo della nostra fattura del 3 ottobre.

a) als Teilzahlung unserer Rechnung vom 3. Oktober.

b) quale caparra (prima rata) per il Vostro ordine del 7 aprile.

b) als Anzahlung (od. erste Rate) für Ihren Auftrag vom 7. April.

Il rimanente saldo a Vostro debito ammonta a Lit. 250.000.

Der noch ausstehende Saldo beträgt Lit. 250.000.

Confermiamo che il prezzo totale ammonta a Lit. 8.765.000 e il saldo di Lit. 2.920.000 è da pagarsi (pagabile) alla consegna.

Wir bestätigen, daß der Gesamtpreis Lit. 8.765.000 beträgt und der Saldo von Lit. 2.920.000 bei Lieferung zahlbar ist.

Vi ringraziamo per il Vostro versamento e attendiamo il saldo di Lit. 340.000 nei prossimi giorni.

Wir danken Ihnen für Ihre Überweisung und erwarten den Saldo von Lit. 340.000 in den nächsten Tagen.

3. Unregelmäßigkeiten und Irrtümer bei der Zahlung

Notiamo dal pagamento della nostra fattura N. 1254 che avete dedotto uno sconto del 5%.

Wir ersehen aus der Bezahlung unserer Rechnung Nr. 1254, daß Sie 5% Skonto abgezogen haben.

Siamo spiacenti di non poter accettare questo pagamento a totale saldo del Vostro conto (della nostra fattura).

Wir bedauern, daß wir diese Zahlung nicht als vollen Ausgleich Ihres Kontos (od. unserer Rechnung) annehmen können.

Siamo spiacenti di non poter-Vi concedere lo sconto da Voi dedotto

Wir bedauern, Ihnen den abgezogenen Skonto nicht gewähren zu können,

a) poiché forniamo solo a prezzi netti.

a) da wir nur zu Nettopreisen liefern.

b) poiché possiamo concedere sconti solo se le fatture sono saldate immediatamente.

b) da wir Rabatte nur gewähren können, wenn die Rechnungen prompt bezahlt werden.

Le condizioni di pagamento prevedono lo sconto di cassa del 3% solo per pagamento entro tre giorni (dalla) data (della) fattura. In questo caso il pagamento ci è giunto (avvenuto) dopo oltre sei settimane.

Die Zahlungsbedingungen gestatten den 3%igen Kassarabatt nur bei Zahlung innerhalb von 10 Tagen ab Rechnungsdatum. In diesem Fall ist Ihre Bezahlung nach mehr als sechs Wochen geleistet worden.

Alla Vostra lettera non era allegato alcun assegno. Qualora non abbiate ancora provveduto Vi preghiamo di inviarlo sollecitamente.

Ihr Scheck lag Ihrem Brief nicht bei. Falls noch nicht geschehen, bitte schicken Sie ihn uns umgehend.

Vogliate per favore versare il saldo di Lit. 273.000 nei prossimi giorni.

Bitte überweisen sie den Saldo von Lit. 273.000 innerhalb der nächsten Tage.

L'importo di Lit. 28.500 può essere versato al momento del saldo del Vostro prossimo estratto conto.

Der Betrag von Lit. 28.500 kann bei der Regulierung Ihres nächsten Kontoauszuges mit überwiesen werden.

4. Schlußworte

Siamo lieti di accludere (alla presente) la nostra ricevuta ufficiale

Es freut uns, (diesem Schreiben) unsere offizielle Quittung beizufügen,

a) e speriamo che siete (re)stati soddisfatti dell'esecuzione di questo Vostro ordine.

a) und wir hoffen, daß Sie mit der Erledigung Ihres Auftrages zufrieden waren,

b) e speriamo che avremo (di avere) il piacere di servirVi nuovamente.

b) und wir hoffen, daß wir das Vergnügen haben werden, Sie wieder zu bedienen.

Vi ringraziamo per il sollecito invio del Vostro assegno.

Wir danken Ihnen für die prompte Übersendung Ihres Schecks.

Speriamo che possiate chiarire la questione e saldare così il Vostro conto.

Wir hoffen, daß Sie die Sache aufklären und Ihr Konto nunmehr ausgleichen können.

Geschäftsgang

Die folgenden Briefe veranschaulichen einen einfachen, die Briefgattungen II–VIII umfassenden Geschäftsgang, der natürlich je nach Umständen erweitert werden kann.

Anfrage

Spett.
SERTAV S.r.l.
Via Rossini, 54
20137 Milano   Trento, ...

Vi saremmo grati se voleste (Con la presente Vi preghiamo di) inviarci il Vostro ultimo catalogo insieme al listino dei prezzi ed alle Vostre condizioni di vendita e pagamento.

Sarebbero inoltre graditi alcuni campioni.

Se i Vostri prodotti e le Vostre condizioni saranno di nostra convenienza potrete contare su cospicui ordini nel futuro.

Nell'attesa di una Vostra risposta Vi salutiamo distintamente.

Emanuele Braida & C.
ppa Ennio Braida

Angebot

Spett. Ditta
Emanuele Braida & C.
Corso Vittorio Emanuele, 83
38100 Trento   Milano, ...

Abbiamo letto con piacere la Vostra lettera (pregiata Vostra) del 19 gennaio u.s. nella quale manifestate il Vostro interesse per i nostri prodotti.

Oggi stesso Vi inviamo – sotto plico separato – il nostro catalogo generale illustrato, il listino dei prezzi e le condizioni di vendita.

Seguiranno inoltre alcuni campioni dei nostri prodotti più significativi.

Siamo inoltre disposti a produrre articoli secondo Vostre specificazioni su base da concordare.

Nella speranza di avere il piacere di ricevere presto un Vostro ordine di prova Vi salutiamo distintamente.

SERTAV S.r.l.
(Enrico Bordati)

Bestellung

Spett.
SERTAV S.r.l.
Via Rossini, 54
20137 Milano   Trento, ...

Vi ringraziamo per la Vostra lettera del 19 gennaio u.s. e per il materiale illustrativo sulla Vostra produzione che ci è nel frattempo pervenuto.

Accludiamo alla presente un nostro formulario d'ordine debitamente compilato e desideriamo evidenziare che la qualità della merce fornita deve corrispondere perfettamente ai campioni.

Vi saremmo grati per una pronta consegna.

Con i migliori saluti.

Emanuele Braida & C.
ppa Ennio Braida

Auftragsbestätigung

Spett. Ditta
Emanuele Braida & C.
Corso Vittorio Emanuele, 83
38100 Trento   Milano, ...

Con la presente confermiamo il ricevimento del Vostro ordine del 25 gennaio per il quale Vi ringraziamo.

Riteniamo di poter evadere tale ordine entro tre settimane.

Vi comunicheremo al più presto possibile l'esatta data di consegna.
Distinti saluti

SERTAV S.r.l
(Enrico Bordati)

Der Lieferant benachrichtigt den Kunden, daß er nicht rechtzeitig liefern kann:

Spett. Ditta
Emanuele Braida & C.
Corso Vittorio Emanuele, 83
38100 Trento   Milano, ...

Siamo molto spiacenti di doverVi comunicare che Vi sarà un certo ritardo nell'esecuzione del Vostro ordine del 25 gennaio u.s.

A causa di un ritardo nella consegna delle materie prime dovuto allo sciopero dei ferrovieri in Belgio la nostra produzione ha subito un notevole rallentamento.

Ci scusiamo per questo ritardo nella speranza che esso non Vi sia di grave pregiudizio.

Con i migliori saluti

SERTAV S.r.l
(Enrico Bordati)

Der Kunde bittet um Beschleunigung der Lieferung und um baldige Zusendung wenigstens eines Teils der bestellten Waren:

Spett.
SERTAV S.r.l.
Via Rossini, 54
20137 Milano   Trento, ...

Con riferimento alla Vostra lettera del 10 febbraio u.s. siamo a chieder-Vi quando prevedete di effettuare la consegna.

Abbiamo urgente bisogno delle merci poiché le nostre scorte stanno esaurendosi e sta per iniziare la stagione di vendita di tali prodotti.

Restiamo in attesa di una Vostra sollecita informazione al riguardo e distintamente Vi salutiamo.

Emanuele Braida & C.
ppa Ennio Braida

Ausführung des Auftrages

Spett. Ditta
Emanuele Braida & C.
Corso Vittorio Emanuele, 83
38100 Trento   Milano, ...

Abbiamo il piacere di comunicarVi che una parte delle merci è stata oggi spedita per ferrovia conformemente alle Vostre istruzioni. Possiamo assicurarVi che stiamo facendo ogni sforzo per poter inviare il resto delle merci entro questa settimana.

Vi informeremo non appena le merci saranno in viaggio.

Nell'attesa porgiamo i migliori saluti

SERTAV S.r.l
(Enrico Bordati)

Spett. Ditta
Emanuele Braida & C.
Corso Vittorio Emanuele, 83
38100 Trento   Milano, ...

    Siamo lieti di comunicarVi che in data odierna abbiamo provveduto all'inoltro a mezzo ferrovia del resto delle merci da Voi ordinate in data 25 gennaio.

    Alleghiamo alla presente la nostra fattura per l'ammontare di Lit. 3.701.400.

    Ancora una volta Vi preghiamo di accettare le nostre scuse per gli inconvenienti che questo ritardo può averVi causato.

    Vogliate gradire i nostri migliori saluti.

SERTAV S.r.l
(Enrico Bordati)

Zahlung

Spett.
SERTAV S.r.l.
Via Rossini, 54
20137 Milano   Trento, ...

    Alleghiamo alla presente il nostro assegno N. 24 32 56 sulla Banca di Credito Lombardo di Brescia per l'importo di

Lit. 3.701.400

a totale pagamento della Vostra fattura N. M 4138 del 6 marzo u.s.

   Vi preghiamo di darci conferma dell'avvenuto ricevimento.

Con i migliori saluti.

Emanuele Braida & C.
pp. Ennio Braida

Zahlungsbestätigung

Spett. Ditta
Emanuele Braida & C.
Corso Vittorio Emanuele, 83
38100 Trento   Milano, ...

    Confermiamo con la presente il ricevimento della Vostra lettera del 14 marzo u.s. contenente il Vostro assegno di Lit. 370.400 a saldo della nostra fattura del 6 marzo u.s.

    Vi ringraziamo per la sollecitudine con cui avete effettuato il pagamento.

    Nella speranza di essere favoriti da altri Vostri graditi ordini per il futuro porgiamo i nostri migliori saluti.

SERTAV S.r.l.
(Enrico Bordati)

IX. Die Einholung von Auskünften

Der Geschäftsmann muß manchmal bei einem befreundeten oder bei dem von einem neuen oder in Aussicht stehenden Kunden (Reflektanten *probabile cliente*) als Empfehlung (oder Referenz) angegebenen Hause *(ditta indicata come referenza)*, oft auch bei einer Auskunftei *(agenzia di informazioni)*, über eine Person oder Firma, mit der er in Geschäftsverbindung treten will, Erkundigungen einziehen *(assumere informazioni)*. Dies geschieht auch dann, wenn ein Haus ein besonders großes Geschäft abschließen oder seinen Kredit bedeutend erhöhen will, oder wenn sich die Verhältnisse einer Firma anscheinend verschlechtern.

In dem Erkundigungsschreiben oder Auskunftsgesuch *(domanda di informazioni)* erkundigt man sich über den Ruf *(reputazione)*, die Kreditwürdigkeit *(affidabilità, credizia)* und Zahlungsfähigkeit *(solvibilità)* eines Hauses, auch über die Geschäftserfahrung *(esperanza negli affari)*, Umsicht *(prudenza)*, Handlungsweise *(modo di trattare)* und Rechtlichkeit *(onestà)* des Geschäftsinhabers *(proprietario della ditta, titolare, principale)* usw.

Den Namen der Person oder des Hauses, über die man Auskunft erbittet, schreibt man meist auf einen besonderen Zettel *(biglietto a parte)* oder ans Ende *(in calce)* des Briefes, damit er leicht entfernt *(allontanare, togliere)* werden kann.

Man sichert dem Geschäftsfreund gewöhnlich strenge Verschwiegenheit *(massima riservatezza)* zu, obschon es eigentlich selbstverständlich ist, daß man eine im Vertrauen erteilte *(data in confidenza)* Auskunft nur als solche behandeln wird.

Schließlich dankt man für die Gefälligkeit *(gentilezza)* und ist zu Gegendiensten gern bereit *(ben disposto a ricambiare i servizi)*.

Zudem besteht die Möglichkeit, Auskünfte durch Auskunfteien *(agenzie d'informazioni)* oder Banken einzuholen.

1. Eingangsformeln

Abbiamo appena ricevuto un (primo) ordine del valore di ca. Lit. 25.000.000 (un grosso ordine) dalla ditta Giacomo Scala e Figlio di La Spezia	*Wir haben soeben einen (Erst)Auftrag über 25.000.000 Lit. (od. einen großen Auftrag) von der Firma Giacomo Scala e Figlio in La Spezia erhalten,*
a) che ci ha indicato il Vostro nome (la Vostra Ditta) quale referenza.	a) *die uns Ihren Namen (od. Ihre Firma) als Referenz angegeben hat.*
b) e Vi saremmo grati per qualsiasi informazione relativa alla fidatezza di questa ditta che potrete darci.	b) *und wären für jede Information, die Sie uns über die Zuverlässigkeit dieser Firma geben können, dankbar.*

c) e Vi saremmo grati se voleste farci pervenire una breve nota circa la solvibilità di questa ditta.

La ditta SAPAV di Cremona desidera essere da noi rifornita con conto aperto e ci ha indicato il Vostro nome quale referenza.

Dichiara di avere concluso diversi affari con Voi negli ultimi due anni e dà il nome della Vostra Ditta quale referenza.

Apprendiamo che nel passato avete concluso cospicui affari con la ditta in questione.

Apprendo dal Signor Timossi, Direttore della SALCA di Voghera, che avete concluso alcuni importante affari con la ditta in questione negli ultimi tempi.

La Ditta Cappato & C. ha fatto riferimento a Voi per eventuali referenze.

La ditta indicata sul foglietto accluso

a) desidera entrare in relazioni d'affari con noi e necessita di un credito di Lit. 10.000.000 a tre mesi.

b) ci ha impartito un primo ordine di prova del valore di Lit. 32.000.000 con pagamento a 3 mesi.

La ditta Pizzorno di Savona, nostra potenziale cliente, ci ha dato il Vostro Nome quale referenza.

Ci è stata indicata la Vostra Banca quale referenza circa la solvibilità della ditta ...

La ditta Chavaz e Figli di St. Vincent ci ha fornito il nome della Vostra Banca quale referenza.

c) und wären Ihnen dankbar, wenn Sie uns einen kurzen Bericht über die Bonität dieser Firma senden würden.

Die Firma SAPAV in Cremona möchte von uns auf laufende Rechnung beliefert werden und hat uns Ihren Namen als Referenz angegeben.

Sie gibt an, daß sie mit Ihnen während der vergangenen zwei Jahre Geschäfte getätigt hat und gibt den Namen Ihres Unternehmens als Referenz an.

Wir hören, daß Sie mit der betreffenden Firma in der Vergangenheit große Geschäfte getätigt haben.

Von Hern Timossi, dem geschäftsführenden Direktor der Firma SALCA in Voghera, höre ich, daß Sie in der letzten Zeit etliche größere Geschäfte mit der genannten Firma getätigt haben.

Die Firma Cappato & Co. hat uns an Sie verwiesen zwecks möglicher Referenzen.

Die auf dem beigefügten Zettel genannte Firma

a) möchte mit uns in Geschäftsverbindung treten und benötigt einen Dreimonatskredit von Lit. 10.000.000.

b) hat uns einen ersten Probeauftrag im Wert von Lit. 32.000.000, zahlbar in 3 Monaten, erteilt.

Unsere potentiellen Kunden Pizzorno in Savona haben uns Ihren Namen als Bankreferenz angegeben.

Man hat uns Ihre Bank als Referenz angegeben bezüglich der Kreditwürdigkeit der Firma ...

Die Firma Chavaz e Figli in St. Vincent hat uns ihre Bank als Referenz angegeben.

2. Einzelheiten und Gründe der Anfrage

1. Vi preghiamo di darci informazioni

1. *Können Sie uns bitte Auskunft geben (od. Geben Sie uns bitte Auskunft)*

2. Vi saremmo grati per ogni informazione che poteste darci

2. *Wir wären Ihnen sehr dankbar für jede Auskunft, die Sie uns geben können*

   a) circa la sua affidabilità creditizia.

   a) *über ihre/seine Kreditwürdigkeit.*

   b) circa la sua situazione finanziaria e la solvibilità.

   b) *über ihre finanzielle Lage und Zahlungsfähigkeit.*

   c) circa la sua reputazione e la sua affidabilità.

   c) *über ihren Ruf und ihre Kreditwürdigkeit.*

   d) se essa è in grado di far fronte all'impegno di un credito di Lit. 50.000.000.

   d) *ob die Firma in der Lage ist, den Verpflichtungen eines Kredits in Höhe von Lit. 50.000.000 nachzukommen.*

   e) circa la sua attività e l'entità delle sue transazioni.

   e) *über ihre Tätigkeit und den Umfang ihrer Geschäfte (od. Transaktionen).*

1. Apprezzeremmo molto se voleste cortesemente comunicarci in forma confidenziale se

1. *Wir würden es sehr begrüßen, wenn Sie uns freundlicherweise vertraulich mitteilen würden, ob*

2. Vi saremmo estremamente grati se ci comunicaste se

2. *Wir wären Ihnen außerordentlich dankbar, wenn Sie uns mitteilen würden, ob*

3. Vi saremmo grati se ci comunicaste se

3. *Wir wären Ihnen dankbar, wenn Sie uns mitteilen würden, ob*

4. In particolare desideriamo sapere se

4. *Insbesondere möchten wir wissen, ob*

5. Vi preghiamo di comunicarci se

5. *Würden Sie uns bitte mitteilen, ob*

6. Vi preghiamo di inviarci un rapporto circa la reputazione e la situazione finanziaria della ditta in questione ed, in particolare, di comunicarci se

6. *Bitte senden Sie uns einen Bericht über den Ruf und die finanzielle Lage der betreffenden Firma, und teilen Sie uns insbesondere mit, ob*

   a) la ditta in questione effettua puntualmente i (suoi) pagamenti.

   a) *dieses Unternehmen verläßlich in seinen Zahlungen ist.*

b) essa adempie puntualmente ai suoi impegni.

c) è prevedibilmente sicura per un credito fino a Lit. 50.000.000.

d) considerereste come un rischio accettabile un credito fino a Lit. 60.000.000.

e) siete in pluriennale relazioni con questa ditta e se le Vostre fatture sono sempre state prontamente saldate.

f) la reputazione e la situazione finanziaria di questa ditta giustificano un credito fino a Lit. 100 milioni.

g) il volume di transazioni con Voi è notevole.

h) la raccomandate quale cliente.

Considerereste sicuro concedere a questa ditta un credito fino a Lit. 30 milioni?

Ci sono motivi per mettere in dubbio la sua affidabilità creditizia?

L'importo in questione è piuttosto alto e si richiede (viene richiesto) un credito a tre mesi.

La somma in questione ammonterà a circa Lit. 40.000.000 e Vi sarei pertanto molto grato se mi comunicaste se ritenete la ditta affidabile per questo importo.

Poiché l'importo in oggetto supera Lit. 5.000.000 non concediamo volentieri un credito prima di esserci assicurati sulla sua reputazione.

La ditta Biancheri ci ha chiesto di aprire un credito per Lit. 20.000.000.

b) *sie ihren Verpflichtungen pünktlich nachkommt.*

c) *sie voraussichtlich bis zu einer Summe von Lit. 50.000.000 kreditwürdig ist.*

d) *Sie einen Kredit von Lit. 60.000.000 als annehmbares Risiko betrachten würden.*

e) *Sie mit dieser Firma seit langem in Geschäftsbeziehung stehen, und ob Ihre Rechnungen immer prompt reguliert wurden.*

f) *der Ruf und die finanzielle Lage dieser Firma einen Kredit bis zu Lit. 100 Mill. rechtfertigen.*

g) *das Geschäftsvolumen mit Ihnen bedeutend ist.*

h) *Sie sie als Kunden empfehlen.*

Würden Sie es als sicher betrachten, dieser Firma einen Kredit bis zu Lit. 30 Mill. zu gewähren?

Besteht irgendein Grund, an ihrer Kreditwürdigkeit zu zweifeln?

Der in Frage kommende Betrag ist ziemlich hoch, und man fordert einen Kredit von drei Monaten.

Die betreffende Summe wird ungefähr Lit. 40.000.000 betragen, und ich wäre daher sehr dankbar für eine Mitteilung, ob Sie die Firma für diesen Betrag für kreditwürdig halten.

Da der betreffende Betrag Lit. 5.000.000 übersteigt, gewähren wir ungern einen Kredit, ohne uns über ihren Ruf Gewißheit zu verschaffen.

Die Firma Biancheri hat um einen Kredit von Lit. 20.000.000 gebeten.

L'ordinazione impartitaci è per un considerevole quantitativo di carni conservate il cui valore complessivo ammonta a Lit. 6.200.000 pagabile a 30 giorni dalla consegna.

Vi saremmo grati se voleste comunicarci la Vostra opinione sulla ditta Biancheri e indicaste l'ammontare del credito che può esserle concesso senza pericolo.

Vi saremmo grati per ogni informazione che potrete darci circa la situazione finanziaria e la reputazione in generale della ditta in questione.

Poiché è la nostra prima transazione con questa ditta Vi saremmo molto grati se ci comunicaste entro quali limiti considerate la ditta come sicura.

Vi preghiamo di rispondere alle seguenti domande:

Siete attualmente suoi clienti?

Da quando tempo siete in relazione con loro?

Approfittano di sconti per pagamenti a pronti? In caso negativo, pagano puntualmente alla scadenza?

Hanno chiesto dilazioni? In caso affermativo per quanto tempo?

Considerereste la Vostra relazione d'affari con questa ditta come soddisfacente?

Come giudicate la loro attuale situazione finanziaria?

Le prospettive di sviluppo sono favorevoli?

La situazione generale del commercio nella Vostra zona è attualmente favorevole?

Der uns erteilte Auftrag ist für eine beträchtliche Menge von Fleischkonserven – der Gesamtwert beträgt Lit. 6.200.000 zahlbar innerhalb 30 Tagen nach Lieferung.

Wir wären Ihnen dankbar, wenn Sie uns Ihre Meinung über die Firma Biancheri mitteilen und den Kreditbetrag angeben würden, der dieser gefahrlos gewährt werden kann.

Wir wären für jede Auskunft dankbar, die Sie uns bezüglich der finanziellen Lage und des allgemeinen Rufs dieser Firma geben können.

Da es unser erstes Geschäft mit dieser Firma ist, wären wir Ihnen für eine Mitteilung sehr dankbar, bis zu welcher Grenze Sie die Firma als sicher betrachten.

Würden Sie bitte die folgenden Fragen beantworten:

Sind Sie jetzt einer ihrer Kunden?

Wie lange stehen Sie mit der Firma schon in Verbindung?

Nimmt die Firma Kassarabatte wahr? Falls nicht, zahlt sie prompt bei Fälligkeit?

Hat die Firma um Verlängerung gebeten, und falls ja, für welche Zeitspanne?

Würden Sie Ihre Geschäftsbeziehungen mit dieser Firma als zufriedenstellend betrachten?

Wie beurteilen Sie ihre augenblickliche finanzielle Lage?

Sind die Geschäftsaussichten günstig?

Ist die allgemeine geschäftliche Lage in Ihrem Gebiet zur Zeit günstig?

3. Zusicherung der Verschwiegenheit

Potete far conto della nostra discrezione.

Sie können sich auf unsere Diskretion verlassen.

Naturalmente ogni Vostra informazione sarà considerata come confidenziale.

Jede Auskunft von Ihnen wird natürlich vertraulich behandelt.

1. La Vostra risposta

1. Ihre Antwort

2. Ogni informazione che riceviamo da Voi (che vorrete farci pervenire)

2. Jede Auskunft, die wir von Ihnen erhalten (od. Sie an uns weiterleiten),

sarà naturalmente considerata strettamente confidenziale.

wird natürlich streng vertraulich behandelt.

1. Vogliate esser certi che ogni informazione che eventualmente ci darete

1. Bitte seien Sie versichert, daß jede Auskunft, die Sie uns eventuell geben werden,

2. Non abbiamo bisogno di dire che ogni Vostra informazione

2. Wir brauchen wohl nicht zu sagen, daß jede Auskunft von Ihnen

   a) sarà considerata come strettamente confidenziale.

   a) als streng vertraulich betrachtet wird.

   b) verrà trattata in maniera confidenziale.

   b) vertraulich behandelt werden wird.

Saremmo lieti di ricevere ogni ulteriore informazione che potrete darci.

Jede weitere Auskunft, die Sie geben könnten, würden wir sehr begrüßen.

Vi saremmo (veramente) molto grati

Wir wären Ihnen (wirklich) sehr dankbar

a) per ogni informazione che vorrete (potrete) darci.

a) für jede Auskunft, die Sie uns geben wollen (od. können).

b) per il Vostro aiuto.

b) für Ihre Hilfe.

Ci è chiaro che qualsiasi informazione che eventualmente ci fornirete non implicherà la Vostra responsabilità.

Es ist uns klar, daß jede von Ihnen eventuell gelieferte Auskunft keine Verantwortung für Sie enthält.

Vi ringraziamo per la Vostra cortesia e Vi assicuriamo la più completa discrezione.

Wir danken Ihnen für Ihre Liebenswürdigkeit und sagen Ihnen strengste Diskretion zu.

Saremmo lieti di ricambiare la cortesia se se ne darà l'occasione.

Wir würden uns freuen, diesen Gefallen zu erwidern, wenn sich die Gelegenheit ergibt.

Se potremo in futuro render-Vi un analogo servizio

Wenn wir Ihnen einmal einen Gegendienst erweisen können,

a) non esitate a rivolgerVi a noi.

a) zögern Sie nicht, sich an uns zu wenden.

b) lo faremo con grande piacere (molto volentieri).

b) werden wir dies gern tun.

Apprezziamo molto il Vostro aiuto e speriamo di poter ricambiare questa cortesia.

Wir schätzen Ihre Hilfe sehr und hoffen, uns für diese Gefälligkeit revanchieren zu können.

Per facilitare la Vostra risposta accludiamo un questionario ed una busta affrancata.

Zur Erleichterung Ihrer Antwort ist ein Fragebogen beigefügt mit einem adressierten Freiumschlag.

Vi saremmo molto grati per una risposta ed accludiamo un tagliando internazionale di risposta.

Wir wären Ihnen für eine Antwort sehr dankbar und fügen einen internationalen Antwortschein bei.

Vi ringraziamo molto per il Vostro aiuto.

Wir danken Ihnen sehr für Ihre Hilfe.

X. Auskunfterteilung

Auch bei der Auskunfterteilung *(nel dare informazioni)* oder in dem vertraulichen Bericht *(rapporto confidenziale)* ist es ratsam, den Namen der Firma oder Person nicht zu nennen.

Man äußerst sich mit der größten Vorsicht *(precauzione)* und Rücksichtnahme *(discrezione)*, aber auch mit aller Offenheit *(sincerità)* über die Lage des in Frage kommenden Hauses. Nach bestem Wissen hebt man nicht nur alle Vorzüge *(vantaggi)* des Hauses ehrlich hervor, sondern macht auch ohne Rückhalt *(riserva)* auf etwaige ungünstige Verhältnisse aufmerksam. Recht vorsichtig wird man sich über die Gewährung eines Kredites *(concessione di un credito)* aussprechen müssen. Im allgemeinen kann man zwischen günstigen *(favorevole)*, unbestimmten *(vago, incerto)* und ungünstigen *(sfavorevole)* Auskünften unterscheiden.

Die Auskunft wird jederzeit ohne jede Verbindlichkeit *(responsabilità)* erteilt, und besonders bei unbestimmten oder ungünstigen Antworten mag die Bitte um Verschwiegenheit *(segretezza, riserbo)* am Platze sein.

1. Eingangsformeln

Vi ringraziamo per la Vostra lettera del 7 marzo con la richiesta di informazioni sulla ditta Sirtori & C.

Vielen Dank für Ihr Schreiben vom 7. März mit der Bitte um Auskunft über die Firma Sirtori & Co.

Vi ringraziamo per la Vostra richiesta di informazioni circa la reputazione commerciale della ditta Dagnino e Carbone.

Wir danken Ihnen für Ihre Anfrage über das geschäftliche Ansehen der Firma Dagnino e Carbone.

1. Volentieri Vi trasmettiamo le seguenti informazioni

1. *Wir geben Ihnen gern die folgende Auskunft*

2. Abbiamo potuto ottenere le seguenti informazioni dalla nostra filiale di Ingolstadt

2. *Wir konnten folgenden Fakten von unserer Niederlassung in Ingolstadt erhalten*

riguardo la ditta indicata nella Vostra richiesta del 3 novembre u.s.

bezüglich der in Ihrer Anfrage vom 3. November erwähnten Firma.

Siamo lieti di avere l'occasione di riferire positivamente sulla ditta ANCA S.p.A.

Wir begrüßen die Gelegenheit, über die Firma ANCA S.p.A. positiv zu berichten.

Possiamo senz'altro raccomandare la ditta di cui chiedete informazioni.

Wir können die Firma, über die Sie sich erkundigen, durchaus empfehlen.

Abbiamo raccolto informazioni sulla situazione finanziaria della ditta Emanuele Fracchia e Figlio S.r.l.

Wir haben Erkundigungen eingezogen über die finanzielle Lage der Firma Emanuele Fracchia e Figlio S.r.l.

Abbiamo concluso la raccolta di informazioni sulla ditta citata nella (di cui alla) Vostra lettera dell'8 aprile e siamo lieti di poterne riferire favorevolmente.

Wir haben unsere Erkundigungen bezüglich der in Ihrem Schreiben vom 8. April erwähnten Firma abgeschlossen und freuen uns, günstig über sie berichten zu können.

Abbiamo ricevuto dai nostri partners di Bamberg le informazioni richieste nella Vostra lettera del 9 maggio u.s.

Wir haben von unseren Freunden in Bamberg die in Ihrem Schreiben vom 9. Mai erbetene Auskunft erhalten.

2. Günstige Auskunft

1. La ditta indicata (nella Vostra lettera)

1. *die (in Ihrem Schreiben) erwähnte Firma*

2. La ditta in questione (La ditta)

2. *Die in Frage kommende Firma (od. Die Firma)*

   a) è stata fondata dal Signor Giacomo Scala nel 1935 ed è stata rilevata nel 1978 dal gruppo XYZ.

   a) *ist von Giacomo Scala 1935 gegründet worden und wurde im Jahre 1978 von der XYZ-Gruppe übernommen.*

b) è stata fondata dal Signor Hans Schilling nel 1968 e si è nel frattempo ingrandita con filiali a Konstanz e Gießen.

b) *wurde von Hans Schilling 1968 gegründet und hat sich seitdem mit Niederlassungen in Gießen und Konstanz vergrößert.*

c) il cui capitale nel 1960 ammontava a 50.000.000 Lit. si è rapidamente sviluppata ed ha attualmente 60 impiegati ed un giro d'affari (stimato) di Lit. ...

c) *deren eingetragenes Kapital (1960) Lit. 50.000.000 betrug, entwickelte sich schnell und hat nun 60 Angestellte und einen (geschätzten) Umsatz von Lit. ...*

d) è posseduta e diretta da due ingegneri che l'hanno ampliata dall'originaria officina alle attuali dimensioni.

d) *ist im Besitz und wird geleitet von zwei Ingenieuren, die sie von der ursprünglichen Werkstatt zu ihrer jetzigen Größe ausgebaut haben.*

e) è una ditta piccola e tuttavia molto nota e stimata che esiste in questa città da oltre 50 anni (mezzo secolo).

e) *ist eine kleine, jedoch sehr bekannte und angesehene Firma, die seit über 50 Jahren in dieser Stadt besteht.*

f) è una delle più stimate e serie aziende, finanziariamente sana e puntuale nel pagamento delle fatture.

f) *ist eine der angesehensten und seriösesten Firmen, finanziell gesund und pünktlich in der Bezahlung der Rechnungen.*

g) è una seria e solida azienda.

g) *ist ein gut fundiertes und solides Unternehmen.*

h) è ben nota in loco (nel locale ambiente commerciale) è gode apparentemente di una buona reputazione.

h) *ist am Ort (od. in örtlichen Geschäftskreisen) wohlbekannt und genießt anscheinend einen guten Ruf.*

i) gode di grande stima.

i) *genießt ein großes Ansehen.*

j) gode di stima e fiducia negli ambienti commerciali.

j) *genießt in Geschäftskreisen Achtung und Vertrauen.*

k) ha un'ottima reputazione.

k) *hat einen ausgezeichneten Ruf.*

l) è commercialmente sana.

l) *ist geschäftlich gesund.*

m) ha fama di essere finanziariamente sana.

m) *steht in dem Ruf, finanziell gesund zu sein.*

n) viene considerata come degna di credito.

n) *wird als kreditwürdig betrachtet.*

o) è finanziariamente sana ed ha fama di adempiere puntualmente ai suoi impegni.

o) ist finanziell gesund und hat den Ruf, ihren Verpflichtungen nachzukommen.

p) gode della migliore reputazione e la sua affidabilità (fidatezza) è fuor di dubbio.

p) genießt den besten Ruf, und ihre Kreditwürdigkeit steht außer Zweifel.

q) ci è ben nota da 10 anni.

q) ist uns seit 10 Jahren gut bekannt.

r) effettua transazioni con noi da più di 15 anni.

r) tätigt seit mehr als 15 Jahren mit uns Geschäfte.

s) è nostra buona cliente (è un nostro buon cliente).

s) ist ein guter Kunde von uns.

t) è nostra cliente da 5 anni.

t) ist seit fünf Jahren unser Kunde.

u) ci passa (impartisce) ordinazioni regolari da molti anni.

u) erteilt uns seit mehreren Jahren regelmäßig Aufträge.

v) ci è ben nota ed abbiamo concluso con essa per molti anni cospicue transazioni.

v) ist uns gut bekannt, und wir haben mit dieser Firma seit Jahren beträchtliche Geschäftsabschlüsse getätigt.

w) è corretta e degna di fiducia ed ha sempre pagato puntualmente le fatture.

w) ist ehrlich und vertrauenswürdig und hat ihre Rechnungen immer pünktlich beglichen.

x) ha un conto aperto presso di noi da molti anni che ammonta talvolta a Lit. 12.000.000 e noi non esiteremmo ad ampliare anche di molto il suo credito.

x) hat bei uns seit vielen Jahren ein laufendes Konto, das manchmal Llt. 12.000.000 beträgt, und wir würden nicht zögern, den Kredit auf viel höhere Beträge zu erweitern.

Effettuiamo con essa transazioni da più di 10 anni (da molti anni)

Wir tätigen mit der Firma seit mehr als 10 Jahren (od. seit vielen Jahren) Geschäfte

a) e sebbene non abbia approfittato generalmente dei nostri sconti per pagamento a pronti ha sempre pagato le fatture puntualmente.

a) und, obgleich sie in der Regel unsere Kassaskonti nicht ausnutzte, hat sie ihre Rechnungen immer pünktlich bezahlt.

b) e possiamo affermare che ci ha sempre pagato puntualmente.

b) und können behaupten, daß man uns immer pünktlich bezahlt hat.

c) ed abbiamo sempre trovato che è assolutamente affidabile.

c) und haben immer gefunden, daß sie absolut zuverlässig ist.

d) ed abbiamo l'impressione che possiate concedere senza problemi un credito fino a Lit. 10.000.000.

e) e non esiteremmo a concludere affari con essa alle condizioni proposte.

Ci hanno recentemente impartito un'ordinazione molto cospicua ed hanno puntualmente pagato l'importo totale.

Ci viene comunicato che

a) la ditta è stata fondata nel 1970 ed ha sempre fatto fronte regolarmente ai suoi impegni.

b) si tratta di una ditta di antica fondazione con un'ottima reputazione da considerare sicura per un credito dell'importo da Voi indicato.

c) il loro giro d'affari supera i Lit. 900.000.000 annui.

1. I direttori

2. Il proprietario e i suoi due figli

   a) sono senza dubbio onesti e integerrimi commercianti.

   b) sono considerati efficienti e seri commercianti.

   c) sono qui ben noti e stimati.

   d) sono commercianti di grande iniziativa e talento.

   e) sono ben noti non solo per la loro abilità, ma anche per la loro onestà.

Siamo lieti di aver l'occasione di assicurarVi che il Signor Fasce gode della nostra completa fiducia.

---

d) und haben den Eindruck, daß Sie unbedenklich einen Kredit bis zu Lit. 10.000.000 gewähren können.

e) und wir würden nicht zögern, zu den vorgeschlagenen Bedingungen mit ihr Geschäfte abzuschließen.

Sie haben uns kürzlich einen sehr großen Auftrag erteilt und den vollen Betrag pünktlich bezahlt.

Man teilt uns mit, daß

a) die Firma 1970 gegründet wurde und ihren Verpflichtungen immer regelmäßig nachgekommen ist.

b) es sich um eine alteingesessene Firma handelt mit einem ausgezeichneten Ruf, die für den von Ihnen erwähnten Kredit als sicher zu betrachten ist.

c) der Jahresumsatz dieser Firma Lit. 900.000.000 übersteigt.

1. Die Direktoren

2. Der Besitzer und seine beiden Söhne

a) sind zweifellos rechtschaffene und unbescholtene Geschäftsleute.

b) werden als zuverlässige und tüchtige Geschäftsleute bezeichnet.

c) sind hier wohlbekannt und angesehen.

d) sind Kaufleute mit großer Initiative und Talent.

e) sind nicht nur wegen ihrer Geschäftstüchtigkeit, sondern auch wegen ihrer Rechtschaffenheit wohlbekannt.

Wir begrüßen diese Gelegenheit, Ihnen zu versichern, daß Herr Fasce unser volles Vertrauen genießt.

Abbiamo sempre considerato la ditta Benca S.r.l. di Ovada come degna di fiducia.

Wir haben die Firma Benca S.r.l. in Ovada immer als zuverlässig betrachtet.

Durante tutti questi anni il nostro rapporto commerciale con essa è sempre stato completamente soddisfacente.

Während der ganzen Jahre waren unsere Geschäftsverbindungen mit ihr stets vollständig zufriedenstellend.

Raccomandiamo senza riserve il Signor Siccardi.

Wir empfehlen Herrn Siccardi ohne Vorbehalt.

Ha sempre pagato puntualmente le sue fatture. Dai nostri documenti non risulta un solo ritardo.

Er hat seine Rechnungen stets pünktlich bezahlt. Unsere Unterlagen weisen keine einzige verzögerte Zahlung auf.

Un credito per l'ammontare da Voi indicato appare senza rischio.

Ein Kredit in der von Ihnen erwähnten Höhe erscheint risikolos.

Dopo alcune difficoltà nel primo anno la ditta ha fatto fronte regolarmente ai suoi impegni.

Nach einigen Schwierigkeiten im ersten Jahr ist die Firma ihren Verpflichtungen regelmäßig nachgekommen.

3. Unbestimmte Auskunft

La ditta indicata nella Vostra lettera del 10 giugno non ci è ben nota (non è da noi ben conosciuta).

Die in Ihrem Schreiben vom 10. Juni erwähnte Firma ist uns nicht gut bekannt.

1. Siamo (pertanto) spiacenti di non essere in grado di darVi un giudizio sulla situazione finanziaria della ditta ...

1. *Wir bedauern (deshalb), daß wir nicht in der Lage sind, ein Urteil über die finanzielle Lage der Firma ... abzugeben.*

2. Ci dispiace di non essere in grado di darVi delle informazioni sulla ditta da Voi citata

2. *Wir bedauern, daß wir nicht in der Lage sind, über die von Ihnen erwähnte Firma Auskunft zu geben,*

a) poiché negli ultimi tempi non siamo stati in rapporti con essa.

a) *da wir in der letzten Zeit mit ihr nicht in Geschäftsverbindung waren.*

b) tranne che le transazioni effettuate con noi si basano esclusivamente su pagamento a pronti.

b) *außer daß die mit uns getätigten Geschäfte auf strikter Barzahlung beruhen.*

c) , ma Vi consigliamo di trattare con prudenza le sue richieste di credito.

c) *aber wir raten Ihnen, ihre Kreditwünsche mit Vorsicht zu behandeln.*

Per quanto ne sappiamo è una ditta seria (stimata),

Soweit wir wissen, ist es eine seriöse (od. angesehene) Firma,

a) ma poiché abbiamo concluso pochi affari con essa negli ultimi anni non possiamo garantire per la sua solvibilità.

a) aber da wir mit ihr in den letzten Jahren wenige Abschlüsse getätigt haben, können wir für ihre Bonität nicht bürgen.

b) ma non conosciamo esattamente la sua situazione finanziaria.

b) aber wir wissen nichts Sicheres über ihre finanzielle Lage.

c) ma apparentemente negli ultimi tempi si è eccessivamente impegnata (esposta).

c) aber sie hat sich in der letzten Zeit anscheinend geschäftlich übernommen.

Siamo alquanto sorpresi che questa ditta Vi abbia dato il nostro nome quale referenza.

Wir sind ziemlich überrascht, daß diese Firma Ihnen unseren Namen als Referenz gegeben hat.

1. Abbiamo concluso affari con essa per molti anni,

1. Wir haben seit einer Reihe von Jahren mit ihnen Geschäfte getätigt,

2. Negli ultimi tre anni hanno avuto spesso occasione di passarci ordini,

2. Sie haben uns während der letzten drei Jahre bei vielen Gelegenheiten Aufträge erteilt,

a) ma fino ad oggi tutte le transazioni sono state basate su pagamento a pronti.

a) aber bis heute waren alle Abschlüsse auf Barzahlungsbasis.

b) tuttavia il nostro giro d'affari annuo con loro è stato estremamente modesto.

b) jedoch ist unser jährlicher Umsatz mit ihnen äußerst gering gewesen.

Il nostro giro d'affari annuo con loro è molto limitato e dall'esame dei nostri documenti notiamo

Unser jährlicher Umsatz mit ihnen ist sehr klein, und bei Prüfung unserer Unterlagen finden wir,

a) che le nostre fatture non sono sempre state pagate puntualmente.

a) daß sie Rechnungen von uns nicht immer pünktlich reguliert haben.

b) che alcune fatture sono restate scoperte per molto tempo.

b) daß einige Rechnungen lange Zeit offengeblieben sind.

Le transazioni effettuate con essa sono troppo modeste per poter garantire un giudizio soddisfacente sulla sua situazione finanziaria.

Die mit ihnen getätigten Geschäfte sind zu klein, um eine zufriedenstellende Beurteilung ihrer finanziellen Lage garantieren zu können.

Abbiamo l'impressione che si tratti di un caso in cui è con-

Wir haben den Eindruck, daß es sich hier um einen Fall han-

sigliabile usare prudenza.

delt, in dem Vorsicht angeraten ist.

Raccomandiamo un atteggiamento prudente.

Wir empfehlen eine Politik der Vorsicht.

Non conosciamo abbastanza questa ditta per rispondere in maniera soddisfacente alle Vostre domande.

Wir wissen über dieses Unternehmen nicht genug, um Ihre Fragen zufriedenstellend zu beantworten.

4. Ungünstige Auskunft

Siamo (piuttosto) sorpresi che la ditta indicata nella Vostra lettera del 12 maggio

Wir sind (einigermaßen) überrascht, daß die in Ihrem Schreiben vom 12. Mai erwähnte Firma

a) abbia fatto riferimento a noi.

a) Sie an uns verwiesen hat.

b) abbia dato il nostro nome come referenza.

b) unseren Namen als Referenz angegeben hat.

Siamo spiacenti di non essere in grado

Wir bedauern, nicht in der Lage zu sein,

a) di dare referenze soddisfacenti.

a) zufriedenstellende Referenzen zu geben,

b) di poterVi aiutare circa la ditta indicata nella Vostra lettera del 14 settembre.

b) Ihnen helfen zu können bezüglich der in Ihrem Brief vom 14. September erwähnten Firma.

c) di darVi informazioni circa la solvibilità della ditta indicata nella Vostra lettera del 13 ottobre.

c) Ihnen über die Bonität der in Ihrem Schreiben vom 13. Oktober genannten Firma Auskunft zu geben.

1. Abbiamo concluso la raccolta di informazioni sulla ditta indicata nella Vostra lettera del 16 novembre scorso.

1. Wir haben unsere Erkundigungen bezüglich der in Ihrem Schreiben vom 16. November erwähnten Firma abgeschlossen

2. Abbiamo esaminato molto attentamente la situazione finanziaria della ditta in questione

2. Wir haben die finanzielle Lage der in Frage kommenden Firma sehr genau untersucht

a) e dobbiamo consigliarVi di trattare con prudenza le sue richieste di credito.

a) und müssen Ihnen raten, ihre Kreditwünsche mit Vorsicht zu behandeln.

b) e desideriamo consigliare un atteggiamento prudente.

b) und möchten eine Politik der Vorsicht empfehlen.

c) e raccomandiamo la massima prudenza nella concessione di un credito a questa ditta.

d) e sconsiglieremmo di concedere un credito superiore a Lit. 20.000.000.

Abbiamo ricevuto solo un'ordinazione da tale ditta e siamo pertanto spiacenti di non poterVi dare referenze basate su una lunga esperienza. Abbiamo comunque avuto qualche problema con il pagamento.

E' vero che abbiamo concluso affari con loro negli anni passati, ma il nostro giro d'affari annuo è stato (estremamente) limitato e le fatture sono rimaste scoperte piuttosto a lungo.

Sebbene il Signor ... sia un ottimo uomo d'affari e la sua clientela molto ampia, le sue transazioni non giustificano un credito nella misura indicata.

Alcune difficoltà negli ultimi tempi dovute apparentemente ad una cattiva conduzione (alla generale recessione) hanno avuto come conseguenza l'assunzione di prestiti ad alto tasso di interesse.

La ditta, il cui capitale versato nel 1980 ammontava a DM 150.000 non appare bene diretta.

Non c'è dubbio che il Signor ... sia un commerciante onesto, tuttavia noi esiteremmo ad accettare le condizioni da lui proposte.

Nel recente fallimento XYZ hanno subito grosse perdite.

Alcuni mesi fa ci è stato consigliato di essere molto pruden-

c) und empfehlen äußerste Vorsicht bei der Gewährung eines Kredits für diese Firma.

d) und würden von einem Kredit über Lit. 20.000.000 abraten.

Wir haben nur einen Auftrag von dieser Firma erhalten und bedauern somit, daß wir Ihnen keine Referenz aus langer Erfahrung geben können. Wir hatten jedoch einige Schwierigkeiten mit der Zahlung.

Es stimmt, daß wir mit ihnen während der vergangenen Jahre Geschäfte getätigt haben, aber unser jährlicher Umsatz mit ihnen war (äußerst) klein, und die Rechnungen blieben ziemlich lange offen.

Obgleich Herr ... ein ausgezeichneter Geschäftsmann mit einem großen Kundenkreis ist, rechtfertigen seine Geschäfte keine Kreditgewährung in dem erwähnten Ausmaß.

Schwierigkeiten in der letzten Zeit, die scheinbar auf schlechte Geschäftsführung (od. auf die Rezession) zurückzuführen sind, haben beträchtliche Darlehensaufnahme zu hohen Zinsen zur Folge gehabt.

Die Firma, deren eingetragenes Kapital 1980 DM 150.000 betrug, steht scheinbar nicht unter fähiger Leitung.

Zweifellos ist Herr ... ein ehrlicher Geschäftsmann, aber wir selbst würden zögern, die von ihm vorgeschlagenen Bedingungen anzunehmen.

In dem kürzlichen XYZ-Konkurs haben sie schwere Verluste erlitten.

Vor einigen Monaten hat man uns geraten, bei der Kredit-

ti nella concessione dei crediti poiché i loro pagamenti non avvengono puntualmente.

gewährung sehr vorsichtig zu sein, da ihre Zahlungen unpünktlich erfolgen.

Da alcuni mesi abbiamo constatato delle difficoltà crescenti nel saldare le nostre fatture.

Seit einigen Monaten haben wir wachsende Schwierigkeiten bei der Regulierung unserer Rechnungen festgestellt.

Dai nostri documenti risulta che alcune fatture sono state a lungo scoperte.

Unsere Unterlagen zeigen, daß einige Rechnungen lange Zeit offenstanden.

Hanno fama di essere spesso in ritardo con i pagamenti (di saldare in ritardo le loro fatture)

Sie haben den Ruf, mit ihren Zahlungen oft langsam zu sein (od. ihre Rechnungen spät zu regulieren)

a) e attendono sovente l'invio di un secondo o terzo sollecito.

a) und warten oft auf eine zweite oder dritte Mahnung.

b) e l'immagine complessiva dell'azienda lascia molto a desiderare.

b) und das allgemeine finanzielle Bild der Firma läßt viel zu wünschen übrig.

Ritardano a tal punto i pagamenti fino alla minaccia di iniziative legali.

Sie verschieben oft die Zahlung, bis gerichtliche Schritte bevorstehen.

Il giro dei loro affari è diminuito negli ultimi tempi e non hanno fatto fronte con la consueta (necessaria) puntualità ai loro impegni.

Der Umfang ihrer Geschäfte hat in der letzten Zeit nachgelassen, und sie sind ihren Verpflichtungen nicht mit der üblichen (od. nötigen) Pünktlichkeit nachgekommen.

Circa un anno fa questa ditta ha subito due processi per mancato pagamento di fatture. Alla fine però i pagamenti sono stati effettuati completamente.

Vor etwa einem Jahr hatte diese Firma zwei Prozesse wegen Nichtbezahlung von Rechnungen, doch wurden die Zahlungen am Ende voll geleistet.

Abbiamo recentemente appreso che un nuovo socio ha apportato nuovo capitale all'azienda.

Wir haben kürzlich erfahren, daß ein neuer Teilhaber frisches Kapital in die Firma eingebracht hat.

Data la (questa) situazione

Unter diesen Umständen

a) un credito per Lit. 30.000.000 sarebbe un grosso (serio) rischio.

a) wäre ein Kredit von Lit. 30.000.000 ein großes (od. ernstes) Risiko.

b) è consigliabile la massima cautela nella concessione di credito.

b) ist äußerste Vorsicht bei der Kreditgewährung ratsam.

c) è consigliabile prudenza.

c) ist Vorsicht ratsam.

d) esiteremmo a consigliarVi di

d) würden wir zögern, Ihnen zu

effettuare con loro transazioni per l'importo indicato nella Vostra lettera.

empfehlen, mit ihnen Geschäfte in Höhe des in Ihrem Schreiben angegebenen Betrages zu tätigen.

e) Vi consigliamo di essere prudenti.

e) raten wir Ihnen, vorsichtig zu sein.

Siamo spiacenti di non poterVi dare informazioni positive che forse Vi indurrebbero a concludere affari con loro.

Wir bedauern, daß wir Ihnen keine positive Auskunft geben können, die Sie vielleicht dazu bringen könnte, mit ihnen Geschäfte zu tätigen.

Siamo spiacenti di dover comunicare

Wir bedauern, mitteilen zu müssen

a) che non possiamo garantire la fidatezza di questa ditta.

a) daß wir uns für die Zuverlässigkeit dieser Firma nicht verbürgen können.

b) che non la possiamo raccomandare.

b) daß wir sie nicht empfehlen können.

Le nostre esperienze con loro non sono state soddisfacenti.

Unsere Erfahrungen mit ihnen sind nicht zufriedenstellend gewesen.

5. Schlußworte

Siamo spiacenti di non poterVi aiutare ulteriormente.

Wir bedauern, daß wir Ihnen nicht weiterhelfen können.

Vi avremmo volentieri dato un'informazione più soddisfacente.

Wir hätten Ihnen gern eine zufriedenstellendere Antwort gegeben.

Purtroppo non possiamo aiutarVi ulteriormente e Vi proponiamo di rivolgerVi ad una agenzia di informazioni.

Leider können wir Ihnen nicht weiterhelfen und schlagen Ihnen vor, sich an eine Auskunftei zu wenden.

Speriamo che quest'informazione Vi sia utile (aiuti).

Wir hoffen, daß diese Auskunft Ihnen nützen (od. helfen) wird.

Speriamo che quest'informazione Vi aiuterà e diamo per scontato che la considererete strettamente confidenziale.

Wir hoffen, daß diese Auskunft Ihnen helfen wird und setzen voraus, daß Sie sie strikt vertraulich behandeln.

Speriamo di averVi aiutato e siamo certi che terrete presente la segretezza di quest'informazione.

Wir hoffen, Ihnen geholfen zu haben und sind sicher, daß Sie die Geheimhaltung dieser Mitteilung berücksichtigen werden.

Quest'informazione è strettamente confidenziale (solo per il Vostro proprio uso) e senza alcun impegno (alcuna responsabilità) da parte nostra.

Diamo quest'informazione in buona fede ed in via strettamente confidenziale.

Vi preghiamo di considerare quest'informazione, per la quale non ci assumiamo alcuna responsabilità, come strettamente confidenziale.

Siamo lieti di aiutarVi, ma Vi preghiamo di assicurarVi che l'informazione comunicataVi sia trattata in maniera strettamente confidenziale.

Quest'informazione Vi viene comunicata in via confidenziale e senza impegno da parte nostra.

E' evidente che si tratta solo di un'impressione personale per la quale non ci assumiamo alcuna responsabilità.

Vi preghiamo di considerare quest'informazione come strettamente confidenziale.

Diese Auskunft ist streng vertraulich (od. ist nur für Ihren eigenen Gebrauch) und wird ohne (jedwede) Verantwortung unsererseits erteilt.

Wir geben diese Auskunft in gutem Glauben und streng vertraulich.

Bitte betrachten Sie diese Auskunft, für die wir keine Verantwortung übernehmen, als streng vertraulich.

Wir freuen uns, Ihnen zu helfen, bitten Sie jedoch sicherzustellen, daß die Ihnen gegebene Auskunft als streng vertraulich behandelt wird.

Diese Auskunft wird Ihnen vertraulich und ohne Verpflichtung unsererseits erteilt.

Es versteht sich von selbst, daß dies nur ein persönlicher Eindruck ist, für den wir keine Verantwortung übernehmen.

Bitte behandeln Sie diese Auskunft streng vertraulich.

XI. Beschwerde(briefe), Klagen, Mängelrüge. Ansprüche

Nicht selten kommt es vor, daß die Ausführung eines Geschäftes zu Klagen *(contestazioni, lamentele, reclami)* führt. Bei der Prüfung *(esame)* der Waren können sich Mängel herausstellen wie Nichtübereinstimmung *(non concordanza)* mit dem Muster *(campione)* oder der Probe, minderwertige *(inferiore)*, beschädigte *(danneggiata)* oder falsche *(sbagliata)* Ware usw. Auch Verzögerung der Lieferung *(ritardo nella consegna)*, Überforderung *(pretesa eccessiva)* usw. können Anlaß zu Klagen geben.

Beschwerden *(reclami)* müssen rechtzeitig gemacht und die Mängel klar und bestimmt bezeichnet werden. Seine Ansprüche *(pretese)* kann der Käufer geltend machen, oder er kann es dem Verkäufer überlassen, Vorschläge zu machen.

Der Käufer kann auf Herabsetzung *(riduzione)* des Preises oder auf Schadenersatz *(indennizzo, risarcimento danni)* bestehen, oder er kann die Annahme der Ware verweigern *(rifiutare di accettare le merci)*, indem er sie dem Verkäufer zur Verfügung *(disposizione)* stellt. Nötigenfalls kann die Sache einer schiedsgerichtlichen Entscheidung *(giudizio arbitrale)* oder dem Gericht *(Tribunale)* unterbreitet werden.

Bei verzögerter *(ritardata)* Lieferung wird der Verkäufer darauf aufmerksam gemacht, daß er im Verzuge *(in mora)* ist und daß die Lieferung bis zu einem bestimmten Zeitpunkt *(termine)* erfolgen muß. Ist die gewährte Nachfrist *(dilazione, respiro)* abgelaufen *(trascorrere)*, so hat der Käufer Anspruch auf Schadenersatz *(risarcimento danni)*, oder er kann von dem Vertrag *(contratto)* zurücktreten, indem er den Auftrag zurückzieht *(ritirare, rescindere)*.

Annahmeverweigerung *(rifiuto di accettazione)* liegt auch vor, wenn der Käufer die von ihm bestellten Waren nicht annimmt. Der Verkäufer kann nach Ablauf einer angemessenen *(ragionevole)* Nachfrist den Käufer auf Schadenersatz verklagen *(citare per danni)* oder die Waren versteigern lassen *(vendere all'asta)* und ihn für etwaigen Mindererlös haftbar machen.

Die Beschwerde wird in entschiedenem *(deciso)*, aber höflichem *(cortese)* Ton geführt. Der Irrtum kann unter Umständen auf seiten des Beschwerdeführers *(reclamante)* liegen. Jedenfalls darf man annehmen, daß der Fehler nicht absichtlich *(intenzionalmente)* gemacht worden ist und daß er sich auch wieder gutmachen läßt *(essere riparabile)*.

Belastungs- und Gutschriftsanzeige

Rechnungen tragen häufig den Vorbehalt *(riserva)* « S.E. & O.» *(Salvo Errori ed Omissioni)*, die den Lieferanten berechtigen, alle Fehler, die sich in eine Rechnung eingeschlichen haben, zu berichtigen.

Wenn der Lieferer dem Käufer zu wenig berechnet hat *(ha calcolato di meno)*, schickt er ihm eine BELASTUNGSANZEIGE *(nota di addebito)* für den entsprechenden Betrag.

Wenn dem Käufer zuviel berechnet wurde *(gli è stato addebitato di più)*, sendet der Lieferer ihm eine GUTSCHRIFTSANZEIGE *(nota di accredito)*. Gutschriftsanzeigen werden auch an den Käufer gesandt, wenn Waren zurückgeschickt wurden, weil sie nicht bestellt *(non ordinate)*, beschädigt *(danneggiate)*, ungeeignet oder nicht zufriedenstellend *(inadatte o insoddisfacenti)*, der Beschreibung nicht entsprechend *(non corrispondono alla descrizione)* oder von falscher Farbe oder Größe waren *(colore o misura sbagliati)* sowie bei Fehlgewicht *(peso inferiore)* und wenn berechnetes Leergut *(vuoti fatturati)* zurückgesandt wurde.

Gutschriftsanzeigen werden vielfach rot geschrieben, um sie von Rechnungen und Belastungsanzeigen zu unterscheiden.

Leere Verpackungen werden mit einer kurzen Notiz zurückgesandt:

I contenitori vuoti addebitatici con Vostra del ... Vi sono stati rispediti oggi a mezzo ferrovia. Vi preghiamo inviarci una nota di accredito.

Rossi e Govoni S. n. c.
Via Piave, 19
15100 Alessandria

Nota di accredito a favore di:

Enoteca Toscana   Rif. ns. fattura N. 151
Corso Rosselli, 15   del 17. 05. 1993
54033 Carrara

Quantità	Oggetto	Lit.
10	damigiane da 25 l	50.000

Gutschriftsanzeige

Sercam
Parti di ricambio per autocarri
Zona Industriale
56100 Pisa

Nota di addebito in conto a:

L'Autoricambio   Rif. ns. fattura N. 151
Via Giolitti, 72   del 15. 01. 1993
57100 Livorno

Quantità	Oggetto	Lit.
10	Sedili di guida Brem-sey sottofatturati	50.000

Belastungsanzeige

1. Eingangsformeln

1. Le posaterie da noi ordinate il 10 ottobre scorso

2. Le posaterie di cui alla nostra ordinazione del 10 ottobre u.s.

   a) sono state consegnate stamattina dalla Express Service.

   b) sono state consegnate questa mattina e Vi ringraziamo per pronta evasione del nostro ordine.

   c) sono giunte in buone condizioni ad eccezione delle forbici trinciapollo.

Il 26 aprile scorso Vi abbiamo ordinato una partita di mute da sommozzatore per consegna entro il 18 maggio (entro tre settimane).

Quattro settimane fa ho ordinato presso di Voi delle punte elicoidali e mi è stata promessa la consegna entro sette giorni.

Mi dispiace molto di dovermi lamentare della Vostra ultima fornitura.

Quando abbiamo controllato le merci

a) da Voi inviate il 10 giugno abbiamo trovato (constatato) che ...

b) che abbiamo ricevuto conformemente al nostro ordine N. 2967 abbiamo constatato che ...

Abbiamo dunque avuto l'occasione di verificare attentamente le merci che ci avete inviate in base al nostro ordine N. 7125.

Da parte dei nostri clienti abbiamo avuto una serie di lamentele riguardo le macchine

---

1. *Die von uns am 10. Oktober bestellten Besteckwaren*

2. *Die durch unseren Auftrag vom 10. Oktober bestellten Besteckwaren*

   a) *wurden heute morgen durch den Express Service angeliefert.*

   b) *wurden heute morgen geliefert, und wir danken Ihnen für pünktliche Erledigung unseres Auftrages.*

   c) *sind in gutem Zustand angekommen, mit Ausnahme der Geflügelscheren.*

Am 26. April bestellten wir bei Ihnen eine Sendung Taucheranzüge zur Lieferung bis 18. Mai (od. innerhalb drei Wochen).

Vor vier Wochen bestellte ich bei Ihnen Spiralbohrer, und man versprach mir die Lieferung innerhalb von sieben Tagen.

Ich bedaure sehr, daß ich mich über Ihre letzte Sendung beschweren muß.

Als wir die Waren prüften,

a) *die von Ihnen am 10. Juni abgesandt wurden, fanden wir (stellten wir fest) ...*

b) *die wir auf Grund (od. in Erledigung) unseres Auftrages Nr. 2967 erhalten haben, stellten wir fest, daß ...*

Wir hatten nun die Gelegenheit, die Waren, die Sie in Erledigung unseres Auftrages Nr. 7125 geliefert haben, genau zu prüfen.

Von unseren Kunden haben wir eine Anzahl Beschwerden erhalten bezüglich der von Ih-

distruggidocumenti da Voi fornite il 22 marzo.

Ci sorprende molto che non abbiate né risposto alle nostre lettere spediteVi il 10, il 16 aprile e il 2 maggio né dato conferma del ricevimento del nostro telegramma del 4 maggio.

Il nostro fax del 2 giugno non ha avuto risposta.

Sebbene nella Vostra lettera del 22 maggio abbiate comunicato che il Vostro capotecnico, Signor Grassi, ci avrebbe sollecitamente visitato, non lo abbiamo ancora visto.

Siamo (molto) sorpresi dalla posizione da Voi assunta nella Vostra lettera dell'8 giugno.

nen am 22. März gelieferten Aktenvernichter.

Es überrascht uns sehr, daß Sie weder die Briefe, die wir Ihnen am 10. April, 16. April und 2. Mai sandten, beantwortet noch den Empfang unseres Telegramms vom 4. Mai bestätigt haben.

Unser Fax vom 2. Juni ist nicht beantwortet worden.

Obgleich Sie in Ihrem Schreiben vom 22. Mai mitgeteilt haben, daß Ihr technischer Leiter, Herr Grassi, uns in Kürze besuchen würde, ist er bis heute hier noch nicht aufgetaucht.

Wir sind über die in Ihrem Schreiben vom 8. Juni eingenommene Haltung (sehr) erstaunt.

2. Grund der Beschwerde

a) geringere, minderwertige Qualität

1. Ci dispiace molto (Siamo molto spiacenti) di doverVi comunicare (informare)

2. Dobbiamo informarVi

   a) che la Vostra ultima (recente) fornitura non corrisponde al Vostro consueto standard (è decisamente al di sotto del Vs. abituale standard).

   b) che questo materiale è completamente inutilizzabile (inadatto).

   c) che dieci casse di forbici da giardino sono invendibili.

Ci dispiace molto di doverci lamentare della Vostra merce altrimenti sempre ottima.

1. *Es tut uns sehr leid (od. Wir bedauern sehr), Ihnen mitteilen zu müssen,*

2. *Wir müssen Sie davon unterrichten,*

   a) *daß Ihre letzte (od. kürzliche) Lieferung nicht Ihrem üblichen Standard entspricht (od. entschieden unter Ihrem üblichen Standard ist).*

   b) *daß dieses Material ganz unbrauchbar (od. ungeeignet) ist.*

   c) *daß zehn Kisten Gartenscheren unverkäuflich sind.*

Wir bedauern sehr, daß wir uns über Ihre sonst sehr gute Ware beschweren müssen.

Dobbiamo far rilevare che il Signor Corsini era stato espressamente informato dell'uso previsto.

Wir müssen betonen, daß Herr Corsini ausdrücklich über deren Verwendungszweck informiert wurde.

L'attuale fornitura è estremamente insoddisfacente.

Die jetzige Lieferung ist höchst unbefriedigend.

Il nostro ingegnere capo fa presente che la macchina è completamente inadatta per l'uso previsto.

Unser Oberingenieur erklärt (od. berichtet), daß die Maschine für den beabsichtigten Zweck völlig ungeeignet ist.

Purtroppo abbiamo avuto una serie di lamentele riguardo la Vostra ultima fornitura di articoli da bagno, in particolare circa i costumi.

Leider haben wir eine Anzahl Beschwerden bezüglich Ihrer letzten Sendung Badeartikel bekommen, insbesondere über die Badeanzüge.

Dopo un attento esame degli apparecchi indicatori di irradiamento ricevuti in base al nostro ordine N. P 582 siamo costretti ad esprimere il nostro stupore per la bassa qualità.

Nach sorgfältiger Prüfung der auf Grund unseres Auftrages Nr. P 582 erhaltenen Strahlenmeßgeräte sind wir gezwungen, unser Erstaunen über ihre minderwertige Qualität zum Ausdruck zu bringen.

Ci avevate assicurato che non avremmo dovuto temere alcun errore.

Sie hatten uns versichert, daß wir keine Fehler zu befürchten brauchten.

Dal controllo di questa fornitura appena pervenuta abbiamo constatato che il pesce surgelato è invendibile poiché la data di scadenza è stata suporata da molto tempo.

Beim Prüfen dieser soeben erhaltenen Sendung stellten wir fest, daß der Gefrierfisch unverkäuflich ist, da das Haltbarkeitsdatum seit langem überschritten wurde.

Vi restituiamo la partita affinché possiate verificare la data stampata su ogni scatola.

Wir schicken Ihnen den Posten zurück, so daß Sie sich von dem auf jedem Karton gestempelten Datum überzeugen können.

b) die Lieferung entspricht nicht der Probe, dem Muster oder der Bestellung

1. Siamo sorpresi di constatare che

1. *Wir sind überrascht festzustellen, daß*

2. Siamo spiacenti di comunicarVi che

2. *Wir bedauern Ihnen mitzuteilen, daß*

    a) le merci inviate in base al nostro ordine N. N 11375 non corrispondono al cam-

    a) *die uns auf Grund unseres Auftrages Nr. N 11375 gesandten Waren mit dem*

pione che ci aveva indotto a passare l'ordinazione.

b) la qualità della stoffa per mobili (cfr. Vostra fattura del 21 giugno) è chiaramente inferiore al campione sottopostoci ed in base al quale abbiamo impartito la nostra ordinazione.

Quest'ordinazione è stata impartita sulla base di un campione lasciato dal Vostro rappresentante.

Non solo non siete stati puntuali nell'esecuzione della nostra ordinazione, ma avete fornito merci al di sotto dello standard che ci attendevamo sulla base del campione.

Le merci pervenuteci (consegnateci, forniteci)

a) non corrispondono al campione.

b) non corrispondono in alcun modo al campione.

c) non corrispondono al campione su cui si è basata la nostra ordinazione.

All'apertura dei container siamo stati sorpresi di constatare

a) che sei dei dieci carrelli elevatori non corrispondono al tipo ordinato.

b) che la cassa N. 8 contiene molti articoli che noi non abbiamo ordinato.

Il nostro ordine era per dieci macchine per lavanderia a secco di tipo P 26, N. 123 A del catalogo. Tuttavia solo quattro delle macchine fornite corrispondono a questo tipo. Le altre sei sono del tipo P 53 riportate nel Vostro catalogo come N. 103 C.

Muster, das uns zur Auftragserteilung veranlaßte, nicht übereinstimmen.

b) *die Qualität der Möbelstoffe (vgl. Ihre Rechnung vom 21. Juni) im Vergleich zu den uns unterbreiteten Mustern, aufgrund derer wir unseren Auftrag erteilten, eindeutig minderwertig ist.*

Dieser Auftrag wurde aufgrund eines von Ihrem Vertreter überlassenen Musters erteilt.

Sie sind nicht nur unpünktlich in der Ausführung unseres Auftrages gewesen, sondern haben Waren unter dem Standard, den wir aufgrund des Musters erwarteten, geliefert.

Die erhaltenen (od. uns gelieferten) Waren

a) *entsprechen nicht dem Muster.*

b) *entsprechen absolut nicht dem Muster.*

c) *stimmen mit dem Muster, auf dem unser Auftrag basiert, nicht überein.*

Beim Öffnen der Container waren wir überrascht festzustellen,

a) *daß sechs der zehn Gabelstapler nicht dem bestellten Typ entsprechen.*

b) *daß die Kiste Nr. 8 mehrere Artikel enthält, die wir nicht bestellt haben.*

Unser Auftrag war für 10 chemische Reinigungsmaschinen, Typ P 26, Katalog Nr. 123 A, jedoch entsprechen nur vier der gelieferten Maschinen diesem Modell. Die anderen sechs sind Typ P 53, in Ihrem Katalog als Nr. 103 C aufgeführt.

Poiché gli impermeabili non corrispondono né alla descrizione del Vostro catalogo né al campione non possiamo accettarli al prezzo concordato.

Da die Regenmäntel weder der Beschreibung in Ihrem Katalog noch dem Muster entsprechen, können wir sie nicht zu dem vereinbarten Preis annehmen.

c) falsche Ware, für die man keine Verwendung hat

Siamo spiacenti di farVi rimarcare un'errata consegna: merce sbagliata ed in cattive condizioni.

Wir bedauern, Sie auf eine falsche Lieferung aufmerksam machen zu müssen: falsche Ware und in schlechtem Zustand.

Abbiamo constatato che ci avete inviato cinturini per orologi in plastica anziché in pelle come ordinato.

Wir haben festgestellt, daß Sie uns Uhrarmbänder aus Plastik statt wie bestellt aus Leder geschickt haben.

Purtroppo ci avete inviato l'articolo marcato CS 39 invece dell'articolo GS 93 da noi ordinato. Riteniamo che tale errore sia dovuto ad un errore di battitura.

Leider haben Sie uns einen mit CS 39 markierten Artikel statt des von uns bestellten Artikels GS 93 geschickt. Wir nehmen an, daß dies auf einen Tippfehler zurückzuführen ist.

Invece dei vassoi in metallo indicati (riportati) sul Vostro catalogo col N. M 37 abbiamo ricevuto dei vassoi in legno che non possiamo utilizzare.

Statt der in Ihrem Katalog als Nr. M 37 aufgeführten Metall-Haushaltstabletts erhielten wir Tabletts aus Holz, die wir nicht gebrauchen können.

All'apertura del pacco giunto stamattina abbiamo constatato che conteneva tutt'altro che gli articoli ordinati.

Beim Öffnen des heute morgen erhaltenen Pakets stellten wir fest, daß es vollkommen andere Artikel als die bestellten enthielt.

All'apertura della cassa N. 6 abbiamo constatato che essa conteneva armature per ombrello anziché i manici ordinati.

Beim Öffnen der Kiste Nr. 6 stellten wir fest, daß sie statt der bestellten Schirmgriffe Schirmgestelle enthielt.

Non possiamo accettare queste merci perché non corrispondono al campione (al colore, alla dimensione, alla forma) ordinato.

Wir können diese Waren nicht annehmen, da sie nicht dem bestellten Muster (od. der bestellten Farbe, Größe, Form) entsprechen.

Possiamo solo supporre (Presumiamo) che

Wir können nur vermuten (od. Wir nehmen an), daß

a) il Vostro spedizioniere abbia commesso un errore e che questa cassa faccia parte di un'altro ordine.

a) Ihr Spediteur einen Fehler gemacht hat und daß diese Kiste Teil eines anderen Auftrages ist.

b) ci sia stato un errore (sia stato fatto un errore).

b) ein Fehler vorliegt (gemacht wurde).

Alleghiamo un elenco del contenuto della cassa N. 3 e Vi preghiamo di provvedere per una immediata fornitura sostitutiva.

Wir fügen eine Liste des Inhalts der Kiste Nr. 3 bei und bitten Sie, die sofortige Ersatzlieferung zu veranlassen.

Siamo spiacenti di constatare come nel Vostro reparto imballaggio ci sia apparentemente scarso controllo. E' già la quinta volta in sette settimane che dobbiamo lamentarci per errate consegne.

Wir bedauern festzustellen, daß in Ihrer Packabteilung scheinbar eine ungenügende Aufsicht besteht. Es ist jetzt schon das fünfte Mal in sieben Wochen, daß wir uns über Fehllieferungen beschweren müssen.

d) zuwenig oder zuviel geliefert

Vi ringraziamo per la consegna puntuale (per la puntuale spedizione) delle merci da noi ordinate il 10 aprile,

Wir danken Ihnen für die pünktliche Lieferung (od. für den pünktlichen Versand) der von uns am 10. April bestellten Waren,

a) ma dobbiamo peraltro farVi notare che avevamo indicato 100 parruche per signora sul nostro formulario mentre ne sono stati consegnati 120 pezzi.

a) müssen Sie aber darauf aufmerksam machen, daß wir auf unserem Auftragsformular 100 Damenperücken aufgeführt hatten, während uns 120 Perücken geliefert wurden.

b) ma abbiamo constatato che mentre avevamo ordinato 1000 bobine per trasformatore il Vostro spedizioniere ce ne ha consegnate solo 800.

b) haben jedoch festgestellt, daß – während wir 1000 Transformatorspulen bestellt hatten – Ihr Spediteur nur 800 angeliefert hat.

c) ma siamo spiacenti di doverVi comunicare che all'arrivo della spedizione abbiamo constatato un peso inferiore al previsto di kg 23,5.

c) bedauern jedoch, Ihnen mitteilen zu müssen, daß ein Untergewicht von 23,5 kg festgestellt wurde, als die Sendung ankam.

Il Vostro spedizioniere ci ha consegnato 160 coperte da viaggio mentre il nostro ordine ammontava a 120.

Die Anzahl der von Ihrem Spediteur gelieferten Reisedecken war 160, wogegen unsere Bestellung nur auf 120 lautete.

In base al nostro ordine N. S 1298 abbiamo ricevuto 100 tachimetri anziché 150 tachigrafi.

Aufgrund unseres Auftrages Nr. S 1298 erhielten wir 100 Tachometer anstatt 150 Fahrtenschreiber.

Abbiamo purtroppo constatato che non ci avete inviato tutte le merci da noi ordinate.

Leider stellten wir fest, daß Sie uns nicht alle bestellten Waren geschickt haben.

1. Da un controllo dei diversi articoli ordinati sull'accluso formulario abbiamo constatato

1. Bei Prüfung der verschiedenen auf beiliegendem Formular bestellten Artikel stellten wir fest, daß

2. Da un controllo degli articoli e della fattura abbiamo constatato

2. Bei Prüfung der Artikel und der Rechnung stellten wir fest, daß

3. All'apertura delle casse (dal controllo delle merci) abbiamo tuttavia constatato

3. Bei Öffnen der Kisten (od. Bei Prüfung der Waren) stellten wir jedoch fest, daß

a) che mancano i seguenti articoli:

a) die folgenden Artikel fehlen:

b) che la cassa N. 5 contiene soltanto 46 asciugamani invece dei 50 indicati sulla lista d'imballaggio.

b) Kiste Nr. 5 nur 46 Handtücher enthält statt der 50, die auf der Packliste aufgeführt sind.

C'è un'evidente discrepanza

Es besteht eine klare Unstimmigkeit

a) tra la lista d'imballaggio e la Vostra fattura.

a) zwischen der Packliste und Ihrer Rechnung.

b) tra la lista d'imballaggio e il contenuto della cassa.

b) zwischen der Packliste und dem Inhalt der Kiste.

Alleghiamo una lista degli articoli mancanti.

Wir fügen eine Liste der fehlenden Artikel bei.

Sulla cassa non si riscontrano tracce di effrazione.

Die Kiste weist keine Anzeichen einer gewaltsamen Öffnung auf.

Prima di far valere i nostri diritti Vi invitiamo a effettuare un controllo presso i Vostri spedizionieri.

Wir bitten Sie, bei Ihren Spediteuren nachzuforschen, bevor wir unsere Ansprüche geltend machen.

L'agente dell'assicurazione che sta attualmente controllando la pratica constaterà se si tratta o meno di un furto.

Der Versicherungsagent, der die Sache augenblicklich untersucht, wird feststellen, ob es sich um einen Diebstahl handelt oder nicht.

Gli articoli mancanti sono indicati sulla copia dell'ordinazione che alleghiamo per Vostra informazione.

Die fehlenden Artikel sind auf der Kopie der Bestellung verzeichnet, die wir zu Ihrer Unterrichtung beifügen.

Apprendiamo dal nostro cantiere a Salerno che mancano 50 dei 200 martelli pneumatici nel

Von unserer Baustelle in Salerno hören wir, daß 50 der 200 Preßlufthämmer in dem Contai-

container da Voi inviato il 12 settembre in base alla nostra ordinazione N. G 7919.

Abbiamo constatato con rincrescimento che quasi ogni sacco pesava dai 5 ai 6 Kg in meno del previsto. Il peso totale mancante ammonta a ... Kg.

Lo spedizioniere non ha potuto spiegare la diminuzione (perdita) di peso.

ner fehlen, den Sie am 12. September lt. unserer Bestellung Nr. G 7919 verschifft haben.

Wir haben mit Bedauern feststellen müssen, daß fast jeder Sack 5 bis 6 kg weniger wog als vorgesehen. Das gesamte Fehlgewicht beträgt ... kg.

Der Spediteur konnte den Gewichtsverlust nicht erklären.

e) der berechnete Preis ist zu hoch

Nel controllare la Vostra fattura siamo rimasti molto sorpresi di constatare che per la Vostra macchina pieghettatrice avete calcolato un prezzo di Lit. ... mentre quello indicato in aprile ammontava a Lit. ...

Nella Vostra fattura N. K 2573 sembra esserci un errore.

In base alla Vostro ultimo listino prezzi il prezzo all'ingrosso del modello G 25 fornitoci è di Lit. 173.400 al pezzo. Dalla Vostra fattura risulta però un prezzo di Lit. 178.400.

Vi restituiamo la Vostra fattura per T-Shirts da Voi calcolati a Lit. 4.750 al pezzo. Presumiamo che si tratti di un errore: il prezzo indicato era di Lit. 4.450.

Conformemente ai nostri accordi avreste dovuto fornire la merce franco di porto.

Nel controllare la Vostra fattura sono rimasto tuttavia sorpreso di constatare che non avete concesso lo sconto del 5% che ci avevate assicurato

a) per ordinazioni superiori a Lit. 1.000.000.

b) per ordinazioni di più di 1000 articoli uguali dello stesso tipo.

Bei Prüfung Ihrer Rechnung waren wir sehr überrascht festzustellen, daß Sie für Ihre Plissiermaschine Lit. ... berechnen, während der im April genannte Preis nur Lit. ... betrug.

In Ihrer Rechnung Nr. K 2573 scheint ein Fehler zu sein.

Gemäß Ihrer letzten Preisliste beträgt der Großhandelspreis des uns gelieferten Modells G 25 Lit. 173.400 pro Stück, Ihrer Rechnung ist aber ein Preis von Lit. 178.400 zu entnehmen.

Wir senden Ihre Rechnung über T-Shirts zurück, die Sie mit Lit. 4.750 pro Stück berechnet haben. Wir nehmen an, daß es sich um einen Irrtum handelt. Der genannte Preis war Lit. 4.450.

Gemäß unserer Vereinbarung hätten Sie die Waren frachtfrei liefern sollen.

Bei Prüfung Ihrer Rechnung war ich jedoch überrascht festzustellen, daß Sie den uns zugesagten Rabatt von 5% nicht gewährt haben

a) auf Aufträge von über Lit. 1.000.000.

b) auf Aufträge von mehr als 1000 Artikeln des gleichen Typs.

Vi preghiamo di provvedere per la correzione dell'errore.

Würden Sie bitte veranlassen, daß der Fehler berichtigt wird.

f) Fehler in der Rechnung oder dem Kontoauszug

Desideriamo attirare la Vostra attenzione sulla Vostra fattura N. F 7589 che abbiamo appena ricevuta.

Wir möchten Sie auf Ihre Rechnung Nr. F 7589 aufmerksam machen, die wir gerade erhalten haben.

1. Con la presente desideriamo farVi notare alcuni errori riportati nella Vostra fattura N. H 21889.

   1. Hiermit möchten wir Sie auf einige Fehler in Ihrer Rechnung Nr. H 21889 aufmerksam machen.

2. Sono spiacente di doverVi comunicare che nella Vostra fattura N. 129853 c'è un errore:

   2. Ich bedaure Ihnen mitteilen zu müssen, daß sich in Ihrer Rechnung Nr. 129853 ein Irrtum befindet:

3. La succitata fattura è evidentemente non corretta:

   3. Die obenerwähnte Rechnung ist offensichtlich nicht richtig:

   a) la posizione N. 12 è stata calcolata a Lit. 7.315 anziché Lit. 6.315.

   a) Posten Nr. 12 wurde mit Lit. 7.315 berechnet anstatt mit Lit. 6.315.

   b) la posizione N. 15 indica 12 casse di marmellata d'arance invece delle 10 ordinate e consegnate.

   b) Posten 15 zeigt 12 Kisten Orangenmarmelade anstatt der 10 bestellten und gelieferten Kisten.

   c) la posizione N. 8 (12 giacche in pelle al prezzo di Lit. 428.000 cad.) è stata calcolata a Lit. 5.316.000 mentre la cifra esatta è Lit. 5.136.000. Si tratta evidentemente di un errore di battitura (dattilografico).

   c) Posten Nr. 8 (12 Lederjakken zum Einzelpreis von Lit. 428.000) wurde mit dem Gesamtpreis von Lit. 5.316.000 ausgewiesen, wogegen die richtige Zahl Lit. 5.136.000 ist. Dies ist offensichtlich ein Tippfehler.

   d) non è stato dedotto lo sconto del 3% per ordinazioni superiori a Lit. 2.500.000.

   d) Der 3%ige Rabatt auf Aufträge von mehr als Lit. 2.500.000 wurde nicht abgezogen.

   e) non è stato dedotto lo sconto speciale del 6% che avevate promesso sulla posizione N. 23.

   e) Der Sonder-Rabatt von 6%, den Sie auf den Posten Nr. 23 versprachen, wurde nicht abgezogen.

   f) Nella Vostra somma totale c'è un errore: la cifra esatta è Lit. ... e non Lit. ... come indicato.

   f) In Ihrer Gesamtsumme liegt ein Fehler vor. Die richtige Zahl ist Lit. ... und nicht Lit. ... wie angegeben.

Questa fattura è stata apparentemente emessa per le merci che abbiamo ordinato lo scorso novembre anziché per quelle che abbiamo effettivamente ricevuto fino ad oggi.

Purtroppo c'è una discordanza tra le merci inviate e la fattura.

Vi restituiamo pertanto questa fattura ed attendiamo quella giusta nei prossimi giorni.

Vi prego di inviarmi una fattura corretta che salderò immediatamente.

Vi prego di controllare la questione e di accreditare l'importo dovuto.

Vi preghiamo di inviarci una nota di accredito per l'importo fatturato in eccesso.

Il Vostro estratto conto del 30 marzo indica un importo a nostro debito di Lit. 872.400. Tale importo è stato saldato in data 15 marzo a mezzo assegno.

Desideriamo attirare la Vostra attenzione su un'irregolarità che abbiamo constatato nell'esaminare il Vostro estratto conto del 30 giugno.

Abbiamo ricevuto il Vostro estratto conto di marzo e constatato i seguenti errori:

Non è stato registrato l'importo di Lit. 6.850 che ci spettava in base alla Vostra nota di accredito N. 371 del 28 febbraio per le casse restituite (la merce erroneamente fornita).

Ci avete addebitato due volte la fattura N. 3761 di Lit. ...: una prima volta in data 10 marzo e successivamente in data 14 marzo.

Ci addebitate l'importo di Lit. ... in base alla Vostra fattura

Diese Rechnung ist offenbar ausgestellt worden für die Waren, die wir im vergangenen November bestellt haben, anstatt für die tatsächlich bis heute erhaltenen.

Leider besteht eine Unstimmigkeit zwischen den gesandten Waren und Ihrer Rechnung.

Wir schicken Ihnen deshalb diese Rechnung zurück und erwarten die richtige innerhalb der nächsten Tage.

Bitte senden Sie mir eine berichtigte Rechnung, die ich sofort regulieren werde.

Bitte untersuchen Sie die Angelegenheit, und schreiben Sie den geschuldeten Betrag gut.

Bitte schicken Sie uns Ihre Gutschrift für den zuviel berechneten Betrag.

Ihr Kontoauszug vom 30. März zeigt einen fälligen Betrag von Lit. 872.400. Dieser Betrag wurde am 15. März mit Scheck bezahlt.

Wir möchten Sie auf eine Unstimmigkeit aufmerksam machen, die wir bei Prüfung Ihres Kontoauszuges vom 30. Juni festgestellt haben.

Wir haben Ihren Kontoauszug für März erhalten und stellen die folgenden Fehler fest:

Der Betrag von Lit. 6.850, der uns für die Rücksendung der Kisten (od. der falsch gelieferten Ware) gemäß Ihrer Gutschrift Nr. 371 vom 28. Februar zustand, wurde nicht eingetragen.

Sie haben uns zweimal mit der Rechnung Nr. 3761 über Lit. ... belastet: einmal am 10. März und noch einmal am 14. März.

Sie belasten uns mit Lit. ... für die Rechnung Nr. 4157. Wir ha-

N. 4157. Noi non abbiamo però alcuna documentazione relativa a tale fattura e neppure una bolla di consegna che possa chiarire questa partita (questa fattura).

La Vostra fattura N. N 1758 indica uno sconto commerciale del 2% anziché del 5% come ci avevate assicurato nella Vostra lettera del 22 marzo u.s.

Non avete evidentemente tenuto conto del nostro versamento di Lit. 5.790.000 che riduce a Lit. 240.000 l'importo totale dovuto.

Vi preghiamo di verificare i documenti e di comunicarci se ciò è corretto.

Deduciamo pertanto la somma di Lit. 86.200 dal Vostro estratto conto

a) ed alleghiamo un nostro assegno per l'ammontare di Lit. ... a saldo.

b) e diamo disposizioni alla nostra banca di versare la somma di Lit. ... a totale saldo.

ben aber keinerlei Unterlagen über eine solche Rechnung noch eine Lieferanzeige, die diesen Posten (od. diese Rechnung) erklären könnte.

Ihre Rechnung Nr. N 1758 weist einen Handelsrabatt von nur 2% aus statt der 5%, die Sie in Ihrem Schreiben vom 22. März zugesagt haben.

Sie haben offensichtlich unsere Überweisung von Lit. 5.790.000 übersehen, die den fälligen Gesamtbetrag auf Lit. 240.000 verringert.

Würden Sie bitte Ihre Unterlagen prüfen und uns mitteilen, ob dies stimmt.

Wir ziehen deshalb die Summe von Lit. 86.200 von dem Betrag Ihres Kontoauszuges ab

a) und fügen als Anlage unseren Scheck in Höhe von Lit. ... zum Ausgleich bei.

b) und veranlassen unsere Bank, die Summe von Lit. ... zum vollen Ausgleich zu überweisen.

g) Art und Ursache der Beschädigung

1. Siamo spiacenti di comunicarVi che

2. Siamo spiacenti di doverVi informare che

   a) i ventilatori da Voi forniti in evasione al nostro ordine N. 879 sono giunti in condizioni decisamente insoddisfacenti.

   b) la cassa N. 12 inviata in base al Vostro avviso di spedizione del 23 giugno è giunta gravemente danneggiata.

1. Wir bedauern Ihnen mitzuteilen, daß

2. Wir bedauern Ihnen berichten zu müssen, daß

   a) die von Ihnen in Ausführung unseres Auftrages Nr. 879 gelieferten Ventilatoren in höchst unbefriedigendem Zustand angekommen sind.

   b) die Kiste Nr. 12, die aufgrund Ihrer Lieferanzeige vom 23. Juni gesandt wurde, schwer beschädigt angekommen ist.

c) la partita di scatole di latta che abbiamo ricevuto oggi è talmente danneggiata che non possiamo accettarla.

d) la partita è giunta in difettose condizioni. All'apertura delle casse abbiamo constatato che 5 teiere erano rotte.

e) quattro delle venti casse della partita di giocattoli erano state male imballate.

f) cinque pacchi erano completamente bagnati.

g) una parte delle merci era danneggiata da acqua marina.

h) la partita di termometri elettronici (cfr. Vostra fattura N. 72156) è giunta in frantumi a causa della scadente qualità del materiale da imballaggio impiegato.

i) due casse (la N. 6 e la N. 8) hanno tracce di effrazione (presentano tracce di apertura durante il trasporto).

Cinque container sono giunti in ottime condizioni, ma nel sesto c'è un gran numero di oggetti rotti.

La completa partita ci è purtroppo giunta in cattive condizioni a causa di un insufficiente imballaggio (difettoso).

Purtroppo dobbiamo lamentarci per l'insufficiente (il cattivo) imballaggio della Vostra ultima spedizione.

Il cartone usato è molto più sottile e meno resistente del solito.

c) *die Lieferung von Blechdosen, die wir heute erhalten haben, so schwer beschädigt ist, daß wir sie nicht annehmen können.*

d) *die Sendung in mangelhaftem Zustand ankam. Beim Öffnen der Kisten stellten wir fest, daß 5 Teekannen zerbrochen waren.*

e) *vier der zwanzig Kisten Ihres Postens Spielzeuge mangelhaft verpackt waren.*

f) *fünf der Pakete vollständig durchnäßt waren.*

g) *ein Teil der Waren durch Meerwasser verdorben war.*

h) *der Posten elektronische Thermometer (Ihre Rechnung Nr. 72156 – wegen der mangelhaften Qualität des benutzten Verpackungsmaterials zerbrochen angekommen ist.*

i) *zwei Kisten (Nr. 6 und 8) Spuren eines Aufbruchs aufweisen (od. Spuren zeigen, die auf Öffnung während des Transportes hinweisen).*

Fünf Container sind in einwandfreiem Zustand angekommen, aber in dem sechsten sind zahlreiche Gegenstände zerbrochen.

Leider hat uns die ganze Sendung wegen mangelhafter Verpackung in sehr schlechtem Zustand erreicht.

Leider müssen wir uns über die nachlässige (od. schlechte; mangelhafte) Verpackung Ihrer letzten Sendung beschweren.

Die benutzte Wellpappe ist viel dünner und weniger widerstandsfähig als üblich.

L'imballaggio era così insufficiente che gran parte delle montature per occhiali erano rotte.

Le casse N. 17, 19 e 20 non erano provviste degli strati di rivestimento impermeabile che avevamo richiesto.

Ci dispiace molto che le nostre dettagliate istruzioni per l'imballaggio non siano state evidentemente osservate.

Le casse N. 2 e 3 presentavano evidenti tracce (segni) di effrazione e dal controllo del contenuto abbiamo constatato che esse contenevano rispettivamente 16 e 18 cappotti sportivi invece dei 24 fatturati.

Poiché tutti gli articoli erano imballati bene (con cura) è evidente che la cassa è stata maneggiata durante il trasporto molto rudemente (movimentata).

Quando la ditta di spedizioni ha consegnato i pacchi, questi sembravano intatti.

Poiché i danni esteriori erano molto ben visibili

a) abbiamo fatto aprire i pacchi in presenza dell'autista del camion che ha confermato le cattive condizioni in cui la merce è stata consegnata.

b) alleghiamo la nostra ricevuta per le casse N. 3 e 4 con la menzione «danneggiate, contenuto non controllato».

Alleghiamo una lista degli articoli danneggiati (mancanti)

a) e Vi saremmo grati se li sostituiste (inviaste) al più presto possibile.

b) e Vi preghiamo di contattare gli uffici della ferrovia (il trasportatore, la compagnia di assicurazione) per chiarire la questione.

Die Verpackung war so unzureichend, daß die meisten Brillengestelle zerbrochen waren.

Die Kisten 17, 19 und 20 enthielten nicht die Lagen wasserdichter Auskleidung, die wir gefordert hatten.

Wir bedauern sehr, daß unsere ausführlichen Packanweisungen offensichtlich nicht befolgt wurden.

Die Kisten Nr. 2 und Nr. 3 zeigten deutliche Anzeichen von Aufbruch, und bei Nachprüfung des Inhalts stellten wir fest, daß sie 16 bzw. 18 Sportmäntel enthielten anstatt der 24 fakturierten.

Da alle Artikel gut (od. sorgfältig) verpackt waren, ist es klar, daß die Kiste während des Transports sehr grob behandelt (heftig bewegt) wurde.

Als die Speditionsfirma die Pakete anlieferte, schienen sie unbeschädigt zu sein.

Da die äußere Beschädigung sehr deutlich sichtbar war,

a) ließen wir die Pakete in Gegenwart des Lkw-Fahrers öffnen, der den schlechten Zustand, in dem die Waren geliefert wurden, bestätigte.

b) fügen wir unserer Quittung den Vermerk hinzu: ,,Kisten Nr. 3 und Nr. 4 beschädigt; Inhalt nicht geprüft".

Wir fügen eine Liste der beschädigten (od. fehlenden) Artikel bei

a) und wären dankbar, wenn Sie diese so schnell wie möglich ersetzten (nachlieferten).

b) und bitten Sie, sich wegen Klärung der Angelegenheit mit der Bahnbehörde (der Transportfirma; der Versicherungsgesellschaft) in Verbindung zu setzen.

Al momento del controllo delle macchine abbiamo constatato che una era gravemente danneggiata e l'altra non funzionava perfettamente.

Als wir die Maschinen prüften, stellten wir fest, daß eine schwer beschädigt war und die andere nicht einwandfrei arbeitete (od. funktionierte).

La lista allegata Vi indica i particolari.

Die beigefügte Liste enthält nähere Einzelheiten.

Questa è la seconda volta in tre mesi che abbiamo motivo di scriverVi sullo stesso argomento.

Dies ist das zweite Mal in drei Monaten, daß wir Grund haben, Ihnen in derselben Angelegenheit zu schreiben.

Con la Vostra lettera del 22 maggio ci avete comunicato che erano state imbarcate sei casse di vasellame di stagno sulla M/N Bremer Merkur, mentre ne sono state consegnate solo quattro.

In Ihrem Schreiben vom 22. Mai teilten Sie uns mit, daß sechs Kisten Zinngeschirr durch MS Bremer Merkur verschifft worden waren, jedoch nur vier angeliefert worden sind.

La cassa N. 12 non è stata imbarcata come risulta dalla polizza di carico.

Wie dem Konnossement zu entnehmen ist, wurde die Kiste Nr. 12 nicht verschifft.

Abbiamo appena ricevuto la comunicazione che una delle otto casse contenenti strumenti ottici imbarcate il 23 aprile sulla M/N Ronsard con polizza di carico N. 756312 non è stata ritrovata all'arrivo della nave a Rotterdam.

Wir haben gerade die Mitteilung erhalten, daß eine der acht Kisten mit optischen Instrumenten, die mit MS Ronsard am 23. April unter Konnossement Nr. 756312 verschifft wurden, nicht zu finden war, als das Schiff in Rotterdam ankam.

Nonostante le nostri ripetute ricerche non abbiamo potuto ritrovare il resto dei pacchi che indicate come imbarcati (inviati).

Trotz wiederholter Bemühungen konnten wir den Rest der Pakete, die Sie als verschifft (od. abgesandt) aufführen, nicht ausfindig machen.

Cominciamo subito le ricerche in loco. Saremmo tuttavia molto lieti se Vi metteste in contatto con la Compagnia di navigazione (lo spedizioniere).

Wir stellen hier sofort Nachforschungen an, würden uns jedoch freuen, wenn Sie sich mit der Schiffsgesellschaft (dem Spediteur) in Verbindung setzen würden.

Prima di rivolgerci alla Compagnia d'Assicurazione Vi saremmo grati se confermaste che ogni cassa, al momento di lasciare il Vostro magazzino, conteneva effettivamente la quantità fatturata.

Bevor wir uns an die Versicherungsgesellschaft wenden, wären wir dankbar, wenn Sie bestätigen würden, daß jede dieser Kisten bei Verlassen Ihres Lagers tatsächlich die fakturierte Menge enthielt.

Ho portato a conoscenza del-

Ich habe die Versicherungs-

la Compagnia d'Assicurazioni la perdita subita.

Presumibilmente dovrete occuparVi della questione perché l'assicurazione è stata stipulata da Voi.

Qualora decidiate di chiarire la questione con gli uffici ferroviari potrete contare sulla nostra completa collaborazione.

Teniamo la cassa ed il suo contenuto così come è giunta a disposizione dei periti dell'assicurazione (della ditta di spedizioni) che è stata informata al riguardo.

Nel frattempo teniamo a disposizione le casse ed il contenuto per l'ispezione.

Abbiamo fatto verificare la cassa ed il contenuto dal perito della Compagnia d'Assicurazioni.

Alleghiamo copia della perizia con il certificato di Assicurazione, una copia della fattura e la polizza di carico affinché possiate regolare la questione con la Compagnia di Assicurazioni.

Secondo il rapporto del perito il danno è dovuto probabilmente ad un imballaggio insufficientemente sicuro e non ad una rude movimentazione (ad un rude maneggiamento) delle casse.

gesellschaft von dem erlittenen Verlust in Kenntnis gesetzt.

Vermutlich werden Sie sich mit der Angelegenheit befassen müssen, da die Versicherung durch Sie abgeschlossen wurde.

Wenn Sie beschließen, die Angelegenheit mit der Bahnbehörde zu klären, können Sie mit unserer vollen Unterstützung rechnen.

Wir halten die Kiste nebst Inhalt genau wie empfangen zur Inspektion durch die Gutachter der Versicherung (od. die Speditionsfirma) bereit, die diesbezüglich unterrichtet worden ist.

Inzwischen halten wir die Kisten nebst Inhalt zur Inspektion bereit.

Wir haben die Kiste nebst Inhalt durch den Sachverständigen der Versicherungsgesellschaft prüfen lassen.

Wir fügen den Gutachterbericht bei mit dem Versicherungszertifikat, einer Kopie der Rechnung und dem Konnossement, so daß Sie unseren Fall mit der Versicherungsgesellschaft regeln können.

Nach dem Bericht des Gutachters rührt der Schaden wahrscheinlich von nicht genügend gesicherter Verpackung her und nicht von zu grober Behandlung der Kisten.

h) Lieferverzögerung

In data 4 gennaio ho spedito (passato) un'ordinazione di macchine agricole

a) per consegna non oltre il 7 marzo.

Am 4. Januar sandte (od. erteilte) ich Ihnen einen Auftrag über landwirtschaftliche Maschinen

a) zur Lieferung nicht später als 7. März.

b) ed ho evidenziato l'importanza della consegna entro il 7 marzo.

Sono ormai passate tre settimane dalla nostra ordinazione di grembiuli in gomma ed attendiamo ancora la consegna.

Purtroppo non abbiamo ancora ricevuto il Vostro avviso di spedizione delle merci.

La consegna delle merci ordinate il 5 agosto è molto urgente.

Nella Vostra conferma di ordinazione avete indicato che la consegna sarebbe avvenuta entro tre settimane. Pertanto siamo ora molto sorpresi di non aver ancora ricevuto l'avviso di spedizione.

Con riferimento alla nostra ordinazione di alimenti per neonati del 7 maggio vorremmo sapere per quando possiamo attenderci la consegna poiché ora abbiamo urgente bisogno della merce.

Siamo preoccupati (molto sorpresi) che

a) non abbiamo ancora ricevuto l'avviso di spedizione per i passeggini di cui al nostro ordine N. 7511.

b) non abbiamo ancora ricevuto le merci ordinateVi il 2 aprile.

Poiché non abbiamo ancora ricevuto le gabbie per uccelli Vi preghiamo di verificare il fatto e provvedere per un'immediata spedizione.

Nonostante sia trascorso molto tempo da quando Vi abbiamo spedito la nostra ordinazione non abbiamo ancora saputo nulla circa la spedizione.

Non possiamo semplicemente comprendere

b) und betonte die Wichtigkeit der Lieferung bis spätestens 7. März.

Nun sind drei Wochen vergangen, seit wir unseren Auftrag über Gummischürzen erteilt haben, und wir warten noch immer auf die Lieferung.

Leider haben wir immer noch nicht Ihre Versandanzeige für die Waren erhalten.

Die Lieferung der am 5. August bestellten Waren ist sehr dringend.

In Ihrer Auftragsbestätigung haben Sie angegeben, daß die Lieferung innerhalb drei Wochen erfolgen würde. Deshalb sind wir jetzt sehr überrascht, noch keine Versandanzeige erhalten zu haben.

Mit Bezug auf unseren Auftrag vom 7. Mai über Säuglingsnahrung würden wir gern wissen, wann wir die Lieferung erwarten können, da wir die Waren jetzt dringend benötigen.

Es beunruhigt uns (od. Wir sind sehr überrascht), daß

a) wir von Ihnen noch keine Versandanzeige für unseren Auftrag Nr. 7511 über Kinderwagen erhalten haben

b) wir die Waren, die wir Ihnen am 2. April in Auftrag gaben, noch nicht erhalten haben.

Da wir die Vogelkäfige noch nicht erhalten haben, bitten wir Sie, diese Angelegenheit zu prüfen und für unverzüglichen Versand zu sorgen.

Obwohl viel Zeit vergangen ist, seit wir Ihnen unseren Auftrag zusandten, haben wir von Ihnen noch nichts über den Versand gehört.

Wir können einfach nicht verstehen,

a) perché non abbiamo ancora ricevuto i ferodi, che abbiamo ordinato il 30 maggio.

b) perché le merci ordinate per consegna nel mese scorso non sono ancora arrivate.

Siamo spiacenti di non aver ancora nessuna notizia circa la fornitura di macchine per bottoni.

La nostra banca, alla quale abbiamo chiesto informazioni, comunica che non ha ancora ricevuto da Voi i documenti.

Siamo molto spiacenti che, nonostante le numerose promesse, non abbiamo ancora ricevuto le merci ordinate il 29 dicembre.

Sono ormai passati tre mesi dall'ordinazione delle seghe circolari.

Quest'ordine è stato passato tre mesi fa e ci fu detto che i tappi sarebbero stati consegnati entro quattro settimane.

Nonostante le nostre numerose richieste (i nostri numerosi solleciti) non abbiamo ancora ricevuto i caschi di protezione ordinati il 10 giugno.

Desideriamo ricordarVi che non sono ancora stati consegnati i campanelli elettrici di cui Vi abbiamo sollecitato la spedizione il 5 settembre. Questo nonostante le nostre successive tre telefonate al riguardo.

a) warum wir die Bremsbeläge, die wir am 30. Mai bestellten, noch nicht erhalten haben.

b) warum die zur Lieferung im vorigen Monat bestellten Waren noch nicht eingetroffen sind.

Wir bedauern, daß wir von der Lieferung der Knopfmaschinen noch nichts gehört haben.

Unsere Bank haben wir um Auskunft gebeten, sie teilt aber mit, daß sie von Ihnen noch keine Dokumente erhalten hat.

Wir bedauern sehr, daß wir die am 29. Dezember bestellten Waren trotz zahlreicher Versprechungen noch nicht erhalten haben.

Seit der Bestellung der Kreissägen sind nunmehr drei Monate vergangen.

Dieser Auftrag wurde vor drei Monaten erteilt, und man sagte uns, daß die Flaschenkorken innerhalb vier Wochen geliefert würden.

Trotz unserer zahlreichen Anfragen haben wir die Sturzhelme, die wir am 10. Juni bestellt haben, noch nicht erhalten.

Wir möchten Sie daran erinnern, daß die elektrischen Türglocken, um deren Absendung wir Sie am 5. September nochmals baten, immer noch nicht angeliefert worden sind. Dies trotz unserer drei diesbezüglichen aufeinanderfolgenden Anrufe.

der Liefertermin war bei der Auftragserteilung entscheidend

1. Al momento del nostro primo ordine il Vostro capo ufficio vendite ci assicurò

2. Al momento di passare l'ordine il Vostro rappresentante mi assicurò

1. Bei unserem ersten Auftrag versicherte uns Ihr Verkaufsleiter,

2. Als ich den Auftrag erteilte, versicherte mir Ihr Vertreter,

3. Abbiamo deciso di passarVi l'ordine sulla base della Vostra assicurazione.

3. Wir haben uns entschlossen Ihnen den Auftrag zu erteilen auf Grund Ihrer Zusage,

4. Vi abbiamo passato l'ordinazione a condizione

4. Wir erteilten Ihnen den Auftrag unter der Bedingung (od. Voraussetzung),

a) che la consegna sarebbe avvenuta puntualmente.

a) daß die Lieferung pünktlich erfolgen würde.

b) che le fresatrici a dentiera sarebbero state consegnate entro la fine del mese (entro il 15 maggio).

b) daß die Zahnradfräsmaschinen bis zum Ende des Monats (od. bis spätestens 15. Mai) geliefert würden.

c) che il termine di consegna sarebbe stato di solo tre settimane.

c) daß die Lieferzeit lediglich drei Wochen betragen würde.

d) che i mobili per giardino sarebbero stati spediti per tempo in modo da arrivare qui per la fine di questo mese.

d) daß die Gartenmöbel rechtzeitig abgeschickt würden, so daß sie bis zum Ende dieses Monats hier eintreffen würden.

Abbiamo impartito il nostro ordine a questa condizione.

Unter dieser Bedingung haben wir unseren Auftrag erteilt.

Come Vi abbiamo esplicitamente chiarito al momento dell'ordinazione, il rispetto delle date di consegna è assolutamente necessario se vogliamo tener fede agli impegni contrattuali (assunti) con i nostri clienti.

Wie wir Ihnen bei Auftragserteilung ausdrücklich erklärt haben, ist die strenge Einhaltung der Lieferzeiten unbedingt notwendig, wenn wir unsere vertraglichen Verpflichtungen unseren Kunden gegenüber einhalten sollen.

1. Abbiamo detto chiaramente che

1. Wir haben deutlich zum Ausdruck gebracht, daß

2. Al momento di inviarVi l'ordinazione abbiamo sottolineato che

2. Bei Auftragserteilung haben wir betont, daß

a) la consegna deve assolutamente avvenire per il 20 ottobre al più tardi.

a) die Lieferung bis 20. Oktober spätestens unbedingt erforderlich sei.

b) una pronta (sollecita) consegna è estremamente importante (assolutamente necessaria).

b) prompte (od. frühe) Lieferung äußerst wichtig (od. absolut notwendig) sei.

c) il termine di consegna è una condizione essenziale.

c) die Lieferzeit eine wesentliche Voraussetzung sei.

Vi abbiamo fatto presente con sufficiente chiarezza che eravamo disposti a passare questo or-

Wir haben Ihnen klar genug gemacht, daß wir nur bereit waren, Ihnen diesen Auftrag unter

dine a condizione che gli apparecchi per la pulitura e il riempimento delle botti fossero consegnati con puntualità assoluta.

der Bedingung zu erteilen, daß die Faßreinigungs- und Abfüllgeräte mit absoluter Pünktlichkeit geliefert würden.

der Lieferverzug verursacht Schwierigkeiten

Ogni ulteriore giorno di ritardo nella consegna significa per noi perdite ed inconvenienti.

Jeder weitere Tag des Lieferverzugs bedeutet für uns Verlust und Unannehmlichkeiten.

Attendiamo da un certo tempo queste stoffe per paralumi ed abbiamo promesso la consegna a numerosi clienti.

Wir warten auf diese Lampenschirmstoffe nun schon einige Zeit – und haben einer Anzahl Kunden Lieferung versprochen.

Comprenderete (Vi sarà chiaro) che questo ritardo ci mette in un'incresciosa situazione.

Sie werden verstehen (od. Es wird Ihnen klar sein), daß dieser Verzug uns in eine unangenehme Lage bringt.

Ogni ulteriore ritardo

Jeder weitere Verzug würde uns

a) ci causerebbe considerevoli perdite.

a) beträchtlichen Verlust verursachen.

b) ci causerebbe notevoli inconvenienti poiché la nostra licenza d'importazione scade il 31 ottobre.

b) beträchtliche Unannehmlichkeiten verursachen, da unsere Einfuhrlizenz am 31. Oktober abläuft.

Abbiamo urgente necessità delle punte da roccia per un'ordinazione che deve essere evasa per la fine di quest'anno.

Die Steinbohrer werden dringend benötigt für einen wichtigen Auftrag, der vor Ende dieses Jahres erledigt sein muß.

Vi abbiamo molto chiaramente fatto presente che una pronta consegna da parte dei nostri fornitori è assolutamente necessaria se vogliamo rispettare i nostri programmi di produzione (raggiungere la nostra meta di produzione).

Wir haben es Ihnen hinreichend klargemacht, daß eine prompte Lieferung von Seiten unserer Zulieferer unbedingt erforderlich ist, wenn wir unsere Produktionspläne einhalten (od. unser Produktionssoll erzielen) sollen.

Le nostre scorte di abbigliamento da bagno stanno esaurendosi e la stagione estiva sta raggiungendo il suo punto culminante.

Unsere Vorräte an Badebekleidung gehen zu Ende, und die Sommersaison wird bald ihren Höhepunkt erreicht haben.

die Lieferung wird nunmehr dringend erwartet

Dobbiamo richiederVi un'immediata consegna della succitata ordinazione.

Wir müssen um unverzügliche Lieferung des obigen Auftrages bitten.

Speriamo che farete ora tutto il possibile per effettuare la consegna (per accelerare l'invio).

Wir hoffen, daß Sie sich nun besonders anstrengen werden, uns zu beliefern (od. den Versand zu beschleunigen).

Qualora le merci non siano ancora state inviate

Falls die Waren noch nicht abgesandt sind,

a) ci attendiamo che Voi le inoltriate al più presto.

a) erwarten wir, daß Sie sie schnellstens auf den Weg bringen.

b) dobbiamo pregarVi di inviarle per via aerea.

b) müssen wir Sie bitten, sie auf dem Luftweg zu senden.

Vi preghiamo di informarci qualora l'esecuzione della nostra ordinazione resti sospesa poiché non disponete di alcuni articoli. In tal caso Vi comunicheremmo di quali articoli abbiamo bisogno immediatamente e per quali articoli possiamo ancora attendere.

Wir bitten Sie, uns zu informieren, ob die Erledigung unseres Auftrags dadurch verzögert wird, daß Sie über manche Artikel nicht verfügen. In dem Fall würden wir Ihnen mitteilen, welche Artikel wir sofort benötigen und auf welche wir noch warten können.

Se non potessimo essere sicuri di ricevere almeno la metà degli articoli ordinati entro sette giorni saremmo (ci ritroveremmo) in una situazione estremamente difficile.

Wenn wir nicht sicher sein können, wenigstens die Hälfte der bestellten Artikel innerhalb von sieben Tagen zu erhalten, werden wir in eine höchst schwierige Lage kommen.

1. Dobbiamo pertanto insistere per essere informati per fax

1. Wir müssen deshalb darauf bestehen, durch Fax benachrichtigt zu werden

2. Vi saremmo grati per un telegramma

2. Wir wären Ihnen dankbar für ein Telegramm

riguardo la data di consegna dei pennelli.

bezüglich des Lieferdatums der Farbpinsel.

es wird eine Nachlieferfrist gestellt

1. Qualora le merci non ci arrivino per la fine di questa settimana (entro il 16 dicembre)

1. Falls die Waren uns nicht bis Ende dieser Woche (od. bis zum 16. Dezember) erreichen,

2. Se non siete in grado di assicurare la consegna entro le prossime due settimane

2. Wenn Sie nicht in der Lage sind, die Lieferung innerhalb der nächsten zwei Wochen zuzusagen,

3. Qualora non riceviamo le merci entro sette giorni con

3. Falls wir die Waren nicht innerhalb von sieben Tagen

una spiegazione soddisfacente

a) dovremo (con nostro dispiacere) annullare l'ordinazione.

b) saremo costretti a cancellare l'ordinazione.

c) cancelleremo l'ordinazione ed acquisteremo altrove i distributori automatici.

d) passeremo i nostri ordini ad una ditta concorrente.

Dobbiamo esigere una esplicita garanzia che le merci saranno consegnate entro il 12 giugno.

Siamo disposti a concederVi un'ulteriore proroga fino al 3 luglio.

E' impossibile garantire un'ulteriore proroga.

Se le merci non saranno consegnate entro tale data

a) non ci resterà altro che considerare la mancata consegna come un inadempimento al nostro contratto.

b) ci riforniremo altrove e Vi terremo responsabili per ogni perdita che ne dovesse derivare.

Questo è l'ultimissimo sollecito. La nostra pazienza è completamente esaurita. Non possiamo accordarVi nessuna ulteriore proroga.

mit einer zufriedenstellenden Erklärung erhalten,

a) werden wir (zu unserem Bedauern) den Auftrag stornieren müssen.

b) werden wir gezwungen sein, den Auftrag zu streichen.

c) werden wir den Auftrag stornieren und die Verkaufsautomaten bei einer anderen Firma kaufen.

d) werden wir unsere Aufträge einer Konkurrenzfirma übertragen.

Wir müssen eine eindeutige Garantie verlangen, daß die Waren bis zum 12. Juni geliefert werden.

Wir sind bereit, Ihnen eine letzte Verlängerung bis 3. Juli zu gewähren.

Es ist unmöglich, eine weitere Verlängerung zu gewähren.

Wenn die Waren bis dann nicht geliefert werden,

a) bleibt uns nichts anderes übrig, als die Nichtlieferung als Verstoß gegen unseren Vertrag zu betrachten.

b) werden wir uns anderweitig versorgen und Sie für jeden daraus entstehenden Verlust verantwortlich machen.

Dies ist die allerletzte Mahnung. Unsere Geduld ist nun völlig erschöpft. Es kann keine weitere Verlängerung gewährt werden.

die abgeschickten Waren sind noch nicht angekommen

Gli spazzolini da denti elettrici non sono ancora arrivati. Vi preghiamo di controllare se sono stati spediti o se si sono smarriti in viaggio.

Die elektrischen Zahnbürsten sind noch nicht angekommen. Stellen Sie bitte fest, ob sie abgesandt wurden oder ob sie unterwegs verlorengegangen sind.

Siamo spiacenti di comunicarVi che le macchine pelapatate da Voi inviate il 12 aprile non sono ancora state consegnate.

Wir bedauern Ihnen mitzuteilen, daß die von Ihnen am 12. April abgesandten Kartoffelschälmaschinen noch nicht angeliefert worden sind.

Vogliate controllare presso il Vostro spedizioniere che cosa è successo alla partita.

Wollen Sie bitte bei Ihrer Speditionsfirma feststellen, was mit der Sendung passiert ist.

Vi preghiamo di metterVi in contatto con il locale ufficio postale (il trasportatore)

Bitte setzen Sie sich mit Ihrem dortigen Postamt (od. Transporteur) in Verbindung

a) e comunicateci per quando possiamo attenderci la consegna.

a) und teilen Sie uns mit, wann wir die Lieferung erwarten können.

b) ed informateci immediatamente non appena sapete qualcosa di definitivo.

b) und geben Sie uns unverzüglich Nachricht, sobald Sie etwas Definitives erfahren.

Iniziamo immediatamente in loco ricerche al riguardo.

Wir stellen hier sofort Nachforschungen an.

die Ware traf verspätet ein

Constatiamo con rammarico che i mobili per camere da bambino ordinati il 22 maggio sono giunti solo oggi, sebbene fosse stata garantita una sollecita consegna. Solo sulla base di tale garanzia Vi avevamo impartito il nostro ordine.

Mit Bedauern stellen wir fest, daß die am 22. Mai bestellten Kinderzimmermöbel erst heute angeliefert wurden, obgleich eine schnelle Lieferung garantiert wurde. Nur aufgrund der o. g. Garantie hatten wir unseren Auftrag erteilt.

Siamo spiacenti di doverci lamentare per la ritardata consegna delle stoffe da fodera ordinate il 17 aprile.

Wir bedauern, uns wegen der verspäteten Lieferung der am 17. April bestellten Futterstoffe beschweren zu müssen.

Le scale di alluminio sono giunte solo ora con un ritardo di 10 giorni per il quale non è stata data nessuna spiegazione.

Die Aluminiumleitern sind nach einer Verzögerung von 10 Tagen erst jetzt eingetroffen, wofür keine Erklärung abgegeben wurde.

die häufigen Lieferzeitüberschreitungen können nicht länger akzeptiert werden

Questa non è (affatto) la prima volta che si verifica un ritardo nella consegna (che dobbiamo lamentarci per una ritardata consegna)

Dies ist nicht (od. keineswegs) das erste Mal, daß eine Lieferungsverzögerung eingetreten ist, (od. daß wir uns über verspätete Lieferung beklagen müssen),

a) e in molti casi il ritardo è stato di più di due settimane.

b) e a causa della crescente frequenza di questi inconvenienti siamo costretti a comunicarVi che i nostri rapporti d'affari non possono proseguire a queste condizioni.

1. Abbiamo avuto molto spesso occasione di reclamare per ritardi nella consegna

2. Abbiamo ripetutamente ribadito la necessità dell'assoluto rispetto delle date di consegna

   a) e facciamo riferimento alle nostre lettere del 15 marzo e del 2 e del 18 aprile.

   b) e se non siete in grado di garantire l'effettuazione delle future consegne alle date singolarmente stabilite saremo costretti a rivolgerci ad un altro fornitore.

La consegna è avvenuta in due spedizioni parziali, una con cinque giorni e l'altra con due settimane di ritardo.

Meno di due mesi fa abbiamo presentato un analogo reclamo.

Non possiamo in alcun modo tollerare che questa situazione duri all'infinito e dobbiamo insistere affinché per le future ordinazioni le date di consegna siano esattamente rispettate.

Ciascuna delle due succitate partite di merce è giunta più tardi della data stabilita. L'ordinazione N. 283 è giunta 10 giorni più tardi e l'ordinazione N. 176 è appena giunta con un ritardo di oltre 4 settimane.

a) *und in vielen Fällen betrug die Verspätung mehr als zwei Wochen.*

b) *und durch die zunehmende Häufigkeit dieses Ärgernisses sind wir gezwungen Ihnen mitzuteilen, daß unter diesen Umständen die Geschäfte zwischen uns nicht weitergehen können.*

1. *Wir haben sehr häufig Anlaß gehabt, uns über Lieferverzug zu beschweren,*

2. *Wir haben wiederholt die absolute Notwendigkeit der Einhaltung der Lieferdaten betont,*

   a) *und wir weisen Sie auf unsere Briefe vom 15. März und vom 2. und 18. April hin.*

   b) *und falls Sie nicht garantieren können, zukünftige Lieferungen zu den im einzelnen festgesetzten Terminen zu garantieren, sind wir gezwungen, uns einen anderen Lieferanten zu suchen.*

Die Lieferung ist in zwei Teilsendungen erfolgt, eine mit fünf Tagen und die andere mit zwei Wochen Verspätung.

Vor weniger als zwei Monaten haben wir eine ähnliche Beschwerde vorgebracht.

Wir können unmöglich dulden, daß diese Situation endlos so weitergeht, und müssen darauf bestehen, daß Sie bei künftigen Bestellungen die Liefertermine genau beachten.

Jeder der zwei oben angegebenen Warenposten ist später als zum festgesetzten Datum angekommen. Die Bestellung Nr. 283 kam 10 Tage zu spät an, Bestellung Nr. 176 ist mit einer Verzögerung von vier Wochen soeben eingetroffen.

3. Entschädigungsansprüche, Schadenersatz

Vi preghiamo di accreditare sul nostro conto il valore degli articoli danneggiati (mancanti).

1. Riteniamo che non sarebbe assolutamente corretto se dovessimo assumerci da soli la perdita,

2. Siamo estremamente sorpresi di un'esecuzione così trascurata del nostro ordine,

3. Ci attendiamo da Voi un risarcimento per le perdite da noi effettivamente subite

a) ed attendiamo le Vostre proposte di indennizzo.

b) e vorremmo conoscere le Vostre spiegazioni al riguardo.

c) e dobbiamo pregarVi di inviarci una Vostra nota di accredito per Lit. 317.500 conformemente all'acclusa lista.

Siamo spiacenti di aver dovuto pagare Lit. 210.000 in più del prezzo contrattato ed attendiamo al più presto possibile il Vostro versamento per tale importo.

Bitte schreiben Sie unserem Konto den Wert der beschädigten (od. fehlenden) Artikel gut.

1. Wir glauben, es wäre höchst unfair, wenn wir allein den Verlust tragen müßten,

2. Wir sind über eine so nachlässige Ausführung unseres Auftrages höchst überrascht,

3. Wir erwarten von Ihnen eine Entschädigung (einen Ersatz) für die von uns erlittenen realen Verluste

a) und erwarten Ihre Vorschläge bezüglich des Schadenersatzes.

b) und würden gern Ihre diesbezüglichen Erklärungen erfahren.

c) und müssen Sie bitten, uns eine Gutschrift über Lit. 317.500 zu erteilen, gemäß der beiliegenden Aufstellung.

Wir bedauern, daß wir über unseren Vertragspreis hinaus noch weitere Lit. 210.000 zahlen mußten, und wir erwarten Ihre Überweisung für diesen Betrag so bald wie möglich.

4. Annahme nur gegen Preisermäßigung

Di conseguenza ci è impossibile vendere questi articoli in pelle al consueto prezzo.

Per poter smerciare queste stoffe di jersey devo ridurre i prezzi di almeno il 15%.

Queste conserve di legumi possono essere smerciate solo con un considerevole sconto.

Folglich ist es uns nicht möglich, diese Lederwaren zu dem üblichen Preis zu verkaufen.

Um diese Jerseystoffe absetzen zu können, muß ich die Preise wenigstens um 15% herabsetzen.

Diese Gemüsekonserven können nur mit einem beträchtlichen Preisnachlaß abgesetzt werden.

1. Saremmo disposti a tenere i barometri

2. Siamo disposti ad accettare le falciatrici

a) se siete disposti a concedere uno sconto considerevole.

b) se riducete il prezzo di almeno il 12%.

c) e ad addebitare alla Vostra ditta i soli costi di riparazione.

Vi preghiamo di comunicarci quale sconto siete disposti ad offrirci.

Vi proponiamo di concederci uno sconto del 20% sul prezzo di listino.

1. Wir wären bereit, die Barometer zu behalten,

2. Wir sind bereit, die Rasenmäher anzunehmen,

a) wenn Sie bereit sind, einen erheblichen Preisnachlaß zu gewähren.

b) wenn Sie den Preis um mindestens 12% reduzieren.

c) und Ihre Firma nur mit den Kosten der Instandsetzung (od. Reparatur) zu belasten.

Wir bitten Sie uns mitzuteilen, welchen Nachlaß Sie uns zu gewähren bereit sind.

Wir schlagen vor, daß Sie uns eine Ermäßigung von 20% auf den Listenpreis gewähren.

5. Umtausch oder Nachlieferung

1. Vogliate (pertanto) provvedere

2. Pertanto Vi preghiamo

a) di inviare immediatamente (entro i prossimi giorni) merce sostitutiva (e ad addebitare corrispondentemente il nostro conto).

b) ad inviare gli articoli mancanti per pacco postale espresso.

Dobbiamo insistere per una immediata sostituzione delle sei casse e pregarVi, per il futuro, di seguire le nostre istruzioni con maggiore attenzione.

Vi saremmo grati se ci inviaste subito degli articoli sostitutivi.

Dobbiamo pregarVi di provvedere immediatamente per

1. Würden Sie (deshalb) bitte veranlassen,

2. Deshalb bitten wir Sie, uns

a) unverzüglich (od. innerhalb der nächsten Tage) Ersatzware zu senden (und unser Konto entsprechend zu belasten).

b) die fehlenden Artikel durch Eilpaketpost zu senden.

Wir müssen auf sofortigen Ersatz für die sechs Kisten bestehen und Sie bitten, unsere Anweisungen in Zukunft sorgfältiger zu befolgen.

Wir wären dankbar, wenn Sie uns sofortigen Ersatz schicken würden.

Wir müssen Sie bitten, die Ersatzlieferung für die beschädig-

una fornitura sostitutiva per gli articoli danneggiati poiché dobbiamo far fronte ad un impegno con un nostro cliente.

Vi preghiamo di comunicarci immediatamente se prevedete una consegna sostitutiva o uno sconto.

Siamo certi che ci invierete subito una nuova macchina poiché i Vostri prodotti hanno una garanzia di un anno.

Il materiale è assolutamente inadatto (inadeguato) per le necessità dei nostri clienti (per i nostri scopi) e pertanto non ci resta altro che pregarVi di prenderlo indietro (riprenderlo) e di sostituirlo con materiale della qualità ordinata.

Vi preghiamo di telegrafarci o di telefonarci immediatamente se siete in grado di consegnare al più presto le 2000 spazzole metalliche mancanti.

Reinvio (Ritorno, restituisco) pertanto a mezzo pacco postale le 13 sveglie difettose per la sostituzione (il cambio).

Non ho ancora ricevuto da Voi alcuna conferma del ricevimento dei 24 cappelli di pelliccia che Vi ho reinviati in data 12 ottobre. Questi mi erano stati erroneamente forniti al posto dei cappelli di feltro.

ten Artikel sofort zu veranlassen, da wir eine Verpflichtung gegenüber einem unserer Kunden einhalten müssen.

Teilen Sie uns bitte umgehend mit, ob Sie Ersatzlieferung oder Preisermäßigung beabsichtigen.

Wir sind sicher, daß Sie uns sofort eine neue Maschine schicken werden, da Ihre Erzeugnisse eine Garantie von einem Jahr haben.

Das Material ist für die Bedürfnisse unserer Kunden (od. für unsere Zwecke) völlig ungeeignet, und es bleibt uns daher nichts anderes übrig als Sie zu bitten, es zurückzunehmen und durch Material der bestellten Qualität zu ersetzen.

Bitte telegrafieren oder telefonieren Sie umgehend, ob Sie in der Lage sind, schnellstens die fehlenden 2000 Drahtbürsten zu liefern.

Ich schicke deshalb die 13 defekten Wecker durch Postpaket zwecks Austausch zurück.

Ich habe von Ihnen noch keine Empfangsbestätigung der 24 Pelzhüte erhalten, die ich am 12. Oktober zurückgeschickt habe. Diese waren mir versehentlich an Stelle der Filzhüte geliefert worden.

6. Annahmeverweigerung

L'ultima spedizione parziale di abbigliamento per bambini ordinato il 12 aprile

a) non è qualitativamente soddisfacente.

Die letzte Teilsendung der am 12. April bestellten Kinderbekleidung

a) ist qualitätsmäßig nicht zufriedenstellend.

b) è assolutamente invendibile e pertanto non possiamo accettarla.

Mi dispiace di non poter tenere i jeans poiché ne ho già una sufficiente quantità (scorta).

A queste condizioni non ci resta altro che rifiutare la partita.

1. La quantità consegnata in sovrappiù è tenuta a Vostra disposizione ed attendiamo Vostre istruzioni

2. Non siamo pertanto in grado di accettare questa partita ed attendiamo Vostre istruzioni

   a) su cosa dobbiamo fare al riguardo.

   b) con quale mezzo di trasporto debba essere ritornata.

Nel frattempo teniamo la merce a Vostra disposizone.

Dobbiamo pertanto pregarVi di riprendere la macchina.

Vi ritorniamo in data odierna (oggi stesso) la macchina etichettatrice con porto assegnato.

Desiderate che Vi ritorni i lucchetti?

Purtroppo i ridotti spazi di cui disponiamo non ci permettono di trattenere ulteriori quantità di merce.

Qualora questa (la nostra) proposta non sia di Vostro gradimento Vi resituiremo la merce con porto assegnato.

Desidero restituire questa macchina ed aver rimborsato l'importo pagato.

b) *ist vollständig unverkäuflich, und wir können sie daher nicht annehmen.*

Ich bedaure, daß ich die Jeans nicht behalten kann, da ich bereits einen ausreichenden Vorrat habe.

Unter diesen Bedingungen bleibt uns nichts anderes übrig, als den Posten zurückzuweisen.

1. *Die zuviel gelieferte Menge wird zu Ihrer Verfügung gehalten, und wir erwarten Ihre Anweisungen,*

2. *Wir sind (deshalb) nicht in der Lage, diesen Posten anzunehmen und erwarten Ihre Anweisungen,*

   a) *wie wir diesbezüglich verfahren sollen.*

   b) *durch welches Transportmittel er zurückgeschickt werden soll.*

Inzwischen halten wir die Ware zu Ihrer Verfügung.

Wir müssen Sie deshalb bitten, die Maschine zurückzunehmen.

Wir schicken heute die Etikettiermaschine unter Frachtnachnahme an Sie zurück.

Wünschen Sie, daß ich die Vorhängeschlösser an Sie zurücksende?

Leider erlauben uns unsere begrenzten Räumlichkeiten nicht, weitere Warenmengen zu lagern.

Wenn Ihnen dieser (od. unser) Vorschlag nicht zusagt, werden wir Ihnen die Ware unter Frachtnachnahme zurückschicken.

Ich möchte die Maschine zurückgeben und den Kaufbetrag zurückerstattet bekommen.

7. Schlußworte

Riteniamo che debba esserci una spiegazione al riguardo ed attendiamo con interesse la Vostra risposta.

Wir glauben, daß es hierfür eine Erklärung geben muß und erwarten mit Interesse Ihre Antwort.

Ci deve essere certamente un valido motivo per non aver inviato puntualmente gli apparecchi di irrigazione.

Zweifellos muß es eine angemessene Erklärung geben, warum diese Bewässerungsapparate nicht rechtzeitig geliefert worden sind.

Attendiamo una Vostra spiegazione a giro di posta.

Wir sehen Ihrer postwendenden Erklärung entgegen.

Vogliate spiegarci questo grave ritardo per il quale non sembra esserci alcun motivo valido.

Würden Sie uns bitte die lange Verzögerung erklären, für die es scheinbar keinen triftigen Grund gibt.

1. Vi saremmo grati se voleste verificare questo spiacevole fatto

1. *Wir wären dankbar, wenn Sie diesen bedauerlichen Vorfall untersuchen würden*

2. Ci sareste di molto aiuto se poteste verificare immediatamente questo fatto

2. *Sie würden uns sehr helfen, wenn Sie diese Angelegenheit sofort untersuchen würden*

   a) e comunicarci il risultato (il motivo di questo ritardo).

   a) *und uns das Ergebnis (od. den Grund für die Verzögerung) mitteilten.*

   b) e prendere posizione al riguardo.

   b) *und diesbezüglich Stellung nähmen.*

   c) ed inviarci immediatamente gli articoli ordinati.

   c) *und uns die bestellten Artikel unverzüglich schickten.*

   d) ed assicurarVi che per il futuro riceveremo gli articoli giusti puntualmente.

   d) *und sicherstellten, daß wir in Zukunft die richtigen Artikel pünktlich erhalten.*

   e) e di fare tutto il necessario affinché le nostre istruzioni d'imballaggio siano attentamente seguite per il futuro.

   e) *und alle notwendigen Schritte unternehmen würden, damit unsere Packanweisungen künftig strikt befolgt werden.*

Attendiamo la Vostra comunicazione

Wir erwarten Ihre Mitteilung,

a) che la partita è stata spedita (inviata, inoltrata).

a) *daß die Sendung abgeschickt worden ist.*

b) che le merci saranno spedite immediatamente.

b) *daß die Waren unverzüglich versandt werden.*

Vi preghiamo di fare tutto quanto è necessario per toglierci da questa difficile situazione dovuta al ritardo della Vostra fornitura.

Unternehmen Sie bitte alle nötigen Schritte, um uns aus dieser schwierigen Lage herauszuhelfen, die auf Ihre verspätete Lieferung zurückzuführen ist.

1. Vi preghiamo di comunicarci immediatamente (subito)

1. Bitte teilen Sie uns unverzüglich (od. sofort) mit,

2. Siamo persuasi che verificherete il fatto e ci comunicherete al più presto

2. Wir sind überzeugt, daß Sie die Angelegenheit untersuchen werden und uns so bald wie möglich mitteilen,

a) che cosa pensate di fare al riguardo.

a) was Sie diesbezüglich zu tun gedenken.

b) che cosa potete fare per aiutarci a uscire da questa difficile situazione.

b) was Sie tun können, um uns zu helfen, über diese Schwierigkeiten hinwegzukommen.

c) che cosa proponete per risolvere la questione.

c) was Sie vorschlagen, um die Sache in Ordnung zu bringen.

d) come desiderate risolvere la questione.

d) wie Sie diese Angelegenheit zu lösen wünschen.

Dobbiamo chiederVi di prendere dei provvedimenti immediati a nostro favore.

Wir müssen Sie bitten, für schnelle Abhilfemaßnahmen zu sorgen.

Vi preghiamo di considerare urgente la questione.

Bitte betrachten Sie die Sache als dringend.

Siamo certi che, date le circostanze, provvederete per una immediata consegna. Ripetiamo che gli attrezzi devono essere in nostro possesso entro la prossima settimana.

Wir sind sicher, daß Sie unter diesen Umständen für sofortige Lieferung sorgen werden. Wir wiederholen, daß die Werkzeuge innerhalb der nächsten Woche in unserem Besitz sein müssen.

Se non Vi metterete in contatto con noi prima del 10 maggio saremo costretti a cancellare l'ordinazione.

Sollten Sie sich mit uns nicht vor dem 10. Mai in Verbindung setzen, sind wir gezwungen, den Auftrag zu streichen.

1. Vorremmo avere la Vostra assicurazione che in futuro

1. Wir hätten gern Ihre Zusicherung, daß Sie künftig

2. Dobbiamo insistere affinché in futuro

2. Wir müssen darauf bestehen, daß Sie in Zukunft

a) dedichiate una maggiore cura (attenzione) all'esecuzione dei nostri ordini.

a) der Ausführung unserer Aufträge mehr Sorgfalt widmen werden.

b) le macchine siano accuratamente verificate prima di lasciare la Vostra

b) die Maschinen sorgfältig prüfen werden, bevor sie Ihr Werk verlassen, da fabbrica perché è già la terza volta che dobbiamo lamentarci per accessori mancanti.

Speriamo che un fatto del genere non si ripeta (abbia a ripetersi).

1. Sono costretto ad avvertirVi che se un fatto del genere dovresse ripetersi

2. Qualora non foste in grado di soddisfarmi in futuro

   a) non mi resterà altro che passare ad altri le mie ordinazioni.

   b) sarò costretto a interrompere il nostro rapporto d'affari.

1. Siamo spiacenti di comunicarVi che se la questione non sarà risolta immediatamente non ci resterà altro che

2. Interromperemmo molto malvolentieri la nostra pluriennale relazione d'affari, ma capirete certamente che se la questione non fosse immediatamente risolta saremmo obbligati a

3. In questa situazione, qualora non ricevessimo una Vostra immediata comunicazione saremmo costretti a

4. Qualora non possiate soddisfare le richieste contenute nelle nostre lettere del 2 e del 10 marzo non ci resterà altro che

   a) prendere conseguenti provvedimenti.

   b) cancellare l'ordinazione.

   c) risolvere (denunciare) il contratto.

   d) richiedere un risarcimento per inadempienza contrattuale.

dies schon das dritte Mal ist, daß wir uns wegen fehlender Zubehörteile beschweren müssen.

Wir hoffen, daß ein solcher Vorfall nicht wieder vorkommen wird.

1. Ich muß Sie warnen: wenn ein solcher Fall noch einmal vorkommt,

2. Sofern Sie mich in Zukunft nicht zufriedenstellen können,

   a) wird mir nichts anderes übrigbleiben, als meine Aufträge anderweitig zu plazieren.

   b) werde ich gezwungen sein, unsere Geschäftsverbindung zu beenden.

1. Wir bedauern Ihnen mitzuteilen, daß, falls die Angelegenheit nicht unverzüglich geklärt wird, uns nichts anderes übrig bleibt als

2. Nur ungern würden wir nach einer so langen Verbindung die Geschäftsbeziehung mit Ihnen abbrechen, aber Sie verstehen sicher, daß, falls nicht sofort etwas geschieht, wir gezwungen wären,

3. Unter diesen Umständen werden wir – falls wir von Ihnen nicht umgehend hören – gezwungen sein,

4. Falls Sie den in unseren Briefen vom 2. und 10. März enthaltenen Bitten nicht nachkommen können, bleibt uns nichts anderes übrig als

   a) entsprechende Vorkehrungen zu treffen.

   b) den Auftrag zu stornieren.

   c) den Vertrag aufzulösen.

   d) Schadenersatz wegen Vertragsbruch zu fordern.

e) passare a vie legali contro di Voi senza ulteriori
avvertimenti.

f) affidare la questione ai
nostri legali.

1. Questa non è la prima volta
che i nostri ordini non vengono eseguiti correttamente

2. Purtroppo non è la prima volta che dobbiamo lamentarci

a) e certamente comprenderete quanto ciò sia spia-
cevole per non parlare
delle perdite di tempo a
ciò connesse.

b) e pertanto desideriamo
pregarVi di assicurarVi
che le merci a noi desti-
nate siano in futuro accuratamente imballate (con-
trollate).

Non riesco veramente a capire come non siate in grado di
adempiere puntualmente ai Vostri impegni con un cliente abituale.

Vorrete certamente riflettere
ancora una volta sull'accaduto.

Siamo molto spiacenti di doverVi scrivere in tal modo, ma
temiamo che non ci avete lasciato altra possibilità.

Facciamo molto malvolentieri questo passo e speriamo di
non avoro più occasione di doverlo ripetere.

Quest'offerta vale solo per
dieci giorni a partire da oggi.

Abbiamo consegnato la Vo-
stra lettera al nostro legale,
Avv. Alessandro Galbani, che si
occuperà della questione. Vi
preghiamo di inviare a lui ulteriori comunicazioni.

e) *gegen Sie ohne weitere
Vorwarnung gerichtliche
Schritte zu unternehmen.*

f) *die Angelegenheit unseren Rechtsanwälten zu
übertragen.*

1. *Dies ist nicht das erste Mal,
daß unsere Aufträge falsch
ausgeführt wurden,*

2. *Leider ist dies nicht das erste
Mal, daß wir uns beschweren
müssen,*

a) *und Sie werden sicher
verstehen, wie ärgerlich
das ist, ganz abgesehen
von dem damit verbunde-
nen Zeitverlust.*

b) *und wir müssen Sie bitten
sicherzustellen, daß die
für uns bestimmten Waren
künftig sorgfältiger ver-
packt (od. geprüft) wer-
den.*

*Ich verstehe wirklich nicht,
daß Sie nicht imstande sind,
Ihren Verpflichtungen einem
Stammkunden gegenüber pünktlich nachzukommen.*

*Sie werden über den Vorfall
sicher noch einmal nachdon-
ken.*

*Wir bedauern sehr, daß wir Ih-
nen so schreiben müssen, fürchten jedoch, daß Sie uns keine andere Wahl gelassen haben.*

*Wir tun diesen Schritt sehr
ungern und hoffen, keine Gelegenheit mehr zu haben, ihn wiederholen zu müssen.*

*Dieses Angebot bleibt nur 10
Tage offen, ab heutigem Datum.*

*Wir haben Ihren Brief an unse-
ren Rechtsanwalt, Herrn Alessandro Galbani, weitergegeben,
der sich mit der Sache beschäftigen wird. Bitte senden Sie weitere Mitteilungen an ihn.*

XII. Antworten auf Beschwerden

Bei der Beantwortung eines Beschwerdebriefes wird der Verkäufer bemüht sein *(adoperarsi)*, ohne Beeinträchtigung *(pregiudizio, detrimento)* künftiger Geschäftsbeziehungen die Schwierigkeiten so zu beseitigen *(rimuovere, eliminare)*, daß dem Ruf *(reputazione)* und der Ehre *(onore)* seines Hauses kein Abbruch getan wird *(pregiudicare)*. Ist der Käufer im Recht *(in diritto)*, so wird man ihm umgehend seine Ansprüche gewähren oder Gegenvorschläge *(controproposte)* machen. Ist die Beschwerde jedoch ungerechtfertigt *(ingiustificato)*, so wird entweder ein Vergleich *(accordo)* gefunden, oder die Klage wird abgewiesen. Es liegt meist im Interesse beider Parteien, ein gütliches Abkommen *(accordo amichevole* od. *accomodamento)* zu treffen.

1. Eingangsformeln

Subito dopo l'arrivo della Vostra lettera Vi abbiamo informato via fax	*Sofort nach Erhalt Ihres Schreibens informierten wir Sie durch Fax*
a) che le merci sono state spedite il 1° marzo.	*a) daß die Waren am 1. März versandt wurden.*
b) che i pezzi di ricambio saranno subito inviati.	*b) daß die Ersatzteile sofort geschickt werden.*
1. Vi ringraziamo per la Vostra lettera del 12 maggio e siamo molto spiacenti di apprendere che	*1. Wir danken Ihnen für Ihren Brief vom 12. Mai und bedauern sehr zu erfahren, daß*
2. Siamo molto sorpresi di apprendere che	*2. Es erstaunt uns sehr zu erfahren, daß*
3. Ci preoccupa molto (Siamo molto preoccupati) di apprendere che	*3. Es beunruhigt uns sehr (Wir sind äußerst bestürzt) zu hören, daß*
a) non siete (del tutto, completamente) soddisfatti delle nostre merci (della nostra fornitura).	*a) Sie mit unseren Waren (od. unserer Lieferung) nicht (ganz und gar nicht)) zufrieden sind.*
b) la fornitura del 10 gennaio non corrisponde alle Vostre richieste.	*b) die Lieferung vom 10. Januar nicht Ihren Anforderungen entspricht.*
c) la nostra ultima fornitura di tappeti non trova un rapido smercio.	*c) unsere letzte Teppichlieferung keinen schnellen Absatz findet.*
d) siete insoddisfatti dell'esecuzione del Vostro ordine N. 31571 dell'8 maggio.	*d) Sie mit der Ausführung Ihres Auftrages Nr. 31571 vom 8. Mai unzufrieden sind.*

e) le merci non soddisfano le Vostre richieste (non risultano conformi al contratto).

e) *die Waren Ihren Anforderungen nicht genügen (od. nicht vertragsmäßig ausgefallen sind).*

f) le merci ricevute non corrispondono alla qualità attesa (alle Vostre aspettative).

f) *die erhaltenen Waren nicht der erwarteten Qualität (Ihren Erwartungen) entsprechen.*

g) avete motivo di lamentar-Vi della qualità.

g) *Sie Anlaß haben, über die Qualität Klage zu führen.*

h) la prima transazione con noi non è risultata soddisfacente.

h) *Ihre erste Transaktion mit uns nicht zufriedenstellend ausgefallen ist.*

i) gli articoli non corrispondono al campione.

i) *die Artikel dem Muster nicht entsprechen.*

j) trovate le nostre merci troppo care.

j) *Sie unsere Waren zu teuer finden.*

k) non avete ancora ricevuto le merci ordinate l'8 maggio.

k) *Sie die am 8. März bestellten Waren noch nicht erhalten haben.*

l) il Vostro ordine di cappotti da donna non è stato ancora evaso.

l) *Ihr Auftrag über Damenmäntel noch nicht ausgeführt ist.*

m) le scatole di cartone pressato da Voi ordinate non Vi sono giunte entro il 10 aprile (Vi sono giunte solo il 15 aprile).

m) *die von Ihnen bestellten Wellkarton-Schachteln Sie bis 10. April nicht erreicht hatten (od. Sie erst am 15. April erreichten).*

n) è stata constatata una mancanza di peso.

n) *ein Fehlgewicht festgestellt wurde.*

o) il numero degli articoli consegnati non corrisponde a quello degli articoli ordinati (fatturati).

o) *die Zahl der gelieferten Artikel mit der Zahl der bestellten (od. in Rechnung gestellten) Artikel nicht übereinstimmt.*

p) la consegna è stata incompleta.

p) *die Lieferung unvollständig war.*

q) le merci sono giunte (in parte) (gravemente) danneggiate.

q) *die Waren (teilweise) in (schwer) beschädigtem Zustand eintrafen.*

r) il contenuto di una cassa a gabbia era gravemente danneggiato.

r) *der Inhalt einer der Lattenkisten schwer beschädigt war.*

s) la fornitura è stata danneggiata durante il trasporto.

s) *die Lieferung beim Transport beschädigt worden ist.*

t) le Vostre istruzioni d'imballaggio non sono state osservate.

t) *Ihre Packanweisungen nicht befolgt wurden.*

u) dovete lamentarVi dell'imballaggio.

u) Sie sich über die Verpakkung beschweren müssen.

v) la cassa N. 3 non conteneva le merci da Voi ordinate.

v) die Kiste Nr. 3 nicht die von Ihnen bestellten Waren enthielt.

w) uno dei motori consegnati era difettoso.

w) einer der gelieferten Motoren einen Defekt hatte.

x) la macchina da Voi acquistata alcuni mesi fa ha già subito un guasto (si è già guastata).

x) die vor einigen Monaten von Ihnen gekaufte Maschine schon einen Defekt hat.

y) rifiutate di accettare le merci consegnate in base alla Vostra ordinazione dell'8 aprile.

y) Sie die Annahme der gemäß Ihrer Bestellung vom 8. April gelieferten Waren verweigern.

Vi ringraziamo per la Vostra lettera del 2 maggio

Wir danken Ihnen für Ihren Brief vom 2. Mai,

a) con la quale ci informate dell'errore nell'esecuzione del Vostro ultimo ordine. Desideriamo scusarci per questo spiacevole inconveniente.

a) mit dem Sie uns auf den Fehler bei der Ausführung Ihres letzten Auftrages aufmerksam machen. Wir möchten uns für den bedauerlichen Irrtum entschuldigen.

b) con la quale comunicate che tra gli articoli elencati in fattura figura un asciugabiancheria che non avevate ordinato.

b) mit der Mitteilung, daß unter den auf der Rechnung aufgeführten Artikeln ein Wäschetrockner aufgeführt ist, den Sie nicht bestellt hatten.

c) con la quale ci fate presente un errore nella nostra fattura (nostro estratto conto).

c) mit dem Sie uns auf einen Fehler in unserer Rechnung (od. in unserem Kontoauszug) aufmerksam machen.

d) con la quale chiedete schiarimenti sul prezzo da noi indicato per le borse a tracolla, art. N. 1030.

d) in dem Sie den für Umhängetaschen, Artikel Nr. 1030, angegebenen Preis in Frage stellen.

e) e siamo molto spiacenti per il malinteso occorso.

e) und bedauern sehr, daß ein Mißverständnis vorlag.

2. Die Beschwerde wird untersucht

1. Siamo molto preoccupati per le Vostre osservazioni riguardo le condizioni delle merci pervenuteVi

1. Über Ihre Ausführungen zum Zustand der Ihnen zugegangenen Waren sind wir sehr beunruhigt

2. Apprendiamo con grande rammarico che le merci for-

2. Wir bedauern sehr zu hören, daß die auf Grund Ihres Auf-

niteVi in base al Vostro ordine N. 874 del 5 maggio sembrano essere di qualità inferiore

3. Siamo spiacenti che non abbiate una buona impressione di ...

a) e abbiamo avviato un'accurata verifica della questione.

b) e abbiamo comunicato la Vostra insoddisfazione al produttore.

c) e Vi saremmo molto grati se ci ritornaste alcuni pezzi per il controllo.

1. Desideriamo naturalmente verificare immediatamente la questione (il fatto)

2. Esamineremo la questione

3. Faremo verificare il fatto

4. Abbiamo avviato ricerche per andare a fondo della questione

a) e Vi comunicheremo il risultato.

b) e speriamo di poterVi dare una spiegazione soddisfacente entro le prossime due settimane.

c) e ci metteremo nuovamente in contatto con Voi a tempo debito.

d) e ci metteremo nuovamente in contatto con Voi non appena saranno concluse le ricerche (indagini).

La Vostra richiesta di risarcimento (indennizzo)

a) viene trattata secondo le consuete procedure.

b) è stata inoltrata al nostro reparto reclami.

trages Nr. 874 vom 5. Mai gelieferten Waren qualitätsmäßig minderwertig zu sein scheinen,

3. Wir bedauern, daß Sie von ... wenig halten,

a) und haben eine eingehende Untersuchung der Angelegenheit veranlaßt.

b) und haben dem Hersteller Ihre Unzufriedenheit mitgeteilt.

c) und wären Ihnen dankbar, wenn Sie uns einige Stücke zur Untersuchung zurücksenden würden.

1. Natürlich wollen wir die Sache unverzüglich untersuchen lassen

2. Wir werden die Angelegenheit untersuchen

3. Wir werden die Sache untersuchen (prüfen) lassen

4. Wir haben Erkundigungen eingeleitet, um der Sache auf den Grund zu gehen

a) und werden Ihnen das Ergebnis mitteilen.

b) und hoffen, innerhalb der nächsten zwei Wochen eine zufriedenstellende Erklärung geben zu können.

c) und werden uns zur gegebenen Zeit wieder mit Ihnen in Verbindung setzen.

d) und werden uns mit Ihnen in Verbindung setzen, sobald die Untersuchungen (Nachforschungen) abgeschlossen sind.

Ihr Entschädigungsanspruch

a) wird auf dem üblichen Wege bearbeitet.

b) wurde an unsere Reklamationsabteilung weitergeleitet.

1. Ci siamo immediatamente rivolti allo spedizioniere

1. *Wir haben uns sofort an den Spediteur gewandt*

2. Al ricevimento della Vostra lettera ci siamo messi immediatamente in contatto con lo spedizioniere (il produttore)

2. *Nach Erhalt Ihres Schreibens haben wir uns sofort mit dem Spediteur (od. Hersteller) in Verbindung gesetzt*

3. Abbiamo inoltrato (trasmesso) il Vostro reclamo allo spedizioniere

3. *Ihre Beanstandung haben wir an die Spedition weitergeleitet*

   a) e richiesto schiarimenti (spiegazioni).

   a) *und um Aufklärung gebeten.*

   b) e gli abbiamo chiesto di verificare l'accaduto (di provvedere per un accurato controllo).

   b) *und ihn gebeten, den Vorfall zu untersuchen (od. genaue Untersuchungen anzustellen).*

   c) e Vi comunicheremo il risultato non appena ci sarà noto.

   c) *und werden Ihnen das Ergebnis, sobald es uns bekannt sein wird, mitteilen.*

   d) e gli abbiamo chiesto di inviarci un (dettagliato) rapporto.

   d) *und haben ihn gebeten, uns einen (eingehenden) Bericht zu schicken.*

   e) e provveduto che la spiegazione Vi giunga (pervenga) direttamente.

   e) *und veranlaßt, daß Sie die Erklärung direkt bekommen.*

Abbiamo richiesto al nostro servizio distribuzione di verificare quanto accaduto.

Wir haben unseren Zustelldienst gebeten festzustellen, was passiert ist.

Ci è piuttosto difficile chiarire ciò che non ha funzionato a dovere. Vi preghiamo pertanto di rispondere alle domande dell'allegato formulario.

Es ist für uns ziemlich schwierig festzustellen, was schiefgelaufen ist. Würden Sie daher bitte die Fragen auf dem beigefügten Blatt beantworten.

Il campione inviato non è sufficientemente grande a giudizio del nostro perito. Vi preghiamo pertanto di restituirci (reinviarci) tutta la parte danneggiata.

Das zugesandte Muster ist laut unseres Sachverständigen nicht groß genug. Wir bitten Sie deshalb, das ganze beschädigte Teil zurückzusenden.

Siamo molto spiacenti che la stoffa pervenutaVi non sia lavabile. Poiché non possiamo spiegarci questo fatto Vi preghiamo di ritornarci un campione per inviarlo al produttore (fabbricante).

Wir bedauern sehr, daß der Stoff, den Sie bekommen haben, nicht waschecht ist. Da wir uns dies nicht erklären können, bitten wir Sie, uns ein Muster zurückzusenden, um es an den Hersteller weiterzuleiten.

Riteniamo che la cosa migliore sia di far verificare tutta la partita

Wir halten es für das Beste, den ganzen Posten untersuchen zu lassen

a) e provvederemo affinché un perito passi da Voi e valuti il danno.

b) e il nostro agente passerà da Voi per la valutazione del danno e la verifica (l'accertamento) della causa.

c) e il Signor Rosi si metterà in contatto con il Vostro capo ufficio vendite per concordare un appuntamento.

Vi preghiamo di mettere da parte gli articoli danneggiati affinché il nostro rappresentante possa esaminarli ed offrirVi un adeguato sconto.

Il nostro Caporeparto Esportazioni nel corso del suo viaggio in Italia nel mese prossimo passerà da Voi per vedere di regolare la questione con Vostra piena soddisfazione.

La ditta di spedizioni invierà un ispettore per la verifica delle casse danneggiate. Vi preghiamo pertanto di tenerle a sua disposizione.

a) und werden veranlassen, daß ein Sachverständiger bei Ihnen vorspricht und den Schaden beurteilt.

b) und unser Vertreter wird bei Ihnen zur Schätzung des Schadens und Untersuchung der Ursache vorsprechen.

c) und unser Herr Rosi wird sich mit Ihrem Verkaufsleiter in Verbindung setzen, um einen Termin zu vereinbaren.

Lagern Sie bitte die beschädigten Artikel getrennt, so daß unser Vertreter sie prüfen und Ihnen einen angemessenen Nachlaß gewähren kann.

Unser Exportleiter wird im Verlauf seiner Italienreise im nächsten Monat bei Ihnen vorsprechen, um die Angelegenheit zu Ihrer vollen Zufriedenheit zu regeln.

Zur Untersuchung der beschädigten Kisten wird die Speditionsfirma einen Inspektor schicken; halten Sie diese deshalb bitte zu seiner Verfügung.

3. Die Beschwerde ist gerechtfertigt

a) der Fehler wird eingestanden

1. Ammettiamo che avete motivo di lamentarVi (reclamare)

2. Il Vostro reclamo è giustificato

3. Ammettiamo senz'altro il nostro errore

4. Ci dispiace aver commesso errori nell'esecuzione della Vostra ordinazione

e faremo tutto quanto ci è possibile per correggere questo evidente errore del nostro reparto ...

1. Wir geben zu, daß Sie Grund zur Beschwerde haben,

2. Ihre Beschwerde ist berechtigt,

3. Wir geben ohne weiteres unseren Irrtum zu

4. Wir bedauern, bei der Ausführung Ihrer Bestellung Fehler gemacht zu haben,

und wir werden alles in unserer Macht stehende tun, diesen offensichtlichen Fehler unserer ... Abteilung zu beheben.

Vi preghiamo sinceramente di voler scusare

Wir bitten aufrichtig um Entschuldigung für

a) gli inconvenienti occorsi a causa del ritardo di dieci giorni nella consegna.

a) die durch die 10tägige Lieferverzögerung entstandenen Unannehmlichkeiten.

b) la nostra dimenticanza di avvertirVi del ritardo della consegna.

b) unser Versäumnis, Sie über die Lieferverzögerung zu benachrichtigen.

1. La produzione è stata leggermente ritardata

1. Die Produktion wurde leicht verzögert

2. Le difficoltà nell'esecuzione del lavoro (nella lavorazione) sono aumentate

2. Die Schwierigkeiten bei der Fertigstellung der Arbeit (Ausarbeitung) nehmen zu

a) a causa del ritardato arrivo di alcune parti speciali.

a) durch das verspätete Eintreffen einiger Spezialteile.

b) a causa di un guasto a una macchina che ha interrotto la produzione per alcuni giorni.

b) durch einen Maschinenschaden, der die Produktion für einige Tage unterbrochen hat.

Il gran numero di ordinazioni ci ha impedito di consegnare puntualmente i tubi di acciaio.

Die große Zahl von Aufträgen hinderte uns, die Stahlrohre rechtzeitig zu liefern.

Vi assicuriamo che le ordinazioni sono state evase secondo l'ordine d'arrivo, ma durante gli ultimi due mesi abbiamo ricevuto un gran numero di ordinazioni ed abbiamo fatto tutto il possibile per soddisfare la domanda.

Wir versichern Ihnen, daß die Aufträge entsprechend ihrem Eingang erledigt wurden, aber während der letzten zwei Monate haben wir eine große Zahl von Aufträgen bekommen und unser Möglichstes getan, um den Bedarf zu befriedigen.

Vi assicuriamo che facciamo tutto quanto ci è possibile affinché le merci Vi pervengano al più presto e riteniamo che la consegna possa avvenire il 15 ottobre p.v.

Wir versichern Ihnen, daß wir unser Möglichstes tun, damit Sie die Waren auf schnellstem Wege erhalten, und wir erwarten, daß die Lieferung am 15. Oktober erfolgen kann.

1. Abbiamo fatto immediate ricerche nel nostro reparto spedizioni ed abbiamo così appreso con nostro grande rammarico che

1. Wir haben sofort in unserer Versandabteilung Untersuchungen angestellt und zu unserem großen Bedauern gehört, daß

2. Da un controllo dell'accaduto abbiamo constatato che

2. Nach Prüfung der Angelegenheit (des Vorfalls) haben wir festgestellt, daß

3. Dopo una accurata verifica abbiamo rilevato che, come avevate supposto,

3. Nach einer genauen Untersuchung haben wir festgestellt, daß, wie Sie vermutet hatten,

a) è effettivamente avvenuto un errore a causa di uno scambio di cifre all'imballaggio il quale ha fatto sì che riceveste gli articoli sbagliati.

b) le casse sono state inviate ad un indirizzo sbagliato.

c) nelle casse che dovevano contenere le merci da Voi ordinate sono state imballati 20 articoli destinati ad un altro cliente.

d) le merci non erano state verificate a causa della trascuratezza di un collaboratore ausiliario.

L'errore è occorso (avvenuto) nel nostro reparto di imballaggio e spedizione ed è da ricondurre al programma di riorganizzazione attualmente in corso.

Abbiamo immediatamente preso provvedimenti per intensificare i controlli del nostro reparto collaudi (verifiche).

Comprendiamo molto bene che ricevere solo 200 cartoni di Eau de Cologne invece dei 2000 ordinati Vi abbia creato dei problemi e Vi preghiamo sinceramente di voler scusare l'errore.

Siamo estremamente spiacenti che il furgone sia stato fermato alla frontiera perché avevamo purtroppo dimenticato di allegare il certificato d'origine.

L'unica nostra scusa è che a causa dell'attuale epidemia (ondata) d'influenza abbiamo lavorato sotto pressione con la metà del nostro personale.

Alcuni dei nostri collaboratori (dipendenti) sono da più di 25 anni con noi ma anch'essi commettono di quando in quando un errore.

a) *tatsächlich durch Verwechslung der Zahlen ein Fehler beim Packen gemacht wurde, der dazu führte, daß Sie die falschen Artikel erhielten.*

b) *die Kisten an eine falsche Adresse versandt wurden.*

c) *20 für einen anderen Kunden bestimmte Artikel in die Kisten gepackt wurden, die die von Ihnen bestellten Waren enthalten sollten.*

d) *die Waren leider wegen einer Nachlässigkeit einer Aushilfskraft nicht geprüft wurden.*

Der Fehler entstand in unserer Pack- und Versandabteilung und ist auf ein momentan laufendes Reorganisationsprogramm zurückzuführen.

Wir haben sofort Maßnahmen ergriffen, um die Kontrolle in unserer Prüfabteilung zu verschärfen.

Wir verstehen voll und ganz, daß es Ihnen Probleme bereitet hat, nur 200 Kartons Eau de Cologne statt der bestellten 2000 zu erhalten, und wir bitten aufrichtig, diesen Fehler zu entschuldigen.

Wir bedauern außerordentlich, daß der Lieferwagen am Zoll aufgehalten wurde, weil wir leider versäumt hatten, das Ursprungszeugnis beizufügen.

Unsere einzige Entschuldigung ist, daß wir wegen der augenblicklichen Grippewelle mit einem zur Hälfte reduzierten Personal unter Druck gearbeitet haben.

Einige unserer Mitarbeiter sind seit mehr als 25 Jahren bei uns, aber selbst sie machen hin und wieder einen Fehler.

Vi ringraziamo per averci fatto rilevare (notare, rimarcare) l'errore nella nostra fattura N. 12831 del 4 giugno (nel nostro estratto conto di maggio).

Wir danken Ihnen, daß Sie uns auf den Fehler in unserer Rechnung Nr. 12831 vom 4. Juni (od. in unserem Kontoauszug für Mai) aufmerksam gemacht haben.

Ci dispiace di aver involontariamente omesso di accreditare il Vostro conto per Lit. ...

Wir bedauern, daß wir es versehentlich unterlassen haben, Ihrem Konto Lit. ... gutzuschreiben.

b) die Forderungen werden gewährt. Man macht Vorschläge

Ci sta naturalmente a cuore che i nostri clienti siano soddisfatti.

Natürlich liegt uns sehr daran, daß unsere Kunden zufrieden sind.

In considerazione della nostra lunga e per entrambi proficua relazione d'affari desideriamo risolvere questa questione al più presto e con Vostra piena soddisfazione.

In Anbetracht unserer langen und beiderseits fruchtbaren Geschäftsverbindung möchten wir diese Angelegenheit unverzüglich und zu Ihrer vollsten Zufriedenheit erledigen.

1. Alfine di regolare amichevolmente la questione

1. Um die Angelegenheit in Güte zu regeln,

2. Alfine di venirVi incontro

2. Um Ihnen entgegenzukommen,

   a) siamo disposti a risarcire il danno (la perdita).

a) sind wir bereit, den Schaden (od. Verlust) zu ersetzen.

   b) cambieremo (sostituiremo) gratuitamente le merci.

b) werden wir die Waren kostenlos umtauschen.

   c) siamo pronti (disposti) a sostituire la merce con altra della stessa qualità.

c) sind wir bereit, die Ware gegen solche anderer Qualität umzutauschen.

1. In considerazione dell'urgenza

1. In Anbetracht der Dringlichkeit

2. Affinché non abbiate ulteriori problemi

2. Damit Sie nicht weitere Unannehmlichkeiten haben,

3. Affinché possiate osservare le Vostre date di consegna

3. Damit Sie Ihre Liefertermine einhalten können,

4. Per rimediare all'errore

4. Um den Irrtum wiedergutzumachen,

   a) Vi inviamo per via aerea una nuova partita.

a) schicken wir Ihnen einen neuen Posten per Luftfracht.

   b) Vi proponiamo di inviare un furgone martedì pros-

b) schlagen wir vor, am nächsten Dienstag, dem 3. Mai,

simo 3 maggio che sarà da Voi con le merci giuste verso le 14.

c) abbiamo provveduto immediatamente per l'invio delle merci giuste e speriamo che Vi giungano nei prossimi giorni.

d) Vi inviamo il più rapidamente possibile i sedili per aereo a mezzo Contitrans Truck Lines che ci assicura una consegna entro le ore 9.30 del 10 marzo.

e) abbiamo inviato sostituzioni per tutti i pezzi dei quali non siete soddisfatti.

f) abbiamo inviato sostituzioni per gli articoli danneggiati.

g) Vi inviamo subito altri 250 bicchieri da vino, questa volta con doppio imballaggio per esser certi che Vi arrivino intatti.

Vi preghiamo di restituire con porto assegnato le lampade da muro erroneamente consegnate.

Vi preghiamo di comunicarci

a) se desiderate una fornitura sostitutiva o preferite un accredito di Lit. 241.600 sul Vostro conto.

b) se i tre cappotti mancanti devono essere inviati immediatamente a parte o se preferite che li aggiungiamo alla prossima spedizione.

Per risarcirVi della qualità insoddisfacente siamo disposti

a) a concederVi uno sconto di Lit. 1200 al metro.

einen Lkw zu schicken, der gegen 14 Uhr mit der richtigen Ware bei Ihnen ist.

c) *haben wir den Versand der richtigen Waren an Sie sofort veranlaßt und hoffen, daß Sie sie innerhalb der nächsten Tage erhalten.*

d) *schicken wir Ihnen auf dem schnellsten Wege die richtigen Flugzeugsitze durch Contitrans Truck Lines, welche die Auslieferung bis 9.30 Uhr am 10. März zusichert.*

e) *haben wir für alle Stücke, mit denen Sie nicht zufrieden waren, Ersatz geschickt.*

f) *haben wir heute Ersatz für die beschädigten Artikel geschickt.*

g) *senden wir Ihnen sofort noch 250 Weingläser – diesmal doppelt verpackt, um sicherzustellen, daß sie Sie unbeschädigt erreichen.*

Schicken Sie bitte die falsch gelieferten Wandleuchten per Frachtnachnahme zurück.

Bitte teilen Sie uns mit,

a) *ob Sie eine Ersatzlieferung wünschen oder Gutschrift der Lit. 241.600 auf Ihr Konto vorziehen.*

b) *ob die fehlenden 3 Mäntel sofort geschickt werden sollen, oder ob Sie es vorziehen, daß wir diese der nächsten Lieferung beifügen.*

Um Sie für die unbefriedigende Qualität zu entschädigen, sind wir bereit,

a) *Ihnen einen Preisnachlaß von Lit. 1200 pro Meter zu gewähren.*

b) a concederVi lo sconto da Voi richiesto.

c) a concederVi uno sconto del 10%.

d) a prolungare il termine di pagamento da 3 a 6 mesi.

In ogni caso siamo pronti a riprendere il materiale e – qualora non possiamo fornire quello da Voi desiderato – a cancellare l'ordinazione.

1. Se foste disposti a trattenere le merci

2. Per risarcirVi della perdita subita

3. Per risparmiare le spese di restituzione

4. Siamo certamente disposti a riprendere gli articoli con porto assegnato, ma poiché sembra che possiate usarli,

a) Vi concederemmo uno sconto del 10%.

b) Vi proponiamo di concederVi un ulteriore sconto del 5% sul prezzo all'ingrosso.

c) Vi autorizziamo a ridurre il prezzo del 10% per smerciare rapidamente la partita.

d) Vi concederemmo uno sconto di Lit. 150.000 se tratteneste tutta la partita (l'intera partita).

Vi ringraziamo per la Vostra disponibilità a trattenere le merci erroneamente consegnate ed accettiamo lo sconto speciale del 10% da Voi proposto.

Certamente troveremo con un po' di buona volontà un compromesso accettabile.

b) den von Ihnen gewünschten Nachlaß zu gewähren.

c) Ihnen 10% Skonto einzuräumen.

d) die Zahlungsfrist von 3 auf 6 Monate zu verlängern.

Jedenfalls sind wir bereit, das Material zurückzunehmen und, falls wir das von Ihnen gewünschte nicht liefern können, Ihren Auftrag zu stornieren.

1. Falls Sie bereit sind, die Waren zu behalten,

2. Um Sie für den entstandenen Verlust zu entschädigen,

3. Um die Rückfracht zu sparen,

4. Wir sind selbstverständlich bereit, die Artikel unter Frachtnachnahme zurückzunehmen, aber da Sie sie anscheinend brauchen können,

a) würden wir Ihnen einen Sonderrabatt von 10% gewähren.

b) schlagen wir vor, Ihnen weitere 5% Skonto auf den Großhandelspreis einzuräumen.

c) ermächtigen wir Sie, den Preis um 10% zu reduzieren, um den Posten schnell abzusetzen.

d) würden wir einen Rabatt von Lit. 150.000 gewähren, falls Sie die ganze Sendung behalten.

Wir danken Ihnen für Ihre Bereitschaft, die irrtümlich gelieferten Waren zu behalten, und stimmen dem von Ihnen vorgeschlagenen Sonderpreisnachlaß von 10% zu.

Sicherlich werden wir mit einigem guten Willen einen akzeptablen Kompromiß finden.

Non vogliamo che abbiate delle perdite per colpa nostra.

Wir möchten nicht, daß Sie durch unsere Schuld einen Verlust erleiden.

Abbiamo dato disposizioni al nostro spedizioniere di prelevare presso di Voi la cassa e di inoltrarla al cliente al quale avrebbe dovuto essere spedita.

Wir haben unserem Spediteur Anweisung gegeben, die Kiste bei Ihnen abzuholen zur Weiterleitung an den Kunden, an den sie hätte geschickt werden sollen.

Vi preghiamo di

Würden Sie bitte

a) restituirci le merci con porto assegnato e noi provvederemo per l'immediata sostituzione.

a) die Waren per Nachnahmefracht an uns zurücksenden, und wir werden sofort den Ersatz veranlassen.

b) ritornarci gli articoli rotti affinché noi possiamo dichiarare il danno alla nostra assicurazione.

b) die zerbrochenen Artikel zurücksenden, so daß wir bei unserer Versicherung den Schaden anmelden können.

Abbiamo provveduto oggi per l'invio franco di porto e dogana delle dieci casse sostitutive di quelle restituiteci.

Wir haben heute die zehn Kisten als Ersatz für die zurückgeschickten frei Haus und zollfrei zum Versand gebracht.

Il nostro furgone sarà a Verona alla fine della prossima settimana e Vi preghiamo di consegnare all'autista gli articoli sbagliati dei quali riceverete immediata sostituzione.

Unser Lieferwagen wird Ende nächster Woche in Verona sein, und wir bitten Sie, die falschen Artikel unserem Fahrer zu übergeben, für die Sie sofort Ersatz bekommen werden.

Domani Vi perverranno a mezzo camion 15 nuove macchine in sostituzione di quelle giunteVi danneggiate.

Morgen werden Sie 15 neue Maschinen per Lkw erhalten als Ersatz für die bei Ihnen beschädigt angekommenen.

Quando riceverete questa lettera il nostro montatore capo, Signor Keller, sarà in viaggio verso di Voi e siamo certi che troverà il guasto e metterà in funzione la Vostra macchina.

Wenn Sie diesen Brief erhalten, wird unser leitender Monteur, Herr Keller, auf dem Weg zu Ihnen sein, und wir sind überzeugt, daß er den Schaden finden und Ihre Maschine wieder in Ordnung bringen wird.

c) man hält sich nicht für schuldig, will aber den Fehler gutmachen

Vi ringraziamo per la Vostra lettera del 2 maggio e desideriamo far notare che

Wir danken für Ihren Brief vom 2. Mai und möchten darauf hinweisen, daß

a) tutte le ordinazioni vengono evase esattamente in base all'ordine di arrivo.

a) alle Aufträge in genauer Reihenfolge ausgeführt werden.

b) le merci sono state (come di consueto) attentamente verificate (controllate) prima dell'imballaggio (della spedizione).

c) il contenuto era stato accuratamente imballato.

Ci dispiace molto per questo equivoco che ha dato origine al Vostro reclamo.

Secondo la nostra opinione (A nostro modo di vedere)

a) non avete ragione.

b) si tratta di un equivoco da parte Vostra.

c) il Vostro reclamo (la Vostra lamentela, contestazione) non è del tutto giustificato(a).

d) non si tratta di trascuratezza del nostro reparto imballaggio.

e) una mancanza di peso è impossibile.

1. Abbiamo fatto ogni sforzo

2. Abbiamo fatto del nostro meglio

   a) per accelerare la consegna.

   b) e dato precedenza alla Vostra ordinazione.

   c) per consegnare all'epoca stabilita.

   d) per evitare ogni ritardo nell'esecuzione dei Vs. ordini.

Siamo spiacenti che abbiate dovuto disturbarVi a scriverci. La Vostra lettera deve essersi incrociata con la nostra che annunciava l'invio della partita.

Le merci sono in viaggio e i documenti sono stati regolarmente consegnati alla banca.

b) die Waren vor dem Verpacken (od. dem Versand) (wie üblich) sorgfältig geprüft worden sind.

c) der Inhalt sorgfältig verpackt wurde.

Wir bedauern das Mißverständnis sehr, das zu Ihrer Beanstandung führte.

Nach unserer Ansicht (od. unserem Dafürhalten)

a) haben Sie unrecht.

b) liegt ein Mißverständnis Ihrerseits vor.

c) ist Ihre Klage (od. Beanstandung) nicht ganz gerechtfertigt.

d) liegt keine Nachlässigkeit seitens unserer Packabteilung vor.

e) ist ein Fehlgewicht unmöglich.

1. Wir haben alle Anstrengungen unternommen,

2. Wir haben unser Bestes getan,

   a) die Lieferung zu beschleunigen.

   b) und Ihrer Bestellung Vorrang gegeben.

   c) zur festgesetzten Zeit zu liefern.

   d) jede Verzögerung in der Ausführung Ihrer Aufträge zu vermeiden.

Wir bedauern, daß Sie sich die Mühe machen mußten, uns zu schreiben. Ihr Brief muß sich mit unserem, der Ihnen den Versand des Postens anzeigt, gekreuzt haben.

Die Waren sind auf dem Weg, und die Dokumente wurden der Bank ordnungsgemäß ausgehändigt.

Il nostro avviso di spedizione Vi è stato spedito e lo avrete senza dubbio nel frattempo ricevuto.

Unsere Versandanzeige wurde Ihnen geschickt, und Sie werden diese zweifellos inzwischen erhalten haben.

Siamo stati informati che le Vostre merci

Wir sind benachrichtigt worden, daß Ihre Waren

a) arriveranno a Trieste alla fine di questa (della prossima) settimana.

a) Ende dieser (od. nächster) Woche in Triest ankommen werden.

b) saranno in Vostro possesso giovedì prossimo.

b) nächsten Donnerstag in Ihrem Besitz sein werden.

c) sono adesso in viaggio.

c) jetzt unterwegs sind.

d) sono state caricate sulla M/N Elbe che arriverà a Livorno il 10 febbraio p.v.

d) nun auf MS Elbe verschifft worden sind, das in Livorno am 10. Februar ankommen wird.

Uno sciopero (in fabbrica) ha fermato la produzione. Lo sciopero si è nel frattempo concluso e siamo adesso in grado di recuperare il ritardo.

Ein Streik (in der Fabrik) hat die Produktion aufgehalten. Der Streik ist inzwischen beendet, und wir sind jetzt in der Lage, die Verspätung aufzuholen.

In questa situazione speriamo che non vogliate attribuirci la colpa.

Unter diesen Umständen hoffen wir, daß Sie nicht uns die Schuld geben werden.

1. Per evitare altri (ulteriori) inconvenienti

1. Um weitere Unannehmlichkeiten zu vermeiden,

2. In considerazione (Tenuto conto) dei nostri pluriennali rapporti d'affari

2. In Anbetracht unserer langen Geschäftsverbindungen

3. Facciamo sempre ogni sforzo per avere dei clienti soddisfatti e pertanto

3. Wir sind immer darauf bedacht, zufriedene Kunden zu haben, und deshalb

4. Senza impegno ed alfine di concludere rapidamente la questione

4. Ohne Verbindlichkeit und um diese Angelegenheit schnell abzuschließen,

a) Vi facciamo la seguente proposta:

a) machen wir Ihnen folgenden Vorschlag:

b) siamo disposti a concederVi uno sconto speciale del 5%.

b) sind wir bereit, Ihnen einen Sonderrabatt von 5% zu gewähren.

c) Vi offriamo Lit. 250.000 a completa e definitiva risoluzione della questione.

c) bieten wir Ihnen zur vollen und endgültigen Regelung der Angelegenheit Lit. 250.000 an.

d) siamo disposti a riprendere le merci (e Vi preghiamo di restituirle con porto assegnato).

d) sind wir bereit, die Waren zurückzunehmen (und bitten Sie um Rücksendung per Nachnahme).

e) siamo disposti a sostitui-re gratuitamente gli articoli danneggiati.

e) sind wir bereit, die beschädigten Artikel kostenfrei zu ersetzen.

f) siamo disposti a venirVi incontro.

f) sind wir bereit, Ihnen entgegenzukommen.

Per soddisfare entrambe le parti Vi proponiamo di suddividere i costi.

Um beide Parteien zufriedenzustellen, schlagen wir vor, die Kosten zu teilen.

Sebbene non siamo in alcun modo responsabili per questa spiacevole situazione, faremo certamente tutto quanto è in nostro potere per regolare la questione (aiutarVi).

Obgleich wir keineswegs für diese bedauerliche Situation verantwortlich sind, werden wir selbstverständlich alles in unserer Macht Stehende tun, um die Sache in Ordnung zu bringen (od. Ihnen zu helfen).

Sebbene il periodo di garanzia sia trascorso siamo disposti a venirVi incontro

Obwohl die Garantiezeit abgelaufen ist, sind wir bereit, Ihnen entgegenzukommen

a) ed eseguiremo (effettueremo) gratuitamente le riparazioni necessarie.

a) und werden die nötigen Reparaturen kostenlos durchführen.

b) e Vi fattureremo i costi di materiali, ma non quelli di manodopera.

b) und werden Ihnen die Materialkosten, nicht aber die Arbeitskosten berechnen.

Poiché la garanzia è scaduta comprenderete che non possiamo soddisfare la Vostra richiesta di riparare gratuitamente la macchina.

Da die Garantiezeit abgelaufen ist, werden Sie verstehen, daß wir Ihren Wunsch, die Maschine kostenlos zu reparieren, nicht erfüllen können.

Poiché la nostra garanzia riguarda solo difetti di materiale e di lavorazione non possiamo assumerci i costi di riparazione.

Da unsere Garantie nur Material- und Verarbeitungsfehler deckt, können wir die Reparaturkosten nicht übernehmen.

Poiché la nostra garanzia triennale riguarda i difetti di materiale e di lavorazione non possiamo effettuare gratuitamente riparazioni che siano necessarie in seguito ad un impiego non corretto.

Da unsere dreijährige Garantie nur Verarbeitungs- und Materialfehler deckt, können wir nicht kostenlose Reparaturen durchführen, die durch unsachgemäße Behandlung notwendig werden.

Inviamo oggi sostituzioni per i pezzi rotti. Vi preghiamo di inviarci il rapporto del perito così che possiamo dichiarare il danno all'assicurazione.

Wir senden Ihnen heute Ersatz für die zerbrochenen Stükke. Bitte schicken Sie uns den Bericht des Sachverständigen, so daß wir der Versicherung den Schaden melden können.

**d) man lehnt die Verantwortung ab, weil jemand anders
den Fehler begangen hat**

Ci comunicate che la nostra partita di guanti non Vi è giunta puntualmente.

Sie teilen uns mit, daß unsere Sendung Handschuhe Sie nicht rechtzeitig erreichte.

Abbiamo controllato il fatto e il nostro magazziniere capo conferma

Wir haben diese Angelegenheit untersucht, und der Leiter unseres Lagers bestätigt,

a) che la Vostra partita ha lasciato il nostro magazzino (la nostra fabbrica) il 30 maggio u.s.

a) daß Ihr Posten unser Lager (od. unsere Fabrik) am 30. Mai verlassen hat.

b) che le merci sono state prelevate (prese in consegna) dallo spedizioniere il 20 aprile u.s.

b) daß die Waren von dem Spediteur am 20. April abgeholt wurden.

c) che le casse hanno lasciato il nostro magazzino in data 10 marzo e sono state consegnate lo stesso giorno allo spedizioniere tramite nostro automezzo.

c) daß die Kisten unser Lager mit unserem Lieferwagen am 10. März verlassen haben und an diesem Tage der Speditionsfirma übergeben wurden.

Non potete dunque attribuire a noi la colpa.

Sie können die Schuld doch nicht auf uns schieben.

1. Purtroppo dobbiamo constatare che nessuna richiesta di risarcimento può essere presa in considerazione

1. Leider müssen wir feststellen, daß keine Ersatzforderungen in Erwägung gezogen werden können

2. Non possiamo assumerci alcuna responsabilità

2. Wir können keine Verantwortung (Haftung) übernehmen

a) per ritardi nel trasporto dopo la (ad avvenuta) spedizione della merce.

a) für Transportverzögerungen nach Versand der Ware.

b) per ritardi di consegna dovuti a scioperi, inondazioni, incendi, cause di forza maggiore.

b) für durch Streik, Überschwemmung, Feuer, höhere Gewalt entstandene Lieferverzögerungen.

c) per furti probabilmente avvenuti quando non eravamo più responsabili delle merci.

c) für Diebstahl, der erfolgt sein muß, nachdem wir für die Waren nicht mehr verantwortlich waren.

d) per riparazioni necessarie in seguito a non corretto impiego.

d) für durch unsachgemäße Behandlung erforderliche Reparaturen.

e) poiché a nostro avviso il danno è dovuto a forza maggiore.

e) weil der Schaden unserer Ansicht nach durch höhere Gewalt entstanden ist.

Non posso spiegarmi ...

Ich kann mir ... nicht erklären.

Sembra quasi impossibile che ...

Es scheint fast unmöglich, daß ...

Ci è impossibile soddisfare i Vostri desideri.

Es ist uns nicht möglich, Ihren Wünschen nachzukommen.

Siamo molto spiacenti

Wir bedauern sehr, daß wir

a) di non poterVi venire incontro in questa circostanza (occasione).

a) Ihnen in dieser Angelegenheit nicht entgegenkommen können.

b) di non poter prendere in considerazione un risarcimento dei danni.

b) Schadensanspruch nicht in Erwägung ziehen können.

1. Abbiamo controllato i nostri documenti e constatato che

1. Wir haben unsere Unterlagen hier geprüft und stellen fest, daß

2. Le indagini hanno evidenziato che

2. Untersuchungen haben gezeigt, daß

a) è stata imballata la giusta quantità di 150 pezzi e temiamo pertanto che le casse siano state aperte anche se apparentemente non vi sono tracce di effrazione.

a) die richtige Anzahl von 150 Stück verpackt wurde, und wir fürchten, daß die Kisten geöffnet wurden, obwohl es offenbar keine Spuren gewaltsamer Öffnung gibt.

b) le provette hanno lasciato in buono stato la nostra fabbrica ed erano – come sempre – accuratamente imballate.

b) die Reagenzgläser unsere Fabrik in gutem Zustand verließen und wie immer sorgfältig verpackt waren.

c) la Vostra partita e stata imbarcata in buono stato ed accuratamente imballata come si evince dalla polizza di carico netta emessa dalla Compagnia di Navigazione.

c) Ihr Auftrag richtig verpackt und in gutem Zustand verschifft wurde, wie dies aus dem von der Reederei ausgestellten reinen Konnossement hervorgeht.

E' nostra consuetudine rivestire tutte le casse con speciale materiale antiurto cosicché, se maneggiate correttamente, non avrebbero dovuto subire alcun danno.

Es ist bei uns üblich, alle Kisten mit besonderem stoßfesten Material auszukleiden, so daß bei korrekter Behandlung kein Schaden hätte entstehen dürfen.

Il nostro capo reparto imballaggio contesta che sia stato impiegato materiale danneggiato. Noi useremo comunque in futuro materiale ancora più resistente.

Der Leiter unserer Packabteilung bestreitet, daß das verwendete Material schadhaft war. Aber wir werden in Zukunft noch stärkeres Material verwenden.

Poiché le merci sono state imballate con la massima cura, possiamo solo dedurre che – come Voi accennate – siano state maneggiate senza attenzione (rudemente) durante il trasporto.

Da die Waren mit größter Sorgfalt verpackt wurden, können wir daraus nur schließen, daß sie, wie Sie andeuten, während des Transports unvorsichtig behandelt wurden.

Le merci Vi sono state inviate a mezzo posta e da questa ritornate con l'indicazione «sconosciuto a questo indirizzo».

Die Waren wurden an Sie per Post versandt, und von dieser zurückgeschickt mit dem Vermerk ,,unter dieser Anschrift unbekannt".

1. Abbiamo attentamente verificato la questione ed appreso che

1. Wir haben die Angelegenheit sorgfältig untersucht und erfahren, daß

2. Ci siamo messi in contatto con il nostro spedizioniere il quale ci comunica che

2. Wir haben uns mit unserem Spediteur in Verbindung gesetzt, der uns mitteilt, daß

a) non c'è stato il benché minimo ritardo nel trasporto delle merci.

a) in der Beförderung der Waren nicht die geringste Verzögerung entstand.

b) la consegna della partita è stata ritardata da un guasto ad un camion.

b) die Lieferung des Postens durch die Panne an einem Lkw verzögert wurde.

c) le merci Vi sarebbero dovute arrivare in perfetto stato.

c) die Waren Sie in völlig unversehrtem Zustand hätten erreichen müssen.

d) il danno è avvenuto in viaggio (nell'area dello spedizioniere).

d) der Schaden unterwegs (od. auf dem Gelände der Spedition) entstanden ist.

e) lo scasso deve essere avvenuto a bordo della M/N Victoria.

e) der Bruch an Bord des MS Victoria entstanden sein muß.

f) le merci non possono essersi bagnate prima della caricazione.

f) die Waren nicht vor der Verladung naß geworden sein können.

g) la cassa mancante è stata successivamente sbarcata a Napoli.

g) die fehlende Kiste erst dann in Neapel ausgeladen worden ist.

In seguito alle (Dalle) ricerche relative alle merci mancanti abbiamo constatato che

Bei der Untersuchung wegen der fehlenden Waren haben wir festgestellt, daß

a) le Vostre cinque casse sono state erroneamente scaricate a Halifax ed attendono ora di essere fatte proseguite per Montreal.

a) Ihre fünf Kisten irrtümlich in Halifax ausgeladen wurden und nun auf die Weiterverschiffung nach Montreal warten.

b) la cassa è stata dimenticata in banchina. E' stata comunque imbarcata sulla M/N Christel che è attesa nel Vostro porto il 13 marzo p.v.

Desideriamo evidenziare che

a) è nostra prassi inviare le merci a mezzo spedizioniere con molto anticipo rispetto la data di consegna promessa e la Vostra partita è stata spedita in data 12 giugno.

b) le merci sono state ordinate franco fabbrica.

c) le casse erano in perfette condizioni quando hanno lasciato il nostro magazzino.

Poiché la nave è partita sabato

a) non c'era alcun motivo per non caricare le merci.

b) le merci avrebbero dovuto essere in Vostro possesso lunedì scorso.

Desideriamo proporVi

a) di effettuare ricerche presso l'agente della compagnia di navigazione nel Vostro porto.

b) di denunciare il danno alla Compagnia di Assicurazione.

Ci metteremo naturalmente in contatto con ... per chiarire la questione.

Inoltreremo le Vostre richieste a ...

Potete certamente ottenere il risarcimento dalla ferrovia (dallo spedizioniere) in quanto effettivamente responsabili del danno.

Conformemente al nostro contratto

a) vogliate metterVi in contatto

---

b) die Kiste auf dem Kai zurückgelassen wurde. Sie wurde jedoch auf MS Christel verladen, das am 13. März in Ihrem Hafen erwartet wird.

Wir möchten hervorheben, daß

a) es unsere Praxis ist, Waren sehr zeitig (durch den Spediteur) vor dem versprochenen Lieferdatum zu senden, und Ihre Sendung wurde am 12. Juni hier abgeschickt.

b) die Waren ab Fabrik bestellt wurden.

c) die Kisten in gutem Zustand waren, als sie unser Lager verließen.

Da das Schiff am Sonnabend ausgelaufen ist,

a) lag kein Grund vor, die Waren nicht zu verladen.

b) hätten die Waren am vorigen Montag in Ihrem Besitz sein müssen.

Wir möchten Ihnen vorschlagen,

a) daß Sie bei dem Agenten der Reederei in Ihrem Hafen Untersuchungen durchführen lassen.

b) daß Sie den Schaden der Versicherungsgesellschaft melden.

Wir werden uns natürlich mit ... in Verbindung setzen, um die Angelegenheit zu klären.

Wir werden Ihre Forderungen bei ... einreichen.

Sie können sicherlich Schadenersatz bekommen von der Bahnbehörde, die (od. dem Spediteur, der) tatsächlich für den Schaden verantwortlich ist.

Gemäß unserem Vertrag

a) setzen Sie sich bitte mit der

con la Compagnia di assicurazione.

Versicherungsgesellschaft in Verbindung.

b) dovreste reclamare presso
...

b) sollten Sie sich bei ... beschweren.

c) dovreste indirizzare il Vostro
reclamo a ...

c) sollten Sie Ihre Reklamation an ... richten.

Desideriamo consigliarVi (Vi consigliamo) di iniziare (analoghe) ricerche in loco.

Wir möchten Ihnen raten, dort bei Ihnen (ähnliche) Nachforschungen anzustellen.

Nonostante la nostra attenzione (grande accuratezza) non abbiamo potuto impedire un tale spiacevole fatto.

Trotz unserer Vorsicht (od. großen Sorgfalt) konnten wir einen solchen bedauerlichen Vorfall nicht verhindern.

Riteniamo che la questione si chiarisca (possa essere chiarita) in un paio di giorni.

Wir denken, daß sich die Angelegenheit in ein paar Tagen aufklären wird.

4. Die Beschwerde ist ungerechtfertigt. Man weist alle Ansprüche zurück

Siamo sorpresi del contenuto della Vostra lettera e dobbiamo comunicarVi che

Wir sind über den Inhalt Ihres Briefes erstaunt und müssen Ihnen mitteilen, daß

a) non possiamo comprendere il (le ragioni del) Vostro reclamo.

a) wir Ihre (die Gründe Ihrer) Beschwerde nicht verstehen können.

b) non possiamo soddisfare la Vostra richiesta.

b) wir auf Ihre Forderung nicht eingehen können.

c) non possiamo assumerci alcuna responsabilità.

c) wir keine Haftung übernehmen können.

d) non potremo mai ammettere che la Vostra lamentela (il Vostro reclamo) sia fondata(o).

d) wir niemals zugeben können, daß Ihre Beschwerde stichhaltig ist.

e) non potete accampare alcun diritto su di noi.

e) Sie keine Ansprüche an uns stellen können.

f) dobbiamo rifiutare la Vostra richiesta.

f) wir Ihre Forderung ablehnen müssen.

g) dobbiamo rifiutare in toto le Vostre asserzioni.

g) wir Ihre Behauptungen in ihrer Gesamtheit zurückweisen müssen.

h) non ci è possibile accettare la restituzione delle merci con un tale ritardo.

h) wir die Zurückweisung der Waren mit einer solchen Verspätung unmöglich akzeptieren können.

i) non possiamo accettare la restituzione di alcuna merce a meno che non avvenga entro 10 giorni dalla consegna.

i) wir die Rücksendung irgendwelcher Waren nicht akzeptieren können, es sei denn, dies geschieht innerhalb von 10 Tagen nach Lieferung.

j) dobbiamo opporci al Vostro rifiuto di accettazione.

j) wir uns gegen Annahmeverweigerung verwahren müssen.

k) non possiamo accettare la Vostra proposta.

k) wir Ihren Vorschlag nicht annehmen können.

l) non possiamo assoggettarci alle Vostre condizioni.

l) wir uns Ihren Bedingungen nicht beugen können.

m) non possiamo concordare con la Vostra regolazione della questione.

m) wir Ihrer Regelung der Angelegenheit nicht zustimmen können.

n) non possiamo concederVi il credito desiderato.

n) wir Ihnen den gewünschten Kredit nicht einräumen können.

o) non possiamo accordare uno sconto del 5%.

o) wir einem Abzug von 5% nicht zustimmen können.

p) non possiamo fornire gratuitamente alcuna sostituzione.

p) wir keinen kostenlosen Ersatz liefern können.

Desideriamo farVi notare le (attirare la Vostra attenzione sulle) nostre condizioni di vendita riportate sul nostro listino prezzi e inoltre sul retro della nostra conferma d'ordine.

Wir möchten Sie auf die in unserer Preisliste enthaltenen und ferner auf der Rückseite unserer Auftragsbestätigung dargestellten Verkaufsbedingungen hinweisen.

1. Desideriamo ricordarVi che

1. Wir möchten Sie daran erinnern, daß

2. Facciamo presente che

2. Wir möchten darauf hinweisen, daß

a) il listino prezzi al quale fate riferimento indica chiaramente che tutti i prezzi sono non impegnativi (vincolanti).

a) die Preisliste, auf die Sie Bezug nehmen, klar angibt, daß alle Preise freibleibend sind.

b) la clausola N. 9 del contratto ci manleva da responsabilità per ritardi dovuti a scioperi o a causa di forza maggiore.

b) Klausel 9 des Vertrages uns von unserer Verantwortung für durch Streik od. höhere Gewalt verursachte Verzögerungen entbindet.

c) le condizioni di vendita contenute nel nostro catalogo stabiliscono chiara-

c) die in unserem Katalog angegebenen Bedingungen klar festsetzen, daß

mente che non può essere garantita una consegna entro meno di tre settimane.

d) la clausola N. 11 delle condizioni di consegna indica espressamente che nessuna resa di merci e nessun reclamo possono essere presi in considerazione se non avvengono entro 10 giorni dalla consegna.

e) avete lasciato passare tre settimane senza informarci della differenza di peso e pertanto ciò significa che né noi né il nostro spedizioniere possiamo essere ritenuti responsabili di tale perdita.

f) la nostra garanzia copre solo i difetti del materiale e di lavorazione.

Le nostre ricerche hanno dato (avuto come risultato) una versione dei fatti diversa (da come Voi descrivete).

Abbiamo verificato il Vostro reclamo e siamo certi che esso si basa su un Vostro equivoco (equivoco da parte Vostra).

1. Dalla nostra documentazione (in nostro possesso) si evince che

2. L'indagine ha dimostrato che (ha avuto come risultato che)

3. Abbiamo potuto stabilire che

   a) non abbiamo alcuna colpa.

   b) un errore da parte nostra è del tutto fuori discussione.

   c) la Vostra richiesta è del tutto ingiustificata (immotivata).

   d) avete esattamente rice-

Lieferung in weniger als drei Wochen nicht garantiert werden kann.

d) *Klausel Nr. 11 der Lieferbedingungen ausdrücklich angibt, daß keine Rücknahme oder Beschwerden berücksichtigt werden können, falls sie nicht innerhalb 10 Tagen nach Lieferung erfolgen.*

e) *Sie drei Wochen haben vergehen lassen, ohne uns von dem Fehlgewicht zu unterrichten, und das bedeutet daher, daß weder wir noch unser Spediteur für den Verlust verantwortlich gemacht werden können.*

f) *unsere Garantie nur Material- und Verarbeitungsfehler deckt.*

Unsere Untersuchungen haben einen anderen Verlauf der Dinge (als den von Ihnen beschriebenen) ergeben.

Wir haben Ihre Beschwerden untersucht und sind sicher, daß sie auf einem Mißverständnis Ihrerseits beruhen.

1. *Aus unseren Unterlagen geht hervor, daß*

2. *Die Untersuchung hat ergeben, daß*

3. *Wir konnten feststellen, daß*

   a) *wir keine Schuld haben.*

   b) *ein Irrtum unsererseits ganz außer Frage steht.*

   c) *Ihre Forderung ganz ungerechtfertigt (od. unbegründet) ist.*

   d) *Sie genau das erhalten*

vuto ciò che avevate ordinato.

e) le merci erano state attentamente verificate prima di lasciare la nostra fabbrica (e pertanto non possiamo comprendere come siano potuti avvenire dei danneggiamenti).

f) la qualità è stata attentamente verificata dai nostri esperti prima dell'imbarco.

g) l'ordinazione è stata correttamente eseguita, accuratamente imballata e puntualmente consegnata il 3 maggio.

h) non ci siamo minimamente scostati dalle condizioni concordate.

i) la Vostra ordinazione è stata eseguita in conformità al contratto (conformemente alle Vostre istruzioni).

j) le merci sono state imbarcate in buone condizioni (come è confermato dalla polizza di carico netta).

k) i pacchi (le merci) erano in perfette condizioni al momento del prelevamento nella nostra fabbrica (nel nostro magazzino).

l) le merci corrispondevano esattamente al campione.

m) è stato fatturato il giusto prezzo.

Piccole (leggere) differenze (nel colore) sono del tutto normali.

Siamo spiacenti di non essere in grado di

a) concordare con la Vostra obiezione.

b) accettare la Vostra richiesta (proposta).

haben, was Sie bestellt hatten.

e) *die Waren sorgfältig untersucht wurden, bevor sie unsere Fabrik verließen (und wir deshalb nicht verstehen können, wie Schäden entstehen konnten).*

f) *vor Verschiffung die gelieferte Qualität sehr sorgfältig durch unsere Experten untersucht wurde.*

g) *der Auftrag korrekt ausgeführt, sorgfältig verpackt und pünktlich am 3. Mai ausgeliefert wurde.*

h) *wir in keiner Weise von den vereinbarten Bedingungen abgewichen sind.*

i) *Ihre Bestellung vertragsmäßig (od. Ihren Anweisungen gemäß) ausgeführt wurde.*

j) *die Waren in gutem Zustand verladen wurden (wie durch das reine Konnossement bestätigt).*

k) *die Pakete (od. Waren) bei Abholung in unserer Fabrik (od. unserem Lager) in tadellosem Zustand waren.*

l) *die Waren genau dem Muster entsprachen.*

m) *der richtige Preis berechnet wurde.*

Leichte Abweichungen (in der Farbe) sind ganz normal.

Wir bedauern, nicht in der Lage zu sein,

a) *Ihre Einwendung gelten zu lassen.*

b) *Ihrer Bitte (od. Ihrem Vorschlag) zu entsprechen.*

Se esaminerete (prenderete in esame) ancora una volta l'accaduto, vedrete (ammetterete) che

a) la nostra indicazione è del tutto (completamente) corretta.

b) il Vostro rifiuto è dovuto solamente ad un malinteso.

c) nessun fabbricante potrebbe concedere uno sconto del 20% sul prezzo del tessuto fornito.

d) in questa situazione non ci è possibile prendere in considerazione una sostituzione gratuita o il rimborso del prezzo.

e) non possiamo essere tenuti responsabili per ...

La Vostra ordinazione non ci è parsa particolarmente urgente poiché non avete fatto alcuna indicazione al riguardo.

Una indagine del nostro reparto assistenza clienti ha dimostrato (evidenziato) che l'orologio è stato lasciato cadere o bruscamente scosso (danneggiato da una rude movimentazione).

Pertanto non possiamo soddisfare la Vostra richiesta di sostituzione in garanzia.

Il nostro agente (capo montatore) che è stato da Voi (Vi ha fatto visita) il 2 aprile u.s. non ha potuto trovare alcun grave difetto alla Vostra macchina.

Siamo certi che la macchina funzionerà perfettamente se seguirete le nostre istruzioni d'esercizio.

L'(Dall')esame degli articoli restituiti ha evidenziato (è risultato) che non vi è alcun difetto di produzione.

Secondo le (Conformemente

Wenn Sie das Vorkommnis noch einmal in Erwägung ziehen, werden Sie sehen (od. zugeben), daß

a) unsere Angabe völlig richtig ist.

b) Ihre Weigerung nur auf einem Mißverständnis beruht.

c) kein Fabrikant auf den Preis des gelieferten Tuches einen Nachlaß von 20% gewähren könnte.

d) es uns unter diesen Umständen nicht möglich ist, einen kostenlosen Umtausch oder die Erstattung des Kaufpreises in Betracht zu ziehen.

e) wir für ... nicht verantwortlich gemacht werden können.

Ihr Auftrag schien uns nicht besonders dringend zu sein, da Sie keine diesbezügliche Angabe gemacht haben.

Eine Untersuchung durch unsere Kundendienstabteilung hat gezeigt, daß die Uhr fallengelassen oder heftig gestoßen (od. durch nachlässige Behandlung beschädigt) wurde.

Deshalb kann Ihrem Garantieanspruch auf Ersatz nicht entsprochen werden.

Unser Vertreter (od. erster Monteur), der Sie am 2. April aufsuchte, konnte keinen ernsthaften Fehler an Ihrer Maschine entdecken.

Wenn Sie unsere Betriebsanleitung befolgen, sind wir überzeugt, daß die Maschine einwandfrei arbeiten wird.

Die Untersuchung der retournierten Artikel hat ergeben, daß kein Herstellungsfehler vorliegt.

Nach den Vertragsbedingun-

alle) condizioni di contratto in questa situazione non siamo tenuti ad un risarcimento dei danni.

gen sind wir unter den gegebenen Umständen zum Schadenersatz nicht verpflichtet.

In considerazione della situazione riteniamo il Vostro reclamo ingiustificato.

In Anbetracht der Umstände betrachten wir Ihre Beschwerde als ungerechtfertigt.

Riteniamo (pertanto)

Wir glauben (deshalb),

a) di non avere alcuna responsabilità nella questione.

a) keine Verantwortung in dieser Angelegenheit zu haben.

b) che la Vostra minaccia di annullamento è ingiustificata.

b) daß Ihre Stornierungsdrohung ungerechtfertigt ist.

Naturalmente (A queste condizioni/Pertanto)

Natürlich (od. Unter diesen Umständen; Deshalb)

a) non siamo disposti ad offrirVi un risarcimento dei danni.

a) sind wir nicht bereit, Schadenersatz anzubieten.

b) non ci riteniamo in alcun modo responsabili per il danno.

b) halten wir uns in keiner Weise für den Schaden verantwortlich.

c) dobbiamo rifiutare la Vostra richiesta.

c) müssen wir Ihre Bitte ablehnen.

Abbiamo attentamente verificato il ritardo di consegna della Vostra fornitura e constatato che, da parte nostra, tutto è stato fatto sollecitamente e accuratamente.

Wir haben die Lieferungsverzögerung Ihres Auftrages eingehend untersucht und festgestellt, daß bei uns alles prompt und gründlich erledigt wurde.

Spero che non vorrete insistere in una richiesta per la quale non avete nessun diritto.

Ich hoffe, Sie werden nicht auf einer Forderung beharren, auf die Sie keinen Anspruch haben.

Abbiamo incaricato il Signor Mariani di arbitrare la questione.

Wir haben Herrn Mariani zum Schiedsrichter in der Angelegenheit bestellt.

Vi preghiamo di consegnare il materiale al Signor Verdi per un'imparziale valutazione.

Bitte übergeben Sie das Material Herrn Verdi zu einer unparteiischen Begutachtung.

5. Schlußworte

Ci dispiace molto che abbiate avuto questi inconvenienti.

Es tut uns sehr leid, daß Sie diese Unannehmlichkeiten hatten.

Siamo molto spiacenti di aver causato questo reclamo.

Wir bedauern sehr, zu dieser Beschwerde Anlaß gegeben zu haben.

Vi ringraziamo

a) per averci fatto notare (aver attirato la nostra attenzione su) questo errore.

b) per averci fatto notare questo importante fatto.

c) per aver attirato la nostra attenzione su un fatto del quale non eravamo a conoscenza prima della Vostra informazione.

d) per il tatto con cui ci avete fatto presente la questione.

Siamo lieti

a) che ci abbiate fatto presente la questione.

b) che ce lo abbiate riferito.

Siamo molto spiacenti (Ci dispiace sinceramente)

a) di aver causato (dato origine a) questo reclamo.

b) per il ritardo nell'esecuzione della Vostra ordinazione.

c) per gli inconvenienti e per il disappunto causatoVi, ma avete adesso almeno una spiegazione di come ciò sia potuto accadere.

d) per gli inconvenienti che avete avuti, ma siamo certi che adesso la macchina rilegatrice funzionerà perfettamente per molti anni.

e) per gli inconvenienti e ci scusiamo per il nostro errore (l'errore da parte nostra).

Siamo molto spiacenti per questi inconvenienti. Comprenderete peraltro certamente che essi sono dovuti a circostanze sulle quali non abbiamo alcun influsso (indipendenti dalla nostra volontà).

Wir danken Ihnen,

a) daß Sie uns auf diesen Irrtum aufmerksam gemacht haben.

b) daß Sie uns auf diese wichtige Angelegenheit aufmerksam gemacht haben.

c) daß Sie uns auf einen Vorfall, von dem wir bis zu Ihrer Nachricht nichts wußten, aufmerksam gemacht haben.

d) für den Takt, mit dem Sie uns auf die Angelegenheit aufmerksam gemacht haben.

Wir sind froh,

a) daß Sie uns auf die Angelegenheit hingewiesen haben.

b) daß Sie uns dies berichtet haben.

Wir bedauern sohr (od. aufrichtig)

a) zu dieser Beschwerde Anlaß gegeben zu haben.

b) die Verzögerung in der Ausführung Ihres Auftrages.

c) die Unannehmlichkeiten und den Ihnen bereiteten Ärger, aber Sie haben jetzt wenigstens eine Erklärung dafür, wie dies alles hat passieren können.

d) die Unannehmlichkeiten, die Sie hatten, sind aber sicher, daß die Buchbindemaschine jetzt viele Jahre einwandfrei funktionieren wird.

e) die Unannehmlichkeiten und entschuldigen uns für den Irrtum.

Wir bedauern diese Unannehmlichkeiten sehr. Sie werden aber sicher verstehen, daß dies auf Umstände zurückzuführen war, auf die wir keinen Einfluß haben (die jenseits unserer Entscheidungen liegen).

1. Vi preghiamo caldamente di scusarci per

1. *Wir bitten sehr um Entschuldigung für*

2. Ci scusiamo veramente molto per

2. *Wir entschuldigen uns wirklich sehr für*

3. Vi preghiamo di accettare le nostre sincere scuse per

3. *Bitte nehmen Sie unsere aufrichtige Entschuldigung entgegen für*

4. Siamo molto spiacenti per

4. *Wir bedauern sehr*

  a) questo errore

  a) *diesen Irrtum.*

  b) questa (inspiegabile) inavvertenza.

  b) *dieses (unerklärliche) Versehen.*

  c) il disturbo causatoVi.

  c) *die Ihnen verursachte Mühe.*

  d) il disturbo che Vi è stato causato (da quest'errore, questa dimenticanza, questa trascuratezza).

  d) *die Mühe, die Ihnen (durch diesen Fehler; dieses Versäumnis; diese Nachlässigkeit) bereitet wurde.*

  e) questo molto spiacevole errore avvenuto nel nostro reparto spedizioni.

  e) *diesen höchst bedauerlichen Fehler, der in unserer Versandabteilung passierte.*

  f) tutti gli inconvenienti causati da questo ritardo (questa inavvertenza, questo errore).

  f) *alle durch diese Verzögerung (od. dieses Versehen, diesen Irrtum) verursachten Unannehmlichkeiten.*

  g) gli inconvenienti occorsi a Voi ed anche ai Vostri clienti.

  g) *die Ihnen und auch Ihren Kunden entstandenen Unannehmlichkeiten.*

  h) gli inconvenienti che abbiamo inconsapevolmente causato.

  h) *die Unannehmlichkeiten, die wir unwissentlich verursacht haben.*

  i) il ritardo nella riparazione del Vostro distributore automatico.

  i) *die Verzögerung bei der Reparatur Ihres Verkaufsautomaten.*

Per il momento (In questa situazione) possiamo solo pregarVi di accettare le nostre (sincere) scuse.

Vorläufig (od. Unter diesen Umständen) können wir Sie nur bitten, unsere (aufrichtige) Entschuldigung entgegenzunehmen.

Speriamo (pertanto) che

Wir hoffen (daher), daß

a) sarete d'accordo con la nostra concessione (controproposta).

a) *Sie mit unserem Zugeständnis (od. Gegenvorschlag) einverstanden sind.*

b) ammetterete che la nostra ultima offerta è corretta.

b) *Sie zugeben werden, daß unser letztes Angebot korrekt/ fair ist.*

c) sarete d'accordo (concorderete) con la nostra proposta.

d) questa concessione trovi il Vostro consenso.

e) la nostra proposta di regolazione corrisponda ai Vostri desideri (Vi soddisferà).

f) accetterete ciò come una corretta e ragionevole soluzione della questione.

g) accettiate la nostra offerta di risolvere la questione per non dovere ricorrere a un servizio di arbitraggio.

h) il nostro agente possa essere d'aiuto per il chiarimento di alcuni equivoci.

i) non avrete motivo per ulteriori reclami.

j) nonostante i ritardi e gli inconvenienti siate ora soddisfatti della macchina.

k) adesso che avete le merci (la sostituzione) sia tutto in ordine.

l) troviate le merci sostitutive soddisfacenti sotto ogni aspetto.

m) questa fornitura sostitutiva Vi giunga senza ulteriore ritardo.

n) al ricevimento di questa lettera sarete in possesso delle merci

o) avremo il piacere di ricevere Vostri ulteriori ordini (da parte Vostra).

p) questo fatto (episodio) non Vi trattenga da concludere ulteriori affari con noi.

q) a causa di questo infelice episodio non avrete in futuro pregiudizi nei nostri confronti.

c) *Sie mit unserem Vorschlag einverstanden sein werden.*

d) *dieses Zugeständnis Ihre Zustimmung findet.*

e) *die von uns vorgeschlagene Regelung Ihren Wünschen entspricht (od. Sie zufriedenstellen wird).*

f) *Sie dies als faire und vernünftige Lösung der Angelegenheit annehmen werden.*

g) *Sie unser Angebot einer Bereinigung der Angelegenheit annehmen, um die Dienste eines Schlichters nicht in Anspruch nehmen zu müssen.*

h) *unser Vertreter bei der Aufklärung einiger Mißverständnisse behilflich sein kann.*

i) *Sie keinen Anlaß zu weiteren Beschwerden haben werden.*

j) *Sie trotz der Verzögerungen und Unannehmlichkeiten mit der Maschine jetzt zufrieden sind.*

k) *nun, da Sie die Waren (od. den Ersatz) haben, alles in Ordnung ist.*

l) *Sie die Ersatzwaren in jeder Weise zufriedenstellend finden.*

m) *diese Ersatzlieferung Sie ohne weitere Verzögerung erreicht.*

n) *Sie bei Erhalt dieses Briefes im Besitz der Waren sind.*

o) *wir das Vergnügen haben werden, weitere Aufträge von Ihnen zu erhalten.*

p) *dieser Vorfall Sie nicht abhalten wird, weitere Geschäfte mit uns abzuschließen.*

q) *Sie wegen dieses unglücklichen Vorfalls künftig keine Vorurteile uns gegenüber haben.*

r) ciò dimostri come siamo disposti a rimediare e a soddisfarVi sotto ogni aspetto.

r) dies beweist, wie bemüht wir sind, (alles) wiedergutzumachen und Sie in jeder Weise zufriedenzustellen.

s) non Vi siano sorti eccessivi inconvenienti.

s) Ihnen keine allzu großen Unannehmlichkeiten entstanden sind.

Vi preghiamo di scusare la nostra disattenzione.

Bitte entschuldigen Sie unsere Unachtsamkeit.

Apprezziamo molto la Vostra pazienza (disponibilità) per il chiarimento di questo deprecabile (spiacevole) inconveniente.

Wir wissen Ihre Geduld (Ihre Bereitschaft) bei der Klärung dieser bedauerlichen Angelegenheit sehr zu schätzen.

Desideriamo assicurarVi che ci dispiace particolarmente (in modo particolare) che questo (ciò) sia accaduto con uno dei nostri più vecchi clienti.

Wir möchten Ihnen versichern, daß wir besonders bedauern, daß dies bei einem unserer ältesten Kunden passiert ist.

1. Vi assicuriamo che

1. Wir versichern Ihnen, daß

2. Vi promettiamo che

2. Wir versprechen, daß

3. Potete esser certi che

3. Sie können sicher sein, daß

4. Vi ringraziamo per la Vostra cooperazione e Vi promettiamo che

4. Wir danken für Ihre Kooperation und versprechen Ihnen, daß

   a) faremo del nostro meglio per eseguire future ordinazioni con la massima cura.

*   a) wir unser Bestes tun werden, um künftige Aufträge mit größter Sorgfalt auszuführen.*

   b) per tutte le future spedizioni l'imballaggio finale sarà particolarmente rinforzato.

*   b) bei allen zukünftigen Sendungen die Endverpackung besonders verstärkt wird.*

   c) prenderemo particolari (specifici) provvedimenti affinché un tale errore (ritardo) non si ripeta (avvenga nuovamente).

*   c) wir besondere Vorsorge treffen werden, damit so ein Fehler (od. eine Verzögerung) nicht wieder vorkommt.*

   d) abbiamo preso ogni provvedimento per evitare analoghi errori nel futuro.

*   d) wir alle Vorkehrungen getroffen haben, um ähnliche Fehler in Zukunft zu vermeiden.*

   e) facciamo tutto quanto ci è possibile per evitare in futuro uno scadimento dell'alto livello qualitativo che caratterizza i nostri prodotti.

*   e) wir unser Möglichstes tun, um in Zukunft ein Abgleiten des hohen Qualitätsstandards, der unsere Produkte kennzeichnet, zu verhindern.*

f) facciamo tutto il possibile per accelerare la consegna.

Stiamo installando un computer che certamente migliorerà il nostro servizio di assistenza ai clienti.

Speriamo veramente che non riteniate opportuno (necessario)

a) interrompere i rapporti con la nostra ditta.

b) ritirarci la Vostra fiducia.

c) annullare la Vostra ordinazione.

Speriamo che questa spiegazione (proposta)

a) Vi soddisferà.

b) Vi convincerà della nostra premura nel corrispondere ai Vostri desideri.

c) Vi proverà (dimostrerà) che abbiamo fatto del nostro meglio per accelerare l'esecuzione del Vostro ordine.

In considerazione della (Tenendo presente la) spiegazione di cui sopra vorrete forse riflettere nuovamente sull'accaduto.

Speriamo che questo piccolo malinteso non turberà le nostre buone relazioni.

Speriamo che sarà possibile concordare un incontro durante il quale tutta la questione possa essere ragionevolmente discussa.

Vi preghiamo di farci sapere come potremmo soddisfarVi.

1. Il nostro reparto contabilità Vi invierà una nota di accredito

---

f) *wir alles tun werden, um die Lieferung zu beschleunigen.*

Wir sind dabei, einen Computer aufzustellen, der sicher unseren Kundendienst verbessern wird.

Wir hoffen sehr, daß Sie es nicht für notwendig erachten,

a) *die Verbindungen mit unserem Hause abzubrechen.*

b) *uns Ihr Vertrauen zu entziehen.*

c) *Ihren Auftrag zu stornieren.*

Wir hoffen, daß diese Erklärung (od. dieser Vorschlag)

a) *Sie zufriedenstellen wird.*

b) *Sie von unserem Bestreben überzeugen wird, Ihren Wünschen zu entsprechen.*

c) *beweisen wird, daß wir unser Bestes getan haben, die Ausführung Ihres Auftrags zu beschleunigen.*

In Anbetracht der obigen Erklärung werden Sie vielleicht den Vorfall nochmals überdenken wollen.

Wir hoffen, daß dieses kleine Mißverständnis unsere guten Beziehungen nicht trüben (od. stören) wird.

Wir hoffen, daß es möglich sein wird, eine Zusammenkunft zu vereinbaren, bei der die ganze Angelegenheit auf einer vernünftigen Basis ausdiskutiert werden kann.

Lassen Sie uns bitte wissen, welche Art der Regelung Sie zufriedenstellen wird.

1. *Unsere Rechnungsabteilung wird Ihnen eine Gutschriftsanzeige übersenden*

2. Ricevete in allegato la nostra nota di accredito

   a) per l'importo di Lit. ... che corrisponde al valore delle merci danneggiate (restituite).

   b) relativa alla differenza di prezzo.

Vi preghiamo di addebitare il nostro conto per l'ammontare dei costi che Vi sono derivati.

L'errore è stato eliminato ed alleghiamo l'estratto conto rettificato (la fattura modificata).

Alleghiamo la nostra fattura corretta (rettificata).

Saremmo lieti di ricevere un Vostro cenno circa il funzionamento del motore sostitutivo.

Il resto della Vostra ordinazione che non è stato ancora consegnato è stato – come da Voi desiderato – cancellato.

Vi preghiamo di far pervenire al cliente la sostituzione insieme con le nostre scuse.

2. *Sie erhalten beiliegend unsere Gutschrift*

   a) *über Lit. ..., was dem Wert der beschädigten (od. zurückgesandten) Waren entspricht.*

   b) *über den Preisunterschied.*

Wir bitten Sie, unser Konto mit den Ihnen entstandenen Kosten zu belasten.

Der Fehler ist behoben worden, und wir fügen den revidierten Kontoauszug (od. die geänderte Rechnung) bei.

Wir fügen unsere korrigierte Rechnung bei.

Wir würden eine Nachricht darüber von Ihnen begrüßen, wie der Ersatzmotor arbeitet.

Der noch nicht ausgelieferte Rest Ihrer Bestellung wurde, wie von Ihnen gewünscht, gestrichen.

Bitte schicken Sie Ihrem Kunden den Ersatz zusammen mit unseren Entschuldigungen.

XIII. Zahlungsaufforderungen, Mahnungen; Klageandrohung

Hat ein Kunde *(cliente)* den Zahlungstermin *(termine/data di pagamento)* überschritten, so muß er ordnungsgemäß daran erinnert werden. Im allgemeinen hat man es mit folgenden Zahlern *(pagatori)* zu tun:

   a) gute *(buoni)*, pünktliche *(puntuali)* Zahler, die keine Aufforderung *(sollecito)* oder Mahnung *(sollecito/intimazione)* brauchen;

   b) säumige *(lenti)*, nachlässige oder sorglose *(trascurati)* Zahler, die zwar als zuverlässig *(fidati)* anzusehen sind, aber aus Vergeßlichkeit *(dimenticanza)*, durch üble Angewohnheit *(cattiva abitudine)* oder infolge vorübergehender Geldschwierigkeiten *(temporanee difficoltà finanziarie)* nicht pünktlich zahlen wollen oder können;

   c) schlechte *(cattivi)* Zahler, die überhaupt nicht oder erst auf wiederholte *(ripetuto)* Mahnung hin zu zahlen gedenken.

Jeder dieser Zahler muß nun persönlich behandelt *(trattare)* werden. Für den einen genügt eine höfliche *(gentile)* Mahnung, für den andern eine ernste oder dringende Aufforderung *(pressante richiesta)*, während beim dritten meist nur die Androhung *(minaccia)* gerichtlicher Maßnahmen *(passi legali)* Erfolg hat.

Da auch der Ruf *(reputazione, fama)* des Hauses, die Art der Waren und manche anderen Umstände zu berücksichtigen sind, so erklärt es sich von selbst, daß Mahnbriefe *(solleciti)* mit der größten Sorgfalt *(accuratezza)*, Überlegung *(considerazione)* und Vorsicht *(precauzione)* abgefaßt werden müssen. Jedenfalls ist es gut, wenn man annimmt, daß der Kunde zahlen will, aber augenblicklich nicht zahlen kann.

Ein passender Anlaß zur Überreichung der Zahlungsaufforderung *(intimazione di pagamento)* ergibt sich beim Abschluß *(chiusura)* der Bücher oder bei der Übersendung der neuesten Preisliste usw. Man erinnert an den noch unbeglichenen Posten *(partita non saldata)* und drückt die Vermutung aus, daß er sicherlich übersehen *(sfuggire alla attenzione)* worden ist und daß man einer baldigen Begleichung (Regelung *regolamento*) wohl entgegensehen darf.

Hat dieses erste Erinnerungsschreiben *(sollecito)* keinen Erfolg, so schickt man nach kurzer Zeit ein zweites, worin man etwas schärfer *(più energicamente)* und entschiedener *(più decisamente)* zu baldiger Zahlung auffordert.

Bleibt auch dieses Schreiben unbeantwortet *(senza risposta)*, so mag die dritte Mahnung mit Festsetzung einer letzten Frist *(ultimo respiro)* und Androhung gerichtlicher Schritte *(passi legali)* nach Ablauf *(scadenza)* dieser Frist abgehen.

Legt man Gewicht auf die Erhaltung der Beziehungen, so kann man kurz vor Anwendung gerichtlicher Maßnahmen noch einen letzten Versuch *(tentativo)* zur Erlangung der Zahlung auf gütlichem Wege *(in via amichevole)* machen.

1. Höfliche erste Mahnung

a) Hinweis auf offenstehende Rechnungen

Ci permettiamo di ricordarVi che non abbiamo ancora ricevuto la somma di Lit. ... a saldo del Vostro conto al 30 gennaio.

Wir erlauben uns Sie daran zu erinnern, daß wir den Betrag von I it. ... zum Ausgleich Ihres Kontos per 30. Januar noch nicht erhalten haben.

Ci permettiamo di ricordarVi che il Vostro conto presenta un importo scoperto.

Wir erlauben uns, Sie daran zu erinnern, daß auf Ihrem Konto ein fälliger Betrag offensteht.

1. Dai nostri documenti risulta che

1. Unsere Unterlagen zeigen, daß

2. Desideriamo ricordarVi che

2. Wir möchten Sie daran erinnern, daß

3. Ci dispiace doverVi comunicare che

3. Es tut uns leid, Ihnen mitteilen zu müssen, daß

4. Siamo spiacenti di doverVi ricordare che

4. Wir bedauern, Sie daran erinnern zu müssen, daß

a) la nostra fattura del 10 giugno u.s. (per l'ammontare) di Lit. 976.000 non è stata ancora saldata (pagata).

a) unsere Rechnung vom 10. Juni über Lit. 976.000 noch nicht beglichen (od. bezahlt) worden ist.

b) non abbiamo ancora ricevuto il versamento per le merci formiteVi sei settimane fa e per le quali Vi avevamo inviato un estratto conto al 30 aprile.

b) wir noch keine Überweisung für die Ihnen vor sechs Wochen gelieferten Waren erhalten haben, wofür wir Ihnen einen Kontoauszug am 30. April übersandt hatten.

c) non abbiamo ancora ricevuto alcuna nota di accredito dalla nostra banca per la fornitura del 10 maggio u.s.

c) wir von unserer Bank noch keine Gutschriftsanzeige für die Lieferung vom 10. Mai erhalten haben.

d) non abbiamo ancora ricevuto il saldo del nostro estratto conto di settembre per Lit. ...

d) wir den Saldo unseres Kontoauszuges vom September in Höhe von Lit. ... noch nicht erhalten haben.

La rata di pagamento per il sistema di allarme antifurto è scaduta da tre settimane. Pertanto la somma di Lit. ... è da pagarsi immediatamente.

Die für die Alarmanlage fällige Rate ist drei Wochen im Rückstand. Der Saldo von Lit. ... ist deshalb sofort fällig.

b) Kopie der Rechnung oder des Kontoauszuges wird beigefügt

Pensiamo che non abbiate ricevuto l'estratto conto che Vi abbiamo inviato il 31 gennaio poiché la data di pagamento è ormai scaduta da tre settimane.

Wir glauben, daß Sie den Kontoauszug, den wir Ihnen am 31. Januar sandten, nicht erhalten haben, da die Zahlungsfrist nunmehr um drei Wochen überschritten ist.

1. In data 30 giugno Vi abbiamo inviato il nostro estratto conto trimestrale. Poiché non abbiamo finora ricevuto alcun avviso di pagamento ne accludiamo una copia (alla presente)

1. Am 30. Juni übersandten wir Ihnen unseren vierteljährlichen Kontoauszug. Da wir bis heute kein Zahlungsavis erhalten haben, fügen wir (diesem Schreiben) eine Kopie bei

2. Poiché il nostro estratto con-

2. Da unser Kontoauszug ver-

to è andato (si è) probabilmente perduto, ne accludiamo una copia

mutlich verlorengegangen ist, fügen wir eine Kopie bei

3. Accludiamo un estratto conto dettagliato che indica un saldo a Vostro debito di Lit. 10.230.000

3. *Wir fügen einen detaillierten Kontoauszug bei, der einen Debetsaldo in Höhe von Lit. 10.230.000 aufweist,*

4. Alleghiamo (pertanto) una copia della fattura (dell'estratto conto)

4. *Wir fügen (deshalb) eine Kopie der Rechnung (od. des Kontoauszuges) bei*

5. Alleghiamo un estratto conto al 30 giugno 19..

5. *Wir fügen einen Kontoauszug per 30. Juni 19.. bei*

   a) e speriamo che possiate ora provvedere al pagamento.

   a) *und wir hoffen, daß Sie nun die Regulierung veranlassen können.*

   b) e siamo certi che provvederete al riguardo.

   b) *und wir sind sicher, daß Sie sich darum bemühen (kümmern) werden.*

La copia dell'estratto conto è allegata

Die Kopie des Kontoauszuges ist beigefügt,

a) e saremmo lieti se provvedeste immediatamente (a giro di posta) per il versamento.

a) *und wir würden uns freuen, wenn Sie umgehend (od. postwendend) Ihre Überweisung veranlassen würden.*

b) e Vi saremmo grati per l'invio di un Vostro assegno.

b) *und wir wären Ihnen dankbar für die Übersendung Ihres Schecks.*

L'allegato estratto conto indica un saldo passivo (a Vostro debito) di Lit. 538.600.

Der beigefügte Kontoauszug zeigt einen Debetsaldo von Lit. 538.600.

c) Kunde bezahlte bisher pünktlich

Possiamo solo supporre (Siamo certi) che (Senza dubbio) il mancato pagamento sia (è) dovuto a una svista.

Wir können nur annehmen, daß (od. Wir sind sicher, daß) (zweifellos) das Ausbleiben der Zahlung auf ein Versehen zurückzuführen ist.

Desideriamo ricordarVi questa fattura che Vi sarà senz'altro sfuggita.

Wir möchten Sie an diese Rechnung erinnern, die Sie sicherlich übersehen haben.

1. Poiché fino ad ora tutte le rate mensili sono state puntualmente pagate

1. *Da bisher alle monatlichen Raten prompt bezahlt wurden,*

2. Poiché abbiamo sempre ri-

2. *Da wir Ihre Zahlungen immer*

cevuto puntualmente i Vostri pagamenti

pünktlich erhalten haben,

3. Poiché in generale siete molto puntuali nel pagamento delle Vostre fatture

3. Da Sie in der Regel in der Begleichung Ihrer Rechnungen sehr pünktlich sind,

4. Poiché saldate le Vostre fatture sempre molto sollecitamente

4. Da Sie Ihre Rechnungen stets sehr prompt begleichen,

a) ci chiediamo per qual motivo (perché) Vi sia sfuggito il nostro conto di settembre.

a) fragen wir uns, warum Sie unsere September-Abrechnung übersehen haben.

b) ci domandiamo se c'è un motivo particolare per il ritardo di pagamento (per qual motivo non abbiamo ricevuto il saldo del conto di cui sopra che è scaduto da quattro settimane).

b) fragen wir uns, ob ein besonderer Grund vorliegt für die Zahlungsverzögerung (od. weshalb wir die Zahlung der obigen Abrechnung nicht erhalten haben, die bereits vier Wochen überfällig ist).

d) gibt es einen Grund für Nichtzahlung?

1. Qualora ci sia un motivo per il ritardo nel pagamento

1. Falls es einen Grund für die Zahlungsverzögerung gibt,

2. Se c'è un motivo per tenere in sospeso il pagamento

2. Wenn ein Grund vorliegt, weshalb Sie die Zahlung zurückhalten,

3. Se avete domande circa il Vostro conto

3. Wenn Sie Rückfragen wegen Ihres Kontos haben,

4. Se avete domande circa (relative a) queste fatture scoperte

4. Wenn Sie Fragen bezüglich dieser unbezahlten (od. ausstehenden) Rechnungen haben,

a) Vi preghiamo di comunicarcelo affinché la questione possa essere chiarita

a) teilen Sie uns dies bitte mit, damit die Angelegenheit aufgeklärt werden kann.

b) Vi preghiamo di metterVi subito in comunicazione con noi (Vi preghiamo di comunicarcelo subito)

b) setzen Sie sich bitte umgehend mit uns in Verbindung (od. teilen Sie uns dies bitte umgehend mit).

E' forse possibile che i Vostri documenti non concordino con i nostri?

Könnte es vielleicht sein, daß Ihre Unterlagen mit unseren nicht übereinstimmen?

C'è forse una differenza (di-

Besteht vielleicht eine Un-

scordanza) tra i Vostri e i nostri documenti?

stimmigkeit zwischen Ihren und unseren Unterlagen?

1. Se però i Vostri documenti concordano con i nostri

1. Wenn Ihre Unterlagen aber mit unseren übereinstimmen,

2. Se però l'estratto conto è effettivamente giusto

2. Wenn jedoch der Kontoauszug richtig ist,

a) Vi preghiamo di inviarci il Vostro assegno qualora non sia già in viaggio.

a) senden Sie uns jetzt bitte Ihren Scheck, falls er nicht schon unterwegs ist.

b) Vi preghiamo di provvedere subito per il versamento.

b) bitten wir Sie, die Überweisung sofort zu veranlassen.

c) Vi saremmo molto grati se voleste saldare (se saldaste) le fatture al più presto.

c) wären wir sehr dankbar, wenn Sie die Rechnungen so bald wie möglich begleichen würden.

e) Teilzahlung erhalten, Restzahlung wird angefordert

Vi ringraziamo per la Vostra lettera del 7 marzo u.s. con l'assegno di Lit. 900.000 a parziale pagamento del Vostro estratto conto di gennaio.

Besten Dank für Ihr Schreiben vom 7. März mit Scheck über Lit. 900.000 als Teilzahlung des fälligen Saldos Ihres Januar-Kontoauszugs.

Vi ringraziamo per il Vostro assegno (versamento) di Lit. 750.000.

Vielen Dank für Ihren Scheck (od. Ihre Überweisung) von Lit. 750.000.

Questo lascia ancora le seguenti fatture scoperte:

Dies läßt noch die folgenden Rechnungen offen:

1. Apprezziamo molto questo pagamento parziale,

1. Wir schätzen diese Teilzahlung sehr,

2. Vi ringraziamo per il Vostro assegno di Lit. 1.315.000 a parziale saldo del Vostro conto,

2. Wir danken Ihnen für Ihren Scheck über Lit. 1.315.000 zum teilweisen Ausgleich Ihres Kontos,

3. Vi ringraziamo per la Vostra lettera del 13 aprile u.c. contenente un assegno di Lit. 2.300.000 a parziale saldo del Vostro conto,

3. Wir danken Ihnen für Ihr Schreiben vom 13. April mit einem Scheck über Lit. 2.300.000 zum teilweisen Ausgleich Ihres Kontos,

a) ma dobbiamo far presente che questo importo è del tutto insufficiente.

a) müssen aber darauf hinweisen, daß dieser Betrag vollkommen unzureichend ist.

b) ma desideriamo far presente che la somma anco-

b) möchten aber darauf hinweisen, daß die noch ausra scoperta è considerevole.

c) ma dobbiamo ricordarVi che il Vostro conto presenta un saldo ancora scoperto di Lit. 1.230.000.

Poiché la nostra politica aziendale prevede di lavorare con limitati margini di guadagno, siamo spiacenti di non poterVi concedere facilitazioni creditizie a lunga scadenza.

stehende Summe beträchtlich ist.

c) *müssen Sie aber daran erinnern, daß Ihr Konto einen noch offenen Saldo von Lit. 1.230.000 aufweist.*

Da unsere Geschäftspolitik darin besteht, mit kleiner Gewinnspanne zu arbeiten, bedauern wir, daß wir keine langfristigen Krediterleichterungen gewähren können.

f) Schlußworte

Saremmo pertanto lieti se provvedeste per il pagamento nel corso dei prossimi giorni.

Wir würden es deshalb begrüßen, wenn Sie die Zahlung im Lauf der nächsten Tage veranlassen würden.

1. Attendiamo

2. Vi preghiamo di inviarci

   a) un Vostro versamento nel corso dei prossimi giorni.

   b) una Vostra cambiale a saldo della nostra fattura N. N 1832.

   c) un Vostro assegno a giro di posta.

Speriamo di ricevere il Vostro assegno nei prossimi giorni.

Poiché l'importo (dovuto) è scoperto da più di quattro settimane

a) speriamo che lo pagherete nei prossimi giorni.

b) Vi saremmo grati se ci inviaste prontamente un Vostro assegno.

Contiamo (Facciamo conto) sulla Vostra immediata cooperazione.

Vi preghiamo di inviarci oggi stesso un Vostro assegno (provvedere oggi stesso per il versa-

1. Wir erwarten gern

2. Schicken Sie uns bitte

   a) Ihre Überweisung im Laufe der nächsten Tage.

   b) Ihre Tratte zum Ausgleich unserer Rechnung Nr. N 1832.

   c) Ihren Scheck postwendend.

Wir hoffen, Ihren Scheck in den nächsten Tagen zu erhalten.

Da der (geschuldete) Betrag seit mehr als vier Wochen überfällig ist,

a) hoffen wir, daß Sie ihn in den nächsten Tagen bezahlen werden.

b) wären wir dankbar, wenn Sie uns umgehend Ihren Scheck senden würden.

Wir rechnen mit Ihrer sofortigen Kooperation.

Bitte senden Sie uns Ihren Scheck (od. veranlassen Sie Ihre Überweisung) noch heute,

mento) qualora non lo abbiate già fatto recentemente. In questo caso vogliate scusare questo sollecito.

Se il pagamento è già in corso vogliate ignorare questa lettera (scusare questo sollecito e accettare il nostro sincero ringraziamento).

falls Sie das nicht schon kürzlich getan haben. In diesem Falle entschuldigen Sie bitte diese Erinnerung.

Wenn die Zahlung schon auf dem Wege ist, betrachten Sie diesen Brief bitte als gegenstandslos (od. entschuldigen Sie diese Mahnung bitte und nehmen Sie unseren aufrichtigen Dank entgegen).

2. Dringende Mahnung

a) Eingangsformeln

1. Ci permettiamo di farVi presente

2. Desideriamo (Dobbiamo) farVi presente

   a) che il nostro ultimo estratto conto trimestrale per Lit. ... è da tempo scaduto.

   b) che avete considerevolmente superato il periodo abitualmente concesso.

Desideriamo ancora una volta

a) attirare la Vostra attenzione sull'acclusa copia della nostra fattura del 15 luglio (per l'ammontare) di Lit. 6.331.800.

b) farVi presente l'estratto conto di cui sopra e la nostra lettera del 17 febbraio.

c) attirare la Vostra attenzione sull'accluso estratto conto del quale Ve ne è stata inviata una copia con la nostra lettera del 15 marzo. L'importo in scadenza è di Lit. 761.250.

Possiamo difficilmente comprendere (E' per noi difficilmente comprensibile)

a) per qual motivo non abbiamo ricevuto alcuna risposta alla

1. Wir erlauben uns, Sie darauf aufmerksam zu machen,

2. Wir möchten (od. müssen) Sie darauf aufmerksam machen,

   a) daß unser letzter vierteljährlicher Auszug über Lit. ... längst überfällig ist.

   b) daß Sie die übliche Kreditlaufzeit beträchtlich überschritten haben.

Noch einmal möchten wir Sie

a) auf die beigefügte Kopie unserer Rechnung vom 15. Juli über (den Betrag von) Lit. 6.331.800 aufmerksam machen.

b) auf den obigen Kontoauszug und unser Schreiben vom 17. Februar aufmerksam machen.

c) auf den beigefügten Kontoauszug, von dem Ihnen mit unserem Brief vom 15. März eine Kopie geschickt wurde, aufmerksam machen. Der fällige Betrag ist Lit. 761.250.

Wir können schwer verstehen (od. Es ist für uns schwer verständlich),

a) warum wir auf unseren Brief vom 13. Januar keine Ant-

nostra lettera del 13 gennaio con la quale Vi pregavamo di saldare l'importo scoperto del nostro estratto conto di novembre.

wort erhalten haben, in dem wir Sie baten, den ausstehenden Betrag unseres Kontoauszuges vom November zu begleichen.

b) per qual motivo non avete pagato l'importo totale della fattura N. 752 del 25 gennaio u.s.

b) warum Sie den Gesamtbetrag der Rechnung Nr. 752 vom 25. Januar d. J. nicht bezahlt haben.

1. Constatiamo con rincrescimento che non avete risposto alla nostra lettera dell'8 giugno u.s.

1. Wir stellen mit Bedauern fest, (od. Wir bedauern), daß Sie auf unseren Brief vom 8. Juni nicht geantwortet haben,

2. Ci dispiace di non aver avuto risposta alla nostra lettera del 7 maggio u.s.

2. Wir bedauern, daß wir keine Antwort auf unseren Brief vom 7. Mai erhalten haben,

   a) che Vi faceva presente un saldo scoperto sul Vostro conto di Lit. ...

   a) der Sie auf einen offenen Saldo von Lit. ... hinweist.

   b) con la preghiera di pagare l'importo ancora scoperto della fattura N. R 7511.

   b) mit der Bitte, den für Rechnung Nr. R 7511 noch ausstehenden Betrag zu bezahlen.

Non abbiamo ricevuto ancora alcuna risposta alla nostra lettera del 6 settembre u.s.

Wir haben noch keine Antwort auf unser Schreiben vom 6. September erhalten.

Mi dispiace di non aver ancora ricevuto nessuna risposta da Voi.

Ich bedaure, noch keine Antwort von Ihnen erhalten zu haben.

Questa fattura è scaduta da quattro mesi.

Diese Rechnung ist seit vier Monaten fällig.

b) Hinweis auf vereinbarte Zahlungsbedingungen

1. Alleghiamo (una) copia della nostra fattura e desideriamo ricordarVi che

1. Wir fügen eine Kopie unserer Rechnung bei und möchten Sie daran erinnern, daß

2. Dobbiamo rammentarVi che

2. Wir müssen Sie daran erinnern, daß

3. Approfittiamo dell'occasione per ricordarVi che

3. Wir nehmen diese Gelegenheit wahr, um Sie daran zu erinnern, daß

   a) le nostre condizioni di vendita prevedono il pagamento a 30 giorni.

   a) unsere Verkaufsbedingungen eine Zahlung innerhalb von 30 Tagen vorsehen.

b) le nostre condizioni di pagamento sono: 2% di sconto per pagamento entro dieci giorni; netto cassa per pagamento entro un mese.

c) come Vi abbiamo fatto presente al momento dell'offerta i bassi prezzi richiedono un pagamento immediato.

1. Come sapete (saprete),

2. Come precedentemente accennato,

a) le nostre condizioni di vendita prevedono il pagamento a 30 giorni netto poiché noi operiamo con un margine di guadagno molto limitato.

b) le condizioni del nostro contratto non concedono un prolungamento del credito per oltre un mese.

c) è stato concordato di concedere alla Vostra Ditta un credito di un mese dal ricevimento dell'estratto conto.

1 Conformemente alle nostre condizioni di vendita

2. In conformità al nostro accordo

a) il pagamento deve avvenire entro 30 giorni data fattura.

b) il pagamento sarebbe dovuto avvenire (doveva avvenire) a mezzo Vostra banca ma non abbiamo ancora ricevuto alcun avviso al riguardo.

Facciamo riferimento alle nostre Condizioni Generali di Vendita di cui Vi è stato inviato un esemplare il 15 marzo u.s. e del quale accludiamo ancora una copia alla presente.

---

b) unsere Zahlungsbedingungen sind: 2% Skonto bei Zahlung innerhalb von 10 Tagen; netto Kasse bei Zahlung innerhalb eines Monats.

c) die niedrigen Preise eine baldige Zahlung erfordern, worauf wir Sie bei Angebotsabgabe aufmerksam machten.

1. Wie Sie wissen (werden),

2. Wie früher schon erwähnt,

a) sehen unsere Verkaufsbedingungen eine Bezahlung netto 30 Tage vor, da wir mit einer sehr kleinen Gewinnspanne arbeiten.

b) räumen die Bedingungen unseres Vertrages keine Kreditverlängerung von mehr als einem Monat ein.

c) wurde vereinbart, Ihrem Unternehmen eine Kreditzeit von einem Kalendermonat ab Erhalt des Kontoauszugs zu gewähren.

1. Gemäß unseren Verkaufsbedingungen

2. Gemäß unserer Vereinbarung

a) muß die Zahlung innerhalb 30 Tagen ab Rechnungsdatum erfolgen.

b) hätte die Zahlung durch Ihre Bank erfolgen sollen, jedoch haben wir noch keine diesbezügliche Nachricht bekommen.

Wir weisen Sie auf unsere Allgemeinen Verkaufsbedingungen hin, von denen Ihnen am 15. März ein Exemplar zugesandt wurde, das wir als Kopie diesem Schreiben nochmals beifügen.

Le nostre condizioni stabiliscono che il pagamento debba avvenire entro 30 giorni.

Unsere Bedingungen setzen fest, daß die Zahlung innerhalb von 30 Tagen erfolgen muß.

c) Bitte um Überweisung des vollen oder eines Teilbetrages, Vorschläge zur Abwicklung usw.

Saremmo particolarmente lieti se provvedeste per il pagamento sollecitamente.

Wir würden uns besonders freuen, wenn Sie die Zahlung umgehend in die Wege leiten würden.

1. Poiché la data di pagamento è trascorsa da un mese

1. Da die Zahlungsfrist seit einem Monat verstrichen ist,

2. Poiché l'importo dovuto è da tempo scaduto

2. Da der geschuldete Betrag seit langem überfällig ist,

3. Poiché queste fatture sono da tempo scadute

3. Da diese Rechnungen längst überfällig sind,

4. Poiché non possiamo prolungare ulteriormente le condizioni di pagamento offerteVi

4. Da wir die Ihnen angebotenen Zahlungsbedingungen nicht weiter ausdehnen können,

   a) attendiamo il Vostro versamento a totale saldo entro i prossimi giorni.

a) erwarten wir Ihre Überweisung zum vollen Ausgleich innerhalb der nächsten Tage.

   b) Vi saremmo grati per un pronto (sollecito) pagamento a totale saldo del Vostro conto.

b) wären wir für Ihre baldige Bezahlung zum vollen Ausgleich Ihres Kontos dankbar.

   c) dobbiamo pregarVi di farci pervenire sollecitamente un Vostro assegno.

c) müssen wir Sie bitten, uns Ihren Scheck umgehend zu übersenden.

   d) apprezzeremmo molto se voleste provvedere sollecitamente per un pagamento almeno parziale.

d) würden wir es sehr begrüßen, wenn Sie sich bald wenigstens um eine Teilzahlung bemühen würden.

   e) Vorremmo (Ci farebbe piacere) ricevere una spiegazione per questo ritardo (per il mancato pagamento).

e) würden wir gern eine Erklärung für diesen Verzug (od. für die Nichtzahlung) erhalten.

Se non potete effettuare il saldo totale accetteremo adesso il 50% del pagamento e il resto dovrebbe essere versato entro 90 giorni.

Wenn Sie die volle Bezahlung nicht ermöglichen können, würden wir jetzt 50% als Zahlung akzeptieren, der Rest müßte innerhalb 90 Tagen überwiesen werden.

Se ci inviate subito un Vostro assegno per Lit. 500.000 ed un piano di pagamento rateale Vi verremo volentieri incontro.

Ci è chiaro che i nostri clienti si possano trovare occasionalmente in difficoltà per questo o quel motivo e pertanto desideriamo – nei limiti del possibile – venirVi incontro.

Certamente non vorrete perdere il Vostro credito presso di noi che, d'altra parte, non vogliamo perderVi come cliente.

La Vostra fattura è scaduta da due mesi e comprenderete pertanto certamente le nostre difficoltà.

Se lascerete il pagamento ancora a lungo in sospeso saremo probabilmente costretti a rivedere il nostro rapporto con Voi.

Wenn Sie uns umgehend einen Scheck über Lit. 500.000 senden mit einem Plan für eine Ratenzahlung, werden wir Ihnen gern entgegenkommen.

Es ist uns klar, daß sich unsere Kunden gelegentlich aus dem einen oder anderen Grunde in Schwierigkeiten befinden; und deshalb möchten wir Ihnen – im Rahmen des Möglichen – entgegenkommen.

Sicher wollen Sie Ihren Kredit bei uns nicht verlieren – wir unsererseits möchten Sie als Kunden nicht verlieren.

Ihre Rechnung ist jetzt zwei Monate überfällig, und Sie werden daher sicher unsere Schwierigkeiten verstehen.

Wenn Sie die Zahlung noch länger zurückhalten, werden wir möglicherweise gezwungen sein, unsere Geschäftsbeziehung mit Ihnen zu revidieren.

d) Schlußworte

Attendiamo (pertanto) il ricevimento del Vostro assegno per l'importo di cui sopra.

Vi preghiamo pertanto di inviarci nei prossimi giorni un Vostro assegno in modo da chiudere la questione.

Date le circostanze Vi saremmo grati se voleste risolvere immediatamente la questione.

Vedremmo con piacere una sollecita regolazione della questione.

Speriamo che regolerete adesso questa questione senza ulteriori ritardi.

Comprenderete che non possiamo attendere in eterno.

Wir sehen (deshalb) dem Eingang Ihres Schecks über den oblgen Betrag entgegen.

Wir bitten Sie daher, uns innerhalb der nächsten Tage einen Scheck zu schicken, um diese Angelegenheit abzuschließen.

Unter diesen Umständen wären wir dankbar, wenn Sie die Angelegenheit unverzüglich erledigen würden.

Eine baldige Regulierung würden wir begrüßen.

Wir hoffen, daß Sie diese Angelegenheit nunmehr ohne weitere Verzögerung erledigen werden.

Sie werden verstehen, daß wir nicht ewig warten können.

Siamo spiacenti di dover insistere per un immediato pagamento dell'importo ancora scoperto.

Poiché non abbiamo ricevuto né l'importo scoperto né una spiegazione del ritardo dobbiamo insistere per un versamento immediato.

I Vostri pagamenti non sono sempre avvenuti conformemente ai nostri accordi e pertanto dobbiamo pregarVi di effettuare un versamento a totale saldo entro sette giorni. In caso contrario saremo costretti a sospendere le forniture.

Ci è impossibile continuare le forniture a meno che non adempiate prontamente ai Vostri impegni.

Vi preghiamo di comunicarci via fax quali provvedimenti prendete per il pagamento.

Vi preghiamo di confermare per fax che avete provveduto al pagamento.

Wir bedauern, daß wir auf unverzüglicher Bezahlung des noch ausstehenden Betrages bestehen müssen.

Da wir weder den ausstehenden Betrag noch eine Erklärung für die Verzögerung erhalten haben, müssen wir auf einer sofortigen Überweisung bestehen.

Ihre Zahlungen sind nicht immer entsprechend unserer Abmachung erfolgt, und wir müssen Sie daher um eine Überweisung zum vollen Ausgleich innerhalb von sieben Tagen bitten. Andernfalls werden wir gezwungen sein, die Lieferungen einzustellen.

Es ist uns unmöglich, Sie weiter zu beliefern, es sei denn, daß Sie Ihren Verpflichtungen unverzüglich nachkommen.

Bitte teilen Sie uns per Fax mit, welche Vorkehrungen Sie für die Zahlung treffen.

Bitte bestätigen Sie per Fax, daß Sie die Zahlung veranlaßt haben.

3. Scharfe dringende Mahnung

a) Eingangsformeln

Siamo molto spiacenti che nonostante numerosi solleciti (le nostre lettere del 20 aprile e del 2 maggio) il Vostro conto non sia stato ancora saldato.

La nostra fattura è ormai scaduta da tre mesi ed è pertanto necessario che facciate qualcosa.

Nonostante due solleciti la nostra fattura è ancora scoperta e non abbiamo ricevuto né una spiegazione del ritardo né tantomeno Vostre notizie.

Wir bedauern, daß trotz mehrer Mahnschreiben (od. unserer Briefe vom 20. April und 2. Mai) Ihr Konto noch immer nicht ausgeglichen ist.

Unsere Rechnung ist nun drei Monate überfällig, und es ist deshalb wichtig, daß Sie umgehend etwas unternehmen.

Trotz zweier Mahnungen ist unsere Rechnung noch immer offen, und wir haben weder eine Erklärung für die Verzögerung noch irgendeine Nachricht von Ihnen erhalten.

1. Vi abbiamo inviato numerosi solleciti

2. Vi abbiamo scritto il 10 maggio e successivamente il 25 maggio u.s.

   a) a causa della nostra fattura scaduta senza aver ricevuto da Voi alcuna risposta (e non abbiamo ricevuto da Voi né il pagamento né una risposta).

   b) a causa della nostra fattura di Lit. 516.200.

   c) con riferimento all'importo dovutoci per la nostra fattura N. F 117.

Vi sono stati mandati estratti conto il 30 aprile e il 15 maggio u.s.

Non abbiamo ricevuto alcun Vostro cenno e dobbiamo pertanto ora pregarVi di effettuare immediatamente il pagamento.

Avevamo sperato che almeno spiegaste perché il pagamento non è ancora avvenuto.

1. Non possiamo capire (comprendere)

2. E' (per noi) molto difficile comprendere

   a) perché (per qual motivo) abbiate ignorato le nostre due precedenti lettere.

   b) perché (per qual motivo) non abbiamo ricevuto risposta alle nostre lettere del 10 e del 18 aprile u.s. riguardanti la somma di Lit. 763.000 a Vostro debito scaduta dal 28 febbraio.

Vi abbiamo già pregato due volte di saldare la nostra fattura del 3 maggio u.s. che è ormai scaduta da tre mesi.

Non abbiamo ricevuto alcuna

1. Wir haben Ihnen mehrere Mahnungen geschickt

2. Wir haben Ihnen am 10. Mai geschrieben und anschließend am 25. Mai

   a) bezüglich unserer überfälligen Rechnung, ohne von Ihnen eine Antwort zu erhalten (od. haben aber weder die Zahlung noch eine Antwort von Ihnen erhalten).

   b) wegen unserer Rechnung über Lit. 516.200.

   c) bezüglich des uns geschuldeten Betrages unserer Rechnung Nr. F 117.

Kontoauszüge wurden Ihnen am 30. April und 15. Mai übersandt.

Wir haben von Ihnen noch kein Wort gehört und müssen Sie jetzt um sofortige Zahlung ersuchen.

Wir hatten gehofft, Sie würden wenigstens erklären, warum die Zahlung noch nicht erfolgt ist.

1. Wir können nicht verstehen,

2. Es ist (für uns) sehr schwer zu verstehen,

   a) warum Sie unsere beiden vorigen Briefe ignoriert haben.

   b) warum wir auf unsere Briefe vom 10. und 18. April bezüglich der seit 28. Feburar überfälligen Summe von Lit. 763.000 zu Ihren Lasten keine Antwort erhalten haben.

Schon zweimal haben wir Sie gebeten, unsere Rechnung vom 3. Mai zu begleichen, die nun schon drei Monate überfällig ist.

Auf unsere beiden letzten

risposta alle nostre ultime due lettere. Con esse Vi pregavamo di essere almeno così cortesi da darci una risposta con una spiegazione.

Briefe haben wir keine Antwort erhalten. Hierin baten wir Sie, wenigstens so höflich zu sein und uns eine Antwort mit einer Erklärung zu geben.

b) weitere Lieferungen müssen vorläufig eingestellt werden

1. Abbiamo pazientemente atteso una proposta od una spiegazione da parte Vostra circa il saldo del Vostro conto (Siamo stati finora estremamente pazienti) ma poiché non abbiamo ricevuto alcuna risposta,

1. *Geduldig haben wir auf einen Vorschlag oder eine Erklärung Ihrerseits bezüglich des Ausgleichs Ihres Kontos gewartet (od. Wir sind bis jetzt außerordentlich geduldig gewesen), aber da wir keine Antwort bekommen haben,*

2. Ci dispiace molto crearVi delle difficoltà, ma poiché non avete risposto ai nostri precedenti solleciti

2. *Wir bedauern sehr, Ihnen Unannehmlichkeiten zu bereiten, aber da Sie auf unsere vorigen Mahnungen nicht geantwortet haben,*

a) non ci resta altro che interrompere il trattamento preferenziale di fornirVi in conto aperto.

a) *bleibt uns nichts anderes übrig, als die Vorzugsbehandlung, Sie auf laufende Rechnung zu beliefern, einzustellen.*

b) dobbiamo temporaneamente sospendere ulteriori forniture e pregarVi di inviarci immediatamente un Vostro assegno.

b) *müssen wir vorübergehend weitere Lieferungen einstellen und Sie bitten, uns umgehend einen Scheck zu schicken.*

c) abbiamo dato disposizione al nostro servizio di distribuzione di sospendere le consegne settimanali alla Vostra sede.

c) *haben wir unseren Zustelldienst angewiesen, die wöchentlichen Lieferungen an Ihre Geschäftsstelle auszusetzen.*

d) abbiamo dato disposizioni al nostro servizio manutenzione di sospendere temporaneamente le riparazioni eventualmente necessarie alle Vostre macchine.

d) *haben wir unseren Wartungsdienst angewiesen, die eventuell nötigen Reparaturen Ihrer Maschinen vorübergehend einzustellen.*

c) dringende Aufforderung zu zahlen

Non desideriamo crearVi difficoltà né tantomeno essere coinvolti in un processo con un nostro cliente, tuttavia qualora

Wir möchten Ihnen weder Schwierigkeiten bereiten, noch in einen Rechtsstreit mit einem unserer Kunden verwickelt wer-

non avessimo Vostre notizie entro dieci giorni dovremmo riflettere su ulteriori passi.

Vi facciamo presente l'assoluta necessità di rispondere immediatamente a questa lettera.

Dobbiamo insistere per il saldo entro la fine di questo mese.

Vi proponiamo una dilazione di un mese per il saldo del Vostro conto.

1. Poiché nessuna voce della nostra fattura scaduta è posta in questione

2. Poiché avete di molto superato il termine di pagamento usualmente concesso

3. In considerazione del fatto che questi importi sono scoperti da più di cinque mesi

4. Poiché non possiamo tenere più a lungo scoperto questo importo

   a) dobbiamo esigere che ci facciate pervenire immediatamente almeno un pagamento parziale.

   b) dobbiamo insistere per il ricevimento del pagamento entro il 10 giugno p.v.

   c) dobbiamo insistere per un immediato pagamento.

Possiamo pertanto contare sull'immediato ricevimento di un Vostro assegno per Lit. 551.300?

1. Per evitare inconvenienti

2. Per evitare di dover affidare la questione ai nostri legali

   a) Vi preghiamo di saldare immediatamente almeno

---

den, doch falls wir von Ihnen nicht innerhalb von 10 Tagen hören, müssen wir uns weitere Schritte überlegen.

Wir weisen mit Nachdruck auf die absolute Notwendigkeit hin, diesen Brief sofort zu beantworten.

Wir müssen auf Regulierung bis spätestens Ende dieses Monats bestehen.

Wir schlagen Ihnen eine Frist bis Ende dieses Monats zur Bereinigung Ihres Kontos vor.

1. Da kein Posten unserer überfälligen Rechnung umstritten ist,

2. Da Sie die üblich gewährte Zahlungsfrist beträchtlich überschritten haben,

3. Angesichts der Tatsache, daß diese Beträge nun schon mehr als fünf Monate ausstehen,

4. Da wir diesen überfälligen Saldo nicht länger offenhalten können,

   a) müssen wir verlangen, daß Sie uns umgehend wenigstens eine Teilzahlung leisten.

   b) müssen wir auf den Erhalt der Zahlung bis 10. Juni bestehen.

   c) müssen wir auf unverzügliche Bezahlung drängen.

Können wir deshalb unverzüglich mit dem Erhalt Ihres Schecks über Lit. 551.300 rechnen?

1. Um Unannehmlichkeiten zu vermeiden,

2. Um zu vermeiden, die Angelegenheit unseren Rechtsanwälten zu übergeben,

   a) bitten wir Sie, unverzüglich wenigstens einen Teil

una parte dell'importo ancora scoperto.

b) contiamo di ricevere immediatamente il Vostro versamento.

Solo perché conosciamo la reputazione della Vostra ditta esitiamo ad affidare la questione ad un'agenzia d'incasso (specializzata nel recupero crediti).

des noch ausstehenden Betrages zu begleichen.

b) *rechnen wir damit, unverzüglich Ihre Überweisung zu erhalten.*

Nur weil wir das Ansehen Ihrer Firma kennen, zögern wir, die Angelegenheit einem Inkassobüro zu übertragen (spezialisiert auf die Eintreibung von Krediten).

4. Befristete letzte Mahnung. Klageandrohung

a) Eingangsformeln

Il nostro estratto conto di marzo Vi è stato sottoposto tre volte, ma l'importo di Lit. 4.283.600 è ancora scoperto.

Non abbiamo ricevuto risposta ad alcuna delle nostre lettere relative al conto scaduto. Questo è il nostro ultimo sollecito.

Purtroppo non possiamo accettare che la fattura di cui sopra resti ancora scoperta.

Unser Kontoauszug von März ist Ihnen dreimal vorgelegt worden, aber der Betrag von Lit. 4.283.600 steht immer noch aus.

Wir haben auf keinen unserer Briefe wegen Ihres überfälligen Kontos eine Antwort bekommen. Dies ist unsere letzte Aufforderung.

Leider können wir nicht akzeptieren, daß die obige Rechnung weiter offenbleibt.

b) es wird eine letzte Frist gesetzt

1. Ci dispiace (Siamo costretti a comunicarVi che se

2. Questa è la nostra ultima comunicazione poiché se

   a) non riceviamo Vostre notizie immediatamente (entro i prossimi cinque giorni)

   b) non riceviamo un Vostro assegno (il Vostro pagamento) a totale saldo entro il 10 giugno

   c) non riceviamo un Vostro assegno entro un tempo ragionevole

1. *Wir bedauern (od. Wir sind gezwungen) Ihnen mitzuteilen, daß, wenn*

2. *Dies ist unsere letzte Mitteilung an Sie, daß, wenn*

   a) *wir nicht umgehend (od. innerhalb der nächsten fünf Tage) von Ihnen hören,*

   b) *wir Ihren Scheck (od. Ihre Zahlung) zum vollen Ausgleich nicht bis zum 10. Juni erhalten,*

   c) *wir Ihren Scheck nicht innerhalb einer angemessenen Zeit erhalten,*

d) la fattura scaduta non sarà pagata entro dieci giorni

e) non riceviamo il pagamento (un versamento) entro dieci giorni (il 15 aprile p.v.)

f) il pagamento non ci perviene entro dieci giorni

g) non ci perviene il versamento dell'importo totale di Lit. 4.281.300 – come specificato nel nostro estratto conto – entro l'8 maggio p.v.

1. non avremo altra scelta che

2. saremo costretti a(d)

a) intraprendere passi per l'incasso coatto.

b) adire a vie legali per ottenere il pagamento.

c) intraprendere i passi necessari per la riscossione dell'importo scaduto.

d) adire a vie legali.

e) passare la questione al nostro ufficio legale (ai nostri legali).

f) incaricare i nostri legali della riscossione dell'importo scoperto.

g) incaricare il nostro avvocato di adire a vie legali contro di Voi.

h) incaricare i nostri avvocati di fare i passi legali necessari per la riscossione di questo importo.

d) *die überfällige Rechnung nicht innerhalb von zehn Tagen beglichen wird,*

e) *wir die Zahlung (od. eine Überweisung) nicht innerhalb von zehn Tagen (od. bis 15. April) erhalten,*

f) *die Zahlung uns nicht innerhalb von zehn Tagen zugeht,*

g) *Ihre Überweisung des Gesamtbetrages von Lit. 4.281.300, wie in unserem Kontoauszug spezifiziert, nicht bis zum 8. Mai eintrifft,*

1. *wir keine andere Wahl haben werden als*

2. *wir gezwungen sein werden,*

a) *Schritte zur zwangsweisen Zahlung zu unternehmen.*

b) *gerichtliche Schritte zum Erhalt der Zahlung zu unternehmen.*

c) *die notwendigen Schritte zur Eintreibung des überfälligen Betrages zu unternehmen.*

d) *gerichtliche Schritte einzuleiten.*

e) *die Angelegenheit unserer Rechtsabteilung (unseren Rechtsanwälten) zu übergeben.*

f) *unsere Rechtsanwälte mit der Eintreibung des ausstehenden (od. fälligen) Betrages zu beauftragen.*

g) *unseren Rechtsanwalt anzuweisen, gerichtliche Schritte gegen Sie einzuleiten.*

h) *unsere Rechtsanwälte anzuweisen, die notwendigen gerichtlichen Schritte zur Eintreibung dieser Summe zu unternehmen.*

1. Dobbiamo esigere il pagamento entro l'8 giugno, altrimenti

2. Se il Vostro assegno non ci perviene a giro di posta

3. Se il pagamento non avviene entro dieci giorni dalla data di questa lettera

   a) saremo costretti a precedere diversamente (ad adire a vie legali)

   b) non ci lasciate altra scelta che affidare la questione ai nostri legali.

   c) la pratica verrà affidata per l'incasso ad un'agenzia specializzata nel recupero crediti.

   d) la nostra richiesta d'incasso di Lit. 5.829.200 verrà affidata all'agenzia... per la riscossione.

Preferireste veramente che procedessimo per vie legali?

Siamo certi che farete uso di questa straordinaria dilazione (di pagamento) e eviterete così gli inconvenienti e le spese che sorgerebbero dal coinvolgimento di un'agenzia specializzata (ad un avvocato).

1. *Wir müssen Bezahlung bis 8. Juni verlangen, andernfalls*

2. *Wenn Ihr Scheck nicht postwendend bei uns eintrifft,*

3. *Wenn die Zahlung nicht innerhalb von zehn Tagen ab Datum dieses Schreibens eintrifft,*

   a) *werden wir gezwungen sein, anders vorzugehen (od. gerichtliche Schritte zu unternehmen).*

   b) *lassen Sie uns keine andere Wahl, als die Angelegenheit unseren Anwälten zu übergeben.*

   c) *wird die Angelegenheit einem Inkassobüro übertragen.*

   d) *wird unsere Forderung über Lit. 5.829.200 zwecks Einzug dem XY-Inkassobüro in ... übergeben.*

Würden Sie es wirklich vorziehen, daß wir gerichtliche Schritte unternehmen?

Wir sind sicher, daß Sie diese außergewöhnliche Fristverlängerung nutzen werden und so Unannehmlichkeiten und Kosten vermeiden werden, die durch Einschaltung eines Inkassobüros (eines Rechtsanwalts) entstehen würden.

c) Ankündigung, daß nun der Rechtsanwalt beauftragt ist

1. Poiché non abbiamo ancora ricevuto il versamento a saldo del Vostro conto

2. Poiché non abbiamo ricevuto alcuna risposta alle nostre lettere precedenti

3. Abbiamo cercato di evitarlo, ma poiché non avete reagito

1. *Da wir Ihre Überweisung zum Ausgleich Ihres Kontos noch nicht erhalten haben,*

2. *Da wir keine Antwort auf unsere bisherigen Schreiben erhalten haben,*

3. *Wir waren bemüht, es zu vermeiden, aber da Sie auf kei-*

a nessuno dei nostri numerosi solleciti (tutti i nostri tentativi di indurVi a saldare il conto sono stati ignorati)

a) siamo costretti a prendere dei provvedimenti a tutela dei nostri interessi.

b) non sembra esserci altra possibilità che affidare la questione al nostro avvocato.

c) prendiamo provvedimenti per ottenere il pagamento per vie legali.

Non ci lasciate altra scelta.

La questione sarà affidata al nostro ufficio legale che effettuerà i passi opportuni.

La questione è stata ora affidata ai nostri avvocati che hanno avuto disposizione di adire immediatamente a vie legali.

Ho consegnato la Vostra lettera al mio avvocato che ho incaricato della regolazione giuridica della questione.

La mancanza di notizie da parte Vostra non ci lascia altra scelta.

Mi dispiace doverlo fare, ma – come comprenderete – non ho altra scelta.

Speriamo ancora che pagherete immediatamente la fattura risparmiandoVi così i disagi e i considerevoli costi di un processo.

ne unserer zahlreichen Mahnungen geantwortet haben (od. da alle unsere Versuche, Sie zum Ausgleich Ihres Kontos zu veranlassen, ignoriert wurden),

a) sind wir gezwungen, Maßnahmen zur Wahrung unserer Interessen zu ergreifen.

b) scheint es keine andere Möglichkeit zu geben, als die Angelegenheit unserem Rechtsanwalt zu übergeben.

c) ergreifen wir Maßnahmen, um die Zahlung auf gerichtlichem Wege zu erreichen.

Sie lassen uns keine andere Wahl.

Die Angelegenheit wird unserer Rechtsabteilung übergeben, die die notwendigen Schritte unternehmen wird.

Die Angelegenheit wurde jetzt unseren Rechtsanwälten übertragen, die angewiesen sind, unverzüglich gerichtliche Schritte einzuleiten.

Ich habe Ihr Schreiben an meinen Rechtsanwalt weitergeleitet und ihn mit der gerichtlichen Regelung der Angelegenheit beauftragt.

Das Ausbleiben einer Nachricht von Ihrer Seite läßt uns keine andere Wahl.

Ich bedauere es, dies tun zu müssen, habe jedoch, wie Sie verstehen werden, keine andere Wahl.

Wir hoffen noch immer, daß Sie diese Rechnung unverzüglich begleichen und sich so die Unannehmlichkeit und die beträchtlichen Kosten eines Prozesses ersparen werden.

5. Man beauftragt den Rechtsanwalt

Posso pregarLa del Suo aiuto per la riscossione di un credito?

Darf ich für die Eintreibung einer Schuld um Ihre Hilfe bitten?

Saremmo grati se trattaste per conto nostro riguardo ...

Wir wären dankbar, wenn Sie in unserem Auftrag hinsichtlich ... handeln würden.

Con la presente Le conferisco l'incarico di riscuotere la mia fattura al Signor ...

Hiermit beauftrage ich Sie, meine Rechnung an Herrn ... einzutreiben.

La prego di adire immediatamente a vie legali e di tenermi costantemente informato dell'ulteriore sviluppo.

Bitte leiten Sie unverzüglich gerichtliche Schritte ein und halten Sie mich über den weiteren Verlauf ständig informiert.

Vi preghiamo (La prego) di cercare di regolare la questione amichevolmente (in via amichevole).

Versuchen Sie bitte, die Angelegenheit gütlich (auf gütlichem Wege) zu regeln.

Alleghiamo alla presente copie delle lettere della ditta ... e delle nostre. Il contenuto si spiega da sé (non ha bisogno di ulteriori spiegazioni).

Wir fügen Kopien von Briefen der Firma ... und unserer Briefe bei. Der Inhalt erklärt sich von selbst (bedarf keiner weiteren Erläuterungen).

Vi preghiamo (La prego) di tenerci al corrente.

Bitte halten Sie uns auf dem laufenden.

La prego di inviarmi un resoconto per le spese effettuate fino ad oggi ed una stima dei costi prevedibili qualora la questione venga portata in tribunale.

Bitte senden Sie mir eine Abrechnung für die bis heute angefallenen Kosten und eine Schätzung der voraussichtlichen Kosten, falls die Angelegenheit vor Gericht kommt.

XIV. Antworten auf Zahlungsaufforderungen

Kann man seinen Zahlungsverpflichtungen (*impegni di pagamento*) nicht pünktlich nachkommen *(adempiere)*, so empfiehlt es sich, dem Gläubiger *(creditore)* in höflicher *(cortese)* und geschäftsmäßiger Form *(in forma commerciale)* und womöglich noch vor Empfang einer Mahnung *(sollecito)* die Gründe der Unpünktlichkeit anzugeben, wie Versehen *(svista/distrazione)*, Geschäftsflaute *(ristagno negli affari)*, Geldknappheit *(scarsezza di circolante)*, langsamer Eingang *(lento ricupero)* der Außenstände *(crediti da esigere)* usw. Je nach Umständen bittet man um Entschuldigung *(chiedere scusa)*, Nachsicht *(indulgenza)* oder Bewilligung einer Zahlungsfrist (Stundung *concessione di dilazione*) und dankt im voraus für freundliches Entgegenkommen *(venire incontro/compiacenza)*.

1. Eingangsformeln

Ci dispiace molto che ci sia stato un ritardo nel pagamento della Vostra fattura.

Es tut uns sehr leid, daß in der Begleichung Ihrer Rechnung eine Verzögerung eingetreten ist.

Confermiamo il ricevimento della Vostra lettera del 15 agosto con allegata copia dell'estratto conto per il secondo trimestre che abbiamo immediatamente inoltrato al nostro reparto contabilità.

Wir bestätigen den Empfang Ihres Schreibens vom 15. August mit der beigefügten Kopie des Kontoauszuges für das zweite Quartal, die wir sofort an unsere Rechnungsabteilung weitergegeben haben.

Abbiamo ricevuto la Vostra lettera del 20 giugno

Wir haben Ihren Brief vom 20. Juli erhalten

a) ed alleghiamo il nostro assegno N. 452051 per Lit. 248.400 a totale saldo della fattura scaduta.

a) und fügen Scheck Nr. 452051 über Lit. 248. 400 zum vollen Ausgleich der überfälligen Rechnung bei.

b) con la preghiera di pagamento immediato della Vostra tattura N. 11234 per Lit. 743.300.

b) mit der Bitte um sofortige Zahlung Ihrer fälligen Rechnung Nr. 11234 in Höhe von Lit. 743.300.

c) nella quale ci ricordate che il pagamento dell'importo dovuto sul nostro estratto conto di giugno è scaduto.

c) in dem Sie uns daran erinnern, daß die Zahlung des geschuldeten Betrages auf unserem Juni-Kontoauszug überfällig ist.

d) con la quale ci ricordate che la Vostra fattura N 11250 era pagabile (da pagarsi) due mesi fa.

d) mit dem Sie uns daran erinnorn, daß Ihre Rechnung Nr. 11250 vor zwei Monaten zur Zahlung fällig war.

Vi preghiamo di scusarci per il ritardo nella risposta alle Vostre lettere relative alla fattura scaduta.

Wir bitten um Entschuldigung wegen der Verzögerung in der Beantwortung Ihrer Briefe bezüglich der überfälligen Rechnung.

Ci dispiace molto di non aver risposto alle Vostre lettere relative al pagamento dell'estratto conto di marzo, ma abbiamo avuto un difficile periodo d'esercizio e avevamo sperato ogni giorno di saldare il nostro conto.

Wir bedauern sehr, auf Ihre Briefe mit der Bitte um Zahlung des März-Kontoauszuges nicht geantwortet zu haben, aber wir hatten geschäftlich eine schwere Zeit und täglich gehofft, unser Konto zu bereinigen.

Siamo sorpresi per la Vostra lettera del 30 marzo u. s. con la preghiera (richiesta) di pagamento della fattura sopra indicata.

Wir sind über Ihr Schreiben vom 30. März d. J. mit der Bitte um Zahlung der oben erwähnten Rechnung erstaunt.

L'importo di Lit. 12.840.000 è stato pagato a mezzo cambiale bancaria (assegno) il 31 marzo u. s. Vogliate controllare i Vostri documenti ed informarci se avete ora ricevuto questo pagamento.

Der Betrag von Lit. 12.840.000 wurde durch Banktratte (od. Scheck) am 31. März d. J. bezahlt. Bitte prüfen Sie Ihre Unterlagen und benachrichtigen Sie uns, ob Sie diese Zahlung nun erhalten haben.

Confermo il ricevimento della Vostra lettera del 2 aprile che minaccia (con la minaccia) di adire a vie legali per il mancato pagamento della Vostra fattura N. 38651.

Ich bestätige den Empfang Ihres Schreibens vom 2. April, das wegen der Nichtbezahlung Ihrer Rechnung Nr. 38651 die Androhung gerichtlicher Schritte enthält.

2. Grund der Zahlungsverzögerung

In seguito a circostanze imprevedibili non siamo stati in grado di saldare le Vostre ultime fatture come desideravamo e come è nostro abituale costume (siamo normalmente abituati).

Infolge unvorhersehbarer Umstände waren wir nicht imstande, Ihre letzten Rechnungen so zu erledigen, wie wir es wünschten und normalerweise gewohnt sind.

1. Avevamo intenzione di saldare questa fattura entro la fine del mese scorso, ma

1. Wir hatten die Absicht, diese Rechnung bis zum Ende des vorigen Monats zu bezahlen, aber

2. Quando Vi abbiamo scritto e promesso di pagare totalmente entro il 15 aprile ci attendevamo di poterlo fare con certezza, ma

2. Als wir Ihnen schrieben und versprachen, bis 15. April voll zu bezahlen, erwarteten wir mit Sicherheit, dies tun zu können, aber

   a) a causa del fallimento inatteso di uno dei nostri più vecchi e affidabili clienti ci siamo ritrovati in una situazione molto difficile.

   a) durch den unerwarteten Konkurs eines unserer ältesten und zuverlässigsten Kunden haben wir uns in einer schwierigen Lage befunden.

   b) a causa del fallimento di uno dei nostri maggiori debitori all'estero abbiamo avuto temporaneamente delle considerevoli difficoltà.

   b) durch den Konkurs eines unserer größeren Schuldner im Ausland gerieten wir vorübergehend in beträchtliche Schwierigkeiten.

   c) negli ultimi tempi gli affari vanno piuttosto male e i nostri (propri) clienti adempiono con difficoltà ai loro impegni (sono lenti

   c) in der letzten Zeit geht das Geschäft eher schlecht, und unsere (eigenen) Kunden kommen ihren Verpflichtungen nur schlep-

a saldare i loro conti / pagare le loro fatture).

d) a causa dell'attuale concorrenza spietata ci siamo temporaneamente ritrovati in notevoli difficoltà e siamo pertanto costretti a ritardare alcuni pagamenti.

Vi ricorderete certamente che in novembre ci siamo dovuti trasferire in nuovi locali aziendali. Da ciò sono derivati cospicui costi ed anche alcune perdite di guadagno.

Apparentemente non abbiamo correttamente compreso le Vostre condizioni di pagamento poiché avevamo l'impressione che esse prevedessero il pagamento entro tre mesi.

Sarebbe per noi molto problematico saldare immediatamente il nostro conto.

La nostra attuale difficile situazione è solo temporanea.

Il motivo per cui non abbiamo pagato la Vostra fattura del 30 marzo è nel fatto che avete fatturato Lit. 250.000 in più la qual cosa Vi abbiamo fatto notare in una nostra precedente lettera.

La nostra ditta è sotto amministrazione fallimentare e non siamo in grado di far fronte ai nostri impegni.

pend nach (od. sind langsam im Ausgleich ihrer Konten/in der Bezahlung ihrer Rechnungen).

d) durch die augenblickliche mörderische Konkurrenz sind wir in beträchtliche vorübergehende Schwierigkeiten gekommen und deshalb gezwungen, einige Zahlungen hinauszuschieben.

Sie werden sich sicher erinnern, daß wir im November in neue Geschäftsräume umziehen mußten. Daraus sind erhebliche Kosten und auch einige Gewinnverluste entstanden.

Wir haben anscheinend Ihre Zahlungsbedingungen nicht richtig verstanden, da wir den Eindruck hatten, daß diese Regulierung innerhalb drei Monaten vorsehen.

Es wäre uns jetzt sehr ungelegen, unser Konto sofort auszugleichen.

Unsere momentane schwierige Lage ist nur vorübergehend.

Der Grund, weshalb wir Ihre Rechnung vom 30. März noch nicht bezahlt haben, liegt darin, daß Sie Lit. 250.000 zuviel berechneten, worauf wir Sie in einem vorhergehenden Brief aufmerksam gemacht haben.

Unsere Firma steht unter Konkursverwaltung, und wir sind nicht in der Lage, unseren Verpflichtungen nachzukommen.

3. Man leistet oder verspricht Zahlung

(In) allegato Vi inviamo un assegno di Lit. 872.600 a totale saldo della Vostra fattura N. ...

In der Anlage senden wir Ihnen einen Scheck über Lit. 872.600 zum vollen Ausgleich Ihrer Rechnung Nr. ...

1. Vi inviamo Lit. 500.000 come acconto

1. *Wir senden Ihnen Lit. 500.000 als Anzahlung*

2. Pertanto alleghiamo un assegno di Lit. 750.000 come acconto

2. *Deshalb fügen wir einen Scheck über Lit. 750.000 als Anzahlung bei*

a) e faremo ogni sforzo per pagare il saldo prima del 1° settembre.

a) *und werden alles daransetzen, um den Saldo vor dem 1. September zu bezahlen.*

b) e Vi preghiamo di essere così gentili da concederci ancora alcune settimane per il pagamento dell'importo restante.

b) *und bitten Sie, so freundlich zu sein, uns noch einige Wochen zur Zahlung des Restbetrages zu gewähren.*

c) e Vi invieremo un ulteriore importo tra due settimane.

c) *und werden Ihnen einen weiteren Betrag in 14 Tagen schicken.*

d) e salderemo (pagheremo) l'importo scoperto entro la fine di dicembre.

d) *und werden den ausstehenden Restbetrag bis Ende Dezember begleichen (od. bezahlen).*

e) e Vi preghiamo di spiccar tratta su di noi a 90 giorni vista per l'importo ancora scoperto di Lit. 622.700 più 12% di interessi annuali.

e) *und bitten Sie, für den noch fälligen Betrag von Lit. 622.700 zuzüglich 12% Jahreszinsen auf uns einen 90-Tage-Sichtwechsel zu ziehen.*

In ogni caso, la miglior cosa che possiamo fare al momento è di inviarVi l'allegato assegno di Lit. 600.000 a pagamento parziale con la preghiera di concederci altro tempo per il saldo della differenza.

Das Beste, was wir jedenfalls augenblicklich tun können, ist, Ihnen den beigefügten Scheck über Lit. 600.000 als Anzahlung zu schicken mit der Bitte, uns zur Zahlung der Differenz eine weitere Frist einzuräumen.

Proponiamo pertanto un pagamento a rate di Lit. 250.000 cad. con scadenza il 15 gennaio, 15 fabbraio e 15 marzo e Vi saremmo estremamente grati se accettaste questa proposta.

Wir schlagen (deshalb) Ratenzahlungen von je Lit. 250.000 vor, fällig jeweils am 15. Januar, 15. Februar und 15. März, und wären Ihnen außerordentlich dankbar, wenn Sie diesen Vorschlag annehmen würden.

Attendiamo di incassare una considerevole somma nelle prossime settimane che ci permetterà di adempiere comple-

Wir erwarten innerhalb der nächsten Wochen eine größereZahlung, die es uns ermöglichen wird, unseren Verpflich-

tamente ai nostri impegni.

Vi possiamo assicurare che il saldo totale avverrà al più tardi entro quattro o cinque settimane.

tungen voll nachzukommen.

Wir können Ihnen versichern, daß die volle Regulierung innerhalb von vier bis fünf Wochen spätestens erfolgen wird.

4. Bitte um Fristgewährung

Come saprete le Vostre fatture sono state finora sempre prontamente pagate ed è solo con la più grande riluttanza che dobbiamo chiederVi una proroga di alcune settimane per adempiere ai nostri attuali impegni.

Sono (pertanto) costretto a chiederVi il permesso di ritardare il pagamento fino alla fine dl marzo.

1. Siamo molto spiacenti di

2. Siamo in una situazione molto spiacevole e siamo costretti pertanto a

   a) doverVi richiedere una dilazione (di credito) per il saldo del Vs. estratto conto dl gennaio..

   b) dover chiedere un'ulteriore proroga per il saldo del nostro estratto conto di aprile.

   c) dover chiedere se è possibile prolungare di due mesi la scadenza della Voctra tratta N. ... per l'ammontare di Lit. 2.560.000.

   d) dover richiedere una dilazione di credito perché per noi sarebbe estremamente difficile attualmente far fronte a quest'impegno.

Wie Sie wissen, sind Ihre Rechnungen bis jetzt immer prompt reguliert worden, und nur mit größtem Widerstreben müssen wir Sie um eine mehrwöchige Verlängerung zur Erfüllung unserer momentanen Verpflichtungen bitten.

Ich bin (deshalb) gezwungen, Sie um Erlaubnis zu bitten, die Zahlung bis Ende März zu verschieben.

1. Wir bedauern sehr, Sie

2. Wir sind in einer sehr unangenehmen Lage und gezwungen, Sie

   a) um eine Kreditverlängerung für Ihren Kontoauszug von Januar bitten zu müssen.

   b) um eine weitere Verlängerung zum Ausgleich unseres Kontoauszuges von April bitten zu müssen.

   c) fragen zu müssen, ob es möglich ist, die Fälligkeit Ihrer Tratte Nr. ... in Höhe von Lit. 2.560.000 um zwei Monate zu verlängern.

   d) um eine Kreditverlängerung bitten zu müssen, da es für uns äußerst schwierig wäre, dieser Verpflichtung augenblicklich nachzukommen.

Posso assicurarVi che il pagamento sarà totalmente effettuato entro tale data.

Ich kann Ihnen versichern, daß die Zahlung bis zu diesem Datum voll geleistet wird.

In questa situazione apprezzeremmo una dilazione di due settimane se (nella misura in cui) ciò per Voi fosse accettabile.

Unter diesen Umständen würden wir eine zweiwöchige Verlängerung begrüßen, falls dies für Sie annehmbar wäre.

5. Schlußworte

Siamo molto spiacenti per gli inconvenienti creati da questa fattura scaduta.

Wir bedauern die durch diese überfällige Rechnung verursachten Unannehmlichkeiten sehr.

Siamo molto spiacenti di dover formulare questa richiesta

Wir bedauern sehr, daß wir diese Bitte äußern müssen,

a) ma speriamo che la potrete soddisfare.

a) hoffen aber, daß Sie sie gewähren können.

b) e Vi assicuriamo che faremo tutto il possibile in questa difficile situazione.

b) und versichern Ihnen, daß wir alles in dieser schwierigen Lage nur Mögliche tun werden.

Vi saremmo molto grati se ci faceste eccezionalmente questa concessione.

Wir wären sehr dankbar, wenn Sie uns ausnahmsweise dieses Zugeständnis machen würden.

Apprezziamo molto la pazienza da Voi dimostrata in quest'occasione.

Die von Ihnen in dieser Angelegenheit gezeigte Geduld schätzen wir sehr.

Come sapete (Vi è noto) ho sempre provveduto nel passato affinché le Vostre fatture fossero pagate prontamente e mi dispiace molto doverVi fare ora questa richiesta.

Wie Sie wissen, habe ich in der Vergangenheit immer sichergestellt, daß meine Rechnungen prompt bezahlt wurden, und ich bedaure sehr, jetzt diese Bitte an Sie richten zu müssen.

Non appena invierete una fattura rettificata (corretta) provvederemo per il totale pagamento.

Sobald Sie eine berichtigte Rechnung schicken, werden wir die vollständige Bezahlung veranlassen.

Al ricevimento dell'estratto conto rettificato salderemo il nostro conto come d'abitudine a mezzo assegno.

Nach Erhalt des berichtigten Kontoauszuges werden wir wie üblich unser Konto durch Scheck ausgleichen.

Nel frattempo saremo lieti di apprendere che siete disposti a continuare le forniture.

Inzwischen würden wir uns freuen zu hören, daß Sie bereit sind, die Lieferungen fortzusetzen.

6. Antwort auf Bitte um Zahlungsaufschub

Abbiamo ricevuto la Vostra lettera del 2 aprile u. s.

Wir haben Ihren Brief vom 2. April erhalten

a) e ci dispiace di venire a conoscenza (apprendere) delle difficoltà in cui Vi ha posto la bancarotta di un Vostro importante cliente.

a) und bedauern von den Schwierigkeiten zu hören, in die der Bankrott eines wichtigen Kunden Sie gebracht hat.

b) con la richiesta di conceder-Vi una ulteriore dilazione di due settimane per saldare il Vostro conto.

b) mit der Bitte, Ihnen eine weitere Frist von zwei Wochen zur Regulierung Ihres Kontos zu gewähren.

c) e – in considerazione delle particolari circostanze – siamo disposti a concederVi 60 giorni per il saldo del Vostro conto.

c) und sind in Anbetracht der besonderen Umstände bereit, Ihnen 60 Tage zur Regulierung Ihres Kontos zu gewähren.

1. In considerazione della situazione accennata e in base alla puntualità con la quale avete sempre pagato le nostre fatture nel passato (fino ad ora) siamo disposti a(d)

1. Unter den erwähnten Umständen und wegen der Pünktlichkeit, mit der Sie Ihre Rechnungen in der Vergangenheit (od. bis heute) immer bezahlt haben, sind wir bereit,

2. In considerazione della straordinaria situazione nella quale Vi trovate abbiamo deciso di

2. Angesichts der außergewöhnlichen Lage, in der Sie sich befinden, haben wir uns entschlossen,

a) aiutarVi per quanto possibile.

a) Ihnen so weit wie möglich zu helfen.

b) corrispondere alla Vostra richiesta ed alleghiamo una nostra tratta a 60 giorni vista. Vi preghiamo di accettarla e restituircela (provvista della Vostra accettazione).

b) Ihrer Bitte zu entsprechen und fügen unsere 60-Tage-Sichttratte bei. Bitte schicken Sie uns diese nach Akzept (mit Ihrem Akzept versehen) zurück.

c) accettare il Vostro pagamento ritardato tuttavia con la richiesta che esso ci pervenga non oltre il 31 ottobre.

c) Ihre hinausgeschobene Zahlung zu akzeptieren, jedoch mit der Bitte, daß sie uns nicht später als 31. Oktober erreicht.

d) prolungare la data di pagamento di quattro ulteriori settimane.

d) den Zahlungstermin um weitere vier Wochen zu verlängern.

Se ci inviate un Vostro assegno (effettuate un versamento)

Wenn Sie uns (eine Überweisung) Ihren Scheck in Höhe des

per la metà dell'importo dovuto, spiccheremo tratta a 60 giorni su di Voi per la metà restante.

Attendiamo il Vostro versamento (assegno) entro il 31 maggio.

1. Comprenderete comunque che questa concessione non crea (costituisce) alcun precedente

2. Vale come concordato che questa è effettivamente un' eccezione

e che le nostre consuete condizioni (2% di sconto per pagamento entro sette giorni o netto cassa a 30 giorni) rimangono invariate.

1. Comprendiamo che per Voi possa essere attualmente molto difficile incassare fatture scoperte,

2. Comprendiamo certamente il Vostro desiderio di prolungamento della tratta e Vi aiuteremmo molto volentieri,

ma capirete che in questi tempi di elevati tassi d'interesse (limitazioni creditizie) è importante che adempiamo puntualmente ai nostri impegni (alle nostre scadenze) mensili.

Abbiamo comprensione per le Vostre difficoltà,

a) ma non possiamo concedere alcuna ulteriore dilazione perché la fattura è ormai scaduta da cinque mesi.

b) ma non possiamo prolungare infinitamente il credito e dobbiamo pertanto pregarVi di effettuare il pagamento entro il 31 maggio.

Vi preghiamo pertanto di effettuare un immediato versamento.

halben Betrages schicken, werden wir für die restliche Hälfte mit 60 Tagen auf Sie ziehen.

Wir erwarten Ihre Überweisung (od. Ihren Scheck) bis 31. Mai.

1. *Sie werden jedoch verstehen, daß dieses Zugeständnis keinen Präzedenzfall schafft*

2. *Es gilt als vereinbart, daß dies in der Tat eine Ausnahme ist*

und daß unsere üblichen Bedingungen: 2% Skonto bei Zahlung innerhalb von sieben Tagen oder netto Kasse 30 Tage unverändert bleiben.

1. *Wir verstehen, daß es für Sie zur Zeit sehr schwierig sein mag, ausstehende Rechnungen einzuziehen,*

2. *Wir verstehen vollkommen Ihren Wunsch nach Verlängerung unserer Tratte und würden Ihnen sehr gern helfen,*

aber Sie müssen verstehen, daß in diesen Zeiten der hohen Zinssätze (od. der Kreditbeschränkung) es wichtig ist, daß wir unseren monatlichen Verpflichtungen bei Fälligkeikt nachkommen.

Wir haben für Ihre Schwierigkeiten Verständnis,

a) *können jedoch keine weitere Zahlungsfrist gewähren, da die Rechnung bereits fünf Monate überfällig ist.*

b) *können jedoch den Kredit nicht unendlich verlängern und müssen Sie deshalb bitten, die Zahlung bis 31. Mai zu leisten.*

Wir bitten Sie deshalb um unverzügliche Überweisung.

XV. Speditionsgeschäft. Versand, Verschiffung, Transport

Der Spediteur *(spedizioniere)* besorgt den Gütertransport *(trasporto delle merci)* durch Frachtführer (vettori) und Verschiffer oder Verfrachter *(noleggiatori, caricatori)*.

Die vom Übersee-Kunden *(cliente d'oltremare)* bei verschiedenen Erzeugern bestellten Waren gehen – oft in besonderen Posten (Teilquanten *spedizioni parziali*) – dem Spediteur zu, der für die Empfangnahme *(ricezione)*, Einlagerung *(magazzinaggio)* oder Weiterbeförderung *(rispedizione, proseguimento)* an ihren Bestimmungsort *(luogo di destinazione)* zu sorgen hat.

Der Spediteur stellt kostenfreie Berechnung der Frachtsätze *(quotazioni dei noli)* auf und ist oft in der Lage, eine Ermäßigung *(riduzione)* der Fracht- und Versicherungssätze *(tasso di assicurazione)* zu gewähren. Er übernimmt ferner die Zusammenstellung *(combinazione)* von Sammelgütern oder Sammelladungen *(spedizione di merci a collettame)* und sorgt für seemäßige Verpackung *(imballaggio adatto al trasporto via mare)*, Umpackung *(cambiamento di imballaggio)*, Umsignierung *(sostituzione di marche)*, Umladung *(trasbordo)* und Verzollung *(sdoganamento)* der Waren.

Im Binnenhandel besorgen die Eisenbahn- und Binnenschiffahrtsgesellschaften *(la ferrovia e le società di navigazione fluviale)* meist durch ihren eigenen Rollfuhrdienst *(servizio carri su strada)* die Anfuhr *(presa)* und Ablieferung *(consegna)* der Waren.

Der Spediteur kann haftbar *(responsabile)* gemacht werden für jeden Schaden *(danno)*, der aus Mangel an nötiger Sorgfalt *(accuratezza)* entstanden ist: a) beim Laden *(caricare)*, Abladen *(scaricare)* oder Umpacken der Waren; b) infolge unrichtiger Ausstellung *(compilazione)* von Frachtbriefen *(lettere di vettura)*, Konnossementen *(polizze di carico)* oder Zollerklärungen *(dichiarazioni doganali)*; c) wegen verspäteter Ablieferung *(ritardata consegna)* usw. Er hat wegen der Fracht, Provision *(provvigione)* usw. ein Pfandrecht *(diritto di prelazione)* an dem Frachtgut, das gegebenenfalls auf den Unterspediteur oder -agenten *(subagente)* übergeht.

Einfuhr (Import *importazione*). Der Kapitän *(capitano)* des einlaufenden Schiffes überreicht dem Zollamt *(dogana)* den Schiffsbericht *(manifesto di bordo)* in doppelter Ausführung *(in duplice copia)*, der eine Beschreibung *(descrizione)* des Schiffes *(nave)*, dessen Nationalität *(nazionalità)*, die Anzahl der Mannschaft *(equipaggio)*, den Namen des Kapitäns und die Liste der Frachten *(carichi)* enthält. Danach werden die Waren für den Importeur *(importatore)* oder den Empfänger *(destinatario)* gelandet *(scaricate)*, gewogen *(pesate)*, tariert *(tarate,* d. h. das Reingewicht festgestellt*)*, gemessen *(misurate)*, geeicht *(stazzate)* und gemustert *(prelevati campioni,* d. h. eine Probe entnommen*)*.

Ausfuhr (Export *esportazione*). Für die Anmeldung der zur Verschiffung (imbarco) oder Ausfuhr bestimmten Waren braucht der Ausführer (Exporteur *esportatore*) oder der Absender *(speditore)* den Schiffszettel oder die Ausfuhrerklärung *(dichiarazione di esportazione)*.

Die Steuermannsquittung *(ricevuta del capitano o di chi lo sostitui-sce)* bestätigt ihm den Empfang der Güter an Bord des Schiffes. Die Quittung ist „rein" *(pulita),* wenn die Waren in gutem Zustand übergeben werden, und „unrein" *(sporca),* wenn irgend etwas nicht in Ordnung (beschädigt, zerbrochen usw.) ist. Die „unreine" Quittung bringt ein „unreines" Konnossement *(polizza di carico)* mit sich, wodurch die Diskontierung einer gegen Schiffsdokumente gezogenen Tratte erschwert wird. Man entbindet den Kapitän durch einen Schadloshaltungsbrief *(lettera di esonero)* von der Verantwortlichkeit für die beschädigten Waren und erhält dafür eine „reine" Quittung.

Schiffsangelegenheiten *(affari attinenti alla navigazione).* Der Schiffseigner *(proprietario della nave)* oder Reeder *(armatore)* vermietet *(oder verfrachtet, chartert noleggiare)* als Verfrachter *(noleggiatore)* ein Schiff entweder ganz oder zum Teil an den Befrachter *(noleggiante)* zur Beförderung *(trasporto)* von Waren. In der Regel vermittelt der Schiffsmakler *(sensale/agente marittimo)* zwischen beiden. Der zwischen Verfrachter und Befrachter abgeschlossene Vertrag *(contratto)* heißt Befrachtungsvertrag (Charterpartie *contratto di noleggio).* Die Befrachtung kann für eine bestimmte Reise *(noleggio a viaggio)* oder Zeit *(noleggio a tempo)* gelten. In diesem Vertrag sind u. a. die Liegetage *(stallie),* d. h. die für das Einladen *(caricare)* und Ausladen *(scaricare)* bestimmten Tage festzulegen. Der Kapitän hat Anspruch auf Entschädigung für die Überliegezeit *(controstallie),* d. h. wenn die festgesetzte Zeit überschritten wird, und zahlt dem Befrachter eine Vergütung *(bonifico)* für Nichtausnutzung der Liegetage.

Die Schiffseigentümer bzw. Fachzeitschriften (in Italien: « Avvisatore Marittimo») veröffentlichen Verwendungspläne *(bollettini di navigazione)* mit Angabe der Namen, der Bestimmung *(destinazione),* der Abfahrtsdaten *(date di partenza)* usw. der Schiffe. Der Spediteur ist somit in der Lage, seinen Kunden die neuesten Schiffsnachrichten *(informazioni sulla navigazione)* zu übermitteln *(trasmettere).*

Der Briefwechsel zwischen Spediteur und Absender oder Verfrachter beschränkt sich in der Hauptsache auf die Ausfertigung *(riempimento, redazione)* der verschiedenen Begleitpapiere und Formulare, aber bei der Übernahme eines (neuen) Geschäftes, bei der Erledigung von Schadenersatzansprüchen, Klagen, Beschwerden usw. kann er sehr mannigfaltig werden.

Man benachrichtigt den Spediteur von der mit dem ... Schiff oder der ... Bahn auszuführenden Sendung, gibt die Frachtstücke mit Zeichen *(marche),* Nummer *(numeri)* und Inhalt *(contenuto)* an und erteilt die nötigen Anweisungen.

Transport auf dem Landweg *(trasporto/spedizione via terra)* erfolgt sowohl per Bahn *(a mezzo ferrovia)* als auch per Lkw *(camion – autotreno).*

Wenn die Sendungen nicht in geschlossenen Eisenbahnwagen *(carro completo)* erfolgen, ist die Versandart der Sammelladungen *(spedizione a collettame)* üblich.

Bei dieser Versandart hat der Frachtführer *(vettore)* die Aufgabe *(compito),* die Waren an die einzelnen Empfänger zu leiten *(indirizzare/inoltrare)* bzw. zu verteilen *(smistare).* Er übernimmt *(assumere)* die Verantwortung *(responsabilità)* für die Beförderung *(trasporto)* der Ware *(merce).*

Hat der Spediteur den Auftrag ausgeführt, so benachrichtigt er den Empfänger der Waren und sendet gegebenenfalls die nötigen Papiere an den Unterspediteur. Dem Exporteur überreicht er die Seefrachtbriefe und seine Kosten- und Gebührenrechnung *(nota a spese e competenze)* mit Angabe der Art der Vergütung für Fracht und Spesen.

Luftfrachtverkehr. Hauptvorteile des Lufttransports sind kurze Transportzeit und bessere Transportbedingungen *(condizioni di trasporto)*. Wertvolle Waren, hochempfindliche *(molto delicate)* Maschinen und Geräte, wissenschaftliche Instrumente *(strumenti scientifici)*, Medikamente *(medicine)*, dringend benötigte Ersatzteile, Früchte und Blumen und selbst lebende Tiere und Motorfahrzeuge können schnell von einem Teil der Welt zum anderen transportiert werden. Hierdurch entfällt eine größere Lagerhaltung.

Die erforderlichen Dokumente sind weniger und einfacher als für den Seetransport. Im Luftverkehr ersetzt der Luftfrachtbrief *(lettera di vettura aerea)* das Konnossement. Im Gegensatz zum Konnossement ist der Luftfrachtbrief jedoch kein Besitztitel *(titolo di possesso)*.

Wenn es für einen Exporteur notwendig ist, über die Waren eine Kontrolle zu behalten und der Luftfrachtspediteur den Transport nicht als Nachnahmesendung *(contrassegno)* abwickeln kann, können die Waren an eine Bank im Land des Importeurs geschickt werden mit der Anweisung, die Freigabe der Waren *(consegna)* nur zu bestimmten Bedingungen vorzunehmen.

Die Frachtspesen *(spese di trasporto)* sind im allgemeinen vom Absender *(speditore)* im voraus zu bezahlen *(in anticipo)* bis zum Bestimmungsflughafen *(aeroporto di destinazione)*, während die Spesen am Bestimmungsort vom Empfänger eingezogen werden *(sono a carico del destinatario)*. Für eine Reihe von Ländern besteht auch die Möglichkeit, Waren unfrankiert oder als Nachnahme zu versenden.

Die Luftfrachtsätze *(tariffe cargo)* richten sich nach dem Gewicht der Ware und der Länge des Flugweges. Für Sendungen *(spedizioni)* unter 45 kg wird der normale Frachtsatz *(tariffa normale)* erhoben, während für schwerere Sendungen ein Nachlaß *(abbuono)* gewährt wird.

Die Auslieferung der Sendung erfolgt nur gegen schriftliche Empfangsbestätigung.

An den Spediteur oder Schiffsagenten

1. Auftrag, ein Schiff zu mieten (chartern)

1. Desideriamo noleggiare una nave di circa 800 t.s.l.

1. Wir möchten ein Schiff von ca. 800 TEU chartern

2. Vi preghiamo di procurarci una nave con una capacità di carico di circa (ca.) t. 4000

2. Bitte besorgen Sie uns ein Schiff mit einer Ladekapazität von ca. 4000 Tonnen

a) per una spedizione di trattori agricoli da Ancona a Cape Town.

b) per un viaggio circolare Livorno – Mombasa con carico misto.

1. Abbiamo stipulato un contratto con una ditta australiana per la fornitura di impianti di irrigazione per i prossimi cinque mesi.

2. Dobbiamo trasportare t. 5000 di concime da Savona a Tanga

a) e vorremmo sapere se potete stipulare un contratto di noleggio a tempo per una nave adeguata.

b) e Vi preghiamo pertanto di procurarci una nave con una capacità di carico adeguata.

La nave deve

a) essere pronta alla caricazione in data 5 giugno.

b) essere in grado di effettuare tre viaggi di andata e ritorno (circolari) tra marzo e giugno tenendo presenti due giorni per carico e scarico ad ogni viaggio.

E' molto importante che la nave sia a Turku il 23 aprile p.v. pronta per la caricazione.

Vi preghiamo di provvedere quanto necessario per il noleggio della M/N Adele alle condizioni indicate nella Vostra lettera del 22 aprile u.s., vale a dire Lit. ... per t. e fateci pervenire il contratto di noleggio per la firma insieme alla Vostra fattura di provvigione.

---

a) für eine Sendung von landwirtschaftlichen Traktoren von Ancona nach Cape Town.

b) für eine Rundreise von Livorno nach Mombasa für gemischte Ladung.

1. Wir haben einen Vertrag mit einem australischen Unternehmen abgeschlossen für die Lieferung von Berieselungsanlagen in den nächsten fünf Monaten.

2. Wir müssen 5000 Tonnen Düngemittel von Savona nach Tanga verschiffen

a) und wüßten gern, ob Sie einen Zeitcharter für ein geeignetes Schiff abschließen können.

b) und bitten Sie, uns ein Schiff mit einer geeigneten Ladekapazität zu besorgen.

Das Schiff muß (od. sollte)

a) am 5. Juni ladebereit sein.

b) in der Lage sein, drei Hin- und Rückreisen während der Zeit von März bis Juni zu machen, unter Berücksichtigung von 2 Tagen für das Laden und Löschen bei jeder Fahrt.

Es ist sehr wichtig, daß das Schiff am 23. April in Turku ist und bereit, Ladung an Bord zu nehmen.

Bitte veranlassen Sie alles Notwendige, um MS Adele zu den in Ihrem Schreiben vom 22. April d. J. genannten Bedingungen zu chartern, nämlich Lit. ... proTonne, und schicken Sie uns die Charterpartie zur Unterschrift zusammen mit Ihrer Provisionsrechnung.

2. Anfrage nach Frachtsätzen und Übernahmebedingungen

1. Apprendiamo dalla Vostra inserzione nella «Internationale Transport-Zeitschrift»

2. Siamo stati informati (Abbiamo appreso; Apprendiamo)

   a) che offrite un servizio di cargo aereo a livello mondiale.

   b) che siete specialisti per spedizioni marittime a mezzo container da e per il Canada.

   c) che esercitate un regolare servizio container tra Rotterdam e Lagos.

1. Avremo (tra breve)

2. La prossima settimana (il 12 marzo p.v.) avremo

   a) pronta una partita di 20 casse di merci varie destinate a un nostro cliente di Bari.

   b) pronta una partita di apparecchiature sanitarie del peso di ca. Kg 50 per un cliente di Catania che desideriamo spedire per via aerea (ferrovia, a mezzo camion).

   c) una partita di aspirapolvere da consegnare a una ditta di Vorona.

   d) pronta una partita di tubi d'acciaio da trasportare a Tunisi.

   e) pronta una partita di tubi da spedire f.o.b. da Rotterdam a Casablanca.

Le merci saranno imballate

1. *Wir entnehmen Ihrer Annonce in der „Internationalen Transport-Zeitschrift",*

2. *Man hat uns davon unterrichtet (od. Wir haben erfahren; Wir hören),*

   a) *daß Sie einen weltweiten Luftfrachtdienst anbieten.*

   b) *daß Sie Spezialist für Containerverschiffungen von und nach Kanada sind.*

   c) *daß Sie einen Containerdienst auf der Route Rotterdam-Lagos unterhalten.*

1. *Wir haben (od. In Kürze haben wir)*

2. *Nächste Woche (od. Am 12. März) haben wir*

   a) *eine Sendung von 20 Kisten gemischter Waren für einen unserer Kunden in Bari bereit.*

   b) *einen Posten medizinischer Geräte mit einem Gewicht von ungefähr 50 kg für einen Kunden in Catania bereit, die wir auf dem Luftweg (od. mit der Bahn; per Lkw) versenden wollen.*

   c) *eine Sendung Staubsauger zur Lleferung an eine Firma in Vcrona.*

   d) *eine Sendung Stahlrohre zum Transport nach Tunis bereit.*

   e) *eine Sendung Röhren zum Transport f.o.b. Rotterdam nach Casablanca bereit.*

Die Waren werden in Kisten

in casse di dimensioni cm ... x cm ... x cm ... e del peso di Kg ... ciascuna.

mit den Abmessungen ... x ... x ... cm und einem Gewicht von je ... kg verpackt werden.

Le casse misurano cm ... x cm ... x cm ... e pesano ca. Kg ... cad.

Die Kisten haben die Abmessungen ... x ... x ... cm und wiegen je ca. ... kg.

Il valore fatturato della partita è di Lit. ...

Der Fakturawert der Sendung ist Lit. ...

E' necessario stipulare un'assicurazione per il valore della merce fatturata.

Es ist erforderlich, eine Versicherung über den Fakturawert abzuschließen.

Abbiamo in previsione (prevediamo) la spedizione

Wir beabsichtigen den Versand von

a) settimanale di merci deperibili da Albenga a Monaco di Baviera a mezzo camion refrigerante.

a) verderblichen Waren durch Kühllastwagen wöchentlich von Albenga nach München.

b) via aerea a Berlino di merce molto fragile e Vi preghiamo pertanto di comunicarci le Vostre tariffe al riguardo.

b) sehr zerbrechlicher Ware nach Berlin auf dem Luftweg, und bitten Sie daher um Ihre diesbezüglichen Tarife.

1. Vi preghiamo di comunicarci

1. Bitte teilen Sie uns mit

  a) le Vostre migliori tariffe per regolari spedizioni di cuscinetti a sfera da Livorno a Daressalam.

a) Ihre niedrigsten Tarife für regelmäßige Verschiffungen von Kugellagern von Livorno nach Daressalam.

  b) le Vostre tariffe comprensive di assicurazione per spedizioni in piccole partite (a collettame).

b) Ihre Tarife für Sammelstückgut kleiner Sendungen einschließlich Versicherung.

  c) le Vostre tariffe per piccole partite compreso il prelievo a domicilio e la consegna nelle seguenti città:

c) Ihre Frachttarife für Stückgut einschließlich Abholung (von unserem Werk) und Lieferung in folgende Städte:

  d) le Vostre tariffe forfettarie per prelievo di mobili in metallo a Essen e consegna a Milano.

d) Ihre Pauschaltarife für Abholung und Anlieferung von Metallmöbeln von Essen nach Mailand.

  e) la Vostra proposta di tasso di nolo cumulativo per ...

e) Ihren Kostenvoranschlag für die Durchfrachtrate für ...

  f) le Vostre migliori tariffe per il trasporto di macchine per la fabbricazione di

f) Ihre günstigsten Frachttarife für Blechdosenmaschinen von Alessandria

lattine da Alessandria a Costanza.

nach Konstanz.

g) la Vostra tariffa forfettaria per la seguente spedizone:

g) Ihren Pauschaltarif für die folgende Sendung:

Vi preghiamo di inviarci le Vostre attuali tariffe in vigore.

Bitte schicken Sie uns Ihre augenblicklich gültigen Tarife.

Vi preghiamo di indicare

Wir bitten um Angabe

a) le date, gli orari di partenza e la durata del viaggio (della traversata).

a) der Abfahrtsdaten und -zeiten und der Überfahrtsdauer.

b) il nome della prossima nave in partenza per Jeddah e l'ultima data utile per la caricazione. (l'ultimo giorno in cui vengono accettati carichi).

b) des Namens des nächsten Schiffes nach Jeddah und des letzten Termins, an dem Ladungen angenommen werden.

c) la data di caricazione (l'ultimo giorno in cui possono ancora venir presi a bordo carichi).

c) des Ladedatums (od. des letzten Tages, an dem Ladungen noch angenommen werden können).

d) se potete approntare la spedizione per noi (conto nostro) e in caso affermativo a quali condizioni.

d) ob Sie die Sendung für uns abfertigen können, und falls ja, zu welchen Bedingungen.

e) se deve essere riservato spazio di carico. In tal caso inviateci per favore l'apposito formulario.

e) ob Laderaum reserviert werden muß. Gegebenenfalls schicken Sie uns bitte das vorgesehene Formular.

f) la differenza di tariffa per il trasporto a piccola o grande velocità (a mezzo ferrovia o camion).

f) des Tarifunterschiedes zwischen Transport als Frachtgut und Expreßgut (od. Transport per Bahn oder Lkw).

g) se potete provvedere per il prelievo delle casse il 22 marzo tra le 14.00 e le 16.00.

g) ob Sie es ermöglichen können, die Kisten am 22. März zwischen 14.00 und 16.00 Uhr abzuholen.

h) quali sono le formalità necessarie.

h) welche Formalitäten damit verbunden sind.

i) quando potrebbe avvenire la consegna al destinatario.

i) wann die Lieferung an den Empfänger erfolgen könnte.

j) se potete prelevare 10 casse di posaterie dalla Ditta Postut S.n.c. di Trecate.

j) ob Sie von der Firma Postut S.n.c. in Trecate 10 Kisten Besteckwaren abholen können.

Vi preghiamo di allegare un preventivo delle tariffe cargo.

Wir bitten Sie, einen Überschlag der Luftfrachtraten beizufügen.

3. Annahme der Bedingungen

Abbiamo (esaminato la Vostra offerta del 2 febbraio u.s. e) deciso

Wir haben (Ihr Angebot vom 2. Februar d. J. geprüft und) uns entschlossen, Sie

a) di affidarVi l'esecuzione di tutti i nostri trasporti.

a) mit der Durchführung aller unserer Transporte zu betrauen.

b) di affidarVi il disbrigo delle pratiche relativo a tutti i nostri trasporti via aerea (marittimi) in arrivo e in partenza.

b) mit der Abwicklung aller unserer eintreffenden und abgehenden Luftfrachten (od. Seefrachten) zu betrauen.

c) affidarVi l'esecuzione dei seguenti trasporti:

c) mit der Durchführung der folgenden Transporte zu beauftragen:

d) affidarVi l'incarico per l'effettuazione delle seguenti spedizioni:

d) mit folgenden Speditionsaufträgen zu betrauen:

e) di affidarVi le seguenti spedizioni che sono da effettuare per via aerea il giorno 10 di ogni mese (nella prima settimana completa di ogni mese).

e) mit den folgenden Sendungen zu betrauen, die am 10. eines jeden Monats (od. in der ersten vollen Woche eines jeden Monats) auf dem Luftweg durchzuführen sind.

Qualora non possiate ridurre le Vostre tariffe temiamo che

Falls Sie Ihre Gebühren nicht ermäßigen können, fürchten wir, daß

a) non potremo approfittare della Vostra offerta.

a) wir von Ihrem Angebot keinen Gebrauch machen können.

b) dovremo riflettere se non sarà il caso di affidare le nostre spedizioni ad un'altra Compagnia di Navigazione (ad un altro spedizioniere).

b) wir uns überlegen müssen, ob wir unsere Geschäfte nicht einer anderen Schiffahrtslinie (od. einem anderen Spediteur) übertragen.

4. Aufträge, Versandanzeigen, Versandvorschriften

Confermiamo il nostro colloquio telefonico di oggi e Vi preghiamo di prelevare la seguente partita:

Wir bestätigen unser heutiges Telefongespräch und bitten Sie, den folgenden Posten abzuholen:

Vi preghiamo di

Würden Sie bitte

a) prelevare la partita in questione in data 10 marzo e spedirla ad Anversa.

a) den in Frage kommenden Posten am 10. März abholen und nach Antwerpen schicken.

b) prelevare la partita di macchine utensili all'indirizzo di

b) von der obigen Anschrift den Posten Werkzeugmaschinen

cui sopra e di provvedere per l'inoltro a Helsingborg con la prossima nave.

abholen und für die Verschiffung mit dem nächsten Schiff nach Helsingborg sorgen.

c) prelevare 30 casse con i contrassegni ABM 1-30 del peso di Kg 75 cad. dal nostro magazzino e di provvedere per il loro trasporto a Dakar a mezzo nave della Hapag-Lloyd-Linie.

c) 30 Kisten mit der Kennzeichnung ABM 1-30 und einem Gewicht von je 75 kg in unserem Lagerhaus abholen und den Transport nach Dakar durch ein Schiff der Hapag-Lloyd-Linie veranlassen.

d) prelevare 3 casse marcate GD 1-3 dalla nostra fabbrica per l'inoltro al terminal container CT II in Bremerhaven per il trasporto a Cape Town.

d) 3 Kisten mit der Markierung GD 1-3 von unserem Werk abholen zum Weitertransport vom Container Terminal CT II, Bremerhaven, zur Verschiffung nach Cape Town.

e) provvedere affinché il Vostro spedizioniere prelevi 2 container contenenti articoli sportivi da trasportare a Palermo.

e) veranlassen, daß Ihr Spediteur 2 Container mit Sportartikeln zum Transport nach Palermo abholt.

Abbiamo una partita di macchine rilegatrici pronta ad essere prelevata

Wir haben eine Sendung Buchbindereimaschinen

a) per il trasporto a Bari.

a) zum Transport nach Bari abholbereit.

b) per l'inoltro all'indirizzo di cui sopra a Bari.

b) an der obigen Adresse zum Versand nach Bari zur Abholung bereit.

Abbiamo dato istruzione alla Ditta C. Melloni e Figli di inviarVi la seguente partita:

Wir haben die Firma C. Melloni & Figli angewiesen, Ihnen den folgenden Posten zu schicken:

Oggi Vi abbiamo inviato

Heute sandten wir Ihnen

a) una partita di abbigliamento sportivo per l'inoltro via aerea a Huston.

a) einen Posten Sportbekleidung zur Weiterbeförderung auf dem Luftweg nach Houston.

b) la seguente partita a mezzo ferrovia franco di porto:

b) den folgenden Posten per Bahn, frachtfrei:

c) gli articoli di seguito elencati che Vi preghiamo di tenere in magazzino fino a nuovo ordine.

c) die nachstehend aufgeführten Waren, die wir Sie bitten, bis auf weiteres auf Lager zu nehmen.

Il 12 marzo p.v. devono essere prelevate 5 casse di abbigliamento per bambini presso la Minimoda S.r.l. e trasportate a Mannheim.

Am 12. März sollen 5 Kisten Kinderbekleidung bei der Minimoda S.r.l. abgeholt und nach Mannheim befördert werden.

Vi preghiamo di trasportare le merci (casse, balle)

Bitte befördern Sie die Waren (od. Kisten; Ballen)

a) subito (immediatamente).

b) non più tardi del 12 maggio p.v.

c) affinché arrivino a Bologna il 5 giugno p.v.

d) per via aerea.

e) con la prossima (nave) porta-container.

f) con la prima nave disponibile per Madras.

g) a mezzo M/N Laura.

h) a mezzo ferrovia (camion).

i) a mezzo corriere.

j) con automezzo provvisto di sigilli doganali.

k) a mezzo camion refrigerante (frigorifero).

l) alla tariffa più conveniente.

m) alle condizioni concordate.

n) conformemente alle nostre istruzioni del 5 giugno u.s.

o) f.o.b. Anversa. Tutte le altre spese sono a carico del destinatario.

p) franco di porto.

q) in contrassegno.

r) al seguente indirizzo:

s) ai destinatari indicati nella lista allegata.

u) al porto di La Spezia per l'inoltro con la M/N Anna.

v) al magazzino del nostro spedizioniere a Bremerhaven.

Vi preghiamo di provvedere

a) per un accurato imballaggio.

b) affinché le merci (le casse per l'esportazione) siano ben imballate.

c) affinché le istruzioni d'imballaggio siano attentamente (accuratamente) osservate.

d) affinché le merci non sia-

---

a) *sofort (od. unverzüglich).*

b) *nicht später als am 12. Mai d. J.*

c) *so rechtzeitig, daß sie in Bologna am 5. Juni d. J. eintreffen.*

d) *per Luftfracht.*

e) *mit dem nächsten Containerschiff.*

f) *mit dem ersten verfügbaren Schiff nach Madras.*

g) *durch MS Laura.*

h) *per Bahn (od. Lastwagen).*

i) *per Lkw-Sammelgutverkehr.*

j) *durch Fahrzeug mit Zollverschluß.*

k) *durch Kühllastwagen.*

l) *zum günstigsten Tarif.*

m) *zu den vereinbarten Bedingungen.*

n) *gemäß unseren Anweisungen vom 5. Juni d. J.*

o) *f.o.b. Antwerpen; alle anderen Gebühren gehen zu Lasen des Empfängers.*

p) *frachtfrei.*

q) *als Frachtnachnahme.*

r) *an die folgende Anschrift:*

s) *an die in der Liste aufgeführten Empfänger.*

u) *zum Hafen von La Spezia zur Weiterverschiffung durch MS Anna.*

v) *an das Lagerhaus unseres Spediteurs in Bremerhaven.*

Bitte sorgen Sie

a) *für sorgfältige Verpackung.*

b) *dafür, daß die Waren gut (od. in Exportkisten) verpackt sind.*

c) *dafür, daß die Packanweisungen genau beachtet werden.*

d) *dafür, daß die Waren nicht im*

no (vengano) depositate all'aperto.

Freien gelagert werden.

Alleghiamo

Wir fügen

a) le istruzioni d'imballaggio che devono essere attentamente osservate.

a) die Packanweisungen bei, die genau beachtet werden müssen.

b) il Vostro formulario con le istruzioni di spedizione debitamente compilate, la fattura commerciale in tre esemplari ed il certificato d'origine.

b) Ihr Formular mit den ordnungsgemäß ausgefüllten Versandanweisungen bei, die Handelsrechnung in dreifacher Ausfertigung und das Ursprungszeugnis.

Provvederemo noi stessi per l'assicurazione (la copertura assicurativa).

Wir werden für die Versicherung (od. für den Versicherungsschutz) selbst sorgen.

L'assicurazione deve essere stipulata per l'importo di Lit. 10.500.000

Die Versicherung sollte in Höhe von Lit. 10.500.000 abgeschlossen und

a) e addebitata sul nostro conto.

a) unserem Konto belastet werden.

b) e addebitata al destinatario.

b) dem Empfänger belastet werden.

Il nolo e l'assicurazione

Die Kosten für Fracht und Versicherung

a) sono pagati da noi e la polizza di carico deve portare l'indicazione «franco di porto».

a) werden von uns bezahlt, und das Konnossement sollte den Vermerk „frachtfrei" tragen.

b) sono da pagarsi dal destinatario.

b) sind vom Empfänger zu bezahlen.

Tutte le spese fino al porto (all'aeroporto) di destinazione sono a nostro carico.

Sämtliche Kosten bis zum Bestimmungs(flug)hafen gehen zu unseren Lasten.

Speriamo che siate in grado

Wir hoffen, daß Sie in der Lage sind,

a) di trasportare questa partita a Livorno con la prima nave disponibile.

a) diese Sendung mit dem ersten verfügbaren Schiff nach Livorno zu transportieren.

b) di prendere i necessari provvedimenti per il trasbordo della partita con polizza di carico cumulativa.

b) die notwendigen Vorkehrungen zu treffen für die Umladung mit Durchkonnossement.

Ad avvenuto imbarco Vi preghiamo di inviarci la polizza di carico in triplice copia ed il certificato di assicurazione.

Nach Verschiffung der Warensenden Sie uns bitte das Konnossement in dreifacher Ausführung und die Versicherungsurkunde.

Le polizze di carico in triplice copia (sono) vengono richieste entro sette giorni dalla data di emissione.

Conformemente alle condizioni della letterea di credito

a) la partita deve essere spedita entro il 14 marzo.

b) il 6 maggio p.v. è l'ultima data utile per la spedizione.

La data di scadenza del credito è il 31 ottobre p.v. (Il credito scadrà il 31 ottobre p.v.) e pertanto la partita deve essere spedita entro il 20 ottobre.

Le polizze di carico nette in triplice copia e con la nota «nolo pagato» devono essere messe a disposizione entro il 20 novembre per poter essere trasmesse alla Banca della Versilia a Viareggio.

1. Vi preghiamo di provvedere per un immediato prelevamento ed inoltro

2. Vi preghiamo di considerare la questione come estremamente urgente

poiché i nostri clienti hanno impartito l'ordinazione a condizione che la consegna avvenga non più tardi del 15 aprile p.v.

Qualora dovesse sussistere la eventualità di un ritardo, preferiremmo inviare le merci per via aerea.

Vi saremmo grati se provvedeste affinché la partita di caffè inviata a mezzo M/N Lloyd Altamira ci fosse inviata subito dopo lo sbarco.

Alleghiamo la polizza di carico con due esemplari della fattura commerciale, il certificato d'origine e la licenza d'importazione N. ...

Die Konnossemente in dreifacher Ausfertigung werden innerhalb von 7 Tagen nach Ausstellungsdatum verlangt.

Gemäß den Bedingungen des Akkreditivs

a) muß der Posten bis 14. März verschifft sein.

b) ist das späteste Absendedatum der 6. Mai d. J.

Das Verfallsdatum des Kredits ist der 31. Oktober d. J. (od. der Kredit ist befristet bis 31. Oktober), und daher muß der Posten bis 20. Oktober versandt sein.

Die reinen Konnossemente in dreifacher Ausfertigung und mit dem Vermerk „Fracht bezahlt" müssen bis zum 20. November bereitgestellt werden, um an die Banca della Versilia in Viareggio weitergeleitet werden zu können.

1. Bitte sorgen Sie für sofortige Abholung und Weiterversand,

2. Bitte behandeln Sie die Angelegenheit als äußerst dringend,

da unsere Kunden den Auftrag unter der Bedingung erteilt haben, daß die Lieferung nicht später als 15. April erfolgt.

Sollte die Wahrscheinlichkeit einer Verzögerung bestehen, würden wir es vorziehen, die Waren per Luftfracht zu senden.

Wir wären Ihnen dankbar, wenn Sie veranlassen würden, daß der durch MS Lloyd Altamira verschiffte Posten Kaffee sofort nach Löschen an uns gesandt wird.

Wir fügen das Konnossement bei mit zwei Exemplaren der Handelsrechnung, Ursprungszeugnis und Einfuhrlizenz Nr. ...

Vi preghiamo di provvedere

a) per lo sdoganamento immediato delle merci all'arrivo.

b) per l'eliminazione di tutti i marchi d'origine prima del proseguimento.

c) a marcare nuovamente tutte le casse.

d) a togliere dalla partita le casse N. 10, 11 e 12 ed inoltrarle alla Ditta Parodi e C. di Chiavari.

e) per il proseguimento delle casse a Kiel conformemente alle istruzioni ricevute dalla Ditta F.E.A.R. di Varese.

g) a tenere le merci in deposito fino a nuovo ordine.

h) a depositare le merci in un magazzino doganale.

i) a ritornare (inviare indietro) le merci con la prima nave.

j) a verificare le casse allo scarico e di trattenere tutte quelle danneggiate poiché la spedizione è assicurata solo fino al porto di destinazione.

L'ingresso per fornitori si trova sul retro dell'edificio ed è chiaramente segnalato.

Würden Sie bitte veranlassen,

a) die Waren sofort bei Ankunft zu verzollen.

b) alle Ursprungszeichen vor Weiterversand zu entfernen.

c) alle Kisten neu zu kennzeichnen.

d) die Kisten 10–12 von der Sendung zu trennen und sie an die Firma Parodi & Co. in Chiavari weiterzuleiten.

e) die Kisten nach Kiel weiterzusenden und dabei die Anweisungen der Fa. F.E.A.R. in Varese zu befolgen.

g) die Waren bis auf weiteres auf Lager zu nehmen.

h) die Waren in einem Zollspeicher zu lagern.

i) die Waren mit dem nächsten Schiff zurückzusenden.

j) die Kisten beim Entladen zu prüfen und alle beschädigten zurückzuhalten, da die Sendung nur bis zum Bestimmungshafen versichert ist.

Der Lieferanteneingang befindet sich auf der Rückseite des Gebäudes und ist deutlich ausgeschildert.

XVI. Absatzmethoden im Exportgeschäft

Ausfuhrhändler, Ausfuhrkommissionär, Vertretung, Agentur, Makler

Zur Ausführung von größeren Geschäften, besonders in Übersee *(oltremare)* oder zur Einführung *(importazione, introduzione)* einer neuen Warengattung bedient man sich der Hilfe eines Vertreters *(rappresentante)*, Agenten *(agente)* oder Kommissionärs *(commissionario)*. Auch die Dienste eines Maklers *(intermediario/mediatore)* werden in Anspruch genommen.

Man unterscheidet gewöhnlich: a) *rappresentante generale* G e n e r a l - a g e n t, der alle Geschäfte seines Auftraggebers *(rappresentata)* regelmäßig besorgt; b) *agente regionale; sub-agente* B e z i r k s v e r t r e t e r; U n t e r - v e r t r e t e r.

Der Vertreter, Agent oder Kommissionär kauft *(comprare)* und verkauft *(vendere)* Waren oder Wertpapiere *(titoli)* im Auftrag *(per ordine)* und für Rechnung *(per conto)* seines Auftraggebers. Er muß das übernommene Geschäft der mündlichen *(verbale)* oder schriftlichen *(scritto)* Übereinkunft *(accordo)* gemäß ausführen, das Interesse *(interesse)* des Auftraggebers wahrnehmen und dessen Weisungen *(istruzioni)* befolgen. Er muß die vom Auftraggeber festgesetzte P r e i s g r e n z e (das Limit[um] *limite*), über die er beim Einkauf nicht hinausgehen *(andare oltre, oltrepassare)* und unter *(al di sotto)* der er nicht verkaufen soll, einhalten. Alle erzielten Vorteile kommen dem Auftraggeber zugute. Kann er die Preisgrenze nicht einhalten, so muß er den Auftraggeber rechtzeitig davon benachrichtigen. Den durch Fahrlässigkeit *(negligenza)* usw. entstandenen Schaden *(danno)* und Verlust *(perdita)* hat er gutzumachen *(riparare)*. Von allen gemachten Geschäften *(transazioni)* hat er seinem Auftraggeber Rechenschaft abzulegen *(rendere conto)*, und alle beim Einziehen (Inkasso *incasso*) von Forderungen *(crediti)*, Schulden *(debiti)* oder Außenständen *(partite scoperte)* empfangenen Gelder *(somme)* hat er abzuliefern, unter Abzug *(deduzione)* der V e r g ü t u n g (Provision *provvigione*) für seine Mühewaltung *(opera)* und der zu Lasten des Auftraggebers gehenden Auslagen *(spese)* und Gebühren *(onorari/pertinenze)*. Für seine Forderungen hat er ein P f a n d r e c h t *(diritto di prelazione)* auf Konsignationsgüter *(merci in commissione)*. Verbürgt er *(garantire)* die Zahlungsfähigkeit *(solvibilità)* der Käufer *(acquirenti)*, so bekommt er dafür eine B ü r g s c h a f t s v e r g ü t u n g (Delkredereprovision *delcredere*).

Die vertretene Firma hat dem Vertreter, Agenten oder Kommissionär die abgemachte Provision zu zahlen und ihn für Verpflichtungen *(impegni)*, die er bei der Ausübung seiner Geschäfte eingegangen ist, zu entschädigen *(indennizzare)*.

Die Eröffnung eines kommissionsweisen Einkaufs oder Verkaufs von Waren *(acquisto o vendita di merci per commissione)* beginnt mit dem Dienstanerbieten *(offerta di servigi)* des angeblichen *(eventuale, presunto)* Vertreters oder Agenten. Dieser hebt darin alle ihm zu Gebote stehenden Vorteile *(vantaggi)* und Hilfsquellen *(risorse)* hervor, wie verfügbare Kapitalien *(fondi, capitali a disposizione)*, lange Erfahrung *(esperienza)* im Geschäftszweig *(ramo di affari)*, zahlreiche *(numerose)* und wertvolle *(preziose)* Verbindungen *(relazioni)* usw. Er stellt dem von ihm vertretenen Haus seine Bedingungen *(condizioni)*, gibt Auskunftsstellen (Referenzen *referenze*) an und verspricht beste Ausführung *(esecuzione)* aller erteilten Aufträge *(ordini trasmessi)*.

Sucht die Firma einen Agenten, dem sie die Vertretung *(rappresentanza, agenzia)* übertragen *(affidare)* will, so wird sie ihm auf Grund der vortrefflichen *(eccellente)* Qualität ihrer Waren, der niedrigen Preise und mancher anderer Vorzüge *(vantaggi)* und Erleichterungen *(facilitazioni)* den besten Erfolg *(successo)* versprechen.

Wenn das Angebot *(offerta)* angenommen *(accettare)* wird, so führt dieses erzielte Abkommen *(accordo)* entweder zu einem festen Verkauf *(vendita in conto fisso)* oder zu einem Konsignationsgeschäft *(vendita in conto deposito)*. In letzterem Fall übergibt der Absender *(mittente)* an den Empfänger *(destinatario)* die Waren zum Verkauf, wobei der Empfänger die Güter zum bestmöglichen Marktpreis *(al miglior prezzo di mercato)* für Rechnung des Absenders zu verkaufen hat.

Der Empfänger erhält dafür eine Verkaufsprovision *(provvigione di vendita)*, deren Höhe *(entità)* zwischen den Parteien *(fra le parti)* festgesetzt wird.

Bei Abschluß *(conclusione)* eines Geschäftes *(affare)* schickt gewöhnlich der Verkäufer *(venditore)* eine Auftragsbestätigung *(conferma di ordinazione)*, die auch durch eine Vorfaktura (Proforma-Rechnung *fattura proforma*) ersetzt *(sostituire)* werden kann. Aufgrund dieser Vorfaktura kann der Käufer bzw. Importeur *(importatore)* die notwendige Einfuhrerlaubnis *(permesso d'importazione)* beantragen *(richiedere)*.

In der endgültigen Rechnung *(fattura definitiva* od. *fattura commerciale)* wird außer der Menge auch der Einzelpreis *(prezzo unitario)* sowie eventuelle Verpackung *(imballaggio)*, Fracht *(nolo)* und Versicherung *(assicurazione)* aufgeführt *(indicare)*.

Wenn es sich um ein Kommissionsgeschäft *(affare in conto deposito)* handelt, wird diese Rechnung erst nach Einsendung *(invio)* einer Abrechnung *(conteggio)* seitens des Kommissionärs *(commissionario)* durch den Verkäufer ausgestellt.

A. Anknüpfung der Geschäftsverbindung

1. Vertreter an den Auftraggeber

a) Eingangsformeln

1. Il Signor Neri della Ditta Neri e Figli si è messo in contatto con me e mi ha comunicato

1. *Herr Neri von der Firma Neri & Figli hat sich mit mir in Verbindung gesetzt und mitgeteilt,*

2. Abbiamo appreso dal Signor Rosi

2. *Von Herrn Rosi haben wir gehört,*

3. La «Banca Commerciale della Brianza» ci comunica

3. *Die ,,Banca Commerciale della Brianza'' teilt uns mit,*

4. Apprendiamo dalla Vostra inserzione sul «Corriere Padano» del 12 aprile u.s.

4. *Wir entnehmen Ihrer Anzeige im ,,Corriere Padano'' vom 12. April,*

5. Apprendiamo

   a) che cercate un agente per lo smercio dei Vostri prodotti in Austria.

   b) che siete interessati alla vendita in Svizzera dei

5. *Wir hören,*

   a) *daß Sie einen Agenten suchen, um Ihre Produkte in Österreich abzusetzen.*

   b) *daß Sie daran interessiert sind, Ihre Kammgarnstof-*

Vostri filati pettinati.

fe in der Schweiz zu verkaufen.

c) che cercate nuove possibilità di vendita (nuovi mercati) per le Vostre bilance.

c) daß Sie neue Absatzmöglichkeiten (od. -märkte) für Ihre Waagen suchen.

1. Operiamo come agenti per una serie di Case italiane e siamo interessati ad apprendere

1. Wir arbeiten als Agenten für eine Reihe italienischer Fabrikanten und sind daran interessiert zu erfahren,

2. C'è una costante (vivace, buona, considerevole) domanda per abbigliamento in pelle di montone e desideremmo pertanto sapere

2. Es besteht eine anhaltende (od. lebhafte; gute) Nachfrage nach Schaffell-Bekleidung, und wir möchten daher gern wissen,

3. Ho visto il Vostro fermaglio di sicurezza alla fiera di Hannover e desidererei sapere

3. Ich habe Ihre Sicherheitssiegel auf der Hannover-Messe gesehen und möchte gern wissen,

a) se la Vostra ditta è rappresentata in Germania.

a) ob Ihre Firma in Deutschland vertreten ist.

b) se avete preso in considerazione le possibilità di mercato in questo paese.

b) ob Sie die Marktchancen in diesem Land in Betracht gezogen haben.

1. Siamo

1. Wir sind

2. Abbiamo esaminato alcuni degli articoli da Voi prodotti e saremmo

2. Wir haben einige der von Ihnen hergestellten Artikel geprüft und wären   ·

3. La Vostra inserzione nella rivista specializzata «Logistik heute» ha richiamato la nostra attenzione

3. Wir sind auf Ihre Anzeige in der Fachzeitschrift ,,Logistik Heute'' aufmerksam geworden und wären

4. Qualora Voi non siate ancora rappresentati qui saremmo

4. Falls Sie hier noch nicht vertreten sind, wären wir

a) interessati alla vendita dei Vostri prodotti quali agenti in Nordreno-Vestfalia.

a) an dem Verkauf Ihrer Waren interessiert als Ihr Agent in Nordrhein-Westfalen.

b) interessati ad operare come agenti esclusivi per le Vostre macchine per imballaggio.

b) daran interessiert, als Alleinvertreter für Ihre Verpackungsmaschinen tätig zu sein.

c) interessati a vendere le Vostre merci in conto deposito.

c) daran interessiert, Ihre Waren auf Konsignationsbasis zu vertreiben.

Abbiamo operato alcuni anni come agenti della Ditta ... di ...

Wir haben einige Jahre als Agenten für die Firma ... in ... gearbeitet,

a) che è stata recentemente incorporata nel gruppo XY.

b) che peraltro prevede di aprire tra breve una propria filiale in questo Paese.

Poiché essa non ha più bisogno dei nostri servizi, saremmo lieti di aiutarVi a far conoscere i Vostri prodotti qui.

Poiché abbiamo intenzione in un prossimo futuro di importare porcellane italiane siamo interessati ad entrare in contatto con produttori italiani per scegliere degli assortimenti adatti al mercato tedesco.

a) die kürzlich von der XY-Gruppe übernommen wurde.

b) die u. a. vorhat, in Kürze eine eigene Niederlassung in diesem Land zu eröffnen.

Da sie unsere Dienste nicht mehr benötigt, würden wir Ihnen gern helfen, Ihre Erzeugnisse hier bekanntzumachen.

Da wir beabsichtigen, in naher Zukunft italienisches Porzellan zu importieren, sind wir daran interessiert, mit italienischen Herstellern in Verbindung zu treten, um geeignete Sortimente für den deutschen Markt auszuwählen.

b) Befähigung und Verbindungen

1. Quale una delle più vecchie ditte locali di importazione e distribuzione

2. Quale rinomati importatori e distributori

3. Quale azienda leader nel campo dell'importazione e distribuzione con filiali nelle più importanti città

4. Con un'esperienza di più di 25 anni quali agenti (rappresentanti)

   a) conosciamo perfettamente il mercato e disponiamo di una organizzazione molto sviluppata.

   b) conosciamo la situazione locale e disponiamo dell'esperienza e dei mezzi necessari per favorire intensamente i Vostri affari.

   c) disponiamo di preziosi contatti non solo in Svizzera, ma anche nel Baden Württemberg.

Siamo una giovane impresa (piccola azienda)

1. Als eine der ältesten ansässigen Import- und Verteilerfirmen

2. Als führende (od. bekannte) Importeure und Verteiler

3. Als führende Import- und Verteilerfirma mit Niederlassungen in den wichtigsten Städten

4. Mit einer Erfahrung von mehr als 25 Jahren als Agenten (Vertreter)

   a) kennen wir den Markt ganz genau und haben eine gut ausgebaute Verkaufsorganisation.

   b) kennen wir die örtlichen Verhältnisse und haben die nötige Erfahrung und Mittel, um Ihre Geschäfte intensiv zu fördern.

   c) haben wir wertvolle Verbindungen nicht nur in der Schweiz, sondern auch in Baden-Württemberg.

Wir sind ein junges Unternehmen (od. eine kleine Firma),

a) che si sta però rapidamente sviluppando.

b) ma speriamo di ampliare la nostra attività ed il nostro campo d'azione nel prossimo futuro.

La Vostra proposta ci interessa e riteniamo che la nostra esperienza con merci analoghe si rivelerà preziosa.

Abbiamo filiali ad Amburgo e Stoccarda e siamo pertanto in grado di operare in tutto il Paese.

I nostri locali permettono una grande capacità di magazzinaggio.

Abbiamo (Disponiamo di) spazi espositivi grandi e ben arredati non solo nella nostra sede di Amburgo, ma anche nelle nostre filiali di Mannheim e Monaco.

1. Abbiamo già la rappresentanza esclusiva di molte altre aziende,

2. Rappresentiamo tre aziende leader americane nel campo dell'elettronica,

   a) comunque non in articoli concorrenziali.

   b) ma in articoli complementari ai Vostri (che completano i Vostri).

1. Siamo una ditta di vendita per corrispondenza nel campo degli articoli sportivi

2. Come Vi è noto siamo una nota catena di grandi magazzini con filiali in tutte le più grandi città della Germania.

   e saremmo pertanto interessati a discutere con Voi le possibilità di vendita del Vostro abbigliamento casual sotto il nostro marchio aziendale «Fortuna».

a) das (die) sich aber schnell entwickelt.

b) hoffen aber, unsere Tätigkeit zu erweitern und unser Betätigungsfeld in naher Zukunft zu vergrößern.

Ihr Vorschlag interessiert uns, und wir glauben, daß unsere Erfahrung mit ähnlichen Waren sich als wertvoll erweisen wird.

Wir haben Filialen in Hamburg und Stuttgart und sind deshalb in der Lage, das ganze Land in unsere Tätigkeit einzubeziehen.

Unsere Räumlichkeiten ermöglichen eine umfangreiche Lagerhaltung.

Wir haben geräumige und gut ausgestattete Ausstellungsräume, nicht nur in unserer Hauptgeschäftsstelle in Hamburg, sondern auch in unseren Filialen in Mannheim und München.

1. Wir haben bereits die Alleinvertretung von mehreren anderen Unternehmen,

2. Wir vertreten drei führende amerikanische Firmen auf dem Gebiet der Elektronik,

   a) aber in nicht-konkurrierenden Artikeln.

   b) aber in Artikeln, die die Ihrigen ergänzen.

1. Wir sind ein Versandhaus auf dem Sportartikelsektor

2. Wir sind, wie Sie wissen, eine bekannte Einzelhandelskette mit Filialen in allen größeren Städten Deutschland

   und wären daran interessiert, mit Ihnen die Möglichkeit zu diskutieren, Ihre Freizeitbekleidung unter dem Namen unserer Hausmarke ,,Fortuna'' zu verkaufen.

1. Siamo specializzati nell'acquisto di souvenirs di ogni tipo e provenienza

2. Operiamo come agenti acquirenti per un gran numero di aziende

   a) e riteniamo di poterVi rendere preziosi servizi in questo campo.

   b) e possiamo assicurare servizi concorrenziali riguardo prezzi, sconti e tariffe di trasporto.

1. Wir sind auf den Kauf von Souvenirs jeder Art und Herkunft spezialisiert

2. Wir sind als Einkaufsagenten für eine große Anzahl Firmen tätig

   a) und glauben, daß wir Ihnen auf diesem Sektor gute Dienste leisten könnten.

   b) und können konkurrenzlose Dienste in bezug auf Preise, Rabatte und Frachtsätze zusichern.

c) Marktlage

Attualmente c'è una grande (crescente) richiesta di giacche di lana.

1. Concordiamo con le Vostre opinioni circa le possibilità di mercato

2. Abbiamo ogni ragione per credere che i Vostri tessuti in seta potrebbero essere introdotti con successo in Austria,

3. Siamo persuasi che il mercato reagirà positivamente,

   a) sebbene riteniamo per il momento impossibile stimare il volume di vendite raggiungibile.

   b) e saremmo lieti di ricevere una scelta rappresentativa dei Vostri prodotti da vendere per Vostro conto.

   c) sebbene i costi pubblicitari iniziali saranno molto considerevoli.

Sembrano esserci buone prospettive per i Vostri prodotti

a) e riteniamo che l'apertura di una filiale sia senz'altro giustificata.

b) ma non è nostra intenzione sopravvalutarle poiché i Vo-

Es besteht eine beträchtliche (od. steigende) Nachfrage nach Wolljacken.

1. Wir teilen Ihre Ansichten über die Marktchancen

2. Wir haben allen Grund zu glauben, daß Ihre Seidenstoffe mit Erfolg in Österreich eingeführt werden können,

3. Wir sind überzeugt, daß der Markt positiv reagieren wird,

   a) obgleich wir es vorerst für unmöglich halten, das erreichbare Verkaufsvolumen abzuschätzen.

   b) und wir würden gern eine repräsentative Auswahl Ihrer Erzeugnisse zum Verkauf auf Ihre Rechnung erhalten.

   c) obgleich die anfänglichen Werbekosten sehr beträchtlich sein werden.

Es scheinen gute Aussichten für Ihre Erzeugnisse zu bestehen,

a) und wir glauben, daß die Eröffnung einer Filiale ohne weiteres gerechtfertigt ist.

b) aber es ist nicht unsere Absicht sie überzubewerten, da

stri prodotti sono destinati ad un pubblico limitato.

c) nel caso la qualità sia buona e il prezzo concorrenziale.

1. La situazione di mercato è attualmente difficile e

2. La richiesta di fili di seta non è molto grande e

   a) le vendite non supereranno probabilmente i 5 milioni di Lit. annuali.

   b) la maggior difficoltà nello smercio del Vostro filo sarà il suo prezzo.

Sul mercato locale c'è una considerevole resistenza verso tale merce.

Raccomandiamo

a) che dopo la fissazione concordata di un prezzo minimo ci lasciate liberi nello stabilire i prezzi.

b) di saggiare il mercato e pertanto proponiamo di inviarci una scelta rappresentativa dei Vostri prodotti con opuscoli informativi.

I Vostri articoli qui (in questo Paese) sono sconosciuti

a) e c'è poca speranza di smerciare i Vostri attrezzi da pesca ai prezzi indicati nel Vostro catalogo.

b) e dubitiamo molto che ci sia possibile smerciarli ai Vostri prezzi di catalogo.

c) ed il mercato è già saturo.

d) e avete probabilmente valutato con troppo ottimismo il mercato.

E' uso che i compratori dispongano di prezzi cif. Vi prego pertanto di inviarmi un listino prezzi su tale base.

sich Ihre Erzeugnisse nur an eine bestimmte Zielgruppe wenden.

c) *falls die Qualität gut und der Preis konkurrenzfähig ist.*

1. *Die Marktlage ist augenblicklich schwierig, und*

2. *Die Nachfrage nach Seidengarnen ist nicht hoch, und*

   a) *die Verkäufe werden wahrscheinlich 5 Millionen Lire pro Jahr nicht übersteigen.*

   b) *die Hauptschwierigkeit beim Absatz Ihrer Garne wird ihr Preis sein.*

Hier auf dem Markt besteht ein beträchtlicher Widerstand gegen solche Waren.

Wir empfehlen,

a) *daß sie uns nach Festsetzung eines vereinbarten Mindestpreises in der Preisgestaltung freie Hand lassen.*

b) *den Markt zu testen, und schlagen deshalb vor, uns eine repräsentative Auswahl Ihrer Waren mit Informations-Broschüren zu senden.*

Ihre Artikel sind hier (od. in diesem Lande) unbekannt,

a) *und es besteht wenig Hoffnung, Ihre Angelgeräte zu den in Ihrem Katalog festgesetzten Preisen abzusetzen.*

b) *und wir sind sehr im Zweifel, ob es uns möglich sein wird, sie zu Ihren Katalogpreisen abzusetzen.*

c) *und der Markt ist bereits gesättigt.*

d) *und Sie haben den Markt anscheinend zu optimistisch beurteilt.*

Es ist üblich, daß Käufer cif-Preise bekommen. Deshalb bitte ich Sie, mir eine Preisliste auf dieser Basis zu schicken.

Saremmo disposti ad assumere la Vostra rappresentanza esclusiva se ci veniste incontro con i prezzi e le condizioni.

Wir wären bereit, Ihre Alleinvertretung zu übernehmen, wenn Sie uns in Preisen und Konditionen entgegenkommen.

d) Werbung

Riteniamo che con un'adeguata pubblicità i Vostri prodotti potrebbero avere un considerevole smercio in questo Paese.

Wir glauben, daß bei geeigneter Werbung Ihre Erzeugnisse in diesem Land einen beachtlichen Absatz haben könnten.

1. E' chiaramente nell'interesse di tutti di lanciare un'efficace campagna pubblicitaria.

1. Es liegt offensichtlich im Interesse aller, einen erfolgreichen Werbefeldzug zu starten.

2. Sarebbe importante effettuare una forte campagna pubblicitaria

2. Es wäre wichtig, eine starke Werbekampagne durchzuführen,

3. Riteniamo necessario intensificare la pubblicità

3. Wir halten es für notwendig die Werbung zu intensivieren,

   a) per incrementare le vendite.

   a) um den Verkauf anzukurbeln.

   b) per introdurre con successo i Vostri prodotti sul locale mercato.

   b) um Ihre Erzeugnisse erfolgreich auf dem hiesigen Markt einzuführen.

   c) per raggiungere per i Vostri prodotti il maggior livello possibile di penetrazione del mercato.

   c) um den für Ihre Erzeugnisse höchstmöglichen Grad der Marktdurchdringung zu erzielen.

Nella fase iniziale le nostre spese saranno elevate.

Im Anfangsstadium werden unsere Unkosten hoch sein.

Il più grosso capitolo delle nostre spese iniziali sarà la pubblicità.

Der größte Einzelposten unserer anfänglichen Auslagen wird die Werbung sein.

Quale aiuto ritenete di poterci dare al riguardo?

Welche Hilfe gedenken Sie uns hierbei zu geben?

1. Desideriamo proporVi

1. Dürfen wir vorschlagen,

2. Presumiamo (Supponiamo)

2. Wir nehmen an,

che ci lasciate la scelta dei mezzi pubblicitari.

daß Sie die Wahl der Werbemittel uns überlassen.

e) persönliches Gespräch wird vorgeschlagen

(Vgl. Kap. XXIV)

Se siete interessati alla nostra proposta (all'apertura di un'agenzia qui)

Wenn Sie an unserem Vorschlag (od. an der Errichtung einer Agentur hier) interessiert sind,

a) proponiamo un sollecito incontro per la discussione dei particolari.

a) *schlagen wir eine baldige Zusammenkunft zur Besprechung der Einzelheiten vor.*

b) il Signor Terzi sarà lieto di farVi visita tra due settimane per discutere tutti i dettagli.

b) *würde Herr Terzi sich freuen, Sie in zwei Wochen zur Besprechung aller Einzelheiten aufzusuchen.*

f) Referenzen

Vi invieremo con piacere una lista di referenze così come ogni altra informazione da Voi richiesta.

Wir werden Ihnen gern eine Liste mit Referenzen schicken sowie jede weitere von Ihnen gewünschte Auskunft.

Pensiamo che troverete soddisfacenti le nostre referenze commerciali e bancarie.

Wir glauben, daß Sie unsere Handels- und Bankreferenzen zufriedenstellend finden werden.

Se desiderate accertarVi della nostra reputazione Vi proponiamo di rivolgerVi alla Deutsche Bank di Düsseldorf ed alla Ditta Cabiati e C. di Biella di cui abbiamo la rappresentanza esclusiva per il Nordreno-Vestfalia da 15 anni.

Falls Sie sich über unseren Ruf vergewissern wollen, schlagen wir vor, daß Sie sich an die Deutsche Bank, Düsseldorf, wenden und an die Firma Cabiati & C. in Biella, deren Alleinvertretung in Nordrhein-Westfalen wir während der letzten 15 Jahre innehatten.

g) Bedingungen, Provision

Siamo spiacenti di poter accettare solo un'offerta come rappresentanti esclusivi.

Wir bedauern, daß wir nur ein Angebot als Alleinvertreter annehmen können.

Saremmo molto lieti di rappresentarVi in questo Paese.

Wir würden Sie gern in diesem Land vertreten.

1. Prima di impegnarci definitivamente dobbiamo naturalmente esaminare le Vostre proposte riguardo

1. *Bevor wir uns endgültig verpflichten (od. festlegen), müssen wir natürlich Ihre Vorschläge prüfen über*

2. Se la nostra proposta incontra il Vostro interesse vorremmo ricevere informazioni riguardo

2. *Wenn unser Vorschlag Ihr Interesse findet, würden wir gern Informationen erhalten über*

3. Vi preghiamo di comunicarci le Vostre idee riguardo

3. *Bitte teilen Sie uns Ihre Vorstellungen mit über*

    a) provvigione, condizioni di pagamento ecc.

    a) *Provision, Zahlungsbedingungen usw.*

    b) i Vostri sconti e le Vostre condizioni di pagamento.

    b) *Ihre Rabatte und Zahlungsbedingungen.*

c) il volume minimo di vendite che Vi aspettate.

d) il tipo di materiale pubblicitario che potreste fornire.

e) l'importo che siete disposti ad investire per la pubblicità iniziale.

f) le scorte di magazzino che dovremmo tenere.

1. Per risarcirci parzialmente degli inevitabili costi iniziali per introdurre il Vostro prodotto sul mercato

2. In considerazione delle nostre spese elevate nella fase iniziale

3. In considerazione delle nostre cospicue relazioni

riteniamo che considererete come adeguata una provvigione del 15%.

1. Siamo disposti ad accettare la rappresentanza alle seguenti condizioni:

2. Desideriamo confermare i punti principali del nostro accordo:

3. Desideriamo confermare gli accordi raggiunti nel (corso del) nostro incontro di ieri:

a) noi siamo rappresentanti esclusivi per Voi in Germania.

b) la durata del contratto è di tre anni e successivamente questo sarà rinnovato annualmente.

c) noi non venderemo prodotti concorrenti.

d) le spese per la pubblicità saranno sostenute da entrambe le parti in ugual misura.

---

c) die Mindestverkaufszahlen, die Sie erwarten.

d) die Art des Werbematerials, das Sie uns liefern könnten.

e) den Betrag, den sie bereit sind, für die Anfangswerbung anzulegen.

f) den Lagerbestand, den wir führen müßten.

1. Um uns für die unvermeidlichen hohen Anfangskosten zur Einführung Ihres Erzeugnisses auf dem Markt zu entschädigen,

2. In Anbetracht unserer hohen Ausgaben im Anfangsstadium

3. In Anbetracht unserer ausgedehnten Verbindungen

glauben wir, daß Sie eine Provision von 15% als angemessen ansehen.

1. Wir sind bereit, die Vertretung zu folgenden Konditionen zu übernehmen:

2. Wir möchten die Hauptpunkte unserer Abmachung bestätigen:

3. Wir möchten die Vereinbarungen bestätigen, die wir bei unserer gestrigen Zusammenkunft erzielt haben:

a) daß wir als Alleinvertreter für Sie in Deutschland tätig sind.

b) daß die Dauer des Vertrages drei Jahre beträgt und dieser dann jährlich erneuert wird.

c) daß wir konkurrierende Erzeugnisse nicht verkaufen werden.

d) daß die Werbekosten von beiden Parteien zu gleichen Teilen getragen werden.

e) riceveremo una provvigione del 10%.

f) noi riceveremo una provvigione su tutte le ordinazioni impartite tramite noi.

g) noi presenteremo rendiconti di vendita mensili.

h) tutte le ordinazioni ricevute Vi saranno trasmesse per l'evasione.

i) le merci sono inviate e fatturate direttamente. Noi riceveremo solo copia della corrispondenza.

j) provvederete per il necessario supporto tecnico.

k) Vi invieremo regolarmente analisi di mercato.

Abbiamo trovato soddisfacenti le Vostre condizioni ed attendiamo con piacere il ricevimento del Vostro contratto ufficiale per la firma.

e) *daß wir eine Provision von 10% erhalten.*

f) *daß wir auf alle von uns eingebrachten Aufträge eine Provision erhalten.*

g) *daß wir monatliche Verkaufsabrechnungen vorlegen werden.*

h) *daß Ihnen alle erhaltenen Aufträge zur Erledigung übermittelt werden.*

i) *daß die Waren direkt gesandt und fakturiert werden. Wir erhalten nur Kopien des Schriftverkehrs.*

j) *daß Sie für die nötige technische Unterstützung sorgen.*

k) *daß wir Ihnen regelmäßig Marktanalysen senden.*

Wir fanden die von Ihnen vorgeschlagenen Bedingungen zufriedenstellend und sehen dem Empfang Ihres offiziellen Vertrags zur Unterzeichnung gern entgegen.

h) Schlußworte

Siamo convinti che un accordo di rappresentanza esclusiva sarebbe vantaggioso per entrambi

a) e saremmo interessati a conoscere la Vostra opinione.

b) ed attendiamo con interesse la Vostra risposta.

Se decidete di affidarci la rappresentanza

a) siamo certi che non avremo alcuna difficoltà per stabilire le condizioni.

b) faremo ogni sforzo per favorire i Vostri interessi.

Wir sind davon überzeugt, daß eine Vereinbarung über die Alleinvertretung zu unserem beiderseitigen Vorteil sein würde,

a) *und es würde uns interessieren, Ihre Ansicht zu hören.*

b) *und erwarten mit Interesse Ihre Antwort.*

Sollten Sie beschließen uns die Vertretung zu übertragen,

a) *sind wir sicher, daß wir keine Schwierigkeiten bei der Festlegung der Konditionen haben werden.*

b) *würden wir jede Anstrengung unternehmen, um Ihre Interessen zu fördern.*

Attendiamo con piacere

Wir sehen

a) una Vostra sollecita decisione.

a) Ihrer baldigen Entscheidung gern entgegen.

b) la Vostra lettera con la conferma di questi punti.

b) Ihrem Brief mit der Bestätigung dieser Punkte gern entgegen.

c) la Vostra bozza di contratto.

c) Ihrem Vertragsentwurf gern entgegen.

d) il Vostro contratto ufficiale per la firma.

d) Ihrem offiziellen Vertrag zur Unterschrift gern entgegen.

Apprezziamo la Vostra fiducia verso di noi

Wir schätzen das in uns gesetzte Vertrauen

a) e Vi ringraziamo per averci offerto per primi l'assunzione della Vostra rappresentanza.

a) und danken Ihnen, daß Sie uns als ersten die Übernahme Ihrer Vertretung angeboten haben.

b) e Vi assicuriamo la nostra più completa collaborazione per il successo dei Vostri prodotti in questa zona.

b) und versichern Sie unserer engagiertesten Zusammenarbeit für den Erfolg Ihrer Erzeugnisse in diesem Bezirk.

c) e Vi restituiamo con piacere, come richiesto, un esemplare firmato del contratto.

c) und senden Ihnen gern – wie erbeten – ein Exemplar des Vertrages unterschrieben zurück.

2. Firma an den Vertreter

a) Eingangsformeln

1. La Camera di Commercio di Firenze (Il Signor ... della ...) ci ha cortesemente fatto (dato) il Suo nome

1. Die Handelskammer in Florenz (od. Herr ... von ...) hat uns freundlicherweise Ihren Namen angegeben,

2. Il Suo nome e indirizzo ci è stato cortesemente dato da ...

2. Ihr Name und Ihre Anschrift wurden uns freundlicherweise von ... genannt,

a) e desideriamo chiederLe con la presente se Lei ha interesse a operare come nostro agente in Toscana.

a) und wir möchten Sie fragen, ob Sie bereit wären, für uns als Agent in der Toskana tätig zu sein.

b) e Le chiediamo con la presente se ha interesse ad assumere la vendita dei nostri prodotti in Toscana.

b) und wir fragen hiermit an, ob Sie daran interessiert sind, den Verkauf unserer Erzeugnisse in der Toskana zu übernehmen.

1. Veniamo a sapere dalla nostra Ambasciata in Canada

1. *Wir erfahren durch unsere Botschaft in Kanada,*

2. I nostri partners, Sasso e Briga S.n.c. di Oneglia ci hanno comunicato

2. *Unsere Geschäftsfreunde, Sasso e Briga S.n.c. in Oneglia, haben uns mitgeteilt,*

3. Quando ci siamo incontrati alla fiera di Hannover ha accennato

3. *Als wir uns auf der Hannover-Messe trafen, erwähnten Sie,*

che Lei è interessato ad una rappresentanza.

daß Sie an einer Vertretung interessiert sind.

La ringraziamo per la Sua lettera del 25 aprile u.s.

Wir danken Ihnen für Ihr Schreiben vom 25. April d. J.

a) con la domanda se la nostra ditta è rappresentata in Germania.

a) *mit der Anfrage, ob unsere Firma in Deutschland vertreten ist.*

b) nella quale Lei si offre di operare come nostro rappresentante in Baviera.

b) *in dem Sie anbieten, als unser Vertreter in Bayern tätig zu sein.*

c) con informazioni circa le Sue esperienze e relazioni d'affari.

c) *mit Informationen über Ihre Erfahrungen und Geschäftsbeziehungen.*

d) e siamo lieti per la Sua positiva risposta alla nostra offerta.

d) *und freuen uns über Ihre positive Antwort auf unser Angebot.*

e) e ci fa piacere apprendere che Lei è disposto ad assumere la rappresentanza per lo smercio dei nostri prodotti nella Germania settentrionale.

e) *und freuen uns zu erfahren, daß Sie bereit sind, die Vertretung für den Absatz unserer Produkte in Norddeutschland zu übernehmen.*

1. Siamo molto interessati ad ampliare il mercato dei nostri prodotti

1. *Es liegt uns viel daran, den Markt für unsere Produkte zu erweitern,*

2. Desideriamo introdurre le nostre cucine per albergo sul mercato australiano

2. *Wir möchten gern unsere Hotelgroßkücheneinrichtungen auf dem australischen Markt einführen*

3. Abbiamo un vivo interesse ad aumentare le nostre esportazioni in Austria

3. *Wir haben lebhaftes Interesse, unsere Exporte nach Österreich zu erweitern,*

a) e cerchiamo agenti (rappresentanti) per la promozione dei nostri prodotti.

a) *und suchen Agenten (od. Vertreter) zur Förderung unserer Erzeugnisse.*

b) e cerchiamo un efficiente rappresentante ben introdotto nel ramo.

b) *und suchen einen rührigen Vertreter mit guten Branchenkenntnissen.*

c) ed abbiamo deciso di affidare le nostre esporta-

c) *und haben uns entschlossen, einen örtlichen Vertre-*

zioni ad un agente locale.

Preferiremmo una ditta che conosca il nostro settore operativo e

a) che disponga già di una rete di vendita ben sviluppata

b) che abbia buoni rapporti con i maggiori acquirenti della Germania e disponga di spazi espositivi.

1. Apprezziamo molto il Vostro interesse alla nostra gamma di prodotti

2. Abbiamo letto con interesse il rapporto relativo alle Sue attività

   a) e siamo interessati alla Sua proposta di rappresentanza in Austria.

   b) e La assumeremmo volentieri come nostro rappresentante.

1. A seguito della nostra lettera del 25 aprile u.s. (corrispondenza intercorsa)

2. A seguito del colloquio con il Signor Chiariva

   ci siamo decisi ad offrirLe la rappresentanza esclusiva per l'Italia centrale alle condizioni contenute nell'acclusa bozza di contratto.

ter mit unseren Exportgeschäften zu beauftragen.

Wir würden eine Firma mit Branchenkenntnis auf unserem Gebiet vorziehen,

a) die bereits über ein gut ausgebautes Verkaufsnetz verfügt.

b) die gute Beziehungen zu den führenden deutschen Einkäufern hat und über Ausstellungsräume verfügt.

1. Ihr Interesse an unserer Produktpalette schätzen wir sehr

2. Wir haben mit Interesse den Bericht über Ihre Aktivitäten gelesen

   a) und sind an Ihrem Vorschlag einer Vertretung in Österreich interessiert.

   b) und würden Sie gern als unseren Vertreter aufnehmen.

1. Im Anschluß an unser Schreiben vom 25. April d. J. (od. an unsere vorausgehende Korrespondenz)

2. Nach der Besprechung mit Herrn Chiariva

   haben wir uns entschlossen, Ihnen die Alleinvertretung für Mittelitalien zu den im beigefügten Vertragsentwurf enthaltenen Bedingungen anzubieten.

b) Artikel und Markt

Sotto plico separato Vi sono stati inviati cataloghi illustrati e depliants

a) che mostrano il tipo delle merci che noi produciamo.

b) affinché possiate vedere la ricca scelta di mobili per laboratorio che noi fabbrichiamo (produciamo).

Mit getrennter Post wurden Ihnen bebilderte Kataloge und Broschüren übersandt,

a) die die Art der Waren zeigen, die wir herstellen.

b) so daß Sie sich von der reichen Auswahl an Labormöbeln, die wir herstellen, überzeugen können.

1. Se la nostra proposta Vi interessa Vi preghiamo di farci sapere

2. Ci farebbe piacere sapere

   a) a quali condizioni sareste disposti a rappresentarci e quali scorte di magazzino approssimativamente desiderate tenere.

   b) quali sono le usuali condizioni di vendita e pagamento nel Vostro Paese.

   c) quali merci sono interessanti per il Vostro mercato.

I prezzi indicati sono (s'intendono) fob Bremerhaven. Qualora i Vostri clienti siano abituati a comprare cif, possiamo inviarVi un listino prezzi riveduto.

Siamo convinti (persuasi)

a) che questi prezzi estremamente concorrenziali garantiranno un aumento delle vendite nel Vostro Paese

b) che un rappresentante veramente attivo ed energico potrebbe far aumentare (di) molto le nostre vendite.

c) che c'è un enorme mercato potenziale che aspetta soltanto di essere sfruttato.

---

1. Wenn unser Vorschlag Ihr Interesse findet, dann lassen Sie uns bitte wissen,

2. Wir würden gern erfahren,

   a) zu welchen Bedingungen Sie bereit wären, uns zu vertreten, und welchen Lagervorrat Sie ungefähr halten möchten.

   b) welches die üblichen Verkaufs- und Zahlungsbedingungen in Ihrem Land sind.

   c) welche Waren für Ihren Markt interessant sind.

Die angegebenen Preise sind fob Bremerhaven. Wenn jedoch Ihre Kunden gewohnt sind, cif zu kaufen, können wir Ihnen eine revidierte Preisliste schicken.

Wir sind überzeugt,

a) daß diese sehr konkurrenzfähigen Preise einen Verkaufsanstieg in Ihrem Land sicherstellen werden,

b) daß ein wirklich aktiver und energischer Vertreter unsere Verkäufe erheblich steigern könnte.

c) daß ein enormes Marktpotential besteht, das nur darauf wartet, erschlossen zu werden.

c) Werbung

E' naturalmente necessaria un'adeguata pubblicità.

Siamo disposti ad investire un importo minimo di Lit. ...

a) per lanciare con successo una campagna pubblicitaria.

b) per la pubblicità nel primo anno.

c) in pubblicità per accelerare il processo di vendita.

Eine angemessene Werbung ist natürlich notwendig.

Wir sind bereit, einen Mindestbetrag von Lit. ...

a) anzulegen, um einen erfolgreichen Werbefeldzug zu starten.

b) für Werbung im ersten Jahr zu investieren.

c) für die Werbung anzulegen, um den Verkaufsprozeß zu beschleunigen.

Vi invieremo regolarmente campioni delle merci e cataloghi.

Wir werden Ihnen regelmäßig Warenmuster und Kataloge übersenden.

Alleghiamo un completo progetto di pubblicità con schizzi e disegni e Vi preghiamo (con preghiera) di farci sapere il Vostro parere in merito.

Wir fügen einen vollständigen Werbeplan mit Skizzen und Zeichnungen bei und bitten (mit der Bitte) um Ihre diesbezügliche Stellungnahme.

Stiamo facendo una pubblicità molto intensa sui giornali del Vostro Paese (su tutte le riviste specializzate del ramo) per i nostri nuovi forni a microonde.

Für unsere neuen Mikrowellenherde wird z. Zt. in den Zeitungen Ihres Landes (od. in allen einschlägigen Zeitschriften) intensiv geworben.

d) Vertretungsangebot

1. In considerazione delle Sue relazioni (con i principali acquirenti nel Suo Paese)

1. In Anbetracht Ihrer Verbindungen (zu den Haupteinkäufern in Ihrem Lande)

2. Poiché Lei dispone della necessaria esperienza e delle strutture per favorire le nostre vendite in Italia

2. Da Sie über die nötige Erfahrung und die Einrichtungen verfügen, um unsere Verkäufe in Italien zu fördern,

3. Poiché la Sua ditta ci è già ben nota

3. Da Ihre Firma uns bereits gut bekannt ist,

   a) desideriamo offrirLe la rappresentanza.

   a) möchten wir Ihnen die Vertretung anbieten.

   b) siamo disposti ad offrirLe una rappresentanza esclusiva per un periodo iniziale di due anni sulla base di una provvigione del 10% per tutte le vendite dei nostri prodotti nel Suo Paese.

   b) sind wir bereit, Ihnen die Alleinvertretung für eine Anfangszeit von zwei Jahren anzubieten, auf der Basis einer Provision von 10% auf alle Verkäufe unserer Erzeugnisse in Ihrem Lande.

Siamo lieti di offrirLe la rappresentanza esclusiva

Wir freuen uns, Ihnen die Alleinvertretung anzubieten

a) e desidereremmo conoscere la Sua opinione al riguardo (in merito).

a) und würden Ihre diesbezügliche Stellungnahme begrüßen.

b) e desidereremmo conoscere al più presto le condizioni alle quali Lei è disposto ad assumere la rappresentanza (a diventare nostro rappresentante).

b) und würden gern so bald wie möglich die Konditionen erfahren, zu denen Sie bereit wären, die Vertretung zu übernehmen (od. unser Vertreter zu werden).

e) Vorschlag eines Besuches

(Vgl. Kap. XXIV)

Se Lei è interessato a rappresentarci (ad assumere la nostra rappresentanza),

a) Le proponiamo di discutere insieme quale tipo di rappresentanza potremmo istituire insieme.

b) il Signor Schneider, nostro capo settore esportazioni, sarà lieto di farLe visita quando sarà a Torino alla fine di questo mese.

c) La invitiamo a visitare la nostra fabbrica ed a conoscere il nostro responsabile della produzione.

Wenn Sie daran interessiert sind uns zu vertreten (od. unsere Vertretung zu übernehmen),

a) *schlagen wir vor, daß wir gemeinsam besprechen, welche Art Vertretung wir zusammen errichten könnten.*

b) *würde sich Herr Schneider, unser Exportleiter, freuen, Ihnen Ende des Monats, wenn er in Turin ist, einen Besuch abzustatten.*

c) *laden wir Sie ein, unser Werk zu besuchen und unseren Produktionsleiter kennenzulernen.*

f) Bedingungen

Siamo disposti a concederLe una provvigione del 10% sul valore fob delle ordinazioni trasmesse.

Proponiamo una provvigione del 10% sui valori fob pagabile trimestralmente in base al rendiconto vendite.

Siamo disposti ad offrirle (concederle) una provvigione del 10%

a) per tutte le vendite effettuate da Lei nel Ghana come nostro rappresentante esclusivo.

b) per tutti gli acquisti effettuati da Lei come nostro agente (compratore).

Se Lei fosse disposto ad operare su base del credere (come agente del credere) saremmo disposti ad aumentare (elevare) la Sua provvigione al 12%.

Prima di redigere il contratto ufficiale per la firma desideria-

Wir sind bereit, Ihnen eine Provision von 10% auf den fob-Wert der vermittelten Aufträge zu gewähren.

Wir schlagen eine Provision von 10% auf die fob-Werte vor, zahlbar vierteljährlich gegen Verkaufsabrechnung.

Wir sind bereit, Ihnen eine Provision von 10%

a) *auf alle von Ihnen als Alleinvertreter für Ghana getätigten Verkäufe anzubieten (od. zu gewähren).*

b) *auf alle von Ihnen als unserem Einkaufsagenten getätigten Käufe anzubieten (od. zu gewähren).*

Falls Sie bereit sein sollten auf Delkredere-Basis (als Delkredere-Vertreter) tätig zu sein, wären wir bereit, Ihre Provision auf 12% zu erhöhen.

Bevor wir den offiziellen Vertrag zur Unterzeichnung aufset-

mo confermare i punti principali del nostro accordo, vale a dire:

Confermiamo con piacere l'accordo raggiunto nel corso dei colloqui tra Lei ed il nostro Signor Gerber come segue:

Ci siamo accordati sui seguenti punti:

Lei opererà come nostro agente (distributore) esclusivo in Egitto.

La rappresentanza sarà in esclusiva per lo smercio dei nostri prodotti in ...

La nomina vale inizialmente per un periodo di prova di due anni.

La nomineremo nostro agente esclusivo per la vendita delle nostre macchine agricole in Italia per un periodo di due anni a partire dal 1° gennaio p.v.

Approviamo la Sua proposta originaria di includere le provincie di Vercelli e Novara nella Sua zona.

1. Come nostro rappresentante esclusivo

2. Per la durata di questo contratto

non venderà alcun prodotto della concorrenza (nessuna merce concorrente con i nostri prodotti) né in conto proprio né per conto di qualsiasi altra ditta.

Non nomineremo nessun altro rappresentante nella Sua regione (nel Suo Paese) (non incaricheremo nessuna altra persona per la vendita di ... in ...).

Tutte le ordinazioni dei clienti devono esserci spedite immediatamente.

zen, möchten wir die Hauptpunkte unserer Vereinbarung bestätigen, nämlich:

Wir bestätigen gern die bei den Besprechungen zwischen Ihnen und unserem Herrn Gerber getroffene Vereinbarung wie folgt:

Über die folgenden Punkte sind wir uns einig geworden:

Sie werden als unser Alleinvertreter (od. Alleinverteiler) in Ägypten tätig sein.

Die Vertretung wird eine Alleinvertretung sein für den Absatz unserer Erzeugnisse in ...

Die Ernennung gilt zunächst für eine Probezeit von zwei Jahren.

Wir werden Sie als unseren Alleinvertreter in Italien für den Verkauf unserer landwirtschaftlichen Maschinen für eine Zeit von zwei Jahren ernennen, beginnend am 1. Januar n. J.

Wir stimmen Ihrem ursprünglichen Vorschlag zu, die Provinzen Vercelli und Novara in Ihr Gebiet einzubeziehen.

1. Als unser Alleinvertreter

2. Während der Dauer dieses Vertrages

werden Sie kein Erzeugnis der Konkurrenz (od. keine mit unseren Produkten konkurrierende Ware) verkaufen, weder auf eigene noch auf Rechnung irgendeiner anderen Firma.

Wir werden keinen anderen Vertreter in Ihrem Gebiet (od. Land) ernennen (od. wir werden keine andere Person für den Verkauf von ... in ... ernennen).

Alle Bestellungen der Kunden sind sofort an uns zu schikken.

Tutte le merci sono da noi consegnate e fatturate direttamente ai clienti con copia a Lei.

Senza la nostra (espressa) autorizzazione scritta non potrà concedere o promettere credito a nessun cliente.

Lei riceverà una provvigione del 10%

a) sulle Sue vendite dei nostri prodotti.

b) sui prezzi fatturati per tutte le merci ordinate attraverso Lei e regolarmente pagate dai rispettivi clienti.

c) sul valore netto di tutti gli ordini da Lei trasmessi.

d) sui valori fob di tutte le merci spedite a Lagos sia che si tratti di ordini da Lei trasmessi o no.

I clienti salderanno le loro fatture direttamente presso di noi. Da parte nostra Le invieremo alla fine di ogni mese una lista di tutti i pagamenti ricevuti.

Le rimborseremo tutte le spese necessarie.

Lei ci invierà il Suo resoconto trimestralmente.

Lei venderà le nostre merci in conto deposito e ci invierà resoconti di vendita mensili. Noi spiccheremo tratta su di Lei per l'importo netto dovuto.

Le invieremo scorte iniziali adeguate con credito a tre mesi.

Lei metterà a disposizione adeguate capacità di magazzino per i motori affidati in conto deposito.

Alle Waren werden von uns direkt an die Kunden geliefert und fakturiert mit Kopie an Sie.

Ohne unsere schriftliche (od. ausdrückliche) Genehmigung werden Sie keinem Kunden Kredit gewähren oder versprechen.

Sie werden eine Provision von 10%

a) auf Ihre Verkäufe unserer Erzeugnisse erhalten.

b) auf die fakturierten Preise aller durch Sie bestellten und ordnungsgemäß von den betreffenden Käufern bezahlten Waren erhalten.

c) auf den Nettowert aller durch Sie vermittelten Aufträge erhalten.

d) auf die fob-Werte aller nach Lagos gesandten Waren erhalten, gleichgültig ob es sich um von Ihnen vermittelte Aufträge handelt oder nicht.

Die Kunden werden ihre Rechnungen direkt mit uns regulieren. Unsererseits werden wir Ihnen am Ende eines jeden Monats eine Aufstellung über alle erhaltenen Zahlungen schicken.

Wir werden Ihnen alle notwendigen Spesen erstatten.

Sie werden uns Ihre Abrechnung vierteljährlich schicken.

Sie werden unsere Erzeugnisse auf Konsignationsbasis verkaufen und uns monatliche Verkaufsabrechnungen schicken. Wir werden dann auf Sie für den fälligen Nettobetrag ziehen.

Wir werden Ihnen auf 3monatiger Kreditbasis angemessene Anfangsvorräte schicken.

Sie werden angemessene Lagermöglichkeiten für die Ihnen in Konsignation gegebenen Motoren zur Verfügung stellen.

Lei terrà una scorta minima di 50 motori.

Lei terrà scorte di articoli per i quali c'è prevedibilmente una costante richiesta in modo da poter evadere rapidamente piccole ordinazioni.

Lei terrà una scelta rappresentativa (la gamma completa) dei nostri prodotti nei Suoi locali espositivi.

Siamo d'accordo (Concordiamo) di contribuire alle spese di pubblicità con Lit. ...

Pagheremo un contributo annuale di Lit. ... per le spese (locali) di pubblicità.

Il contratto sarà riveduto (riesaminato) dopo due anni.

Entrambe le parti hanno la possibilità in ogni momento di risolvere il (recedere dal) contratto con un preavviso scritto di sei mesi.

Se le transazioni da Lei concluse in un anno ammontano a meno di Lit. ...

a) l'accordo può essere immediatamente risolto.

b) l'accordo può essere risolto con un preavviso scritto di tre mesi.

Le trasmetterà immediatamente eventuali reclami ed eseguirà le indagini preliminari.

La prego di comunicarmi se e d'accordo con queste condizioni.

Se Lei è d'accordo con le condizioni suaccennate

a) saremmo lieti di discutere ulteriormente la questione.

b) provvederemo affinché il contratto sia redatto e Le sia in-

Sie werden einen Mindestvorrat von 50 Motoren halten.

Sie werden Vorräte der Artikel auf Lager halten, für die voraussichtlich eine ständige Nachfrage besteht, um kleine Aufträge schnell erledigen zu können.

Sie werden eine repräsentative Auswahl (die ganze Palette) unserer Erzeugnisse in Ihren Ausstellungsräumen führen.

Wir sind damit einverstanden, mit Lit. ... zu den Werbungskosten beizutragen.

Wir werden einen jährlichen Beitrag von Lit. ... zu den Kosten der (örtlichen) Werbung leisten.

Der Vertrag wird nach zwei Jahren überprüft werden.

Beiden Parteien steht es frei, den Vertrag jederzeit schriftlich mit einer Kündigungsfrist von sechs Monaten zu beenden.

Wenn die durch Sie abgeschlossenen Geschäfte in einem Jahr weniger als Lit. ... betragen,

a) kann die Vereinbarung sofort gelöst werden.

b) kann die Vereinbarung schriftlich mit einer Kündigungsfrist von drei Monaten beendet werden.

Eventuelle Beschwerden werden Sie sofort weiterleiten und die Voruntersuchungen führen.

Bitte teilen Sie mir mit, ob Sie mit diesen Bedingungen einverstanden sind.

Wenn Sie mit den obigen Bedingungen einverstanden sind,

a) würden wir uns freuen, die Angelegenheit weiter zu besprechen.

b) werden wir veranlassen, daß der Vertrag abgefaßt und Ih-

viato per la firma.

Alleghiamo una bozza del contratto rielaborato (riveduto) che eleva la Sua provvigione al 12% e tiene conto di certe spese.

Alleghiamo due copie del nostro consueto (abituale) contratto (standard) di rappresentanza. La preghiamo di restituirci un esemplare (debitamente) firmato.

Le saremmo grati se ci restituisse il contratto eventualmente con la Sua opinione al riguardo.

Siamo lieti di comunicarLe che dopo la nostra visita dei Suoi locali espositivi e la valutazione del mercato nigeriano ci siamo decisi a (abbiamo deciso di) nominarLa nostro agente per la vendita e la manutenzione.

nen zur Unterschrift übersandt wird.

Wir fügen einen Entwurf des revidierten Vertrages bei, der Ihre Provision auf 12% erhöht und gewisse Ausgaben berücksichtigt.

Wir fügen zwei Exemplare unseres üblichen (od. Standard-)Vertretervertrages bei. Bitte senden Sie uns ein Exemplar unterschrieben zurück.

Wir wären dankbar, wenn Sie uns den Vertrag zurücksenden würden, ggf. mit Ihrer diesbezüglichen Stellungnahme.

Es freut uns Ihnen mitzuteilen, daß wir uns nach unserem Besuch Ihrer Ausstellungsräume und der Bewertung des nigerianischen Marktes entschlossen haben, Sie zu unserem Verkaufs- und Wartungsagenten zu ernennen.

g) Schlußworte

Sarem(m)o lieti di apprendere

Es wird (od. würde) uns freuen zu hören,

a) a quali condizioni Lei sarebbe disposto a concludere un contratto (a rappresentarci).

a) zu welchen Bedingungen Sie bereit wären, einen Vertrag abzuschließen (od. uns zu vertreten).

b) che Lei è disposto ad assumere la rappresentanza a queste condizioni.

b) daß Sie bereit sind, zu diesen Bedingungen die Vertretung zu übernehmen.

Poiché fino ad oggi non abbiamo ricevuto alcuna risposta, deduciamo che Lei non è interessato a rappresentarci nel Suo Paese.

Da wir bis heute keine Antwort erhalten haben, folgern wir, daß Sie nicht daran interessiert sind, uns in Ihrem Land zu vertreten.

Speriamo di ricevere sollecitamente Sue notizie poiché vogliamo addivenire rapidamente ad una decisione.

Wir hoffen recht bald von Ihnen zu hören, da wir zu einer schnellen Entscheidung kommen wollen.

La prego di farmi sapere se questa proposta La interessa.

Bitte lassen Sie mich wissen, ob dieser Vorschlag Sie interessiert.

Speriamo

Wir hoffen,

a) di ottenere la Sua approvazione a queste condizioni.

a) Ihre Zustimmung zu diesen Bedingungen zu erhalten.

b) che Lei accetterà il nostro contratto ed entrerà così nella nostra organizzazione come rappresentante esclusivo nella Sua zona.

b) daß Sie unseren Vertrag annehmen und als Alleinvertreter in Ihrem Gebiet unserer Organisation beitreten werden.

h) es besteht kein Interesse, es ist noch keine Entscheidung getroffen worden

Apprezziamo molto il Suo interesse,

Wir schätzen Ihr Interesse sehr,

a) ma non abbiamo ancora preso alcuna decisione riguardo una rappresentanza.

a) haben jedoch noch keine Entscheidung über eine Vertretung getroffen.

b) tuttavia gli attuali accordi in vigore non ci permettono di istituire una rappresentanza esclusiva.

b) jedoch erlauben bestehende Abmachungen uns augenblicklich nicht, eine Alleinvertretung zu errichten.

1. Nel caso la situazione cambi

1. Sollte sich die Lage ändern,

2. Se sarà presa in considerazione la possibilità di una rappresentanza

2. Falls die Möglichkeit einer Vertretung in Erwägung gezogen wird,

terremo senz'altro presente la Sua domanda.

werden wir sicherlich Ihre Bewerbung berücksichtigen.

i) Kündigung

Poiché le Sue transazioni del primo trimestre sono di nuovo al di sotto dell'obiettivo minimo di vendita

Da Ihre Abschlüsse während des ersten Quartals wieder unter dem Verkaufssoll liegen,

a) dobbiamo prendere in considerazione la possibilità di risolvere il contratto alla fine di giugno.

a) müssen wir die Möglichkeit erwägen, den Vertrag Ende Juni aufzulösen.

b) siamo costretti a risolvere il contratto.

b) sind wir gezwungen, den Vertrag zu kündigen.

Siamo spiacenti

Wir bedauern,

a) che la mutata situazione renda attualmente impossibile il

a) daß die geänderte Lage die Einhaltung unserer Vereinba-

mantenimento dei nostri accordi.

b) di comunicarLe che dobbiamo rinunciare alla Sua rappresentanza.

Questo significa che – conformemente alle condizioni di contratto – la rappresentanza si concluderà il 31 dicembre p.v.

rung augenblicklich unmöglich macht.

b) Ihnen mitzuteilen, daß wir auf Ihre Vertretung verzichten müssen.

Dies bedeutet, daß gemäß den Vertragsbedingungen die Vertretung am 31. Dezember d. J. beendet sein wird.

B. Erteilung und Erledigung von Aufträgen

1. Verkauf von Waren, Konsignation(ssendung)

1. Con riferimento alla nostra lettera del 26 aprile u.s.

2. Conformemente alle Sue istruzioni (Come desiderato/richiesto)

3. Dopo aver attentamente esaminato la Sua proposta

4. Alfine di verificare (sondare) il mercato

   a) abbiamo provveduto ad inviarLe 10 casse di strumenti di precisione ed alleghiamo (alla presente) la nostra fattura pro forma e la polizza di carico.

   b) Le inviamo (al Suo indirizzo) una scelta delle nostre specialità come indicato nell'acclusa fattura.

Riceverà tra breve a mezzo ferrovia una partita di prova di articoli in pelle particolarmente scelti per saggiare il locale mercato.

Attiriamo particolarmente la Sua attenzione sul contenuto della cassa N. 2. Riteniamo che le nostre valigette di cosmetici potrebbero avere un facile smercio nel Suo Paese.

1. Mit Bezug auf unser Schreiben vom 26. April d. J.

2. Ihren Anweisungen entsprechend (od. Wie gewünscht od. erbeten)

3. Nach sorgfältiger Erwägung Ihres Vorschlages

4. Um den Markt zu testen,

   a) haben wir veranlaßt, Ihnen 10 Kisten Präzisionswerkzeuge zu senden und fügen unsere Proforma-Rechnung und das Konnossement bei.

   b) senden wir Ihnen (od. an Ihre Adresse) eine Auswahl unserer Spezialitäten, wie auf beiliegender Rechnung angegeben.

Sie werden in Kürze per Bahn eine Probesendung Lederwaren erhalten, die für den örtlichen Markt besonders ausgewählt wurden.

Wir machen Sie besonders aufmerksam auf den Inhalt der Kiste Nr. 2. Wir glauben, daß unsere Kosmetikkoffer einen leichten Absatz in Ihrem Land haben könnten.

Alleghiamo la polizza di carico ed il certificato di assicurazione e speriamo che lo sdoganamento della merce non crei problemi.

Als Anlage fügen wir das Konnossement und die Versicherungspolice bei und hoffen, daß die Zollabfertigung der Ware keine Schwierigkeiten bereiten wird.

man bittet den Vertreter, den Absatz der Ware zu fördern

1. Poiché la richiesta di abbigliamento sportivo sembra essere al momento notevole

1. Da die Nachfrage nach Sportbekleidung augenblicklich lebhaft zu sein scheint,

2. Poiché gli strumenti ottici sono di ottima qualità

2. Da die optischen Instrumente von ausgezeichneter Qualität sind,

3. Poiché gli accessori per moto sono stati specialmente scelti per il mercato australiano

3. Da die Motorrad-Zubehörteile für den australischen Markt besonders ausgewählt worden sind,

   a) ci attendiamo che la merce venga offerta ad un prezzo per noi interessante.

   a) erwarten wir, daß die Ware zu einem für uns interessanten Preis angeboten wird.

   b) confidiamo che Lei farà ogni sforzo per smerciarli (venderli) ad un prezzo rimunerativo.

   b) verlassen wir uns darauf, daß Sie alle Anstrengungen unternehmen werden, um sie zu einem lohnenden Preis abzusetzen.

La preghiamo di fare del Suo meglio per vendere l'articolo (la partita) a Lit. ...

Bitte tun Sie Ihr Bestes, um den Artikel (od. Posten) zu Lit. ... zu verkaufen.

Non prevediamo di stabilire un prezzo minimo, ma siamo disposti ad affidarci al Suo giudizio.

Wir beabsichtigen nicht, einen Mindestpreis festzusetzen, sondern sind bereit, uns auf Ihr Urteil zu verlassen.

Per quanto riguarda i prezzi Le lasciamo la decisione a condizione

In Preisangelegenheiten geben wir Ihnen freie Hand unter der Voraussetzung,

a) che Lei non venda la partita a meno di Lit. ...

a) daß sie den Posten nicht unter Lit. ... verkaufen.

b) che i costi di produzione siano coperti dagli introiti netti.

b) daß die Selbstkosten durch die Nettoeinnahmen gedeckt werden.

Zahlungsweise und Schlußworte

Provvederà certamente (Vorrà certamente provvedere)

Sie werden sicherlich veranlassen, daß

a) affinché gli importi netti siano accreditati sul nostro conto.

b) per l'invio di un assegno bancario per l'importo realizzato.

c) per l'accettazione della nostra tratta di Lit. ...

Speriamo che le merci

a) Le pervengano in buone condizioni.

b) Le giungano in perfetto stato ed apprezzeremmo la Sua opinione circa la loro idoneità al locale mercato.

c) incontreranno la Sua approvazione.

d) soddisferanno le (corrisponderanno alle) aspettative dei Suoi clienti.

e) si rivelino del tutto soddisfacenti.

a) die Nettobeträge unserem Konto gutgeschrieben werden.

b) uns ein Bankscheck über den erzielten Betrag geschickt wird.

c) unsere Tratte in Höhe von Lit. ... akzeptiert wird.

Wir hoffen, daß die Waren

a) bei Ihnen in gutem Zustand eintreffen werden.

b) Sie in tadellosem Zustand erreichen und hätten gern Ihre Meinung in bezug auf deren Eignung für Ihren Markt.

c) Ihre Zustimmung finden werden.

d) den Anforderungen Ihrer Kunden entsprechen werden.

e) sich voll und ganz als zufriedenstellend erweisen werden.

2. Auftrag zum Einkauf von Waren

a) Anweisungen an den Kommissionär

Stamattina Le abbiamo dato istruzioni telegrafiche di acquistare per noi (per nostro conto) ...

La preghiamo di acquistare per nostro conto e per consegna entro il 30 giugno p.v. le merci sottoelencate:

Abbiamo ricevuto tre settimane fa i listini prezzi inviatici ed accludiamo ora (alla presente) il nostro formulario di ordinazione N. M 872 per apparecchiature elettroniche.

L'ordine di acquisto contiene (dà) precise istruzioni circa l'imballaggio, l'assicurazione e i documenti di spedizione marittima.

Abbiamo recentemente ricevuto una certa quantità di ri-

Heute früh haben wir Sie telegrafisch angewiesen, für uns ... zu kaufen.

Bitte kaufen Sie für unsere Rechnung zur Lieferung nicht später als 30. Juni d. J. die nachstehend aufgeführten Waren:

Wir haben vor drei Wochen die uns gesandten Preislisten erhalten und senden Ihnen nunmehr in der Anlage unsere Einkaufsorder Nr. M 872 für elektronische Geräte.

Der Einkaufsauftrag enthält (od. gibt) genaue Anweisungen bezüglich Verpackung, Versicherung und Verschiffungsdokumente.

Wir haben kürzlich eine Anzahl Anfragen nach Weinen aus

chieste per vini dell'Emilia Romagna e Vi saremmo pertanto grati se ci inviaste una partita di prova di circa 120 bottiglie di vini rossi e bianchi.

der Emilia Romagna erhalten und wären Ihnen deshalb dankbar, wenn Sie uns eine Probesendung von ca. 120 Flaschen Rot- und Weißwein schicken würden.

Lascio alla Sua discrezione di stabilire i prezzi a condizione che superino Lit. ...

Ich überlasse es Ihnen die Preise festzusetzen, vorausgesetzt, sie sind höher als Lit. ...

Le fatture saranno saldate direttamente al produttore (fabbricante).

Die Rechnungen werden unmittelbar mit dem Hersteller reguliert.

b) Kommissionär an den Auftraggeber

Come richiesto (da istruzioni) abbiamo acquistato per Voi ...

Wie erbeten (od. angewiesen), haben wir für Sie ... gekauft.

Siamo riusciti ad ottenere tutte le merci indicate nel Vostro ordine di acquisto N. K 16123 e le abbiamo imbarcate sulla M/N Dart Continent che è partita ieri da Rotterdam.

Es ist uns gelungen, alle in Ihrer Einkaufsorder Nr. K 16123 verzeichneten Waren zu erhalten, und wir haben sie durch MS Dart Continent verschifft, das gestern von Rotterdam ausgelaufen ist.

Siamo lieti di comunicarVi che abbiamo ottenuto dei prezzi particolarmente favorevoli.

Wir freuen uns, Ihnen mitzuteilen, daß wir besonders günstige Preise erzielt haben.

Alleghiamo (alla presente) le fatture dei diversi fornitori con il nostro rendiconto generale che presenta un saldo di Lit. ... a nostro credito. Per tale importo abbiamo spiccato tratta su di Voi a 30 giorni vista tramite la Banca di Credito Trentina.

Wir fügen die Rechnungen der verschiedenen Lieferanten bei mit unserer Gesamtaufstellung, die einen Saldo von Lit. ... zu unseren Gunsten aufweist. Wir haben für diese Summe auf Sie mit 30 Tagen Sicht durch die Banca di Credito Trentina gezogen.

3. Empfangsbestätigung der Waren

Siamo lieti di comunicarVi che la partita di videoregistratori inviata il 2 marzo u.s. è arrivata alla data stabilita ed in perfette condizioni.

Wir freuen uns Ihnen mitzuteilen, daß der am 2. März d. J. gesandte Posten Videorecorder am festgesetzten Datum in tadellosem Zustand angekommen ist.

Vi ringraziamo per l'avviso di spedizione e la polizza di carico relativi alla partita di scaffali metallici.

Vielen Dank für Ihre Lieferanzeige und das Konnossement für den Posten Metallregale.

Abbiamo verificato e trovato corrette le fatture.

Wir haben die Rechnungen geprüft und in Ordnung gefunden.

4. Unbefriedigendes Ergebnis

a) Vertreter an den Auftraggeber

Purtroppo dobbiamo comunicare

Leider müssen wir mitteilen,

a) che è sempre più difficile vendere le Vostre merci in questo Paese.

a) daß es immer schwieriger wird, Ihre Waren in diesem Land zu verkaufen.

b) che le merci sono (del tutto) inadatte per questo mercato.

b) daß die Waren für diesen Markt (völlig) ungeeignet sind.

c) che la vendita delle Vostre merci si è rivelata più difficile di quanto si potesse prevedere quando abbiamo assunto la Vostra rappresentanza.

c) daß sich der Absatz Ihrer Waren schwieriger erwiesen hat als erwartet werden konnte, als wir Ihre Vertretung übernahmen.

Siamo molto spiacenti per la diminuzione delle vendite che è certamente da imputare

Wir bedauern den Absatzrückgang sehr, der zweifellos

a) alla crescente concorrenza dei Paesi dell'Asia orientale.

a) auf die wachsende Konkurrenz der ostasiatischen Länder zurückzuführen ist.

b) ai dazi doganali per l'importazione recentemente introdotti.

b) auf die kürzlich erhobenen Einfuhrzölle zurückzuführen ist.

c) alla situazione economica incerta ed alla crescente diminuzione del potere d'acquisto in questo Paese.

c) auf die unsichere wirtschaftliche Lage und die ständig abnehmende Kaufkraft in diesem Land zurückzuführen ist.

Per un aumento delle vendite sembrano esserci poche prospettive fintanto che l'attuale situazione perdura.

Für eine Steigerung der Verkäufe scheint wenig Aussicht zu bestehen, solange die augenblickliche Lage anhält.

1. In precedenti occasioni abbiamo attirato la Vostra attenzione sulla concorrenza

1. Bei früheren Gelegenheiten haben wir Sie aufmerksam gemacht auf die Konkurrenz

2. Dobbiamo farVi presente la crescente concorrenza

2. Wir müssen Sie aufmerksam machen auf die wachsende Konkurrenz

3. Conoscerete certamente (Vi è senz'altro nota) la crescente concorrenza

   a) di prodotti giapponesi e sudcoreani che sono tutti di buona qualità e notevolmente più a buon mercato dei Vostri prodotti.

   b) di ditte sudcoreane i cui bassi prezzi e le cui rapide consegne hanno un notevole effetto sui compratori locali.

   c) di produttori francesi che sono penetrati negli ultimi tempi nel mercato.

Vi saranno senz'altro note le grandi campagne pubblicitarie

a) delle grandi ditte internazionali.

b) dei nostri concorrenti americani.

Certamente avrete dei progetti

a) per combattere nuovi concorrenti.

b) per controbattere (far fronte) alla forte concorrenza.

1. Se desiderate affermarVi ulteriormente su questo mercato

2. Se desiderate mantenere la Vostra posizione (restare concorrenziali),

   a) è assolutamente necessaria la consegna immediata delle ordinazioni impartiteVi.

   b) ci sembra inevitabile una riduzione generale dei prezzi.

   c) sarà necessaria una diminuzione generale dei prezzi.

Abbiamo potuto mantenere la nostra posizione solo

3. *Sie kennen sicher (Ihnen ist sicher bekannt) die zunehmende Konkurrenz*

   a) *von japanischen und südkoreanischen Erzeugnissen, die alle von guter Qualität und erheblich billiger als Ihre Erzeugnisse sind.*

   b) *von südkoreanischen Firmen, deren niedrige Preise und schnelle Lieferungen eine bemerkenswerte Wirkung auf die hiesigen Käufer haben.*

   c) *von französischen Herstellern, die in der letzten Zeit in den Markt eingedrungen sind.*

Ihnen werden zweifellos die umfangreichen Werbefeldzüge

a) *der großen internationalen Firmen bekannt sein.*

b) *unserer amerikanischen Konkurrenten bekannt sein.*

Zweifellos haben Sie Pläne

a) *neue Konkurrenten aus dem Feld zu schlagen.*

b) *der starken Konkurrenz entgegenzutreten.*

1. *Wenn Sie sich auf diesem Markt weiterhin behaupten wollen,*

2. *Wenn Sie Ihre Stellung halten wollen (od. konkurrenzfähig bleiben wollen),*

   a) *ist prompte Lieferung der Ihnen erteilten Aufträge unbedingt erforderlich.*

   b) *scheint eine allgemeine Preisermäßigung unvermeidlich.*

   c) *wird eine allgemeine Preissenkung erforderlich sein.*

Wir konnten unsere Marktstellung nur halten,

a) facendo forti pressioni sui nostri collaboratori esterni.

a) indem wir auf unsere Außendienstmitarbeiter Druck ausübten.

b) aumentando le nostre spese di propaganda.

b) indem wir unseren Werbeetat erhöhten.

Il mercato è più adatto a merci a buon prezzo di qualità accettabile che per merci di lusso destinate ad una clientela esigente.

Der Markt ist für preiswerte Waren vernünftiger Qualität geeigneter als für Luxuswaren für eine anspruchsvolle Kundschaft.

Probabilmente non Vi è stato chiaro

Es ist Ihnen vielleicht nicht klar geworden,

a) che la nostra diminuzione delle vendite è la diretta conseguenza alla vostra mancanza di disponibilità a collaborare con noi.

a) daß unser Absatzrückgang eine direkte Folge Ihrer fehlenden Bereitschaft ist, mit uns zusammenzuarbeiten.

b) che il motivo principale del cattivo smercio sono gli alti prezzi delle Vostre merci.

b) daß der Hauptgrund für den schlechten Absatz die hohen Preise Ihrer Waren sind.

c) che la Vostra incapacità di adattare i Vostri prodotti alle esigenze del mercato locale è l'unico motivo per risultati così deludenti.

c) daß Ihre Unfähigkeit, Ihre Erzeugnisse den Erfordernissen des hiesigen Marktes anzupassen, der einzige Grund für so dürftige Ergebnisse ist.

Oscillazioni valutarie rendono particolarmente difficile lo smercio.

Währungsschwankungen machen den Absatz besonders schwierig.

E' estremamente importante di provvedere

Es ist äußerst wichtig dafür zu sorgen,

a) affinché opuscoli e altro materiale pubblicitario siano redatti nella lingua del paese di destinazione.

a) daß Broschüren und anderes Werbematerial in der Sprache des Bestimmungslandes abgefaßt werden.

b) affinché si faccia tutto il possibile per evitare ritardi nelle consegne.

b) daß alles geschieht, um Lieferungsverzögerungen zu vermeiden.

Riteniamo di fare finalmente progressi.

Wir glauben, daß wir endlich Fortschritte machen.

Siamo tuttavia cautamente ottimisti che le attuali difficoltà possano essere superate e che ci sarà possibile

Wir sind jedoch vorsichtig optimistisch, daß die augenblicklichen Schwierigkeiten überwunden werden können und daß es uns möglich sein wird,

a) aumentare lo smercio dal livello attuale a circa Lit. ...

a) den Absatz von dem augenblicklichen Niveau auf ca. Lit. ... zu steigern.

b) , grazie a sforzi congiunti, di aumentare sensibilmente lo smercio.

b) dank gemeinsamer Anstrengungen den Absatz deutlich zu steigern.

Ci attendiamo di essere in grado di raddoppiare le nostre vendite nel corso dei prossimi dodici mesi.

Wir erwarten, in der Lage zu sein, unseren Absatz während der nächsten zwölf Monate zu verdoppeln.

b) Auftraggeber an den Vertreter

Abbiamo ricevuto il Suo rendiconto delle vendite per il mese di marzo e dobbiamo esprimere (la nostra) preoccupazione

Wir haben Ihre Verkaufsabrechnung für den Monat März erhalten und müssen unsere Besorgnis zum Ausdruck bringen

a) riguardo la drastica diminuzione delle vendite nella Sua zona.

a) über den drastischen Verkaufsrückgang in Ihrem Gebiet.

b) circa l'elevato importo delle spese.

b) über den hohen Spesenbetrag.

c) circa il prezzo niente affatto soddisfacente che Lei ha ottenuto (realizzato) per ...

c) über den bei weitem nicht zufriedenstellenden Preis, den Sie für ... erhalten (erzielt) haben.

Ci dispiace apprendere (Apprendiamo con rammarico)

Es tut uns leid zu erfahren (od. Wir bedauern), daß

a) che Le è difficile vendere le nostre merci, tanto più che esse trovano qui un buon smercio.

a) es Ihnen schwerfällt, unsere Waren zu verkaufen, um so mehr, als sie hier einen guten Absatz finden.

b) che le Sue vendite sono sensibilmente diminuite nel corso degli ultimi mesi.

b) Ihre Verkäufe im Lauf der letzten Monate empfindlich zurückgegangen sind.

Sebbene riteniamo ci sia certamente un buon motivo per questa situazione insoddisfacente, desideriamo tuttavia pregarLa di inviarci regolarmente dei rapporti dettagliati.

Obwohl wir annehmen, daß es sicher einen guten Grund für diese unbefriedigende Sachlage gibt, möchten wir Sie doch bitten, uns regelmäßig ausführliche Berichte zu senden.

Quale nostro agente Lei ha venduto durante i primi sei mesi 450 macchine. Dopo questo incoraggiante inizio le vendite sono però talmente diminuite (in tale misura) da crearci notevoli preoccupazioni.

Als unser Vertreter haben Sie während der ersten sechs Monate 450 Maschinen verkauft. Seit diesem ermutigenden Anfang sind die Verkäufe jedoch derartig (in einem solchen Ausmaß) zurückgegangen, daß wir äußerst besorgt sind.

E' certamente possibile

a) che Lei debba far fronte a difficoltà che noi ignoriamo.

b) che una recessione generale del commercio nella Sua regione possa spiegare l'attuale situazione.

E' nostra politica aziendale di appoggiare in ogni modo i nostri rappresentanti nel loro operato. Peraltro noi non siamo in grado di farlo se Lei non ci comunica le Sue difficoltà.

Le Sue osservazioni riguardo i prezzi ci sorprendono molto

a) poiché i nostri articoli si vendono bene sulla maggior parte dei mercati.

b) poiché una recente indagine ha mostrato come alcuni prodotti della concorrenza si vendano senza difficoltà a prezzi analoghi.

Desideriamo sapere quali passi intende intraprendere per migliorare l'attuale situazione.

Ci attendiamo in breve tempo un aumento del giro d'affari quale risultato dei nostri sforzi congiunti.

Natürlich ist es möglich, daß

a) Sie mit Schwierigkeiten zu kämpfen haben, von denen wir nichts wissen.

b) ein allgemeiner Rückgang im Handel in Ihrem Gebiet die augenblickliche Lage erklären könnte.

Es ist unsere Geschäftspolitik, unsere Vertreter in jeder Hinsicht bei ihrer Tätigkeit zu unterstützen. Wir sind jedoch nicht in der Lage dies zu tun, wenn Sie uns nicht von Ihren Schwierigkeiten unterrichten.

Ihre Bemerkungen bezüglich der Preise erstaunen uns sehr,

a) da unsere Artikel sich auf den meisten Märkten gut verkaufen.

b) da eine neuere Untersuchung zeigte, daß einige Konkurrenzerzeugnisse ohne Schwierigkeiten zu ähnlichen Preisen verkauft werden.

Wir möchten wissen, welche Schritte Sie zu unternehmen beabsichtigen, um die augenblickliche Situation zu verbessern.

Wir erwarten in Kürze einen Anstieg des Umsatzes als Ergebnis unserer gemeinsamen Anstrengungen.

5. Marktbericht

a) Vertreter an den Auftraggeber

Mi avete richiesto la mia opinione (un rapporto) riguardo la possibilità di aumento delle Vostre esportazioni in Germania.

Abbiamo concluso le nostre indagini preliminari ed stiamo preparando un dettagliato rapporto

Sie baten mich um Stellungnahme (od. einen Bericht) über die Möglichkeit einer Steigerung Ihres Exports nach Deutschland.

Wir haben unsere Voruntersuchungen abgeschlossen und bereiten einen umfassenden Bericht vor,

a) che Vi sarà presentato nei prossimi giorni.

a) der Ihnen in den nächsten Tagen vorgelegt wird.

b) che costituirà la base per ulteriori colloqui con Voi.

b) der die Grundlage für weitere Besprechungen mit Ihnen bilden wird.

Alleghiamo

Wir fügen

a) un dettagliato rapporto sulle nostre ricerche (indagini).

a) einen genauen Bericht über unsere Untersuchungen bei.

b) una nostra circolare con indicazioni (dettagli) relativi alle tendenze di mercato.

b) unser Rundschreiben mit Angaben (od. Einzelheiten) zur Markttendenz bei.

Dal nostro rapporto apprenderete

Unserem Bericht werden Sie entnehmen,

a) che qui c'è una crescente domanda per articoli da bagno e che le prospettive per la vendita di costumi da bagno di buona qualità a prezzi concorrenziali sono veramente eccellenti.

a) daß hier eine wachsende Nachfrage nach Badeartikeln besteht und die Aussichten für Badeanzüge guter Qualität zu konkurrenzfähigen Preisen wirklich ausgezeichnet sind.

b) che la situazione economica di questo Paese non favorisce l'importazione di articoli di lusso.

b) daß die wirtschaftliche Lage dieses Landes die Einfuhr von Luxuswaren nicht begünstigt.

c) che c'è una vivace (costante) domanda per apparecchi di questo tipo.

c) daß eine lebhafte (od. ständige) Nachfrage nach Geräten dieser Art besteht.

d) che, se le Vostre merci corrispondono esattamente al campione, dovrebbero potersi vendere facilmente sul locale mercato.

d) daß, wenn Ihre Waren dem Muster genau entsprechen, sie sich auf dem hiesigen Markt gut verkaufen dürften.

e) che la diminuzione della domanda è una conseguenza degli alti prezzi delle Vostre merci.

e) daß der Nachfragerückgang eine Folge der hohen Preise Ihrer Waren ist.

f) che operano nel ramo otto grandi aziende delle quali una ha almeno il 40% del mercato.

f) daß acht größere Firmen in der Branche tätig sind, von denen eine mehr als 40% Marktanteil hält.

g) che il mercato è ancora debole.

g) daß der Markt immer noch flau ist.

h) che il mercato dà finalmente segni di ripresa.

h) daß der Markt endlich Anzeichen der Erholung zeigt.

i) che il mercato si è stabilizzato.

i) daß die Marktbedingungen sich stabilisiert haben.

Siamo persuasi (convinti) che

Wir sind überzeugt, daß

a) ci sono eccellenti prospettive per l'esportazione delle Vostre caffettiere in Austria.

a) ausgezeichnete Aussichten für den Export Ihrer Kaffeemaschinen nach Österreich bestehen.

b) ci sarebbero le migliori possibilità di successo qualora foste disposti ad adattare i Vostri prodotti alle esigenze del locale mercato.

b) die besten Erfolgsaussichten bestehen, wenn Sie bereit sind, Ihre Erzeugnisse den Erfordernissen des hiesigen Marktes anzupassen.

Alleghiamo dei listini prezzi delle ditte concorrenti.

Wir fügen Preislisten der Konkurrenzfirmen bei.

Riteniamo che il Vostro speciale prodotto abbia buone possibilità di successo poiché il modello di lusso del Vostro concorrente ha un prezzo di listino di Lit. ...

Wir glauben, daß Ihr spezielles Erzeugnis gute Erfolgsaussichten hat, da das Luxusmodell Ihres Konkurrenten mit einem Listenpreis von Lit. ... angegeben ist.

Siamo certi che Vi farà piacere (sarete lieti di) ricevere questo rapporto tranquillizzante e ottimistico.

Wir sind sicher, daß Sie erfreut sein werden, diesen optimistischen und beruhigenden Bericht zu erhalten.

b) Auftraggeber an den Vertreter

La prego di elaborare (preparare, redigere) un rapporto

Würden Sie mir bitte einen Bericht ausarbeiten,

a) su come potrebbero aumentare (essere aumentate) le nostre vendite.

a) wie unsere Verkaufszahlen verbessert werden könnten.

b) su come potremmo ampliare (aumentare) la nostra quota di mercato.

b) wie wir unseren Marktanteil erweitern könnten.

c) su quali sono, a Suo avviso, i punti pericolosi.

c) welches nach Ihrer Meinung die Gefahrenpunkte sind.

d) circa l'ampiezza (totale) del mercato, le sue tendenze e le ditte dominanti.

d) über den Gesamtumfang des Marktes, seine Tendenzen und die dominierenden Firmen.

Tutte le proposte fatte saranno da noi tenute in considerazione (attentamente esaminate).

Alle gemachten Vorschläge werden von uns in Betracht gezogen (sorgfältig geprüft).

Per la nostra futura programmazione ci sarebbe di molto aiuto se compilaste l'accluso

Für unsere zukünftige Planung würde es uns sehr helfen, wenn Sie den beigefügten Fra-

questionario e ce lo restituiste entro due settimane.

gebogen ausfüllen und uns innerhalb von zwei Wochen zurückschicken würden.

Un certo aumento di prezzo è inevitabile e Le saremmo pertanto grati se ci comunicasse quanto, a Suo avviso, il mercato è in grado di sopportare.

Eine gewisse Preiserhöhung ist unvermeidlich, und wir wären Ihnen deshalb für eine Mitteilung dankbar, was, Ihrer Ansicht nach, der Markt verkraften kann.

Attendiamo il Suo rapporto dettagliato

Wir sehen Ihrem eingehenden Bericht

a) circa la situazione attuale e le tendenze del mercato.

a) über die aktuelle Situation und die Markttendenzen gern entgegen.

b) con proposte su come, secondo Lei, potremmo contribuire a riportare il nostro giro d'affari almeno al passato livello.

b) mit Vorschlägen, wie wir nach Ihrer Ansicht dazu beitragen können, unseren Umsatz wenigstens auf das frühere Niveau zurückzuführen, gern entgegen.

La ringraziamo per la Sua lettera del 27 aprile u.s.

Wir danken Ihnen für Ihr Schreiben vom 27. April d. J.

a) con il rapporto confidenziale sulla situazione in Italia.

a) mit dem vertraulichen Bericht über die Lage in Italien.

b) ed apprendiamo con piacere che Lei ritiene che il mercato australiano, per i nostri articoli, sia ancora suscettibile di sviluppo.

b) und freuen uns zu erfahren, daß Sie glauben, daß der Markt in Australien für unsere Artikel noch entwicklungsfähig ist.

c) e per le Sue raccomandazioni relative alla qualità delle merci più adatte per tale mercato.

c) und für Ihre Empfehlungen bezüglich der Qualität der Waren, die für diesen Markt am besten geeignet sind.

d) ed apprendiamo con piacere che la domanda di Personal Computer in Africa orientale è in fase crescente.

d) und freuen uns zu hören, daß in Ostafrika die Nachfrage nach Personalcomputern ständig zunimmt.

Molto grazie per il regolare invio delle analisi di mercato.

Besten Dank für die regelmäßige Zusendung der Marktanalysen.

Il Suo ultimo rapporto è per noi un po' scoraggiante.

Ihr letzter Bericht ist für uns etwas entmutigend.

La preghiamo di tenerci costantemente al corrente circa la situazione del mercato per i nostri articoli nel Suo Paese.

Bitte halten Sie uns ständig auf dem laufenden über die Marktsituation für unsere Artikel in Ihrem Land.

XVII. Versicherung(swesen)

Unter Versicherung *(assicurazione)* versteht man im allgemeinen die Verlagerung *(spostamento)* eines Risikos *(rischio)*, das auf dem Vermögen des Versicherten *(relativo al patrimonio dell'assicurato)* ruht, auf das Vermögen des Versicherers *(assicuratore)* durch die Bezahlung einer Geldsumme. Man unterscheidet zwischen Privatversicherung *(assicurazione privata)* und Sozialversicherung *(assicurazione sociale)*. Letztere dient dem Schutz gegen Krankheit (Krankenversicherung, *assicurazione malattie*), Unfall (Unfallversicherung, *assicurazione incidenti*), Invalidität *(assicurazione invalidità)* und Arbeitslosigkeit (Arbeitslosenversicherung, *assicurazione contro la disoccupazione)*. Es besteht Versicherungspflicht *(assicurazione obbligatoria)* in einigen Bereichen (z. B. Sozialversicherung, Kfz-Versicherung). Die vom Versicherten zu leistende Geldsumme heißt Beitrag oder Prämie *(premio)*.

Der Versicherungsvertrag *(contratto di assicurazione)* wird schriftlich in Form des Versicherungsscheins *(polizza di assicurazione)* festgelegt. Der Versicherer ist verpflichtet, bei Eintritt des Versicherungsfalles *(in caso di sinistro)* je nach Art der Versicherung einen bestimmten Kapitalbetrag *(capitale)*, eine Rente *(pensione/rendita)* oder eine Entschädigung *(indennizzo)* zu zahlen. Der Versicherungsnehmer *(assicurato)* hat die vereinbarte Prämie *(premio)* oder, bei Versicherung auf Gegenseitigkeit *(mutua assicurazione)*, den Beitrag zu entrichten *(versare l'importo)*. Meist ist der Versicherungsnehmer zugleich auch der Versicherte, d. h. die Person, die den Anspruch auf die Leistung *(prestazione)* hat. Es kann sich aber auch um zwei verschiedene Personen handeln, was bei der Lebensversicherung im allgemeinen der Fall ist.

Häufig kommt ein Versicherungsvertrag durch Vermittlung eines Versicherungsagenten *(agente di assicurazioni)* zustande.

Als Versicherer kommen öffentlich-rechtliche Versicherungsanstalten *(enti assicurativi di diritto pubblico)*, Versicherungsgesellschaften in Form einer Aktiengesellschaft *(compagnie di assicurazione sotto forma di Società per Azioni)* und Versicherungsvereine auf Gegenseitigkeit *(Società per Azioni/compagnie di mutua assicurazione)* in Betracht. Sie können ihrerseits das Risiko verteilen *(ripartire il rischio)*, indem sie von der Rückversicherung *(riassicurazione)* oder der Mitversicherung *(coassicurazione)* Gebrauch machen. Bei der Rückversicherung versichert sich der Erstversicherer *(primo assicuratore)* seinerseits wieder bei einer anderen Gesellschaft, dem Rückversicherer *(riassicuratore)*; bei der Mitversicherung wird das Risiko unter verschiedenen Versicherern aufgeteilt, wobei jeder von ihnen für einen Teil der Versicherungssumme haftet *(risponde per una parte della somma assicurata)*.

In der Privatversicherung unterscheidet man zwischen Schadenversicherung *(assicurazione danni)* und Personenversicherung *(assicurazione per le persone)*.

A) S c h a d e n v e r s i c h e r u n g. Der Versicherer hat hier nur die Summe zu leisten *(pagare)*, die zur Deckung des tatsächlich entstandenen Schadens *(copertura del danno)* erforderlich ist. Die Höchstgrenze der Leistung *(prestazione)* wird durch die Versicherungssumme bestimmt. Übersteigt diese den Wert des versicherten Interesses oder der versicherten Sache (Versicherungswert *valore assicurato*), so spricht man von Überversicherung *(sovrassicurato)*. Der umgekehrte Fall ist die Unterversicherung *(sottoassicurato)*.

Arten der Schadenversicherung sind:

Feuerversicherung *(assicurazione contro gli incendi);* Hagelversicherung *(assicurazione contro la grandine);* Viehversicherung *(assicurazione del bestiame);* Transportversicherung *(assicurazione del trasporto);* Haftpflichtversicherung *(assicurazione responsabilità civile);* Kraftfahrzeugversicherung *(assicurazione veicoli);* Einbruchdiebstahlversicherung *(assicurazione contro il furto)*.

B) P e r s o n e n v e r s i c h e r u n g. Der Versicherer ist verpflichtet, bei Eintritt des Versicherungsfalles einen bestimmten Betrag an Kapital oder Rente zu zahlen (Versicherungssumme *somma assicurata)*, unabhängig von der Höhe des wirklich eingetretenen Bedarfs *(reale necessità)*. Die wichtigste Art ist die Lebensversicherung *(assicurazione sulla vita)*. Daneben gibt es die Unfallversicherung *(assicurazione [contro gli] incidenti)*, die Krankenversicherung *(assicurazione [contro le] malattie)* und die Altersversicherung *(assicurazione per la vecchiaia)*.

Am wichtigsten für den Außenhandel *(commercio estero)* ist neben der Exportkreditversicherung *(assicurazione di credito all'esportazione)* durch die Società per l'Assicurazione del Credito all'Esportazione (SACE) wohl die von Versicherungsgesellschaften betriebene S e e v e r s i c h e r u n g *(assicurazione marittima)*, die sich mit der Versicherung von Schiffen *(navi)*, Frachten *(noli)*, Ladungen *(carichi)* oder des imaginären Gewinns *(beneficio probabile)* befaßt.

Der Seeversicherungsschein *(polizza di assicurazione marittima)* lautet:

a) hinsichtlich der Dauer: „auf Zeit" *(polizza a tempo determinato;* Generalpolice, laufende Police *polizza flottante)* oder „auf eine bestimmte Reise" *(polizza a viaggio);*

b) hinsichtlich der versicherten Summe *(somma assicurata):* „untaxiert", „offen" oder „laufend" (ohne Wertangabe: *polizza in bianco =* Pauschalpolice) oder „taxiert" (mit Wertangabe: *polizza con indicazione del valore assicurato)*.

Verschiedene Klauseln *(clausole)* bestimmen die Haftung *(responsabilità)* des Versicherers und enthalten oft eine Befreiung, Franchise *(franchigia)* von der Entschädigung *(indennizzo)* oder Leistung für kleine oder geringe Schäden, Bagatellschäden *(danni di poco conto)*, und zwar:

a) bei leichtverderblicher Ware *(merci facilmente deperibili)* (mit höherem Prämiensatz *[ad alto premio]*): *Contro tutti i rischi =* gegen alle Gefahren; *Contro avaria particolare =* mit besonderer Havarie;

b) bei gut verpackter und dem Verderben wenig ausgesetzter Ware: *Franco avaria particolare =* frei von besonderer Havarie, oder auch *Con franchigia del 3% =* frei von 3% Beschädigung oder frei von Beschädigung, wenn unter 3%, d. h. der Versicherer haftet *(risponde)* erst für den über 3% hinausgehenden Schaden.

Contro perdita totale = frei von Bruch, außer im Strandungsfall; d. h. der Versicherer übernimmt das Risiko nur bei gänzlichem Verlust *(perdita totale)* der Waren.

Im Januar 1982 wurden in Großbritannien die neuen «Institute Cargo Clauses» eingeführt, nach denen man sich im internationalen Seeverkehr *(traffico marittimo internazionale)* am häufigsten richtet.

Die Incoterms verpflichten den Verkäufer eines CIF-Vertrages, die Ware gegen das Transportrisiko *(rischio di trasporto)* auf «F.P.A. *(Free of Particular Average)*-Bedingungen» zu versichern. Seit 1.1.1982 gelten die Institute Cargo Clauses (I.C.C.) A, B und C. Sie ersetzen die bisherigen Klauseln „alle Risiken", W.A. *(with average)* und F.P.A. (vgl. S. 28).

Die Klausel A *(clausola A)* bietet die weiteste Deckung *(offre la massima copertura)*, die Klausel C die geringste Deckung. Die Klausel A entspricht der alten „alle-Risiken-Vorschrift" *(clausola tutti rischi)*, während die Klauseln B und C den früheren F.P.A.- und W.A.-Bedingungen am nächsten kommen.

Der der Sache zugestoßene Schaden heißt Havarie *(avaria)*. Man unterscheidet:

a) große Havarie *(avaria comune):* es handelt sich um Schäden *(danni)* und Aufwendungen *(spese)*, die vom Kapitän vorsätzlich veranlaßt sind, um eine drohende Gefahr *(rischio imminente)* von Schiff *(nave)* und Ladung *(carico)* abzuwenden. Sie ist von allen Beteiligten gemeinschaftlich zu tragen.

b) besondere Havarie *(avaria particolare):* Beschädigung von Waren durch Transportunfälle *(incidenti di trasporto)*, Naturereignisse *(fatti naturali)* usw.; diese Schäden sind vom Eigentümer der beschädigten Sache zu tragen.

Über das Entstehen und den Hergang einer Havarie arbeitet der Kapitän einen Seeprotest oder eine Verklarung *(protesto marittimo)* aus. Danach wird der Schaden von Sachverständigen *(periti)* festgestellt und in dem Havariezertifikat oder -attest *(certificato d'avaria)* bescheinigt, auf Grund dessen die Abschätzer (Dispacheure *periti liquidatori d'avaria*) eine Schadenaufmachung (Dispache *liquidazione d'avaria*) ausarbeiten und den Versicherern zur Kenntnisnahme ihres Anteils am Schaden überreichen.

Der Verlust gilt als Teilverlust *(perdita parziale)*, wenn der versicherte Gegenstand nur zum Teil, und als Totalverlust *(perdita totale)*, wenn er gänzlich verloren ist, als angenommener Totalverlust *(perdita totale giustificata)* aber, wenn die Wiederbeschaffung *(recupero)* oder Bergung *(salvataggio)* der Sache zu kostspielig sein würde. Der beschädigte Gegenstand kann dem Versicherer gegen Zahlung der Versicherungssumme überlassen (abandonniert) werden *(può essere abbandonato o ceduto)*.

Nach Lloyd's Register werden die Schiffe in bezug auf ihre Seetüchtigkeit *(qualità nautiche)* mit A, B, C usw. klassifiziert *(classificate)*. A bezeichnet ein durchaus gutes *(buona)* Schiff, während die anderen Buchstaben verschiedene Grade des Minderwertes von Schiffen angeben. Zahlen (1 für *buono* gut, 2 für *media* mittelmäßig) beziehen sich auf die Ausrüstung *(armamento)* des Schiffes, also A 1 = *prima classe* (erstklassig in Rumpf und Ausrüstung).

Das Schiffahrtsanzeigeblatt *(Avvisatore Marittimo)* gibt Nachricht über jedes in irgendeinem Hafen *(porto)* der Welt eingelaufene Schiff und über Seeunfälle *(incidenti marittimi)*.

Die Produkthaftung hat seit den siebziger Jahren, vor allem im Hinblick auf den Verbraucherschutz *(protezione del consumatore)*, zunehmend an Bedeutung gewonnen. Damit ist die Produkthaftpflichtversicherung *(assicurazione di responsabilità sul prodotto)* für Industrieunternehmen immer wichtiger geworden. Die Rechtsprechung *(amministrazione giudiziaria)* hat die Haftung des Produzenten immer mehr verschärft *(ha intensificato sempre di più la responsabilità del produttore)*.

Der Warenhersteller hat seinen Unternehmensbereich so auszugestalten, daß keine Erzeugnisse in den Verkehr gelangen, die eine Gefahrenquelle *(fonte di pericoli)* bilden können. Verursacht sein Produkt einen Schaden, so hat nicht mehr der Geschädigte *(colui che ha subito il danno)* ihm ein Verschulden nachzuweisen *(provare una colpa)*, es ist vielmehr Sache des Herstellers, sich zu entlasten. Wegen der hohen Anforderungen an die Organisation seines Betriebes gelingt ihm dies nur selten. Sichert ein Unternehmer bestimmte Eigenschaften seiner Produkte zu *(garantisce certe qualità dei suoi prodotti)*, so haftet er für alle Schäden *(è responsabile di tutti i danni)*, die sich aus dem Fehlen dieser Eigenschaften ergeben *(che risultino dalla mancanza di queste qualità)*, auch dann, wenn ihn kein Verschulden trifft.

Die Haftung für Produktionsschäden *(responsabilità per danni causati da produzione difettosa)* kann in den allgemeinen Geschäftsbedingungen *(condizioni generali di vendita)* nicht ausgeschlossen werden *(non può essere esclusa)*. Von großer Bedeutung ist die Produkthaftung bei der Massenherstellung *(produzione di massa)*, besonders bei Kraftfahrzeugen. Ganze Serien von Kraftfahrzeugen werden von den Automobilfabriken zwecks Abstellen von Mängeln zurückgerufen *(sono ritirate per eliminare difetti tecnici)*. Besonders wichtig ist der Versicherungsschutz *(copertura assicurativa)* bei Lieferung in das Ausland.

Die Aufsichtsfunktion über das italienische Versicherungswesen wird vom *Ministero del Tesoro* (Schatzministerium) ausgeübt.

Für die privaten Versicherungen in Italien gibt es einen Dachverband, die *« Associazione nazionale fra le imprese assicuratrici »* (ANIA). Dieser Dachverband hat 1983 die *« polizza italiana di assicurazione merci trasportate »* herausgegeben. Dabei handelt es sich um eine sehr flexible Vertragsstruktur, die dem italienischen Versicherungsgesetz entspricht, aber sie kann auch die ICC (International Chamber of Commerce) berücksichtigen.

Die wichtigsten italienischen Versicherungsgesellschaften sind:

RAS (Riunione Adriatica di Sicurtà)

Assicurazioni Generali

Toro Assicurazioni

Italia Assicurazioni

SAI (Società Assicuratrice Industriale)

INA (Istituto Nazionale delle Assicurazioni)

1. Kunde an die Versicherungsgesellschaft

a) Anfrage

Abbiamo bisogno di un'assicurazione kasko (tutti i rischi) (Desideriamo stipulare un'assicurazione) per ...

Wir benötigen Vollkasko-Versicherung (od. Wir möchten eine Versicherung abschließen) für ...

Vi preghiamo di inviarci (delle) offerte per la seguente assicurazione:

Senden Sie uns bitte Angebote für die folgende Versicherung:

Vi preghiamo di comunicarci a quali condizioni potete offrire la sottoindicata copertura assicurativa:

Bitte teilen Sie uns mit, zu welchen Bedingungen Sie den folgenden Versicherungsschutz anbieten können:

Desideriamo rinnovare la succitata polizza per lo stesso importo ed alle stesse condizioni del passato.

Wir möchten die obige Police für den gleichen Betrag und zu den gleichen Bedingungen wie bisher erneuern.

Vi preghiamo di indicare i Vostri premi per la copertura assicurativa di una partita di macchine agricole (come da accluso elenco) da Livorno a Durban.

Bitte nennen Sie Ihre Versicherungsprämie für einen Posten landwirtschaftlicher Maschinen (laut beigefügter Liste) von Livorno nach Durban.

Vi preghiamo di indicare la Vostra tariffa per assicurazione contro tutti i rischi per spedizioni marittime di merci varie da Trieste a Suez.

Bitte nennen Sie Ihren Versicherungssatz für alle Risiken für Verschiffungen allgemeiner Waren von Triest nach Suez.

1. Effettuiamo regolarmente spedizioni via mare di macchine utensili da porti italiani a Baltimora sia a mezzo navi convenzionali che navi portacontainer della Hapag Lloyd

1. *Wir verschiffen regelmäßig Sendungen von Werkzeugmaschinen von italienischen Häfen nach Baltimore sowohl durch konventionelle Schiffe als auch durch Containerschiffe der Hapag-Lloyd-Linie*

2. Durante i prossimi quattro mesi effettueremo diverse spedizioni di strumenti ottici a Houston

2. *Wir werden während der nächsten vier Monate diverse Verschiffungen optischer Instrumente nach Houston tätigen*

e vorremmo pertanto conoscere le Vostre migliori tariffe assicurative contro tutti i rischi.

und möchten daher Ihre günstigsten Versicherungssätze für alle Risiken erfahren.

Vi preghiamo di indicare le Vostre tariffe assicurative.

Nennen Sie bitte Ihre Sätze für die Versicherung.

Vi preghiamo di comunicarci

Bitte teilen Sie uns mit, zu

a quali condizioni può essere stipulata quest'assicurazione.

welchen Konditionen diese Versicherung abgeschlossen werden kann.

Vi preghiamo di inviarci il formulario necessario.

Bitte senden Sie uns das erforderliche Antragsformular.

b) Bitte um Abschluß der Versicherung

Vi ringraziamo per la Vostra lettera del 2 maggio u.s. con indicazione delle Vostre tariffe d'assicurazione.

Wir danken Ihnen für Ihr Schreiben vom 2. Mai d. J. mit der Angabe Ihrer Versicherungssätze.

Le condizioni da Voi offerte nella Vostra lettera del 22 marzo u.s. sono accettabili e Vi saremmo pertanto grati se preparaste subito la polizza e ce la inviaste.

Die in Ihrem Schreiben vom 22. März d. J. angebotenen Bedingungen sind akzeptabel, und daher wären wir Ihnen dankbar, wenn Sie die Police umgehend vorbereiten und uns übersenden würden.

Vi preghiamo di assicurare per noi (provvedere la copertura assicurativa per):

Bitte versichern Sie für uns (od. besorgen Sie Versicherungsschutz für):

1. Vi preghiamo di provvedere per l'assicurazione della seguente partita:

1. *Bitte veranlassen Sie die Versicherung der folgenden Sendung:*

2. Vi preghiamo di provvedere per nostro conto alla stipulazione di un'assicurazione tutti i rischi per la seguente spedizione:

2. *Bitte veranlassen Sie für uns den Abschluß einer Versicherung gegen alle Risiken für die folgende Sendung:*

3. Vi preghiamo di assicurare per nostro conto le merci sottoindicate:

3. *Bitte versichern Sie für uns die nachstehend verzeichneten Waren:*

a) 2 casse di videoregistratori marcate GF 1−2 da La Spezia a Tripoli a mezzo M/N Sonia della «Linea Mediterranea» che partirà il 24 aprile p.v.

a) *2 Kisten Video-Recorder, Kennzeichnung GF 1−2, von La Spezia nach Tripolis mit MS Sonja der «Linea Mediterranea», die am 24. April d. J. auslaufen wird.*

b) 2 casse di videocassette marcate GF 1−2, valore Lit. ..., attualmente in magazzino a Brema in attesa di imbarco sulla prima nave disponibile per Barcellona.

b) *2 Kisten Video-Kassetten, Kennzeichnung GF 1−2, Wert Lit. ..., die jetzt auf Lager in Bremen liegen, und auf Verschiffung durch das erste verfügbare Schiff nach Barcelona warten.*

Vi preghiamo di assicurare per noi contro ogni rischio da

Bitte versichern Sie für uns von Lagerhaus zu Lagerhaus

magazzino a magazzino per il valore di Lit. ... le seguenti merci:

La partita sopraccitata deve essere assicurata sotto la nostra polizza forfettaria N. SL 562941.

Vogliate prender nota che, sotto la sopraindicata polizza forfettaria, abbiamo imbarcato oggi un'ulteriore partita del valore di Lit. ... sulla M/N Selma P. che partirà da Ancona per Pireo il 24 maggio p.v.

Alleghiamo un formulario compilato con la dichiarazione di un'ulteriore spedizione a Halifax di utensili per il valore di Lit. ...

Il valore fatturato della spedizione, inclusi nolo e assicurazione, ammonta a Lit. ...

Il carico deve essere assicurato:

a) da magazzino a magazzino.

b) durante la permanenza in magazzino.

c) durante il viaggio.

d) contro ogni rischio.

L'assicurazione è necessaria a partire dal 10 aprile.

Vi preghiamo di preparare una nuova polizza d'assicurazione per lo stesso importo ed alle stesse condizioni che in passato per spedizioni di merci varie verso porti sudafricani.

Vi preghiamo di provvedere per la necessaria assicurazione e di inviarci la polizza al più presto.

Vi preghiamo di confermare nel frattempo la copertura assicurativa della partita.

Vi preghiamo di inviarci al più presto il certificato provvisorio d'assicurazione.

die folgenden Waren im Wert von Lit. ... gegen alle Risiken:

Die oben erwähnte Sendung soll unter unserer Pauschalpolice Nr. SL 562941 versichert werden.

Bitte nehmen Sie zur Kenntnis, daß wir unter der obigen Pauschalpolice heute eine weitere Sendung im Werte von Lit. ... mit MS Selma P. verschifft haben, das am 24. Mai d. J. von Ancona nach Piräus auslaufen wird.

Wir fügen ein ausgefülltes Formular bei mit der Deklaration einer weiteren Verschiffung von Werkzeugen im Werte von Lit. ... nach Halifax.

Der fakturierte Wert der Sendung, einschließlich Fracht und Versicherung, beträgt Lit. ...

Die Ladung ist zu versichern:

a) von Lagerhaus zu Lagerhaus.

b) für die Dauer der Lagerung.

c) auf dem Transportweg.

d) gegen alle Risiken.

Die Versicherung ist ab 10. April erforderlich.

Stellen Sie bitte eine neue Versicherungspolice zu denselben Bedingungen und für denselben Betrag wie bisher aus für Sendungen allgemeiner Waren nach südafrikanischen Häfen.

Bitte veranlassen Sie die erforderliche Versicherung, und senden Sie uns die Police so bald wie möglich.

Bestätigen Sie inzwischen bitte den Deckungsschutz für die Sendung.

Bitte schicken Sie uns so bald wie möglich den vorläufigen Versicherungsschein.

2. Schadenregulierung. Schadensmeldung

Conformemente alle condizioni della nostra polizza N. MI 4198874

Gemäß den Bedingungen unserer Police Nr. MI 4198874

a) denunciamo un sinistro come segue:

a) melden wir einen Unfall wie folgt:

b) Vi informiamo (portiamo a conoscenza) del seguente sinistro:

b) setzen wir Sie hiermit von dem folgenden Schaden in Kenntnis:

Ci dispiace dover denunciare

Mit Bedauern melden wir

a) un incendio nella nostra fabbrica (nel nostro magazzino) la scorsa notte.

a) ein Feuer in unserer Fabrik (od. unserem Lager) vergangene Nacht.

b) la perdita di una cassa di porcellane assicurata presso di Voi con la sopraindicata polizza.

b) den Verlust einer Kiste Porzellan, die bei Ihnen unter der obigen Police versichert ist.

Ci dispiace di doverVi informare che

Es tut uns leid, Ihnen mitteilen zu müssen, daß

a) verso le cinque di questa mattina è scoppiato un incendio in uno dei nostri uffici.

a) gegen fünf Uhr heute morgen in einem unserer Büros Feuer ausgebrochen ist.

b) il nostro autocarro targato ... è stato coinvolto in un grave incidente in cui tre persone sono rimaste ferite.

b) unser Lastwagen mit dem amtlichen Kennzeichen ... in einen schweren Unfall verwickelt war, bei dem drei Personen verletzt wurden.

Alleghiamo documenti che descrivono i particolari del sinistro (di un sinistro verificatosi il ...).

Wir fügen Dokumente bei, die Einzelheiten des Unfallhergangs (od. eines Unfalls, der sich am ... ereignete) darlegen.

1. All'arrivo della M/N Arktis Moon a Genova il 15 marzo u.s. è stato constatato

1. Bei Ankunft des MS Arktis Moon in Genua am 15. März d. J. wurde festgestellt,

2. Durante lo scarico della nave è stato constatato

2. Beim Entladen des Schiffes wurde festgestellt,

a) che un lato della cassa N. 18 contenente pollami era gravemente danneggiato.

a) daß eine Seite der Kiste Nr. 18, die Lederwaren enthält, schwer beschädigt war.

b) che la cassa N. 18 era (gravemente) danneggiata.

b) daß die Kiste Nr. 18 (schwer) beschädigt war.

c) che molte balle di cotone erano molto umide.

c) daß viele Ballen Baumwollstoff sehr feucht waren.

d) che delle 150 casse solo 80 erano in buone condizioni.

d) daß von den 150 Kisten nur 80 in einwandfreiem Zustand waren.

e) che più della metà delle merci erano state gravemente danneggiate da acqua salata.

La cassa doveva contenere, secondo fattura, 100 cappotti di pelliccia. 20 di essi erano però seriamente danneggiati.

Vi prego di provvedere affinché il Vostro perito (agente) passi da noi e mi dia le Vostre istruzioni per il ricupero.

La cassa è stata aperta ed il contenuto è stato esaminato da un locale perito dell'assicurazione in presenza degli agenti della Compagnia di Navigazione.

Alleghiamo la relazione del perito.

I periti dichiarano (sono dell'opinione) che

a) il danno è stato causato dal cattivo stivaggio delle merci a bordo della nave.

b) le merci avrebbero reso il loro prezzo originale se fossero giunte in buone condizioni.

Le merci danneggiate sono state esaminate e messe all'asta conformemente all'acclusa documentazione.

L'avaria è stata stimata in Lit. ...

1. Conformemente alle condizioni della nostra polizza Vi denunciamo immediatamente questo danno

2. Desideriamo pertanto far valere i nostri diritti conformemente alle condizioni della nostra polizza

   a) e Vi saremmo grati se ci inviaste subito il formulario necessario.

---

e) daß mehr als die Hälfte der Waren durch Seewasser ernstlich beschädigt worden war.

Die Kiste sollte laut Rechnung 100 Pelzmäntel enthalten, von denen aber 20 ernsthaft beschädigt waren.

Bitte veranlassen Sie, daß Ihr Gutachter (od. Vertreter) bei uns vorspricht und mir Ihre Anweisungen bezüglich der Bergung (Wiedererlangung) gibt.

Die Kiste wurde geöffnet und der Inhalt durch einen örtlichen Versicherungssachverständigen in Gegenwart der Agenten der Schifffahrtsgesellschaft geprüft.

Wir fügen den Bericht des Gutachters bei.

Die Sachverständigen erklären (od. sind der Meinung), daß

a) der Schaden durch schlechte Verstauung der Waren an Bord des Schiffes verursacht worden sei.

b) die Waren ihren Originalpreis eingebracht hätten, wenn sie in gutem Zustand angekommen wären.

Die beschädigten Waren wurden besichtigt und laut beiliegenden Unterlagen versteigert.

Die Havarie ist auf Lit. ... geschätzt worden.

1. Gemäß den Bedingungen unserer Police melden wir Ihnen diesen Schaden sofort

2. Wir möchten deshalb Ansprüche geltend machen gemäß den Bedingungen unserer Police

   a) und wären Ihnen dankbar, wenn Sie uns das erforderliche Formular sofort schicken würden.

b) e Vi preghiamo di trattare con sollecitudine la questione.

b) und bitten Sie, die Angelegenheit unverzüglich zu bearbeiten.

XVIII. Das Bankwesen

Im italienischen Bankwesen unterscheidet man auf Basis des 1936 erlassenen Bankgesetzes *(Legge Bancaria del 1936)* zwischen

a) aziende di credito ordinario

b) istituti di credito a medio e lungo termine.

Wichtigstes Unterscheidungskriterium sind die Laufzeiten der Einlagen und Kredite: bei a) 18 Monate, bei b) mittel- und langfristig. Wichtig ist, daß die strikte gesetzmäßige Spezialisierung heute de facto nicht mehr existiert. Alle größeren Banken bieten über Tochtergesellschaften *(società affiliate)* die gesamte Bankdienstleistungspalette *(la completa gamma dei servizi bancari)* an.

Die «aziende di credito ordinario» gliedern sich wie folgt:

	Anzahl
Istituti di diritto pubblico (Anstalten des öffentlichen Rechts)	3
Banche di interesse nazionale (Banken von nationalem Interesse)	3
Istituti di credito ordinario (Kreditinstitute für kurze Laufzeiten)	174 (davon 38 Filialen ausländischer Banken)
Banche popolari e cooperative (Volksbanken und Genossenschaften)	103
Casse di Risparmio e Monti di Credito su Pegno di 1ª categoria (Sparkassen und Pfandleihanstalten 1. Kategorie)	45
Casse rurali e artigiane e Monti di Credito su Pegno di 2ª categoria (Agrar- und Handwerksbanken und Pfandleihanstalten 2. Kategorie)	710
Istituti di categoria (Banken mit besonderen Aufgaben)	3
insgesamt:	1041

(Stand 31. 5. 1992)

Die «istituti di credito a medio e lungo termine» sind in der Regel Anstalten des öffentlichen Rechts, die sich auf besondere Bereiche spezialisiert haben.

An der Spitze des Bankensystems steht das *« Comitato interministeriale per il credito ed il risparmio»* (Interministeriales Komitee für Kredite und Spareinlagen), dessen Vorsitzender der Schatzminister *(Ministro del Tesoro)* ist und dem auch die anderen Wirtschaftsminister angehören. Seine Aufgabe besteht darin, eine Aufsichtsfunktion *(funzione di controllo)* über das gesamte Bankensystem auszuüben. Darüber hinaus wird diese Aufsichtsfunktion von der Banca d'Italia ausgeübt. Es handelt sich bei ihr um eine Anstalt des öffentlichen Rechts *(ente di diritto pubblico)*, deren wichtigste Aufgaben sind:

– Funktion als Notenbank *(istituto di emissione)*

– Verwaltung des Schatzdienstes *(servizio di tesoreria)* des Staates

– Stabilhaltung der eigenen Währung

– Genehmigungserteilung zur Eröffnung neuer Geldinstitute

– Erlaß von Richtlinien *(disposizioni)* bezüglich des Bankbetriebes

– Finanzierung von Banken

– Verwirklichung von Maßnahmen der Wirtschaftspolitik *(politica economica)*, welche von der Regierung verabschiedet wurden.

Die drei Grundaufgaben *(funzioni fondamentali)* einer Bank sind:

1. Geld von Kunden anzunehmen und zu verwalten *(amministrare)* (das Passivgeschäft der Bank).
2. Kreditsuchenden Kunden Geld zu leihen *(concedere prestiti)* (das Aktivgeschäft der Bank).
3. Die Möglichkeit zu bieten, Geld abzuheben *(prelevare denaro)* und von einem Konto zum anderen zu überweisen *(versare)*, d. h. den Zahlungsverkehr *(movimento dei pagamenti)* ihrer Kunden durchzuführen.

Die Eröffnung eines Kontos ist Voraussetzung für den Geschäftsverkehr *(l'instaurarsi di relazioni commerciali)* mit einer Bank.

Die Hauptarten der Konten sind:

a) c o n t o c o r r e n t e (Kontokorrentkonto, Girokonto) für die Erledigung der täglichen Geldgeschäfte *(operazioni finanziarie quotidiane)* wie Einzahlungen, Abhebungen und Überweisungen. Der Kunde erhält ein Scheckbuch.

b) c o n t o d i r i s p a r m i o (Sparkonto) für kleinere Spareinlagen mit Sparbuch.

c) c o n t o a n t i c i p a z i o n i (Darlehenskonto); dies wird für einen Kredit mit fester Laufzeit eingerichtet. Der Kreditbetrag wird dem Darlehenskonto belastet *(addebitato)*, während das Kontokorrentkonto entsprechend erkannt *(accreditato)* wird. Rückzahlungen *(rimborsi)* erfolgen gewöhnlich monatlich, das laufende Konto wird entsprechend belastet und der Betrag dem Darlehenskonto gutgeschrieben.

Ein c o n t o c o l l e t t i v o / c o m u n e (Gemeinschaftskonto) ist ein Konto, das von mehreren Personen benutzt wird (z. B. Eheleuten).

Der Scheck

Der Scheck *(assegno bancario)* spielt im Geschäftsleben eine bedeutende Rolle. Bei der Eröffnung eines Bankkontos *(conto bancario)*, Kontokorrents usw. erhält der Einzahler *(depositante)* oder Kontoinhaber *(intestatario del conto)*, nachdem er auf einem Begleit- oder Einzahlungsschein *(distinta di versamento)* seine Einlagen *(versamenti)* gemacht hat, ein Konto(gegen)buch *(libretto di conto corrente)* zur Eintragung *(annotazione)* aller eingezahlten *(versato)* und abgehobenen *(prelevato)* Beträge sowie ein Scheckbuch *(libretto di assegni)* mit fortlaufenden numerierten Formularen *(moduli numerati progressivamente)*, bestehend aus dem Abschnitt (Talon *tagliando*) und dem eigentlichen Scheck zur Abhebung *(prelevamento)* oder Überweisung *(trasferimento)* bestimmter Summen.

Ein korrekt ausgefülltes Scheckformular ist ein schriftlicher Auftrag *(ordine scritto)*, worin der Aussteller *(traente)*, dessen Unterschrift *(firma)* genau mit der bei der Kontoeröffnung gegebenen übereinstimmen muß, den Bezogenen *(trassato)* beauftragt, dem Zahlungsempfänger (Remittenten *beneficiario)* oder Überbringer *(portatore)* eine bestimmte, in Buchstaben *(lettere)* und Zahlen *(cifre)* ausgedrückte Geldsumme zu zahlen.

Die Bezeichnung „(gegen diesen) Scheck" ist im italienischen Text nicht nötig. Man unterscheidet:

a) *assegno al portatore* (Überbringer-, Inhaberscheck), der keinen Übertragungsvermerk (kein Indossament, Giro *girata)* aufzuweisen braucht und von jedermann der Bank zur Zahlung vorgelegt werden *(presentare per il pagamento)* kann. In der Regel verlangt aber der Kassierer eine Legitimation von seiten des Inhabers, mangels deren er die Auszahlung meist verweigert.

b) *assegno all'ordine* (Orderscheck), den der Empfänger wie einen Wechsel indossieren (girieren *girare)*, d. h. auf der Rückseite *(dorso/retro)* mit seinem Namen versehen muß.

Der Überbringerscheck kann von jedermann in einen Orderscheck, der Orderscheck aber nur vom Aussteller in einen Überbringerscheck verwandelt *(trasformare)* werden.

Der „offene" *(assegno ordinario [non sbarrato])* Scheck (= Barscheck) wird dem Inhaber *(portatore)* am Kassenschalter *(allo sportello della cassa)* in bar ausgezahlt. Der Beamte zahlt an eine ihm unbekannte Person nur auf Grund einer ausreichenden Legitimation: Paß, Personalausweis *(passaporto, carta d'identità)* u. dgl.

Der durch zwei Parallellinien *(linee parallele)* quer über die Vorderseite *(lato anteriore)* „gekreuzte" *(sbarrato)* Scheck (= Überweisungs-, Verrechnungsscheck) dient „nur zur Verrechnung" *(solo per accredito)*, und zwar wird er als: a) *sbarramento generale* (allgemein gekreuzt) an jeden Bankier bezahlt, b) *sbarramento speciale* (besonders gekreuzt) nur an den Bankier bezahlt, dessen Namen in der Kreuzung steht.

Durch das „Querschreiben" oder „Kreuzen" *(sbarramento generale o speciale)* wird verhindert, daß ein unrechtmäßiger *(illegittimo)* Inhaber eines Schecks den Betrag abheben kann.

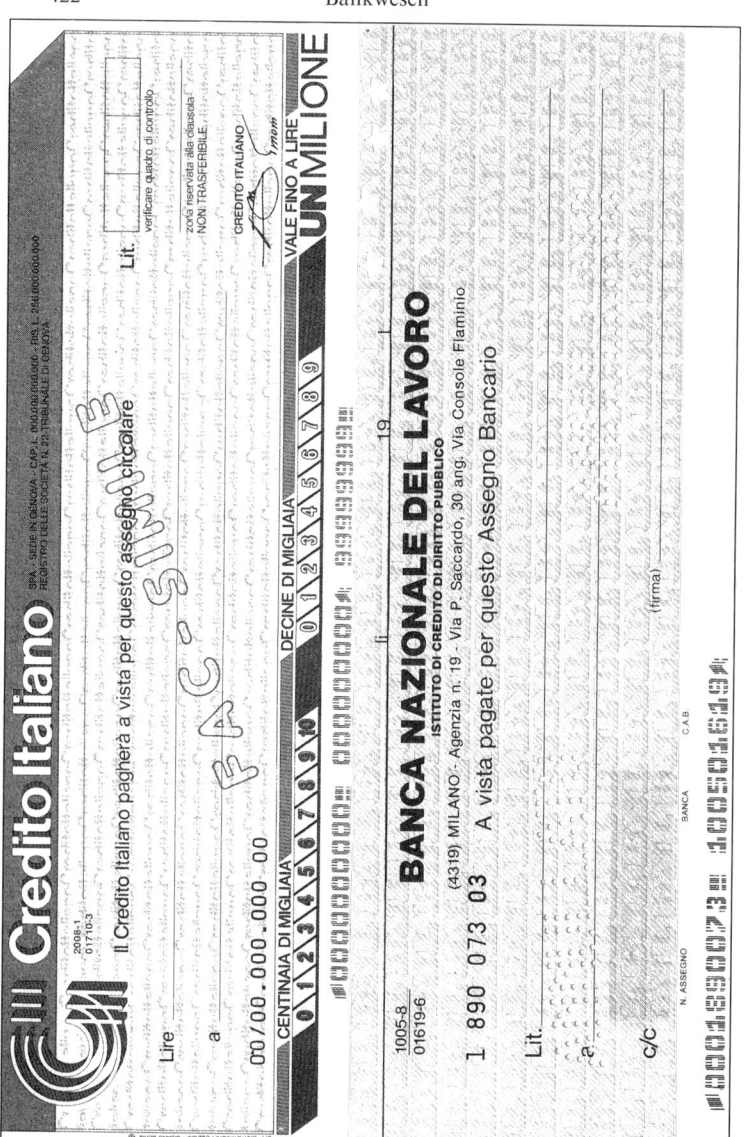

Scheckformular *(assegno bancario)* · Bestätigter Bankscheck *(assegno circolare)*

Der Scheck ist gewöhnlich *a vista* (bei Sicht), *a presentazione* (bei Vorzeigung) zahlbar gemacht, und der Inhaber hat ihn, falls er am Ausstellungsort zahlbar ist, innerhalb 8 Tagen zur Einlösung vorzulegen. Ist der Scheck an einem anderen Ort zahlbar, so ist er binnen 14 Tagen *(fra una quindicina)*, vom Ausstellungstag gerechnet, zur Zahlung vorzulegen.

In Italien gibt es noch eine andere Art von Scheck, genannt *assegno circolare* (bestätigter Bankscheck). Er ist eine Krediturkunde, wodurch eine Bank garantiert, einen bestimmten Betrag auf Aufforderung der benannten Person auszuzahlen. Es handelt sich somit um ein sehr sicheres Zahlungsmittel, welches vornehmlich bei größeren Beträgen in Anspruch genommen wird (s. Seite 422).

Zur Ausgabe dieser Schecks bedürfen die Banken einer besonderen Ermächtigung seitens der Banca d'Italia.

Dieser Scheck ist immer ein Orderpapier und zahlbar auf Sicht.

Scheckkarte *(carta assegni):* Diese Plastikkarte dient im Gegensatz zur Kreditkarte als Garantie *(garanzia)*, daß der Scheck des Ausstellers von der Bank bis zu einer gewissen Höhe eingelöst wird.

Die Eurocheque-Karte ermöglicht es dem Karteninhaber *(possessore)*, in Europa bei Banken Schecks einzulösen oder mit Scheck in Geschäften zu zahlen, die das rot-blaue EC-Zeichen zeigen. Ferner bestehen die Möglichkeiten zum Abheben von Geld an Bankautomaten und zur Zahlung mit der EC-Karte bei Point-of-Sales-Kassen.

Die Zahlungsmethoden und Dienstleistungen der Banken

Assegno (Scheck) vgl. S. 421.

Conto corrente (Girokonto)

Ordini permanenti di pagamento (Dauerauftrag). – Der Kunde gibt der Bank die Anweisung, regelmäßig zu vorgeschriebenen festen Terminen einen Betrag in bestimmter Höhe auf ein anderes Konto zu überweisen (z. B. Miete, Versicherungsbeiträge usw.).

Autorizzazioni all'incasso (Einzugsermächtigung) Hierbei erteilt der Zahlungspflichtige *(debitore)* dem Zahlungsempfänger *(beneficiario)* schriftlich die Ermächtigung, Forderungen gegen ihn bei Fälligkeit zu Lasten seines Kontos einzuziehen.

Versamenti telegrafici e postali sind Geldüberweisungen ins Ausland, wobei die Bank den Überweisungsauftrag entweder durch Telegramm oder Telex oder durch Luftpost an die Korrespondenzbank im entsprechenden Land schickt. Die telegrafische Überweisung ist heutzutage selten. Das zahlenmäßig größte Volumen von einfachen Überweisungen ins Ausland wird mit dem SWIFT-System *(Society for Worldwide Interbank Financial Telecommunication)* erledigt. Es handelt sich dabei um die beleglose Ausführung im vollautomatisierten SWIFT-Verfahren, die das Kreditinstitut des Zahlungspflichtigen im On-Line-Betrieb über SWIFT an seine Korrespondenzbank weitergibt. Die Gründung erfolgte 1973 durch 239 Banken aus europäischen und nordamerikanischen Ländern.

Der Bankscheck *(assegno bancario)* ist ein Scheck, der von einer Bankfiliale *(filiale)* auf ihre Hauptgeschäftsstelle *(sede)* oder auf eine Korrespondenzbank im Ausland entweder in der eigenen Währung oder in einer fremden Währung *(valuta estera)* gezogen wird. Ein solcher Scheck wird als sicheres Zahlungsmittel angesehen, da der Zahlungsempfänger *(beneficiario)* sicher sein kann, daß der Scheck bei Vorlage eingelöst wird *(sarà pagato alla presentazione)*.

Carta di credito (Kreditkarte), eine Art von Verbraucherkredit *(credito al consumatore)*. Beispiele: Eurocard, Visa, Amex, Diners, Carta SI (ein italienisches Produkt, das neu auf dem Markt ist und an dem fast 200 italienische Banken beteiligt sind). Die Karten werden von Banken, Finanzorganisationen *(organizzazioni finanziarie)* und anderen Dienstleistungsgesellschaften *(società di servizi)* (z. B. American Express) ausgegeben *(emesse)*. Sie sind ein Mittel, Waren und Dienstleistungen in Geschäften, Restaurants, Werkstätten, Hotels usw. sofort auf Kredit zu erhalten. Die Karte wird vorgelegt und die Rechnung vom Kunden unterschrieben, von dem Einzelhändler an die Finanzorganisation geschickt und von dort bezahlt. Der Kartenbesitzer *(possessore)* erhält eine monatliche Abrechnung *(estratto conto mensile)* mit allen Rechnungen für den Zeitraum. Diese ist innerhalb einer festgesetzten Anzahl von Tagen zu bezahlen *(entro un certo numero di giorni)*. Nach Ablauf der Zahlungsfrist werden hohe Zinsen berechnet.

Travellers' Cheques (Reiseschecks *assegni turistici*) lauten auf bestimmte runde Beträge und werden in der eigenen oder fremden Währung *(valuta estera)* ausgestellt. Beim Kauf des Reisescheks bei der Bank muß der Erwerber seine Unterschrift auf die Vorderseite des Schecks setzen, bei der späteren Einlösung muß die zweite Unterschrift am Bankschalter der einlösenden Bank geleistet werden.

Cambio (Geldwechsel).

Servizio di custodia (Aufbewahrung von Dokumenten und Wertgegenständen), die sichere Aufbewahrung durch die Bank von Dokumenten und Wertgegenständen in Stahlkammern *(locali di sicurezza)*. Große Banken bieten dem Kunden außerdem einen Safe-Deposit Service an, d. h. der Kunde kann in diesen Stahlkammern ein abschließbares Fach in einem besonders gebauten Safe mieten *(affittare una cassetta di sicurezza)*.

Casse permanenti (Nachttresore) sind von der Straßenseite zugängliche Einwurfvorrichtungen und dienen der Deponierung von Bargeldeinnahmen nach Geschäftsschluß. Der Kunde kann in einer von der Bank zur Verfügung gestellten Geldkassette nach Geschäftsschluß seine Bareinnahmen deponieren *(depositare)*.

Casse automatiche (Geldautomaten) ermöglichen dem Bankkunden, Bargeld in Banknoten bis zu einem bestimmten Wert zu jeder Tages- oder Nachtzeit zu erhalten.

Consulenza e amministrazione patrimoniale (Beratung und Verwaltung von Geldanlagen), Kauf und Verkauf von Aktien und Obligationen durch eigene Broker *(mediatori/intermediari)*.

Informazioni bancarie (Bankauskünfte).

Leasing (vgl. S. 149).

Factoring (Absatzfinanzierung).

Garanzia di esecuzione di contratto (Bietungsgarantie). Wenn sich Firmen in der Bauindustrie *(edilizia)* an einer Ausschreibung beteiligen *(concorrono ad un appalto)*, müssen sie häufig eine Bietungsgarantie beibringen, aus der hervorgeht, daß sie in der Lage sind, die Bedingungen des Vertrages bis zur Vollendung zu erfüllen und nicht auf halbem Wege bankrott machen *(falliscono)*. Gewöhnlich wird eine Bank gebeten, eine solche Bietungsgarantie zu geben.

Servizi per il commercio estero (Dienstleistungen für den Außenhandel).

Crediti (Kredite). Das Kreditgeschäft ist die wichtigste Einnahmequelle *(fonte di entrate)* der Banken. Man unterscheidet

a) Scoperto in conto (Kontenüberziehung), die bekannteste Methode des Bankkredits. Die Bank gestattet nach Vereinbarung dem Kunden, sein Konto bis zu einer gewissen Höhe *(fino ad una certa somma)* zu überziehen *(andare in scoperto)*. Die Zinsen werden auf täglicher Grundlage *(su base giornaliera)* berechnet *(calcolati giornalmente)*.

b) Credito bancario (Bankkredit) mit fester Laufzeit *(periodo fissato)*, *crediti a breve termine* (kurzfristige Kredite) bis zu 18 Monaten, *crediti a medio termine* (mittelfristige Kredite) bis zu 5 Jahren, *crediti a lungo termine* (langfristige Kredite) über 5 Jahre, *crediti transitori* (Überbrükkungskredite).

Die Banken können kleinere Kredite ohne Sicherheit *(crediti senza garanzia)* gewähren. Bei größeren Krediten verlangen die Banken Sicherheiten, z. B. Verpfändung von Aktien und Wertpapieren *(titoli in pegno)*, Übertragung einer Lebensversicherungspolice *(cessione di una polizza di assicurazione sulla vita)*, eine Hypothek auf Grundbesitz *(ipoteca fondiaria)*, eine Bürgschaft *(garanzia, avallo)* oder eine Verpfändungsurkunde oder Aufrechnungsbrief *(lettera di pegno)*, womit die Bank das Recht erhält, den Kreditsaldo *(saldo a credito)* eines Kontos des Schuldners mit dem Debetsaldo *(saldo a debito)* eines anderen Kontos des Schuldners aufzurechnen.

Dienstleistungen für den Exporteur und Importeur

Die Banken leisten dem Exporteur und Importeur nicht nur bei der Finanzierung der Auslandsgeschäfte wichtige Dienste. Sie helfen auch bei der Erschließung potentieller Märkte für Exportwaren, stellen Verbindungen zu überseeischen Käufern, Verkäufern und Agenten her, liefern Bank zu Bank Auskünfte *(informazioni interbancarie)* über die Kreditwürdigkeit *(affidabilità creditizia)* von Firmen in der ganzen Welt, geben Berichte *(rapporti)* über die politische und wirtschaftliche Lage *(la situazione politica ed economica)* in vielen Ländern, über Importbeschränkungen *(restrizioni all'importazione)* und Devisenkontrolle *(controllo dei cambi)* und über andere, den Exporteur interessierende Entwicklungen.

Im Exportgeschäft ist die sicherste Zahlungsmethode die Vorauszahlung durch telegrafische Überweisung *(versamento telegrafico)* oder Bankscheck *(assegno bancario)*.

Ein größerer Teil internationaler Zahlungen *(una gran parte dei pagamenti internazionali)* erfolgt jedoch durch:

1. Incasso documentario (dokumentäres Inkasso)
   Es handelt sich dabei darum, daß der Exporteur die Bank beauftragt, die Dokumente dem Importeur

   a) gegen Zahlung des Gegenwertes oder

   b) gegen ein Akzept der auf den Importeur gezogenen Tratte auszuhändigen.

   Die Bezeichnung dieser beiden Vorgänge lautet:

   a) D/P *(documenti contro pagamento)* und

   b) D/A *(documenti contro accettazione)*.

2. Credito documentario (Dokumentenakkreditiv)
   Ein Dokumentenakkreditiv ist das Versprechen einer Bank, auf Rechnung des Käufers dem Verkäufer gegen Übergabe der Versanddokumente einen bestimmten Betrag zur Verfügung zu stellen *(mettere a disposizione)*. Wenn sich Verkäufer und Käufer auf Zahlung durch Akkreditiv *(lettera di credito)* geeinigt haben, erteilt der Käufer seiner Bank den Auftrag, ein Akkreditiv zugunsten des Verkäufers (des Begünstigten) zu eröffnen *(di aprire un credito a favore del venditore/beneficiario)*. Die Bank des Käufers weist ihre Korrespondenzbank im Lande des Verkäufers brieflich oder telegrafisch an, dem Verkäufer den Akkreditivbetrag bei Vorlage der im Akkreditiv genannten Dokumente auszuzahlen.

   Akkreditive können unwiderruflich oder widerruflich *(irrevocabile o revocabile)* sein. Ein unwiderrufliches Akkreditiv kann von der eröffnenden Bank nur mit Zustimmung des Begünstigten widerrufen werden. Unwiderrufliche Akkreditive sind stets befristet *(limitati nel tempo)*. Es gibt unwiderrufliche bestätigte *(confermati)* und unwiderrufliche unbestätigte *(non confermati)* Akkreditive. (Die in der Praxis sehr selten widerruflichen Akkreditive sind stets unbestätigt). Die Bestätigung erfolgt durch die Bank im Lande des Verkäufers, die dann ebenfalls für die Einlösung des Akkreditivs haftet. Beim unbestätigten Akkreditiv erhält der Begünstigte von der Bank in seinem Lande nur eine Eröffnungsanzeige *(avviso di apertura di credito)*, bei der die Bank keine Haftung übernimmt.

Abrechnungsstellen

Die *« Camera di compensazione o di Clearing »* (Abrechnungs- und Verrechnungsstelle) ermöglicht den angeschlossenen Banken, ihre gegenseitigen Forderungen *(reciproche spettanze)* auszugleichen und zu verrechnen, d. h. unter «clearing» versteht man die bargeldlose Verrechnung *(senza movimento di denaro contante)* von Schecks, Wechseln usw. Der Saldo wird am Ende eines jeden Tages ausgeglichen.

Devisen

Devisen *(valuta estera)* sind alle Zahlungsmittel in fremder Währung, also Wechsel *(cambiali)*, Schecks *(assegni)*, Bankschecks *(assegni bancari)*,

Akkreditive *(lettere di credito)*, Guthaben *(saldi attivi)* bei ausländischen Banken oder Einlagen in fremder Währung bei einheimischen Banken; Wertpapiere *(titoli)*, Obligationen *(obbligazioni)* und Anteile *(azioni)* an ausländischen Unternehmungen.

Ein Land nimmt Devisen ein durch Auslandsgeschäfte, d. h. Warenexporte und Dienstleistungen *(servizi)* wie Transporte *(trasporti)*, Fremdenverkehr *(turismo)*, Versicherungen *(assicurazioni)*, Lizenzabkommen *(accordi su licenza)*.

Unter Währung *(valuta, moneta)* versteht man das Geld eines bestimmten Landes, z. B. US-Dollar *(dollaro)*, Pfund Sterling *(lira sterlina)*, D-Mark *(marco [tedesco])*, österreichischer Schilling, ÖS *(scellino [austriaco])* usw.

Der internationale Währungsmarkt *(mercato dei cambi)* hat keinen festen geographischen Ort, weil er aus einer großen Zahl von Banken und autorisierten Devisenhändlern in den großen Finanzzentren der Welt besteht. Diese Zentren haben ein sehr gutes Telekommunikationssystem untereinander *(sistema di telecomunicazioni)* und sind daher ständig über Veränderungen an allen Plätzen unterrichtet.

Die Abwertung einer Währung nennt man «*svalutazione*» und eine Aufwertung «*rivalutazione*».

Von den Banken und Wechselstuben werden zwei Kurse genannt, ein niedrigerer Kurs, zu dem die Banken ausländische Währung kaufen, und ein höherer Kurs, zu dem die Banken ausländische Währung verkaufen („Brief" genannt).

Sorten *(valuta estera in banconote e monete)* sind Bargeld. Ihre Kurse sind ungünstiger als die Devisenkurse, weil der Handel mit Münzen und Banknoten kostspieliger ist wegen der Vorratshaltung ohne Zinsen, hoher Versandkosten *(costi di trasporto)* und der Gefahr des Falschgeldes *(denaro falso/falsificato)*.

Gesetzliche Zahlungsmittel *(mezzi legali di pagamento)* sind Banknoten *(banconote)* und Münzen *(monete)*, die angenommen werden müssen, wenn sie als Zahlung angeboten werden. Im Gegensatz dazu sind z. B. Schecks kein gesetzliches Zahlungsmittel, und ihre Annahme kann verweigert werden.

Der Euromarkt *(Mercato valutario europeo)*

Der Euromarkt bietet *(offre)* ein Netzwerk von Bankeinlagen *(depositi)* und Krediten *(crediti)* in einer anderen als der Währung des Landes, in der sich die Bank befindet. Grund für die Entwicklung des Euromarktes war der Transfer von Ostblockdollarguthaben von USA zu den europäischen Banken in den 50er Jahren. Anlaß für die Entwicklung war u. a. die freie Konvertibilität *(convertibilità)*. Wichtig waren aber auch die Pfundkrise von 1957 und das Zahlungsbilanzdefizit *(deficit della bilancia dei pagamenti)* der USA.

Der Euro-Dollar ist die bedeutendste der Euro-Währungen, gefolgt von der D-Mark *(marco tedesco)*, dem Schweizer Franken *(franco svizzero)*, dem Ecu, dem Englischen Pfund *(lira sterlina)*, dem Französischen Franc *(franco francese)* und dem holländischen Gulden *(fiorino olandese)*.

Kunde an die Bank

1. Kontoeröffnung und -auflösung

Desidero aprire un conto corrente presso di Voi e Vi prego pertanto

a) di darmi informazioni circa le Vostre condizioni.

b) di proporre una data per discutere i dettagli.

1. Abbiamo aperto una nuova ditta a Mantova

2. Insieme al Signor Franco Bovio ho fondato una ditta

e desideriamo aprire un conto presso la Vostra Banca sotto la ragione sociale Marenco e Bovio S.n.c.

Alleghiamo alcune firmecampione

a) dei Signori Busi e Speroni che possono ciascuno firmare assegni per nostro conto.

b) delle persone autorizzate alla firma.

Il nostro Direttore, Signor Enrico Bisio, ed il nostro capo reparto contabilità, Signor Paolo Callero, sono autorizzati alla firma.

Gli assegni devono avere due firme.

Per l'apertura del conto

a) alleghiamo un assegno della Banca Commerciale per Lit. 5.000.000.

b) diamo istruzioni alla nostra banca, la Deutsche Bank di Düsseldorf, di versare l'equivalente (il controvalore) di DM 40.000,–.

Vi preghiamo di comunicarci

a) l'attuale tasso di interesse

Ich möchte bei Ihnen ein Girokonto eröffnen und bitte deshalb um

a) Auskunft (od. Einzelheiten) bezüglich Ihrer Bedingungen.

b) einen Terminvorschlag, um die Einzelheiten zu besprechen.

1. Wir haben eine neue Firma in Mantua eröffnet,

2. Ich habe mit Herrn Franco Bovio eine Firma gegründet,

und wir möchten unter dem Firmennamen Marenco e Bovio S.n.c. bei Ihrer Bank ein Konto eröffnen.

Wir fügen einige Unterschriftsproben

a) von Herrn Busi und Herrn Speroni bei, von denen jeder Schecks in unserem Auftrag unterzeichnen kann.

b) von den Personen bei, die zeichnungsberechtigt sind.

Unser Direktor, Herr Enrico Bisio, und der Leiter unserer Rechnungsabteilung, Herr Paolo Callero, sind zeichnungsberechtigt.

Die Schecks müssen zwei Unterschriften tragen.

Zur Eröffnung des Kontos

a) fügen wir einen Scheck auf die Banca Commerciale über Lit. 5.000.000 bei.

b) weisen wir unsere Bank, die Deutsche Bank, Düsseldorf, an, den Gegenwert von DM 40.000,– zu überweisen.

Bitte teilen Sie uns

a) den augenblicklichen Zins-

per conti di deposito (rispar-mio).

b) i costi per la tenuta del conto.

1. Abbiamo deciso di trasferire in data 1° marzo p.v. la sede della nostra azienda da Sondrio a Como e Vi saremmo pertanto grati

2. Mi trasferirò a Terni alla fine di questo mese e Vi sarei pertanto grato

se voleste trasferire il nostro (il mio) conto alla Vostra filiale in quella città.

Vi preghiamo di liquidare il nostro conto N. 987001 e di versare il saldo alla Deutsche Bank, Köln, per accredito sul nostro conto N. 1288117.

satz für Depositenkonten (od. Sparkonten) mit.

b) die Gebühren für die Kontoführung mit.

1. Wir haben beschlossen, am 1. März den Sitz unseres Unternehmens von Sondrio nach Como zu verlegen und wären Ihnen daher dankbar,

2. Ich werde Ende dieses Monats nach Terni umziehen und wäre Ihnen dankbar,

wenn Sie unser (od. mein) Konto an Ihre Zweigstelle in dieser Stadt übertragen würden.

Bitte lösen Sie unser Konto Nr. 987001 auf und überweisen Sie den Abschlußsaldo an die Deutsche Bank, Köln, zur Gutschrift auf unser Konto Nr. 1288117.

2. Anweisungen an die Bank

Allego un assegno sulla Banca del Lavoro per l'ammontare di Lit. 784.300 che ho ricevuto dalla Ditta E.N.E.A. con preghiera di accreditarlo sul mio conto N. 192837.

Allego un ordine permanente di versamento di Lit. 497.500 al primo di ogni mese a favore della SEVA Autoleasing S.r.l.

Vi prego di versare al primo di ogni mese e fino a nuovo ordine alla Cassa di Risparmio di Udine l'importo di Lit. 230.400 da accreditare sul conto della Ditta Condurezza di Cividale.

Vi preghiamo di effettuare per nostro conto i seguenti pagamenti:

1. Vi preghiamo di provvedere per il versamento di Lit. 800.000 al primo di ogni mese a cominciare dal 1° gennaio p.v.

Ich füge einen Scheck auf die Banca del Lavoro in Höhe von Lit. 784.300 bei, den ich von der Firma E.N.E.A. erhalten habe, mit der Bitte um Gutschrift auf mein Konto Nr. 192837.

Ich tuge einen Dauerauftrag zur Zahlung von Lit. 497.500 am Ersten eines jeden Monats an die SEVA Autoleasing S.r.l. bei.

Bitte überweisen Sie am Ersten eines jeden Monats und bis auf weiteres an die Sparkasse Udine den Betrag von Lit. 230.400 auf das Konto der Firma Condurezza in Cividale.

Bitte nehmen Sie die folgenden Zahlungen für uns vor:

1. Bitte veranlassen Sie die Überweisung von Lit. 800.000 am Ersten eines jeden Monats, beginnend mit dem 1. Januar n. J.

2. Vi preghiamo di versare Lit. ... (in lettere ...)

a) dal nostro conto corrente al nostro conto di risparmio (deposito).

b) dal nostro conto presso la Vostra Sede al conto della Ditta De Angelis presso la Vostra filiale di Salerno.

c) dal nostro conto presso la Vostra filiale al nostro conto N. 129837 presso la filiale di Chiavari.

Vi preghiamo di effettuare un versamento telegrafico di Lit. 376.500 alla Banca Rovati e C. di Verona a favore della Ditta G. Bordo e Figli e addebitate corrispondentemente il nostro conto N. 129837.

Vi preghiamo di versare il controvalore in DM di Lit. 587.300 sul conto corrente postale N. 7320−5 ad Amburgo a favore della ditta Kaiser & Co. AG di Emden.

Vi prego di interrompere a partire dal 1° gennaio p.v. i pagamenti (mensili) alla Ditta G. Cavani e Figli.

Con la presente annulliamo le istruzioni impartiteVi nella nostra lettera del 2 giugno u.s. riguardanti il pagamento alla Ditta Tomasi S.r.l.

L'allegato assegno N. 48621 per Lit. 320.600 è stato restituito con l'annotazione «non coperto».

1. Confermiamo con la presente le istruzioni impartiteVi telefonicamente

2. Con la presente confermo il ns. telegramma di questa mattina con la richiesta

a) di non effettuare il pagamento del succitato assegno.

---

2. *Bitte überweisen Sie Lit. ... (in Worten: ...)*

a) *von unserem laufenden Konto auf unser Depositenkonto.*

b) *von unserem Konto bei Ihrer Hauptgeschäftsstelle auf das Konto der Firma De Angelis bei Ihrer Zweigstelle in Salerno.*

c) *von unserem Konto bei Ihrer Zweigstelle auf unser Konto Nr. 239837 bei der Zweigstelle in Chiavari.*

Wir bitten Sie, telegrafische Überweisung von Lit. 376.500 an die Banca Rovati & C. in Verona zugunsten der Firma G. Bordo & Figli zu veranlassen und unser Konto Nr. 129837 entsprechend zu belasten.

Bitte überweisen Sie den DM-Gegenwert von Lit. 587.300 auf das Postgirokonto Hamburg Nr. 7320−5 zugunsten der Firma Kaiser & Co. AG, Emden.

Bitte stellen sie mit Wirkung ab 1. Januar n. J. die (monatlichen) Zahlungen an die Firma G. Cavani & Figli ein.

Hiermit stornieren wir die in unserem Schreiben vom 2. Juni d. J. gegebenen Anweisungen bezüglich der Zahlung an die Firma Tomasi S.r.l.

Der beigefügte Scheck Nr. 48621 über Lit. 320.600 ist mit dem Vermerk ,,keine Deckung'' zurückgegeben worden.

1. *Wir bestätigen hiermit die Ihnen telefonisch gegebenen Anweisungen,*

2. *Hiermit bestätige ich unser Telegramm von heute morgen mit der Bitte*

a) *die Zahlung des obigen Schecks nicht zu leisten.*

b) di non effettuare il pagamento del seguente assegno:
assegno N. 293847
data: 8 giugno 19..
beneficiario: Carlo Elli
emittente: G. Chemello e Figli S.r.l.

Quest'assegno è stato (andato) apparentemente perduto dalla (nella) posta.

Vi preghiamo di confermare che quest'assegno non è stato riscosso affinché possiamo emettere un secondo assegno a saldo della nostra fattura.

Vi preghiamo di confermare il ricevimento di questa procura per (temporaneamente) sospendere i pagamenti.

Con la presente confermo la mia telefonata di stamattina circa la perdita della mia carta di credito N. 125421.

Sarei molto lieto se una nuova carta fosse immediatamente emessa.

b) die Zahlung des folgenden Schecks nicht zu leisten:
Scheck Nr. 293847
Datum: 8. Juni 19..
Zahlungsempfänger:
Carlo Elli; Aussteller:
G. Chemello & Figli S.r.l.

Dieser Scheck ist anscheinend bei der Post verlorengegangen.

Bitte bestätigen Sie, daß dieser Scheck nicht eingelöst wurde, damit wir einen Zweitscheck zur Regulierung unserer Rechnung ausstellen können.

Bitte bestätigen sie den Erhalt dieser Vollmacht, die Zahlungen (vorübergehend) einzustellen.

Hiermit bestätige ich meine telefonische Nachricht von heute morgen über den Verlust meiner Kreditkarte Nr. 125421.

Ich würde die sofortige Ausstellung einer neuen Karte sehr begrüßen.

3. Bitte um Kreditgewährung

1. Vi preghiamo di comunicarci se e a quali condizioni sareste disposti a
2. Vi saremmo grati se rendeste possibile di
   a) concederci un credito aperto fino a Lit. 20.000.000.

   b) concederci un prestito di Lit. 50.000.000 per un periodo di sei mesi.

   c) permetterci uno scoperto in conto fino ad un importo massimo di Lit. 10.000.000 tra il 1° marzo e il 31 agosto p. v.

1. *Bitte teilen Sie uns mit, ob und zu welchen Bedingungen Sie bereit wären,*
2. *Wir wären dankbar, wenn Sie es ermöglichen könnten,*
   a) *uns einen offenen Kredit von Lit. 20.000.000 zu gewähren.*

   b) *uns ein Darlehen von Lit. 50.000.000 für einen Zeitraum von sechs Monaten zu gewähren.*

   c) *uns eine Kontoüberziehung bis zu einem Höchstbetrag von Lit. 10.000.000 zwischen dem 1. März und 31. August d. J. zu gestatten.*

Con la presente Vi prego di prendere in considerazione un prestito di Lit. 25.000.000 per un periodo di dieci mesi

Hiermit bitte ich Sie, ein Darlehen von Lit. 25.000.000 für die Dauer von zehn Monaten in Erwägung zu ziehen,

a) alfine di permetterci di sostituire una macchina danneggiata.

a) um es uns zu ermöglichen, eine schadhafte Maschine zu ersetzen.

b) per l'ampliamento della nostra azienda.

b) für die Erweiterung unserer Firma.

1. Abbiamo bisogno di questo prestito

1. Wir benötigen dieses Darlehen

2. Desideriamo ottenere un credito (finanziamento) a medio termine di Lit. 30.000.000

2. Wir möchten einen mittelfristigen Kredit (od. eine Finanzierung) von Lit. 30.000.000 erhalten

a) per l'acquisto di materie prime.

a) zum Kauf von Rohmaterialien.

b) per introdurre i nostri articoli sul mercato tedesco.

b) um unsere Erzeugnisse auf dem deutschen Markt einzuführen.

c) per l'ulteriore sviluppo della nostra attività aziendale in Svizzera.

c) zur weiteren Entwicklung (od. zum Ausbau) unserer Firmentätigkeit in der Schweiz.

d) a copertura di alcuni costi sorti dall'ampliamento della nostra attività.

d) zur Deckung einiger durch die Erweiterung unseres Geschäftes entstandener Kosten.

1. Poiché nei prossimi mesi devo far fronte ad alcuni grossi impegni

1. Da ich in den kommenden Monaten einigen großen Verpflichtungen nachkommen muß,

2. Poiché ho recentemente concluso una serie di contratti che richiedono un sollecito acquisto di materie prime

2. Da ich vor kurzem eine Reihe von Verträgen abgeschlossen habe, die den baldigen Kauf von Rohmaterialien erfordern,

a) Vi sarei grato se mi concedeste un credito a medio termine di Lit. 60.000.000

a) wäre ich Ihnen dankbar, wenn Sie einen mittelfristigen Kredit von Lit. 60.000.000 gewähren würden.

b) desidererei conoscere le Vostre condizioni per crediti a breve termine.

b) möchte ich gern Ihre Konditionen für kurzfristige Kredite erfahren.

c) desidererei discutere con Voi delle possibilità di

c) möchte ich mit Ihnen über die Möglichkeiten der Ge-

concessione di scoperti in conto.

L'ulteriore sviluppo della mia azienda rende ora necessario un credito.

La nostra ulteriore espansione è al momento rallentata dalla mancanza di finanziamenti.

A garanzia (Come ulteriore garanzia) possiamo offrirVi:

a) certificati azionari per il valore di Lit. ...

b) una polizza di assicurazione sulla vita del valore di Lit. 200.000.000.

Se dovesse essere necessario un avallo, il Signor Renato De Barbieri si è dichiarato disponibile ad apporlo.

Alleghiamo copia del nostro ultimo bilancio verificato dal revisore dei conti.

Passerò volentieri in banca per discutere la questione.

Vi sarei molto grato se concedeste il credito richiesto.

währung von Kontoüberziehungen diskutieren.

Die weitere Entwicklung meiner Firma erfordert nun einen Kredit.

Unsere weitere Expansion wird augenblicklich durch den Mangel an Finanzierungen gebremst.

Als Sicherheit (od. zusätzliche Sicherheit) können wir Ihnen bieten:

a) *Aktienzertifikate im Werte von Lit. ...*

b) *eine Lebensversicherungspolice in Höhe von Lit. 200.000.000.*

Sollte ein Bürge erforderlich sein, hat sich Herr Renato De Barbieri dazu bereit erklärt.

Wir fügen Kopie unserer letzten durch Wirtschaftsprüfer geprüften Bilanz bei.

Ich werde gern zur Erörterung der Angelegenheit bei der Bank vorsprechen.

Ich wäre Ihnen sehr dankbar, wenn Sie den erbetenen Kredit gewähren könnten.

4. Bitte um Verlängerung des Kredits

1. Dalla Vostra lettera del 20 maggio u. s. apprendiamo che avete intenzione di

2. Ci riferiamo alla Vostra lettera dell'8 giugno u. s. nella quale spiegate i motivi per

a) ritirare il credito concessoci.

b) ritirare le agevolazioni per uno scoperto in conto.

1. *Ihrem Schreiben vom 20. Mai d. J. entnehmen wir, daß Sie beabsichtigen,*

2. *Wir beziehen uns auf Ihr Schreiben vom 8. Juni d. J., in dem Sie Ihre Gründe dafür angeben,*

a) *den uns gewährten Kredit zurückzuziehen.*

b) *die Vergünstigungen einer Kontoüberziehung zurückzuziehen.*

Il 10 aprile u. s. mi avete concesso un prestito di Lit. 10.000.000 il cui rimborso scade alla fine di questo mese.

Purtroppo mi trovo di (devo far) fronte a pagamenti (perdite) imprevisti(e) e Vi sarei pertanto grato se prorogaste la scadenza del prestito fino al 30 settembre p. v.

1. Poiché ci sono segni di una ripresa nel nostro ramo,

2. Poiché l'attività commerciale in tutto il Paese mostra un graduale miglioramento (si sta gradatamente riprendendo)

   a) siamo sicuri che in breve tempo la nostra ditta raggiungerà di nuovo un soddisfacente volume d'affari.

   b) Vi preghiamo di non ritirarci il credito concesso.

   c) Vi chiediamo una proroga di otto settimane per effettuare il saldo.

Nel frattempo (Se desiderato)

a) possiamo fornirVi le seguenti (ulteriori) garanzie:

b) depositeremo presso di Voi ...

Am 10. April d. J. gewährten Sie mir ein Darlehen von Lit. 10.000.000, dessen Rückzahlung Ende dieses Monats fällig ist.

Leider stehe ich unerwarteten Zahlungen (od. Verlusten) gegenüber und wäre Ihnen daher dankbar, wenn Sie die Laufzeit des Darlehens bis 30. September d. J. verlängern würden.

1. Da Zeichen einer Belebung in unserer Branche bestehen,

2. Da die Geschäftätigkeit im ganzen Land eine allmähliche Besserung zeigt (od. sich allmählich wieder erholt),

   a) sind wir sicher, daß unsere Firma in Kürze wieder ein zufriedenstellendes Geschäftsvolumen erreichen wird.

   b) bitten wir Sie, den uns gewährten Kredit nicht zurückzuziehen.

   c) bitten wir Sie um eine Verlängerung von acht Wochen zum Ausgleich des Saldos.

Inzwischen (od. Falls gewünscht)

a) können wir folgende (zusätzliche) Sicherheiten liefern:

b) werden wir ... bei Ihnen hinterlegen.

5. Bitte um Zusendung eines Kontoauszugs

Gli estratti conto (bancari) devono essere giornalmente (settimanalmente) inviati al Capo Reparto Contabilità della Società XY.

Vi prego di inviarmi gli estratti conto del nostro conto corrente N. 198273 e del nostro conto di deposito N. 19827/5

a) aggiornati a oggi (a tutt' oggi).

Bankkontoauszüge sind täglich (od. wöchentlich) an den Leiter der Rechnungsabteilung der XY Gesellschaft zu senden.

Bitte senden Sie mir Kontoauszüge für unser laufendes Konto Nr. 198273 und Depositenkonto Nr. 19827/5

a) mit dem heutigen Tage abgeschlossen.

b) aggiornati a tutto il 31 ottobre scorso.

1. Poiché i libri (contabili) saranno esaminati tra breve

2. Poiché è necessario avere l'estratto conto per la prossima riunione della Direzione

Vi sarei grato se me lo inviaste per averlo al più tardi il 7 novembre p. v.

b) *abgeschlossen zum (mit dem) 31. Oktober.*

1. *Da unsere Bücher in Kürze geprüft werden,*

2. *Da der Kontoauszug für die nächste Direktionssitzung benötigt wird,*

wäre ich dankbar, wenn Sie ihn so senden würden, daß er mich spätestens am 7. November d. J. erreicht.

6. Kontoauszug erhalten

a) der Auszug stimmt

Vi ringraziamo per l'invio del Vostro estratto conto al 31 ottobre con un saldo a nostro (Vostro) favore di Lit. ...

Abbiamo ricevuto ieri il Vostro estratto conto trimestrale.

Lo abbiamo verificato (controllato) e trovato esatto.

Ci fa piacere comunicarVi

a) che le Vostre cifre coincidono con le nostre.

b) che i nostri libri (contabili) concordano con il Vostro estratto conto.

Wir danken Ihnen für Ihren Kontoauszug, abgeschlossen am 31. Oktober, mit einem Saldo zu unseren (od. Ihren) Gunsten von Lit

Ihren vierteljährlichen Kontoauszug haben wir gestern erhalten.

Wir haben ihn geprüft und für richtig befunden.

Wir freuen uns Ihnen mitzuteilen,

a) *daß Ihre Zahlen mit den unsrigen übereinstimmen.*

b) *daß unsere Bücher mit Ihrem Kontoauszug übereinstimmen.*

b) der Auszug stimmt nicht

Dal Vostro estratto conto trimestrale (semestrale) giunto stamattina noto

a) che mi è stato addebitato un importo di Lit. 85.100 per spese bancarie.

b) che nel computo degli interessi Vi è un evidente errore.

Ihrem heute morgen eingegangenen vierteljährlichen (od. halbjährlichen) Kontoauszug entnehme ich,

a) *daß ich mit dem Betrag von Lit. 85.100 für Bankspesen belastet wurde.*

b) *daß sich bei der Berechnung der Zinsen offenbar ein Irrtum eingeschlichen hat.*

c) che avete evidentemente omesso di accreditare il nostro pagamento in contanti del 2 luglio u. s.

Constatiamo che oltre ad un tasso di interesse del 12%, ci avete addebitato spese bancarie per l'ammontare di Lit. 108.000.

Vi preghiamo di comunicarci

a) a che cosa si riferisce questo importo e come esso è stato calcolato.

b) quali servizi s'intendono sotto la voce «Tasse speciali, spese ed uscite».

1. Non capisco perché è stato fatto questo addebito

2. Ho l'impressione che queste tasse siano eccessivamente elevate

e Vi sarei grato per una spiegazione del motivo.

Con riferimento al foglio 23, pag. 2 dell'estratto del nostro conto corrente

a) non abbiamo alcuna pezza giustificativa per l'assegno N. 6543221 per il quale riportate un addebito di Lit. 178.100.

b) avete omesso di allegare la nota di accredito per l'importo di Lit. 280.000 accreditato sul nostro conto il 2 maggio u. s.

Vi preghiamo di verificare questa registrazione.

c) daß Sie offensichtlich unterlassen haben, unsere Bareinzahlung vom 2. Juli d. J. gutzuschreiben.

Wir stellen fest, daß Sie uns zusätzlich zu dem Zinssatz von 12% einen Betrag von Lit. 108.000 als Bankspesen berechnet haben.

Wollen Sie uns bitte mitteilen,

a) worauf sich dieser Betrag bezieht und wie er berechnet wurde.

b) welche Dienstleistungen unter Ihrer Eintragung „Besondere Gebühren, Spesen und Auslagen" zu verstehen sind.

1. Ich kann nicht verstehen, warum diese Belastung erfolgte

2. Ich habe den Eindruck, daß diese Gebühren unangemessen hoch sind

und wäre Ihnen für eine Erläuterung der Gründe dankbar.

Mit Bezug auf Blatt 23, Seite 2, Ihres Kontoauszuges für unser laufendes Konto

a) haben wir keinen Beleg für den Scheck Nr. 6543221, für den Sie eine Belastung von Lit. 178.100 buchen.

b) haben Sie versäumt, die Gutschriftsanzeige für den Betrag von Lit. 280.000 beizufügen, der unserem Konto am 2. Mai d. J. gutgeschrieben wurde.

Wollen Sie bitte diese Eintragung prüfen.

7. Der Importeur an die Bank.
Eröffnung eines Akkreditivs

Vi preghiamo di comunicarci a quali condizioni la Vostra Banca sarebbe disposta ad accordarci delle lettere di credito.

Bitte teilen Sie uns mit, zu welchen Konditionen Ihre Bank bereit wäre, uns Akkreditive zu gewähren.

Abbiamo appena stipulato un contratto per la spedizione mensile di partite di legname da costruzione dal Brasile. Desideriamo pertanto aprire una serie di lettere di credito irrevocabili di US $ ... ciascuna a favore della Brazil Madeira Co.

Alleghiamo il formulario di richiesta debitamente compilato e Vi saremmo grati se provvedeste a mezzo comunicazione SWIFT urgente ad aprire per nostro conto presso il Vostro corrispondente a Hong Kong una lettera di credito irrevocabile a favore della Gawler Co. a Hong Kong. Il credito deve essere valido fino al 30 ottobre p. v.

Vi preghiamo di aprire una lettera di credito per ... dollari canadesi presso la Vostra sede di Montreal (corrispondente a ...) a favore della Laurentian Inc.

I beneficiari devono spiccar tratta su di Voi singolarmente per ogni invio (spedizione) effettuato(a).

Vi preghiamo di tener presente

a) che non sono consentite spedizioni parziali.

b) che l'ultimo giorno (utile) per l'imbarco è il 10 maggio p. v.

1. I documenti necessari sono:

2. I documenti da allegare alla cambiale sono:

3. Le cambiali devono essere accompagnate dai seguenti documenti che devono esserci consegnati contro pagamento (accettazione):

polizza di carico

fattura commerciale

polizza di assicurazione

certificato d'origine.

Wir haben gerade ein Abkommen geschlossen für die monatliche Verschiffung von Bauholz aus Brasilien. Wir möchten daher eine Reihe unwiderruflicher Akkreditive über jeweils US-$ ... zugunsten der Brazil Madeira Co. eröffnen.

Wir fügen das ausgefüllte Antragsformular bei und wären dankbar, wenn Sie durch dringende SWIFT Mitteilung veranlassen würden, in unserem Auftrag bei Ihrem Korrespondenten in Hong Kong ein unwiderrufliches Akkreditiv über Lit. ... zugunsten der Fa. Gawler & Co. zu eröffnen. Der Kredit soll bis 30. Oktober d. J. gültig sein.

Bitte eröffnen Sie ein Akkreditiv über Can-$ ... bei Ihrer Geschäftsstelle in Montreal (od. Ihrem Korrespondenten in ...) zugunsten der Laurentian Inc.

Die Begünstigten sollen auf Sie für jede durchgeführte Verschiffung einzeln ziehen.

Bitte beachten Sie,

a) *daß Teilverschiffungen nicht gestattet sind.*

b) *daß der letzte Tag der Verschiffung der 10. Mai d. J. sein soll.*

1. *Die erforderlichen Dokumente sind:*

2. *Die dem Wechsel beizugebenden Dokumente sind:*

3. *Die Wechsel müssen von folgenden Dokumenten begleitet sein, die uns gegen Zahlung (od. unser Akzept der Wechsel) auszuhändigen sind:*

Konnossement

Handelsrechnung

Versicherungspolice

Ursprungszeugnis.

Prima di accettare la cambiale pregate (Vogliate pregare) il Vostro corrispondente di accertarsi che la polizza di assicurazione preveda una copertura completa.

Bitten Sie Ihren Korrespondenten darauf zu achten, daß die Versicherungspolice volle Deckung vorsieht, bevor er den Wechsel akzeptiert.

Poiché abbiamo impartito un'ulteriore ordinazione al nostro fornitore, Vi preghiamo di aumentare l'importo della lettera di credito fino a Lit. ... valido fino al ...

Da wir unserem Lieferanten einen weiteren Auftrag erteilt haben, bitten wir Sie, den Betrag des Akkreditivs auf Lit. ... zu erhöhen, gültig bis ...

Vi preghiamo di prolungare la validità della succitata lettera di credito fino al ...

Bitte verlängern Sie die Gültigkeit des oben erwähnten Akkreditivs bis ...

La prego di accettare per me le seguenti cambiali e di pagarle alla scadenza con addebito sul mio conto.

Bitte akzeptieren Sie die folgenden Wechsel für mich, und lösen Sie sie bei Fälligkeit zu Lasten meines Kontos ein.

Le seguenti cambiali Le saranno tra breve presentate da ditte estere. La prego di pagarle e di addebitare corrispondentemente il mio conto.

Die folgenden Wechsel werden Ihnen in Kürze von ausländischen Firmen vorgelegt werden. Bitte lösen Sie sie ein und belasten Sie mein Konto entsprechend.

Alleghiamo una cambiale accettata, spiccata su di noi dalla Ditta Covelli S.n.c. di Brescia

Wir fügen einen akzeptierten Wechsel bei, der durch die Firma Covelli S.n.c. in Brescia auf uns gezogen wurde

a) ed attendiamo di ricevere i documenti di spedizione (di bordo).

a) und sehen dem Erhalt der Verschiffungsdokumente entgegen.

b) e Vi saremmo grati se ci inviaste subito il certificato di assicurazione.

b) und wären Ihnen dankbar, wenn Sie uns sofort den Versicherungsschein zuschicken würden.

8. Der Exporteur an die Bank.
Einreichung der Verschiffungsdokumente

Abbiamo imbarcato oggi sulla M/N Algol una partita di biciclette destinata alla Turchia.

Heute haben wir mit MS Algol eine Sendung Fahrräder in die Türkei verschifft.

Alleghiamo fattura e documenti d'imbarco per una partita di macchine tessili destinata alla ditta Texiversilia S.p.A. di Viareggio.

Wir fügen Rechnung und Dokumente über einen Posten Textilmaschinen für die Firma Texiversilia S.p.A. in Viareggio bei.

Alleghiamo altresì una nostra cambiale a 60 giorni vista sulla Ditta Rusti e Zauni S.n.c.

Wir fügen unseren 60-Tage-Nachsichtwechsel auf die Firma Rusti & Zauni S.n.c. ebenfalls bei.

Alleghiamo una nostra cambiale a vista sulla ditta BLANAC S.p.A.

Wir fügen unseren Sichtwechsel auf die Firma BLANAC S.p.A. bei

a) e i documenti relativi alla spedizione.

a) sowie die Verschiffungsdokumente.

b) , la polizza di carico ed i documenti sottoelencati:

b) sowie das Konnossement und die nachstehend aufgeführten Dokumente:

Vi preghiamo di trasferire gli allegati documenti al nostro cliente

Bitte übergeben Sie die beigefügten Dokumente unserem Kunden

a) contro pagamento della tratta allegata e di accreditare l'importo ricevuto (incassato) sul nostro conto N. ...

a) gegen Zahlung der beigefügten Tratte, und schreiben Sie unserem Konto Nr. ... den erhaltenen Betrag gut.

b) contro (l')accettazione dell'allegata cambiale a 30 giorni spiccata su di lui per l'ammontare di Lit. ...

b) gegen Akzept der beigefügten, auf ihn mit 30 Tagen gezogenen Tratte in Höhe von Lit. ...

Vi preghiamo di presentare la cambiale per l'accettazione contro consegna dei documenti

Wir bitten Sie, den Wechsel zum Akzept gegen Übergabe der Dokumente vorzulegen

a) e di incassare l'importo alla scadenza.

a) und den Betrag bei Fälligkeit einzuziehen.

b) e di scontare quindi la cambiale per nostro conto al tasso del giorno.

b) und dann den Wechsel zum Tageskurs in unserem Auftrag zu diskontieren.

Vi preghiamo di incassare l'importo di questa lettera di credito contro la consegna degli allegati documenti e di accreditare tale importo sul nostro conto.

Bitte ziehen Sie den Betrag dieses Akkreditivs gegen Übergabe der beigefügten Dokumente ein und schreiben Sie den entsprechenden Betrag unserem Konto gut.

1. Vi preghiamo di inviare l'acclusa cambiale a vista sulla ditta Gianni Oro e C. alla Banca di Credito Lombarda con istruzioni di

1. Schicken Sie bitte die beigefügte Sichttratte auf die Firma Gianni Oro & Co. an die Banca di Credito Lombarda mit der Anweisung,

2. Vi preghiamo di dare istruzioni alla Vostra Banca corrispondente a Palermo di

2. Wir bitten Sie, Ihre Korrespondenzbank in Palermo anzuweisen,

a) consegnare gli acclusi documenti contro pagamento della nostra cambiale.

a) die beigefügten Dokumente gegen Zahlung unseres Wechsels auszuhändigen.

b) consegnare i documenti solo a pagamento avvenuto e di informarci al riguardo.

La reputazione di questa ditta non ci è nota e pertanto Vi preghiamo di non consegnare gli allegati documenti sulla base «Documenti contro accettazione».

b) *die Dokumente erst nach geleisteter Zahlung zu übergeben und uns darüber zu informieren.*

Der Ruf dieses Unternehmens ist uns unbekannt, und wir bitten Sie deshalb, die beigefügten Dokumente nicht auf der Grundlage „Dokumente gegen Akzept" auszuhändigen.

XIX. Der Wechsel[1]

Der größte Vorteil des Wechsels *(cambiale)* ist, daß der Schuldner *(debitore)* Waren kaufen und verkaufen kann, bevor er zahlen muß, während gleichzeitig der Verkäufer durch Diskontierung *(sconto)* oder Verkauf des Wechsels Geld zur Regulierung seiner eigenen Schulden bekommen kann. Würde der Lieferer immer sofortige Bezahlung verlangen, würde mancher Geschäftsabschluß *(transazione)* nicht zustande kommen.

Der auf eine andere Person gezogene Wechsel, die Tratte *(tratta)*, ist ein bedingungsloser Zahlungsauftrag *(ordine incondizionato di pagamento)*, im Gegensatz zum eigenen oder trockenen Wechsel (Solawechsel, *cambiale, pagherò cambiario* oder einfach *pagherò*), der ein Zahlungsversprechen *(promessa di pagamento)* ist.

Im gezogenen Wechsel *(cambiale tratta)* beauftragt *(ordinare)* der Aussteller (Trassant *traente*) den Bezogenen (Trassat *trassato*), dem Wechselnehmer (Remittenten *beneficiario*) auf Verlangen *(a richiesta)* oder zu einer festgesetzten *(determinato)* Zeit eine bestimmte Summe Geldes zu zahlen (siehe Abbildung auf Seite 441).

Der Wechselnehmer (Remittent *beneficiario*) kann den Fälligkeitstag *(giorno della scadenza)* abwarten, um ihn dem Bezogenen *(trassato)* vorzulegen; zumeist wird er aber das Akzept einholen *(chiedere l'accettazione)*.

Zu diesem Zweck gibt der Bezogene seine Unterschrift auf dem Wechsel gewöhnlich quer über die Vorderseite mit oder ohne Zusatz «accetto» *(accettiamo)* oder «accettato» (oder: *per accettazione*).

Kommt der Bezogene der Aufforderung nicht nach, so kann der Wechselinhaber *(il possessore della tratta)* entweder den Fälligkeitstag abwarten, falls er glaubt, daß der Wechsel bei Verfall eingelöst wird, oder er kann auch 24 Stunden nach erfolgter Akzeptverweigerung dieselbe vermittels Protestaufnahme *(protesto per mancata accettazione)* feststellen lassen.

---

[1] Das Wort „Wechsel" im Sinne von *cambiale* findet sich im Italienischen häufig auch mit *effetto* wiedergegeben.

Gezogener Wechsel	**Eigenwechsel**
(cambiale tratta)	*(pagherò cambiario)*

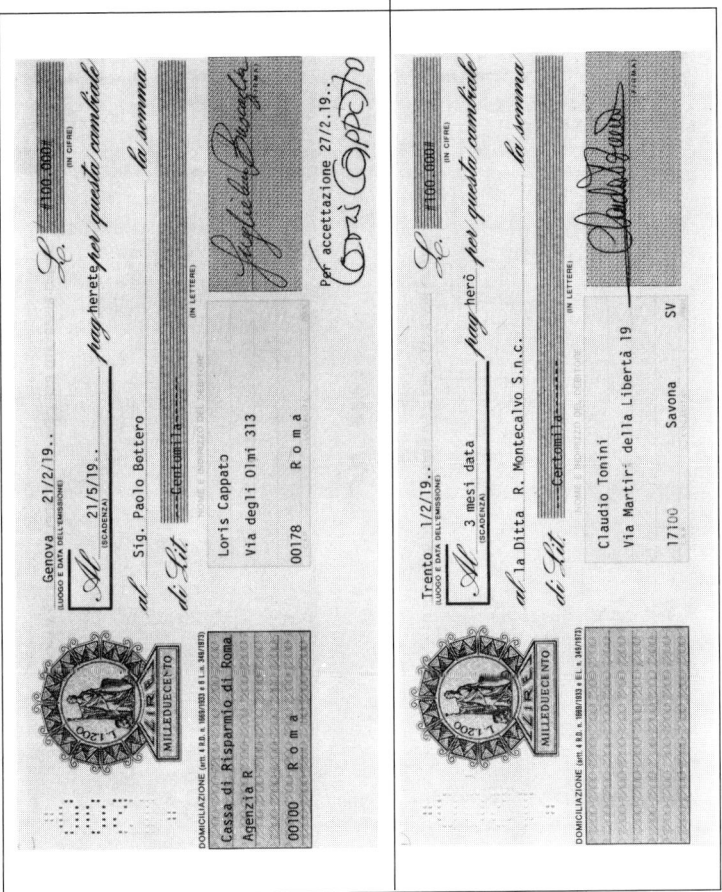

Sowohl vom gezogenen als auch vom eigenen Wechsel kann der Übertragende (Girant *girante*) vom Aussteller eine oder mehrere Abschriften des gleichen Wortlautes *(dello stesso tenore)* einholen, abgesehen von der Bezeichnung als Prima, Sekunda usw.

Der Wechselinhaber *(possessore della cambiale)* kann ferner selbst eine Abschrift des Wechsels anfertigen, einschließlich aller Indossierungen *(girate)*, der Annahme *(accettazione)* eventueller Bürgschaften *(avalli)*, mit dem Zusatz «fin qui copia» (bis hier Abschrift).

Im gezogenen Wechsel findet sich der Aussteller zuweilen als Remittent. Das ist gewöhnlich der Fall, wenn bei Ausstellung des Wechsels der Remittent noch nicht bestimmt ist.

Cambiali estere (Auslandswechsel), im Ausland gezogen oder zahlbar; in mehreren Ausfertigungen *(esemplari)* oder Duplikaten *(duplicati)*, meist in einem Satz von drei Exemplaren *(serie di tre)* als *Prima* (Erstausfertigung), *Seconda* (Sekunda, Zweitausfertigung), *Terza* (Tertia, Drittausfertigung).

Im e i g e n e n Wechsel, dem sogenannten *pagherò cambiario,* verspricht *(promettere)* der Aussteller *(emittente, traente)* als Schuldner *(debitore)*, dem Wechselnehmer *(beneficiario)* auf Verlangen oder zu einer festgesetzten Zeit eine bestimmte Summe Geldes zu zahlen (siehe Abbildung auf Seite 441).

Unterzeichnen zwei oder mehr Personen den eigenen Wechsel, so liegt eine Gesamtverpflichtung *(obbligazione solidale)* vor.

Wie aus obigen Beispielen zu ersehen ist, gehören zu den wesentlichen Erfordernissen eines Wechsels folgende Angaben:

a) Ort und Datum der Ausstellung *(luogo e data di emissione);*

b) der Fälligkeits- oder Verfalltag *(scadenza),* an dem der Wechsel fällig wird *(scadere),*

c) der Zahlungsempfänger (Wechselnehmer, Remittent *beneficiario*), an den zu zahlen ist;

d) die (zu zahlende) Wechselsumme *(somma da pagare),* gewöhnlich in Buchstaben *(lettere)* und Zahlen *(cifre)* ausgedrückt;

e) Der Bezogene (Trassat *trassato*), auf den der Wechsel gezogen wird und der zahlen soll;

f) der Aussteller (Trassant *traente*), der den Wechsel zieht oder ausstellt *(trarre, emettere);*

g) der Zahlungsort *(luogo di pagamento),* gewöhnlich der Wohnort *(domicilio)* des Bezogenen;

h) die Bezeichnung: «*cambiale*» od. eine gleichlautende, z. B. *lettera di cambio, pagherò cambiario* im eigenen Wechsel.

S t e m p e l g e b ü h r *(tassa di bollo).* Der Wechsel muß vor der Ausstellung mit einer Wechselmarke *(marca da bollo)* versehen werden, die sich nach der Höhe der Wechselsumme richtet. Es können aufgeklebte *(applicate)* oder eingedruckte *(impresse)* Stempelmarken *(marca da bollo)* benutzt werden.

Z a h l u n g *(pagamento).* Der Wechsel ist zahlbar *(pagabile)* an Order *(all'ordine)* mit Indossament. Hinsichtlich der L a u f z e i t *(durata di circolazione),* Z a h l u n g s z e i t *(termine di pagamento)* oder V e r f a l l z e i t *(scadenza)* eines Wechsels unterscheidet man:

a) T a g w e c h s e l (P r ä z i s w e c h s e l *cambiali pagabili a data fissa)* mit bestimmt ausgedrücktem Verfalltag: *il 15 Maggio 19.. pagate ...;*

b) S i c h t w e c h s e l *(cambiali a vista),* zahlbar bei (oder auf) Sicht *(a vista),* auf Verlangen *(a richiesta)* oder bei Vorzeigung *(a presentazione),* d. h. wenn sie zur Zahlung vorgelegt werden; der von einem

Bankier auf einen anderen gezogene Sichtwechsel heißt *(tratta bancaria a vista)* Sichtanweisung;

c) Nach- oder Zeitsichtwechsel *(a certo tempo vista)*, mit dem Datum der Vorzeigung *(data di presentazione)*, und datierte Wechsel oder Datowechsel *(a certo tempo data)*, zahlbar eine bestimmte Zeit nach Sicht *(... giorni vista, ... mesi vista)*, nach dato (= nach heute *a ... giorni data): A otto giorni [vista] data*, d. h. acht Tage nach erfolgter Vorzeigung [nach dem Tag der Ausstellung].

Der Gefälligkeitswechsel *(cambiale di comodo)* wird vom Bezogenen ohne Gegenwert *(contro prestazione)* angenommen, um dem Aussteller Geld oder Kredit zu verschaffen. In Italien wird häufig von diesen «*cambiali di favore*» Gebrauch gemacht.

Die Dokumententratte *(tratta documentata)* ist eine mit Schiffs- oder Verladepapieren *(documenti di carico)*, wie Seefrachtbrief (Konnossement *polizza di carico)*, Warenrechnung (Faktur[a] *fattura*) und Versicherungsschein *(polizza di assicurazione)* versehene Tratte.

Der Kunde gibt dem Absender die Bank an, die bereit ist, gegen Konnossemente Barzahlung *(pagamento in contanti)* zu leisten *(effettuare)*. Die Bank beleiht *(anticipare)* dem Exporteur die Dokumente oder diskontiert *(scontare)* die Tratte mit etwa 80–90% des Rechnungsbetrages *(importo della fattura)* und schickt die Papiere alsdann an ihre Überseefiliale *(filiale d'oltremare)*, damit sie dort dem Empfänger der Ware gegen Annahme *(accettazione)* oder Einlösung *(pagamento)* der Tratte ausgehändigt *(consegnare)* werden.

Durch den die Tratte begleitenden Pfandbrief *(nota di pegno)* wird der diskontierende Bankier *(banchiere scontante)* ermächtigt *(autorizzare)*, im Falle der Nichteinlösung *(mancato pagamento)* der Tratte über die Warensendung zu verfügen.

Oft eröffnet der Empfänger der Ware dem Absender bei einer Bank ein Akkreditiv *(credito documentario o confermato)* etwa in folgender Weise:

Der Auftraggeber A in Boston bittet die dortige B-Bank, die Firma C bei der D-Bank in Mailand so zu akkreditieren, daß gegen Einlieferung *(consegna)* der Schiffspapiere über Waren, die an A zu verladen *(imbarcare)* sind, der Firma C Lit. 1.500.000 gezahlt werden. Nachdem die D-Bank von der B-Bank eine entsprechende Weisung *(istruzione)* erhalten hat, wird sie der Firma C während der ([un]widerruflichen *[ir-]revocabile*) Gültigkeitsdauer *(validità)* des Akkreditivs gegen Übergabe *(consegna)* der Schiffspapiere jeden Betrag bis zur genannten Höhe auszahlen[1].

Ausstellung, Annahme(verweigerung), Indossierung, Domizilierung, Diskontierung usw. eines Wechsels s. S. 444–462.

---

[1] Diese Zahlungsweise, die sich mehr und mehr im Auslandsverkehr eingeführt hat, unterliegt seitens der Banken ganz genauen Bestimmungen, die im Kreditbrief einzeln aufgeführt werden.

1. Ausstellung eines Wechsels.
Wechselanzeige, Trattenavis

Ein Wechsel wird ausgestellt, wenn man a) eine Zahlung *(pagamento)* zu leisten *(effettuare)* hat; b) eine außenstehende Forderung *(credito)* einzuziehen *(incassare)* hat; c) einen Auftrag zur Ausstellung eines Wechsels *(ordine di trarre)* erhalten hat; d) den dem Bezogenen eingeräumten Kredit *(credito concesso)* ausnutzen will.

Der Anzeigebrief *(avviso)* über die Ausstellung eines Wechsels enthält gewöhnlich außer den auf S. 442 erwähnten Punkten (wie Ausstellungs-, Verfalltag usw.) auch die Bitte um gute Aufnahme *(onorare la firma)*.

Bei K o m m i s s i o n s t r a t t e n, d. h. bei Wechseln für fremde Rechnung *(tratte per conto terzi)*, wird auch angegeben, auf wessen Rechnung die Wechselsumme zu bringen ist. Das Antwortschreiben enthält entweder die Zusicherung der Einlösung *(pagamento)* oder die Verweigerung der Annahme *(rifiuto di accettazione)* des Papiers.

a) Aussteller an den Bezogenen

1. Conformemente alle nostre condizioni di pagamento

1. *Gemäß unseren Zahlungsbedingungen*

2. Come concordato

2. *Wie vereinbart,*

3. A saldo della nostra fattura

3. *Zum Ausgleich unserer Rechnung*

4. In nome e per conto della Ditta ...

4. *Im Auftrag und für Rechnung der Firma ...*

   a) abbiamo spiccato tratta a 30 giorni su di Voi per l'importo dell'acclusa fattura (dell'allegato estratto conto).

   a) *haben wir auf Sie mit 30 Tagen Sicht über den Betrag der beiliegenden Rechnung (od. des beiliegenden Kontoauszuges) gezogen.*

   b) abbiamo spiccato tratta a vista su di Voi.

   b) *haben wir auf Sie zahlbar bei Sicht gezogen.*

   c) spiccheremo tratta su di Voi come di consueto.

   c) *werden wir in üblicher Weise auf Sie ziehen.*

Abbiamo oggi spiccato tratta su di Voi

Heute haben wir ... auf Sie gezogen, zahlbar

a) a vista.

a) *nach Sicht (od. auf Verlangen; bei Vorlage).*

b) a un mese a datare da oggi.

b) *1 Monat ab heute.*

c) al 15 maggio p. v.

c) *am 15. Mai.*

d) a 30 giorni a datare da oggi.

e) a 3 mesi vista.

f) a 60 giorni vista.

La nostra tratta a 60 giorni vista su di Voi (ed a favore di ...) Vi sarà presentata dalla Banca ...

Abbiamo incaricato la Ditta ... di spiccar tratta a 60 giorni vista su di Voi per nostro conto.

Vi preghiamo

a) di pagare la tratta a tempo debito (alla scadenza).

b) di pagare la nostra tratta alla presentazione.

I documenti di spedizion marittima saranno consegnati contro accettazione della tratta.

d) 30 Tage ab heute.

e) 3 Monate nach Sicht.

f) 60 Tage nach Sicht.

Unsere auf Sie mit 60 Tagen Sicht (zugunsten von ...) gezogene Tratte wird Ihnen von der ... Bank vorgelegt werden.

Wir haben die Firma ... beauftragt, für unsere Rechnung auf Sie mit 60 Tagen Sicht zu ziehen.

Wir bitten Sie,

a) die Tratte zur gegebenen Zeit (bei Fälligkeit) einzulösen.

b) unsere Tratte bei Vorlage einzulösen.

Die Verschiffungspapiere werden gegen Akzept der Tratte ausgehändigt.

b) Bezogener an den Aussteller

Abbiamo ricevuto la Vostra lettera del 10 maggio

a) e proponiamo di pagare a mezzo tratta a 30 giorni vista.

c) e siamo pronti ad accettare la Vostra tratta a 60 giorni vista per l'importo corrispondente.

Vi preghiamo di spiccar tratta su di noi a 30 giorni vista per l'importo della Vostra fattura e di allegare ad essa sottoelencati documenti:

Wir haben Ihren Brief vom 10. Mai erhalten

a) und schlagen vor, durch Wechsel mit 30 Tagen Sicht zu zahlen.

c) und sind bereit, Ihre Tratte für den entsprechenden Betrag anzunehmen, zahlbar 60 Tage nach Sicht.

Bitte ziehen Sie auf uns für den Betrag Ihrer Rechnung mit 30 Tagen Sicht, und fügen Sie der Tratte die nachstehend aufgeführten Dokumente bei:

2. Wechsel zur Annahme, Akzepteinholung

Der Wechsel wird entweder dem Bezogenen selbst, einem Geschäftspartner *(corrispondente)* oder einer Bank zur Annahme vorgelegt (präsentiert *presentato per l'accettazione)* mit der Bitte, das Papier nach erfolgter Annahme *(dopo effettuata accettazione)* zurückzugeben *(restituire).* Die Bank erhält für ihre Mühewaltung *(opera)* eine bestimmte Gebühr (Provision *provvigione).*

Unter A k z e p t versteht man: a) die vom Annehmer (Akzeptanten *accettante*) angenommene *(accettata)* Tratte (das Akzept): *nostra accettazione per Lit. 1.500.000* unser Akzept über Lit. 1.500.000; b) die Annahme (Akzeptierung, Akzeptation) selbst: *presentare per l'accettazione* zur Annahme vorlegen; c) den quer über den Wechsel geschriebenen Annahmevermerk: *munire dell'accettazione (= accettare)* mit Akzept (Annahmevermerk) versehen (= annehmen).

Man unterscheidet:

a) *accettazione piena* volle Anahme, d. h. für den ganzen Betrag:

> Accetto
>
> > Augusto Castiglioni
> > Corso dei Mille, 24
> > 20100 Milano

Das in manchen Ländern zulässige bedingte (d. h. von gewissen Bedingungen abhängige) Akzept = *accettazione condizionata* wird vom italienischen Gesetz nicht anerkannt *(non accettato)*.

Eine solche bedingte Annahme kommt einer Annahmeverweigerung gleich *(equivalere a rifiuto),* und es erfolgt Protestaufnahme *(elevare il protesto).* Dagegen ist ein Teilakzept zulässig, etwa wie folgt:

b) mit Beschränkung auf einen Teil *(parte)* des Betrages, z. B. bei einem Wechsel für Lit. 1.500.000:

> Accetto per L. 1.000.000 *(un milione)*
> > Giovanni Neri.

Der Inhaber seinerseits kann die angebotene Teilannahme verweigern und den Wechsel mangels Annahme protestieren lassen, wird aber aus praktischen Gründen oft davon Abstand nehmen und den Erhalt eines Teilakzeptes gutheißen.

W e c h s e l k o p i e *(copia di una cambiale).* Wird ein Wechsel ins Ausland zur Annahme geschickt, so kann inzwischen eine mit «*copia*» (Abschrift, Kopie) bezeichnete zweite Ausfertigung in Umlauf *(circolazione)* gesetzt werden. Auf dieser Kopie, die später durch das Akzept ersetzt wird, gibt man an, wo sich das zur Annahme bestimmte Exemplar befindet.

a) Aussteller an den Bezogenen

Alleghiamo tratta a 60 giorni vista su di Voi per l'importo di Lit. ... con preghiera di accettarla e restituircela.

Wir legen unsere auf Sie gezogene 60-Tage-Sichttratte in Höhe von Lit. ... zum Akzept und zur Rücksendung vor.

Ci permettiamo di inviarVi allegata la nostra cambiale per Lit. ...

Wir gestatten uns, Ihnen als Anlage unseren Wechsel über Lit. ... zu senden.

Come concordato alleghiamo la nostra tratta a vista su di Voi per l'ammontare di Lit. ...

Wie vereinbart, fügen wir unsere Sichttratte auf Sie in Höhe von Lit. ... bei.

b) Bezogener an den Aussteller

Come richiesto Vi inviamo la Vostra cambiale regolarmente accettata

Wie gewünscht, übersenden wir Ihnen Ihren ordnungsgemäß angenommenen Wechsel über Lit. ...

La Vostra tratta su di noi per Lit. ... datata 15 marzo è stata accettata

Ihre Tratte auf uns über Lit. ... mit Datum 15. März ist angenommen worden

a) e sarà da noi pagata (onorata) alla scadenza.

a) und wird von uns bei Fälligkeit eingelöst (od. honoriert).

b) , ma vogliate, per il futuro, annunciare tali tratte.

b) aber achten Sie bitte darauf, solche Tratten in Zukunft anzukündigen.

3. Annahmeverweigerung

Der Bezogene kann aus irgendeinem Grund (z. B. mangels Anzeige, wegen falscher Angaben usw.) die Annahme eines Wechsels verweigern *(rifiutare)* oder die Wechselsumme nicht voll (nur bedingt, zum Teil *non totalmente, parzialmente)* annehmen, was unter Umständen zur Protesterhebung *(elevamento di protesto)* führen kann.

a) der Bezogene an den Aussteller

Con nostra grande sorpresa

Zu unserer großen Überraschung

a) ci è stata presentata oggi per l'accettazione una tratta da Voi spiccata per le merci spedite a mezzo M/N Salland.

a) wurde uns heute eine von Ihnen gezogene Tratte für die mit MS Salland verschifften Waren zum Akzept vorgelegt.

b) ci è stata spedita per l'accettazione una tratta per l'importo di Lit. ... da Voi spiccata su di noi a favore della Ditta

b) wurde uns eine von Ihnen auf uns zugunsten der Firma ... gezogene Tratte in Höhe von Lit. ... zur Annahme zugesandt.

1. Siamo sorpresi di constatare che

1. Wir sind überrascht festzustellen, daß

2. Non possiamo del tutto comprendere perché

2. Wir können nicht gänzlich verstehen, warum

   a) avete spiccato tratta su di noi per l'ultima spedizione. Nella nostra lettera dell'8 giugno Vi abbiamo fatto chiaramente presente che potevamo accettare queste merci solo in conto deposito.

*   a) Sie auf uns für die letzte Verschiffung gezogen haben. In unserem Brief vom 8. Juni gaben wir deutlich an, daß wir diese Waren nur auf Konsignationsbasis übernehmen können.*

b) avete spiccato tratta su di noi senza comunicarlo.

c) avete allegato alla Vostra fattura del 6 giugno una tratta di Lit. ... con preghiera di accettarla a saldo del nostro conto presso di Voi.

1. In mancanza di una Vostra comunicazione (un Vostro avviso)

2. Poiché non Vi abbiamo impartito alcuna procura a spiccar tratta su di noi

a) abbiamo dovuto rifiutare l'accettazione.

b) ci siamo (naturalmente) rifiutati di pagare la cambiale.

La Vostra cambiale è stata emessa per Lit. 9.750.000 mentre l'importo della Vostra fattura è di Lit. 9.300.000.

Vi preghiamo di prender nota che

a) pertanto in questo caso abbiamo rifiutato di accettare la Vostra cambiale.

b) rifiutiamo tutte le tratte per le quali non abbiamo ricevuto un avviso.

c) non possiamo accettare alcuna tratta prima di aver verificato le merci.

Possiamo solo supporre che si sia trattato di un errore

a) e restituiamo allegata la Vostra tratta non accettata.

b) e dobbiamo pertanto pregarVi di ritirare la tratta.

Per risparmiarVi delle spese siamo peraltro disposti ad accettare la cambiale se prorogate la scadenza di un mese.

b) Sie auf uns ohne Mitteilung gezogen haben.

c) Sie Ihrer Rechnung vom 6. Juni eine Tratte über Lit. ... beigefügt haben mit der Bitte, sie zu akzeptieren, um unser Konto bei Ihnen auszugleichen.

1. Mangels einer Anzeige Ihrerseits

2. Da wir Ihnen keinerlei Vollmacht erteilt haben, auf uns zu ziehen,

a) mußten wir das Akzept ablehnen.

b) haben wir uns (natürlich) geweigert, den Wechsel einzulösen.

Ihr Wechsel ist auf Lit. 9.750.000 ausgestellt, Ihre Rechnung beläuft sich jedoch nur auf Lit. 9.300.000.

Bitte nehmen Sie davon Kenntnis, daß

a) wir es daher in diesem Fall abgelehnt haben, Ihre Tratte zu akzeptieren.

b) wir alle Tratten zurückweisen, die uns nicht avisiert worden sind.

c) wir keine Tratten akzeptieren können, bevor wir die Waren geprüft haben.

Wir können nur annehmen, daß es sich um einen Irrtum gehandelt hat

a) und senden Ihre nicht akzeptierte Tratte beiliegend zurück.

b) und müssen Sie bitten, den Wechsel zurückzuziehen.

Um Ihnen Kosten zu ersparen, sind wir jedoch bereit, den Wechsel anzunehmen, wenn Sie die Fälligkeit um einen Monat verlängern.

b) der zur Akzepteinholung Beauftragte an den Aussteller

Siamo spiacenti di doverVi comunicare che

Wir bedauern, Ihnen mitteilen zu müssen, daß

a) la cambiale da Voi ricevuta non è stata accettata.

a) der von Ihnen erhaltene Wechsel nicht akzeptiert worden ist.

b) la cambiale di Lit. ... a nostro favore e stata presentata alla Ditta ... che ha rifiutato di accettarla.

b) der Wechsel über Lit. ... zu unseren Gunsten der Firma ... vorgelegt, die das Akzept verweigert hat.

Il trattario ha rifiutato di accettare la cambiale perché

Der Bezogene verweigerte die Annahme des Wechsels, da

a) non era stato informato dal traente.

a) er vom Aussteller nicht benachrichtigt worden war.

b) non Le aveva dato facoltà di spiccar tratta su di lui.

b) er Sie nicht ermächtigt hätte, auf ihn zu ziehen.

Poiché la scadenza della cambiale è il 15 giugno la presenteremo ancora una volta.

Da der Wechsel am 15. Juni fällig wird, werden wir ihn noch einmal vorlegen.

Dobbiamo pregarVi di farci pervenire un effetto di smobilizzo.

Wir müssen Sie bitten, uns einen Sicherheitswechsel zu geben.

Vi prego di comunicarmi se devo far protestare la cambiale.

Bitte teilen Sie mir mit, ob ich den Wechsel protestieren lassen soll.

c) der Aussteller an den Bezogenen

La Ditta ... ci ha restituito oggi la nostra cambiale spiccata su di Lei in data ... per Lit. ...

Die Firma ... hat uns heute unseren am ... auf Sie gezogenen Wechsel über Lit. ... zurückgeschickt.

La nostra cambiale di Lit. ... con scadenza ... ci è stata restituita con l'annotazione «Ritornare al traente».

Unser am ... fälliger Wechsel über Lit. ... ist uns mit dem Vermerk „Zurück an Aussteller" wieder zugesandt worden.

Non posso capire perché

Ich kann nicht verstehen, weshalb

a) Lei rifiuti di accettare la mia tratta.

a) Sie die Annahme meiner Tratte verweigern.

b) Lei restituisca la cambiale senza indicare il motivo (poiché essa era stata correttamente annunciata).

b) Sie den Wechsel ohne Angabe des Grundes zurückschicken (da er ordnungsgemäß avisiert wurde).

Non possiamo comprendere

Wir können nicht verstehen,

perché non ci avete comunicato che	*warum Sie uns nicht mitgeteilt haben, daß*
a) non potevate pagare la cambiale.	*a) Sie den Wechsel nicht einlösen konnten.*
b) la data della scadenza non Vi conviene.	*b) der Fälligkeitstag für Sie ungünstig ist.*
c) preferite un'altro modo di pagamento.	*c) Sie eine andere Zahlungsweise vorziehen.*

Vi sarei grato per una spiegazione circa il rifiuto dell'accettazione (del pagamento).

Ich wäre für eine Erklärung bezüglich der Verweigerung des Akzepts (der Zahlung) dankbar.

d) Wechsel nicht angezeigt oder irrtümlich ausgestellt

Vi preghiamo di scusarci per aver tralasciato di comunicarVi (per tempo) che avevamo spiccato tratta su di Voi.

Wir bitten um Entschuldigung, daß wir es unterlassen haben, Sie (rechtzeitig) davon zu informieren, daß wir auf Sie gezogen hatten.

A causa di una svista (dimenticanza) del nostro reparto contabilità

Durch ein Versehen unserer Rechnungsabteilung

a) non siete stati informati che avevamo spiccato tratta su di Voi.	*a) sind Sie nicht davon benachrichtigt worden, daß wir auf Sie gezogen hatten.*
b) la cambiale è stata erroneamente spiccata su di Voi.	*b) ist der Wechsel irrtümlich auf Sie gezogen worden.*
c) la cambiale è stata emessa per Lit. 7.000.000 invece di Lit. 6.000.000.	*c) ist der Wechsel auf Lit. 7.000.000 anstatt auf Lit. 6.000.000 ausgestellt worden.*

Speriamo che la cambiale così rettificata sia in ordine e venga pagata alla scadenza.

Wir hoffen, daß der so berichtigte Wechsel in Ordnung ist und bei Vorlage eingelöst wird.

Siamo molto spiacenti per l'errore e provvederemo che un tale caso non si ripeta.

Wir bedauern den Irrtum sehr und werden dafür sorgen, daß ein solcher Fall sich nicht wiederholt.

Siamo estremamente spiacenti per l'inconveniente causato e ci affrettiamo ad assicurarVi che non era nostra intenzione di non osservare le condizioni espresse nella Vostra lettera dell'8 giugno u.s.

Wir bedauern außerordentlich die Ihnen bereitete Unannehmlichkeit und beeilen uns, Ihnen zu versichern, daß es nicht unsere Absicht war, die in Ihrem Schreiben vom 8. Juni d. J. dargelegten Bedingungen außer acht zu lassen.

Vi preghiamo di scusarci per il disturbo causato.

Wir bitten die Ihnen verursachte Mühe zu entschuldigen.

4. Indossierung eines Wechsels.
Fehlende oder unrichtige Indossamente

Der Wechselinhaber kann als Übertragender (Indossant, Girant *girante*) den Wechsel durch Übertragungs- (oder Begebungs-) Vermerk (Indossament, Giro *girata*) an eine andere Person (den Indossaten, Giraten *giratario*) weitergeben (übertragen, indossieren, girieren *girare*).

Die zur Indossierung *(girata)* oder Begebung *(negoziazione)* nötigen Übertragungsvermerke werden auf der Rückseite *(dorso)* des Wechsels angebracht, und zwar unterscheidet man:

a) *girata in bianco* unausgefülltes oder offenes Giro, Blankogiro, wenn der Girant bloß seinen Namen schreibt:

> Antonio Camilleri.

Wenn Camilleri per procura zeichnet *(girata per procura):*

> p. p. Giulio Marelli
>> Antonio Camilleri.

b) *girata in pieno* ausgefülltes Giro, Vollgiro:

> Pagate all'ordine dei Sigg. N.N. & Co.
>> Antonio Camilleri.

c) *girata non trasferibile* beschränktes Giro, Rektaindossament:

> Pagate ai Sigg. N.N. & Co. non trasferibile
>> Antonio Camilleri.

Bei Mangel an Raum für Übertragungsvermerke wird ein Verlängerungsstück *(foglio di allungamento/prolunga)* angeklebt.

Jeder Indossant ist dem rechtmäßigen Inhaber *(possessore di diritto)* des Wechsels haftbar oder regreßpflichtig. Der Inhaber kann im Falle der Nichtannahme *(mancata accettazione)* oder Nichteinlösung *(mancato pagamento)* des Wechsels gegen ihn Regreß nehmen *(rivalersi)*. Mit dem Vermerk *senza responsabilità (per me)* (ohne Regreß) kann er seine Haftbarkeit *(responsabilità)* ablehnen *(declinare)*.

Wegen Unregelmäßigkeit *(irregolarità)* oder Weglassung *(omissione)* der Indossamente muß der Wechsel zurückgeschickt werden.

A causa di una irregolarità della girata dobbiamo restituirVi la Vostra cambiale per Lit. ...	*Wegen einer Unregelmäßigkeit im Übertragungsvermerk müssen wir Ihnen Ihren Wechsel über Lit. ... zurücksenden.*
Dalla verifica della cambiale constaterete che	*Beim Prüfen des Wechsels werden Sie feststellen, daß*
a) è stata girata alla Ditta ...	*a) er an die Firma ... indossiert ist.*
b) è stata emessa a Vostro proprio ordine.	*b) er an Ihre eigene Order ausgestellt ist.*
c) manca la girata.	*c) das Indossament fehlt.*

Vi restituiamo la cambiale con preghiera di correggere l'errore.	*Wir senden Ihnen den Wechsel zurück mit der Bitte, den Fehler zu korrigieren.*
Siamo spiacenti che in seguito ad una svista	*Wir bedauern, daß infolge eines Versehens*
a) la girata sulla cambiale di Lit. ... sia sbagliata.	*a) das Indossament auf dem Wechsel über Lit. ... falsch ist.*
b) sia stata omessa la girata.	*b) der Übertragungsvermerk weggelassen wurde.*
c) la cambiale sia stata girata non correttamente.	*c) der Wechsel unrichtig indossiert wurde.*
Vogliate scusare il disturbo (l'inconveniente) causato.	*Bitte entschuldigen Sie die verursachte Mühe (od. Unannehmlichkeit).*

5. Domizilierung von Wechseln. Domizilwechsel

Der nicht am Wohnort *(residenza, domicilio)* des Bezogenen zahlbar gemachte *(pagabile)* Wechsel heißt D o m i z i l w e c h s e l *(cambiale domiciliata)* im Gegensatz zum Platzwechsel, der am Wohnort des Bezogenen zahlbar ist.

Die Person, die die Zahl(ungs)stelle (das Domizil *domicilio*) angibt, heißt Domiziliant *(domiciliante)*.

Der Domiziliat *(domiciliato)*, d. h. die Person, die am Zahl(ungs)ort für den Bezogenen zahlen soll, wird entweder genannt *(cambiale perfettamente domiciliata pagabile presso X in N.,* d. h. X. in N. zahlt für den Bezogenen) oder nicht *(cambiale imperfettamente domiciliata pagabile in N.,* d. h. der Bezogene zahlt in N. selbst).

Man fragt bei einer Bank an, ob und unter welchen Bedingungen man seine Wechsel bei ihr domizilieren *(domiciliare)* könne. Nach einer positiven Antwort *(risposta affermativa)* gibt man für die Folge auf den in Betracht kommenden Wechseln die betreffende Bank als Zahlstelle etwa wie folgt an:

Pagabile presso la Banca d'America e d'Italia, Napoli

Bezogener an die Bank

Vi preghiamo di comunicarci se e a quali condizioni sareste disposti	*Bitte teilen Sie uns mit, ob und zu welchen Bedingungen Sie bereit wären,*
a) a domiciliare le nostre tratte presso di Voi.	*a) unsere Tratten bei sich zu domizilieren.*
b) a far(e) pagabili presso di Voi le nostre cambiali.	*b) unsere Wechsel bei sich zahlbar zu stellen.*

c) ad indicare la Vostra Casa come domicilio per una cambiale di Lit. ...

d) ad accettare per nostro conto cambiali con e senza documenti di bordo (documentate e non).

Provvederò sempre per la copertura prima della scadenza.

Sarete provvisti per tempo della copertura necessaria per il pagamento.

Non ci sarà per Voi alcun rischio poiché

a) tutte le nostre cambiali sono garantite da documenti di bardo (documentate).

b) la cambiale sarà accompagnata dalla fattura, dalla polizza di carico e dal certificato d'assicurazione

Qualora concordiate con la nostra proposta Vi preghiamo di comunicarci le Vostre condizioni.

Vi saranno tra breve presentate le seguenti cambiali:

Vi preghiamo di prender nota che abbiamo domiciliato presso di Voi le seguenti cambiali accettate: Emittente: ... Importo: ... Scadenza: ...

Vi preghiamo di onorarle alla scadenza e di informarci al momento del pagamento.

c) Ihr Haus als Zahlstelle für einen Wechsel über Lit. ... anzugeben.

d) Wechsel mit und ohne Verschiffungspapiere für unsere Rechnung anzunehmen.

Ich werde immer vor Verfall für Deckung sorgen.

Sie werden für die Einlösung rechtzeitig mit Deckung versehen werden.

Sie werden keinerlei Risiko eingehen, da

a) alle unsere Wechsel durch Schiffspapiere gedeckt sind.

b) der Wechsel von der Rechnung, dem Konnossement und der Versicherungspolice begleitet sein wird

Falls Sie unserem Vorschlag zustimmen, teilen Sie uns bitte Ihre Bedingungen mit.

Die folgenden Wechsel werden Ihnen in Kürze vorgelegt:

Bitte nehmen Sie davon Kenntnis, daß wir die folgenden Akzepte bei Ihnen domiziliert haben: Aussteller: ... Betrag: ... Verfalltag: ...

Bitte bezahlen Sie sie bei Fälligkeit und benachrichtigen Sie uns zum Zeitpunkt der Zahlung.

6. Diskontierung von Wechseln. Diskontwechsel

Braucht der Kaufmann Geld, so kann er seine Wechsel von einer Bank *(banca di sconto)*, einem Wechseldiskontierer *(scontista)* oder Wechselmakler *(sensale di sconto)* diskontieren *(scontare)* lassen, d. h., er kann sich den Wechselbetrag *(importo della cambiale)* vor der Verfallzeit *(prima della scadenza)* unter Abzug *(deducendo)* der Zinsen *(interessi)* nach dem jeweiligen Diskontsatz *(tasso di sconto)* für die noch nicht abgelaufene *(non ancora trascorso)* Zeit auszahlen lassen. Solche Wechsel heißen Diskontwechsel oder Diskonten *(cambiali scontate, cambiali da scontare o per lo sconto).*

Vi preghiamo di comunicarci se e a quali condizioni	*Bitte teilen Sie uns mit, ob und zu welchen Bedingungen*
a) sareste disposti a scontare (le nostre) cambiali.	*a) Sie bereit wären, (unsere) Wechsel zu diskontieren (od. zum Diskont anzunehmen).*
b) offrite possibilità di sconto.	*b) Sie Diskontmöglichkeiten bieten.*
Concordiamo con le condizioni da Voi indicate (stabilite).	*Wir sind mit den von Ihnen genannten (od. festgesetzten) Bedingungen einverstanden.*
Alleghiamo le seguenti tratte:	*Wir fügen die folgenden Tratten bei:*
Lit. ..., scadente il 20 ottobre p.v. su Alberto Chiarini e C. in Milano.	*Lit. ..., fällig am 20. Oktober d. J. auf Alberto Chiarini & Co. in Mailand.*
Alleghiamo diverse cambiali accettate elencate qui di seguito:	*Wir fügen verschiedene Akzepte wie nachstehend aufgeführt bei:*
Alleghiamo le seguenti cambiali che Vi preghiamo di scontare e di voler accreditare sul nostro conto:	*Wir fügen die folgenden Wechsel bei, die Sie bitte diskontieren und unserem Konto gutschreiben wollen:*
Vi prego di scontare le seguenti cambiali al corso odierno e di accreditare l'importo sul nostro conto:	*Bitte diskontieren Sie die folgenden Wechsel zum Tageskurs, und schreiben Sie den Betrag unserem Konto gut.*

7. Zahlung durch Wechsel.
Wechsel zum Inkasso, Verkauf usw.

Jede Übersendung einer Zahlung in Geld, Scheck oder Wechseln wird Rimesse *(rimessa)* genannt.

Versandwechsel *(cambiali fuori piazza)* werden für eigene *(proprio)* und für fremde Rechnung *(per conto terzi)* zur Gutschrift *(accredito)*, zum Einzug (Inkasso *incasso)*, zur Begebung *(negoziazione, collocamento, piazzamento)* usw. gemacht.

Ist die Bank auf Befragen *(dietro richiesta)* bereit, Wechsel zu begeben *(negoziare)* oder einzuziehen *(incassare),* so wird in dem die Rimesse begleitenden Schreiben außer der Wechselsumme, Verfallzeit usw. auch der Zweck der Übersendung und bei Kommissionsrimessen *(rimesse per conto terzi)* der Name des Auftraggebers, dem die Summe gutzuschreiben ist, angegeben.

Vi prego di comunicarmi le Vostre condizioni per l'incasso di ...

Bitte teilen Sie mir Ihre Bedingungen zum Einzug von ... mit.

Vi prego di informarmi circa le Vostre tariffe per l'incasso di cambiali.

Ich bitte Sie, mir Ihre Einzugsgebühren für Wechsel mitzuteilen.

Alleghiamo la nostra cambiale N. ... per Lit. ... che Vi preghiamo di incassare alla scadenza.

Wir fügen unseren Wechsel Nr. ... über Lit. ... bei mit der Bitte, ihn bei Fälligkeit einzuziehen.

Alleghiamo le seguenti cambiali e Vi saremmo grati se ci accreditaste (con preghiera di accreditarci) gli importi incassati.

Wir fügen die folgenden Wechsel bei und wären Ihnen dankbar, wenn Sie uns die eingezogenen Beträge gutschreiben würden.

Vi preghiamo di presentare le seguenti cambiali alle rispettive scadenze

Bitte legen Sie die folgenden Wechsel zur Zahlung an den jeweiligen Verfalldaten vor,

a) e di accreditarci l'incasso netto.

a) und schreiben Sie uns den Nettoerlös gut.

b) e di accreditare l'incasso sul nostro conto previa detrazione delle Vostre spese.

b) und schreiben Sie den Erlös nach Abzug Ihrer Spesen unserem Konto gut.

c) e di versare l'incasso sul nostro conto presso la Banca ...

c) und überweisen Sie den Erlös auf unser Konto bei der ... Bank.

8. Vermißte Wechsel

Ein Wechsel kann irrtümlicherweise *(per errore)* oder aus Versehen *(per una svista)* einem Brief nicht beigelegt *(accludere, allegare)* worden oder auch verlorengegangen sein.

Um Mißbrauch *(uso indebito)* zu verhindern *(impedire)*, benachrichtigt der Empfänger *(destinatario)* des Briefes den Absender *(mittente)* oder den Bezogenen sofort von dem vermißten *(smarrita)* Wechsel. Man bittet, nur gegen die mit Übertragungsvermerk versehene Sekunda Zahlung zu leisten.

Ist der Wechsel tatsächlich verlorengegangen *(andare smarrito/perduto)*, so kann die Ungültigkeitserklärung *(dichiarazione di nullità)* beantragt werden; findet er sich aber wieder ein, so genügt entsprechende Mitteilung an die Beteiligten *(parti interessate)*.

Siamo spiacenti di comunicarVi che

Wir bedauern Ihnen mitzuteilen, daß

a) non ci è pervenuta la cambiale di cui alla Vostra lettera del 3 marzo u.s.

a) der in Ihrem Schreiben vom 3. März erwähnte Wechsel uns nicht zugegangen ist.

b) la cambiale non era allegata alla Vostra lettera del 2 aprile u.s.

b) der Wechsel Ihrem Brief vom 2. April d. J. nicht beigelegen hat.

c) alla Vostra lettera del ... non era acclusa la cambiale da Voi spiccata sulla Ditta ...

c) der von Ihnen auf die Firma ... gezogene Wechsel Ihrem Schreiben vom ... nicht beigefügt war.

d) la cambiale emessa dalla Ditta ... per Lit. ... e da Voi accettata è andata perduta.

d) der von der Firma ... über Lit. ... gezogene und von Ihnen akzeptierte Wechsel verlorengegangen ist.

Vi prego di inviarmi un secondo esemplare (della cambiale).

Bitte lassen Sie mir eine zweite Ausfertigung zugehen.

Il trattario è stato informato di pagare solo contro presentazione del secondo esemplare da noi regolarmente girato.

Der Bezogene wurde informiert, nur gegen Vorlage der von uns ordnungsgemäß indossierten zweiten Ausfertigung zu zahlen.

1. Prendiamo atto con rammarico che

1. Wir nehmen mit Bedauern davon Kenntnis, daß

2. Apprendiamo dalla Vostra del ... che

2. Ihrem Schreiben vom ... entnehmen wir, daß

a) la nostra cambiale è andata perduta.

a) unser Wechsel verlorengegangen ist.

b) avete perduto la cambiale di Lit. ... spiccata su di noi dalla Ditta ...

b) Sie den auf uns von der Firma ... gezogenen Wechsel über Lit. ... verloren haben.

Come desiderato

Wie gewünscht,

a) alleghiamo un secondo esemplare della cambiale.

a) fügen wir die Wechselzweitausfertigung bei.

b) il pagamento avverrà contro presentazione del secondo esemplare da parte di ...

b) wird die Zahlung gegen Vorlage der Zweitausfertigung durch ... erfolgen.

Siamo disposti a risarcirVi ogni perdita.

Wir sind bereit, Sie für jeden Verlust zu entschädigen.

9. Verlängerung (oder Erneuerung, Prolongation) eines Wechsels. Stundungsgesuch

Kann der Bezogene am Verfalltag *(al giorno della scadenza)* einen Wechsel nicht einlösen *(onorare, pagare)*, so überreicht er dem Aussteller ein Stundungsgesuch *(richiesta di respiro)*, d. h. er bittet um Verlängerung *(prolungamento o proroga)* der Zahlungsfrist *(termine di pagamento)*, und zwar meist in der Weise, daß ein neuer Wechsel an Stelle des früheren für denselben Betrag und dieselbe Laufzeit *(durata)* ausgestellt wird. Der Bezogene zahlt natürlich die Kosten *(spese)* und Verzugszinsen *(interessi di dilazione)*.

Wenn der Aussteller auf die Bitte eingehen *(aderire)* kann, so diskontiert er in der Regel mit Zustimmung *(consenso)* der übrigen wechselmäßig verpflichteten Parteien *(parti obbligate cambiariamente)* das neue Akzept und schickt dem Bezogenen den Betrag zur Einlösung *(pagamento, ritiro)* des ursprünglichen *(originario)* Wechsels ein.

Wer zur Erneuerung *(rinnovo)* des Wechsels seine Zustimmung nicht gegeben hat, ist von jeder Verbindlichkeit *(impegno)* befreit, falls der Bezogene auch den neuen Wechsel am Verfalltag nicht einlösen sollte.

a) Bitte um Verlängerung

1. Sono spiacente che mi sia impossibile

1. *Ich bedauere, daß es mir unmöglich ist,*

2. A causa della attuale situazione di ristagno dell'industria dell'acciaio non sarò probabilmente in grado

2. *Wegen der derzeitigen Flaute in der Stahlindustrie werde ich wahrscheinlich nicht in der Lage sein,*

3. A causa dell'inatteso fallimento di uno dei miei migliori clienti mi è difficile

3. *Wegen des unerwarteten Konkurses einer meiner besten Kunden fällt es mir schwer,*

   a) onorare totalmente la mia cambiale accettata N. ... scadente il 2 luglio p.v.

   a) *mein Akzept Nr. ..., das am 2. Juni d. J. fällig wird, voll einzulösen.*

   b) onorare questa cambiale scadente il 10 aprile p.v. e spero che comprenderete la mia temporanea difficoltà.

   b) *diesen am 10. April d. J. fälligen Wechsel einzulösen, und ich hoffe, daß Sie meine vorübergehenden Schwierigkeiten verstehen werden.*

1. Considereremmo un favore

1. *Wir würden es als Entgegenkommen betrachten,*

2. Le sarei molto grato

2. *Ich wäre Ihnen sehr dankbar,*

   a) se Lei accettasse Lit. ... in contanti e spiccasse su di me una nuova cambiale a 60 giorni per il saldo di Lit. ... più gli interessi.

   a) *wenn Sie Lit. ... in bar annehmen und einen weiteren Wechsel auf mich mit 60 Tagen Sicht für den Saldo von Lit. ... zuzüglich Zinsen ziehen würden.*

   b) se mi concedesse un rinnovo della Sua cambiale di Lit. ... fino al ...

   b) *wenn Sie mir eine Erneuerung Ihres Wechsels über Lit. ... bis ... gewähren würden.*

Vi preghiamo di comunicarci se siete disposti a prorogare di un mese la nostra cambiale di Lit. ...

Bitte teilen Sie uns mit, ob Sie bereit sind, unseren Wechsel über Lit. ... um einen Monat zu verlängern.

1. Saremo certamente in grado di onorare questa nuova cambiale

2. Garantiamo di onorare una tale cambiale

   a) alla scadenza.

   b) alla presentazione.

Come Vi è noto abbiamo sempre saldato prontamente le nostre fatture, ma questa volta dobbiamo con grande rammario pregarVi di concederci una proroga di 30 giorni.

Vi saremmo molto grati se ci poteste farci questa concessione.

Siamo pronti a pagare gli interessi d'uso qualora ci veniate incontro.

1. *Wir werden sicherlich in der Lage sein, diesen neuen Wechsel*

2. *Wir garantieren, einen solchen Wechsel*

   a) *am Verfalltag einzulösen.*

   b) *bei Vorlage einzulösen.*

Wie Sie wissen, haben wir unsere Rechnungen immer prompt reguliert, diesmal aber müssen wir Sie mit dem größten Bedauern um eine Verlängerung von 30 Tagen bitten.

Wir wären sehr dankbar, wenn Sie uns dieses Zugeständnis machen könnten.

Wir sind zur Zahlung der üblichen Zinsen bereit, falls Sie uns entgegenkommen.

b) Antwort auf Bitte um Verlängerung des Wechsels

1. In considerazione della situazione eccezionale in cui Vi trovate

2. In considerazione dei (Tenendo presenti i) pagamenti finora sempre puntuali

3. Alfine di venirVi incontro (favorirVi)

   a) siamo disposti a concederVi la proroga della Vostra cambiale per Lit. ... fino al ...

   b) abbiamo prorogato la Vostra cambiale di Lit. ... per il periodo indicato.

   c) siamo disposti a corrispondere al Vostro desiderio ed alleghiamo una nuova cambiale per Lit. ... scadente il ... con preghiera di accettarla e restituircela.

Siamo spiacenti di comunicarVi che non possiamo concedere una proroga.

1. *Angesichts der außergewöhnlichen Lage, in der Sie sich befinden,*

2. *In Anbetracht Ihrer bisher stets pünktlichen Zahlungen*

3. *Um Ihnen entgegenzukommen,*

   a) *sind wir bereit, Ihnen die Verlängerung Ihres Wechsels über Lit. ... bis ... zu gewähren.*

   b) *haben wir Ihren Wechsel über Lit. ... für die angegebene Zeit verlängert.*

   c) *sind wir bereit, Ihrem Wunsch zu entsprechen und fügen einen neuen Wechsel über Lit. ..., fällig am ..., bei mit der Bitte, ihn zu akzeptieren und an uns zurückzuschicken.*

Wir bedauern, Ihnen mitzuteilen, daß wir eine Verlängerung nicht gewähren können.

1. Poiché l'importo della Vostra cambiale è piuttosto alto	*1. Da der Betrag Ihres Wechsels ziemlich hoch ist,*
2. Poiché la cambiale è stata prorogata già due volte	*2. Da der Wechsel schon zweimal prolongiert wurde,*
a) non possiamo concedere una (ulteriore) proroga.	*a) können wir (weitere) Verlängerung nicht gewähren.*
b) non possiamo prorogarla di un mese.	*b) können wir ihn nicht um einen Monat verlängern.*
c) non possiamo attendere più a lungo.	*c) können wir uns nicht länger hinhalten lassen.*
Dobbiamo pregarVi di pagare almeno una parte dell'importo (effettuare un pagamento parziale).	*Wir müssen Sie bitten, wenigstens einen Teil des Betrages zu zahlen (od. eine Teilzahlung zu leisten).*
Abbiamo già piazzato (collocato) la cambiale in questione.	*Wir haben den in Frage stehenden Wechsel schon begeben.*
Speriamo che pagherete la cambiale alla scadenza.	*Wir hoffen, daß Sie den Wechsel bei Verfall einlösen werden.*
La cambiale originale Vi sarà restituita.	*Der Originalwechsel wird an Sie zurückgeschickt.*

10. Zahlung oder Einlösung eines Wechsels. Protest wegen Nichtzahlung oder Nichtannahme

Der Wechsel muß am Verfalltag *(giorno della scadenza)* dem Bezogenen in dessen Wohnung *(residenza)* oder am angegebenen Zahl(ungs)ort *(domicilio)* während der üblichen Geschäftsstunden *(usuale orario d'ufficio)* zur Zahlung vorgelegt werden *(essere presentata per il pagamento)*. Wird die Vorzeigung *(presentazione)* versäumt, so sind Aussteller und Giranten der weiteren Verbindlichkeit enthoben *(liberare da ulteriore responsabilità)*.

Das italienische Gesetz gewährt keine Frist- bzw. Respekttage *(dilazione di grazia)* für die Einlösung eines Wechsels. Der Besitzer kann aber den Protest bis zum zweiten auf den Zahltag folgenden Werktag hinausschieben. Fällt der letzte Fristtag auf einen Sonn- oder Feiertag, so ist der Wechsel am vorhergehenden, fällt er auf einen Bankfeiertag *(giorno festivo per le banche)*, am darauffolgenden Werktag zahlbar. Der Tag der Annahme wird bei der Laufzeit *(decorrenza)* nicht mitgerechnet.

Bei Zahlungsverweigerung *(rifiuto di pagamento)* oder Nichtzahlung *(mancato pagamento)* sowie auch bei Nichtannahme *(mancata accettazione)* wird der Wechsel zum Protest vornotiert *(annotare)*, d. h. ein Gerichtsvollzieher *(ufficiale giudiziario)* legt ihn nochmals vor und vermerkt auf dem Notierungszettel die vom Bezogenen erhaltene Antwort. An die beteiligten Personen *(parti interessate)* muß eine Mitteilung über die Nichthonorierung *(mancato pagamento)* gesandt werden, sonst sind sie von der Haftung befreit *(liberati dalla responsabilità)*.

Gleichwertig mit einer Protestaufnahme ist eine vom Schuldner abgegebene schriftliche Erklärung über Akzeptverweigerung oder Zahlungsverweigerung. Etwaige Zusätze, wie „ohne Kosten" *(senza spese)*, haben keine rechtliche Wirkung *(effetto legale)* und befreien nicht von der Protestnahme.

Die vom Inhaber *(possessore)* eines protestierten Wechsels über den Betrag seiner Forderung an den Vordermann oder einen der Vordermänner *(giranti precedenti)* ausgestellte Sichttratte wird R ü c k w e c h s e l *(rivalsa)* genannt.

1. Con rincrescimento apprendiamo che	1. Zu unserem Bedauern hören wir, daß
2. La nostra banca ci comunica che	2. Unsere Bank teilt uns mit, daß
3. Ci è stato appena comunicato via fax che	3. Uns ist gerade per Fax mitgeteilt worden, daß
la nostra tratta su di Lei per Lit. ... scadente il 30 ottobre u.s.	unsere Tratte auf Sie über Lit. ..., fällig 30. Oktober d. J.,
a) non è stata pagata.	a) nicht bezahlt worden ist.
b) non è stata onorata dal trattario alla scadenza.	b) bei Verfall vom Bezogenen nicht eingelöst worden ist.
c) è stata protestata.	c) protestiert wurde.
Siamo costretti a richiederVi	Wir sind gezwungen,
a) una sollecita spiegazione.	a) Sie um eine umgehende Erklärung zu bitten.
b) di fare delle proposte per il pagamento.	b) bitten, uns Zahlungsvorschläge zu machen.
c) di inviarci l'importo a mezzo assegno.	c) bitten, uns den Betrag durch Scheck zu übersenden.
Non ci resta altro che	Es bleibt uns nichts anderes übrig, als
a) insistere per un pagamento in contanti entro tre giorni.	a) auf Barzahlung innerhalb von drei Tagen zu bestehen.
b) insistere per ottenere il pagamento immediato della cambiale oltre le spese del protesto.	b) auf der sofortigen Bezahlung des Wechsels zuzüglich der Protestkosten zu bestehen.
Chiederemo alla nostra banca di presentare ancora una volta la cambiale e speriamo che sarete pronti a pagarla.	Wir werden unsere Bank bitten, den Wechsel noch einmal vorzulegen, und hoffen, daß Sie bereit sein werden, ihn einzulösen.
Vogliate pregare il proprietario della cambiale di presentarla ancora una volta (all'incasso).	Bitten Sie den Inhaber des Wechsels, diesen noch einmal vorzulegen.

Vogliate affidare la pratica a ...

Bitte verweisen Sie die Angelegenheit an ...

Vogliate farci pervenire le Vostre istruzioni al riguardo (in merito).

Bitte lassen Sie uns Ihre diesbezüglichen Anweisungen zukommen.

11. Notadresse. Vermittlung, Intervention

Die Notadresse *(indirizzo occorrendo o al bisogno)* gibt die Person an, die beim notleidenden Wechsel vermitteln oder aushelfen (intervenieren *intervenire*) soll. Diese durch

Occorrendo presso il Sig. ...

Annahme (od. Zahlung) im Notfall bei Herrn ... ausgedrückte Vermittlung ist: a) = Ehrenannahme *(accettazione occorrendo)*, wenn der Bezogene die Annahme verweigert hat; b) = Ehrenzahlung *(pagamento al bisogno)*, wenn vom Annehmer (Akzeptanten *accettante)* Zahlung nicht zu erlangen ist.

Der Intervenient oder Honorant *(interveniente)* oder Notadressat *(bisognatario)* ist somit entweder Ehrenannehmer oder Ehrenzahler *(onorante all'accettazione, onorante al pagamento),* und der Intervent oder Honorat ist derjenige, zu dessen Ehren oder für dessen Rechnung *(per conto del quale)* der Intervenient *(l'onorante)* einen mangels Annahme oder Zahlung protestierten Wechsel *(cambiale protestata per mancata accettazione o per mancato pagamento)* honoriert, d. h. annimmt oder bezahlt *(onorare = accettare, pagare).*

1. Con la presente Vi chiediamo

1. Hiermit fragen wir bei Ihnen an,

2. Dobbiamo piazzare spesso delle cambiali a Milano e Vi chiediamo pertanto

2. Wir haben häufig Wechsel auf Mailand zu begeben und fragen an,

se ci consentite di indicare il Vostro nome come bisognatario.

ob Sie uns gestatten, Ihren Namen als Notadresse anzugeben.

Non ci sarà alcun rischio per Voi poiché tutte le nostre cambiali sono documentate.

Sie gehen keinerlei Risiko ein, da alle unsere Wechsel Dokumentenwechsel sind.

Con piacere Vi autorizziamo ad indicare il nome della nostra ditta come bisognatario.

Wir erlauben Ihnen gern, unsere Firma als Notadresse anzugeben.

In caso di bisogno

Nötigenfalls werden wir

a) interverremo per Voi (per conto Vostro).

a) für Sie intervenieren.

b) onoreremo i rispettivi importi in contanti.

b) die betreffenden Beträge durch Barzahlung decken.

Garantiremo la cambiale per Vostro conto contro rimborso delle spese.

Ci siamo permessi di indicare il Vostro nome quale bisognatario su una tratta di Lit. ... spiccata sulla Ditta ... di ...

Vi preghiamo di intervenire in caso di mancata accettazione (mancato pagamento).

1. Nel caso il trattario rifiutasse di pagare alla scadenza

2. Nel caso ci si rivolga a Voi per il pagamento

3. Nel caso fosse necessario il Vostro intervento

   a) provvederemo immediatamente per la copertura.

   b) potete spiccar tratta su di noi a Vostra discrezione.

   c) Vi autorizziamo a disporre delle merci a prezzi di mercato.

Saremo sempre disposti a ricambiare la cortesia.

Ho pagato la cambiale per Vostro conto.

La cambiale ci è stata presentata per intervenire al pagamento.

La cambiale non è stata accettata dall'accettante.

Il trattario ha pregato la banca di ritardare il protesto di uno o due giorni.

Desideriamo farVi presente che

a) non possiamo adempiere ad obblighi imprevisti.

b) il nostro intervento si limita a tratte documentate.

Wir werden den Wechsel für Ihre Rechnung gegen Erstattung der Auslagen schützen.

Wir haben uns erlaubt, Ihren Namen als Notadresse auf einen Wechsel über Lit. ... auf die Firma ... in ... zu setzen.

Bitte greifen Sie ein (od. intervenieren Sie) im Fall der Nichtannahme (od. Nichtzahlung).

1. *Sollte der Bezogene bei Verfall die Zahlung verweigern,*

2. *Sollte man sich wegen Zahlung an Sie wenden,*

3. *Sollte Ihr Einschreiten nötig sein,*

   a) *werden wir sofort für Deckung sorgen.*

   b) *können Sie nach Belieben auf uns ziehen.*

   c) *ermächtigen wir Sie, über die Waren zu Marktpreisen zu verfügen.*

Wir sind zu Gegendiensten stets bereit.

Ich habe den Wechsel in Ihrem Auftrag eingelöst.

Der Wechsel ist uns zur Ehrenzahlung vorgelegt worden.

Der Wechsel wurde vom Akzeptanten nicht angenommen.

Der Bezogene hat die Bank gebeten, den Protest ein bis zwei Tage hinauszuschieben.

Wir möchten Sie darauf aufmerksam machen, daß

a) *wir unvorhergesehene Verbindlichkeiten nicht erfüllen können.*

b) *unsere Notadresse auf Dokumententratten beschränkt ist.*

XX. Börsen
(Wertpapier- und Warenbörsen)

Die Börsen *(borse)* sind öffentliche gesetzlich genehmigte Anstalten *(istituzioni pubbliche legalmente autorizzate)*, in denen sich Kaufleute *(operatori commerciali)* und genehmigte Vermittlungsagenten *(agenti intermediari autorizzati)* versammeln, um Handelsgeschäfte *(operazioni mercantili)* zu verabreden *(concordare)* oder zu erfüllen *(portare a compimento/effettuare)*. Die Errichtung *(costituzione)* von Handelsbörsen obliegt *(è di competenza)* der Regierung *(Governo)*.

An den Börsen werden Wertpapiere – auch Effekten genannt – (Wertpapier- oder Effektenbörse = *Borsa Valori*) oder vertretbare Waren *(merci commerciabili)* (Waren- oder Produktenbörse = *Borsa Merci*) unter staatlicher Aufsicht *(controllo statale)* gehandelt.

Die wichtigsten Wertpapierbörsen in Italien sind Mailand und Rom.

Die Aufsicht über die Börse wird ausgeübt vom *Ministero del Tesoro* (Schatzministerium). Vor Ort erfolgt die Aufsicht durch die *Camere di Commercio* (Handelskammern) und die *Commissione nazionale per le società e la Borsa*, bekannt als *Consob* (Nationaler Ausschuß für Gesellschaften und die Börsentätigkeit).

Die wichtigsten Wertpapiere, die an den Börsen gehandelt werden, sind:

1. Rentenpapiere, d. h. festverzinsliche Papiere *(effetti a rendita fissa)*, wie z. B.: Schuldverschreibungen *(obbligazioni)*. Der Inhaber *(titolare)* ist Gläubiger *(creditore)* des ausgebenden Unternehmens *(impresa)*, er hat Anspruch *(diritto)* auf feste Verzinsung *(rendita o interesse fisso)* sowie auf Rückzahlung *(rimborso)* des Nennwertes *(valore nominale)*.

   a) Staatsanleihen *(titoli del debito pubblico)*, auch Staatspapiere *(effetti di Stato)* genannt. Sie werden vom Staat ausgegeben, und die so entstandenen Schulden *(debiti)* können entweder fundiert *(perpetuo)*, d. h. langfristig *(a lungo termine)*, oder schwebend *(fluttuante)*, d. h. kurzfristig *(a breve termine)* sein. Bei den fundierten Staatsschulden unterscheidet man tilgbare *(redimibile)* und untilgbare *(irredimibile)* Schuld. Von diesem Typ gibt es derzeit nur noch die Rendita Italiana 1935, welche aber ausläuft. Die schwebenden Schulden können sein: Schatzanweisungen *(Buoni del Tesoro)* oder Schatzwechsel *(Certificati di Credito)*.

   b) Kommunal- oder Stadtanleihen *(Obbligazioni Comunali)*. Sie werden von Städten und Gemeinden *(città e comuni)* ausgegeben.

   c) Pfandbriefe *(obbligazioni garantite da ipoteche)*. Sie werden von öffentlich-rechtlichen Bodenkreditanstalten *(istituti pubblici di credito immobiliare)* und privaten Hypothekenbanken *(banche private di credito ipotecario)* ausgegeben und sind durch vorrangige Hypotheken *(ipoteche)* gesichert.

d) Industrieobligationen *(obbligazioni industriali)*. Sie werden von Industrieunternehmen ausgegeben.

2. Anteilspapiere *(titoli di partecipazione)*, d. h. Dividendenpapiere *(titoli a reddito variabile)*. Der Inhaber *(titolare)* ist hier Mitinhaber *(socio)* der ausgebenden Gesellschaft oder Emittentin *(società emittente)*; er hat Anspruch auf einen Gewinnanteil *(partecipazione agli utili)* und ist zur Mitwirkung an der Verwaltung *(partecipa alla gestione)* durch ein Stimmrecht *(diritto di voto)* berufen.

a) Aktien *(azioni)*. Die Aktie verkörpert *(rappresenta)* den Anteil am Grundkapital *(capitale sociale)*, Gewinn *(profitto)* und evtl. am Liquidationsergebnis *(liquidazione)* der Gesellschaft. Im Gegensatz zum festverzinslichen Wertpapier genießt *(gode)* die Aktie keine feste Verzinsung, sondern die Gewinnausschüttung *(riparto del profitto)* erfolgt *(si effettua)* in Form einer Dividende *(dividendo)*, evtl. auch durch Bezugsrechte *(diritti di sottoscrizione)* oder Zusatzaktien *(azioni addizionali)*. Im allgemeinen verleiht die Aktie als Mitgliedschaftsrecht ein Stimmrecht *(diritto di voto)* in der Hauptversammlung *(Assemblea Generale)*. Man unterscheidet zwischen Inhaber- und Namensaktien *(azioni al portatore e azioni nominative)*, Stamm- und Vorzugsaktien *(azioni ordinarie e azioni privilegiate)*.

b) Investment-Zertifikate *(certificati d'investimento)*. Sie werden von den Investmentgesellschaften *(società di investimento/finanziarie)* ausgegeben, die mit den hierdurch erlangten Mitteln *(fondi raccolti)* Wertpapiere anderer Unternehmen ankaufen und verwalten *(comprano e amministrano)*. Die Zertifikatsinhaber *(titolari dei certificati)* sind Bruchteilseigentümer *(proprietari di una quota)* dieses Wertpapierfonds *(fondo)*.

Die Zinsen bzw. Dividenden *(interessi e dividendi)* werden gegen Einreichung *(alla consegna)* des vom Kupon- oder Dividendenscheinbogens *(cedolario)* abzutrennenden Zins- oder Dividendenscheins *(cedola di interesse o dividendo)* ausgezahlt. Neue Zins- oder Dividendenscheine werden aufgrund eines Erneuerungsscheins *(cedola)* ausgegeben.

Der Kurszettel *(listino di borsa)* wird täglich vom *Sindacato degli agenti di cambio* (Verband der Börsenmakler) zusammengestellt und veröffentlicht. Bei der Kursnotierung *(quotazione [dei corsi])* wird außer dem Namen des Wertpapiers der Anfangskurs *(prezzo d'apertura)*, der Schlußkurs *(prezzo di chiusura)*, der Höchst- und Niedrigstkurs *(prezzo massimo, minimo)*, der letzte Liquidations- oder Lieferungskurs *(prezzo di liquidazione)*, der Prolongationskurs *(prezzo di riporto)*, der Emissionskurs *(prezzo di emissione)* sowie das Steigen *(aumento, z. B. $+\frac{1}{2}$)* und Fallen *(discesa, z. B. $-\frac{1}{4}$)* der Kurse angegeben. Die amtlichen (offiziellen *ufficiali*) Kurse werden in der Regel fortlaufend *(consecutivamente)*, d. h. für jedes einzelne Geschäft *(affare)* notiert *(quotare)*. Außerdem gibt es die zwischen Nichtmitgliedern *(estranei)* der Börse im freien (nichtamtlichen, inoffiziellen *non ufficiale)* Verkehr oder Markt an der Vor- oder Nachbörse *(affari conclusi fuori orario ufficiale)* erzielten vor- oder nachbörslichen Preise (Freiverkehrskurse *prezzi fuori borsa)*.

BORSA DI MILANO

AZIONI	Listino Pr. Uff.	Differ. Lire	Diff.% 2-1-92	Dopoborsa Pr.riferim.	Compensi Agosto	1992 min.*	mass.*	Quantità provv.
A Abeille	79020	− 2280	− 22,5	—	87500	79020	118950	100
Acq De Ferrari	7310	− 5	+ 5,0	—	7560	6960	7900	1000
Acq De Ferrari r nc	2097	− 2	− 5,5	—	2120	2020	2477	3000
Acq P A Marcia	103	− 1	− 50,2	—	134	103	217	25000
Acq P A Marcia r nc	78	− 3	− 59,4	—	88	78	218	50000
Aedes	15000	− 100	− 6,8	—	15300	14000	16650	1000
Aedes r nc	5292	− 8	− 23,5	—	5260	4985	7449	2500
Alcatel Cavi	2950	− 40	− 29,2	—	3110	2800	4815	2000
Alcatel Cavi r nc	1970	− 10	− 35,7	—	2150	1970	3390	n.d.
Alenia Aer Selenia	1102	− 36	− 49,2	—	1225	1102	2527	15000
Alitalia cat A	561	− 42	− 17,7	561	687	561	797	90000
Alitalia p	524	− 6	− 7,3	—	575	524	733	20000
Alitalia r nc	640	− 5	− 12,0	—	638	600	969	n.d.
Alleanza Ass	10146	− 95	− 6,9	10110	11500	9807	13610	278000
Alleanza Ass r nc	8018	− 480	− 20,4	7909	9750	8018	13448	173000
Ansaldo Trasporti	2020	+ 20	− 41,2	—	2500	2000	3875	1000
Assitalia	4995	− 85	− 37,4	5025	5500	4995	9230	63500
Attiv Immobiliari	1740	− 70	− 51,0	—	1920	1740	3935	39000
Auschem	1410	− 85	− 29,1	—	1540	1410	1990	n.d.
Auschem r nc	975	—	− 37,1	—	1001	919	1590	n.d.
Ausiliare	8510	—	− 20,8	—	8170	8170	11000	n.d.
Ausonia	391	—	− 51,1	—	396	391	931	150000
Autostrada cat B p	735	− 5	− 34,0	—	700	665	1190	40000
Autostrada To-Mi	6900	− 100	− 32,4	—	7060	6310	11900	3000
Avir Finanziaria	5400	− 200	− 24,1	—	6090	5400	8300	1000
B Bassetti	5300	− 100	− 52,8	—	5850	5300	12850	n.d.
Bastogi	85	− 1	16,5	—	87	85	173	100000
Bayer (£)	205900	− 100	+ 0,2	—	198000	192000	225000	75
Bca Agric Milanese	7630	− 160	− 21,3	—	8200	7630	11850	1000
Bca Comm Ital	2299	− 15	− 37,8	2304	2280	2215	4287	2215000
Bca Comm Ital r nc	2235	− 11	− 32,1	2245	2220	2171	3601	327000
Bca di Legnano	3920	− 40	− 44,0	—	4330	3920	7000	5000
Bca di Roma	1611	− 11	− 3,9	1610	1693	1600	1790	107500
Bca di Roma A warr	310	− 10	− 41,5	—	322	245	605	n.d.
Bca di Roma B warr	115	—	− 45,0	—	136	95	248	n.d.
Bca di Roma/94 7% warr	247	+ 32	− 61,2	—	310	200	638	5000
Bca Fideuram	725	− 5	− 36,3	—	760	716	1200	70000
Bca Mercantile	4850	+ 30	− 27,4	—	5275	4820	6880	n.d.
Bca Naz Agric	3850	− 140	− 28,2	—	4275	3850	5850	1000
Bca Naz Agric p	1100	− 20	− 50,9	—	1200	1100	2400	6000
Bca Naz Agric r nc	690	− 16	− 53,0	—	777	690	1539	41000
Bca Pop Berg./Cr Vares.	13600	− 100	− 0,5	—	14525	13600	14990	5100
Bca Toscana	2589	− 43	− 29,6	2633	2675	2589	3945	57500
Bco Ambros Ven	2975	− 35	− 18,2	—	3160	2975	4430	65000
Bco Ambros Ven r nc	1680	− 20	− 30,6	—	1700	1555	2759	32000
Bco di Chiavari	2250	− 100	− 39,5	—	2680	2250	3995	36000
Bco di Napoli	2075	− 85	− 45,4	2075	2320	2075	3800	10000

Bei den Börsengeschäften unterscheidet man:

1. Kassageschäfte *(contratti a contanti)*, d. h. Geschäfte mit sofortiger Lieferung *(consegna immediata)* und Zahlung *(pagamento)*.

2. Termingeschäfte *(contratti a termine)*, d. h. Geschäfte, die entweder in der Mitte, Medioabrechnung, oder am Ende, Ultimoabrechnung, des Monats *(liquidazione quindicinale o mensile)* abgewickelt werden.

Die Schwankungen *(fluttuazioni)* in der Notierung *(quotazione)* oder den Kursen *(corsi)* führen zu Hausse- oder Baissespekukulation *(speculazione al rialzo o al ribasso)*. Der Haussier *(rialzista)* kauft in der Erwartung, daß die Preise steigen, um später mit Gewinn *(profitto)* zu verkaufen; das Baissier *(ribassista)* verkauft in der Erwartung, daß die Preise fallen, um später billiger wieder zu kaufen.

Im Differenzgeschäft *(contratti differenziali)* wird nur der Unterschied *(differenza)* zwischen dem Kurs am Tag des Geschäftsabschlusses *(corso del giorno in cui si concorda l'operazione)* und der Abrechnung *(prezzo al giorno della liquidazione)* verrechnet.

Beim Prämiengeschäft *(contratti a premio)* behält sich eine Partei das Recht vor *(una parte si riserva il diritto)*, bestimmte Stücke zu einem vereinbarten Kurs innerhalb einer gewissen Zeit zu kaufen oder eine Prämie *(contratto dont)* zu zahlen bzw. zu verkaufen oder statt dessen eine Rückprämie *(contratto pour livrer)* zu zahlen. Eine Vereinigung beider Arten von Prämiengeschäften ist das Stellage- oder Stellgeschäft *(contratti a doppio premio)*, d. h. die Wahl, zu einem höheren Kurs als dem Tageskurs *(corso del giorno)* abzunehmen oder zu einem niedrigeren zu liefern. Beim Nochgeschäft „auf Geben" oder „auf Nehmen" *(contratti liberi o a facoltà)* wird das Recht auf Verkauf oder Ankauf derselben Menge von Papieren zum gleichen Preis erworben *(acquistare allo stesso prezzo)*.

Sämtliche Börsentransaktionen *(transazioni/operazioni di borsa)* werden hauptsächlich von den Börsenmaklern *(agenti di cambio)*, den Börsenkommissionaren *(commissionari di Borsa)* und den Banken *(banche)* getätigt.

Die Börsenmakler sind die einzigen, die befugt *(autorizzati)* sind, unmittelbar Börsentransaktionen zu tätigen. Bei der Ausübung ihrer Funktion sind sie Amtspersonen *(Pubblici Ufficiali)*. Nach bestandener Prüfung werden sie durch Erlaß *(decreto)* vom Präsidenten der Republik ernannt *(nominati)*.

Die Börsenkommissionare üben eine Beratertätigkeit aus und sammeln Aufträge *(ordini)*, die dann an die Börsenmakler weitergeleitet werden.

Die Banken – auch wenn sie nicht unmittelbar Geschäfte tätigen dürfen wie die Börsenmakler – üben eine wichtige Funktion aus, nicht nur als Vermittler *(intermediari)* der eigenen Kundschaft, sondern auch durch Agieren im eigenen Namen.

Änderungen werden sich ergeben durch die allmähliche Anwendung des neuen Gesetzes vom 2. Januar 1991, welches die Vermittlungtätigkeit im Börsenbereich anders regeln wird. Hauptinhalt dieses Gesetzes ist die Gründung *(fondazione)* der *Società di Intermediazione Mobiliare (SIM)*, für deren allmähliche Etablierung eine Übergangsphase *(fase transitoria)* von zwei Jahren angesetzt ist.

Die *SIM* werden die einzigen genehmigten Börsenvermittler sein. Ihr Tätigkeitsfeld *(ambito operativo)* wird sein bzw. beinhalten:

a) An- und Verkauf von Wertpapieren *(acquisto e vendita di titoli)*

b) Sammlung von An- und Verkaufsaufträgen *(raccolta di ordini di acquisto e vendita)*

c) Vermögensverwaltung *(amministrazione di patrimoni)*

d) Beratungsfunktion *(funzione di consulenza)*

e) Förderung *(sollecitazione)* der öffentlichen Geldanlage durch adäquate Werbung.

Die *SIM* müssen als Aktien- oder Kommanditgesellschaften gegründet werden und über ein Grundkapital von mindestens Lire 6.000.000.000 verfügen. Mitbegründer dieser Gesellschaften dürfen sein:

a) die Börsenmakler

b) die Börsenkommissionare und

c) die Banken.

Die Warenbörsen *(Borse Merci)* sind Börsen für den Handel mit börsengängigen Waren *(merci ammesse alla negoziazione borsistica)*, z. B. Baumwolle *(cotone)*, Getreide *(cereali)*, Zucker *(zucchero)* etc. In den meisten Märkten können die Waren so genau klassifiziert *(classificate)* und beschrieben *(descritte)* werden, daß eine Inspektion nicht notwendig ist. Wo diese genaue Einstufung *(esatta classificazione)* nach international vereinbartem Standard *(conforme ad uno standard internazionalmente concordato)* nicht erfolgen kann, wie z. B. bei Wolle *(lana)*, werden Auktionen *(aste)* durchgeführt.

Die wichtigsten Warenbörsen in Italien befinden sich in Bari, Bologna, Florenz, Genua, Mailand, Neapel, Padua, Pisa, Rom, Turin und Venedig.

Die größten Börsen für Rohstoffe *(materie prime)* befinden sich in den USA *(Stati Uniti)*, und zwar in Chicago – Weizen *(grano)*, Mais *(grano turco)*, Sojabohnen *(soia)*, Sojamehl *(farina di soia)*, Sojaöl *(olio di soia)*; in New York – Zucker *(zucchero)*, Kaffee *(caffè)*, Gold *(oro)*, Silber *(argento)*, Platin *(platino)*, Kupfer *(rame)* – sowie in England in London – Gasöl *(gasolio)*, Kakao *(cacao)*, Kaffee. In London befindet sich ebenfalls die größte Börse der Welt für NE-Metalle *(metalli non ferrosi)*: Kupfer, Blei *(piombo)*, Zink *(zinco)* und Silber *(argento)*. Abschlüsse *(contratti)* für Kupfer, Blei und Zink werden in Einheiten von je *(in multipli di)* 25 Tonnen *(tonnellate)* getätigt.

An den Warenbörsen unterscheidet man zwischen Effektivgeschäften *(contrattazioni per contanti)* und Termingeschäften *(contrattazioni a termine)*.

Im Effektivgeschäft kann ein Händler *(operatore)* für sofortige Lieferung *(consegna immediata)* abschließen.

Im Terminhandel erfolgt die Erfüllung des Vertrages *(adempimento del contratto)*, d. h. die Abnahme *(accettazione)* oder Lieferung *(consegna)*, erst zu einem späteren Zeitpunkt *(ad una data posteriore)*, jedoch zum Kurs des Abschlußtages *(giorno della transazione)*. Im Gegensatz zum Effektivgeschäft werden im Terminhandel standardisierte Verträge *(con-*

tratti standard) verwendet. Hierbei sind Qualität *(qualità)*, Größe der Posten *(dimensioni della partita)* und Liefermonat *(mese di consegna)* festgelegt.

Der Hauptzweck *(scopo principale)* des Terminhandels besteht nicht aus dem Kauf oder Verkauf eines Produktes, sondern darin, Preisschwankungsrisiken in den Griff zu bekommen *(tenere sotto controllo i rischi di oscillazioni di prezzo)*.

Da Preisbewegungen *(fluttuazioni di cambio)* im Effektivgeschäft und Termingeschäft im großen und ganzen im Zusammenhang stehen *(sono in relazione tra di loro)*, wird der Verlust *(perdita)* oder Gewinn *(guadagno)* im Effektivgeschäft durch den entgegengesetzten Gewinn oder Verlust im Termingeschäft in etwa ausgeglichen *(compensato)*. Der Terminhandel ist also vor allem eine billige Versicherung. Man könnte schwer eine Versicherungsgesellschaft *(compagnia di assicurazioni)* finden, die zu wirtschaftlichen Prämien *(bassi premi)* Produzenten *(produttori)* und Verbraucher *(consumatori)* gegen die Folgen von Preisschwankungen *(conseguenze delle oscillazioni dei prezzi)* schützen würde. Die meisten Termingeschäfte sind jedoch reine Spekulationsgeschäfte und dienen nicht der Preissicherung der Warenkäufe und Verkäufe.

An- und Verkauf von Wertpapieren

Anfrage und Auftragserteilung

a) Kauf

Desidero investire Lit. ... per un periodo da quattro a sei anni (indeterminato) e richiedo pertanto la Vostra consulenza.

Ich möchte Lit. ... für die Dauer von vier bis fünf Jahren (od. für unbestimmte Zeit) investieren (od. anlegen) und bitte um Ihre Beratung.

Ho intenzione di investire Lit. ... in ... e La prego pertanto

Ich habe die Absicht, Lit. ... in ... anzulegen und bitte Sie deshalb,

a) di comunicarmi a quale prezzo Lei potrebbe acquistare per me (mio conto) questo titolo.

a) mir mitzuteilen, zu welchem Preis Sie dieses Wertpapier für mich kaufen könnten.

b) di acquistare questo titolo per mio conto al miglior corso.

b) dieses Papier für meine Rechnung zum bestmöglichen Kurs zu kaufen.

1. Confermiamo il nostro telegramma di oggi con la richiesta di

1. Wir bestätigen unser heutiges Telegramm mit der Bitte,

2. Confermiamo la nostra telefonata di oggi con il Signor Moroni con la quale abbiamo dato istruzioni di

2. Wir bestätigen unser heutiges Telefonat mit Herrn Moroni, in dem wir Anweisung gaben,

a) acquistare per nostro conto:

b) acquistare per nostro conto le seguenti azioni:

c) procurarci al meglio:

d) di acquistare per noi i seguenti effetti nei limiti di prezzo indicati:

a) auf unsere Rechnung zu kaufen:

b) in unserem Auftrag die folgenden Aktien zu kaufen:

c) uns bestens zu besorgen:

d) für uns folgende Effekten innerhalb der angegebenen Preisgrenzen zu kaufen:

Vi preghiamo di provvedere per l'acquisto

Bitte veranlassen Sie den Kauf

a) delle seguenti azioni al miglior corso.

b) dei seguenti titoli con addebito sul mio conto:

a) der folgenden Aktien zum Bestkurs:

b) der folgenden Papiere, und belasten Sie mein Konto:

Poiché desidero mantenere un limite di sicurezza non sono disposto ad andare al di là di 120.

Da ich einen Sicherheitsfaktor wahren möchte, bin ich nicht bereit, über 120 hinauszugehen.

Un nostro assegno a copertura del prezzo d'acquisto Vi verrà immediatamente inviato non appena riceveremo notizia dell'avvenuta transazione.

Unser Scheck zur Deckung des Kaufpreises wird Ihnen sofort nach Erhalt Ihrer Nachricht über die erfolgte Transaktion zugesandt werden.

Mi è difficile decidere tra le azioni XY e le azioni YZ (azioni ordinarie ed azioni privilegiate)

Es ist für mich schwierig, zwischen XY Aktien u. YZ Aktien (od. zwischen Stammaktien und Vorzugsaktien) zu entscheiden,

a) e Le sarei grato per un Suo consiglio.

b) e Le sarei grato se Lei mi consigliasse.

a) und ich wäre Ihnen für Ihren Rat dankbar.

b) und wäre Ihnen dankbar, wenn Sie mich beraten würden.

b) Verkauf

1. Confermiamo il nostro telegramma odierno con l'istruzione (la richiesta) di vendere.

2. Vi prego di vendere al meglio per mio conto:

100 azioni ordinarie della Società XY. Prezzo limite:

La prego di provvedere per mio conto alla vendita dei seguenti titoli entro il limite di prezzo indicato.

1. Wir bestätigen unser heutiges Telegramm mit der Anwoisung zu verkaufen;

2. Bitte verkaufen Sie bestens für meine Rechnung:

100 Stammaktien der XY Gesellschaft. Preisgrenze:

Bitte veranlassen Sie für mich den Verkauf der folgenden Wertpapiere innerhalb des angegebenen Preisspielraums:

Non sono soddisfatto dell'ultimo resoconto aziendale e delle cifre di bilancio della Società XY e pertanto mi sono deciso a vendere il mio portafoglio azionario costituito dalle azioni dal N. 2111 al 2150 compreso.

Ich bin mit dem letzten Geschäftsbericht und den Bilanzzahlen der XY Gesellschaft nicht zufrieden und habe beschlossen, meinen Aktienbesitz, bestehend aus den Aktien Nr. 2111–2150 einschl. zu verkaufen.

Poiché il mercato per queste azioni dimostra una spiccata tendenza al rialzo speriamo che Lei possa venderle ad un prezzo vantaggioso.

Da der Markt in diesen Aktien eine ausgesprochen steigende Tendenz hat, hoffen wir, daß Sie sie zu einem günstigen Preis verkaufen können.

La prego di accreditare il ricavato sul mio conto N. ...

Bitte schreiben Sie den Erlös meinem Konto Nr. ... gut.

XXI. Empfehlungsbriefe, Einführungsbriefe

Wer ein fremdes *(straniero)* Land besuchen *(visitare)* will, braucht Auskunft *(informazioni)* und Rat *(consigli)*. Man verschafft sich deshalb am besten einige Empfehlungen *(raccomandazioni)* an Personen, die einem beim Auslandsaufenthalt *(soggiorno all'estero)* nützlich sein können.

Ein Empfehlungs- oder Einführungsbrief *(lettera di raccomandazione o di introduzione)* muß aufmerksam und höflich abgefaßt *(redatta con cura e cortesia)* sein; denn wenn wir jemanden empfehlen, so erbitten *(richiedere)* wir für ihn dieselbe Gefälligkeit *(gentilezza)* oder Gunst *(favore)*, die man uns erweisen würde.

Der Empfehlungsbrief enthält: a) den Namen, Beruf *(professione)* und Wohnort *(residenza, domicilio)* des Empfohlenen *(persona raccomandata)*; b) den Zweck *(scopo)* des Besuches und den Grund *(motivo)* der Empfehlung; c) die Bitte um Rat und Unterstützung *(appoggio)*; d) den Dank *(ringraziamento)* und die Bereitwilligkeit *(disponibilità)* zu Gegendiensten *(a contraccambiare il servizio)*.

1. Eingangsformeln

Con la presente desidero annunciare la prossima visita del Signor Davide Milli in qualità di

Hiermit möchte ich den baldigen Besuch des Herrn Davide Milli ankündigen als

a) nostro nuovo rappresentante per la Vostra regione.

a) unseren neuen Vertreter für Ihr Gebiet.

b) nostro Capo Ufficio Esportazioni.

b) unseren Exportleiter.

Con la presente abbiamo il piacere di presentare il Signor Giorgio Briasco

Wir freuen uns Ihnen hiermit Herrn Giorgio Briasco als

a) quale rappresentante della Ditta Timossi di Imperia.

a) Vertreter der Firma Timossi in Imperia vorzustellen.

b) quale coproprietario della Ditta Levrero e Daglio S.n.c.

b) Teilhaber der Firma Levrero & Daglio S.n.c. vorzustellen.

Il mio buon amico ed affezionato cliente, Signor Carlo Pauli

Ein guter Freund von mir und zugleich geschätzter Kunde unserer Firma, Herr Carlo Pauli,

a) verrà tra breve a Mantova e sarebbe molto lieto di conoscerLa e visitare la Sua fabbrica.

a) wird in Kürze nach Mantua kommen und würde Sie sehr gern kennenlernen und Ihr Werk besichtigen.

b) è attualmente in viaggio nell'Italia centrale.

b) macht zur Zeit eine Reise durch Mittelitalien.

Mi sono permesso di dare il Vostro nome ed indirizzo al mio amico Albert Zimmer

Ich habe mir erlaubt, meinem Freund Albert Zimmer Ihren Namen und Ihre Anschrift zu geben,

a) nella speranza che forse potrete essergli di qualche aiuto.

a) in der Hoffnung, daß Sie ihm vielleicht etwas behilflich sein können.

b) che sarà in Italia alla fine di questo mese.

b) der Ende dieses Monats zu einem kurzen Besuch in Italien sein wird.

Conosco il Signor Aldo Grillo, latore della presente, da almeno cinque anni.

Ich kenne den Überbringer dieses Schreibens, Herrn Aldo Grillo, schon mindestens fünf Jahre.

2. Näheres über den Empfohlenen; Zweck der Reise und des Aufenthalts

Il Signor Canepa è il direttore della Ditta Parodi, Canepa e C., produttori di candele.

Herr Canepa ist der leitende Direktor der Firma Parodi, Canepa & C., Kerzenhersteller.

Il Signor Pietro Maggiolo è un mio stimato corrispondente da lunga data (Il Signor Pietro Maggiolo è un mio vecchio amico).

Herr Pietro Maggiolo ist ein langjähriger und geschätzter Geschäftsfreund von uns (od. ist ein alter Freund von mir).

Il Signor Gianni Rossi è stato trasferito alla filiale di Francoforte della Banca di Credito del Polesine.

Herr Gianni Rossi ist zur Frankfurter Zweigstelle der Banca di Credito del Polesine versetzt worden.

Il Signor Aldo Mantovani sostituisce il Signor Enrico Bottino che ci ha lasciati per mettersi in proprio.

Herr Aldo Mantovani löst Herrn Enrico Bottino ab, der uns verlassen hat, um sich selbständig zu machen.

1. Il Signor Rizzato sarà per tre settimane in Lombardia per

1. *Herr Rizzato wird drei Wochen in der Lombardei verbringen, um*

2. Il Signor Norbert Kramer ha intenzione di trascorrere prossimamente alcune settimane nel Veneto ed in Lombardia per

2. *Herr Norbert Kramer beabsichtigt, demnächst einige Wochen in Venetien und der Lombardei zu verbringen, um*

a) effettuare importanti acquisti.

a) *wichtige Einkäufe zu machen.*

b) instaurare rapporti (commerciali) con ditte italiane.

b) *Geschäftsbeziehungen mit italienischen Firmen aufzubauen.*

c) stabilire contatti con locali fabbricanti di abbigliamento.

c) *Geschäftskontakte mit ansässigen Bekleidungsunternehmen zu knüpfen.*

d) visitare diverse ditte.

d) *verschiedene Firmen zu besuchen.*

e) introdurre sul mercato italiano i prodotti della Sua Ditta.

e) *die Erzeugnisse seiner Firma auf dem italienischen Markt einzuführen.*

f) cercare nuovi mercati per le Sue merci.

f) *für seine Fabrikate neue Absatzgebiete zu erschließen.*

Il Signor Leardi Le spiegherà personalmente il motivo (lo scopo) del suo viaggio.

Herr Leardi wird Ihnen persönlich den Zweck seiner Reise erklären.

Constaterete che il Signor Carlo Roggero è un giovane simpatico, buon conversatore e dotato di un innato fascino.

Sie werden feststellen, daß Herr Carlo Roggero ein sympathischer junger Mann ist, mit natürlichem Charme und geschickter Unterhaltungsgabe.

Il Signor Enrico Allorio sarà a Monaco dal 9 al 15 ottobre ed alloggerà all'Hotel Königshof.

Herr Enrico Allorio wird vom 9. bis 15. Oktober in München sein und im Hotel Königshof wohnen.

Conosco lui e la sua famiglia da molti anni.

Ihn und seine Familie kenne ich schon viele Jahre.

Sarete sorpresi dalla sua facilità ad esprimersi in ottimo italiano.

Sie werden überrascht sein von seiner Fähigkeit, sich in einwandfreiem Italienisch auszudrücken.

3. Bitte um Unterstützung

E' senz'altro possibile che

a) abbia bisogno di informazioni circa diverse ditte del suo ramo specifico.

b) abbia bisogno di aiuto e consiglio per mettersi in contatto con le persone giuste.

Poiché Lei è uno dei principali esperti nel campo dell'energia solare

a) il Signor Jansen è molto interessato ad incontrarLa.

b) sono certo che Lei potrà fornirgli alcune utili informazioni sui più recenti sviluppi di ...

1. Date le Vostre conoscenze specifiche ed esperienze in Italia riteniamo che potrete dargli

2. Riteniamo che, con le Vostre esperienze e conoscenze nel ramo, potrete dargli

   a) preziosi suggerimenti.

   b) l'aiuto di cui certamente ha bisogno.

1. Lo ho pregato di farVi visita per primi

2. Gli ho dato una breve lettera di presentazione per Voi

poiché sono certo che potete dargli delle utili Informazioni circa la situazione del mercato a ...

Apprezzerò moltissimo qualsiasi aiuto che vorrete dargli.

Sarei molto lieto di poter ricambiare la cortesia.

Es ist durchaus möglich, daß er

a) Auskunft über verschiedene Firmen in seiner speziellen Branche benötigt.

b) Hilfe und Rat braucht, um sich mit den richtigen Leuten in Verbindung zu setzen.

Da Sie einer der führenden Experten auf dem Gebiet der Solarenergie sind,

a) liegt Herrn Jansen viel daran, Sie zu treffen.

b) bin ich sicher, daß Sie ihm einige nützliche Auskünfte über die neuesten Entwicklungen von ... geben können.

1. Wir glauben, daß Sie ihm mit Ihrer Fachkenntnis und Erfahrung in Italien

2. Wir glauben, daß Sie ihm mit Ihrer Erfahrung und Ihren Verbindungen in der Branche

   a) wertvolle Anregungen geben können.

   b) die Hilfe geben können, die er sicher braucht.

1. Ich habe ihn gebeten, Sie zuerst zu besuchen,

2. Ich habe ihm ein kurzes Einführungsschreiben an Sie gegeben,

weil ich sicher bin, daß Sie ihm einige nützliche Auskünfte über die Marktlage in ... geben können.

Jede Unterstützung (od. Hilfe), die Sie ihm geben können, werde ich sehr zu schätzen wissen.

Ich würde mich sehr freuen, Ihnen einen Gegendienst zu erweisen (od. mich für Ihre Freundlichkeit zu revanchieren).

Vi saremmo pertanto molto grati

Wir wären Ihnen daher sehr dankbar, wenn Sie

a) se introduceste il Signor Karl Schmitz presso affermate ditte del ramo.

a) Herrn Karl Schmitz bei bewährten Firmen dieser Branche einführen würden.

b) se voleste dargli ogni possibile aiuto.

b) ihm jede nur mögliche Hilfe geben wollten.

c) se faceste visitare la Vostra fabbrica al Signor Schneider.

c) Herrn Schneider Ihr Werk besichtigen ließen.

Sono certo che potrete fare qualcosa per aiutare il Signor Schneider durante il suo soggiorno a Padova.

Ich bin sicher, daß Sie etwas tun können, um Herrn Schneider während seines Aufenthalts in Padua behilflich zu sein.

4. Schlußworte

Il Signor Milli ed io

Herr Milli und ich werden

a) apprezzeremo molto tutto quanto farete per rendere piacevole la sua breve visita a Milano.

a) alles, was Ihrerseits getan wird, um seinen kurzen Besuch in Mailand angenehm zu gestalten, sehr schätzen.

b) apprezzeremo molto ogni aiuto che gli darete.

b) jede Hilfe, die Sie ihm geben, sehr schätzen.

1. Vi ringraziamo molto

1. Wir danken Ihnen sehr

2. Vi sarei molto grato

2. Ich wäre sehr dankbar

  a) per qualsiasi aiuto che vorrete cortesemente dare al Signor Mattei.

  a) für jede Hilfe, die Sie freundlicherweise Herrn Mattei entgegenbringen.

  b) per qualsiasi aiuto che potrete dargli.

  b) für jede Unterstützung, die Sie ihm geben können.

Apprezzerò molto tutto quanto farete per aiutarlo

Ich werde alles, was Sie tun, um ihm zu helfen, sehr schätzen

a) e sarei lieto di aver l'occasione di renderVi un simile servizio.

a) und würde die Gelegenheit begrüßen, Ihnen einen ähnlichen Dienst zu erweisen.

b) e sarà sempre per me un piacere poter ricambiare (la cortesia).

b) und es wird mir immer ein Vergnügen sein, mich (für die Freundlichkeit) zu revanchieren.

So di potermi affidare a Lei per dargli ogni possibile aiuto.

Ich weiß, daß ich mich auf Sie verlassen kann, ihm jedwede Hilfe zu geben.

XXII. Bewerbungsschreiben, Referenzen, Vorstellungsgespräch, Einstellung, Kündigung

Bewerbungsschreiben *(domande d'impiego)* werden im allgemeinen mit Schreibmaschine oder PC geschrieben.

Man achte auf eine gute Gestaltung *(impostazione)* des Briefes, einwandfreie Ausdrucksform *(esposizione)* und logischen Aufbau *(struttura logica)*. Auf alle in der Zeitungsanzeige *(annuncio, inserzione)* angeführten Punkte sollte sorgfältig eingegangen werden.

Zweck des Briefes ist, ein persönliches Vorstellungsgespräch zu erreichen *(ottenere un colloquio)* und dem eventuellen Arbeitgeber einen günstigen aber korrekten Eindruck *(impressione)* von sich selbst zu geben. Die Vorstellungsgespräche werden in großen Firmen von Psychologen und Personalleitern geführt.

Im Bewerbungsschreiben sollte man seine augenblickliche Position erwähnen und angeben, warum man sich zu verändern beabsichtigt *(perché si desidera cambiare)*. Es kann zweckmäßig sein *(può essere opportuno)* zu sagen, warum man an der angebotenen Stelle ganz besonders interessiert ist *(particolarmente interessato al tipo di lavoro offerto)*. Im allgemeinen erwartet der Bewerber von seinem Stellungswechsel eine finanzielle Verbesserung *(miglioramento)*. Häufig wird das augenblicklich bezogene Gehalt *(l'attuale stipendio)* genannt. Dem Bewerbungsbrief werden keine Originalurkunden *(documento/certificato originale)* beigefügt, sondern Kopien.

In diesem Verfahren/Zusammenhang spielen Referenzen *(referenze)* eine wichtige Rolle. Die Arbeitgeber verlangen in der Regel mehrere Referenzen nicht nur von früheren Arbeitgebern, sondern auch von Lehrern *(insegnanti)*, Schulleitern *(presidi, direttori di scuole)*, Geistlichen *(religiosi)*, Universitätslehrern *(docenti universitari)* usw. Man sollte deshalb Namen und Anschrift von mindestens zwei Personen angeben, von denen man die Erlaubnis erhalten hat, sie als Referenz zu nennen.

Die persönlichen Angaben des Bewerbers werden in einem tabellarischen Lebenslauf *(Curriculum Vitae)* zusammengefaßt, der dem Bewerbungsschreiben beigefügt wird.

Beispiel:

CURRICULUM VITAE

NOME E COGNOME:...
(Vor- und Zuname)

INDIRIZZO: ....
(Anschrift)

NUMERO DI TELEFONO: ....
(Telefon)

DATA E LUOGO DI NASCITA: ....
(Geburtsdatum und -ort)

STATO CIVILE: ....
(Familienstand)

FORMAZIONE SCOLASTICA E PROFESSIONALE: ....
(Schulische u. berufliche Ausbildung)

LINGUE STRANIERE CONOSCIUTE: ....
(Fremdsprachenkenntnisse)

ESPERIENZE DI LAVORO: ....
(Berufserfahrung)

REFERENZE: ....
(Referenzen)

LIBERO/A A PARTIRE DA: ....
(Frühester Eintrittstermin)

DATA: ....   FIRMA: ....
(Datum)   (Unterschrift)

Häufig wird die Suche, insbesondere nach leitenden Angestellten *(dirigenti)*, Personalberatern *(agenzie per la ricerca e selezione del personale)* übertragen. Soll eine an einen Personalberater gerichtete Bewerbung an bestimmte Firmen nicht weitergeleitet werden *(inoltrata)*, so führt man in einem Begleitschreiben *(lettera di accompagnamento)* diese Firmen auf. *(elencare): («Questa domanda non deve essere inviata a: ...»)*

Viele Firmen schicken Stellenbewerbern zunächst einmal Bewerbungsformulare *(formulari di domanda d'impiego)* zum Ausfüllen *(da compilare)*.

Eine Sekretärin muß imstande sein, Briefe nach Diktat zu schreiben *(scrivere lettere sotto dettatura)*. Sie muß aber auch Briefe nach Stichworten schreiben können *(redigere lettere sulla base di appunti)*.

1. Bewerbungsschreiben

a) Eingangsformeln

1. Con la presente desidero presentare domanda per il posto di

   1. Hiermit möchte ich mich bewerben um den Posten als

2. Vi prego di tener presente la mia domanda (candidatura) per il posto di

   2. Bitte ziehen Sie meine Bewerbung in Betracht für den Posten als

3. Con la presente faccio domanda per il posto di

   3. Hiermit bewerbe ich mich um die Stelle als

   a) programmatore di cui alla Vostra inserzione sulla «Stampa» di oggi.

   a) Computerprogrammierer, wie von Ihnen in der heutigen „La Stampa" annonciert.

b) traduttore tedesco/italiano come da Vostro annuncio nella «Settimana Comerciale» del 23 marzo u.s.

b) Übersetzer für Deutsch und Italienisch entsprechend Ihrer Annonce in der „Settimana Commerciale" vom 23. März d. J.

1. Ho letto con interesse la Vostra inserzione sul «Corriere della Sera» di oggi

1. Mit Interesse habe ich Ihre Anzeige in der heutigen Ausgabe des „Corriere della Sera" gelesen

2. Apprendo dal Signor Viglieri che nella Sua Ditta è vacante un posto di contabile

2. Ich höre von Herrn Viglieri, daß in Ihrer Firma die Stelle einer Buchhalterin frei ist

e desidero presentare domanda per tale posto.

und möchte mich hiermit um den Posten bewerben.

Con la presente mi permetto di chiederVi

Hiermit erlaube ich mir, bei Ihnen anzufragen,

a) se nella Vostra Azienda c'è un posto libero di aiuto contabile.

a) ob Sie in Ihrem Unternehmen eine freie Stelle als Hilfsbuchhalter haben.

b) se nella Vostra Organizzazione c'è un posto libero per un collaboratore esterno.

b) ob in Ihrer Organisation eine Stelle für einen Außendienstmitarbeiter frei ist.

b) persönliche Einzelheiten

Spero che l'accluso curriculum vitae possa esserVi d'aiuto

Ich hoffe, daß der beigefügte Lebenslauf Ihnen dienlich sein kann.

Allego (alla presente) il mio curriculum vitae.

Ich füge meinen Lebenslauf bei.

ALTER

Sono nato il ...

Ich bin am ... geboren.

Ho ,,, anni.

Ich bin ... Jahre alt.

NATIONALITÄT

Ho la cittadinanza italiana (svizzera, di San Marino)

Ich habe die italienische Staatsangehörigkeit (schweizerische; von San Marino)

Sono nato/nata a Firenze da genitori tedeschi ed ho vissuto per molti (diversi) anni nell'Italia Centrale.

Ich wurde in Florenz als Kind deutscher Eltern geboren und habe mehrere Jahre in Mittelitalien gelebt.

SCHULBILDUNG

Ho conseguito la maturità scientifica (classica) presso il Liceo G. Mazzini di Torino con il voto 55/60.

Ich habe mein Abitur beim Naturwissenschaftlichen (klassischen) Gymnasium G. Mazzini in Turin mit der Gesamtnote 55/60 erlangt.

Ho frequentato la Scuola Tedesca di Milano.

Ich habe die Deutsche Schule in Mailand besucht.

AUS- UND WEITERBILDUNG

Prima del mio attuale impiego ho effettuato un periodo di tirocinio presso la Ditta Martin Jansen GmbH di ... dal ... al ...

Vor meiner jetzigen Anstellung habe ich bei der Firma Martin Jansen GmbH in ... vom ... bis ... meine Lehre absolviert.

Ho appena finito il periodo di tirocinio.

Ich habe gerade meine Lehrzeit beendet.

Durante gli ultimi due anni ho frequentato

Während der letzten zwei Jahre besuchte ich

a) diversi corsi di inglese e francese commerciale presso l'Università Popolare

a) an der Volkshochschule Kurse für kaufmännisches Englisch und Französisch.

b) un corso d'italiano commerciale presso la Camera di Commercio di Düsseldorf.

b) einen Kurs für Handelsitalienisch bei der Industrie- und Handelskammer in Düsseldorf.

Ho frequentato diversi corsi di vedeoscrittura.

Ich habe mehrere Kurse in Textverarbeitung absolviert.

Dispongo di ottime conoscenze di videoscrittura.

Ich verfüge über fundierte Kenntnisse in der Textverarbeitung.

Ho frequentato con successo un corso per programmatori.

Ich habe mit Erfolg an einem Kurs für Programmierer teilgenommen.

Ho pratica d'impiego di tutte le macchine per ufficio.

Ich habe Erfahrung in der Bedienung aller Büromaschinen.

La mia velocità in stenografia è di ... parole/sillabe al minuto.

Meine Kurzschriftgeschwindigkeit ist ... Wörter/Silben in der Minute.

La mia velocità dattilografica è di ... parole/battute al minuto.

Meine Schreibmaschinengeschwindigkeit ist ... Wörter/Anschläge in der Minute.

Ho buone conoscenze delle lingue richieste.

Ich habe gute Kenntnisse in den verlangten Sprachen.

Ritengo di avere capacità adeguate per il posto da Voi offerto.

Ich denke die nötigen Fähigkeiten für den Posten, den Sie anbieten, zu besitzen.

So leggere, scrivere e parlare correntemente l'inglese e il francese.

Ich kann Englisch und Französisch fließend lesen, schreiben und sprechen.

Ritengo di essere in grado di assumere i compiti di cui al Vostro annuncio.

Ich glaube imstande zu sein, die in Ihrer Anzeige genannten Aufgaben zu erfüllen.

c) frühere und gegenwärtige Tätigkeit

Attualmente sono impiegato (lavoro) in qualità di ...

Augenblicklich bin ich als ...

a) nell'ufficio di una piccola impresa edile.

a) beschäftigt im Büro eines kleinen Bauunternehmens.

b) nel reparto distribuzione di un'azienda leader nel campo degli strumenti ottici.

b) in der Vertriebsabteilung eines der führenden Hersteller optischer Instrumente beschäftigt.

Negli ultimi ... anni

In den letzten ... Jahren

a) sono stata la segretaria personale del Signor ...

a) war ich Privatsekretärin von Herrn ...

b) sono stata l'assistente personale del Direttore di ... e, a causa del suo prossimo pensionamento, cerco un nuovo posto.

b) war ich persönliche Assistentin des geschäftsführenden Direktors von ... und suche wegen seiner bevorstehenden Pensionierung eine neue Stelle.

Attualmente lavoro come segretaria presso la Ditta ...

Augenblicklich bin ich bei der Firma ... als Sekretärin beschäftigt.

1. Sebbene il mio attuale lavoro mi piaccia molto, cerco un nuovo posto.

1. Obgleich es mir in meiner jetzigen Arbeitsstelle sehr gut gefällt, suche ich eine neue Stelle,

2. Desidero avere un posto in un'organizzazione internazionale

2. Ich möchte eine Stelle bei einer internationalen Organisation,

   a) che mi offra maggiori possibilità di avanzamento.

   a) die mir mehr Möglichkeiten bietet, beruflich voranzukommen.

   b) che offra maggiori responsabilità e possibilità di carriera.

   b) die größere Verantwortung und Aufstiegsmöglichkeiten bietet.

L'unico motivo che mi ha indotto a far domanda è il desiderio di fare nuove esperienze in una grande organizzazione internazionale.

Der einzige Grund für meine Bewerbung ist der Wunsch, neue Erfahrungen zu sammeln in einer großen internationalen Organisation.

d) Antrittsdatum

Posso essere da disposizione a partire dal 1° marzo p.v. poiché la Ditta in cui lavoro verrà incorporata in una Organizzazione tedesca.

Ich werde am 1. März verfügbar sein, da die Firma, bei der ich tätig bin, in eine deutsche Organisation integriert wird.

Il mio attuale datore di lavoro è al corrente di questa domanda e, se dovesse essere necessario, sarebbe d'accordo con la mia richiesta di dimissioni a breve termine.

Mein jetziger Arbeitgeber weiß von dieser Bewerbung und hätte, falls es notwendig werden sollte, Verständnis für eine Bitte um frühere Freistellung.

Sono attualmente disoccupato/a.

Augenblicklich bin ich arbeitslos.

Finirò tra breve la scuola.

Ich werde bald die Schule beenden.

e) Gehalt

Il mio attuale stipendio annuale è di Lit. ...

Mein augenblickliches Gehalt beträgt Lit. ... pro Jahr.

Il mio attuale posto prevede uno stipendio annuale di Lit. ...

Meine jetzige Stelle ist mit einem Jahresgehalt von Lit. ... dotiert.

La mia richiesta di stipendio annuale è di Lit. ...

Mein Gehaltsanspruch ist Lit. ... pro Jahr.

Il mio ultimo stipendio ammonta a Lit. ... mensili.

Mein letztes Gehalt beträgt Lit. ... pro Monat.

f) Empfehlung und Zeugnisse

Con piacere Vi

Ich werde Ihnen gern

a) farò pervenire ogni ulteriore informazione (certificato, referenza) che desiderate.

a) jede weitere Auskunft (Zeugnisse, Empfehlungen usw.), die Sie wünschen, übersenden.

b) indicherò il nome di persone alle quali potete rivolgerVi per ottenere informazioni sul mio conto.

b) Namen von Personen nennen, an die Sie sich wenden können, um Informationen über mich zu erhalten.

1. Il mio attuale datore di lavoro

2. Il mio precedente datore di lavoro, Signor ...

  a) è disposto a dare referenze circa la mia persona e le mie capacità.

  b) Vi darà volentieri qualsiasi informazione sul mio conto (da Voi richiesta).

Potete naturalmente rivolgerVi al mio attuale datore di lavoro il quale sa che sono alla ricerca di un altro posto.

Il Signor ... mi ha permesso di indicarlo come referenza.

Le seguenti persone sono disposte a dare referenze su di me:

Allego copia dei miei certificati scolastici

a) ed un breve resoconto circa la mia formazione e le mie esperienze.

b) e spero che mi darete la possibilità di un colloquio.

1. Mein jetziger Arbeitgeber

2. Herr ..., mein voriger Arbeitgeber,

  a) ist bereit, eine Referenz in bezug auf meine Person und Fähigkeiten zu geben.

  b) wird Ihnen gern jede (von Ihnen erbetene) Auskunft über mich geben.

Sie können sich natürlich an meinen jetzigen Arbeitgeber wenden, der weiß, daß ich eine andere Stelle suche.

Herr ... hat mir erlaubt, ihn als Referenz zu nennen.

Folgende Personen sind bereit, für mich eine Referenz zu geben:

Ich füge Kopien meiner Schulzeugnisse bei

a) mit einem kurzen Resümee über meine Ausbildung und Erfahrungen.

b) und hoffe, daß Sie mir die Gelegenheit zu einem Vorstellungsgespräch geben werden.

g) Schlußworte

1. Qualora riteniate che le mie capacità e la mia esperienza siano adeguate (per il posto in questione)

2. Qualora Vi sia la possibilità di un posto libero entro breve tempo

  a) sarei lieto di essere invitato ad un colloquio (di presentazione).

  b) Vi sarei molto grato per l'invito ad un colloquio.

1. Spero di essere invitato ad un colloquio

1. Sofern Sie meine Fähigkeiten und Erfahrung (für die in Frage kommende Stelle) für geeignet (od. angemessen) halten,

2. Wenn sich in Kürze die Möglichkeit einer freien Stelle ergibt,

  a) würde ich mich freuen, zu einem Vorstellungsgespräch eingeladen zu werden.

  b) wäre ich Ihnen sehr dankbar für die Einladung zu einem Gespräch.

1. Ich hoffe, zu einem Vorstellungsgespräch eingeladen zu werden,

2. Vi sarei molto grato se mi concedeste un colloquio

2. Ich wäre Ihnen sehr dankbar, wenn Sie mir ein Vorstellungsgespräch gewähren würden,

a) nel quale possa illustrare più dettagliatamente le mie capacità.

a) bei dem ich meine Fähigkeiten eingehender darlegen könnte.

b) nel quale possa eventualmente integrare le informazioni di questa lettera.

b) bei dem ich die in diesem Brief gegebenen Auskünfte eventuell ergänzen könnte.

Resto a disposizione per un eventuale colloquio (incontro).

Für ein eventuelles Vorstellungsgespräch stehe ich gern zur Verfügung.

Vi prego di trattare la mia domanda in maniera strettamente confidenziale poiché il mio attuale datore di lavoro non ne è al corrente.

Bitte behandeln Sie meine Bewerbung mit der strengsten Diskretion, da mein jetziger Arbeitgeber nicht darüber informiert ist.

Nella speranza di ricevere una risposta positiva porgo i miei migliori saluti.

Ich sehe dem Erhalt einer günstigen Antwort gern entgegen und verbleibe mit freundlichen Grüßen.

Ringrazio per l'invio del formulario di domanda che restituisco debitamente compilato e accompagnato da copie dei miei certificati di studio.

Vielen Dank für die Zusendung des Bewerbungsformulars, welches ich ordnungsgemäß ausgefüllt mit Kopien meiner Zeugnisse zurücksende.

2. Auskunfteinholung über den Bewerber

a) Eingangsformeln

1. Il (La) succitato/a ha presentato domanda da noi

1. Der (od. Die) Obengenannte hat sich (bei uns) um

2. Il Signor (La Signora) ..., impiegato/a della Vostra Ditta, ha presentato domanda da noi

2. Herr (od. Frau) ... (Angestellte(r) Ihrer Firma), hat sich bei uns um

a) per un posto di ...

a) die Stelle eines (od. einer) ... beworben.

b) per un posto di contabile e ha dato il Suo Nome quale referenza.

b) einen Posten als Buchhalter(in) beworben und Ihren Namen als Referenz angegeben.

c) per un posto di ... Le saremo pertanto grati se volesse comunicarci la Sua opinione confidenziale e senza impegno circa la persona e le sue capacità.

c) die Stelle eines (od. einer) ... beworben. Wir wären Ihnen daher dankbar, wenn Sie uns vertraulich Ihre Meinung über die Person und ihre (od. seine) Fähigkeiten mitteilen wollten.

Il Signor (La Signora) ..., che ha fatto domanda da noi per un posto di ...,

Herr/Frau ..., der/die sich bei uns um die Stelle eines/einer ... beworben hat,

a) ha fatto riferimento a Lei per informazioni circa le sue capacità.

a) hat uns an Sie verwiesen wegen Auskunft über seine/ihre Fähigkeiten.

b) ci ha comunicato che possiamo rivolgerci a Lei per quanto riguarda la sua domanda.

b) hat uns mitgeteilt, daß wir uns an Sie in bezug auf seine/ihre Bewerbung wenden könnten.

Prendiamo in considerazione

Wir erwägen (od. ziehen in Betracht)

a) la domanda della Signora ... per il posto di segretaria personale di uno dei nostri direttori.

a) die Bewerbung von Frau ... für die Stelle der Privatsekretärin für einen unserer Direktoren.

b) la nomina del Signor ... a Capo del Controllo di Produzione.

b) die Ernennung des Herrn ... zum Leiter unserer Produktionskontrolle.

1. Ci comunica di essere attualmente impiegato da Voi

1. Er/Sie teilt uns mit, daß er/sie augenblicklich bei Ihnen angestellt ist,

2. Ci ha dato il Vostro Nome quale referenza

2. Er/Sie hat uns Ihren Namen als Referenz angegeben

e Vi saremmo pertanto grati se voleste darci alcune informazioni su di lui/lei.

und wir wären dankbar, wenn Sie uns einige Auskünfte über ihn/sie geben würden.

Apprendiamo che il Signor (la Signora) è stato/a impiegato/a da Voi in qualità di ... dal ... al ...

Wir hören, daß Herr/Frau ... bei Ihnen als ... von ... bis ... beschäftigt war,

b) Einzelheiten

1. Vi saremmo molto grati se ci comunicaste in via confidenziale la Vostra opinione circa

1. Wir wären dankbar, wenn Sie uns vertraulich Ihre Meinung mitteilen würden bezüglich

2. Vi saremmo oltremodo riconoscenti se ci informaste riguardo

2. Wir wären Ihnen außerordentlich dankbar, wenn Sie uns informieren würden über

a) la persona e la capacità ad occupare una tale posizione.

b) l'affidabilità, l'onestà e le capacità così come il suo rapporto con gli altri dipendenti.

c) la sua reazione in caso di sovraccarico di lavoro.

d) le sue capacità a dirigere riunioni (sedute).

e) la sua intelligenza ed affidabilità.

Desidereremmo ricevere le seguenti informazioni:

a) quando è entrato/a al Vostro servizio?

b) quando e perché si è licenziato/a?

c) per quanto tempo ha lavorato da Voi il Signor .../la Signora ...?

d) siete stati soddisfatti del suo lavoro (operato)?

e) i motivi per la cessazione del rapporto di lavoro con Voi.

f) ha un buon rapporto con i colleghi?

g) parla correntemente entrambe le lingue?

h) lo/la riterreste adatto/a per il posto per cui ha fatto domanda?

---

a) seine/ihre Person und Fähigkeiten, eine solche Stellung zu bekleiden.

b) seine/ihre Zuverlässigkeit, Ehrlichkeit, Tüchtigkeit und sein/ihr Verhältnis zu anderen Mitarbeitern.

c) seine/ihre Reaktion bei Arbeitsüberlastung.

d) seine/ihre Fähigkeit, Sitzungen zu leiten.

e) seine/ihre Intelligenz und Zuverlässigkeit.

Wir hätten gern folgende Auskünfte:

a) Wann ist er/sie in Ihre Dienste getreten?

b) Wann und warum hat er/sie gekündigt?

c) Wie lange hat Herr/Frau ... für Sie gearbeitet?

d) Waren Sie mit seiner/ihrer Arbeit zufrieden?

e) Die Gründe für die Beendigung seines/ihres Arbeitsverhältnisses bei Ihnen.

f) Kommt er/sie gut aus mit den Kollegen?

g) Spricht er/sie beide Sprachen fließend?

h) Würden Sie ihn/sie geeignet halten für die Stelle, für die er/sie sich beworben hat?

c) Schlußworte

Ringrazio anticipatamente per ogni informazione che vorrete darmi.

Apprezzeremmo molto ogni informazione che vorrete darci circa il Signor (La Signora) ... e che considereremmo strettamente confidenziale.

Bitte nehmen Sie im voraus meinen Dank für jede Auskunft, die Sie mir geben werden.

Wir würden jede Information sehr schätzen, die Sie uns über Herrn/Frau ... geben und würden sie als streng vertraulich betrachten.

Naturalmente considereremmo come strettamente confidenziale ogni informazione che vorrete cortesemente darci.

Wir werden natürlich jede Auskunft, die Sie uns freundlicherweise geben, streng vertraulich behandeln.

Forse sarebbe meglio discutere questa questione a voce.

Vielleicht wäre es besser, diese Angelegenheit mündlich zu besprechen.

3. Erteilung einer Referenz

a) Eingangsformeln

La Signora ... è impiegata da quattro anni nella nostra ditta in qualità di segretaria. Siamo molto soddisfatti del suo lavoro.

Frau ... ist seit vier Jahren in unserer Firma als Sekretärin beschäftigt. Wir sind mit ihrer Arbeit sehr zufrieden.

Il Signor (La Signora) ... è stato impiegato/a nel nostro reparto spedizioni dal ... al ...

Herr/Frau ... war von ... bis ... in unserer Exportabteilung angestellt.

Con riferimento alla Vostra richiesta di informazioni circa il Signor (la Signora) ... sono lieto di comunicare

In Beantwortung Ihrer Bitte um Auskunft über Herrn/Frau ... freue ich mich mitzuteilen,

a) che durante i due anni in cui è stato/a impiegato/a da noi ha sempre svolto il suo lavoro in maniera competente e coscienziosa.

a) daß er/sie während der zwei Jahre, die er/sie in unserer Firma tätig war, seine/ihre Arbeit stets zuverlässig und gewissenhaft verrichtet hat.

b) che lo/la abbiamo sempre considerato un collaboratore (una collaboratrice) competente e degno/a di fiducia.

b) daß wir ihn/sie stets als eine(n) fähige(n) und vertrauenswürdige(n) Mitarbeiter(in) betrachtet haben.

c) che ha lavorato per cinque anni nel nostro reparto di ricerche e si è sempre dimostrato/a prezioso/a, creativo/a e disposto/a alla collaborazione.

c) daß er/sie für uns fünf Jahre in unserer Forschungsabteilung tätig war und sich stets als wertvoll, einfallsreich und kooperativ erwiesen hat.

Sono particolarmente lieto di rispondere alla Sua lettera del ... e raccomandarLe senza riserva il Signor (La Signora) ...

Ich freue mich besonders, Ihren Brief vom ... zu beantworten und Ihnen Herrn/Frau ... ohne Einschränkung zu empfehlen.

Conosco bene il Signor ... da più di ... anni.

Ich kenne Herrn ... gut seit mehr als ... Jahren.

E' impiegato in questa ditta da ... mesi.	*Er gehört dieser Firma seit ... Monaten an.*
Mi è difficile rispondere alla Sua richiesta di informazioni sul Signor (sulla Signora) ...	*Es fällt mir schwer, auf Ihre Bitte um Auskunft über Herrn/ Frau ... zu antworten.*

b) Fähigkeiten

1. Il Signor/La Signora ... è	*1. Herr/Frau ... (od. Er/Sie) ist*
2. Come abbiamo potuto constatare è stato/a	*2. Wie wir feststellten, war er/ sie*
a) un ottimo collaboratore (un'ottima collaboratrice) in ogni settore.	*a) eine ausgezeichnete Mitarbeiter(in) in jedem Arbeitsgebiet.*
b) rapido/a, cortese e competente in qualsiasi settore del commercio estero.	*b) schnell, freundlich und versiert in allen Angelegenheiten des Außenhandels.*
c) sempre diligente e coscienzioso/a.	*c) immer fleißig und gewissenhaft (in seiner/ihrer Arbeit).*
d) un collaboratore (una collaboratrice) efficiente, onesto/a e affidabile.	*d) ein tüchtiges, ehrliches und zuverlässiges Mitglied unserer Belegschaft.*
e) rapido/a, efficiente ed estremamente preciso/a.	*e) schnell und tüchtig, pünktlich und genau in seiner/ ihrer Arbeit.*
Conosce bene l'inglese commerciale sia parlato che scritto.	*Er/Sie beherrscht die englische Handelssprache gut, sowohl schriftlich als auch mündlich.*
Lo/La considero uno/a dei miei migliori studenti (delle mie migliori studentesse).	*Ich zähle ihn/sie zu meinen besten Studenten.*
Siamo lieti di poter dire che lo/la riteniamo molto dotato/a per le lingue straniere.	*Wir freuen uns, sagen zu können, daß wir ihn/sie für sehr sprachbegabt halten.*
E' un ottimo traduttore (un'ottima traduttrice).	*Seine/Ihre Übersetzungsarbeit ist erstklassig.*
E' stato impiegato/a in qualità d'interprete in molte occasioni.	*Bei vielen Gelegenheiten war er/sie als Dolmetscher(in) eingesetzt.*
Conosce bene la contabilità.	*Er/Sie hat solide Kenntnisse in der Buchführung.*

Durante questo periodo

a) ha sempre dimostrato spirito d'iniziativa e capacità di pianificare il lavoro.

b) ha partecipato ad uno dei nostri progetti europei di maggior successo.

c) gli sono state affidate tutte le pratiche relative all'esportazione verso paesi di lingua inglese.

d) è stata responsabile di tutta la corrispondenza inglese e francese. Conosce entrambe le lingue molto bene.

La Signora ... è con noi da quasi sei anni. Attualmente è responsabile del reparto dattilografia.

La Signora ... è stata all'inizio impiegata come dattilografa, ma dopo breve tempo è stata promossa ad una posizione di maggiore responsabilità.

Considero il Signor/la Signora ... come un collaboratore (una collaboratrice) intelligente e diligente.

Ha frequentato di sua iniziativa corsi di lingue e di commercio estero presso la locale Camera di Commercio.

E' sempre stato apprezzato/a dai colleghi (Ha sempre avuto un buon rapporto con i colleghi) e dovrebbe dimostrarsi molto adatto per un posto di dirigente.

Sono certo che il Signor (La Signora) ... svolgerà coscienziosamente qualsiasi incarico di responsabialità che gli/le affiderete.

E' il tipo di collaboratore che si può raccomandare con piena fiducia e senza limitazioni (riserve).

Während dieser Zeit

a) zeigte er/sie immer Initiative und die Fähigkeit vorauszuplanen.

b) war er an einem unserer erfolgreichsten europäischen Projekte beteiligt.

c) wurden ihm sämtliche, den Export in englischsprachige Länder betreffenden Angelegenheiten anvertraut.

d) war sie für die gesamte französische und englische Korrespondenz verantwortlich. Beide Sprachen beherrscht sie sehr gut.

Frau ... ist schon fast sechs Jahre bei uns. Zur Zeit ist sie für die Schreibzentrale verantwortlich.

Frau ... war zuerst als Phonotypistin beschäftigt, wurde aber bald in eine Position mit höherer Verantwortung befördert.

Ich halte Herrn/Frau ... für eine(n) intelligente(n) und strebsame(n) Mitarbeiter(in).

Auf eigene Initiative hin besuchte er/sie Sprach- und Außenhandelskurse der örtlichen Industrie- und Handelskammer.

Er/Sie war stets bei seinen/ihren Kollegen beliebt und dürfte sich in einer Position als Vorgesetzter als sehr geeignet erweisen

Ich bin sicher, daß Herr/Frau ... jede verantwortungsvolle Aufgabe gewissenhaft erledigen wird, mit der Sie ihn/sie betrauen werden.

Er ist der Typ Mitarbeiter, den man mit vollem Vertrauen und ohne Einschränkung empfehlen kann.

E' senz'altro un giovane molto simpatico, tuttavia non posso in coscienza raccomandarlo per il posto cui accennate.

Er ist zwar ein sehr sympathischer junger Mann, ich kann ihn jedoch nicht mit gutem Gewissen für die von Ihnen erwähnte Stelle empfehlen.

c) Schlußworte

Riassumendo desideriamo dire che ci è veramente dispiaciuto molto perderlo/la.

Zusammenfassend möchten wir sagen, daß es uns wirklich sehr leid getan hat, ihn/sie zu verlieren.

Ha dato le dimissioni per motivi di famiglia e dobbiamo dire che ci è veramente dispiaciuto perderlo/la.

Er/Sie hat uns aus familiären Gründen verlassen, und wir müssen sagen, daß es uns wirklich leid getan hat, ihn/sie zu verlieren.

Sebbene mi dispiacerebbe molto perdere questo/a collaboratore (collaboratrice), lo/la raccomando come un/a candidato/a estremamente adeguato/a.

Obgleich ich sehr bedauern würde, diese(n) Mitarbeiter(in) zu verlieren, empfehle ich ihn/sie als einen höchst geeigneten Bewerber.

Lo/La raccomandiamo senza riserva a qualsiasi futuro datore di lavoro.

Wir empfehlen ihn/sie ohne Einschränkung (od. Bedenken) jedem künftigen Arbeitgeber.

Non abbiamo esitazioni

Wir zögern nicht,

a) a raccomandarlo/la per il posto da Voi accennato.

a) ihn/sie für den von Ihnen erwähnten Posten zu empfehlen.

b) a raccomandare il Signor/la Signora ... per qualsiasi posto adatto alla sua qualifica e gli/le auguriamo ogni bene per il suo futuro.

b) Herrn/Frau ... für jeden seiner/ihrer Qualifikation entsprechenden Posten zu empfehlen, und wünschen ihm/ihr das Beste für seine/ihre Zukunft.

c) a raccomandare il Signor/la Signora ... per qualsiasi posizione che richieda intelligenza e spirito d'iniziativa.

c) Herrn/Frau ... für jede Position zu empfehlen, die Intelligenz und Initiative erfordert.

Questa referenza viene data in via strettamente confidenziale e senza alcuna responsabilità giuridica da parte dello scrivente.

Diese Referenz wird streng vertraulich und ohne jede juristische Verantwortung seitens des Schreibers erteilt.

Siamo spiacenti di non poterVi dare ulteriori informazioni su di lui (lei).

Wir bedauern, daß es uns nicht möglich ist, weitere Auskünfte über ihn/sie zu geben.

4. Antwort auf Bewerbung und Einladung zu einem Vorstellungsgespräch

La ringraziamo per la Sua domanda d'impiego come traduttore.

Wir danken Ihnen für Ihre Bewerbung als Übersetzer.

La ringraziamo per la Sua lettera del ... con la quale presenta domanda per un posto di segretaria.

Wir danken Ihnen für Ihr Schreiben vom ..., mit dem Sie sich um den Posten einer Sekretärin bewerben.

Abbiamo letto con molto interesse la Sua inserzione nella rubrica « Ricerche d'impiego » nella Gazzetta Padana di oggi.

Mit großem Interesse haben wir Ihre Anzeige in der Rubrik „Stellengesuche" der heutigen „Gazzetta Padana" gelesen.

Abbiamo notato la Sua inserzione nella colonna « Ricerche d'impiego » sulla rivista « Mondo Economico » di questo mese.

Wir wurden auf Ihre Anzeige unter „Stellengesuche" in der Zeitschrift „Mondo Economico" dieses Monats aufmerksam.

La preghiamo di compilare l'accluso formulario di domanda

Füllen Sie bitte das beigefügte Bewerbungsformular aus

a) e di restituircelo al più presto.

a) und schicken Sie es uns so bald wie möglich zurück.

b) e di inviarcelo per via aerea insieme a due referenze di cui una di un Suo professore universitario.

b) und schicken Sie es uns per Luftpost mit zwei Referenzen zu, davon eine von einem Ihrer Universitätsprofessoren.

Le comunicheremo quindi se potremo invitarLa ad un colloquio.

Wir werden Ihnen dann mitteilen, ob wir Sie zu einem Vorstellungsgespräch einladen können.

1. Speriamo di poter preparare per la fine di questo mese una lista ristretta di candidati.

1. Wir hoffen bis Ende dieses Monats eine Liste der in die engere Wahl gezogenen Bewerber aufzustellen,

2. Sarà preparata a suo tempo una lista dei candidati adatti

2. Zu gegebener Zeit wird eine Liste der geeigneten Bewerber aufgestellt,

e Le sarà immediatamente comunicato se il Suo nome Vi è inserito.

und man wird Ihnen sofort mitteilen, ob Ihr Name darauf enthalten ist.

La ringraziamo per la restituzione del formulario di domanda compilato.

Wir danken Ihnen für die Rückgabe des ausgefüllten Bewerbungsformulars.

Il nostro Capo Ufficio Personale, Signor ..., sarà lieto di riceverLa il 12 aprile p.v. alle 10.15.

Herr ..., Leiter unserer Personal-Abteilung, würde sich freuen, Sie am 12. April um 10.15 Uhr begrüßen zu können.

Mi fa piacere comunicarLe che Lei è stato incluso/a nella cerchia ristretta dei candidati. La prego pertanto

a) di presentarsi per un colloquio preliminare con il nostro Capo Ufficio, Signor Colombo, il 3 giugno p.v. alle 16.30.

b) di presentarsi da noi il 20 giugno p.v. alle 15.

La preghiamo di compilare l'accluso questionario (formulario) e di portarlo con sé quando verrà.

La prego di portare con sé gli originali dei certificati allegati in copia alla Sua domanda.

La prego di confermare questa data.

La preghiamo di confermare che questa data Le conviene.

La preghiamo di confermare per iscritto che Lei si presenterà al colloquio.

Voglia comunicare telefonicamente (Tel. 40 19 00) se verrà al colloquio di presentazione.

Rimborseremo

a) le spese di viaggio e quelle direttamente connesse con il colloquio di presentazione.

b) tutte le spese di viaggio oltre ad una cifra forfettaria per la giornata di Lit. ...

Al Suo arrivo voglia chiedere dello scrivente all'Ufficio Personale.

La ringrazio per la Sua lettera del 14 maggio u.s. con l'invito ad un colloquio di presentazione il 20 maggio p.v. alle 14.30.

Con piacere

Ich freue mich Ihnen mitzuteilen, daß Sie in die engere Wahl der Kandidaten gezogen wurden. Wollen Sie deshalb bitte

a) zu einem Vorgespräch mit unserem Bürovorsteher, Herrn Colombo, am 3. Juni d. J. um 16.30 Uhr kommen.

b) am 20. Juni d. J. um 15.00 Uhr sich bei uns vorstellen.

Bitte füllen Sie das beigefügte Formular aus und bringen Sie es mit, wenn Sie kommen.

Bitte bringen Sie die Originalzeugnisse mit, deren Kopien Sie mit Ihrer Bewerbung eingereicht hatten.

Bitte bestätigen Sie diesen Termin.

Bitte bestätigen Sie, daß Ihnen dieser Termin paßt.

Bestätigen Sie bitte schriftlich, daß Sie zu dem Vorstellungsgespräch kommen werden.

Wollen Sie bitte telefonisch mitteilen (Tel. 40 19 00), ob Sie zu dem Vorstellungsgespräch kommen werden.

Wir werden

a) Ihre Fahrtkosten erstatten sowie Kosten, die unmittelbar mit dem Vorstellungsgespräch verbunden sind.

b) alle Ihre Reisekosten erstatten, zuzüglich eines Pauschalbetrages von Lit. ... pro Tag.

Bei Ihrer Ankunft fragen Sie bitte nach dem Unterzeichneten in der Personalabteilung.

Ich danke Ihnen für Ihr Schreiben vom 14. Mai d. J. mit der Einladung zu einem Vorstellungsgespräch am 20. Mai um 14.30 Uhr.

Ich werde gern

a) verrò e porterò gli originali dei certificati.

a) kommen und die Original-zeugnisse mitbringen.

b) verrò al colloquio il 20 maggio p.v. alle 14.30.

b) zum Vorstellungsgespräch am 20. Mai um 14.30 Uhr kommen.

5. Einstellung

a) Eingangsformeln

A seguito del nostro colloquio di venerdì scorso

Im Anschluß an unsere Unterredung am vorigen Freitag

a) sono lieto di offrirLe il posto di ... nella nostra azienda.

a) freut es mich, Ihnen die Stelle eines ... (den Posten als ...) in unserer Firma anzubieten.

b) sono lieto di offrirLe un posto nella nostra azienda alle seguenti condizioni:

b) freue ich mich, Ihnen in unserer Firma eine Stelle anzubieten zu den folgenden Konditionen:

c) siamo lieti di offrirLe il posto di ... per un periodo di tre mesi di prova a partire da lunedì 1° giugno p.v.

c) freuen wir uns, Ihnen die Stelle eines ... für 3 Monate auf Probe ab Montag, dem 1. Juni d. J., anzubieten.

1. Le farà piacere apprendere che la Sua domanda ha avuto successo

1. Es wird Sie freuen zu hören, daß Ihre Bewerbung erfolgreich war

2. Sono lieto di comunicarLe che la Sua domanda è stata presa in considerazione

2. Ich freue mich, Ihnen mitzuteilen, daß Ihre Bewerbung in Erwägung gezogen wurde

e Lei è stato/a scelto/a per un posto di contabile.

und daß Sie für die Stelle eines Buchhalters ausgewählt worden sind.

Abbiamo attentamente valutato la Sua domanda e siamo ora lieti di comunicarLo

Wir haben Ihre Bewerbung sehr sorgfältig geprüft und freuen uns, Ihnen nunmehr mitzuteilen,

a) che Le offriamo il posto di segretaria per il quale Lei ha fatto domanda.

a) daß wir Ihnen die Stelle der Sekretärin, um die Sie sich beworben haben, anbieten.

b) che la Direzione Le offre un posto di Marketing Manager.

b) daß die Direktion Ihnen die Stelle eines Marketing Managers anbietet.

Con la presente abbiamo il piacere

Wir freuen uns, Ihnen hiermit

a) di confermare che siamo disposti ad assumerLa con uno stipendio di Lit. ... per un periodo iniziale di prova di tre mesi a partire dal 1° ottobre p.v.

a) zu bestätigen, daß wir bereit sind, Sie mit einem Gehalt von Lit. ... für eine Anfangsprobezeit von drei Monaten ab 1. Oktober d. J. einzustellen.

b) di confermare la Sua assunzione alle seguenti condizioni:

b) Ihre Anstellung zu den folgenden Bedingungen zu bestätigen:

b) Aufgaben

1. Lei sarà alle dirette dipendenze del Capo Ufficio Vendite

1. Sie werden unmittelbar dem Leiter der Verkaufsabteilung unterstellt sein

2. Lei lavorerà nel Reparto Pubblicità

2. Sie werden in der Werbeabteilung arbeiten

a) con il particolare incarico di ...

a) mit dem besonderen Auftrag für ...

b) e parteciperà due volte alla settimana a corsi interni.

b) und zweimal wöchentlich an internen Kursen teilnehmen.

Vale come concordato che, in caso di necessità, e previo un preavviso di sei mesi Lei accetterà un trasferimento in una qualsiasi delle nostre fabbriche (filiali) in Europa.

Es gilt als vereinbart, daß Sie, falls notwendig, eine Versetzung zu jeder unserer Fabriken (od. Zweigstellen) in Europa akzeptieren, einen Vorbescheid von sechs Monaten vorausgesetzt.

c) Gehalt

Siamo lieti di offrirLe il posto con uno stipendio iniziale annuale di Lit. ... (Possiamo offrirLe uno stipendio iniziale annuale lordo di Lit. ...)

Wir freuen uns, Ihnen die Stelle mit einem Anfangsgehalt von Lit. ... pro Jahr anzubieten (od. Wir können Ihnen ein Anfangsbruttogehalt von Lit. ... pro Jahr anbieten).

Il Suo stipendio iniziale lordo ammonterà a Lit. ...

Ihr Anfangsgehalt wird Lit. ... brutto betragen.

Gli aumenti di stipendio sono strettamente legati al rendimento.

Gehaltserhöhungen sind streng an die Leistung gebunden.

Se necessario la nostra impresa rimborsa le spese di trasloco.

Unser Unternehmen wird im Bedarfsfall die Umzugskosten erstatten.

d) Arbeitszeit und Urlaub

1. Lei è già stato messo/a al corrente delle condizioni generali di lavoro. L'orario normale di lavoro è:

2. L'orario d'ufficio (di lavoro) è:

   a) dalle 9 alle 17.30 da lunedì a venerdì compreso.

   b) dalle 9 del mattino alle 17.30 del pomeriggio, da lunedì a venerdì con un' ora di pausa.

   c) giornalmente dalle 8.30 alle 17.30 tranne al giovedì, giorno di chiusura dell'azienda.

Potrebbe essere necessario che occasionalmente nei periodi di punta Lei dovesse lavorare il sabato mattina.

Lei ha a disposizione un'ora a mezzogiorno e una pausa di un quarto d'ora tra le 10.30 e le 11.00.

Durante i primi due anni avrà (disporrà di) quattro settimane di ferie annuali pagate.

In seguito le Sue ferie annuali saranno di cinque settimane. (In seguito Lei avrà diritto a cinque settimane di ferie all'anno).

1. *Über die allgemeinen Arbeitsbedingungen sind Sie bereits unterrichtet worden. Die normale Arbeitszeit ist:*

2. *Bürostunden sind (od. Arbeitszeit ist):*

   a) *von 9.00 Uhr bis 17.30 Uhr von Montag bis Freitag einschließlich.*

   b) *von 9.00 Uhr morgens bis 17.30 nachmittags, montags bis freitags, mit einer Stunde Pause.*

   c) *von 8.30 bis 17.30 täglich, außer donnerstags, wenn der Betrieb geschlossen ist.*

Es könnte notwendig sein, daß Sie gelegentlich während der Stoßzeiten samstags morgens arbeiten müssen.

Sie haben eine Stunde Mittagszeit und eine Viertelstunde zwischen 10.30 und 11.00 Uhr zu Ihrer Verfügung.

Während der ersten zwei Jahre haben Sie vier Wochen bezahlten Jahresurlaub.

Danach wird Ihr Jahresurlaub fünf Wochen betragen (od. haben Sie Anspruch auf fünf Wochen Urlaub pro Jahr).

e) Eintrittstermin

La prego di comunicarmi a partire da quando Lei sarà disponibile.

Qualora Lei accetti quest'offerta desideriamo che prenda servizio da noi al più presto.

Mi è chiaro che Lei deve presentare regolari dimissioni al Suo attuale datore di lavoro e

Bitte teilen Sie mir mit, ab wann Sie treten sein könnten.

Wenn sie dieses Angebot annehmen, möchten wir, daß Sie die Arbeit bei uns so bald wie möglich aufnehmen.

Es ist mir klar, daß Sie Ihrem jetzigen Arbeitgeber ordnungsgemäß kündigen müssen, und

ritengo pertanto che Lei possa iniziare da noi il 1° marzo p.v.

ich nehme daher an, daß Sie bei uns am 1. März d. J. anfangen können.

Speriamo che Lei possa cominciare il 2 gennaio p.v. ed attendiamo la Sua risposta al riguardo.

Wir hoffen, daß Sie am 2. Januar anfangen können, und sehen Ihrer diesbezüglichen Antwort entgegen.

Lei prenderà servizio il 2 gennaio p.v.

Sie werden am 2. Januar n. J. Jahres Ihren Dienst antreten.

Il rapporto di lavoro può essere denunciato da entrambe le parti con un preavviso di tre mesi. La relativa comunicazione deve avvenire in iscritto.

Das Arbeitsverhältnis kann zu jeder Zeit von beiden Seiten mit dreimonatiger Frist gekündigt werden. Die diesbezügliche Mitteilung hat schriftlich zu erfolgen.

f) Diverses

1. I particolari delle condizioni di assunzione

1. Die Einzelheiten der Anstellungsbedingungen

2. L'orario di lavoro, le ferie, il sistema pensionistico ed il licenziamento

2. Bestimmungen zu Arbeitszeit, Urlaub, Altersversorgung und Kündigung

sono contenuti nel contratto di lavoro standard che alleghiamo.

sind in dem Standard-Anstellungsvertrag enthalten, den wir beifügen.

Questa assunzione avviene sotto la condizione che, nel caso Lei lasciasse la nostra ditta, non accetterà un posto nello stesso settore in cui noi operiamo in Italia per un periodo di cinque anni a partire dal licenziamento.

Diese Anstellung erfolgt unter der Bedingung, daß im Fall Ihres Ausscheidens aus unserer Firma Sie für eine Zeitspanne von fünf Jahren ab Kündigung keine andere Stelle annehmen in der Branche, in der wir in Italien tätig sind.

Le condizioni di lavoro e le possibilità di carriera sono buone. D'altra parte facciamo presente che richiediamo a tutti i nostri collaboratori disponibilità e impegno.

Die Arbeitsbedingungen und Aufstiegsmöglichkeiten sind gut. Andererseits machen wir Sie darauf aufmerksam, daß wir Einsatzbereitschaft und Engagement von allen unseren Mitarbeitern verlangen.

Constaterà che quest'impiego offre un enorme campo di attività ed ottime possibilità di avanzamento.

Sie werden feststellen, daß die Anstellung ein enormes Betätigungsfeld und sehr gute Aufstiegsmöglichkeiten bietet.

L'avanzamento dipenderà dalle Sue capacità e dal Suo rendimento.

Eine Beförderung wird von Ihren Fähigkeiten und Ihrer Leistung abhängen.

Si allega un assegno di Lit. ... a copertura delle Sue spese di viaggio.

Beigefügt ist ein Scheck über Lit. ... zur Deckung Ihrer Reisekosten.

Abbiamo riservato una stanza per Lei all'Hotel Maritim. La preghiamo di comunicare subito la data e l'ora del Suo arrivo a ...

Wir haben für Sie ein Zimmer im Hotel Maritim reserviert. Teilen Sie bitte umgehend Datum und Uhrzeit Ihrer Ankunft in ... mit.

La preghiamo di presentarsi al Signor ... (Capo/Vicecapo Ufficio Personale) alle ore 9 del primo giorno di servizio.

Bitte melden Sie sich bei Herrn ... (Personalchef / stellvertretender Personalchef) am Eintrittstag um 9 Uhr früh.

g) Schlußworte

1. Voglia cortesemente confermare subito (per iscritto, a mezzo telegramma/fax)

1. Bitte seien Sie so freundlich und bestätigen Sie umgehend (od. schriftlich; durch Telegramm/Fax),

2. Le sarei grato se (Lei) confermasse per iscritto

2. Ich wäre Ihnen dankbar für eine schriftliche Bestätigung,

3. Voglia confermare

3. Bestätigen Sie bitte,

   a) che Lei accetta questo posto alle condizioni indicate e che può prendere servizio il 1° ottobre p.v.

*   a) daß Sie diese Anstellung zu den genannten Bedingungen akzeptieren und Ihren Dienst am 1. Oktober antreten können.*

   b) che può prendere servizio qui lunedì prossimo.

*   b) daß Sie die Arbeit hier am nächsten Montag aufnehmen können.*

La prego di farmi sapere al più presto

Bitte lassen Sie mich umgehend wissen,

a) se Lei accetta o no il posto.

a) ob Sie den Posten annehmen oder nicht.

b) se può prendere servizio il 1° marzo p.v.

b) ob Sie Ihren Dienst am 1. März antreten können.

c) se accetta il posto a queste condizioni.

c) ob Sie die Stellung zu diesen Bedingungen annehmen.

Non appena Lei mi comunicherà che accetta questo posto Le invierò un contratto ufficiale di assunzione per la firma.

Sobald Sie mir mitteilen, daß Sie diese Stelle annehmen, werde ich Ihnen einen offiziellen Anstellungsvertrag zur Unterschrift übersenden.

Spero (Mi auguro) che Lei possa venire a lavorare da noi.

Ich hoffe, daß Sie bei uns eintreten können.

6. Antwort auf Anstellungsangebot

Vi ringrazio molto per avermi offerto il posto di ...

Ich danke Ihnen sehr für das Stellenangebot eines/einer ...

Vi ringrazio molto per la Vostra lettera del 3 giugno u.s.

Ich danke Ihnen sehr für Ihr Schreiben vom 3. Juni d. J.,

a) con la quale mi offrite un impiego nel Vostro reparto contabilità.

a) mit dem Sie mir eine Anstellung in Ihrer Buchhaltung anbieten.

b) con la quale mi offrite un posto di ...

b) in dem Sie mir die Stelle eines/einer ... anbieten.

Accetto volentieri il posto di ... alle condizioni indicate (nella Vostra lettera del ...)

Gern nehme ich den Posten eines/einer ... zu den (in Ihrem Brief vom ...) genannten Bedingungen an.

Sono lieto di poter cominciare a lavorare (prendere servizio) da Voi il 1° ottobre p.v.

Ich freue mich, die Arbeit bei Ihnen am 1. Oktober aufnehmen zu können.

Prenderò servizio il 1° ottobre p.v.

Ich werde meinen Dienst am 1. Oktober antreten.

Sono molto lieto di aver ottenuto questo posto e Vi assicuro che farò tutto il possibile per meritare la Vostra fiducia.

Ich bin sehr glücklich über diese Anstellung und versichere Ihnen, daß ich mein Möglichstes tun werde, um das in mich gesetzte Vertrauen zu rechtfertigen.

1. Dopo aver attentamente riflettuto sulla Vostra offerta mi sono deciso

1. Nach reiflichem Nachdenken über Ihr Angebot habe ich mich entschlossen,

2. La mia ditta mi ha fatto un'offerta vantaggiosa e pertanto ho deciso

2. Meine Firma hat mir ein günstiges Angebot gemacht, und deshalb habe ich mich entschlossen,

a) di restare al mio attuale posto.

a) in meiner augenblicklichen Stelle zu bleiben.

b) di non cambiare posto per il momento.

b) meine Stelle im Augenblick nicht zu wechseln.

Vi ringrazio per la Vostra cortese offerta e per il tempo che mi avete dedicato

Ich danke Ihnen für Ihr freundliches Angebot und für die Zeit, die Sie für mich aufgewendet haben,

a) e spero che comprenderete i motivi della mia decisione.

a) und hoffe, daß Sie die Gründe für meine Entscheidung verstehen werden.

b) ma non posso accettare il

b) kann aber die Stelle in Ihrem

posto nella Vostra Ditta perché nel frattempo ho preso servizio (sono stato assunto) da un'altra azienda.

Hause nicht annehmen, da ich inzwischen bei einer anderen Firma eine Stellung angetreten habe.

7. Absage auf Bewerbung

La ringraziamo per la Sua domanda per il posto di ...

Wir danken Ihnen für Ihre Bewerbung um die Stelle eines/einer ...

La ringraziamo per la Sua lettera del 3 luglio u.s. con la quale Lei fa domanda di impiego nella nostra ditta.

Wir danken Ihnen für Ihr Schreiben vom 3. Juli, in dem Sie sich um eine Stelle in unserer Firma bewerben.

La ringraziamo per essersi presentato al colloquio martedì scorso.

Wir danken Ihnen, daß Sie am vorigen Dienstag zu dem Vorstellungsgespräch gekommen sind.

1. Siamo tuttavia spiacenti che
2. Siamo spiacenti di comunicarLe (doverLe comunicare) che

1. Wir bedauern jedoch, daß
2. Es tut uns leid, Ihnen mitzuteilen (od. mitteilen zu müssen), daß

   a) la Sua domanda (Lei) purtroppo non ha avuto successo.

a) Ihre Bewerbung/Sie leider keinen Erfolg hatte(n).

   b) il Suo nome non è stato incluso nella lista ristretta dei candidati.

b) Ihr Name nicht in die Liste der Kandidaten für die engere Wahl aufgenommen wurde.

   c) non ci è possibile offrirLe il posto per il quale Lei ha presentato domanda.

c) es uns nicht möglich ist, Ihnen die Stelle, um die Sie sich beworben haben, anzubieten.

   d) il posto per il quale Lei ha fatto domanda è attualmente occupato.

d) die Stelle, um die Sie sich beworben haben, momentan besetzt ist.

   e) attualmente non ci sono posti liberi di dattilografa.

e) augenblicklich keine Stellen für Schreibkräfte vakant sind.

Forse carà meno deluso venendo a sapere che

Vielleicht ist es weniger enttäuschend für Sie, wenn Sie erfahren, daß

a) il posto è stato dato ad un nostro dipendente in servizio da noi da molti anni.

a) die Stelle einem unserer langjährigen Mitarbeiter gegeben wurde.

b) il numero delle domande è stato straordinariamente grande e che pertanto la nostra scelta è stata particolarmente severa.

b) die Zahl der Bewerber ungewöhnlich hoch und unsere Auswahl deswegen besonders streng war.

Non siamo ancora in grado di prendere in considerazione l'assunzione di ulteriori dipendenti (collaboratori ausiliari nel periodo estivo).

A causa dell'attuale recessione non c'è al momento alcun posto libero

a) e non siamo ancora in grado di prevedere quando la situazione migliorerà.

b) tuttavia se ci restituirà l'accluso formulario di domanda debitamente compilato La terremo presente per il futuro.

La ringraziamo per l'interesse dimostrato.

Wir sind noch nicht in der Lage, die Anstellung weiterer Mitarbeiter (od. Aushilfskräfte während der Sommersaison) in Erwägung zu ziehen.

Wegen der momentanen Geschäftsflaute gibt es augenblicklich keine freie Stelle,

a) und wir können noch nicht voraussehen, wann die Lage sich bessern wird.

b) wenn Sie uns aber das beigefügte Bewerbungsformular ordnungsgemäß ausgefüllt zurücksenden, werden wir Sie für die Zukunft berücksichtigen.

Wir danken Ihnen für das gezeigte Interesse.

8. Kündigung

Come Lei sa (Le è noto)

a) la riorganizzazione (ristrutturazione) della nostra ditta è attualmente oggetto di studio da parte di un consulente aziendale.

b) siamo toccati dalla attuale recessione e dovremo probabilmente ridurre il nostro personale.

c) dovremo chiudere il reparto in cui Lei lavora.

In queste condizioni

a) non ci resta altro che licenziarLa per eccesso di personale.

b) informiamo i nostri dipendenti in tempo utile nella speranza che possano trovare altri posti di lavoro nella zona.

Speriamo che Le sarà possibile

Wie Sie wissen,

a) ist zur Zeit die Neuorganisation (Umstrukturierung) unseres Unternehmens Gegenstand einer Untersuchung durch einen Berater für betriebliche Organisation.

b) sind wir von der augenblicklichen Rezession betroffen und werden wahrscheinlich unsere Belegschaft reduzieren müssen.

c) werden wir die Abteilung, in der Sie arbeiten, schließen müssen.

Unter diesen Umständen

a) bleibt uns nichts anderes übrig, als Sie wegen Personalüberschuß zu entlassen.

b) benachrichtigen wir unsere Betriebsangehörigen so früh in der Hoffnung, daß sie in der Gegend andere Arbeitsplätze finden können.

Wir hoffen, daß es Ihnen möglich sein wird,

a) trovare presto un'altra occupazione.

b) trovare presto un posto adeguato.

1. Desidero cogliere l'occasione per dire che durante tutti gli anni in cui Lei è stato alle nostre dipendenze il Suo operato è sempre stato completamente soddisfacente

2. Desidero ringraziarLa per l'opera (il lavoro) da Lei prestata/o nella nostra ditta

 a) ed esprimere il nostro profondo rammarico (rincrescimento) per questo passo che siamo costretti a fare.

 b) e Le auguro ogni bene per il Suo futuro.

Daremo con piacere a qualsiasi Suo futuro datore di lavoro referenze sulla Sua persona e le Sue capacità.

Le faremo avere con piacere una lettera di benservito.

Spero che troverà presto un'adeguata occupazione e formulo per il momento i miei migliori auguri.

Con la presente

a) Le comunico che la nostra ditta non è disposta ad assumerLa dopo il periodo di prova.

b) Lo comunichiamo che La Sua collaborazione è immediatamente conclusa.

Voglia considerare questa lettera come formale licenziamento

a) al 31 marzo p.v.

b) a tre mesi a partire da oggi, vale a dire al 31 marzo p.v.

Con la presente dò le dimis-

---

a) bald eine andere Beschäftigung zu finden.

b) bald eine andere gleichwertige Stelle zu finden.

1. Ich möchte die Gelegenheit ergreifen, um zu sagen, daß während all der Jahre, die Sie bei uns beschäftigt waren, Ihre Arbeit vollauf zufriedenstellend gewesen ist,

2. Ich möchte Ihnen für die Arbeit, die Sie für die Firma geleistet haben, danken

 a) und unser aufrichtiges Bedauern zum Ausdruck bringen für diesen Schritt, den wir unternehmen müssen.

 b) und wünsche Ihnen für die Zukunft viel Erfolg.

Wir werden gern jedem Ihrer künftigen Arbeitgeber Referenzen über Ihre Person und Ihre Fähigkeiten geben.

Wir werden Ihnen gern ein Zeugnis ausstellen.

Ich hoffe, daß Sie bald eine andere passende Anstellung finden werden, und spreche inzwischen meine besten Wünsche aus.

Hiermit

a) teile ich Ihnen mit, daß unsere Firma nicht bereit ist, Sie nach der Probezeit anzustellen.

b) teilen wir Ihnen mit, daß Ihre Anstellung ab sofort beendet ist.

Bitte betrachten Sie dieses Schreiben als formelle Kündigung

a) zum 31. März d. J.

b) drei Monate ab dem heutigen Tage, nämlich zum 31. März.

Bitte nehmen Sie meine Kün-

sioni da segretaria/assistente del Signor Biagi.

digung als Sekretärin/Assistentin des Herrn Biagi entgegen.

Mi è stato offerto il posto di ... che ho accettato.

Mir ist die Stelle eines/einer ... angeboten worden, die ich angenommen habe.

Desidero pertanto dare le dimissioni al 30 aprile p.v. con un preavviso di 4 settimane.

Ich möchte deshalb mit vier Wochen Frist zum 30. April aus der Firma ausscheiden.

La sarei grato se Lei accettasse le mie dimissioni al 31 marzo p.v.

Ich wäre Ihnen dankbar, wenn Sie meine Kündigung zum 31. März annehmen würden.

XXIII. Korrespondenz mit Hotels und Reisebüros

Obgleich die Bestellung von Hotelzimmern *(prenotazione di camere d' albergo)* heute vielfach durch Telefon, Telefax oder elektronische Buchungsmethoden *(metodi elettronici di prenotazione)* erfolgt, spielt der Brief im Reiseverkehr doch noch eine gewisse Rolle.

Bestätigte Sofortbuchungen werden durch das Computer-Reservierungs-System *(sistema di prenotazioni computerizzato)* der Reisebüros, Fluggesellschaften und Hotelketten durchgeführt.

Briefe an Hotels sollten an den Geschäftsführer *(direttore)* oder den Empfang *(« Réception »)* gerichtet werden, da meist nur kleinere Hotels vom Besitzer *(proprietario)* geführt werden.

Man schreibe kurz und sachlich *(in forma concisa e precisa)*, nenne das Datum der Ankunft mit eventueller Angabe der Tageszeit sowie den Tag der Abreise. Es ist ratsam, zur Vermeidung von Mißverständnissen *(per evitare equivoci/malintesi)* die Zahl der Nächte anzugeben: „Ankunft Montag, 4. Juni, gegen 18 Uhr, Abreise 8. Juni (4 Nächte)" *(arrivo lunedì 4 giugno p.v., partenza venerdì 8 giugno p.v. (4 notti)).*

Man bittet um eine Bestätigung der Reservierung. Bei Ankunft nach 18 Uhr verlangen die meisten Hotels eine Anzahlung *(caparra).*

1. Anfrage

a) Hotelübernachtung

Il Vostro hotel (albergo) ci è stato raccomandato dal Signor ..., Vostro ospite abituale.

Ihr Hotel wurde uns von Herrn ..., einem Ihrer Stammgäste, empfohlen.

Vi prego di inviarmi materiale informativo sul Vostro albergo e sulla città di Ancona.

Schicken Sie mir bitte Informationsmaterial über Ihr Hotel und die Stadt Ancona.

Vogliate

a) comunicarmi i Vostri attuali prezzi.

b) indicarmi i Vostri prezzi per camera doppia e singola.

c) indicarmi i Vostri prezzi per pensione completa per una permanenza dal 1° al 20 luglio.

d) comunicarmi se potete offrirci la seguente sistemazione:

Würden Sie mir bitte

a) *Ihre aktuellen Preise mitteilen.*

b) *Ihre Preise für Doppel- und Einzelzimmer angeben.*

c) *Ihre Preise für Vollpension für einen Aufenthalt vom 1. Juli bis 20. Juli angeben.*

d) *mitteilen, ob Sie uns die folgende Unterbringung anbieten können:*

b) Tagung

Stiamo preparando

a) un incontro dei nostri corrispondenti che avrà luogo nel mese di settembre prossimo.

b) una riunione di circa 220 operatori commerciali per l'inizio del prossimo autunno.

1. E' nostra consuetudine di organizzare convegni nei mesi di aprile e maggio

2. La nostra ditta organizzerà un convegno di un giorno nel prossimo mese di maggio

   a) e in qualità di organizzatore desidererei pertanto avere informazioni dettagliate circa le possibilità offerte dal Vostro albergo.

   b) e siamo alla ricerca di locali adeguati.

   c) e Vi prego pertanto di comunicarmi se in tale periodo avete spazi liberi nel mezzo della settimana.

   d) e pertanto Vi chiedo se la Vostra sala per convegni è disponibile il 2 o il 3 maggio p.v.

Qualora disponiate di locali adatti Vi prego di darmi le seguenti informazioni:

Wir planen

a) *eine Zusammenkunft unserer Korrespondenten für kommenden September.*

b) *für Anfang Herbst eine Tagung von ungefähr 220 Händlern.*

1. *Es ist unsere Gewohnheit, Konferenzen in den Monaten April und Mai abzuhalten,*

2. *Unsere Firma wird kommenden Mai eine eintägige Konferenz abhalten,*

   a) *und als Organisator hätte ich deshalb gern genaue Einzelheiten über die von Ihrem Hotel angebotenen Möglichkeiten.*

   b) *und wir suchen hierfür geeignete Räume.*

   c) *und ich bitte Sie daher um Mitteilung, ob Sie für diese Zeit (Freie) Kapazitäten in der Wochenmitte haben.*

   d) *und ich frage an, ob Ihr Konferenzraum entweder am 2. oder 3. Mai verfügbar ist.*

Wenn Sie geeignete Räume verfügbar haben, erbitte ich folgende Informationen:

a) il tipo di locali che potete offrire.

b) i costi per l'affitto della sala
convegni per 3 giorni.

c) i costi per l'affitto di una sala
convegni per 30 persone dal
10 al 15 ottobre p.v.

d) il prezzo per persona per co-
lazione, pranzo e cena.

e) i costi per un cocktail con
spuntino per 200 persone.

f) i prezzi per i diversi tipi di
camere disponibili.

g) le possibilità di parcheggio.

Oltre ad una sala convegni
per 50 persone (delegati) abbiamo bisogno tutte le sere di
un piccolo locale per 12 persone.

Probabilmente potete pro-
porci due o tre menu a scelta
con indicazione dei rispettivi
prezzi.

Attendiamo 120 partecipanti.

Abbiamo bisogno di pensione
completa per 35–40 persone.

Con l'approssimarsi della data saranno disponibili particolari circa l'esatto numero e la lista
dei nominativi.

Vi preghiamo di comunicarci

a) se potete metterci a disposizione i locali richiesti e in
caso affermativo a quali condizioni.

b) se avete la possibilità di ospi-
tare 55 persone in camere
singole con pensione com-
pleta dal 6 al 9 maggio p.v.

Oltre alle informazioni suaccennate Vi prego di comunicarmi

a) *die Art der Räume, die Sie
anbieten können.*

b) *die Mietkosten des Konfe-
renzraumes für 3 Tage.*

c) *die Mietkosten eines Konfe-
renzraumes für 30 Personen
vom 10. bis 15. Oktober d. J.*

d) *den Preis pro Person für Früh-
stück, Mittag- und Abendessen.*

e) *die Kosten für einen Cocktail
mit kleinem Imbiß für 200
Personen.*

f) *die Preise für die verschiedenen verfügbaren Zimmerty-
pen.*

g) *die Parkmöglichkeiten.*

*Außer einem Konferenzsaal
für 50 Personen (od. Delegierte)
benötigen wir jeden Abend ein
kleines Sitzungszimmer für 12
Personen.*

*Vielleicht können Sie uns
zwei oder drei Menüs zur Auswahl vorschlagen mit Angabe
der entsprechenden Preise.*

Wir erwarten 120 Teilnehmer.

*Wir benötigen Vollpension für
35 bis 40 Personen.*

*Einzelheiten über die genaue
Zahl und Namen der Teilnehmer werden verfügbar sein,
wenn der Termin näherrückt.*

Teilen Sie uns bitte mit,

a) *ob Sie uns die benötigten
Räume zur Verfügung stellen
können, und ggf. zu welchen
Bedingungen.*

b) *ob Sie eine Unterbringungs-
möglichkeit für 55 Personen
in Einzelzimmern mit Vollpension vom 6. bis 9. Mai haben.*

*Unterrichten Sie mich außer
den oben erwähnten Einzelheiten bitte noch darüber,*

1. se sono disponibili interpreti tedesco/italiano ed il costo di un tale servizio.

2. se potete mettere a disposizione quanto segue:

   A) lavagna
   B) podio
   C) bacchette per indicare
   D) tavoli per l'esposizione di pubblicazioni
   E) microfoni
   F) schermo (con indicazione delle dimensioni)
   G) proiettore per film (8 e 16 mm)
   H) cuffie per traduzione simultanea e cabine per interpreti
   I) proiettore per diapositive
   J) televisione
   K) registratore a cassette
   L) videoregistratore

Vorrei ricevere una risposta al più presto in modo da poter concludere i preparativi per il convegno.

1. ob Dolmetscher für Deutsch/ Italienisch verfügbar sind, und über die Kosten solcher Dienstleistungen.

2. ob Sie folgendes zur Verfügung stellen können:

   A) Tafel
   B) Rednerpult
   C) Zeigestöcke
   D) Tische für die Ausstellung von Veröffentlichungen
   E) Mikrofone
   F) Projektionswand (mit Angabe der Größe)
   G) Filmprojektor (8 und 16 mm)
   H) Kopfhörer für Simultanübersetzung und Boxen für Dolmetscher
   I) Diaprojektor
   J) Fernsehapparat
   K) Cassettenrecorder
   L) Videorecorder

Ich würde gern eine baldmögliche Antwort erhalten, um die Vorbereitungen für die Konferenz abschließen zu können.

2. Zimmerbestellung

1. Desideriamo prenotare
2. Vi preghiamo di riservare

   a) una stanza singola con bagno dal 1° al 15 settembre p.v. per il Signor Aldo Rossi, il nostro capo Ufficio Export.

   b) una camera matrimoniale (a due letti) dal 12 al 17 dicembre p.v.

Vogliate riservare le seguenti camere per i nostri direttori Sigg. Carlo Rivara e Alessandro Droglio:

1. Wir möchten gern buchen:
2. Bitte reservieren Sie

   a) ein Einzelzimmer mit Bad vom 1. bis 15. September für Herrn Aldo Rossi, unseren Exportleiter.

   b) ein Doppelzimmer (od. Zweibettzimmer) vom 12. bis 17. Dezember d. J.

Reservieren Sie bitte die folgenden Zimmer für unsere Direktoren, Herrn Carlo Rivara und Herrn Alessandro Droglio:

Confermo (con la presente) la nostra prenotazione telefonica di questa mattina:

Ich bestätige (hiermit) unsere telefonische Buchung von heute morgen:

due camere singole con bagno per tre notti a partire dal 2 maggio.

zwei Einzelzimmer mit Bad ab 2. Mai für drei Nächte.

Desideriamo riservare una stanza con bagno dal 3 al 10 settembre p.v. compreso.

Wir möchten ein Einzelzimmer mit Bad vom 3. September bis einschließlich 10. September reservieren.

Sarebbe molto lieto

Er würde es sehr begrüßen, wenn Sie ihm

a) se gli deste (assegnaste) la stessa stanza dell'anno scorso.

a) das gleiche Zimmer wie im vorigen Jahr geben würden.

b) se gli deste una stanza con vista sul parco poiché quelle che danno sulla strada sono piuttosto rumorose.

b) ein Zimmer mit Aussicht auf den Park geben würden, da die Zimmer zur Straße ziemlich laut sind.

Il Signor Ennio Barsanti parteciperà al convegno ... nel Vostro Hotel.

Herr Ennio Barsanti wird an der ... Konferenz in Ihrem Hotel teilnehmen.

Per questo periodo di tempo abbiamo inoltre bisogno di un parcheggio se non nel Vostro garage sotteraneo almeno nelle vicinanze.

Wir benötigen während dieser Zeit auch einen Parkplatz, sofern nicht in Ihrer Tiefgarage, dann wenigstens in der Nachbarschaft.

Il Signor Mariani arriverà con il volo LH 057 e dovrebbe essere in albergo verso le 22.

Herr Mariani wird mit dem Flug LH 057 ankommen und dürfte gegen 22.00 Uhr im Hotel sein.

A causa di un ritardo dell'aereo il Signor Bancheri arriverà verso le 22.

Wegen einer Verspätung des Fluges wird Herr Bancheri gegen 22.00 Uhr eintreffen.

Vi saremmo grati per una conferma di questa prenotazione.

Für eine Bestätigung dieser Buchung wären wir Ihnen dankbar.

Vi preghiamo di confermare questa prenotazione

Bitte bestätigen Sie diese Reservierung (od. Buchung)

a) prima del 5 marzo p.v.

a) vor dem 5. März.

b) al più presto con indicazione delle spese totali.

b) so bald wie möglich und teilen Sie uns die Gesamtkosten mit.

Il 4 marzo u.s. abbiamo prenotato 2 stanze singole per i Sigg. Salvi e Morani dal 27 al 29 marzo p.v. Vi preghiamo di confermare tale prenotazione.

Am 4. März d. J. haben wir für die Herren Salvi und Morani zwei Einbettzimmer vom 27. März bis 29. März bestellt. Wir bitten Sie, diese Reservierung zu bestätigen.

3. Änderungen und Abbestellungen

Vi preghiamo di annullare le seguenti prenotazioni (fatte a nome del Signor Barni della Ditta Ferrari e Barni S.n.c.):

Bitte streichen Sie die folgenden Reservierungen (auf den Namen Barni von der Firma Ferrari & Barni S.n.c.):

Purtroppo devo annullare la mia precedente prenotazione per una camera doppia per 5 notti a partire da lunedì 12 dicembre p.v.

Leider muß ich meine ursprüngliche Buchung eines Doppelzimmers für 5 Nächte ab 12. Dezember d. J. rückgängig machen.

Purtroppo ho dovuto cambiare i miei piani.

Leider habe ich meine Pläne ändern müssen.

Vi sarei grato se poteste posticipare di una settimana la mia prenotazione, vale a dire dal 12 al 14 marzo p.v.

Ich wäre Ihnen dankbar, wenn Sie meine Buchung um eine Woche verschieben könnten, d. h. vom 12. bis 14. März.

Vi prego di scusare questo cambiamento.

Ich bitte Sie, diese Änderung zu entschuldigen.

4. Reservierung eines Hotelzimmers durch eine befreundete Firma

Abbiamo grosse difficoltà a trovare una stanza a Colonia per la notte dal 25 al 26 settembre per il Sig. ... e vi saremmo pertanto grati se poteste aiutarci al riguardo.

Wir haben große Schwierigkeiten, für Herrn ... für die Nacht vom 25. auf 26. September in Köln ein Einzelzimmer zu finden und wären Ihnen deshalb dankbar, wenn Sie uns in der Angelegenheit helfen könnten.

Vi saremmo molto grati se

Wir wären sehr dankbar, wenn Sie

a) poteste trovarci un albergo dal 5 al 10 ottobre p.v. Abbiamo bisogno di due camere singole, se possibile con bagno.

a) für uns vom 5.–10. Oktober ein Hotel ausfindig machen könnten. Wir benötigen 2 Einzelzimmer, wenn möglich mit Bad.

b) poteste provvedere per un'adeguata sistemazione per il Sig. ...

b) eine passende Unterbringung für Herrn ... arrangieren könnten.

c) poteste prenotare una camera singola con bagno per il Sig. ... dal 4 al 7 aprile p.v. (3 notti).

c) für Herrn ... ein Einzelzimmer mit Bad vom 4. bis 7. April (3 Nächte) reservieren (od. buchen) könnten.

Poiché disponiamo di auto-vettura l'hotel non deve necessariamente essere a Colonia. Preferiremmo addirittura che fosse in zona tranquilla.

Da wir über einen Wagen verfügen, braucht das Hotel natürlich nicht in Köln selbst zu sein. Wir würden sogar vorziehen, wenn es in einer ruhigen Gegend läge.

E' chiaro che tutte le spese d'albergo saranno sostenute da noi (a nostro carico).

Es versteht sich natürlich, daß alle Hotelkosten von uns getragen werden.

Purtroppo si è rivelato impossibile per il Sig. ... di lasciare Milano nelle prossime due settimane. Pertanto Vi saremmo grati se annullaste la prenotazione all'Hotel Excelsior.

Es hat sich leider für Herrn ... als unmöglich erwiesen, während der nächsten 14 Tage Mailand zu verlassen. Deshalb wären wir Ihnen dankbar, wenn Sie die Buchung im Hotel Excelsior stornieren würden.

5. Kunde an das Reisebüro

a) allgemeine Anfrage

Ho letto la Vostra inserzione nella rivista «Vacanze» di questa settimana e sono interessato a corsi estivi di tennis.

Ich habe Ihre Anzeige in der Zeitschrift ,,Vacanze" dieser Woche gelesen und bin an Tennis-Sommerkursen interessiert.

Desidererei ricevere Vostro materiale informativo.

Ich hätte gern Ihr Informationsmaterial.

Vi prego di inviarmi

Bitte senden Sie mir

a) informazioni riguardo i Vostri viaggi in pullman.

a) Informationen über Ihre Busreisen.

b) informazioni circa i Vostri servizi di traghetto per autovetture.

b) Informationen über Ihre Autofähren-Dienste.

c) gli orari delle partenze da Livorno ed i prezzi.

c) die Abfahrtszeiten ab Livorno und die Preise.

d) informazioni sulle Vostre crociere estive.

d) Informationen über Ihre Sommerkreuzfahrten.

e) date e orari dei voli da Roma a Buenos Aires in aprile.

e) Flugdaten und -zeiten im April von Rom nach Buenos Aires.

f) un orario della Lufthansa.

f) einen Lufthansa-Flugplan.

Vi prego di comunicare

Bitte geben Sie an,

a) l'anticipo con il quale è necessario prenotare.

a) welche Voranmeldungsfrist für das Buchen erforderlich ist.

b) se è necessario un visto.

b) ob ein Visum erforderlich ist.

b) Buchung

Vogliate riservare

Bitte reservieren (od. buchen) Sie:

a) due posti per il tour della Riviera Ligure dal 4 al 18 maggio per me e mia moglie.

a) zwei Plätze für die Tour vom 4. Mai bis 18. Mai an die Riviera Ligure für mich und meine Frau.

b) due posti in classe turistica per il volo LH 056 del prossimo 22 ottobre.

b) zwei Plätze in der Economy-Klasse für Flug LH 056 am 22. Oktober d. J.

c) un posto sul volo per Hong-Kong del 4 marzo p.v. alle 15.30.

c) einen Platz für den Flug am 4. März um 15.30 Uhr nach Hongkong.

d) una cabina singola (doppia) sulla M/N ... in partenza da Genova il 5 giugno p.v. per una crociera nel Mediterraneo.

d) eine Einzel- (od. Doppel)Kabine auf der MS ..., die am 5. Juni von Genua zu einer Mittelmeer-Kreuzfahrt ausläuft.

Allego

Ich füge

a) un assegno bancario per Lit. ... a totale saldo.

a) einen Bankscheck über Lit. ... zum vollen Ausgleich bei.

b) un assegno di Lit. ... come caparra.

b) einen Scheck über Lit. ... als Anzahlung bei.

Vi prego di confermare

Bitte bestätigen Sie

a) il ricevimento della nostra lettera.

a) den Empfang unseres Schreibens.

b) la prenotazione e di inviarci il biglietto.

b) die Reservierung und schicken Sie uns die Fahrkarte.

c) il ricevimento del pagamento (della nostra caparra).

c) den Empfang der Zahlung (od. unserer Anzahlung).

Attendo la Vostra conferma che potete provvedere alla sistemazione (di cui necessitiamo).

Ich erwarte Ihre Nachricht, daß Sie die von uns benötigte Unterbringung besorgen können.

Il Signor Gruber e stato ricoverato ieri in ospedale per un'operazione urgente e non potrà mettersi in viaggio per due mesi.

Herr Gruber wurde gestern zu einer Notoperation in das Krankenhaus eingewiesen und wird zwei Monate lang nicht reisen können.

Alleghiamo il biglietto N. ... emesso il ... con preghiera di rimborsare il prezzo previa deduzione delle eventuali spese.

Wir fügen die Fahrkarte Nr. ..., ausgestellt am ... bei, mit der Bitte um Erstattung des Fahrpreises abzüglich eventueller Spesen.

c) Beschwerden

Sono sorpreso di non aver ancora ricevuto la conferma della mia prenotazione per il viaggio in pullman «Romantische Städte».

Ich bin erstaunt, daß ich die Bestätigung meiner Buchung für die Busreise ,,Romantische Städte'' noch nicht erhalten habe.

Vi prego di inviarmi a giro di posta la conferma della prenotazione e la ricevuta della caparra.

Bitte senden Sie mir postwendend die Bestätigung der Buchung und die Quittung der Anzahlung.

Mi dispiace comunicarVi

Ich bedaure, Ihnen mitzuteilen,

a) che le prenotazioni per il volo AZ 101 Amburgo – Roma sono state fatte per il giorno sbagliato.

a) daß die Buchungen für den Flug AZ 101 Hamburg – Rom für ein falsches Datum getätigt wurden.

b) che avete fatto le prenotazioni per il viaggio sbagliato.

b) daß Sie die Reservierungen für die falsche Reise vorgenommen haben.

c) che avete emesso biglietti per la data (il volo) sbagliata/o.

c) daß Sie Flugscheine für das falsche Datum (od. den falschen Flug) ausgestellt haben.

Vi prego di correggere l'errore e di inviarmi sollecitamente la conferma.

Ich bitte Sie, den Irrtum zu korrigieren und mir die Bestätigung umgehend zuzuschicken.

XXIV. Besuchsterminvereinbarung

Im Geschäftsleben spielt der persönliche Kontakt eine nicht zu unterschätzende Rolle *(da non sottovalutare)*. In persönlichen Gesprächen können wichtige Fragen meist schneller und besser *(in maniera migliore e più rapida)* behandelt werden als in einer langen Korrespondenz.

1. Man wünscht ein persönliches Gespräch

a) Bitte, empfangen zu werden

1. Sarei lieto di aver l'occasione di vederLa

1. Ich würde mich freuen über die Gelegenheit, Sie zu sehen,

2. Uno dei nostri direttori, il Signor Andreani, sarebbe lieto di poterLe far visita un pomeriggio delle prossime settimane

2. Einer unserer Direktoren, Herr Andreani, würde sich freuen, Sie an einem Nachmittag der nächsten Wochen besuchen zu können,

3. Il Signor Federico Alva, nostro Direttore Generale, sarebbe lieto di farLe visita lunedì 15 marzo p.v.

a) per discutere i dettagli di questa proposta.

b) per discutere di diversi progetti che dovrebbero rivelarsi di comune (reciproco) vantaggio.

Sarei lieto di avere l'occasione

a) di discutere tutto personalmente con Lei.

b) di farLe visita per una questione di reciproco interesse.

Sarei molto lieto di aver l'occasione d'incontrarLa durante il mio prossimo soggiorno a Roma.

Il nostro comune amico, Signor Carlo Botta, Le ha scritto riguardo la mia prossima visita a Trieste.

1. Sarò (nuovamente) a Torino mercoledì 20 giugno p.v.

2. Il nostro Capo Ufficio Export Sig. Aldo Roncallo sarà a Livorno il 10 giugno p.v.

a) e sarebbe lieto di farLe visita nel pomeriggio.

b) e sarebbe lieto di farLe visita per discutere della procedura assicurativa

Potrei farLe visita martedì prossimo? Sarò a Milano alle 9.00 e potrei venire subito da Lei.

1. Sarò a Napoli per tutta la prossima settimana

2. Spero di essere a Roma il 10 e l'11 giugno p.v.

---

3. *Unser Generaldirektor, Herr Federico Alva, würde Sie gern am Montag, dem 15. März, aufsuchen,*

a) *um die Einzelheiten dieses Vorschlages zu besprechen.*

b) *um verschiedene Projekte zu besprechen, die sich zu beiderseitigem Vorteil erweisen sollten.*

Ich würde die Gelegenheit begrüßen,

a) *alles mit Ihnen persönlich zu besprechen.*

b) *Sie in einer Sache aufzusuchen, die für uns beide von Interesse ist.*

Ich würde es sehr begrüßen, wenn ich Gelegenheit hätte, Sie bei meinem bevorstehenden Besuch in Rom zu treffen.

Unser gemeinsamer Freund, Herr Carlo Botta, hat Ihnen von meinem bevorstehenden Besuch in Triest geschrieben.

1. *Am Mittwoch, dem 20. Juni d. J., werde ich (wieder) in Turin sein*

2. *Unser Exportleiter, Herr Aldo Roncallo, wird am 10. Juni d. J. in Livorno sein*

a) *und würde Sie gern am Nachmittag aufsuchen.*

b) *und würde Sie gern zur Besprechung des Versicherungsverfahrens aufsuchen.*

Dürfte ich Sie am nächsten Dienstag aufsuchen? Ich werde um 9.00 Uhr in Mailand sein und könnte gleich zu Ihnen kommen.

1. *Ich werde die ganze nächste Woche in Neapel sein*

2. *Ich hoffe, am 10. und 11. Juni d. J. in Rom zu sein*

a) e mi farebbe piacere incontrarLa.

a) und würde mich freuen,
   Sie zu sehen.

b) e Le telefonerò il 9 giugno
   per concordare un incontro.

b) und werde Sie am 9. Juni
   anrufen, um ein Treffen
   zu vereinbaren.

c) e Le sarei grato se mi comunicasse quando può ri-
   cevermi affinché io possa
   programmare il mio soggiorno.

c) und wäre dankbar, wenn
   Sie mir mitteilten, wann
   Sie mich empfangen könnten, damit ich meinen Aufenthalt planen kann.

Sarò in Italia nella seconda
metà di giugno e potrei farLe
visita a qualsiasi ora tra il
giorno 14 e il 18.

Ich werde in der zweiten Ju-
nihälfte in Italien sein und könnte Sie jederzeit zwischen dem
14. und 18. besuchen.

Sarò ad Amburgo il 19, 20 e
21 marzo p.v. e Le sarei grato
se la Sua segretaria potesse
fissarmi un appuntamento.

Ich werde am 19., 20. und
21. März in Hamburg sein und
wäre Ihnen dankbar, wenn Ihre
Sekretärin mir einen Termin
festsetzen könnte.

b) man schlägt einen Termin vor

Le andrebbe bene mercoledì
19 ottobre p.v. alle 15.30?

Würde Ihnen Mittwoch, der 19.
Oktober, um 15.30 Uhr passen?

Le propongo di passare da
Lei lunedì 4 marzo p.v. alle
14.30.

Ich schlage vor, Sie am Montag, dem 4. März um 14.30 Uhr
aufzusuchen.

Sarebbe possibile martedì
della prossima settimana?

Wäre es am Dienstag näch-
ster Woche möglich?

c) man bittet um Terminangabe

Sarei lieto se mi proponesse
un appuntamento per la discussione dei particolari.

Ich würde mich freuen, wenn
Sie mir einen Termin zur Besprechung der Einzelheiten vorschlagen würden.

Mi metterò in contatto con il
Suo ufficio non appena sarò arrivato a Palermo.

Ich werde mich mit Ihrem Büro in Verbindung setzen, sobald
ich in Palermo angekommen bin.

1. Sarò a Verona al Grand Hotel
   da mercoledì 12 a lunedì 17
   ottobre p.v.

1. Ich werde von Mittwoch, 12.
   bis Montag, 17. Oktober, in
   Verona im Grand Hotel sein

2. Il 28 settembre sarò a Roma
   all'Hotel Eden

2. Ich werde am 28. September
   in Rom im Hotel Eden sein

   e telefonerò subito al il Si-

   und sofort Herrn Nebbia an-

gnor Nebbia per concordare un appuntamento.

rufen, um einen Termin zu vereinbaren.

Sarò tutta la settimana all'Hotel Sonesta.

Ich werde die ganze Woche im Hotel Sonesta sein.

La prego di mettersi in contatto con me al più presto possibile per concordare un appuntamento.

Ich bitte Sie, sich mit mir so bald wie möglich in Verbindung zu setzen, um ein Treffen zu vereinbaren.

Mi agevolerebbe molto se Lei potesse propormi diverse date.

Es wäre mir sehr geholfen, wenn Sie mir verschiedene Termine vorschlagen könnten.

Sarebbe preferibile un appuntamento al mattino.

Ein Termin am Vormittag wäre am günstigsten.

L'ora non ha importanza.

Auf die Uhrzeit kommt es nicht an (od. Die Uhrzeit spielt keine Rolle).

d) Bitte um Bestätigung des Termins oder Alternativvorschlag

1. Nel caso il giorno o l'ora non Le convengano

1. Falls der Tag oder die Uhrzeit nicht gelegen sind,

2. Se ciò non Le conviene

2. Wenn Ihnen dies(er Termin) nicht paßt,

a) La prego di proporre un' altra data (un altro orario).

a) bitte ich Sie, ein anderes Datum (eine andere Zeit) vorzuschlagen.

b) La prego di comunicarmelo affinché io possa modificare in tempo il mio calendario d'impegni del giorno.

b) teilen Sie mir dies bitte mit, damit ich meinen Terminkalender für diesen Tag rechtzeitig ändern kann.

c) La mia segretaria concorderà con Lei una data conveniente per entrambi.

c) wird meine Sekretärin mit Ihnen einen uns beiden passenden Termin vereinbaren.

d) La prego di lasciare un messaggio in albergo con la proposta di un'altra data.

d) hinterlassen Sie bitte im Hotel eine Nachricht mit einem neuen Terminvorschlag.

e) La prego di comunicarmelo al più presto.

e) bitte ich Sie, es mir so schnell wie möglich mitzuteilen.

1. La prego di comunicarci (comunicare alla mia segretaria)

1. Bitte teilen Sie uns (od. meiner Sekretärin) mit,

2. Sarebbe così gentile da comunicarmi

a) se l'appuntamento Le sta
bene.

b) se ciò Le sta bene.

Se non sento nulla da Lei dò
per certo

a) che l'appuntamento proposto va bene.

b) che Lei è d'accordo che io Le
faccia visita tale data.

2. *Vielleicht wären Sie so liebenswürdig mir mitzuteilen,*

a) *ob Ihnen dieser Termin
paßt.*

b) *ob Ihnen dies paßt.*

*Wenn ich von Ihnen nichts
höre, gehe ich davon aus,*

a) *daß die vorgeschlagene Verabredung in Ordnung geht.*

b) *daß Sie einverstanden sind,
wenn ich Sie zu diesem Zeitpunkt aufsuche.*

e) man schlägt vor, den Termin telefonisch abzusprechen

Provvederò affinché la mia
segretaria chiami la Sua.

Le nostre segretarie concor-
deranno una data conveniente
per entrambi.

Telefonerò alla Sua segretaria tra un paio di giorni per concordare un appuntamento.

La prego di comunicarmi
quando potremmo discutere ulteriormente la questione.

Se telefonerà alla mia segretaria, Sig.na Herbst, potrà concordare un appuntamento.

Il Signor Milli Le telefonerà al
suo arrivo a Francoforte.

Le telefonerò non appena sarò arrivato.

*Ich werde veranlassen, daß
meine Sekretärin die Ihrige an-
ruft.*

*Unsere Sekretärinnen wer-
den ein Datum vereinbaren,
das uns beiden paßt.*

*Ich werde Ihre Sekretärin in
ein paar Tagen anrufen, um einen Termin zu vereinbaren.*

*Ich bitte Sie mir mitzuteilen,
wann wir die Angelegenheit
weiter besprechen könnten.*

*Wenn Sie meine Sekretärin,
Fr. Herbst, anrufen, können Sie
einen Termin vereinbaren.*

*Herr Milli wird Sie anrufen,
sobald er in Frankfurt ankommt.*

*Ich werde Sie sofort nach
meiner Ankunft anrufen.*

2. Antwort

a) allgemein

Molte grazie per la Sua lettera del 2 aprile u.s.

a) con la quale chiede un appuntamento.

*Besten Dank für Ihr Schrei-
ben vom 12. April d. J.,*

a) *in dem Sie um einen Termin
bitten.*

b) con la quale annuncia il prossimo viaggio del Signor Rossani.

b) in dem Sie die bevorstehende Reise von Herrn Rossani ankündigen.

1. Abbiamo con piacere appreso dalla Sua lettera del 3 giugno u.s.

1. Mit Vergnügen haben wir aus Ihrem Schreiben vom 3. Juni d. J. erfahren,

2. La ringraziamo per la Sua lettera del 30 maggio e prendiamo nota

2. Wir danken Ihnen für Ihr Schreiben vom 30. Mai und nehmen davon Kenntnis,

   a) che prevede di essere in Italia nel prossimo autunno.

a) daß Sie beabsichtigen, im nächsten Herbst in Italien zu sein.

   b) che Lei (il Signor Fantozzi) sarà a Zurigo la settimana prossima.

b) daß Sie (od. Herr Fantozzi) in der nächsten Woche in Zürich sein werden.

b) Angabe des Besuchstermins

1. Sarò lieto

1. Es wird mich freuen,

2. Il Signor Anselmi, nostro Capo Ufficio Export, sarà lieto

2. Unser Exportleiter, Herr Anselmi, wird sich freuen,

   a) di ricevere il Signor Rolf Fenes mercoledì 15 marzo p.v. alle 11.

a) Herrn Rolf Fenes am Mittwoch, dem 15. März, um 11.00 Uhr zu empfangen.

   b) di riceverLa il 9 giugno p.v. alle 11.30 e Lei sarei grato se volesse dare conferma (di ciò) al Suo arrivo ad Amburgo.

b) Sie am 9. Juni um 11.30 Uhr zu empfangen, und wäre Ihnen dankbar, wenn Sie dies bei Ihrer Ankunft in Hamburg bestätigen würden.

   c) di riceverLa (di ricevere il Suo rappresentante) nel nostro ufficio di Amburgo il 20 maggio p.v. alle 13.

c) Sie (od. Ihren Vertreter) am Dienstag, dem 20. Mai, um 13.00 Uhr in unserem Büro in Hamburg zu empfangen.

Sarei molto lieto di poterLa vedere a Roma e propongo pertanto il 17 luglio p.v. alle 10.

Ich würde mich sehr freuen, wenn ich Sie in Rom sehen könnte und schlage den 17. Juli, 10.00 Uhr vor.

Potrebbe venire giovedì prossimo alle 16.00?

Könnten Sie nächsten Donnerstag um 16.00 Uhr kommen?

Potrebbe venire nel mio ufficio giovedì 6 novembre alle 10?

Könnten Sie am Donnerstag, den 6. November, um 10.00 Uhr in mein Büro kommen?

Sarò in ufficio tutta la prossima settimana tranne mercoledì. Pertanto La prego di concordare un appuntamento con la mia segretaria.

Ich werde die ganze nächste Woche im Büro sein, außer Mittwoch; deshalb bitte ich Sie, einen Termin mit meiner Sekretärin zu vereinbaren.

Penso che il 2 ottobre sarebbe per me la data migliore.

Ich denke, daß mir der 2. Oktober am besten passen würde.

c) Diverses

La prego di mettersi in comunicazione con me al Suo arrivo a Monaco.

Bitte setzen Sie sich mit mir in Verbindung, wenn Sie in München ankommen.

Al Suo arrivo La prego di chiedere della segretaria del Signor Astengo.

Fragen Sie bei Ihrer Ankunft bitte nach der Sekretärin von Herrn Astengo.

Se Lei mi comunica con quale volo arriva, verrò volentieri a prenderLa.

Wenn Sie mir mitteilen, mit welchem Flug Sie ankommen, werde ich Sie gern abholen.

La prego di comunicarmi se dobbiamo prenotarLe una stanza in albergo.

Bitte teilen Sie mir mit, ob wir für Sie ein Hotelzimmer reservieren sollen.

La prego di comunicarmi l'ora di arrivo del Signor Rossi a Venezia.

Bitte teilen Sie mir die Zeit der Ankunft von Herrn Rossi in Venedig mit.

Abbiamo provveduto per il pernottamento del Signor Chiari all'Hotel Vier Jahreszeiten per la notte del 20 giugno p.v.

Wir haben die Unterbringung für Herrn Chiari im Hotel Vier Jahreszeiten für die Nacht des 20. Juni veranlaßt.

3. Bestätigung des vereinbarten Termins

Con la presente confermo

Ich bestätige hiermit,

a) che il Signor Cambiaso ed io saremo nel Suo ufficio il 3 luglio p.v. alle 11.

a) daß Herr Cambiaso und ich am Mittwoch, dem 3. Juli, um 11 Uhr in Ihrem Büro sein werden.

b) che il Signor Parri arriverà a Düsseldorf giovedì 25 gennaio p.v. alle 11.30 con il volo LH 506.

b) daß Herr Parri am Donnerstag, dem 25. Januar, um 11.30 Uhr mit Flug LH 506 in Düsseldorf ankommen wird.

Il Signor Pagano mi ha pregato di confermare la Sua lettera del 4 febbraio u.s. e di comunicarLe che sarà da Lei lunedì prossimo 20 febbraio alle 16.

Herr Pagano hat mich gebeten, Ihren Brief vom 4. Februar zu bestätigen und Ihnen mitzuteilen, daß er Sie am nächsten Montag, dem 20. Februar, um 16.00 Uhr aufsuchen wird.

4. Schlußworte

Sono (Siamo) (molto) lieto (lieti)

Ich freue mich (sehr) (od. Wir freuen uns)

a) di vederLa l'11 ottobre p.v. alle 9.30.

a) Sie am 11. Oktober um 9.30 Uhr zu sehen.

b) di avere il piacere d'incontrarLa.

b) auf das Vergnügen, Sie zu treffen.

c) in particolare d'incontrare il Vostro Marketing Manager.

c) besonders darauf, Ihren Marketing Manager zu treffen.

d) di poter discutere ulteriormente con Lei il progetto XY.

d) das XY-Projekt mit Ihnen weiter zu besprechen.

e) di poterLa ricevere nei nostri nuovi locali.

e) Sie in unseren neuen Räumlichkeiten zu empfangen.

f) di aver l'occasione di rivederci

f) auf die Gelegenheit, Sie wiederzusehen.

Sarà un piacere di poterLa nuovamente incontrare.

Es wird ein Vergnügen sein, Sie erneut treffen zu können.

E' passato molto tempo dal nostro incontro a Roma e mi farà molto piacere rivederLa.

Viel Zeit ist vergangen seit unserem Treffen in Rom und ich freue mich sehr darauf, Sie wiederzusehen.

1. Siamo molto lieti di incontrare il Signor Neumann

1. Wir freuen uns sehr darauf, Herrn Neumann zu treffen,

2. Siamo molto lieti di rivedere il Signor Melloni

2. Wir freuen uns sehr, Herrn Melloni wiederzusehen

  a) e faremo tutto il possibile per rendere il suo soggiorno piacevole e proficuo.

* a) und werden alles tun, um seinen Besuch angenehm und nutzbringend zu gestalten.*

  b) ed attendiamo con piacere la sua telefonata.

* b) und erwarten gern seinen Anruf.*

5. Terminänderung und Absage

La Sua lettera del 20 giugno ci è purtroppo giunta piuttosto tardi ed attualmente il Signor Fröhlich è in ferie fino alla fine di luglio.

Leider ist Ihr Schreiben vom 20. Juni hier ziemlich spät angekommen, und gegenwärtig ist Herr Fröhlich bis Ende Juli in Urlaub.

Purtroppo il nostro Capo Ufficio Export, Signor Gerber, è attualmente negli Stati Uniti e non sarà di ritorno prima del 20 agosto.

Leider ist unser Exportleiter, Herr Gerber, augenblicklich in den Vereinigten Staaten und wird nicht vor dem 20. August zurück sein.

Il 24 marzo p.v. il Signor Klein ha una serie di appuntamenti ed è improbabile che possa riceverLa quel giorno. Sarebbe però lieto di poterLa incontrare il 25 marzo.

Herr Klein hat am 24. März eine Reihe von Besprechungen, und es ist unwahrscheinlich, daß er Sie an diesem Tage empfangen kann. Er würde sich aber freuen, Sie am 25. März treffen zu können.

Purtroppo devo disdire il nostro incontro di mercoledì prossimo 10 giugno alle 10.

Leider muß ich unser Treffen am nächsten Mittwoch, 10. Juni, um 10 Uhr absagen.

Purtroppo mi è impossibile per mercoledì alle 9.30, ma mi andrebbe bene il giovedì alla stessa ora.

Leider ist Mittwoch, 9.30 Uhr, für mich nicht möglich, aber es würde mir am Donnerstag zur gleichen Zeit gut passen.

Sarebbe possibile cambiare la data del 3 giugno?

Wäre es möglich, das Datum 3. Juni zu ändern?

Con grande rammarico devo purtroppo comunicarVi che non posso fare il previsto viaggio in Sudafrica.

Mit großem Bedauern muß ich Ihnen mitteilen, daß ich die geplante Reise nach Südafrika nicht machen kann.

A causa della riorganizzazione di una nostra società affiliata è assolutamente necessaria la mia presenza qui nelle prossime settimane.

Wegen der Reorganisation einer unserer Tochtergesellschaften ist meine Anwesenheit hier in den nächsten zwei Wochen unbedingt erforderlich.

Purtroppo il Signor Guarnieri ha dovuto modificare il suo calendario d'impegni e pertanto non gli sarà possibile essere a Colonia come previsto.

Leider hat Herr Guarnieri seinen Terminkalender ändern müssen und es wird ihm deshalb nicht möglich sein, Köln wie geplant zu besuchen.

Avevo previsto di trascorrere una settimana in Liguria, ma per motivi familiari devo cambiare i miei piani.

Ich hatte vor, eine Woche in Ligurien zu verbringen, aber aus familiären Gründen muß ich meine Pläne ändern.

Il Signor Neumann Le/Vi ha telegrafato oggi come segue:

Herr Neumann hat Ihnen heute morgen wie folgt telegrafiert:

a) SPIACENTE ANNULLARE INCONTRO GIORNO 10.

a) BEDAUERE TREFFEN ZEHNTEN UNMÖGLICH.

b) CANCELLARE INCONTRO MARTEDI STOP PROSSIMA SETTIMANA SEMPRE DISPONIBILE.

b) TREFFEN DIENSTAG STREICHEN STOP NÄCHSTE WOCHE IMMER VERFÜGBAR.

6. Entschuldigung wegen Nichteinhaltung des Termins

Sono molto spiacente che la mia segretaria abbia dovuto telefonarLe per spostare il nostro appuntamento.

Ich bedauere aufrichtig, daß meine Sekretärin Sie anrufen mußte, um unsere Verabredung zu verschieben.

Mi dispiace di non essere stato in ufficio quando Lei è venuto ieri.

Ich bedauere, daß ich nicht im Büro war, als Sie gestern vorbeikamen.

Purtroppo la mia segretaria non ha potuto raggiungerLa prima che Lei partisse da casa (dall'ufficio).

Leider konnte meine Sekretärin Sie nicht erreichen, bevor Sie von zu Hause (od. von Ihrem Büro) weggingen.

Improvvisamente sono stato chiamato dalla nostra fabbrica a Friedberg e ho dovuto assentarmi per alcune ore.

Ganz unerwartet wurde ich zu unserem Werk in Friedberg gerufen, und ich war für einige Stunden abwesend.

La prego di accettare le mie sincere scuse per la mia assenza di ieri.

Bitte nehmen Sie meine aufrichtige Entschuldigung für meine gestrige Abwesenheit entgegen.

Ero certo di poter essere in ufficio per le 15,

Ich war ganz sicher, bis 15 Uhr zurück im Büro zu sein,

a) ma la riunione della direzione di fabbrica è durata fino quasi alle 16.

a) aber die Konferenz der Fabrikdirektion dauerte bis fast vier Uhr.

b) ma un traffico insolitamente intenso ha ritardato il mio arrivo.

b) aber ich wurde durch einen ungewöhnlich starken Verkehr aufgehalten.

7. Unter Geschäftsfreunden

a) Einladung zum Essen

Mi ha fatto molto piacere di apprendere che Lei sarà a Vienna la settimana prossima

Es hat mich sehr gefreut zu erfahren, daß Sie in der nächsten Woche in Wien sein werden,

a) e sarò lieto di incontrarLa il 2 ottobre p.v.

a) und es wird mich freuen, Sie am 2. Oktober zu treffen.

b) e mi farebbe piacere se volesse un giorno venire a pranzo con me.

b) und ich würde mich sehr freuen, wenn Sie einmal mit mir zum Mittagessen gehen wollten.

Le andrebbe bene di incontrarci al Ristorante Nettuno per il pranzo?

Würde es Ihnen passen, wenn wir uns im Restaurant Neptun zum Mittagessen treffen?

Se non sento nulla in contrario conto di poterLa incontrare nella hall dell'Hotel Maritim alle 12.30 di mercoledì p.v.

Falls ich nichts Gegenteiliges von Ihnen höre, rechne ich damit, Sie im Foyer des Hotels Maritim am Mittwoch um 12.30 Uhr zu treffen.

b) Annahme bzw. Absage

1. Molte grazie per il Suo gentile invito

1. *Vielen Dank für Ihre freundliche Einladung*

2. Mi ha fatto molto piacere di ricevere stamattina la Sua comunicazione con l'invito

2. *Es hat mich sehr gefreut, heute morgen Ihre Mitteilung zu erhalten mit der Einladung*

3. E' molto gentile da parte Sua di invitarmi

3. *Es ist sehr freundlich von Ihnen, mich einzuladen*

a) a pranzo venerdì prossimo.

a) *für nächsten Freitag zum Mittagessen.*

b) a cenare con Lei martedì 15 p.v.

b) *, am nächsten Dienstag, den 15., mit Ihnen zu Abend zu essen.*

Accetto volentieri e attendo con piacere di rivederLa.

Ich nehme gern an und freue mich auf das Vergnügen, Sie wiederzusehen.

Giorno e ora mi vanno benissimo.

Tag und Stunde passen mir sehr gut.

Mi dispiace che a causa di un impegno preso precedentemente non mi sia possibile accettare, ma spero che sarà possibile vederci in un altro momento.

Ich bedauere, daß ich infolge einer früheren Verpflichtung nicht annehmen kann, hoffe aber, daß es uns möglich sein wird, zu einem anderen Zeitpunkt zusammenzukommen.

Mi farà molto piacere rivederLa e La ringrazio molto per l'invito.

Es freut mich sehr, Sie wiederzusehen, und ich danke Ihnen sehr für Ihre Einladung.

Molte grazie per l'invito.

Vielen Dank für die Einladung.

c) formelle Einladung und Antwort

Maria e Franco Rossi hanno il piacere (l'onore) di invitare il Signor Paolo Bonoldi e Signora al Cocktail che avrà luogo il 15 novembre p.v. alle ore 11 al Park Hotel.

Maria und Franco Rossi freuen sich (od. geben sich die Ehre), Herrn Paolo Bonoldi und Frau Gemahlin zu der im Park-Hotel am 15. November um 11 Uhr stattfindenden Cocktailparty einzuladen.

Carla e Paolo Bonoldi ringraziano i Signori Rossi per il gentile invito

a) che accettano con vivo piacere.

b) , ma si rammaricano di non poter accettare a causa di un precedente impegno.

Carla und Paolo Bonoldi danken Herrn und Frau Rossi für ihre freundliche Einladung

a) und nehmen sehr gern an.

b) bedauern jedoch, daß sie sie infolge einer früheren Verpflichtung nicht annehmen können.

d) Einladung zur Übernachtung

Se non ha altri progetti sarò lieto di averLa mia ospite al Seehotel durante la Sua permanenza a Lindau.

Spero che Lei accetterà l'ospitalità della mia casa durante la Sua permanenza a Bad Godesberg.

Se verrà a Zurigo Le farà forse piacere essere mio ospite al Park Hotel.

La prego di farmi sapere se possiamo attenderLa.

Può contare su un caloroso benvenuto.

Wenn Sie keine anderen Pläne haben, würde ich mich freuen, Sie im Seehotel während Ihres Aufenthaltes in Lindau als Gast zu haben.

Ich hoffe, daß Sie die Gastfreundschaft meines Hauses während Ihres Besuches in Bad Godesberg annehmen werden.

Wenn Sie nach Zürich kommen, würde es Ihnen vielleicht Freude machen, mein Gast im Park Hotel zu sein.

Lassen Sie mich bitte wissen, ob wir Sie erwarten dürfen.

Sie können mit einem herzlichen Willkommen rechnen.

e) Annahme bzw. Absage

1. Molte grazie per il Suo gentile invito

2. Mi ha fatto molto piacere di ricevere oggi la Sua lettera con l'invito

3. Ho ricevuto con molto piacere stamattina la Sua lettera con l'invito

   a) ad essere Suo ospite a Villa Conchiglia.

   b) ad essere ospitato da Lei durante il mio soggiorno a Perugia.

   c) di essere Suo ospite per il fine settimana a Gressoney.

1. Vielen Dank für Ihre freundliche Einladung,

2. Es hat mich sehr gefreut, heute Ihren Brief mit der Einladung zu erhalten,

3. Heute morgen habe ich mit großer Freude Ihren Brief mit der Einladung erhalten,

   a) Ihr Gast in der Villa Conchiglia zu sein.

   b) während meines Aufenthaltes in Perugia Gast in Ihrem Hause zu sein.

   c) Ihr Gast für das Wochenende in Gressoney zu sein.

Accetto con piacere.

Ich nehme gern an (od. Ich nehme mit Vergnügen an).

Con grande rammarico non posso accettare il Suo gentile invito poiché il giorno dopo devo essere alle 9 a Düsseldorf per una importante riunione.

Mit großem Bedauern kann ich Ihre freundliche Einladung nicht annehmen, da ich am nächsten Tag um 9 Uhr in Düsseldorf bei einer wichtigen Versammlung sein muß.

Ringrazio nuovamente per il Suo gentile invito.

Nochmals meinen herzlichen Dank für Ihre freundliche Einladung.

8. Dankschreiben

Mi ha fatto molto piacere di aver avuto l'occasione di rivederLa la settimana scorsa e di aver discusso alcuni problemi dell'energia solare.

Ich habe mich über die Gelegenheit sehr gefreut, Sie in der vorigen Woche wiederzutreffen und einige Probleme der Solarenergie besprochen zu haben.

1. Con la presente desidero rinnovare il mio ringraziamento

1. *Hiermit möchte ich Ihnen nochmals danken*

2. Desidero ancora una volta esprimere il mio sentito ringraziamento

2. *Nochmals möchte ich meinen tiefempfundenen Dank zum Ausdruck bringen*

3. Desidero sentitamente ringraziarLa

3. *Ich möchte Ihnen aufrichtig danken*

   a) per la cortesia dimostratami.

   a) *für die mir erwiesene Liebenswürdigkeit.*

   b) per aver reso possibile che il nostro gruppo di ingegneri visiti la Vostra fabbrica. Sono rimasti molto impressionati dalla gentilezza e disponibilità dimostrata.

   b) *dafür, daß Sie es unserem Team von Ingenieuren ermöglicht haben, Ihre Fabrik zu besichtigen. Sie waren von der ihnen entgegengebrachten Freundlichkeit und Bereitwilligkeit sehr beeindruckt.*

   c) per le molte attenzioni dimostratemi durante la mia ultima (breve) permanenza a Winterthur.

   c) *für die vielen Aufmerksamkeiten, die Sie mir während meines letzten (od. kurzen) Aufenthaltes in Winterthur entgegengebracht haben.*

Sono certo che senza il suo aiuto il mio soggiorno a Padova non avrebbe potuto essere così gradevole e proficuo.

Ich bin sicher, daß mein Aufenthalt in Padua ohne Ihre Hilfe nicht so angenehm und erfolgreich hätte sein können.

Credo che quest'incontro sarà (si dimostrerà) estremamente prezioso per la nostra futura collaborazione.

Ich glaube, daß dieses Treffen für unsere zukünftigen Geschäfte höchst förderlich sein wird (od. sich erweisen wird).

E' stato un vero piacere conoscerLa personalmente e desidero ancora una volta ringraziarLa per una così piacevole giornata a Roma.

Es war sehr schön, Sie persönlich kennenzulernen, und ich möchte Ihnen nochmals danken für einen so angenehmen Tag in Rom.

Desidero che Lei sappia quanto ho apprezzato la Sua cortesia.

Ich möchte, daß Sie wissen, wie sehr ich Ihre Liebenswürdigkeit geschätzt habe.

Il pranzo con Lei al Ristorante Martinez è stato estremamente piacevole e desidero ancora ringraziarLa per aver così cortesemente contribuito a rendere gradevole il mio soggiorno a Roma.

Das Mittagessen mit Ihnen im Restaurant Martinez war höchst angenehm, und ich möchte Ihnen nochmals dafür danken, daß Sie zu dem Vergnügen meines Aufenthalts in Rom soviel beigetragen haben.

Desidero ancora una volta ringraziarLa per tutto il tempo che mi ha dedicato durante il mio soggiorno a Milano.

Ich möchte Ihnen nochmals für all die Zeit danken, die Sie mir während meines Aufenthaltes in Mailand gewidmet haben.

La Sua squisita ospitalità è il più bel ricordo del mio recente viaggio d'affari in Italia. Desidero che Lei e la Sua gentile Signora sappiano quanto ho apprezzato la Loro cortesia.

Ihre vorzügliche Gastfreundschaft ist die schönste Erinnerung an meine kürzliche Geschäftsreise nach Italien. Ich möchte, daß Sie und Ihre Frau Gemahlin wissen, wie sehr ich Ihre Liebenswürdigkeit geschätzt habe.

Mia moglie ed io desideriamo esprimere il nostro sentito ringraziamento a Lei e alla Sua gentile Signora per il caloroso benvenuto e la squisita ospitalità durante il nostro recente soggiorno in Italia.

Meine Frau und ich möchten Ihnen und Ihrer Frau Gemahlin unseren aufrichtigen Dank ausdrücken für den herzlichen Empfang und die erlesene Gastfreundschaft während unseres kürzlichen Besuches in Italien.

Spero di aver l'occasione (che Lei mi offra l'occasione)

Ich hoffe die Gelegenheit zu haben (daß Sie mir die Gelegenheit geben),

a) di contraccambiare la Sua cortesia.

a) Ihre Liebenswürdigkeit zu erwidern.

b) di dimostrare presto (in un prossimo futuro) la mia riconoscenza.

b) mich bald (od. in nicht zu ferner Zukunft) erkenntlich zu zeigen.

9. Dank für Hilfe, die einem Geschäftsfreund gewährt wurde

Stamattina mi ha telefonato il Signor Martini per dirmi della Sua cortesia durante il suo soggiorno a Venezia.

Desidero ringraziarLa per le cortesie dimostrate al nostro Signor Boldi.

Ritiene che la visita alla Vostra fabbrica sia stata per lui molto proficua.

Heute morgen rief mich Herr Martini an, um mir zu sagen, wie liebenswürdig Sie zu ihm während seines Aufenthalts in Venedig gewesen sind.

Ich möchte Ihnen für Ihre Gefälligkeit unserem Herrn Boldi gegenüber danken.

Er meint, daß die Besichtigung Ihres Werkes für ihn sehr gewinnbringend war.

10. Antwort auf Dankschreiben

1. Siamo lieti che abbia(te) trovato proficuo il nostro incontro

2. Ci ha fatto molto piacere incontrarLa

    a) e confidiamo che la nostra collaborazione ne sarà avantaggiata.

    b) e speriamo di avere ulteriori contatti in futuro.

Mi è dispiaciuto molto di non averLa potuta incontrare durante il mio breve soggiorno a Monaco.

Spero che la prossima volta avremo occasione di pranzare o cenare insieme.

Se prevede un nuovo viaggio in Italia La prego di comunicarmelo: sarà un vero piacere rivederLa.

1. Wir freuen uns, daß Sie unsere Zusammenkunft nützlich gefunden haben,

2. Wir haben uns sehr über die Zusammenkunft mit Ihnen gefreut,

    a) und wir vertrauen darauf, daß unsere Zusammenarbeit davon profitieren wird.

    b) und wir hoffen auf weitere Kontakte in der Zukunft.

Es hat mir leid getan, daß ich Sie während meines kurzen Aufenthaltes in München nicht habe treffen können.

Ich hoffe, daß wir das nächste Mal Gelegenheit haben, zusammen zu Mittag oder zu Abend zu essen.

Wenn Sie eine weitere Reise nach Italien planen, teilen Sie mir dies bitte mit. Es wird wirklich ein Vergnügen sein, Sie wiederzusehen.

Interpunktionszeichen
und sonstige Angaben für das Diktat

Punkt	.	punto
Punkt, Absatz	.	punto (e) a capo
Komma	,	virgola
Semikolon	;	punto e virgola
Doppelpunkt	:	due punti
Auslassungspunkte	...	puntini (di sospensione)
Fragezeichen	?	punto interrogativo (di domanda)
Ausrufezeichen	!	punto esclamativo
Apostroph	'	apostrofo
Gedankenstrich	–	lineetta
Bindestrich	-	trattino
Schrägstrich	/	barra
Anführungszeichen (unten/oben)	«...»	virgolette aperte/chiuse
Klammer auf	(	parentesi aperta
Klammer zu	)	parentesi chiusa
eckige Klammern	[ ]	parentesi quadra
runde Klammern	( )	parentesi tonda
Großbuchstaben	ABC	lettere maiuscole
Kleinbuchstaben	abc	lettere minuscole
abgekürzt	Sig.	abbreviato
unterstreichen		sottolineare
unterstrichen	Lit.	sottolineato
in Worten	mille Lire	in lettere
in Zahlen	1000	in cifre
Pfund-Zeichen	£	simbolo della sterlina
Dollar-Zeichen	$	simbolo del dollaro
Und-Zeichen	&	«e» commerciale
Prozent-Zeichen	%	simbolo del percento
Überschrift		titolo
Absatz		paragrafo
römische Zahlen	XVI	cifre romane
arabische Zahlen	1, 2, 3	cifre arabiche

Maße und Gewichte

Misure e Pesi

Laut Gesetz vom 28. Juli 1861 ist für Italien das metrische System vorgeschrieben. Die Maße und Gewichte des Dezimal-Meter-Systems *(sistema metrico decimale)* sollen auf Grund der international festgelegten Vereinbarungen abgekürzt werden und lauten wie folgt:

Längenmaße · Misure di lunghezza

Chilometro, km*	Centimetro, cm
Metro, m	Millimetro, mm

Flächenmaße · Misure di superficie

Ettaro, ha = 10 000 qm	Chilometro quadrato, qkm
Ara, a = 100 qm	Metro quadrato, qm

Raummaße · Misure di volume

Metro cubo, m³	Centimetro cubo, ccm
Stero, s (= m³)**	Millimetro cubo, cmm

Hohlmaße · Misure di capacità

Ettolitro, hl = 100 l	Litro, l
Decalitro, dal = 10 l	Decilitro, dl = $\frac{1}{10}$ l

Gewichte · Pesi

Tonnellata, t = 1000 kg	Grammo, g
Quintale, q = 100 kg	Decigrammo, dg $\frac{1}{10}$ g
Chilogrammo, kg	Centigrammo, cg = $\frac{1}{100}$ g
Ettogrammo, hg = 100 g	Milligrammo, mg = $\frac{1}{1000}$ g

Münzen · Monete

In Italien gibt es offiziell folgende Münzen:

10 Lire, 20 Lire, 50 Lire, 100 Lire, 200 Lire, 500 Lire, 1000 Lire.

Die Banca d'Italia (Staatsbank) hat als einzige berechtigte Emissions-bank *(banca d'emissione)* folgende Banknoten *(banconote)* in Umlauf gesetzt:

1000 Lire, 2000 Lire, 5000 Lire, 10.000 Lire, 50.000 Lire, 100.000 Lire, 500.000 Lire.

---

* Oft setzt der Italiener hinter die Abkürzung einen Punkt, also *cm., hl., km.* usw., selbst in wissenschaftlichen Werken.

Die höheren Einheiten haben griechische Vorsilben: deka (10), hekto (100), Kilo (1000), myria (10 000), die niederen Einheiten lateinische: deci ($\frac{1}{10}$), centi ($\frac{1}{100}$), milli ($\frac{1}{1000}$).

** für *Brennholz.*

Wichtige Abkürzungen

Arch.	Architetto
art.	articolo
Avv.	Avvocato
Avv.ssa	Avvocatessa
c/	conto
cad.	cadauno
C.A.P.	codice di avviamento postale
c/c	conto corrente
c/c/p	conto corrente postale
c.m.	corrente mese
C.P.	casella postale
D/A	documenti contro accettazione
D/P	documenti contro pagamento
Dott.	Dottore
Dott.ssa	Dottoressa
F.S.	Ferrovie dello Stato
F.to	firmato
Geom.	Geometra
gg.	giorni
Ing.	Ingegnere
L/C	lettera di credito
Lit.	Lire
L/V	Lettera di vettura
M/N	motonave
N. (od. N°)	numero
N.B.	Nota bene
ns.	nostro
pag.	pagina
par.	paragrafo
P/C	polizza di carico
p. es.	per esempio
%	per cento
p.p.	per procura
Prof.	Professore
P.S.	Post scriptum
p.v.	prossimo venturo
Racc.	raccomandata
Rag.	Ragioniere
s.b.f.	salvo buon fine
S.E. & O.	Salvo errori e omissioni
Sig.	Signore
Sigg.	Signori
Sig.na	Signorina
Sig.ra	Signora
Spett.	Spettabile
u.s.	ultimo scorso
Vs.	Vostro

Literaturverzeichnis

Astolfi, E.: *Tecnica Commerciale*, Tramontana, Milano 1987.

Bernacchia, Lucio: *Professione agente e rappresentante*, Calderini, Bologna 1987.

Casadio, Gian Paolo: *Nuova Tecnica d'Ufficio*, Calderini, Bologna 1980.

Chanteaux, U., Girardi, E.: *Handelskorrespondenz*, Innocenti, Trento 1985.

Ghigini, P., Bussolino, S.: *Corso di Computisteria e Tecnica Commerciale*, Elemond Scuola, Torre Boldone (BG), 1993.

Facchinetti, Imerio: *Corso di Tecnica Amministrativa Aziendale*, Atlas, Bergamo 1984.

Lazzioli, Costante: *Corrispondenza Commerciale Tedesca*, Vannini, Brescia 1982.

Minutella, M. S., Sironi, M. T.: *Corso di Computisteria e Tecnica Commerciale*, Elemond Scuola, Torre Boldone (BG), 1993.

Nicolas, G., Martelly, I., Pierallini, P., Göddertz, C.: *Handel Heute*, Ed. Scol. Bruno Mondadori, Milano 1986.

Petri-Cormegna G., Apreda N.: *Computisteria e Tecnica Commerciale*, Cedam, Padova, 1989.

Raciti-Azzi, Fiorella: *Tecnica del Commercio Internazionale*, Tramontana, Milano 1986.

Rodriguez, F., Marchetti, N.: *Corrispondenza Commerciale Italiana*, Ed. Scol. Bruno Mondadori, Milano 1974.

Sachs, Rudolf: *Deutsche Handelskorrespondenz*, Hueber Verlag, München 1979.

Selmi, Antonio: *Handelsdeutsch in Wort und Schrift*, Poseidonia, Bologna 1992.

Trivellato, Piero: *Tecnica d'Ufficio e Amministrazione del Personale*, Tramontana, Milano 1987.

Wenk, Eva: *Gespräche und Briefe im Handel*, Signorelli, Milano 1980.

Allgemeine Nachschlagewerke:

Incoterms 1990, Deutsche Landesgruppe der ICC, Köln 1990.

Key Words in International Trade, ICC Publishing SA, Paris 1989.

Wörterbuch der italienischen und deutschen Sprache, Sansoni, Roma 1970.

Conte, G., Boss, H.: *Wörterbuch der Rechts- und Wirtschaftssprache*, C. H. Beck, München 1981.

Vollnhals, Otto: *Wörterbuch der Informatik*, Jackson, Milano 1991.

Ferner wurden u. a. folgende italienische und deutsche Zeitungen und Zeitschriften, die als Informationsquelle dienten und deren Lektüre empfohlen wird, herangezogen:

Corriere della Sera (wöchentliche ökonomische Beilage)

Il Sole 24 Ore — Capital — Handelsblatt — Börsen-Zeitung

Sachregister

Die Angaben „f." und „ff." verweisen darauf, daß der jeweilige Ausdruck in einer Kapitelüberschrift vorkommt. Alle weiteren Seitenangaben – auch von aufeinanderfolgenden Seiten – verweisen auf das Vorkommen der entsprechenden Ausdrücke in den Einleitungstexten der einzelnen Kapitel.

Wörterbücher für Italienisch

Langenscheidts Großwörterbuch Italienisch

Teil I: Italienisch – Deutsch. 840 Seiten.
Rund 110 000 Stichwörter und Wendungen.
Teil II: Deutsch – Italienisch. 984 Seiten.
Rund 140 000 Stichwörter und Wendungen.
Großformat 18,2 x 26,3 cm, Ganzleinen.

Unentbehrlich für Dozenten, Lehrer, Studenten, Dolmetscher und Übersetzer, die höchste Ansprüche an ein Wörterbuch stellen. Die Fülle der Informationen bei jedem Stichwort, zahlreiche Anwendungs- und Satzbeispiele, ausführliche grammatische Angaben und Anhänge sowie ein übersichtlicher Aufbau machen diese Wörterbücher besonders benutzerfreundlich.

Langenscheidts Handwörterbuch Italienisch

Italienisch – Deutsch / Deutsch – Italienisch in einem Band.
1220 Seiten, Lexikon – Großformat 17 x 24,3 cm, Ganzleinen.
Beide Teile auch als Einzelbände erhältlich.

Das umfassende Nachschlagewerk für gehobene Ansprüche mit rund 180 000 Stichwörtern und Wendungen. Berücksichtigt neueste Wortprägungen aus allen Lebensbereichen und den Kernwortschatz wichtiger Fachbereiche. Mit vielen Anwendungsbeispielen zur Phraseologie, Idiomatik und Grammatik und umfangreichen Anhängen.

Langenscheidts Taschenwörterbuch Italienisch

Italienisch – Deutsch / Deutsch – Italienisch in einem Band.
1246 Seiten, Format 9,6 x 15,1 cm, Plastikeinband.
Beide Teile auch als Einzelbände erhältlich.

Jahrzehntelang bewährt: Das kompakte Standardwörterbuch für Schule und Beruf, für Reise und Weiterbildung. Moderner Wortschatz der Umgangs- und Fachsprache mit rund 85 000 Stichwörtern und Wendungen, mit ausführlichen Grammatikhinweisen.

Langenscheidt L
...weil Sprachen verbinden